Blankenberg · Gottes Geist in der Theologie Piet Schoonenbergs

Birgit Blankenberg

Gottes Geist in der Theologie Piet Schoonenbergs

Matthias-Grünewald-Verlag · Mainz

verlags gruppe engagement Der Matthias-Grünewald-Verlag ist Mitglied der Verlagsgruppe engagement

Die Deutsche Bibliothek – CIP-Einheitsaufnahme

Ein Titeldatensatz für diese Publikation ist bei Der Deutschen Bibliothek erhältlich

Umschlag: Kirsch & Buckel Grafik-Design, Wiesbaden
Druck und Bindung: Weihert-Druck, Darmstadt

ISBN 3-7867-2290-0

Inhalt

Vorwort

„Theologie ist die unvollendete und unvollendbare Geschichte eines Denkens, das sich auf Gott zubebewegt, das Gottes Geheimnis zum Ausdruck zu bringen sucht, nicht um es zu durchschauen, sondern um es gerade als Geheimnis zu verstehen.“
(P. Schoonenberg, Auf Gott hin denken, 193)

Die vorliegende Studie stellt die gekürzte Fassung der Dissertation dar, die im Sommersemester 1998 vom Fachbereich Katholische Theologie der Johannes Gutenberg-Universität Mainz unter dem Titel „Die Rede von Gottes Geist in der Theologie Piet Schoonenbergs - Werkgeschichtliche Untersuchungen in systematischer Perspektive“ angenommenen worden ist.

Pater Piet Schoonenberg ist am 21. September 1999 im Alter von 87 Jahren gestorben. Um ihm zu gedenken als einem „bescheidenen und kollegialen, einem stets vorsichtigen, einem zutiefst kirchlichen, aber auch intellektuell kreativen, scharfsinnigen Theologen“ (H. Häring/T. Schoof, In memoriam Piet Schoonenberg) und um die bleibende Aktualität seines Denkens für die gegenwärtige und zukünftige Theologie aufzuzeigen, hat die Theologische Fakultät der Katholischen Universität Löwen zu Beginn dieses Monats einen Studientag zu Ehren Schoonenbergs veranstaltet mit dem Thema „Verleden openen naar heden en toekomst“ („Vergangenheit öffnen auf Heute und Zukunft hin“) - einem Leitmotiv seines Denkens. Diese Studie möchte der Auseinandersetzung mit Schoonenbergs Theologie einen neuen Impuls, eine neue „Blickrichtung“ geben und dadurch einen Beitrag leisten, daß zentrale Anliegen und Motive seines Denkens im zeitgenössischen theologischen Diskurs lebendig bleiben.

In den zurückliegenden Jahren wurde mein Leben und Arbeiten in hohem Maße bestimmt und geprägt durch Piet Schoonenbergs theologisches Werk: durch sein vorsichtig-suchendes, mitunter „revolutionäres“ Denken „Auf Gott hin“, seine an Jesus Christus ausgerichtete Gläubigkeit, nicht zuletzt durch die persönliche Begegnung mit ihm. Seinem Anliegen folgend, Gott (in Jesus Christus) als bleibendes Geheimnis zu verstehen, wird in dieser Arbeit ein bisher kaum näher betrachteter Aspekt seiner Theologie - seine Geist-Theologie - in den Blick genommen. Der Heilige Geist verweist auf die Liebe Gottes, die in Jesus Christus Gestalt angenommen hat. Schoonenbergs Theologie verdichtet sich (in den letzten Lebensjahren zunehmend mehr) zu dem „schlichten“ Bekenntnis, daß Gott die Liebe ist. So hätte er sein letztes Buch „Der Geist, das Wort und der Sohn. Eine Geist-Christologie“ (1992), wie er später mir gegenüber äußerte, gerne mit dem Ende des 3. Kapitels beschlossen: „In Jesus Christus ist die Flut der Liebe Gottes zu uns eine Quelle innerhalb unserer Geschichte geworden. (... diese Flut der Liebe existiert ... in Gottes eigener Wirklichkeit.)“

Danken möchte ich denen, die mein theologisches Arbeiten (nicht nur) im Rahmen der Dissertation über Jahre hinweg begleitet haben: Mein besonderer Dank gilt Prof. Dr. Theodor Schneider für die intensive Betreuung der Arbeit gerade auch in „mühsameren“ Zeiten. Eng verbunden mit dieser Arbeit ist Prof. Dr. Dorothea Sattler, die mich in vielen Gesprächen theologisch beraten und freundschaftlich gestützt hat. Prof. Dr. Bardo Weiß danke ich für die Erstellung des Zweitgutachtens. Prof. Dr. Leo Kenis, dem Leiter des Schoonenberg-Archivs an der Theologischen Fakultät in Löwen, verdanke ich nicht nur die Einsicht in unveröffentlichte Arbeiten Schoonenbergs, sondern auch den ersten Zugang zur theologischen Auseinandersetzung um Schoonenberg in Belgien und den Niederlanden. Danken möchte ich auch Dominic Kuprasch für seine Unterstützung bei der Erstellung der Druckvorlagen. Dank sage ich meinen Eltern, die mir meine Studien ermöglicht haben.

Ich widme diese Arbeit P. Augustinus Wehrmeier OFM, der seit einigen Jahren als Missionar in Malawi/Ostafrika tätig ist. In langjähriger Freundschaft hat er mich durch seine Weise, Glaube, Hoffnung und Liebe (1 Kor 13) zu leben, betroffen. Noch von Afrika aus hat er mich unterstützt und zur Fertigstellung der Studie beigetragen. Dafür danke ich ihm.

Frankfurt am Main, im Mai 2000 Birgit Blankenberg

Einführung

I. Annäherung an die Theologie Piet Schoonenbergs

1. Zur Person Piet Schoonenbergs

a) Einige biographische Daten

Piet Johannes Albertus Maria Schoonenberg wurde am 1. Oktober 1911 an der Egelantiersgracht in Amsterdam geboren. Am dortigen „Ignatiuscollege" erhielt er seine gymnasiale Ausbildung.[1] Im Jahre 1930 trat Schoonenberg dem Jesuitenorden bei. Im Anschluß an das Philosophiestudium an der philosophischen Fakultät der Jesuiten in Nijmegen in den Jahren 1933 bis 1936 studierte er von 1936 bis 1940 am „Canisianum", dem theologischen Studienhaus der niederländischen Jesuitenprovinz in Maastricht. Daß Schoonenberg unmittelbar nach Abschluß seines Philosophie-Studiums das Theologie-Studium aufnahm, war eher ungewöhnlich: Schoonenberg wurde relativ früh schon von seinem Orden als Dozent für Theologie vorgesehen. 1939 wurde er zum Priester geweiht.
Zur Weiterführung seiner am „Canisianum" erhaltenen theologischen Ausbildung war ein Studienaufenthalt an der Gregoriana in Rom beabsichtigt. Wegen der deutschen Besetzung der Niederlande konnte dieses Vorhaben jedoch zunächst nicht durchgeführt werden, so daß Schoonenberg bereits während der Kriegsjahre als Dozent für seinen Orden in Maastricht tätig war, und zwar zunächst im Bereich des Grundkurses des „Kleinen Dogmas". Dieser „dogmatische Grundkurs" stand im Zusammenhang mit der Priesterausbildung des Ordens.[2] Zwischen 1946 und 1947 studierte er dann am Päpstlichen Bibelinstitut in Rom und wurde dort vor allem durch die Vorlesungen des französischen Exegeten Stanislas Lyonnet mit der modernen Exegese vertraut; kennzeichnend ist seit dieser Zeit die biblische Fundierung der Theologie Schoonenbergs.[3] Schoonenberg kam hier auch erstmals in Kontakt mit der „Nouvelle Théologie". Der Einfluß dieser theologischen Strömung aus Frankreich auf Schoonenbergs Denken spiegelt sich in seiner Dissertation „Theologie als geloofsvertolking" - „Theologie als Glaubensübersetzung" -, mit der er im Jahre 1948 in Maastricht promoviert wurde.[4]

[1] Vgl. P. SCHOONENBERG, Biographisches Interview, 13-24.
[2] Vgl. „SCHOONENBERG ZESTIG JAAR", 351: Schoonenberg wurde seit 1940 „vorläufig in den Theologieunterricht eingeschaltet, auf dem Gebiet des ‚Grundkurses' des ‚Kleinen Dogmas'."
[3] Vgl. P. SCHOONENBERG, Biographisches Interview, 18.
[4] DERS., Theologie als geloofsvertolking

Von 1948 bis 1953 dozierte Schoonenberg Dogmatik in Maastricht, seit 1951 von Amsterdam aus, wo er von 1951 bis 1953 zugleich Theologiekurse für Laien erteilte.[5] Vor allem aus dieser Zeit seiner Dozententätigkeit in Maastricht und Amsterdam erwuchs seine Besinnung auf das Verhältnis von Laie und Theologie und resultiert der pastoral ausgerichtete Grundzug seines Theologisierens. Ausdruck hierfür ist das zu Beginn der 50er Jahre begonnene und in den folgenden Jahren in vier Teilen realisierte Vorhaben, eine mehrbändige Auslegung des Apostolischen Glaubensbekenntnisses zu verfassen: „Het geloof van ons doopsel. Gesprekken over de Apostolische Geloofsbelijdenis" - „Unser Taufglaube. Gespräche über das Apostolische Glaubensbekenntnis".[6] An dem 1953 gegründeten „Höheren Katechetischen Institut" („Hoger Katechetisch Instituut")[7] in Nijmegen war Schoonenberg von 1957 bis 1964 Dozent für das Fachgebiet „Theologie in der Katechese".[8] Im Rahmen dieser Arbeit für das Katechetische Institut war Schoonenberg in der ersten Phase der Erarbeitung des „Neuen Holländischen Katechismus" von 1966 konzeptionell tätig.[9]

Schoonenberg erhielt 1964 den Lehrstuhl für Dogmatik an der Katholischen Universität Nijmegen, den er bis zu seiner Emeritierung am 1. Oktober 1976 innehatte. Hier hatte er das Gefühl, „seine Basis gefunden zu haben"[10]. Nach eigenem Bezeugen Schoonenbergs - so in einem Interview anläßlich seines 80. Geburtstags - war es immer sein großer (Lebens-)Wunsch gewesen, als Priester und gerade auch als Theologe in der Verkündigung zu stehen: „Ich wollte Priester werden und Theologe, und so ist es auch gekommen."[11] Während seiner Lehrtätigkeit in Nijmegen und auch nach seiner Emeritierung im Jahre 1976 nahm Schoonenberg zahlreiche Gastdozenturen im Ausland (England, Österreich) wahr, bereits seit 1963 in den USA. Hier kam er Anfang der 70er Jahre in Kontakt mit Gruppen der Charismatischen Erneuerungsbewegung.

Schoonenberg lebte bis zu seinem Tod am 21. September 1999 in Nijmegen. Bis in die 90er Jahre hinein hat er mit Veröffentlichungen am theologischen Diskurs teilgenommen.

---

[5] Dem Schoonenberg-Archiv in Löwen liegen Manuskripte dieser theologischen Kurse, die Schoonenberg in den 40er und 50er Jahren gehalten hat, vor. Eine Übersicht über die vorliegenden Texte und über die Thematik der Kurse gibt die „Inventarliste" des Archivs: ARCHIEF PIET SCHOONENBERG, Voorlopige Inventaris, 1-5.

[6] DERS., Het geloof van het doopsel.

[7] Vgl. Verbum 21 (1954) 327: „Das Höhere Katechetische Institut setzt sich zum Ziel: a) Die Erweiterung und Vertiefung der Fachkenntnis der Religionslehrer, b) wissenschaftliche Besinnung zugunsten derer, die den Religionsunterricht leiten müssen.". Die Kurse begannen erstmals im Oktober 1954.

[8] Vgl. ebd., 291.

[9] DE NIEUWE KATECHISMUS; deutsch: GLAUBENSVERKÜNDIGUNG FÜR ERWACHSENE.

[10] Vgl. „SCHOONENBERG ZESTIG JAAR", 352.

[11] G. VAN HOOF, Bevlogen teoloog. Schoonenberg jarig, 3.

b) Theologisches Selbstverständnis

Kennzeichnend für Schoonenbergs Theologisieren ist eine stete Selbstbesinnung auf das Wesen der Theologie wie auf sein eigenes Tun, mit der sich ein durchaus selbstkritischer Zug verbindet.[12] Die Charakterisierung der Theologie Schoonenbergs orientiert sich an zwei Leitmotiven, die sein Werk wie einen „roten Faden" durchziehen: Es handelt sich zum einen um die Grundrichtung seines Denkens, eines *„Auf-Gott-hin-Denken"*, zum anderen um das Programm einer *„Rückkehr zur Vergangenheit"* als *„Weg in die Zukunft"* christlicher Glaubensverkündigung.[13]

α) „Auf Gott hin denken"

(1) Für Schoonenberg steht, wie er in einem Interview (1986) ausführt, im Zentrum seines Theologisierens die *Gottes-Rede* und, damit verbunden, die *Christologie*. Es geht ihm um eine zeitgerechte Weitergabe des Glaubens an die Heilszusage Gottes in Jesus Christus an die Menschen: „Wie ich schon öfters sagte, ist es für die Theologie wohl besonders wichtig, daß sie sich in erster Linie mit Gott beschäftigt ... Ich denke, daß sie sich immer aus der ganzen Tradition, aus Bibel und Tradition heraus auf Gott und seine Liebe zu uns, auf Gott in Christus besinnen muß."[14] Seine Abschiedsvorlesung „Denken naar God toe" - „Auf Gott hin denken" - von 1977 bringt nach Aussage Schoonenbergs sein „wohl wichtigstes theologisches Anliegen" zum Ausdruck: „Gott zur Sprache zu bringen, von Gott zu reden. Nach alter Tradition ist der Inhalt, oder wie man sagt, das Subjekt der Theologie Gott und alles andere in bezug auf Gott. Nun ist in unserer Zeit die Neigung da, über alles andere zu sprechen, und die Gefahr, den Bezug auf Gott zu verlieren. Wenn aber dieser Bezug vergessen wird, dann betreibt man nicht mehr Theologie; dann dient man dem Glauben nicht mehr durch theologisches Denken. Davor wollte ich warnen."[15] Mit dieser Warnung möchte Schoonenberg zugleich eine Einladung an seine Kolleg(inn)en und an die Studierenden aussprechen, in stärkerem Maße als bisher auf Gott hin zu sprechen, da Kirche und Welt dies in der heutigen Zeit sehr nötig hätten.

Schoonenbergs Theologie ist ihrem Wesen nach theozentrisch und christozentrisch ausgerichtet. Dabei hat nach eigener Aussage die christozentrische

---

[12] Vgl. DERS., Theologie in zelfbezinning; DERS., Over de aard van de theologie; DERS., Roeping, vrijheid en onvrijheid van de theoloog.

[13] Beide Motive finden sich als Überschriften von Arbeiten sowohl Schoonenbergs auch auch von Theologen, die seine Überlegungen diesbezüglich aufgreifen: Vgl. P. SCHOONENBERG, Denken naar God toe. Afscheidscollege; DERS., Rückkehr zur Vergangenheit - Weg in die Zukunft?; DERS., Auf Gott hin denken, DERS., Auf Gott hin denken (Deutschsprachige Schriften); DERS., Ons denken naar God, Gods komen tot ons, 145-155; DERS., Versuch, über Gott zu reden; H. RIKHOF, „Auf Gott hin denken"; F. VOSMAN (Hg.), Denken naar God toe; A. KAISER, Rückkehr zur Vergangenheit - Weg in die Zukunft?

[14] P. SCHOONENBERG, Biographisches Interview, 23.

[15] Ebd., 13.

jesuitische Spiritualität starken Einfluß auf sein Denken ausgeübt.[16] Ausgehend von der Erfahrung Gottes in der Heilsgeschichte sucht Schoonenberg sich mit seinem Denken auf Gott hin gleichsam von „unten" nach „oben" dem Mysterium, das Gott ist, anzunähern. Die Theologie kann nicht von Gott her denken, sie kann aber auch nicht Gott selbst oder über Gott denken, da Gott die menschlichen Begriffe übersteigt. Als „fides quaerens intellectum" kann Theologie nur auf Gott hin denken: „Ich will also", so Schoonenberg, „über Gott sprechen. Doch nicht so, als ob wir denkend ‚über' Ihn verfügen könnten. Wir sprechen und denken vielmehr *auf Gott hin.* Theologie ist die unvollendete und unvollendbare Geschichte eines Denkens, das sich auf Gott zubewegt, das Gottes Geheimnis zum Ausdruck zu bringen sucht, nicht um es zu durchschauen, sondern um es gerade als Geheimnis zu verstehen."[17] Die Formel des „Auf-Gott-hin-Denkens" bezeichnet die Denkrichtung, die Methode und das Thema der Theologie Schoonenbergs.[18]

(2) Schoonenbergs Theologie kommt von der Praxis her, sie trägt eine pastorale Signatur.[19] Die Methode seines Theologisierens bezeichnet er als *„genetische" Methode.* Er entwickelt seine Theologie im Dialog mit den Erfahrungen der Menschen, mit den Fragen und Nöten ihres Glaubens. Seine Methode ist „aus der Praxis gewachsen"[20], und sie zielt auf die Katechese: Schoonenberg betreibt Theologie als Seelsorger.[21] In den frühen Jahren ist seine Theologie aus dem Kontext der Priesterausbildung und der theologischen Unterweisung von Laien erwachsen. Pastorale Erfahrungen hat Schoonenberg vor allem im Rahmen der Durchführung von Exerzitien und Einkehrtagen für Priester und Ordensleute gewonnen.[22] Orthodoxie und Orthopraxis sieht Schoonenberg in engem Verhältnis zueinander. Die rechte Lehre muß sich an der Praxis ausrichten, sich an ihr messen lassen. Bereits in den 50er Jahren

---

[16] Vgl., ebd., 18.
[17] DERS., Auf Gott hin denken, 193. (Hervorhebung im Original)
[18] Vgl. T. VAN DEN HOOGEN, God en de rechtvaardigheid, 63: „‚Theo-logie' kann man, mit einem Ausdruck des Kollegen P. Schoonenberg, nach ihrem Thema und ihrer Ausrichtung umschreiben als ein ‚Denken auf Gott hin' ... Dadurch kann die Theologie übrigens auch gesellschaftskritische und kirchenkritische Aspekte haben. Denn ‚Denken auf Gott hin' impliziert, daß alles, was uns als Wirklichkeit gegenübertreten kann, und auch ‚jede Wirklichkeit' der Ausgangspunkt und der Ansatz werden kann für das eigentliche Thema und die Ausrichtung der Theologie."
[19] Vgl. F. HAARSMA, Op het raakvlak tussen dogmatie en pastoraat, 423f.
[20] P. SCHOONENBERG, Biographisches Interview, 16. Vgl. DERS., Orthodoxie und Orthopraxis, 41f: „Zu einem großen Teil geben die Theologen nur jenen Themen denkerischen und systematischen Ausdruck, die zuerst in der Gemeinde lebendig geworden sind. Das ist durchaus meine eigene Erfahrung; viele dogmatische Fragen, mit denen ich mich befassen mußte, wurden zuerst von den Gläubigen gestellt. Der Theologe befaßt sich mit systematischer Reflexion über das Evangelium, indem er eine Verkündigung vorbereitet, die für die heutige Welt wirksamer ist und ihr mehr entspricht."
[21] Vgl. M. SCHOOF, Durchbruch der neuen katholischen Theologie, 181.
[22] Vgl. P. SCHOONENBERG, Biographisches Interview, 19.

schätzt Schoonenberg die Bedeutung des Gesprächs zwischen Theologie und Laien hoch ein[23]. Die an der zeitgenössischen Lebens- und Glaubenserfahrung orientierte Arbeitsweise Schoonenbergs kann als Ausdruck für die Wesensart der Niederländer gesehen werden, die, so Max Schoof, grundsätzlich das praktische Handeln, das konkrete Leben gegenüber der Theorie bevorzugen.[24]
Schoonenbergs Theologie weist eine innere Nähe zur Pastoraltheologie auf: Nach seiner Überzeugung erhält die Pastoraltheologie wichtige Impulse aus der Dogmatik.[25] Nach dem Urteil des Pastoraltheologen Frans Haarsam bietet seine Theologie inhaltlich „wesentliche Anknüpfungspunkte für die vielen Fragen, vor die die pastorale Theologie sich gestellt sieht".[26] In diesem Sinne schreibt Tarsius van Bavel: „Spekulation und Theorie sind bei Schoonenberg niemals l'art pour l'art, sondern stehen in direkter Verbindung mit und sogar in Funktion der Praxis der Pastoral."[27] Ausdruck seines christlichen Humanismus, seiner pastoralen und seelsorgerlichen Grundhaltung ist Schoonenbergs Prinzip der „Nicht-Konkurrenz" zwischen Gott und Mensch, das sein gesamtes Werk prägt.
Mit bedingt durch die dialogische Struktur seines Theologisierens und in Entsprechung zu ihrer genetischen Methode ist Schoonenbergs Theologie als ganze selbst eine beständig sich entwickelnde, eine „Theologie im Werden" (Alfred Kaiser)[28]; Schoonenberg gilt als ein „Theologe in Entwicklung" (Abraham Van de Beek)[29]. Die Ehrlichkeit und Klarheit seiner Theologie zeichnet sich dadurch aus, daß er sich selbst und anderen Rechenschaft über seinen theologischen „Denkweg" ablegt: über Zweifel, welche theologische Richtung einzuschlagen, welche Lösung anzustreben sei, das Einräumen auch von „Sackgassen", „Irrwegen" oder von notwendig gewordenen Korrekturen. Dies ist insgesamt Ausdruck der tastenden, suchenden Art seines Denkens.

(3) Schoonenberg erinnert wiederholt an die Analogie-Regel des Vierten Laterankonzils (DH 806). Aussagen über Gott gehen von der geschöpflichen Wirklichkeit aus. Der positive Aussagegehalt ist zugleich zu negieren und so zu übersteigen; zwischen Schöpfer und Geschöpf besteht eine größere Unähnlichkeit als Ähnlichkeit. Schoonenberg tritt damit für eine *negative, apophatische Theologie* ein. Dem anbetenden Schweigen vor Gott geht jedoch der *Versuch, über Gott zu reden*, voraus: „Apophatische Theologie, die noch immer spricht, wenn auch in Verneinungen, kommt erst nach einer bestätigen-

[23] Vgl. DERS., De leek en de theologie; DERS., Leek en theologie.
[24] Vgl. M. SCHOOF, Durchbruch der neuen katholischen Theologie, 178-181.
[25] Vgl. W. ZAUNER, Vorwort, 9.
[26] F. HAARSMA, Op het raakvlak tussen dogmatiek en pastoraat, 424.
[27] L. BAKKER, Schoonenberg's theologie, 373. Vgl. M. SCHOOF, Durchbruch der neuen katholischen Theologie, 181: „In seiner Theologie hält er immer den engen Kontakt mit der christlichen Erfahrung aufrecht. Offensichtlich fühlt er sich wirklich wohl in der katechetischen Umwelt."
[28] A. KAISER, Möglichkeiten und Grenzen einer Christologie „von unten", 246.
[29] Vgl. A. VAN DE BEEK, De menselijke persoon van Christus, 101f.

den oder kataphatischen Theologie."[30] Schoonenberg äußert die Überzeugung, daß ein Verneinen oder Schweigen, das zu früh einsetzt, die Gefahr eines „Totschweigens" Gottes mit sich bringe. Dem Wissen um das Nichtwissen von Gott muß die Verkündigung der christlichen Botschaft bzw. die (auch kontemplative) Betrachtung der göttlichen Heilstaten vorausgehen. Dabei wohnt der theologischen Erkenntnis selbst ein intuitives Moment inne: „Schoonenberg [weist] darauf hin, daß die theologische Erkenntnis mehr ist als ein rein begriffliches Fassenwollen der Wirklichkeit Gottes."[31] Das Programm des „Auf-Gott-hin-Denkens" ist letztlich das Grundmotiv einer Theologie des Mysteriums.

β) „Rückkehr zur Vergangenheit - Weg in die Zukunft"

(1) In dieser Formel zeigt sich der *historische Wesenszug* der Theologie Schoonenbergs. Seiner Auffassung nach gibt es, so Herwi Rikhof, „zwei Bewegungen, die der Theologie eigen sind ... Die eine Bewegung richtet sich nach vorn, in die Räume der verschiedenen Kulturen und in die Zukunft des weltweiten Glaubens. Die andere richtet sich nach hinten, zum Kern des Glaubens und zu einer Vergangenheit, in der dieser Kern sich noch deutlich in der Mitte befand."[32] Schoonenberg ist sich bewußt, mit seinem Theologisieren im leben-digen Überlieferungsprozeß der Kirche zu stehen: „Der eigene Weg ... scheint mir darin zu bestehen, daß ich Tradition, Überlieferung pflege, indem ich die Vergangenheit zur Gegenwart und Zukunft hin öffne."[33] Er schreibt der Theologie die Aufgabe einer Übersetzung des überlieferten Glaubens in den heutigen Lebens- und Glaubenskontext zu. Theologie verbindet Vergangenheit, Gegenwart und Zukunft; sie geht dabei von der christlichen Erfahrung aus.[34]

Als christliche Wissenschaft bewegt sich die Theologie zwischen der je „heutigen" Erfahrung der Gläubigen und der immer schon interpretierten Botschaft des Glaubens. Zwischen beiden sucht sie zu vermitteln. Der Weg in die Zukunft, den sie beschreitet, ist zunächst die Rückkehr in die Vergangenheit, zu den Quellen des christlichen Glaubens: zu Schrift und Tradition. Das Programm „Rückkehr in die Vergangenheit - Weg in die Zukunft", das Schoonenberg im Jahre 1985 (versuchsweise, mit einem Fragezeichen versehen) als Überschrift seiner „Prolegomena zu einem Entwurf der Theologie" formuliert[35], erläutert er ein Jahr später folgendermaßen: „In der Geschichte der theologischen Reflexion gibt es eine Vorwärtsbewegung, die neue Einsichten hervorbringt, aber auch andere im Schatten liegen läßt. Die Theologie hat immer und besonders heute den Auftrag, alle diese Elemente,

[30] P. SCHOONENBERG, Biographisches Interview, 17.
[31] A. KAISER, Rückkehr zur Vergangenheit - Weg in die Zukunft?, 271.
[32] P. SCHOONENBERG, Rückkehr zur Vergangenheit - Weg in die Zukunft?, 271.
[33] Ebd., 294.
[34] Vgl. DERS., Over de aard van de theologie, 229.
[35] Vgl. DERS., Rückkehr zur Vergangenheit - Weg in die Zukunft?

auch die ,vergessenen Wahrheiten', zur Sprache zu bringen und möglichst zu synthetisieren. So eröffnet die Theologie die Vergangenheit auf heute und morgen hin. Damit hängt meine ... Überzeugung zusammen, daß ... die Theologie immer Anschluß an die Fragen und Einsichten dieser Vergangenheit suchen muß, um denselben Glauben heute auszusprechen. Das bedeutet keine Wiederholung, noch auch eine bloße Übersetzung in eine neuere Terminologie, sondern eine Integration des Vergangenen in einen Zusammenhang neuer Fragen und Einsichten."[36]
Der Geschichts-Begriff erscheint in Schoonenbergs theologischem Denken in mehreren Bedeutungen. Er ist, wie Rikhof erläutert, „für Schoonenbergs Theologie in ihrem Thema wie in ihrer Methode grundlegend ... Geschichte meint einmal Vergangenheit, Tradition. Schoonenberg ist ein ,traditioneller' Theologe: jemand, der ständig mit Geschichte und Traditionen, deren Erfahrungen und Einsichten weitergegeben werden müssen, in einer kritischen Weise beschäftigt ist."[37] Ist Schoonenbergs Theologie geschichtlich orientiert, so besagt dies zum anderen, daß er über ein umfassendes Wissen von der Vergangenheit verfügt. Geschichte meint schließlich die Welt, in der der Mensch heute lebt, aus der Vergangenheit her kommend und ausblickend in die Zukunft. „Die Sensibilität für die Welt des Menschen in ihrer Geschichtlichkeit und die Sensibilität für die Geschichte, für Eigenständigkeit, Kontingenz und Relevanz der Vergangenheit bestimmen Schoonenbergs theologische Arbeit."[38]

(2) Besinnt sich Schoonenberg auf die *Quellen des Glaubens*, ist damit vor allem die *Schrift* gemeint, erst an zweiter Stelle die *Patristik*. Erst in späteren Jahren, seit seiner Emeritierung, erwacht bei ihm ein ausgeprägtes Interesse für die Patristik, für einzelne Kirchenväter. Die Bibel ist, wie er wiederholt betont, das Fundament und die Quelle seines Denkens: „Vielleicht ist es nicht übertrieben zu sagen, daß sich die philosophische Komponente meiner Theologie von der Bibel her entwickelt hat. Die Bibel wurde für mich eine Heimat der Theologie, auf jeden Fall mehr als nur ein Ausgangspunkt. Später kam via Christologie und Trinitätslehre die Patristik noch dazu, besonders die vornizänische."[39]
Die „Rückkehr zur Vergangenheit" ist programmatisch für Schoonenbergs Theologie seit den 40er Jahren, bedingt durch den Einfluß der „Nouvelle Théologie" auf sein Denken. „Das war die Zeit", so Schoonenberg (1986), „als ,die Kirche in den Seelen erwachte', und ich habe mich damals sehr durch Romano Guardini inspirieren lassen. Ich liebte auch die Liturgische Bewegung, die damals in unserem Orden allerdings nicht im Vordergrund stand."[40]

[36] DERS., Biographisches Interview, 15.
[37] H. RIKHOF, „Auf Gott hin denken", 218.
[38] Ebd.
[39] P. SCHOONENBERG, Rückkehr zur Vergangenheit - Weg in die Zukunft?, 306.
[40] DERS., Biographisches Interview, 19.

Beeinflußt wurden Schoonenbergs bibeltheologische Studien in jüngerer Zeit durch anglo-amerikanische Exegeten. Schoonenberg selbst er nennt vor allem Reginald Fuller, James Dunn und Raymond Brown[41].

(3) Seine Theologie entsteht im *wissenschaftlichen Dialog* mit anderen theologischen Disziplinen, mit Theolog(inn)en anderer Länder, aus Europa, Nordamerika, Asien, ebenso wie mit Theolog(inn)en, die anderen christlichen Konfessionen, anderen Religionen angehören. Nachhaltigen Einfluß auf sein Denken wie auf seine persönliche Frömmigkeit übten seine häufigen Aufenthalte in den USA seit 1970 aus; diese Prägung steht nicht zuletzt in Zusammenhang mit seinen Kontakten zu Gruppen der Charismatischen Bewegung.[42] Schoonenbergs Theologie ist ökumenisch ausgerichtet, offen für andere Kulturen, sie hat einen internationalen Charakter. In dieser geistigen Offenheit, die zeitgenössische Geistesströmungen, andere Religionen, fremde Kulturkreise und Mentalitäten im Blick hat, ist er in entscheidendem Maße durch seine Ordenszugehörigkeit geprägt worden: Der Jesuitenorden steht - gerade im Rahmen der Missionstätigkeit in anderen Ländern - im Dialog mit anderen Religionen, Kulturen, Nationen. Ein besonderes Interesse äußert Schoonenberg am Hinduismus.[43]

γ) Bündelung

Schoonenbergs Theologie ist ihrem Wesen und ihrer Methode nach *Erfahrungstheologie*: Sie geht von der christlichen Erfahrung aus: von der Erfahrung Gottes in der Heilsgeschichte einerseits, von den zeitgenössischen Lebenserfahrungen der Menschen andererseits. Dem entspricht ihre *induktive, genetische Methode*, welche die tastende begriffliche Suche, die Annäherung auf Gott hin wiederspiegelt. Seine Methode ist zugleich auch *deduktiv* insofern, als der Denkweg „von unten" Gottes „Kommen" in die Schöpfung voraussetzt, ein intuitives, überbegriffliches „Erfassen" Gottes einschließt.
Schoonenbergs Theologie erwächst aus dem Dialog mit dem gelebten Glauben. Als solche ist ihr ein *pastoraler, katechetischer Grundzug* eigen. Sie ist *Verkündigungstheologie*: Sie leistet die Aufgabe einer übersetzenden Interpretation des überlieferten Glaubens in die Gegenwart und eröffnet damit der christlichen Botschaft Zukunftsperspektiven. Damit ist sie zugleich

---

[41] Vgl. ebd., 18.

[42] Vgl. ebd., 22f: „Ich fühle mich ein bißchen verwandt mit Amerika ... Amerika hat mir viel gegeben; ja, ich möchte sagen, es hat mir eine neue Sicht der Kirche gegeben, eine Verbundenheit im Herrn, manchmal eine ganz neue Belebung der Liturgie, die mich immer wieder erfreut und die mir Mut gibt."

[43] Vgl. ebd., 20f: „Ich habe wohl davon geträumt, Missionar im Dialog mit den Hindus zu werden. Während des Krieges waren einige frühere Missionare ... bei uns in Maastricht ... Später präsentierte er [der Hinduismus] sich mir ... unerwartet durch eine Einladung von Prof. Gerhard Oberhammer, Direktor des Indologischen Instituts der Universität Wien. Dieser hatte einige Male ein Symposion von Indologen und Theologen organisiert ... Später war ich regelmäßig an diesen Symposien ... beteiligt."

charismatisch: Sie hat prophetische und weisheitliche Züge. Sie vereinigt den Aufruf zu christlichem Engagement in Kirche und Welt mit einem kontemplativen, bisweilen mystischen Zug. Schoonenberg ist ein theologischer „Erneuerer", der, offen für die Zeichen der Zeit, immer auch die Rückbindung an die Tradition sucht: „Revolutionär sein und traditionell sein" - so Schoonenberg - „fallen in der Theologie zusammen."[44]
Als ein Versuch, auf Gott hin zu denken und zu sprechen, ist Schoonenbergs Theologie letztlich *apophatische, negative Theologie*, die die Geheimnishaftigkeit Gottes (an)erkennt. Die Theologie Schoonenbergs ist die Frucht seines eigenen Weges mit Gott; sie ist Zeugnis seiner eigenen Berufung: Ausdruck seiner Überzeugung, „daß jeder eine personale Berufung hat. Und ich fühle mich betont als Priester und Theologe; das ist meine persönliche Berufung im Jesuitenorden." Als Seelsorger und Theologe möchte er „von Gott und seiner liebenden Erlösung in Jesus Christus ... sprechen"[45].

2. Forschungsschwerpunkte im theologischen Werk und ihre Rezeption in der zeitgenössischen Theologie

Auf dem Hintergrund der Frage, inwieweit die Themenstellung dieser Studie, die Geist-Theologie Schoonenbergs, bereits Gegenstand theologischer Untersuchungen war, wird im folgenden ein Einblick in die Rezeption seines Werkes in der zeitgenössichen Theologie gegeben.
Begegnet man in der theologischen Literatur dem Namen Schoonenbergs, so gilt das Interesse meiner Beobachtung nach vor allem seinen Arbeiten zur Eucharistietheologie, zur Theologie der Sünde, zu Fragen der Dogmeninterpretation und nicht zuletzt zur Christologie und Trinitätstheologie. Seine Studien aus den drei erstgenannten Bereichen sind bereits in den ausgehenden 50er, den 60er und frühen 70er Jahren entstanden. Seine Entwürfe diesbezüglich waren richtungsweisend, sie werden bis in die Gegenwart hinein rezipiert. Ein starkes theologisches Echo lösten in den 70er und 80er Jahren Schoonenbergs christologische und trinitätstheologische Thesen aus.[46]

a) Verständnis der eucharistischen Gegenwart

Schoonenberg hat sich Ende der 50er Jahre und in den 60er Jahren in verschiedenen Beiträgen zur Frage der personalen Gegenwart Jesu Christi in den eucharistischen Gestalten von Brot und Wein („somatische Realpräsenz")

[44] DERS., Theologie en eschatologie, 216.
[45] DERS., Biographisches Interview, 23.
[46] Da seine Studien diesbezüglich die Thematik dieser Untersuchung direkt berühren und sie an entsprechender Stelle vorgestellt und kritisch besprochen werden, beschränke ich mich bei der folgenden Übersicht auf die zuvor genannten Forschungsbereiche Schoonenbergs.

geäußert.[47] Die Rezeption erfolgte in einer ersten Phase, den 60er und 70er Jahren, im Rahmen einer breiten und heftigen, zunächst primär innerkatholischen Diskussion um neuere Deutungsversuche der Transsubstantiationslehre.[48] In den 80er Jahren und zu Beginn der 90er Jahre kam es erneut zu einer kritischen Auseinandersetzung mit der Position Schoonenbergs, die im Kontext der interkonfessionell geführten Kontroverse um die ökumenische Bedeutung der Transsignifikationslehre steht. Ausgelöst wurde die jüngste Diskussion durch die Dissertation von Norbert Slenczka, „Realpräsenz und Ontologie", aus dem Jahre 1993.[49]
„Wie die eucharistische Gegenwart des Herrn in einem personalen und sakramentalen Kontext gedacht werden könne, ohne den Glauben an seine reale Gegenwart *in* den Gestalten von Brot und Wein zu relativieren"[50], diese Frage lag den neueren Interpretationsversuchen der 50er und 60er Jahre (Schoonenberg, Schillebeeckx, Smits, Trooster, Fortmann, u.a.) zugrunde: Das mit dem Begriff „Transsubstantiation" („Wesensverwandlung") Gemeinte suchten sie in den Termini „Transsignifikation" („Umbezeichnung" bzw. „Bedeutungswandel") und „Transfinalisation" („Umstiftung" bzw. „Bestimmungswandel") zum Ausdruck zu bringen.[51] Schoonenberg war der erste, der diese neuen Bezeichnungen in die eucharistietheologische Diskussion einbrachte: „Zu den interessantesten Punkten in der gegenwärtigen Eucharistiedebatte zählt zweifellos der Versuch, ein Verständnis von Realpräsenz zu erarbeiten, das sich *personaler* Kategorien bedient und allgemein unter den Schlagworten ‚Transsignifikation' und ‚Transfinalisation' bekannt geworden ist."[52] Theodor Schneider charakterisiert das Anliegen der Neuinterpretation der Transsubstantiationslehre: „Die neuen Versuche sind ... dadurch gekennzeichnet, daß sie in einem anthroplogischen Kontext und mit personal-relationalen Kategorien aussagen wollen, was die Transsubstantiationslehre in einem naturphilosophischen Kontext mit ‚sachhaften' Kategorien zu leisten versuchte: Die Ebene des Sakramentalen als die eigentliche Realität der eucharistischen Gegenwart wieder freizulegen ... Es geht darum, die personale Wirklichkeit, die nur in Relationen existiert, als das eigentliche, für die eucharistische Wirklichkeit bestimmende Sein zu sehen."[53]

---

[47] Vgl. P. SCHOONENBERG, Eucharistie en tegenwoordigheid; DERS., De tegenwoordigheid van Christus; DERS., Eucharistische tegenwoordigheid (1959); DERS., Een terugblik. Ruimtelijke, persoonlijke en eucharistische tegenwoordigheid.

[48] Vgl. L. VAN HOUT, Eucharistielehre in den Niederlanden; G.B. SALA, Transsubstantiation oder Transsignifikation?; W. BEINERT, „Mysterium Fidei" und neuere Auffassungen über die Eucharistie; A. GERKEN, Theologie der Eucharistie; G. HINTZEN, Diskussion um die eucharistische Wandlung; Th. SCHNEIDER, Diskussion über die eucharistische Wandlung; DERS., Eucharistie in der Sicht der heutigen Theologie; J. WOHLMUTH, Realpräsenz und Transsubstantiation; DERS., Transsubstantiation oder Transsignifikation?

[49] Vgl. R. SLENCZKA, Realpräsenz und Ontologie.

[50] G. HINTZEN, Verständnis der eucharistischen Realpräsenz, 279.

[51] Vgl. F. COURTH, Sakramente, 206.

[52] Th. SCHNEIDER, Kirchen- und Abendmahlsverständnis, 73. (Hervorhebung im Original)

[53] DERS., Diskussion über die Eucharistie, 187.

Schoonenberg unterscheidet zwischen einem (bloß) informierenden Zeichen und einem realisierenden Zeichen: Letzteres verwirklicht bzw. verkörpert auch selbst, was es zum Ausdruck bringen will - so etwa die Nähe eines Menschen in einem Geschenk. Damit verbunden ist die Unterscheidung zwischen räumlicher und personaler Gegenwart: Personaler Gegenwart liegt immer ein realisierendes Zeichen zugrunde: Als Medium interpersonaler Kommunikation ist der Leib das „Zeichen", das auf intensivste Weise die persönliche Gegenwart eines Menschen zum Ausdruck bringt. Auch die eucharistische Gegenwart gehört nach Schoonenberg „zur Kategorie der personalen Gegenwart. Sie ist immer interpersönlich: Die Hostie vermittelt zwischen dem Herrn ... und mir."[54] Wird in einem Geschenk der Geber selbst persönlich gegenwärtig, so deutet Schoonenberg in analoger Weise die Eucharistie als Selbstgabe Christi: „Diese verwirklichende Gegenwart entsteht dadurch, daß Brot und Wein *Zeichen werden* ... Was geschieht, ist eine Zeichen-Veränderung. Die Transsubstantiation ist eine Transfinalisation oder Transsignifikation, aber dann in der Tiefe, die allein Christus in seiner am stärksten realisierten Selbstgabe erreicht. Brot und Wein ... werden die Zeichen, die diese tiefste Selbstgabe verwirklichen."[55]
Schoonenbergs Vorschlag ist auf Zustimmung[56] und Kritik gestoßen. Letztere gründet in dem Einwand, „die ontologische Realität der eucharistischen Wesensverwandlung [werde] nicht mehr gewahrt und die Realpräsenz Christi zu einer bloß symbolischen Gegenwart verflüchtigt."[57] Die Veröffentlichung der Enzyklika „Mysterium Fidei" (1965) brachte die früheste Phase der Auseinandersetzung zu einem gewissen Abschluß. Wendet sich das Lehrschreiben gegen die als unzureichend bezeichneten Deutungsmodelle der „Transsignifikation" und der „Transfinalisation" und schreibt es den von Trient geprägten Begriff der „Transsubstantiation" auch weiterhin fest, so gelten die Modelle doch nicht als häretisch, sondern werden als hilfreiche, korrigierende Ergänzung bezeichnet.[58]
Bis in die Gegenwart werden kritische Einwände gegen die neueren Deutungsversuche laut.[59] Nach Auffassung von Georg Hintzen gelingt es Schoonenberg

[54] P. SCHOONENBERG, Tegenwoordigheid (1964), 414.
[55] Ebd., 414f. (Hervorhebung im Original)
[56] Vgl. Th. SCHNEIDER, Diskussion über die Eucharistie, 189f: Nach Schneider eröffnet die von Schoonenberg vorgetragene „Phänomenologie personaler Gegenwart im realisierenden Zeichen ... einen interessanten neuen Zugang zur Communio mit dem Erhöhten, der uns in seinem Geist nahe ist im realisierenden Zeichen seines Mahles. Durch diese ‚Transsignifikation', die (von ihm selbst gestiftete) Umwandlung der Zeichenhaftigkeit von Brot und Wein, sind diese nicht mehr nur körperliche Nahrung, nicht mehr nur Ausdruck menschlicher Gemeinsamkeit, sondern darüber hinaus und darin sich realisierende Hingabe seiner Gegenwart für uns und an uns, die uns mit ihm zur Koinonia zusammenbindet."
[57] G. HINTZEN, Sakramentale und personale Zeichenwirkung, 112.
[58] Vgl. PAPST PAUL VI., Enzyklika „Mysterium fidei", 654.
[59] Die Gefahr, daß Schoonenbergs Auffassung als Symbolismus mißverstanden werden könnte, sieht G. HINTZEN, Diskussion um die eucharistische Wandlung, 90. Gegen den Vorwurf der anthropologischen Reduktion wendet sich: B.J. HILBERATH, „Substanzverwandlung" - „Be-

letztlich nicht, „die Identität der eucharistischen Elemente mit dem Leib des Herrn ... wirklich einsichtig zu machen“[60]. Es werde nicht eindeutig deutlich, was Schoonenberg unter einem Zeichen verstehe.[61] Es werde eine theologische Erklärung des Zeichens ebensowenig gegeben wie er den Substanzbegriff in seine Überlegungen einbezogen habe. Von daher könne er auch die Transsubstantiation nicht befriedigend erklären.[62] In der jüngeren Auseinandersetzung um die Position Schoonenbergs werden vergleichbare Anfragen geäußert. Es erscheint unklar, inwieweit die Realpräsenz Christi in der Eucharistie andere Weisen seiner personalen Gegenwart in der Gemeinde übertrifft.[63] Hintzen formuliert zu Beginn der 90er Jahre als Aufgabe, eine „ontologisch fundierte personale Interpretation der Eucharistie zu entwickeln“[64]. Auch Thomas Freyer (1993) bemängelt das nach wie vor ungeklärte Verhältnis von Transsignifikation und Transfinalisation.[65] Eine weitere Präzisierung des katholischen Standpunktes erweist sich als notwendig im Blick auf das ökumenische Gespräch. Norbert Slenczkas Kritik setzt bei den ontologischen Voraussetzungen der Neuinterpretation der Transsubstantiationslehre an, die ontologisch und theologisch völlig ungenügend sei.[66] Der Haupteinwand lautet, „daß die Vertreter der Transsignifikationslehre zwar Thesen phänomenologischer Provenienz aufnehmen, diese aber mit einem grundsätzlich festgehaltenen substantialen Ansatz, das heißt einem vorthematischen Realismus, verbinden.“[67] Nach Slenczka entspricht Schoonenbergs Verständnis der Transfinalisation bzw. Transsignifikation nicht der von Trient mit Hilfe des Begriffs der Transsubstantiation vorgetragenen Lehre über die eucharistische Wandlung.[68] Er

---

deutungswandel“ - „Umstiftung“, 146. Die Kritik des Subjektivismus läßt sich nach Schneider leicht als unhaltbar erweisen: Th. SCHNEIDER, Diskussion über die Eucharistie, 190.

[60] G. HINTZEN, Verständnis der eucharistischen Realpräsenz, 291.

[61] Vgl. DERS., Diskussion um die eucharistische Wandlung, 90. (Hervorhebung im Original) - Siehe ebd., 92: Hintzen fragt, „ob das eucharistische Zeichen mit der Bestimmung als realisierendem und gemeinschaftsbildendem Zeichen schon hinreichend beschrieben ist. Ist denn mit diesem Begriff als solchem die substantielle Realpräsenz und damit die Transsubstantiation von Brot und Wein immer schon vorausgesetzt, wie Schoonenberg meint? ... Sie [die ‚Analogie' zwischen göttlicher und menschlicher Selbstgabe] macht ... nur deutlich, daß die Eucharistie ein personales Ereignis ist, aber *wie* sich dieses personale Ereignis in den *Zeichen* von Brot und Wein vollzieht, wird dadurch keineswegs einsichtig, auch dann nicht, wenn man erklärt, es geschehe in einer anderen und höheren Weise, als es unter Menschen möglich sei.“ (Hervorhebung im Original)

[62] Vgl. ebd., 92-97; H. JORISSEN, Diskussion um die eucharistische Realpräsenz, 47.

[63] Vgl. F. COURTH, Sakramente, 206.

[64] G. HINTZEN, Verständnis der eucharistischen Realpräsenz, 279.

[65] Vgl. T. FREYER, „Transsubstantiation“ versus „Transfinalisation/Transsignifikation“?, 176.

[66] Vgl. N. SLENCZKA, Realpräsenz und Ontologie, 210.

[67] Ebd.

[68] Vgl. ebd., 250: „Da bei Schoonenberg weder erkennbar ist, inwiefern die Wandlung eines Kontextes oder einer Verwendung ein Wandel von ontologischer Dignität ist, noch erkennbar ist, inwiefern ein zum ‚Zeichen' Gewandeltes mit seinem Bezeichneten identisch sein sollte, liegt kein Wandel des Brotes und des Weines in die Person oder den Leib und das Blut Christi vor, sondern Brot und Wein werden höchstens zu Zeichen der Person, durch die sich eine

betrachtet Schoonenbergs Position als grundsätzlich gescheitert und als nicht (mehr) mit der Eucharistielehre der katholischen Kirche (bzw. der christlichen Konfessionen) übereinstimmend.[69] Slenzckas Publikation hat in der Sache Zustimmung und Kritik erfahren.[70]

Schoonenberg hat sich 1986 zu der zurückliegenden Debatte geäußert: „Ich habe ... versucht - übrigens mit anderen Theologen - über eine Transformation in der Zeichenhaftigkeit, eine Transfinalisation oder Transsignifikation zu sprechen, aber das habe ich bald aufgegeben. Der wichtigste Grund dafür war, daß in unserer westlichen Kultur die Menschen von vornherein die Neigung haben, das Wort ‚Zeichen' zu mißdeuten. Sie behaupten: wenn du sagst, es geschieht durch die Wandlungsworte eine Änderung des Brotes und des Weines als Zeichen, dann geschieht keine Änderung in der Wirklichkeit. Das aber ist ein großes Mißverständnis. Die Zeichen, die Zeichenhandlungen können im interpersonalen Bereich - und der ist eine Realität - auch die Dinge und die Personen in ihrer Gesamtwirklichkeit ändern."[71] Er hat sich seit den ausgehenden 60er Jahren nicht mehr an der eucharistietheologischen Diskussion beteiligt.

b) Neuaussprache der Erbsündenlehre

Piet Schoonenberg gilt (noch 1997) als ein „Klassiker der neueren Erbsündentheologie"[72]. Dieses Urteil bezieht sich auf Schoonenbergs „Theologie der Sünde" (1966); Vorarbeiten hierzu sind seit 1962 erschienen. Schoonenberg war „mit seiner Neuformulierung der Erbsündenlehre nicht nur einer der ersten, sondern auch einer der erfolgreichsten."[73] Aufgenommen wurde seine „Theologie der Sünde" in die in mehrere Sprachen übersetzte heilsgeschichtliche Dogmatik „Mysterium Salutis".[74] Geprägt von Schoonenbergs (Erb)-Sündenlehre sind entsprechende Ausführungen im „Neuen Holländischen Katechismus".[75]

Selbstgabe Christi vollzieht und ‚in' denen in nicht näher nachvollziehbarer Weise Christus selbst gegenwärtig ist."

[69] Vgl. ebd., 252.

[70] Vgl. T. FREYER, „Transsubstantiation" versus „Transfinalisation/Transsignifikation", 174-181; G. HINTZEN, Personale und sakramentale Gegenwart, 210-223; N. SLENCZKA, Zur ökumenischen Bedeutung der sogenannten Transsignifikationslehre.

[71] P. SCHOONENBERG, Biographisches Interview, 14.

[72] B. RUHE, Dialektik der Erbsünde, 19.

[73] S. WIEDENHOFER, „Erbsünde" - eine universale Erbschuld?, 33. Vgl. M. SIEVERNICH, Schuld und Sünde in der Theologie der Gegenwart, 69: „Ein weithin beachteter und für seine Zeit bahnbrechender Beitrag zur Theologie der Sünde stammt von dem niederländischen Exegeten und Dogmatiker PIET SCHOONENBERG." (Hervorhebung im Original)

[74] P. SCHOONENBERG, Der Mensch in der Sünde.

[75] Vgl. S. WIEDENHOFER, „Erbsünde" - eine universale Erbschuld?, 33. Zur Sündenlehre des Holländischen Katechismus: Vgl. M. SIEVERNICH, Schuld und Sünde, 316-337.

Schoonenbergs Neuinterpretation der Erbsündenlehre wird bis in die Gegenwart breit rezipiert.[76] Besprochen wird sie als Grundlegung des sog. „sozialtheologischen Erbsündenmodells".[77] Siegfried Wiedenhofer würdigt Schoonenbergs Theologie der Sünde im Kontext der Auseinandersetzung um Kontinuität und Erneuerungsbedürftigkeit der Erbsündenlehre in den 50er und 60er Jahren.[78] Den Anstoß bilden die neuen Einsichten im Bereich der Naturwissenschaften, der Biologie (Evolutionstheorie) und der Paläontologie: „Charakteristisch für ... [Schoonenbergs] Rekonstruktion der Lehre von der Erbsünde ist seine Aufgeschlossenheit für die naturwissenschaftlichen Erkenntnisse über eine evolutive Weltsicht, die Berücksichtigung der exegetischen Forschungsergebnisse Ende der 60er Jahre sowie Überlegungen über den hermeneutischen Status dogmatischer Aussagen."[79] Schoonenberg strebt eine Einheit von evolutivem, geschichtlichen und existentialen Denken an. Ausdruck hierfür ist der anthropologische Begriff der „Situation" („situatie"), den er in die Diskussion eingeführt hat und der zugleich innerhalb seiner Konzeption am stärksten kritisiert wurde.[80] Als Wegbereiter des „situationalistischen" Erbsündenmodells, das die Erbsünde als „sündige Situiertheit der Freiheit"[81] begreift, ist Schoonenbergs Vorstoß auch gegenwärtig von Bedeutung. Das in der zeitgenössischen Diskussion vertretene theologische Paradigma „Erbsünde als Solidarität in der Sünde" ist seiner Rede von der Solidarität in der Sünde bzw. von der Sünde der Welt inhaltlich verwandt.
Schoonenberg zielt eine Verbindung der ursprünglich in getrennten Traktaten behandelten Lehre von der persönlichen Sünde und der Erbsünde an.[82] Die Schrift versteht unter Sünde zum einen die freie sündige Tat des einzelnen Menschen. Diese entspringt der freien Entscheidung des Menschen. Sie ist Abkehr von Gott und eine ungeordnete Hinwendung zum Geschöpf.[83] Die

---

[76] Vgl. M. SEYBOLD, Erbsünde und Sünde der Welt; K. SCHMITZ-MOORMANN, Die Erbsünde, 66-75; G. VANDERVELDE, Original Sin, 55-256; R. WEIER, Erbsünde und Sünde der Welt; C. CAMPBELL BETTY, Piet Schoonenberg's Theory of Original Sin; W. EICHINGER, Erbsündentheologie, 55-84; J.M. CHUKWUDI NWOSAH, Original Sin in Dialogue, 95-140; H. HOPING, Freiheit im Widerspruch, 27-37; M. SIEVERNICH, Schuld und Sünde, 69-103; H.M. KÖSTER, Urstand, Fall und Erbsünde, 106-115. 193-195.

[77] Vgl. D. SATTLER, Gelebte Buße, 326; S. WIEDENHOFER, Hauptformen gegenwärtiger Erbsündentheologie, 317-319.

[78] Vgl. S. WIEDENHOFER, Hauptformen gegenwärtiger Erbsündentheologie, 315.

[79] B. RUHE, Dialektik der Erbsünde, 19f.

[80] Vgl. P. SCHOONENBERG, Theologie der Sünde, 122. Schoonenberg versteht unter „Situation": „‚Ein Ganzes von Umständen, in die jemand oder etwas sich in einem bestimmten Augenblick gestellt sieht; ein Ganzes von herrschenden Umständen auf irgendeinem Gebiet.' ... Die Situation steht oder liegt ‚um' eine Person, sie gehört zu ihrer ‚Umwelt'." Schoonenberg zitiert aus: J.A.N. KNUTTEL, Woordenboek der Nederlandse Taal, Art. „Situatie".

[81] M. SIEVERNICH, Schuld und Sünde in der Theologie der Gegenwart, 93.

[82] Vgl. ebd., 70: „In der Schuldogmatik hatte man die Thematik der persönlichen Sünde der Moraltheologie zugewiesen und damit ein moralisches und gesetzliches Sündenverständnis gefördert; die Thematik der Erbsünde wurde als Teil der Schöpfungslehre abgehandelt und büßte ihren existentiellen Charkater ein."

[83] Vgl. P. SCHOONENBERG, Theologie der Sünde, 30-37, hier 31.

Schrift kennt zum anderen einen kollektiven Sündenbegriff; danach ist Sünde „eine überindividuelle, eine die menschliche Gemeinschaft umfassende und bestimmende Größe“[84]. Mit Hilfe des johanneischen Begriffs „Sünde der Welt“ (Joh 1,29) verdeutlicht Schoonenberg den inneren Zusammenhang zwischen der einzelnen sündigen Tat und der Solidarität in der Sünde. Bedeutung kommt hier dem Verständnis der Sündenfolgen zu: Er versteht die Strafe als immanente Folge der Sünde.[85] Der sozialphilosophische Begriff der „Situation“ ist das „Bindeglied, durch das die Sünden der einzelnen in *einer* Sünde der Welt zusammenhängen.“[86] Näherhin geht es Schoonenberg um das „Situiert-Sein, das Bestimmtsein hinsichtlich der eigenen Freiheit durch die Sünden [der anderen]“[87]. Dieses sündige Situiert-Sein ist „erstens ein Ergebnis der vorangegangenen Geschichte, konkret der Situation, die durch die freien sündigen Taten der anderen geschaffen worden ist, nicht ein Produkt der eigenen persönlichen Sünden und auch nicht einer persönlichen Haltung - hat also den Charakter eines vorgegebenen Zustands. Das Situiertsein ist zweitens eine innere Bestimmtheit der Person durch diese Situation, nicht bloß ein mechanischer Zwang durch das äußere Milieu - hat damit wirklich den Charakter des Unheils und der Sünde. Dieses Situiertsein ist drittens ein Appell, der nach existentieller Aktualisierung drängt, der aber die Freiheit der personalen Entscheidung nicht aufhebt.“[88] Schoonenberg deutet den erbsündlichen Zustand als ein existentiales Situiert-Sein durch die Sünde der Welt.[89] Während in einer existentiellen Situation der einzelne Mensch sich ihr gegenüber durch seine eigene Entscheidung sinnstiftend verhalten kann, bestimmt die existentiale Situation ihn vorgängig zu seiner Entscheidung.[90]
Schoonenberg bezeichnet seinen Neuansatz als einen „Vermittlungsversuch zwischen Naturalismus und Personalismus, Essentialismus und Existentialismus“[91]. Dabei unterstreicht er die soziale Dimension der Sünde, die sich (zer)störend auf die Beziehung zu Gott und die Mitmenschen auswirkt. Kritisiert wird gegenüber Schoonenbergs „Situations“-Begriff - gerade von

---

[84] H. HOPING, Freiheit im Widerspruch, 31.
[85] Vgl. P. SCHOONENBERG, Theologie der Sünde, 77-114.
[86] M. SIEVERNICH, Sünde und Schuld, 81. (Hervorhebung im Original) - Vgl. P. SCHOONENBERG, Theologie der Sünde, 121: „Jeder Einfluß, der von der einen Person auf die andere gerade als freie Person, deren Freiheit respektierend und an sie appellierend, übergeht, könnte in den Begriff *Situation* zusammengefaßt werden. Meine freie Tat bringt den anderen immer in eine Situation ..., die ihn zum Guten oder zum Bösen anspricht, die ihm Halt gibt oder Halt vorenthält, die ihm Werte und Normen vorhält oder es daran fehlen läßt.“
[87] P. SCHOONENBERG, Theologie der Sünde, 122f.
[88] S. WIEDENHOFER, Hauptformen gegenwärtiger Erbsündentheologie, 316.
[89] Vgl. P. SCHOONENBERG, Der Mensch in der Sünde, 930: „Genauer gesprochen handelt es sich um ein existentiales, und nicht nur existentielles Situiert-Sein: letzteres geht zugleich aus der äußeren Situation und der inneren Stellungnahme hervor, ersteres hingegen kommt als solches nur aus der äußeren Situation, es ist reines Situiert-*Sein* und Situiert-*Werden*, das jeder Selbstsituierung vorausgeht.“ (Hervorhebung im Original)
[90] Vgl. M. SIEVERNICH, Sünde und Schuld, 91.
[91] P. SCHOONENBERG, Der Mensch in der Sünde, 931.

Vertretern einer existentialistisch-personalistischen Interpretation der Erbsünde -, „daß die Situation als soziale Konstellation oder moralischer Druck der Freiheit des Menschen äußerlich bleibe, daß die sündige Situation dem einzelnen Menschen nicht *innerlich* und ‚eigen' sei.[92] Demgegenüber wird hervorgehoben, daß es Schoonenberg um „das - äußere Beeinflussung nicht ausschließende - *innerliche Situiertsein* im intersubjektiven Beziehungsgeflecht"[93] gehe. Nach Michael Sievernich steht die situationalistische Interpretation der Erbsünde im Sinne Schoonenbergs dem Erbsündendogma näher als die (existentialistisch-)personalistische Interpretation, die die Erbsünde als die Tiefendimension der persönlichen Sünde („peccatum actuale") bzw. als die Summe der individuellen Sünden versteht.[94]
Für Helmut Hoping besteht das Grundproblem der neueren Versuche einer Interpretation der Erbsündenlehre darin, „Universalität und Schuldcharakter des peccatum originale zugleich auszusagen"[95]. Das von Schoonenberg vorgetragene situative (bzw. situationalistische) Verständnis der Erbsünde, das in der katholischen Theologie das vorherrschende ist, löse dieses Problem nicht : „Wenn man ... wie Schoonenberg das peccatum originale allein aus der Geschichte der Sünde als einer Geschichte individueller Sünden heraus verstehen will, kann es sich deshalb von vornherein nicht um eine Bestimmung menschlichen Daseins handeln, die Schuldcharakter hat."[96] Schoonenbergs Theologie der Sünde gegenüber gilt - ebenso wie gegenüber späteren Vertretern des situativen Interpretationsmodells (bzw. des Paradigmas „Erbsünde als Solidaritat in der Sünde") - grundsätzlich das Urteil Wiedenhofers, daß die „theoretische Vermittlung der Einheit der menschlichen Natur mit der Freiheit und Verantwortlichkeit des einzelnen im Begriff der Solidarität in der Sünde weiterhin ein unerledigtes Problem bleibt."[97] Das bleibende Verdienst dieses Modells jedoch ist es nach Wiedenhofer, von der Soteriologie, der Christologie und einer göttlichen Heilsökonomie her die Lehre von der Sünde und Erbsünde zu entfalten und damit als ein innertheologischer Ansatz eine Korrektur gegenüber einer hamartiozentrischen Theologie darzustellen.[98]

c) Prinzipien der Dogmenhermeneutik

Schoonenberg hat seine Neuinterpretation der Erbsündenlehre mit hermeneutischen Überlegungen zur Auslegung von Texten der Schrift und von konziliaren Aussagen verbunden. Die von ihm formulierten Prinzipien der Dogmeninterpretation sind von ihm bei seiner Neuformulierung des

---

[92] M. SIEVERNICH, Sünde und Schuld, 92.
[93] Ebd. (Hervorhebung im Original)
[94] Vgl. ebd., 93; H. HOPING, Freiheit im Widerspruch, 29.
[95] H. HOPING, Freiheit im Widerspruch, 28.
[96] Ebd., 35.
[97] S. WIEDENHOFER, Hauptformen gegenwärtiger Erbsündentheologie, 319.
[98] Vgl. ebd.

Erbsünden-Dogmas angewandt worden. Dieser Zusammenhang ist bei der Rezeption seiner Sündentheologie beobachtet und gewürdigt worden.[99] Schoonenbergs dogmenhermeneutische Thesen wirken bis in die dogmatische Theologie der Gegenwart hinein nach. Das von ihm herausgegebene Werk „Die Interpretation des Dogmas"[100], zu dem er selbst mit seinen Überlegungen zur „Geschichtlichkeit und Interpretation des Dogmas" den ausführlichsten Beitrag geleistet hat, ist „nicht nur für nützlich, sondern ... geradezu als notwendig für die heutige Theologie"[101] bezeichnet worden.
Eine wesentliche Aufgabe der Dogmeninterpretation besteht nach Schoonenberg in einem „Verstehen der Dogmen aus der ihnen eigenen geschichtlichen Zeit und ihrer Übersetzung in unsere eigene Situation"[102]. Hier zeigt sich eine Nähe zu Kaspers Sicht der „doppelten Relativität" des Dogmas. Diese besagt, „daß Dogmen von ihrer Herkunft aus dem Evangelium und von ihrer Zukunft her, in die sie vorausweisen, verstanden werden müssen."[103] Schoonenberg definiert das Dogma als „eine als Lehrsatz formulierte Glaubensaussage, die vom Lehramt zur Abwehr der Häresie vorgelegt wird."[104] Er nimmt Bezug auf die von Kasper bezeichneten Funktionen eines Dogmas.[105] Kasper nennt zunächst die „negativ-polemische Funktion des Dogmas; man bestimmt ... die Dogmen als polemische Formeln, die der Abwehr der Häresien gelten. Als polemische Formeln sind sie ‚gezielt' gesprochen, ‚grenzen an den Irrtum' und sind deshalb ergänzungsbedürftig."[106] Zu dieser missionarisch-kerygmatischen Funktion kommt die liturgisch-doxologische hinzu. Schoonenberg unterstreicht die lehrsatzhafte und polemische Funktion der Dogmen.[107] Ihre Aufgabe ist es, den Glauben der Kirche gegenüber Irrlehren zu verteidigen bzw. zu präzisieren: „Ich meine, daß die polemische Pointe im Dogma wesentlich ist, ... damit die Bedeutung der Dogmen nicht überschätzt wird. Das Dogma ist sozusagen die Verteidigungslinie des Glaubens."[108] Das Dogma stellt eine zeit- und situationsbedingte Weise dar, den Glauben zu formulieren, denn es reagiert abwehrend auf eine Glaubenshäresie. Die formulierte Glaubensaussage könnte daher positiv auch in anderen Worten umschrieben werden.[109]

---

[99] Vgl. H.M. KÖSTER, Urstand, Fall und Erbsünde, 109-115; B. RUHE, Dialektik der Erbsünde, 19f. Siehe P. SCHOONENBERG, Ersündenlehre; DERS., Theologie und Lehramt; DERS., Ereignis und Geschehen.
[100] Vgl. P. SCHOONENBERG (Hg.), Interpretation des Dogmas. Siehe Ch. JOURNET, Sécularisation, Herméneutique, Orthopraxis.
[101] A. KELLER, Rezension, 282.
[102] P. SCHOONENBERG, Geschichtlichkeit und Interpretation des Dogmas, 59.
[103] W. KASPER, Dogma unter dem Wort Gottes, 138.
[104] P. SCHOONENBERG, Geschichtlichkeit und Interpretation des Dogmas, 59. (Im Original hervorgehoben)
[105] Vgl. W. KASPER, Dogma unter dem Wort Gottes, 134f.
[106] Ebd., 134. Die Zitate im Zitat sind entnommen: H. KÜNG, Strukturen der Kirche, 353f.
[107] Vgl. P. SCHOONENBERG, Geschichtlichkeit und Interpretation des Dogmas, 59.
[108] Ebd., 62.
[109] Vgl. DERS., Theologie und Lehramt, 743: „Wenn eine Lehräußerung gegen eine bestimmte Meinung gerichtet ist, so wird man auch dasjenige, was darin positiv ausgesagt wird, in erster

Diese Überzeugung bestimmt Schoonenbergs weitere Überlegungen zur Dogmeninterpretation. In der zeitgenössischen Theologie wird sein dogmenhermeneutischer Ansatz unter dem Stichwort eines (von ihm selbst so umschriebenen) „polemischen" Dogmenverständnisses rezipiert.

d) Diskussion um den „Neuen Holländischen Katechismus"

Der im Jahre 1966 im Auftrag des niederländischen Episkopates vom „Höheren Katechetischen Institut" in Nijmegen veröffentlichte „Neue Holländische Katechismus"[110], der von Sievernich als „epochemachende[s] Jahrhundertbuch"[111] bezeichnet wird, hat (nicht nur) in den Niederlanden heftige Diskussionen ausgelöst. Er „wollte vor allem ein Buch sein, in dem in gewöhnlicher Sprache das Evangelium verkündet wird; ein Buch auch, das beabsichtigte, eine Wiedergabe der Erneuerung zu sein, die auf dem Zweiten Vatikanischen Konzil eine Stimme erhalten hat."[112]
Die Auseinandersetzungen um den „Holländischen Katechismus" führten zu Gesprächen zwischen Gegnern und Befürwortern des Katechismus in Rom.[113]
Schoonenberg hat den Enstehungsprozeß des Katechismus in der ersten Phase seiner Konzeption als Theologe mitbestimmt.[114] Er hat sich später, in den Zeiten des Konfliktes, zur Bedeutung des Katechismus und zu seiner Mitarbeit geäußert.[115]
Ein grundsätzlicher Einwand richtete sich gegen das vom Katechismus vorgetragene Verständnis der Dogmen. Die Kritik betrifft außerdem die Ausführungen zur Jungfräulichkeit Mariens, zur Erbsünde, zur Eucharistie, zur Unsterb-

Linie als eine Ablehnung der verurteilten Meinung interpretieren müssen und nicht notwendigerweise als die einzig mögliche Umschreibung des Glaubensgeheimnisses, das gegen die verurteilte Meinung geschützt wird." (Im Original hervorgehoben)

[110] DE NIEUWE KATECHISMUS; deutsch: GLAUBENSVERKÜNDIGUNG FÜR ERWACHSENE. Vgl. J. DREISSEN, Diagnose des Holländischen Katechismus; H.A. MOURITS, Grundthemen des Holländischen Katechismus. J. VAN LIER / J. SIMONS, „De Nieuwe Katechismus".

[111] M. SIEVERNICH, Sünde und Schuld, 316.

[112] J. VAN LIER / J. SIMONS, Voorwoord, 5.

[113] Vgl. REPORT ÜBER DEN HOLLÄNDISCHEN KATECHISMUS; J. RATZINGER, Theologie und Verkündigung im Holländischen Katechismus; A. EXELER, Vorwürfe gegen den neuen holländischen Katechismus.

[114] Vgl. P. COOREMAN, De onstaansgeschiedenis van de Nieuwe Katechismus, 20: „Als Theologe arbeitete P. Schoonenberg die Struktur und die Ideen des theologischen Drehbuches aus." Zur Erarbeitung eines „theologischen und katechetischen Drehbuches" für den Katechismus (seit 1961) wurden Mitglieder des „Höheren Katechetischen Instituts" beauftragt.

[115] Vgl. DERS., Eskalation im Katechismuskonflikt, 98: „Ich weiß, daß Ideen von mir im Holländischen Katechismus vorkommen, aber ich bin kein Autor, und ich habe nicht alles, was darin steht, konzipiert ... Die Bischöfe haben den Katechismus als einen sicheren Führer empfohlen, und ich stehe auch jetzt mit ganzem Herzen dahinter. Das Führen macht die Diskussion nicht überflüssig. Sie kann in Holland geführt werden, und ich wäre der letzte, der die Einwände ... von vornherein für nicht zutreffend erklären würde."

lichkeit der Seele.[116] Von verschiedenen Theologen wurde ein Zusammenhang gesehen zwischen den zeitgenössischen Entwürfen einer Neuinterpretation der Transsubstantiationslehre, der Erbsündenlehre, des Dogmas von Chalcedon sowie Fragen der Dogmenhermeneutik einerseits und den entsprechenden Darlegungen im Katechismus andererseits. Als ein Vertreter dieser „neueren" Theorien, die im Katechismus Verbreitung fänden, galt Schoonenberg.[117] Dieser hat zu diesen (vermeintlichen) Zusammenhängen Stellung genommen, ebenso wie zu den Einwänden gegen den Katechismus.[118] Danach ist es kaum möglich, eine unmittelbare Verbindung zwischen einzelnen Textpassagen des Katechismus und Beiträgen Schoonenbergs herzustellen, da Schoonenberg bei der Endredaktion des Textes nicht mehr beteiligt war und von ihm selbst nur ein einziger Satz in der abschließenden Textfassung des Katechismus vorliegt.[119] Gleichwohl sind, nach eigenem Bekunden Schoonenbergs, viele Ideen von ihm in das Werk eingegangen.[120] Schoonenbergs Darlegungen zur „Sünde der Welt" sind im Rahmen der Darstellung des Katechismus über die allgemeine Schuldverstrickung bzw. über die Solidarität in der Sünde aufgenommen worden[121], die der Katechismus in den Begriff der „ansteckenden Sünde" faßt.[122] Eingang in den Katechismus haben seine Überlegungen im Bereich der Eucharistietheologie, vor allem zur Realpräsenz Christi, gefunden.[123]

e) Schlußbeobachtung

Weite Teile des Werkes Schoonenbergs werden bis in die Theologie der Gegenwart rezipiert; sie waren (bzw. sind) Gegenstand theologischer Kontroversen. Umso auffälliger ist, daß Schoonenbergs Rede vom Geist kaum Widerhall gefunden hat. Eine wissenschaftliche Auseinandersetzung mit seinen Beiträgen zur Geist-Theologie hat bisher kaum stattgefunden. Schoonenberg selbst hat sich wenige Male zur Relevanz der Geist-Theologie innerhalb seines Werkes geäußert. Seiner eigenen Einschätzung nach stellt der Heilige Geist in seinem Werk einen eher „vernachlässigten" theologischen Gegenstand dar. Dieses Urteil wurde von ihm auch in jüngster Zeit noch wiederholt.[124] Seine Aussage ist begründet angesichts des Umstandes, daß insgesamt verhältnis-

---

[116] Vgl. DERS., Die sieben Hauptsünden des neuen Katechismus, 72.
[117] Vgl. V.M. KUIPER, „Hauptsünden" des holländischen Neuen Katechismus, 15f.
[118] Vgl. P. SCHOONENBERG, Eskalation im Katechismuskonflikt, 87f.
[119] Vgl. DERS., Bibliographisches Interview, 20.
[120] Vgl. DERS., Natürlich muß die ganze Kirche herauskommen, 10.
[121] Vgl. Glaubensverkündigung für Erwachsene, 298f: „Das gemeinsame Böse".
[122] Vgl. ebd., 301. Siehe hierzu: M. SIEVERNICH, Sünde und Schuld, 326f.
[123] Vgl. Glaubensverkündigung für Erwachsene, 374-389 bes. 384-86: „Die Gegenwart Christi in den Zeichen". Siehe auch: P. SCHOONENBERG, Die sieben Hauptsünden des neuen Katechismus, 75f.
[124] Ich beziehe mich hier auf eine Aussage Schoonenbergs im Rahmen einer Unterredung im Oktober 1996 über die Themenstellung dieser Untersuchung.

mäßig wenige Beiträge Schoonenbergs vorliegen, die ausdrücklich der pneumatologischen Fragestellung gewidmet sind. Überraschend erscheint sie jedoch angesichts der Fülle von Publikationen Schoonenberg seit den 70er Jahren, in denen von ihm in unterschiedlichen dogmatischen Bereichen Elemente einer Geist-Theologie entfaltet werden.[125]

In meinem Eindruck, daß es (dennoch) von der Sache her begründet ist, von einer „Pneumatologie" Schoonenbergs zu sprechen und ihre Grundzüge zu erarbeiten, wurde ich bestärkt durch die Kenntnisnahme einer theologischen Abschlußarbeit zur Pneumatologie Schoonenbergs, die zu Beginn der 90er Jahre entstanden ist und dem Schoonenberg-Archiv in Löwen vorliegt.[126] Sie macht deutlich, daß die geisttheologischen Beiträge Schoonenbergs eine ausreichende Textgrundlage bieten, um seiner Besinnung auf den Heiligen Geist eine eigene Untersuchung zu widmen. Looyse hat dazu einen (meines Wissens) ersten systematischen Beitrag geleistet. Seine Arbeit ist zugleich ein Dokument für das in jüngerer Zeit wachsende theologische Interesse an der Geist-Theologie Schoonenbergs. Mit der vorliegenden Studie möchte ich die bisherigen Untersuchungen zur Rede Schoonenbergs vom Geist im Rahmen einer werkgeschichtlichen Analyse vertiefen und seine Geist-Theologie in einem eigenen systematischen Ansatz entfalten.

II. Anliegen und Aufbau der Untersuchung

1. Fragestellung und Zielsetzung

a) Zur Fragestellung der Studie

„Es wird wieder gesprochen über ‚den Geist', selbst über den ‚Heiligen Geist'. Man denkt nun wahrscheinlich an Gruppen, die Nachdruck legen auf die Gaben des Geistes, die Charismen ... Dieses Sprechen über den Geist, das Bezeugen des Geistes fällt übrigens in eine Leere. Gewiß, Katholiken sind daran nicht gewöhnt. In der gängigen Theologie ist dabei nicht viel Rückhalt zu finden: Die Kirche des Westens ist niemals stark gewesen in Pneumatologie. Außerdem werden wir rasch mißtrauisch gegenüber allem, was sich als ‚charismatisch' präsentiert."[127] Die hier von Schoonenberg im Jahre 1979 beschriebene Situation der Geist-Theologie spiegelt die vielerorts konstatierte

[125] Daß sich Schoonenberg in der letzten Periode seines theologischen Arbeitens intensiv mit der Geistthematik befaßt hat, läßt sich anhand der Dokumentation seiner Beiträge nachweisen. Siehe unten: C.II.2.

[126] Vgl. J. LOOYSE, Bewogen en verbonden door Geest en Woord. De pneumatologie van P. Schoonenberg.

[127] P. SCHOONENBERG, Spreken over Gods Heilige Geest, 252.

„Geistlosigkeit" oder „Geistvergessenheit" der herkömmlichen Dogmatik bis in die 70er Jahre dieses Jahrhunderts, die auch jenseits der Grenzen der katholischen Konfession hinaus zu beobachten ist. So kennzeichnet der evangelische Systematiker Wolfhart Pannenberg das pneumatologische Defizit der Theologie in vergleichbarer Weise: „Das Bekenntnis zum heiligen Geist gehört heute nicht zu den besonders heftig umstrittenen Aussagen der christlichen Überlieferung. Der Grund dafür ist allerdings wohl weniger darin zu suchen, daß der christliche Glaube sich in diesem Punkt etwa allgemeiner Zustimmung erfreut, als vielmehr darin, daß die Rede vom Heiligen Geist für die Gegenwart in besonderem Maße unverständlich geworden ist und man sie daher auf sich beruhen läßt."[128] Eine eigenständige Lehre über den Heiligen Geist, sein Wesen und seine Wirkungen, wurde in der „Schuldogmatik" nicht entwickelt.

Wie Schoonenberg beobachtet, kam es seit den 60er Jahren nicht zuletzt im Zusammenhang mit dem Entstehen charismatischer Erneuerungsbewegungen und einer kritischen Auseinandersetzung mit ihnen zu einer neuen Aufmerksamkeit auf Erfahrung und Theologie des Geistes. In der römisch-katholischen ist seit dem Zweiten Vatikanischen Konzil eine Neubesinnung auf die Pneumatologie zu beobachten. Die sich neu artikulierende Besinnung auf den Heiligen Geist findet ihren Ausdruck in einer zunehmenden Zahl biblisch-exegetischer und theologiegeschichtlicher Arbeiten zur Pneumatologie. Ebenso liegen Arbeiten vor, die die Rede vom Geist in den einzelnen dogmatischen Traktaten neu zu akzentuieren suchen. Gleichwohl wird noch 1990 die Beobachtung formuliert, daß es trotz dieser Fülle an wissenschaftlichen Studien zur Geist-Theologie noch nicht gelungen sei, „einen einheitlichen Grundzug des Pneumatischen zu erkennen", das „spezifisch Pneumatische zu bestimmen und zu systematisieren"[129]. Jedoch zeigen sich seit einigen Jahren Ansätze zu einer systematischen Entfaltung einer Theologie des Geistes.[130] Dabei zeigt sich immer deutlicher, daß die *„gesamte Theologie unter dem Gesichtspunkt des Heiligen Geistes* betrachtet"[131] werden kann.

Die hier skizzierte Entwicklung in der Theologie der letzten Jahrzehnte - von der fast ausnahmslosen Abwesenheit des Geistes bis hin zur neu gewonnenen Einsicht in die pneumatologische Grunddimension der Theologie - bildet den Hintergrund dieser Studie zur *Rede von Gottes Geist in der Theologie Piet Schoonenbergs*: Mit dem charismatischen Neuaufbruch in Teilen der Kirchen der USA und der Niederlande ist der Name Schoonenbergs eng verbunden.[132] Aufgrund persönlicher Kontakte zu Gruppen der charismatischen Erneuerungsbewegung in den USA macht es Schoonenberg in den 70er Jahren zu

[128] W. PANNENBERG, Glaubensbekenntnis, 136.
[129] G.B. LANGEMEYER, Aspekte einer systematischen Pneumatologie, 3.
[130] Vgl. etwa: Y. CONGAR, Der Heilige Geist; M. WELKER, Gottes Geist; H. KÄGI, Der Heilige Geist; J. MOLTMANN, Der Geist des Lebens; J. SOBRINO, Geist, der befreit.
[131] A. ROTZETTER, Pneumatologie, 56. (Hervorhebung im Original)
[132] Vgl. J.-J. SUURMOND, Het spel van woord en geest, 27.

seinem Anliegen, das in diesen Kreisen neu entdeckte Wirken des Geistes für die Theologie fruchtbar zu machen. Er erarbeitet einen eigenen (allerding relativ kurzen) Entwurf einer „Theologie des Heiligen Geistes".[133] Dabei gilt Schoonenbergs pneumatologisches Interesse primär den Kontexten der Christologie und Trinitätstheologie, einem Schwerpunkt seines theologischen Arbeitens, seit Mitte der 70er Jahre. Den wissenschaftlichen Ertrag dieser Studien bildet das Werk „De Geest, het Woord en de Zoon. Theologische overdenkingen over Geest-christologie, Logos-christologie en drieëenheidsleer" (1991), im Deutschen publiziert unter dem Titel „Der Geist, das Wort und der Sohn. Eine Geist-Christologie" (1992).[134] Die Diskussion hierüber wird gegenwärtig vor allem in der Theologie des niederländischen und deutschen Sprachraumes geführt, neuerdings auch in den USA.[135]

b) Zielsetzung

α) Werkgeschichtliche Rekonstruktion

Angeregt nicht zuletzt durch die jüngste Publikation Schoonenbergs zur Geist-Christologie und Trinitätstheologie, „Der Geist, das Wort und der Sohn", und das ihm geltende breite theologische Interesse unternimmt diese Studie den Versuch, zurückzufragen nach den Kontexten der Rede Schoonenbergs vom Heiligen Geist und nach ihrer Bedeutung mit Blick auf sein gesamtes theologisches Werk. Aufgabe dieser Untersuchung ist es, aus den zahlreichen und thematisch vielgestaltigen Publikationen Piet Schoonenbergs sein Verständnis vom Wirken des Geistes in der Heilsgeschichte sowie seine Sicht des Heiligen Geistes als der dritten göttlichen Person zu erheben.

Der Versuch einer *Rekonstruktion der Geisttheologie Schoonenbergs auf dem Hintergrund des Gesamtwerkes* wurde bisher noch nicht unternommen. Als ein erster Anstoß zu einem solchen Bemühen kann die Anfang der 80er Jahre geführte Diskussion über das Modell einer Geist-Christologie zwischen den reformierten Theologen Jean-Jacques Suurmond und Gerrit Cornelius Van de Kamp einerseits sowie Piet Schoonenberg andererseits gelten. Diese ist durch das Erscheinen der Dissertation Van de Kamps zur „Pneuma-Christologie" im Jahre 1983 ausgelöst worden, in der auch Schoonenberg als einem zeitgenössischen Vertreter des geist-christologischen Paradigmas eine eigene Untersuchung gewidmet ist.[136] Die Dissertation Van de Kamps ist von Suurmond kritisch besprochen worden.[137] Anläßlich eines an der Freien Universität Amsterdam veranstalteten Kolloquiums zur „Pneuma-Christologie" haben

---

133 Vgl. P. SCHOONENBERG, Gods Geest en zijn werking.

134 DERS., De Geest, het Woord en de Zoon; deutsch: Der Geist, das Wort und der Sohn.

135 Vgl. etwa: M. PARMENTIER, Got-met-ons en God-in-zichzelf; M.E. O'KEEFFE, Contemporary Spirit Christologies.

136 Vgl. G.C. VAN DE KAMP, Pneuma-christologie, 175-189.

137 Vgl. J.-J. SUURMOND, Bespreking van: G.C. Van de Kamp, Pneuma-christologie.

Schoonenberg und Van de Kamp ihre Positionen verdeutlicht.[138] Neu entfacht wurde die Diskussion um die Bedeutung der Geist-Christologie Schoonenbergs durch die genannte geist-christologische und trinitätstheologische Studie aus dem Jahre 1991.

Die bisherigen wissenschaftlichen Beiträge zur Pneumatologie Schoonenbergs haben diese vorwiegend in den klassischen Kontexten von Christologie und Trinitätstheologie rezipiert. Stellen diese zentrale Inhalte des theologischen Denkens Schoonenbergs dar, liegt es dennoch nahe, *nach weitergehenden, über Christologie und Trinitätstheologie hinausgehenden pneumatologischen Perspektiven* in seinem Gesamtwerk und nach einer etwaigen *Genese in seiner Rede vom Heiligen Geist* zu fragen. Dieses Desiderat der theologischen Forschungen zu Schoonenberg wird offenkundig angesichts des Umstandes, daß bereits seit den ausgehenden 40er Jahren Beiträge Schoonenbergs zur Theologie des Heiligen Geistes vorliegen, die seine Reflexion auf das Wirken und die Person des Geistes in vielfältigen Sinnzusammenhängen spiegeln. Grundlegend für diese weithin unbekannte Frühphase der Beschäftigung Schoonenbergs mit der Geistthematik sind seine im Jahre 1951 erschienen Ausführungen zum dritten Glaubensartikel im Rahmen einer Auslegung des Apostolischen Glaubensbekenntnisses.[139] In diesen Zusammenhang gehören zahlreiche frühe Artikel Schoonenbergs, in denen er sich zur Bedeutung des Heiligen Geises etwa im Kontext der Ekklesiologie und Sakramententheologie äußert. Gerade im theologischen Frühwerk Schoonenbergs finden sich immer wieder Ausführungen über das Wirken des Geistes in der Heilsgeschichte und in den Gläubigen.

Das Vorhaben, nach „Spuren" des Geistes im Gesamtwerk Schoonenbergs zu suchen, kann sich auf neuere theologische Beiträge stützen, die seine geist-christologische und trinitätstheologische Studien in seinen persönlichen und theologischen Werdegang einzuordnen suchen.[140] In Weiterführung dieses Bemühens geht es in dieser Studie um die *Erarbeitung einer chronologischen und systematischen Übersicht über die Geist-Theologie Schoonenbergs*. Richtungsweisend ist der von Hermann Häring 1991 formulierte Eindruck, in der Theologie Schoonenbergs habe der Heilige Geist zunehmend an Bedeutung gewonnen.[141] Untersucht wird die Bedeutung der Rede Schoonenbergs vom Geist für seine Theologie und sein *Theologieverständnis*. Gilt es, die verschiedenen Phasen einer unterschiedlich intensiven Auseinandersetzung Schoonenbergs mit der Pneumatologie seinem theologischem Gesamtwerk zu- und einzuordnen, so ist damit das Anliegen verbunden, die Geist-Theologie Schoonenbergs mit seiner Auffassung vom *Wesen und von den Aufgaben der*

---

[138] Vgl. P. SCHOONENBERG, Opmerkingen over Geest-christologie; G.C. VAN DE KAMP, Een nadere verantwoordiging.

[139] Vgl. P. SCHOONENBERG, De Apostolische Geloofsbelijdenis.

[140] Vgl. R. MICHIELS, Het christologische en trinitarische denken van Piet Schoonenberg; T.J. VAN BAVEL, Schoonenberg's paradoxaal spreken over God.

[141] H. HÄRING, Eerlijk voor God?, 315.

Theologie in Beziehung zu setzen: Für Schoonenberg steht die Theologie wesentlich unter dem „Vorzeichen“ des Geistwirkens. Sie hat eine charismatische, prophetische Funktion im Dienst an Glaube und Kirche.

β) Zeitgeschichtliche Einbindung

Die Studie geht sodann der Frage nach, welche Bedeutung der Rede Schoonenbergs vom Geist auf dem Hintergrund der (Geist-)Theologie seiner Zeit zukommt. Die Einbindung der pneumatologischen Beiträge Schoonenbergs in den zeitgeschichtlichen geisttheologischen Kontext soll verdeutlichen, ob und inwieweit er mit seiner Rede vom Geist einen über die zeitgenössische Pneumatologie hinausgreifenden Beitrag leistet. Es soll deutlich werden, wo sich seine pneumatologischen Ausführungen im Rahmen und in den Grenzen der Theologie seiner Zeit bewegen und an welchen Stellen in seinem Werk pneumatologische „Defizite“ zu beobachten sind. Die Untersuchung zielt somit eine Würdigung der Rede Schoonenbergs vom Geist auf dem Hintergrund der *Neubesinnung auf die Pneumatologie* in der Theologie der Gegenwart an, die in Überlegungen zu einer „pneumatischen“ oder „charismatischen“ Theologie bzw. zu einer ökumenischen Pneumatologie einmündet.

2. Aufbau der vorliegenden Untersuchung

a) Einteilung des Gesamtwerkes in drei Perioden

Im Anschluß an die vorliegende Einführung in die Theologie Schoonenbergs wendet sich die Untersuchung seiner Geist-Theologie zu. Diese wurde einleitend in ihrer Bedeutung innerhalb seines Gesamtwerkes umrissen und als ein Desiderat der theologischen Rezeption zu Schoonenberg erkannt.

Die Darstellung der Geist-Theologie Schoonenbergs erfolgt in den Teilen A bis C. Dabei ist das Prinzip, das der Struktur der Arbeit zugrundeliegt, ein *chronologisches*: Leben und Werk lassen sich in *drei Perioden* einteilen, die mit Blick auf die Grundzüge seiner Theologie und die Behandlung der Geistthematik jeweils spezifische Charakteristika aufweisen: Die *erste Periode (Teil A)* umfaßt den Zeitraum vom Erscheinen der ersten Publikationen Schoonenbergs (1945) bis zur Übernahme des Lehrstuhls für Dogmatik an der Katholieke Universiteit Nijmegen (1964). Während der sich anschließenden, knapp zehn Jahre (1964 bis 1971), die einer *zweiten Periode (Teil B)* zugeordnet werden, ist Schoonenbergs Theologie geprägt durch seine Lehrtätigkeit in Nijmegen. Der Beginn der *dritten Periode (Teil C)* wird hier auf das Jahr 1972 festgelegt. Diese Datierung resultiert aus der pneumatologischen Perspektive dieser Studie: Seit diesem Zeitpunkt ist Schoonenbergs Denken und Arbeiten geprägt von einer Neubesinnung auf den Heiligen Geist. Die letzte Publikation Schoonenbergs erschien zu Beginn des Jahres 1994.

Die hier vorgestellte chronologische Einteilung der Theologie Schoonenbergs nimmt Bezug auf die bereits vorliegenden Ansätze einer Periodisierung, greift sie auf und führt sie weiter.[142] Dem Bemühen, verschiedene Phasen und thematische Schwerpunkte im Gesamtwerk Schoonenbergs zu erarbeiten, haftet sicher die Gefahr einer gewissen Schematisierung an. Dies gilt gerade insofern, als insgesamt von einer inneren Folgerichtigkeit und „Kohärenz" im Denken Schoonenbergs gesprochen werden kann: Dies läßt sich anhand verschiedener, stets wiederkehrender Grundmotive seines Denkens innerhalb seines gesamten Werkes dokumentieren. Trotzdem lassen sich auch Einschnitte, sogar Umbrüche in seinem Gesamtwerk beobachten, die zum Teil bedingt sind durch äußere, theologische oder auch gesellschaftliche Einflüsse. Diese „Wendepunkte" im Werk Schoonenbergs legitimieren letztlich die chronologische Grundstruktur dieser Untersuchung.

b) Chronologische Erarbeitung und systematische Auswertung

Die Rekonstruktion und inhaltliche Entfaltung der Geist-Theologie Schoonenbergs erfolgt auf der Grundlage der skizzierten Chronologie, der Unterteilung in drei Perioden. Der inhaltlichen Entfaltung der pneumatologischen Beiträge Schoonenbergs in den Teilen A bis C gehen jeweils Ausführungen zum theologiegeschichtlichen Hintergrund der einzelnen Perioden voraus.
In den Teilen A bis C soll somit das gesamte theologische Werk Schoonenbergs in seiner Genese skizziert werden. Dabei werden, bezogen auf die einzelnen Etappen seines Wirkens, die theologischen Forschungsschwerpunkte und die Anliegen seines Arbeitens aufgezeigt. Auf diesem Hintergrund wird die Geist-Theologie Schoonenbergs dargestellt, ihr Ort und ihre Funktion im Gesamtwerk beschrieben.
In Teil D, der die abschließende Würdigung der Geist-Theologie Schoonenbergs umfaßt, werden die Ergebnisse der bisherigen Untersuchung gebündelt zu einer periodenübergreifenden Zusammenschau wesentlicher Elemente seiner Geist-Theologie. Diese werden mit den Schwerpunkten der zeitgenössischen pneumatologischen Diskussion in Beziehung gesetzt, um abschließend den genuinen Beitrag Schoonenbergs zur einer christlich-ökumenischen Pneumatologie der Gegenwart zu bestimmen.

---

[142] Vgl. L. BAKKER, Schoonenberg's theologie, 353-355; A. VAN DE BEEK, De menselijke persoon van Christus, 101; R. MICHIELS, Het christologische en trinitarische denken; W. VERHUIS, Entwicklungen in der Christologie; S. P. PUJDAK, Christological Statements, 1-7.

A
Erste Periode (1945-1963): Grundlegung der Geist-Theologie Schoonenbergs

I. Theologiegeschichtlicher Hintergrund: Der theologische Aufbruch in der ersten Hälfte des 20. Jahrhunderts

In seiner Dissertation „Theologie als geloofsvertolking" - „Theologie als Glaubensübersetzung" - beschreibt Schoonenberg einleitend das geistige Klima der katholischen Theologie mit Blick auf die theologischen Veränderungen der 30er und 40er Jahre dieses Jahrhunderts: „Die katholischen Theologen von heute zeigen ein unverkennbares Interesse für Fragen hinsichtlich ihrer eigenen Wissenschaft ... Gegenwärtig wird der Streit der Meinungen vor allem im französischen Sprachgebiet geführt, vor dem Weltkrieg vornämlich im französischen und deutschen ... In jedem dieser Bereiche hatte der Streit seine eigenen Charakterzüge, im Grunde aber war es doch immer ein Disput über das Verhältnis der Theologie zum Glauben."[1]
Schoonenberg betrachtet in seiner Untersuchung die theologische Entwicklung in Frankreich in der Zeit zwischen den beiden Weltkriegen. Er beabsichtigt mit seiner Arbeit eine „Wiedergabe einiger jüngerer Auseinandersetzungen über das Verhältnis der spekulativen Theologie zum Glauben"[2] und zielt als Ergebnis seiner Studie eine Begriffsbestimmung der (spekulativen) Theologie an.[3] Die Veränderungen innerhalb der katholischen Theologie zu Beginn des 20. Jahrhunderts kennzeichnet Schoonenberg wie folgt: „Der grundsätzliche Disput vor dem letzten Weltkrieg ging vor allem um den Wert der theologischen Konklusion für Glaube und christliches Leben. Auch am Beginn dieses Jahrhunderts wurden schon derartige Fragen gestellt, aber sie wurden überstimmt durch jene bezüglich des Verhältnisses von Theologie und Geschichte. Die Fragen beiderlei Art waren damals umso drängender durch den Streit um den Modernismus ... Diese [nach dem Ersten Weltkrieg] erneuerte Reflexion auf das Wesen der theologischen Wissenschaft ist nur Begleiterscheinung einer neuen Weise ihrer Ausübung ... Die Glaubenslehre, auch mit ihrer Anwendung auf das geistliche Leben, verdrängt ... die Glaubensverteidigung. Und die Glaubenslehre wird dann vor allem aus den Quellen geschöpft. Auch die positive Theologie verdrängt in großem Maße die spekulative, wobei eine hier und da angestrebte Synthese noch so gut wie nirgends erreicht ist. Der am meisten geliebte Gegenstand der theologischen Literatur unseres Jahrhunderts

---

[1] P. SCHOONENBERG, Theologie als geloofsvertolking, IV (Inleiding).
[2] Ebd., I (Inleiding).
[3] Ebd., 1.

ist ohne Zweifel: unsere Einheit mit Christus in dessen Leib, der Kirche."[4] Als Ursachen dieser neuen theologischen Reformbewegung der Zwischenkriegszeit nennt Schoonenberg (neben der Auseinandersetzung um den „Modernismus" als Ausgangspunkt) auf erkenntnistheoretischem Gebiet die Anwendung einer neuen, historischen Methode der Untersuchung, eine kritische Einstellung gegenüber der „konzeptualistischen" und „deduktiven" Ausrichtung der Theologie sowie die neue Besinnung auf das Wesen der Kirche im Anschluß an die Enzyklika „Mystici Corporis" (1943). Schoonenberg skizziert die allmähliche Lösung der (dogmatischen) Theologie von der Neuscholastik während der ersten Hälfte dieses Jahrhunderts, die ihre Voraussetzungen im sog. „Modernismusstreit" hat.

1. Katholische Theologie vom „Modernismusstreit" bis zur Veröffentlichung der Enzyklika „Humani Generis" (1950)

a) Gesamttendenzen der theologischen Entwicklung

Die theologischen Erneuerungsbestrebungen der 20er und 30er Jahre haben ihre zeit- und geistesgeschichtlichen Voraussetzungen in der sog. „Modernismuskrise" um die Jahrhundertwende: Im Zentrum der Auseinandersetzungen stand die Frage nach dem Verhältnis von Theologie und Geschichte sowie von Theologie und Glaube.[5] Als „modernistisch" wurden jene Anliegen bezeichnet, die eine Vermittlung zwischen religiöser Vergangenheit und moderner Welt, zwischen neueren wissenschaftlichen Erkenntnissen und den bleibenden Glaubensgrundlagen anstrebten.[6] Die „modernistische" Richtung in der Theologie hatte Vertreter in Frankreich, Italien und England.[7] Der „Reformkatholizismus" in Deutschland war vom Modernismus weitgehend unabhängig. Mit dem Bemühen um Integration der neuzeitlichen historischen Methode in die traditionelle neuscholastische Theologie standen zentrale Begriffe wie Offenbarung, Glaube, Tradition, Dogma, Wahrheit zur Diskussion. Das Dogma wurde in seiner geschichtlichen Bedingtheit wahrgenommen. Die von den „modernistischen" Theologen aufgeworfenen Fragen - Probleme der Bibelkritik, die Notwendigkeit einer historischen Hermeneutik mit geschichtstheoretischen Implikationen für Ekklesiologie und Christologie - waren mit dem neuscholastischen Theologieverständnis der Schuldogmatik nicht zu lösen.[8] Eine zwischen der „modernistischen" und der neuscholastischen Theologie vermittelnde Richtung nahm die Ordensschule der Dominikaner Le Saulchoir nahe der belgischen Stadt Tournai ein, die zu einem Zentrum theologischer

---

[4] Ebd., IV (Inleiding).
[5] Vgl. C.Th.M. VAN VLIET, Communio Sacramentalis, 33-38.
[6] Vgl. C. FREY, Erneuerung französischer katholischer Theologie, 13f.
[7] Vgl. R. AUBERT, Die modernistische Krise, 446-474.
[8] Vgl. J. BUNNENBERG, Treue zum Ursprung, 19.

Erneuerung in der ersten Hälfte dieses Jahrhunderts wurde. In den 30er und 40er Jahren gingen aus ihr und aus der theologischen Fakultät der Jesuiten in Fourvière-Lyon bedeutende Vertreter der „Nouvelle Théologie" hervor.[9] Gekennzeichnet ist die theologische Reflexion der Zwischenkriegszeit durch eine „Wendung ... von der ‚ratio' zum ‚Leben'"[10]. Angesprochen ist damit das Bemühen um eine Vermittlung der traditionellen Dogmatik mit dem modernen Lebensgefühl, die sich in der Frage nach dem „Lebenswert" des Dogmas ausdrückte, sowie um eine engere Verbindung von Theologie und Spiritualität. Die neuere Theologie betonte die soteriologische Dimension der Offenbarung und die Zeitgebundenheit theologischer Begrifflichkeit. Die Aufmerksamkeit verschob sich von der spekulativen Theologie zur heilsgeschichtlichen und kerygmatischen Theologie, wobei der Christologie ein zentraler Stellenwert zukam. Die Theologie wurde in den Dienst der aktuellen, an den Fragen der eigenen Zeit orientierten Verkündigung des Evangeliums gestellt. Durch den Einfluß des Personalismus in der Dogmatik wurde nun (anders als früher) von Gott gesprochen als Person, die sich aus freier Liebe dem Menschen mitteilt und mit ihm als freiem Subjekt Begegnung sucht. Die Stellung des Laien innerhalb der Kirche und das Verhältnis von Kirche und Welt wurden neu bedacht.[11] Seit den 30er Jahren wurde die Frage nach einem christlichen Humanismus laut. Es kam zu einer Erneuerung innerhalb der christlichen Anthropologie.[12] Zu der Auseinandersetzung um das Verhältnis von „Natur" und „Gnade" trat diejenige über die Bezogenheit von „Stoff" und „Geist": „Man begann mit noch tastenden Versuchen, eine integrale theologische Anthropologie zu erarbeiten, die den Menschen nicht mehr nur als ein ‚animal rationale' ansieht, sondern ihn mit seinem ganzen Dasein in den Blick zu bekommen sucht: in seiner kosmischen Verwurzelung, in seiner technischen Betätigung, in seinen beruflichen und bürgerlichen Beziehungen."[13] Erarbeitet wurden Elemente einer Theologie des Leibes, einer Theologie der Arbeit und des Fortschrittes, einer Theologie der Politik und der sozialen Wirklichkeiten. Voraussetzung für diese theologischen Entwicklungen war die in der katholischen Theologie der Zwischenkriegszeit erfolgte Wiederentdeckung der Kirche in ihrer religiösen und übernatürlichen Dimension.[14] Das neu aufgebrochene Interesse für die ekklesiologische Fragestellung spiegelt sich in der Formulierung Romano Guardinis vom „Erwachen der Kirche in der Seele" (1922).[15] Die Kirche wurde als Gemeinschaft der Gläubigen erfahren. In

---

[9] Vgl. R. GIBELLINI, Theologie im 20. Jahrhundert, 157f: Leitlinien der Reform der Theologie von Le Saulchoir waren die „Behauptung des Primates des offenbarten Wortes Gottes, Anwendung der historischen Kritik und der Bibelkritik, offener Thomismus und Präsenz bei den Problemen der eigenen Zeit."

[10] L. SCHEFFZCZYK, Theologie zwischen Weltkrieg und Konzil, 267.

[11] Vgl. B. WENTSEL, Natuur en Genade, 1-3.

[12] Vgl. R. AUBERT, Theologie der ersten Hälfte des 20. Jahrhunderts, 37-39.

[13] Ebd., 38.

[14] Vgl. ebd., 33-37; G. THILS, Orientations de la théologie, 94-107.

[15] R. GUARDINI, Erwachen der Kirche. Vgl. J.A. JUNGMANN, Kirche, 383-385.

Reaktion auf die in der traditionellen Ekklesiologie vorherrschende einseitige Betonung des sichtbaren und hierarchischen, juridischen und administrativen Aspektes der Kirche wurde in den 20er und 30er Jahren verstärkt der mystische Aspekt der Kirche - „das, was ihre Seele ausmacht“[16] - zur Geltung gebracht. Entfaltet wurden die Mysterien des göttlichen Leben, die dem Menschen durch die Inkarnation des Logos und durch seine Erlösung geschenkt und durch die Kirche vermittelt werden. Beeinflußt war die Besinnung auf die Kirche u.a. durch die liturgische Erneuerung. Die Vielzahl der Veröffentlichungen zu einer Theologie des mystischen Leibes mündete ein in die Enzyklika „Mystici Corporis“ Papst Pius' XII.
In den 30er und 40er Jahren wurden alternative theologische Konzeptionen diskutiert. Zu nennen ist hier der maßgeblich von Innsbrucker Theologen vorgelegte Entwurf einer „kerygmatischen“ Theologie bzw. „Verkündigungstheologie“ (Josef Andreas Jungmann, Hugo Rahner). Außerdem wurden die Grundzüge einer „charismatischen“ Theologie formuliert (Thaddäus Soiron, Anselm Stolz).[17]

b) „Nouvelle Théologie“

Die im zeitlichen Umfeld des Ersten Weltkrieges erfolgte Öffnung der Dogmatik gegenüber Einflüssen der biblischen und historischen Theologie mündete ein in die Reformbestrebungen unmittelbar nach dem Krieg, die in Frankreich unter dem Namen „Nouvelle Théologie“ zusammengefaßt wurden. Dieser Begriff stellt einen künstlichen Sammelbegriff für jene theologischen Strömungen in Frankreich dar, die sich in den 30er und 40er Jahren durch eine Rückbesinnung auf die Schrift sowie durch dogmengeschichtliche Studien um eine Erneuerung der scholastischen Theologie bemühten. Angezielt wurde eine Neuinterpretation der Neuscholastik durch die Besinnung auf ihren biblischen, patristischen und mittelalterlichen Hintergrund.[18]
Die theologische Erneuerung in Frankreich, deren Zentren in den Jahren vor und nach dem Zweiten Weltkrieg das Studienhaus der Dominikaner in Le Saulchoir und die theologische Fakultät der Jesuiten in Lyon-Fourvière waren, entstand unabhängig von derjenigen in Deutschland. Der „Nouvelle Théologie“ ist das Anliegen der kerygmatischen und charismatischen Theologie in Deutschland, den überlieferten Glauben in Beziehung zu setzen zu den

---

[16] R. AUBERT, Theologie der ersten Hälfte des 20. Jahrhunderts, 34.
[17] Vgl. L. SCHEFFZCYK, Theologie zwischen Weltkrieg und Konzil, 268. Siehe unten: A.III. 1.
[18] Vgl. B. WENTSEL, Natuur en Genade, 62f: „Mit dieser Bezeichnung wird gewöhnlich eine Gruppe von Freunden bezeichnet, die völlig selbständig, auf dogmenhistorischem, liturgischem, missiologischem und ökumenischem Gebiet verschiedene Studien publizierten. Diese Studien zeichneten sich durch ein großes Maß an Offenheit gegenüber den Nicht-Katholiken aus, durch eine kritische Haltung gegenüber der Scholastik und durch eine Tendenz zur Rückbindung der Theologie an die Quellen der Heiligen Schrift und der Väter.“

Fragestellungen der modernen Welt, nicht fremd geblieben ist. Die neue Bewegung in der französischen Theologie ist jedoch aus einem eigenen Milieu und aus einer selbständigen Initiative hervorgegangen. So hatte die Frage nach der zeitgemäßen Verkündigung hier nicht den zentralen Stellenwert wie innerhalb der kerygmatischen Theologie. Im Mittelpunkt stand vielmehr die Frage nach der „intelligentia fidei", dem Verhältnis von Vernunft und Glaube, von Philosophie und Theologie. Von daher ist sie eher in Beziehung zur charismatischen Theologie zu setzen.[19]

Die Auseinandersetzung um die „Nouvelle Théologie" verlief in zwei Phasen: einer ersten sog. „Inkubationsphase" (1937-1946) und der zweiten Phase, dem Höhepunkt der Kontroverse (1946-1950), die zur Verurteilung der „Nouvelle Théologie" durch die Enzyklika „Humani Generis" (12. August 1950) führte. Ausgelöst wurde die Kontroverse um die „Nouvelle Théologie" u.a. durch die Publikation des Dominikanertheologen Marie-Dominique Chenu „Une école de théologie: Le Saulchoir" (1937).[20] Sie enthält die wichtigsten Ergebnisse der historischen Forschungen Chenus, die dieser zwei Jahre zuvor in dem Artikel „Position de la théologie" (1935) dargestellt hatte.[21] Schoonenberg würdigt diesen Beitrag in seiner Dissertation als einen „meisterhaften Aufsatz". Er bezieht sich auch in späteren Arbeiten wiederholt auf Chenu.[22]

In Reaktion auf die Anfragen des „Modernismus" an das neuscholastische System erhebt Chenu die Forderung nach einer theologischen Methodenlehre und einer Neubestimmung des Wissenschaftscharakters der Theologie. In den 20er und 30er Jahren verfaßte er mehrere Arbeiten zum Glaubensbegriff bzw. zur Glaubenserkenntnis und zum Wesen der Theologie.[23] Dabei wendet er sich gegen die „Konklusionstheologie" der neuscholastischen Handbücher, gegen eine von den Quellen der Offenbarung losgelöste, spekulative, schlußfolgernde Theologie, gegen die „barocke" Ausweitung von theologischen Deduktionen.[24] Demgegenüber betont Chenu den Primat des geoffenbarten Wortes Gottes, welches der Theologie vorgegeben ist („donné"). Der Glaube läßt die Theologie aus sich hervorgehen und wird in ihr zur Theologie.[25] Chenu definiert die Theologie als „fides in statu scientiae" bzw. als „fides quaerens intellectum"[26].

---

[19] Vgl. Th. DEMAN, Erneuerung der Theologie, 61f.

[20] Vgl. M.-D. CHENU, Une école de théologie; G. ALBERIGO, Le Saulchoir; R. GIBELLINI, Theologie im 20. Jahrhundert, 191-196. - Das Werk Chenus wurde 1942 indiziert.

[21] M.-D. CHENU, Position de la théologie.

[22] Vgl. P. SCHOONENBERG, Theologie als geloofsvertolking, 36.

[23] Vgl. Y. CONGAR, Marie-Dominique Chenu, 103.

[24] Vgl. ebd., 105f; C.Th.M. VAN VLIET, Communio Sacramentalis, 36.

[25] Vgl. M.-D. CHENU, Position de la théologie, 240: „Le principe premier de l'object de foi, la base de son statut, ce qui proprement et inviolablement le constitue objet de foi, c'est qu'il est ‚donné'."

[26] Ebd., 232-237: „Théologie dit science de Dieu. Mais c'est science réservée: non pas une quelconque connaissance d'un Être suprême qu'on dénomme Dieu, mais connaissance par et dans la foi à une révélation ... La théologie, au plein de ces ressources, ce sera la foi en oeuvre d'intelligence théologale, et, au bout du compte, la foi *in statu scientiae*. ... le croyant ne peut qu'éprouver un moment de recul, et sa foi redouter une quête d'intelligence, *quaerens*

Auf Chenus Definition der Theologie greift Schoonenberg bei seinen frühen Studien zum Wesen der Theologie zurück und führt sie weiter.[27]
Chenu fordert ein neues, ausgewogenes Verhältnis zwischen der positiven und der spekulativen Funktion der Theologie. Die Neubesinnung auf die Inhalte der Offenbarung schließt dabei die biblische und historische Kritik ein. Zugleich ergibt sich daraus die Einsicht in die Notwendigkeit der Dogmenentwicklung. Chenu begreift die Dogmengeschichte als eine Geschichte der christlichen Lehren, als „l'effect temporel d'une foi demeurant identique à travers le temps"[28]. Entsprechend der theologischen Ausrichtung von Le Saulchoir betreibt Chenu das Studium des Thomas von Aquin unter Anwendung der historischen Methode.[29] Damit anerkennt er grundsätzlich den Zugriff der Geschichtswissenschaft auf den Glauben, warnt jedoch vor einem einseitigen Historismus: „*Chenu* will am Werke des *Thomas von Aquino* nicht nur Interpretationen bewähren, sondern den Zustand ständigen Neuentdeckens wiederfinden ... Was *Chenu* über die Theologie, die aus den Quellen schöpft, schrieb, nahm das ‚Ressourcement', das während des Krieges in der französischen katholischen Theologie lebendig wurde, vorweg."[30] Für Chenu ist Theologie der mit der Zeit solidarische Glaube: „La théologie ... n'est donc pas plus que la foi solidaire du temps."[31] Sie setzt das geoffenbarte Wort Gottes mit dem Leben der Kirche und den aktuellen Erfahrungen der Christen in Bezug und ist so der eigenen Zeit präsent: „*Chenus* Programmschrift über die Theologie in Le Saulchoir hat keine Geschichte gemacht, obwohl sie vorausnimmt, was ... den Aufbruch der Theologie nach dem zweiten vatikanischen Konzil kennzeichnet: biblische Sprache; Theologie, die aus den Quellen schöpft; Reduktion der spekulativen Theologie auf mehr existenzbezogene Aussagen; Theologie, die in das Frömmigkeitsleben eingebettet ist."[32]
In seinem Beitrag „Les Orientations présentes de la pensée religieuse" (1946), der als Manifest der „Nouvelle Théologie" galt, formulierte Jean Daniélou als deren zentrale Anliegen die Rückkehr zu den Quellen (Bibel, Liturgie, Kirchenväter, Tradition der Kirche) und die Öffnung hin zur modernen Welt.[33] Damit soll der Primat des spekulativen Denkens überwunden werden. Daniélou wirft der Neuscholastik bzw. dem Neuthomismus einen Mangel an

---

intellectum, qui l'entreînerait dans un engrenage pour le moins impropre à son comportement natif. Que la raison s'installe dans la foi et travaille sous sa lumière, soit; ce n'est en somme que l'effet d'une imprégnation saine de l'intelligence par la foi, trouvant en cela un instrument de son propre progrès." (Hervorhebung im Original) - Vgl. Ch. FREY, Erneuerung französischer katholischer Theologie, 39.

[27] Vgl. P. SCHOONENBERG, Theologie in zelfbezinning, 227.

[28] M.-D. CHENU / G. ALBERIGO, Le Saulchoir, 141.

[29] Vgl. R. AUBERT, Theologie während der ersten Hälfte des 20. Jahrhunderts, 18.

[30] Ch. FREY, Erneuerung französischer katholischer Theologie, 39. (Hervorhebung im Original)

[31] M.-D. CHENU / G. ALBERIGO, Le Saulchoir, 136.

[32] Ch. FREY, Erneuerung französischer katholischer Theologie, 40 (Hervorhebung im Original).

[33] J. DANIÉLOU, Les Orientations présentes.

Geschichtlichkeit und Subjektivität vor.[34] Der Verfasser fordert die Integration des modernen Denkens in das theologische System, die Begegnung der Theologie mit dem gegenwärtigen Leben.[35]
Im Rahmen einer Übersicht über „Entwicklungen im religiösen Denken des heutigen Frankreich“ (1948) skizziert Yves Congar die komplexe theologische Situation dieser Zeit.[36] Charakteristisch für die Gegenwartssituation der Theologie sei die Abkehr von der „rein intellektuellen Konstruktion“[37] und eine Hinwendung zum konkreten Leben.[38] Die theologische Erneuerung von den Quellen von Schrift, Liturgie und den Kirchenvätern her („ressourcement“) mache die Vermittlung zwischen christlichem Denken und der geschichtlichen Dimension menschlicher Erkenntnis unumgänglich. Schließlich stelle sich infolge der Weltzugewandtheit der Kirche die Frage nach der kirchlichen Sendung der Laien als dringliches Problem.[39]
Bei der Auseinandersetzung zwischen Vertretern der „Nouvelle Théologie“ und Rom handelte es sich um die Konfrontation zweier gegensätzlicher Konzeptionen von Theologie. Dies wurde in der zweiten Phase der Kontroverse (1946-1950) deutlich, in der auch der Terminus „Nouvelle Théologie“ geprägt wurde.[40] Richteten sich die Maßnahmen Roms zunächst vor allem gegen die Schule von Le Saulchoir (Chenu, Congar), traf die römische Zensur im Jahre 1950 Theologen im Umfeld der Hochschule von Lyon-Fourvière (Daniélou, de Lubac). In der Enzyklika „Humani Generis“ verurteilte der Papst die „Nouvelle Théologie“.[41]

---

[34] Vgl. ebd., 10. 14.
[35] Vgl. ebd., 17. Siehe K. RAHNER, Wege zu einer „neuen“ Theologie?, 216.
[36] Vgl. Y. CONGAR, Entwicklungen im religiösen Denken des heutigen Frankreich.
[37] Ebd., 120.
[38] Vgl. ebd., 120f: „Was am meisten auffällt, ... ist eine gewisse Abneigung ... gegenüber einem Denken, das Probleme stellt und sie dann rein begrifflich, vernunftmäßig zu lösen unternimmt. ... das Vertrauen auf eine Verstandesarbeit, die eine Wahrheit durch Vernunftsschlüsse, und zwar rein und allein durch Vernunftsschlüsse erlangen will, ist gering ... Wofür man sich interessiert und worauf man leidenschaftlich eine Antwort sucht, sind Fragen, die von konkreten Gegebenheiten ausgehen, in welchen der Mensch sich engagiert fühlt und die ihm erlebnismäßig bekannt sind. ... über die rein gedanklichen Ableitungen hinaus läßt man gern konkrete und positive Gegebenheiten einfließen: die Bibel, die Geschichte, die Liturgie.“
[39] Vgl. ebd., 128.
[40] Die Bezeichnung „Nouvelle Théologie“ wurde von Papst Pius XII. in zwei Ansprachen - vor der Generalkongregation der Jesuiten (17.09.1946) und vor dem Generalkapitel der Dominikaner (22.09.1946) - gebraucht. Vgl. PAPST PIUS XII., Allocutio ad Patres Societatis Jesu (17.09.1946); DERS., Allocutio ad Patres Ordinis Fratrum Praedicatorum (22.09.1946).
[41] PAPST PIUS XII., Enzyklika „Humani Generis“, bes. 565-571. Vgl. Ch. FREY, Erneuerung französischer katholischer Theologie, 90-104.

Zwei Jahrzehnte später (1967) beschreibt Congar die bleibende Bedeutung der Kontroverse um die Nouvelle Théologie: „Die Krise ist heute überwunden - wenn es überhaupt eine Krise gegeben hat. Wie immer bleiben die Probleme.“[42] Kennzeichnend für die theologische Situation der 50er Jahre ist nach Congar die mit verbesserten biblischen und patristischen Hilfsquellen betriebene Erneuerung aus den Quellen. In Übereinstimmung mit den zeitgenössischen philosophischen Strömungen (inbesondere der Phänomenologie und dem Existentialismus), ist der Mensch als Subjekt, die Geschichtlichkeit der menschlichen Existenz verstärkt in den Blick gekommen.[43] Die Theologie versucht „sich immer mehr zu verstehen als Reflexion über den Glauben, und zwar im Hinblick auf die Verkündigung dieses Glaubens an die Menschen, und folglich als eine Reflexion über den Glauben“[44]. Congar skizziert den theologischen Pluralismus hinsichtlich Methode und Inhalten: „... wir begegnen heute mehreren Formen der theologischen Arbeit: dem begrifflichen, schlußfolgernden, deduktiven theologischen Denken, das eine Folge der Spätscholastik ist; die von dem Depositum der Tradition ausgehende Suche nicht nur nach einem rational erarbeiteten *intellectus fidei,* sondern einer Antwort auf die Fragen der Zeit und des Menschen; einer im Licht der existentiellen Erfahrung des Menschen betriebenen Interpretation und Reflexion mehr philosophischer Art über das Ganze der christlichen Wirklichkeit.“[45]

Die 50er Jahre sind Ausdruck eines theologischen „Gärungsprozesses“, der gekennzeichnet ist durch „eine tiefere Reflexion der systematischen Theologie auf die Geschichtlichkeit des Menschen, der Kirche und der Theologie, auf die damit zusammenhängenden Probleme der Hermeneutik, auf die durch Teilhard de Chardin ... und seine Schriften neu ins Licht gerückte Evolutionslehre wie auf die Dringlichkeit ökumenischer Bemühungen und die Probleme der Zuwendung zu einer säkularisierten Welt am ‚Ende der Neuzeit‘.“[46] Von grundsätzlicher Bedeutung blieb die Frage, wie „das christliche Denken dem Gesetz der Entwicklung unterworfen sein kann, ohne daß dadurch der absolute und transzendente Charakter der zentralen Aussagen der Philosophie und Theologie in Mitleidenschaft gezogen wird.“[47] Im Zuge der Rezeption der Arbeiten von Teilhard de Chardin seit Mitte der 50er Jahre wurde der naturwissenschaftliche Entwicklungsgedanke in die Theologie aufgenommen, und es entstanden die ersten heilsgeschichtlichen und geschichtstheologischen Entwürfe.[48]

---

[42] Y. CONGAR, Theologie heute, 17f.

[43] Vgl. ebd., 21.

[44] Ebd., 22. (Hervorhebung im Original)

[45] Ebd., 24. (Hervorhebung im Original)

[46] L. SCHEFFCZYK, Theologie zwischen Weltkrieg und Konzil, 272.

[47] R. AUBERT, Theologie während der ersten Hälfte des 20. Jahrhunderts, 54.

[48] Vgl. H. RAHNER, Grundzüge katholischer Geschichtstheologie; H. DE LUBAC, Histoire et Esprit; H. U. VON BALTHASAR, Theologie der Geschichte. Siehe hierzu: J. COMBLIN,

Neben die Theologie der Geschichte trat die Theologie der irdischen Wirklichkeit[49], aus der in der Folge eine eigenständige Theologie der Arbeit erwuchs.[50] Das Problem des christlichen Humanismus, das bereits in der Zwischenkriegszeit Gegenstand theologischer Auseinandersetzungen war, wurde unter veränderter Fragestellung neu thematisiert.[51] Bedeutung kam in diesem Zusammenhang der Frage nach dem Verhältnis von Schöpfung und Erlösung, Weltlichem und Christlichem, von Immanenz und Transzendenz Gottes zu. In Abgrenzung gegenüber den herkömmlichen „supranaturalistischen" und „extrinsezistischen" Modellen suchte man die Dichotomie zwischen Natur und Gnade zu überwinden.[52] Die Theologie der 50er Jahre ist geprägt von einem „Anthropozentrismus", einer Hinwendung zu den Humanwissenschaften, den Religionswissenschaften, der Religionssoziologie und durch eine Abkehr vom Existentialismus.[53] Auch im Bereich der Christologie galt das Interesse in verstärktem Maße der Menschheit und Menschlichkeit Jesu Christi. Im Zuge einer Neubesinnung auf die geschichtliche und kommunitäre Dimension der Kirche kam es zu einer stärkeren Berücksichtigung des Laienstandes in der Kirche, aus der sich zunehmend eine eigene Theologie des Laien entwickelte.[54] Die Sakramentalität der Kirche wurde zu einem beherrschenden Thema in der vorkonziliaren Ekklesiologie vor allem des deutschen Sprachraumes (Otto Semmelroth, Karl Rahner, Edward Schillebeeckx).[55]
Die Theologie der 50er Jahre ist charakterisiert durch eine vertiefte Fragestellung in den verschiedenen Bereichen der dogmatischen Theologie. Es fehlte jedoch den vielfältigen theologischen Entwürfen, so Leo Scheffczyk, „ein durchgreifendes Konzept und eine umfassende systematische Zusammenschau"[56]. Einen ersten derartigen Versuch unternahm Karl Rahner mit dem Programm einer heilsgeschichtlichen Dogmatik.[57] Einheitlicher Grundzug der

---

Vers une théologie de l'action, 87-109.

[49] Vgl. G. THILS, Théologie des réalités terrestres; DERS., Théologie et Réalité sociale, Paris 1952; DERS., Vivre dans le monde. Siehe hierzu: J. COMBLIN, Vers une théologie de l'action, 109-116.

[50] Vgl. M.-D. CHENU, Pour une Théologie du travail; H. RONDET, Eléments pour une théologie du travail; G. TRECHTWEIER, Versuch einer Theologie der Arbeit.

[51] Vgl. R. AUBERT, Theologie in der ersten Hälfte des 20. Jahrhunderts, 59: „Welchen Wert hat das christliche Engagement im Dienst des Profanen, der Kunst, der Wissenschaft, des sozialen Fortschritts? Stellt das Bemühen um eine Verbesserung der Welt hienieden ... lediglich eine Gelegenheit zum Sammeln von Verdiensten dar, oder hat es den Sinn und Wert einer positiven Vorbereitung auf das Reich, das nicht von dieser Welt ist?"

[52] Vgl. H. DE LUBAC, Surnaturel; DERS., Le mystère du Surnaturel.

[53] Vgl. J. COMBLIN, Die katholische Theologie seit dem Ende des Pontifikates Pius' XII., 77.

[54] Vgl. H. DE LUBAC, Katholizismus als Gemeinschaft; DERS., Betrachtung über die Kirche; Y. CONGAR, Jalons pour une théologie du laicat; K. RAHNER, Über das Laienapostolat. Siehe hierzu: J. COMLIN, Vers une théologie de l'action, 116-119.

[55] Vgl. O. SEMMELROTH, Die Kirche als Ursakrament; K. RAHNER, Kirche und Sakramente; E. SCHILLEBEECKX, Christus. Sakrament der Gottbegegnung.

[56] Vgl. L. SCHEFFCZYK, Theologie zwischen Weltkrieg und Konzil, 273.

[57] Vgl. K. RAHNER, Versuch eines Aufrisses der Dogmatik.

Jahre vor dem Konzil ist die allmähliche Öffnung der katholischen Kirche zur Welt und den nichtchristlichen Religionen sowie zu den anderen christlichen Konfessionen. Dieser Prozeß mündet in das Konzil und sein Programm kirchlicher Erneuerung ein.
An der Diskussion um die Aufnahme der Kategorie des Geschichtlichen in die Theologie beteiligten sich seit den 50er Jahren in zunehmendem Maße auch *niederländische Theologen*, neben Edward Schillebeeckx vor allem Piet Schoonenberg.[58] Anzusprechen sind insbesondere seine Überlegungen zum Wesen der Theologie.[59] In den Jahren nach dem Zweiten Weltkrieg hat sich die Situation der katholischen Kirche in den Niederlanden grundsätzlich gewandelt.[60] War die Kirche in den Niederlanden fast völlig vom Modernismus unberührt geblieben, wurden seit den 50er Jahren Strömungen aus Deutschland und Frankreich aufgenommen. Dabei erwarb sich die katholische Theologie einen gewissen Freiraum bei der Integration eigener und ausländischer Tendenzen der Erneuerung. Eine führende Rolle spielte dabei die im Jahre 1923 neu gegründete Universität von Nijmegen: „Die Anregungen, die von der biblischen Theologie der Nachkriegszeit - besonders aus Frankreich - ausgehen, werden gerne aufgenommen. Für die Forschungsarbeit auf dem Gebiet der Bibelwissenschaft, Liturgie und Kirchengeschichte zeigt man in den Niederlanden großes Interesse. Die von altersher getreue und doch persönlich gestaltete Neuinterpretation der neuscholastischen Tradition entwickelt sich immer mehr als eine ‚Lebenstheologie' im Stil des seinerzeit vielgelesenen und bewunderten *Guardini* und Karl *Adam*. Auf jeden Fall läßt sich ... eine Erneuerungstheologie weniger von der Philosophie im engeren Sinn, sondern vielmehr von der konkreten Praxis leiten und beraten, zugleich schlägt sie den Weg der Neubesinnung auf die Quellen ein. Ein Beispiel hierfür ist der Dogmatiker Piet *Schoonenberg* aus Nijmegen."[61] Neben der Beteiligung an internationalen Diskussionen seitens niederländischer Theologen kam es nach dem Krieg zu einem Neuaufbruch in den Dialogen zwischen katholischer Kirche und Reformation. Auch hier leistete Schoonenberg einen Beitrag. Generell zeichnet sich die Theologie der Niederlande durch einen verhältnismäßig großen Erfahrungs- und Praxisbezug aus.

---

[58] Vgl. L. SCHEFFCZYK, Theologie zwischen Weltkrieg und Konzil, 272; M. SCHOOF, Durchbruch der neuen katholischen Theologie, 177-192.
[59] Vgl. P. SCHOONENBERG, Theologie als geloofsvertolking; DERS., Theologie in zelfbezinning.
[60] Vgl. M. SCHOOF, Durchbruch der neuen katholischen Theologie, 191.
[61] Ebd., 178f. (Hervorhebung im Original)

3. Geist-Theologie in der vorkonziliaren Theologie

a) Relative Geistvergessenheit der „Schuldogmatik"

Das Stichwort einer „relativen Geistvergessenheit" kennzeichnet die Situation der Pneumatologie in der vorkonziliaren Theologie.[62] Die Vernachlässigung der pneumatologischen Dimension der Theologie spiegelt sich in den dogmatischen Handbüchern und Lexika der damaligen Zeit.[63] Einen eigenen Traktat zur Pneumatologie kannte die Schultheologie nicht. Der Heilige Geist wurde in verschiedenen Bereichen der Dogmatik (mit)thematisiert, vor allem innerhalb der Trinitätstheologie und der Gnadenlehre. Daher ist der Eindruck begründet, daß der Geist in der Theologie bis zur Mitte des 20. Jahrhunderts kaum in Erscheinung tritt und so keinen ihm eigenen theologischen Ort hat: „Wer ein dogmatisches Lehrbuch der katholischen Theologie aufschlägt, wird sich mit der Frage konfrontiert sehen, ob in der Schultheologie überhaupt legitimerweise von einer Pneumatologie gesprochen werden könne."[64]
Kennzeichnend für das pneumatologische Defizit der herkömlichen Schultheologie ist „eine ziemlich formalistische Behandlung der innertrinitarischen Hervorgänge und Beziehungen, eine überwiegend im traditionellen Vokabular gefangene Gnadenlehre, das völlige Fehlen der pneumatologischen Dimension in Schöpfungslehre und Eschatologie. Von dem Topos der sieben Gaben des Geistes abgesehen tritt auch im Gebets- und Glaubensleben der Heilige Geist nicht sonderlich hervor."[65] Trotz dieser Beobachtungen wäre das Urteil völliger Geistvergessenheit vorkonziliarer Theologie einseitig. Die (allerdings nur in Ansätzen vorhandene) „Pneumatologie" dieses Zeitraums bietet Anstöße für eine Erneuerung der Pneumatologie seit den 60er Jahren.[66]

b) Differenzierungen

(1) Als klassischer Traktat der Lehre über den Heiligen Geist galt in der traditionellen katholischen Theologie neben der Gnadenlehre die *Trinitätstheologie*. Kennzeichnend für die Trinitätstheologie der Schultheologie war die Betonung der theologischen Betrachtungsweise gegenüber der heilsökonomischen Perspektive. Breuning kritisiert die mangelnde heilsgeschichtliche Konkretheit der herkömmlichen Trinitätstheologie, die sich negativ auf die Pneumatologie dieses Jahrhunderts ausgewirkt hat.[67] Im Vordergrund der

---

[62] B.J. HILBERATH, Pneumatologie (Leitfaden Theologie), 156f.
[63] Vgl. J. FREITAG, Geist-Erinnern, 39-55.
[64] W. BREUNING, Pneumatologie, 120.
[65] B.J. HILBERATH, Pneumatologie (Leitfaden Theologie), 156.
[66] Vgl. Ch. SCHÜTZ, Pneumatologie, 127f.
[67] Vgl. W. BREUNING, Pneumatologie, 120f: „Natürlich findet sich der Ausgang des Heiligen Geistes in allen Lehrbüchern innerhalb der Trinitätstheologie behandelt. Natürlich gibt es auch Monographien über diesen trinitätstheologischen Teil der Pneumatologie. Aber das geschieht

trinitätstheologischen Spekulation standen die innergöttlichen „relationes", die Gottheit und Personalität des Heiligen Geistes und sein Hervorgang aus dem Vater und dem Sohn. Das „filioque" wurde in apologetischer und oft auch polemischer Form gegenüber der Ostkirche spekulativ entfaltet. Im Kontext der Auseinandersetzung mit der östlichen Trinitätslehre wurde auch die Frage der sichtbaren und unsichtbaren Sendung des Heiligen Geistes behandelt. Infolge der einseitigen Betonung der immanenten Trinität verlor der Heilige Geist, wie Kasper erläutert, sein heilsgeschichtliches „Profil": „Ein Motiv der weitgehenden Geistvergessenheit liegt in der Entwicklung der Trinitätslehre ... der Westkirche ... Vor allem in ihrer westlichen, hauptsächlich von Augustinus inspirierten Form ging die Trinitätslehre nämlich anders als die Schrift nicht mehr aus vom heilsgeschichtlichen Wirken des Vaters durch Christus im Geist, sie setzte vielmehr ein mit dem einen göttlichen Wesen, das dann als in sich dreifaltig begriffen wurde ... Die Folge dieser gewandelten Perspektive war, daß alles Wirken Gottes nach außen allen drei göttlichen Personen gemeinsam zugesprochen und ihre besondere heilsgeschichtliche Funktion außer acht gelassen wurde ... Der Geist hatte damit geschichtlich keinen Ort und keine Funktion mehr. Soweit die Lehre vom Heiligen Geist nicht in reiner Erbaulichkeit ein kümmerliches Dasein weiterfristete, wurde sie praktisch in die allgemeine Trinitätslehre aufgesogen."[68] Die Lehre über den Heiligen Geist erschöpfte sich weitgehend in Erörterungen zur innertrinitarischen „communio". Für das allgemeine christliche Bewußtsein war der Heilige Geist kaum von Bedeutung.

(2) Die Pneumatologie ist innerhalb der katholischen Theologie weitgehend in die *Gnadenlehre* „abgewandert"[69]. Bedeutsam ist vor allem das Kapitel über die Einwohnung des Geistes in den durch Christus Erlösten.[70] Kontrovers wurde hier die Frage erörtert, ob dem Heiligen Geist die Einwohnung als „proprium" oder „appropriatum" zugeschrieben werden müsse.[71] Die Gnadenlehre der Schultheologie gilt als ein Beispiel für die Ausweglosigkeit einer Pneumatologie „von oben", die sich „in vielen, kaum nachvollziehbaren Unterscheidungen erging (ungeschaffene und geschaffene, habituelle und aktuelle Gnade ... und die vor allem das Ereignishafte und Personale der Gnadenerfahrung kaum integrieren konnte."[72] Dabei verschob sich der Akzent der Erörterungen von der ungeschaffenenen Gnade auf die geschaffene Gnade, mit bedingt durch die antireformatorische Reaktion.[73] So weist die Bilanz der

---

durchweg im Zusammenhang mit der psychologischen Verdeutlichung des in der Trinitätslehre Gemeinten ... Kennt denn die Dogmatik nicht die Aussagen der Schrift über den Geist der Gnade, über den Geist der Kirche, über den Geist der künftigen Auferstehung?"

[68] W. KASPER, Kirche als Sakrament des Geistes, 17-19.

[69] Vgl. Ch. SCHÜTZ, Pneumatologie, 122.

[70] Vgl. A.M. KOTHGASSER, Pneumatologie im Zwanzigsten Jahrhundert, 616.

[71] Vgl. ebd.

[72] A. ROTZETTER, Pneumatologie, 68.

[73] Vgl. P. FRANSEN, Gnadenlehre, 730.

Gnadenlehre in der ersten Hälfte des 20. Jahrhunderts - trotz des relativ engen Konnexes zwischen der Lehre von der Gnade und der Lehre über den Heiligen Geist - ein Defizit in der Betrachtung der lebendigen, schöpferischen Kraft des Geistes und seiner personalen Erfahrbarkeit auf: „Auf der einen Seite scheinen Gnadenlehre und Pneumatologie in engster Beziehung zueinander zu stehen, ist doch das Thema der Gnadenlehre das Wirken Gottes am, im und mit dem Menschen, d.h. ... das Wirken des Pneuma ..., so daß man fast sagen könnte, westliche Theologie sei Gnadenlehre. Dagegen ist die Pneumatologie ... nur rudimentär entwickelt ... Der explizite Bezug auf den Heiligen Geist fällt innerhalb der westlichen Gnadenlehre spärlich aus. Die Lehre von den Charismen, von den Gaben oder Früchten des Geistes und von der Einwohnung Gottes im Gerechten sind Topoi eines ausdrücklichen Rückgriffs auf den Geist. Doch handelt es sich um Teilstücke, nicht um Grundlinien oder Prinzipien der Gnadenlehre.“[74] Der klassische Gnadentraktat handelte vor allem vom Wesen der Gnade, differenzierte zwischen geschaffener und ungeschaffener, natürlicher und übernatürlicher Gnade. Er fragte jedoch nicht nach der „konstitutiven Geschichtlichkeit des gnädigen Heilshandelns Gottes“[75]. Erst allmählich geriet, unter dem Einfluß des Dialogischen Personalismus, der innere Zusammenhang von Gnade und Heilsgeschichte stärker in den Blick.

(3) In der *Christologie* wurde die Pneumatologie kaum thematisiert.[76] Hier ging es zum einen um die ontologische Problematik („Christ-Ontologie“): die Frage nach Wesen und Sein, nach Person und Bewußtsein Jesu Christi, um die Frage der personalen Einheit von Gottheit und Menschheit in Jesus Christus.[77] Unter gnadentheologisch-soteriologischer Hinsicht wurde zum anderen die Einwohnung des Geistes in der „unio hypostatica“ entfaltet: „Zwar wird betont, die Inkarnation des Logos sei Werk der gesamten Trinität, sie wurde aber doch auf Grund der Schrift dem Heiligen Geist im besonderen zugeeignet.“[78] Da die Inkarnation dem Heiligen Geist lediglich zugeeignet („appropriiert“), nicht aber als „proprium“ zugeschrieben wurde, kam dem Geist eine das durch Christi Tod erworbene Heil nur vermittelnde und keine eigene heilstiftende Funktion zu.[79]

---

[74] J. FREITAG, Geist-Erinnern, 304.

[75] H. MÜHLEN, Gnadenlehre, 159.

[76] Vgl. Ch. SCHÜTZ, Pneumatologie, 17-20; A. ROTZETTER, Pneumatologie, 62f.

[77] Vgl. A. GRILLMEIER, Christusbild, 286: „Der eigentliche Beitrag unserer Zeit zur Vertiefung und Weiterführung der überlieferten Christologie ist die Frage nach dem menschlichen Bewußtsein Jesu Christi. Die Christo-Psychologie tritt zur Christ-Ontologie hinzu, zugleich immer auf ihr aufbauend.“

[78] A.M. KOTHGASSER, Pneumatologie im Zwanzigsten Jahrhundert, 616.

[79] Vgl. J. FREITAG, Geist-Erinnern, 116-118: „Je entschiedener die Christologie sich auf die Darlegung der metaphysischen Konstitution Christi einerseits und die soteriologische Bedeutung der hypostatischen Union andererseits ... beschränkte, desto weniger Beachtung fand in solch einer essentialistisch orientierten Inkarnationschristologie der Heilige Geist. Der Glaube, daß die Menschwerdung aus Maria durch den Geist erfolgte, änderte daran nichts. Die westliche Soteriologie berücksichtigte das Wirken des Geistes kaum. Er hatte höchstens die

Das Urteil der „Geistvergessenheit" der herkömmlichen Christologie gilt allerdings mit einer gewissen Einschränkung. Breuning macht darauf aufmerksam, daß von einzelnen Theologen ein eigener Akzent auf Christi Gesalbtsein mit dem Geist gelegt wurde: „So war auch dogmatisch der Boden bereitet, um die biblische Lehre von der Sendung des Geistes durch den erhöhten Christus in breitem Strom aufzunehmen (F. Malmberg)."[80] Die theologische Tradition bot somit Anstöße für die Rekonstruktion einer neutestamentlichen Geist-Christologie. Wurde im Zusammenhang mit der Inkarnation von der Beziehung zwischen Maria und dem Heiligen Geist (überhaupt) gesprochen, geschah dies unter einer christologischen und gnadentheologischen Fragestellung, nicht jedoch aus einem pneumatologischen Frageinteresse heraus.[81]

(4) Daß die *Kirche* ihre Entstehung der Geistausgießung an Pfingsten verdankt, dessen ist sich die Theologie allzeit bewußt gewesen. Gleichwohl ist im Kirchenverständnis vor dem Zweiten Vatikanischen Konzil ein pneumatologisches Defizit zu konstatieren.[82] Diese mangelnde Präsenz des Geistes in der Ekklesiologie war bedingt durch eine christologische Engführung: Die Kirche wurde (verallgemeinert gesprochen) betrachtet als „Christus prolongatus", als Fortsetzung der Inkarnation, so daß „der Geist in der Sicht damaliger Theologie vor dem Zweiten Vatikanum die Kirche gegenüber ihrer Stiftung durch Christus weder inhaltlich noch strukturell [änderte oder prägte]."[83] Diese Nachordnung des Geistes gegenüber Christus als dem Stifter der Kirche resultierte aus einer primär juridischen Sicht von Kirche, die seit dem Hochmittelalter das sakramentale Kirchenverständnis verdrängte. Im 19. Jahrhundert wurde der Geist vor allem in seiner Funktion eines vor Irrtum bewahrenden Beistandes bei lehramtlichen Entscheidungen („assistentia negativa") und für die Kirche als Institution gesehen: „Es darf nicht vergessen werden, daß die katholische Kirche und Theologie seit Jahrhunderten stark von der Christozentrik, von der Dynamik des Inkarnatorischen, vom Strukturhaften und Institutionellen geprägt ist und die Sorge um den rechten Glauben, die rechte Frömmigkeit und Seelsorge zu einer Haltung der Wachsamkeit gegenüber ... enthusiastisch-charismatischen Verirrungen und Exzessen führte."[84] Zu

Funktion, die subjektive Aneignung (oder Zueignung) der objektiven Erlösung, d.h. des alleingenügenden Erlösungsopfers Christi zu ermöglichen oder zu fördern ... Wo die Vollständigkeit der Erlösung durch Christus das Denken beherrscht, wird der Geist leicht übersehen, ausgeblendet oder bleibt ... außerhalb des eigentlichen Erlösungsgeschehens nur in dessen Vermittlungsfunktion gefangen."

[80] W. BREUNING, Pneumatologie, 124. (Hervorhebung im Original)

[81] Vgl. A.M. KOTHGASSER, Pneumatologie im Zwanzigsten Jahrhundert, 616.

[82] Vgl. J. FREITAG, Geist-Erinnern, 170f: „Das Thema Geist und Kirche ist so alt wie die Kirche selbst. Auch westliche Theologie weiß zu allen Zeiten, daß es ohne Geist keine Kirche gäbe ... (Lk 24,49; Apg 1,4f.8). Ohne den bleibenden, durchgehenden Beistand der Kirche vermag die Kirche als Kirche nicht zu bestehen. Und doch geriet die Rolle des Geistes für die Kirche und in der Kirche in arge Vergessenheit."

[83] Ebd., 173. Vgl. E. FRISQUE, Ekklesiologie.

[84] A.M. KOTHGASSER, Pneumatologie im Zwanzigsten Jahrhundert, 622.

beobachten ist in der Entwicklung des Ekklesiologie-Traktates bis zu diesem Jahrhundert eine Verengung der Perspektive. Der Traktat über die Kirche war über einen langen Zeitraum im wesentlichen mit der Kirche als Institution befaßt: mit Fragen der Ämterstruktur und des päpstlichen Primats.[85]

(5) Auch die *Sakramententheologie* stellte einen Teilbereich der Lehre über den Heiligen Geist dar.[86] „Der Charakter der Epiklese gehört wesentlich zum Sakrament, weil die Kirche nur um den Geist flehend ihn empfangen kann."[87] Im Bewußtsein des epikletischen Momentes aller Sakramente wurde vor allem im Kontext von Taufe, Firmung und Ordo die Gegenwart und das Wirken des Geistes thematisiert. Trotz des Bewußtseins von der pneumatologisch-epikletischen Grundstruktur der Sakramente hatte der Geist, bedingt durch die Christozentrik westlicher Theologie, bis zum Beginn dieses Jahrhunderts in der Sakramentenlehre keine prägende Bedeutung.[88]

(6) Im Rahmen der von Giuseppe Colombo verfaßten Bilanz der *Schöpfungstheologie* im 20. Jahrhundert kommt der Heilige Geist nicht vor.[89] In der Schöpfungslehre der traditionellen katholischen Theologie wird der Geist nicht eigens thematisiert. Auch hier ist das Fehlen der pneumatologischen Perspektive durch die christozentrische Ausrichtung der Theologie bedingt: „Das Pneuma und sein Wirken bleiben (obwohl die Rolle der Gnade als wesentlich für das Verständnis der Geschöpflichkeit erkannt und genannt ist) angesichts des Logos unexpliziert. Es bleibt letztlich bei einer Christozentrik und bei der Erfüllung des Menschen und seiner Geschöpflichkeit durch die Inkarnation des Sohnes ... Gerade die Hinordnung auf die Hypostatische Union als den Höchstfall von Erlösung und Gnade statt auf die Geistmitteilung an die Geschöpfe als Ziel der Begnadung steht der ausdrücklichen Wahrnehmung und Entfaltung des Geistwirkens hindernd im Weg."[90] Daß der Geist „im Anfang" der Schöpfung gegenwärtig ist (Gen 1,2), daß er Ausdruck der Schöpfungsmacht Gottes ist, wurde nicht eigens bedacht.

(7) Auch die Geistdimension der *Eschatologie* in der ersten Hälfte dieses Jahrhunderts wird als spärlich bezeichnet.[91] Eine Entfaltung des neutestamentlichen Zeugnisses, nach dem der Geist Angeld und Vorgabe des endzeitlichen Gottesreiches ist, erfolgte nicht (Röm 8,23; 2 Kor 5,5). Das Ziel, auf das die Schöpfung ausgerichtet ist, wurde ohne näheren Bezug zur Pneumatologie

---

[85] Vgl. A. ROTZETTER, Pneumatologie, 63.

[86] Vgl. A.M. KOTHGASSER, Pneumatologie im Zwanzigsten Jahrhundert, 617; C.E. O'NEILL, Sakramententheologie.

[87] W. BREUNING, Pneumatologie, 124.

[88] Vgl. J. FREITAG, Geist-Erinnern, 255-302, hier: 299-302.

[89] Vgl. G. COLOMBO, Theologie der Schöpfung. J. FREITAG, Geist-Erinnern, 324-328.

[90] J. FREITAG, Geist-Erinnern, 325.

[91] Vgl. ebd., 345-353; A. M. KOTHGASSER, Pneumatologie im Zwanzigsten Jahrhundert, 617; T. RAST, Eschatologie.

entfaltet. Im Zuge der Neubesinnung auf die Eschatologie in den 50er Jahren änderte sich diese Situation nicht prinzipiell, da die Neuorientierung in der Eschatologie im wesentlichen christologisch motiviert war.[92] Die pneumatologische Dimension der Eschatologie wird erst in jüngerer Zeit zur Sprache gebracht.

II. Sichtung der „Geist-Theologie" des frühen Schoonenberg

1. Hauptwerke der Frühzeit

Schoonenbergs früheste theologische Periode umfaßt den Zeitraum von 1945 bis 1963.[93] Im Jahre 1945 erscheinen seine frühesten Publikationen.[94] Die Jahre 1963/1964 bezeichnen unter methodischem wie inhaltlichem Gesichtspunkt einen (im folgenden zu begründenden) Einschnitt in Schoonenbergs theologischem Denken. Damit schließe ich mich der Beobachtung Leo Bakkers an, der 1971 eine Periodisierung des Werkes Schoonenbergs vorgelegt hat.[95] Den zeitlichen Abschluß der ersten Periode markieren die beiden Veröffentlichungen „Gods wordende wereld" (1962) - übersetzt ins Deutsche: „Gottes werdende Welt" (1963)[96] - sowie der vierte Band von „Het geloof van ons doopsel": „De Macht der Zonde" (1963) - „Die Macht der Sünde".[97]
Die frühen Arbeiten Schoonenbergs stellen kein einheitliches Werk dar. Vielmehr ist die Frühphase seines Wirkens gekennzeichnet durch eine Fülle kürzerer Beiträge zu unterschiedlichen Themenbereichen. Diese Beiträge liegen fast ausschließlich in niederländischer Sprache vor. Die bedeutendsten, umfangreicheren frühen Arbeiten sind: die Dissertation „Theologie als geloofsvertolking" (1948), die ersten drei Teilbände von „Het geloof van ons doopsel" (1955-1958), schließlich die genannten Werke „Gods wordende wereld" und „De Macht der Zonde".[98]

---

[92] Vgl. H.U. VON BALTHASAR, Eschatologie; K. RAHNER, Hermeneutik eschatologischer Aussagen.
[93] Vgl. L. BAKKER, Schoonenberg's theologie, 355-364; S.P. PUJDAK, Christological Statements, 1-40; P.B.-K. HONG, „Sünde der Welt" und „Erbsünde", 47-57.
[94] Vgl. BIBLIOGRAFIE VAN PIET SCHOONENBERG 1945-1991, 219.
[95] Vgl. L. BAKKER, Schoonenberg's theologie, 354.
[96] P. SCHOONENBERG, Gods wordende wereld; DERS., Gottes werdende Welt. Vgl. L. BAKKER, Schoonenberg's theologie, 353-355. 364-368.
[97] P. SCHOONENBERG, De Macht der Zonde.
[98] Vgl. L. BAKKER, Schoonenberg's theologie, 354. Bakker bestimmt die genannten Werke - „Theologie als geloofsvertolking" (1), „Het geloof van ons doopsel" I.-III. (2) sowie „Gods wordende wereld" und „De Macht der Zonde" (3) als die Hauptwerke dreier jeweils eigenständiger Phasen der Theologie Schoonenbergs. Diese von Bakker bezeichneten drei Phasen - um 1948 (1), die 50er Jahre (2) sowie um 1962 (3) - fasse ich hier zu einer Periode zusammen.

a) Dissertation: „Theologie als geloofsvertolking“ (1948)

Schoonenbergs unveröffentlichte Dissertation trägt den Titel: „Theologie als geloofsvertolking. Een kritische samenvatting van de leerstellige inhoud der hedendaagse katholieke franse literatuur over de verhouding der speculatieve theologie tot het geloof“ - „Theologie als Glaubensübersetzung. Eine kritische Zusammenfassung des dogmatischen Inhaltes heutiger katholischer französischer Literatur über das Verhältnis der spekulativen Theologie zum Glauben“.[99] Die Fragestellung der Untersuchung macht deutlich, daß Schoonenbergs theologische Wirksamkeit von Beginn an von einer Besinnung auf das Wesen und die Methoden der Theologie geprägt ist. Wie aus dem Untertitel der Arbeit hervorgeht, geschieht dies in Auseinandersetzung mit der theologischen Erneuerung in Frankreich, der „Nouvelle Théologie“: „Schoonenberg hat sich unmittelbar für diese Bewegung interessiert. Er richtete seine Aufmerksamkeit aber weniger auf die konkreten, inhaltlichen Erneuerungen als auf die veränderte Weise des Theologisierens, die diese Erneuerung möglich gemacht hat. Mehr auf die Methode folglich als auf den Inhalt.“[100] Bakker bezeichnet die Dissertation als den „unbekannten Schlüssel“ zur Theologie Schoonenbergs.[101] Ihre Fragestellung lautet: „Was ist Theologie und wie muß sie ausgeübt werden?“[102] Er charakterisiert die früheste Phase der Theologie Schoonenbergs (Mitte der 40er bis Mitte der 50er Jahre) als „eine Periode der Besinnung darauf, wie Theologie betrieben werden muß und welches ihre Art ist“[103].

In seinen frühesten Beiträgen konzentriert Schoonenberg sich auf die methodische Erneuerung der Theologie in Abgrenzung gegenüber der scholastischen Theologie. In dem ein Jahr vor Abschluß seiner Dissertation veröffentlichten Artikel „Theologie en eschatologie“ - „Theologie und Eschatologie“ - in der von den niederländischen Jesuiten herausgegebenen Zeitschrift „Bijdragen“, der wesentliche Forschungsergebnisse seiner Dissertation enthält, unternimmt er erstmals den Versuch einer Bestimmung des Geistes der Theologie und ihrer Methode.[104] Er kennzeichnet die scholastische Theologie als eine ihrer Methode nach spekulative Theologie, die die Glaubenslehre der Kirche in apologetischer Ausrichtung deduktiv aus Schrift und Tradition herzuleiten sucht. Die spekulative Theologie definiert Schoonenberg in seiner Dissertation als „eine metaphysische Wissenschaft“ bzw. „eine Wissenschaft auf metaphysischer Erkenntnisebene“[105]. In Abgrenzung gegenüber der scholastischen Theologie und ihrer Methode schreibt Schoonenberg der Theologie die zentrale Aufgabe einer „Glaubensübersetzung“, d.h. einer Übertragung bzw. Interpretation des

[99] P. SCHOONENBERG, Theologie als geloofsvertolking.
[100] Vgl. L. BAKKER, Schoonenberg's theologie, 355.
[101] Vgl. ebd.; M. SCHOOF, Durchbruch der neuen katholischen Theologie, 177-182.
[102] Vgl. L. BAKKER, Schoonenberg's theologie, 356.
[103] Ebd., 354.
[104] Vgl. P. SCHOONENBERG, Theologie en eschatologie, 209.
[105] DERS., Theologie als geloofsvertolking, 298.

Glaubens in den gläubigen Verstehenshorizont der Gegenwart, zu. Diese Grundüberzeugung bringt er mit dem Titel seiner Dissertation zum Ausdruck, und er formuliert sie bei der abschließenden Zusammenfassung der Ergebnisse seiner Untersuchung thesenhaft: „Glaubensübersetzung, das bleibt die beste Umschreibung, die wir für die Theologie geben können."[106]
Bestimmend für das Theologieverständnis Schoonenbergs der 40er Jahre ist die gedankliche Nähe zur „Nouvelle Théologie" in Frankreich mit ihrer Betonung der historischen Forschung als Gegengewicht zu dem deduktiven, an Satzwahrheiten orientierten Ansatz neuscholastischer Theologie. Von der „Nouvelle Théologie" gewinnt er die Einsicht in die Notwendigkeit eines „ressourcement", einer Rückkehr zu den Quellen von Schrift und Überlieferung. Der (niederländische) Begriff „herbronning" findet sich wiederholt in Schoonenbergs Publikationen Ende der 40er bzw. Anfang der 50er Jahre. Schoonenberg stellt ihn als Übersetzung des französischen Terminus „ressourcement" vor, ebenfalls ein Neologismus. Letzterer bezeichne eine „Rückkehr zu den Quellen" insbesondere im religiösen Bereich, innerhalb der Theologie und des geistlichen Lebens, vor allem mit Blick auf die „Quellen" der Bibel und der Patristik. Als leitende Kräfte der theologischen Erneuerung nennt er Henri De Lubac in Frankreich sowie Hugo Rahner und Karl Rahner in Deutschland.[107]
Wurde jeder katholische Theologe vor dem Zweiten Vatikanischen Konzil nach Geist und Methode des Thomas von Aquin ausgebildet, distanziert sich Schoonenberg bereits im Vorwort seiner Dissertation von dieser einseitigen Fixierung auf die Thomas-Interpretation; er sieht darin eine Verengung des Blicks auf die weite theologische Tradition. Zudem sei jede Interpretation des überlieferten Glaubens eine Auslegung für die jeweils heutige Zeit: „Thomas-Interpretation wird in der Theologie betrieben werden müssen - und vorzugsweise betrieben werden müssen -, aber eingebunden in die Betrachtung der ganzen ‚Wolke von Zeugen' über die Reichtümer des Glaubens. Und dieses ganze Zeugnis der Vergangenheit wird wieder studiert werden müssen, parallel mit dem Suchen einer Antwort auf die eigenen Probleme von heute. So befruchten die positive und die spekulative Arbeitsweise der Theologie einander gegenseitig."[108]
Neben der „alten Vorliebe" für die theologische Orientierung in Frankreich hat die niederländische Fakultät in Maastricht mit ihrer starken Betonung der neuscholastischen Spekulation sein Bedürfnis nach geschichtlicher Fundierung bestärkt.[109] Schoonenberg selbst skizziert in einem Gespräch mit Wilhelm Zauner (1987) rückblickend die Einflüsse auf sein Denken: „Du hast wohl herausgehört, daß ich aus meiner scholastischen Ausbildung kein Geheimnis mache. Diese war hauptsächlich im dynamischen Neuthomismus begründet ...

[106] Ebd., 331.
[107] Vgl. DERS., „Herbronning" van Sint Ignatius' „Geestelijke Oefeningen", 166.
[108] DERS., Theologie als geloofsvertolking, X (Inleiding).
[109] Vgl. M. SCHOOF, Durchbruch der neuen katholischen Theologie, 179-181.

Für mich war einer, der am Anfang dieser neuen Richtung stand, der französische Jesuit Pierre Rousselot, besonders wichtig ... Weiters habe ich in meinem Umgang mit der Scholastik immer den Versuch gemacht, das Distinguieren, die Unterscheidung, die gewissermaßen ein Charisma der Scholastik ist, doch wieder auf ein Wiederfinden der Synthese, der Einheit zurückzuführen. Für beides verdanke ich viel meinem damaligen Professor der Fundamentaltheologie, Felix Malmberg S.J. ... Ich muß auch einen Einfluß von personalistischem Denken, besonders von Gabriel Marcel erwähnen, aber schließlich bleibt das alles doch ziemlich im Hintergrund gegenüber meiner Beziehung zur Heiligen Schrift ... Meine Theologie und sogar die Philosophe in meiner Theologie kommen schließlich von der Bibel."[110]

Neben einer vorrangigen Besinnung auf Schrift und Tradition als dem „Nährboden"[111] jeder theologischen Spekulation ist (unter dem Einfluß des Personalismus und Existentialismus zu Beginn dieses Jahrhunderts) ein bestimmender Grundzug der Theologie Schoonenbergs ihr existentieller Bezug, ihre Rückbindung an die konkrete, zeitgenössische Erfahrung. Aufgabe der Theologie ist es nicht, die Gesamtheit der offenbarten Glaubenswahrheiten von der Vergangenheit in die Gegenwart hinein zu „verlängern", sondern sie in der Weise eines auf die Gegenwart hörenden Übersetzens zu tradieren.[112] Von grundsätzlicher Bedeutung sind in diesem Zusammenhang die Darlegungen Schoonenbergs in seiner Dissertation über das Verhältnis von Vernunft und Glaube, von Theologie und Apologie sowie von Theologie und Philosophie, weiterhin von positiver und spekulativer Theologie. Nach Schoonenberg gibt es grundsätzlich zwei Weisen, wie der Glaube die Theologie beeinflußt: „Entweder, indem er der Theologie einen konzeptuellen Ausgangspunkt am Anfang liefert, oder eine Wirklichkeit als Hintergrund, Milieu und Nährboden während der ganzen Arbeit. In der Theologie scheinen Glaube und Vernunft also entweder *nach*einander oder *in*einander auftreten zu können."[113] Im Fortgang der Untersuchung zielt er eine Synthese, eine gegenseitige Durchdringung von Glaube und Vernunft (bzw. Theologie) an. In Abgrenzung gegenüber der scholastischen „Konklusionstheologie" plädiert er für die zweite Weise des theologischen Arbeitens, d.h. für ein „Ineinander" von Glaube und Vernunft. Die scholastische Theologie bewege sich demgegenüber - aufgrund ihres „habitus conclusionum", ihrer theologischen Folgerungen im Ausgang von den „principia" (der Glaubensdaten) - gleichsam zentrifugal vom Zentrum des Glaubens bzw. der einzelnen Glaubenswahrheiten weg: „Die ‚ratio fide illustrata' als subjektives Prinzip, das die [theologische] Einsicht sucht und findet, haben wir als eine Vernunft aufgefaßt, die unter fortwährendem Einfluß des Glaubens steht als Licht und als Intuition, so daß die theologische Arbeit auch beschrieben werden kann als ausgehend von diesem Glauben selbst, als

[110] P. SCHOONENBERG, Biographisches Interview, 17.
[111] DERS., Theologie als geloofsvertolking, 309.
[112] Vgl. ebd., 331b.
[113] Ebd., 13. (Hervorhebung im Original)

‚fides quaerens intellectum' oder als ‚fides in statu scientiae'."[114] Wie jeder intellektuelle Akt (der Vernunft) bereits unter dem „Glaubenslicht", unter dem Einfluß der „übernatürlichen Gnade" steht, so ist umgekehrt der Glaube(nsakt) eine im Verstand vollzogene Übergabe der ganzen Person an den sich offenbarenden Gott, an den Vater, durch seinen Sohn im Heiligen Geist. In diesen Aussagen wird der Einfluß des Philosophen Dominicus Maria De Petter auf Schoonenbergs Denken deutlich. Im Rückgriff auf die Erkenntnistheorie De Petters spricht Schoonenberg von einer im Intellekt selbst gegebenen „Intuition", im Sinne eines „intellektuell unmittelbaren Fassens des existentiell Konkreten"[115]. „Implizite Intuition" ist nach De Petter das „Grundmoment bei jedem intellektuellen Akt, der feste Boden, in welchem sämtliche geistige intellektuelle Aktivität wurzelt."[116]

Der Dissertation vergleichbare Ausführungen finden sich in dem Artikel „Theologie in zelfbezinning" (1956) - „Theologie in Selbstbesinnung": „Wir stellen uns die erleuchtende und antreibende Wirkung des Glaubens vor auf die Weise einer impliziten Intuition und seine habituelle Anwesenheit als eine tiefer liegende Aktivität. Darum ist der Glaube stets in der theologischen Aktivität wirksam und kommt darin zu Begriff und Aussprache seiner selbst. Theologie ist ‚fides quaerens intellectum (sui ipsius)', ‚der Glaube in statu scientiae'."[117] Schoonenberg ergänzt die Formel „fides quaerens intellectum" durch die Hinzufügung „sui ipsius". Damit möchte er deutlich machen, daß die Theologie keine Einsicht sucht, die den Glauben selbst überflüssig macht, sondern eine Einsicht in den eigenen Inhalt des Glaubens.

Mit seinem Plädoyer für mehr „Übernatürlichkeit" und „Passivität" in der Theologie wendet sich Schoonenberg gegen jene Theologen scholastischer Prägung, die in apologetischer Ausrichtung und unter Überschätzung der natürlichen Erkenntnisfähigkeit der Vernunft das Bewußtsein für das Geheimnishafte in der Theologie verloren haben: In der herkömmlichen Auffassung erscheine die Theologie als eine Wissenschaft, die ein Gefecht gegen das Mysterium führe.[118] Für Schoonenberg stellt der Weg dogmatischer Theologie und Reflexion demgegenüber eine „mirabilis via" dar: ausgehend vom Mysterium und wieder zu diesem zurückkehrend. Diesen Gedanken hat

---

[114] Ebd., 331.

[115] Vgl. DERS., Theologie als geloofsvertolking, 36f. Schoonenberg bezieht sich auf: M.D. DE PETTER, Impliciete Intuïtie.

[116] M.D. DE PETTER, Impliciete Intuïtie, 101f. Vgl. P. KENNEDY, Edward Schillebeeckx, 67: „... am Beginn des Jahrhunderts haben sich ... nicht alle Katholiken gegen die Moderne mit ihrer Hervorhebung von Rationalität, empirischer Wissenschaft, Freiheitsrechten und Demokratie gestellt. In akademischen Kreisen im Katholizismus gab es eine Reihe von Versuchen, das auf das Werk des Thomas von Aquin aufbauende Lehrgebäude mit modernen Strömungen in Beziehung zu setzen. ... zwei dieser Unternehmungen [sind] Dominic De Petters Philosophie auf der einen und der historische Zugang auf der anderen Seite."

[117] P. SCHOONENBERG, Theologie in zelfbezinning, 227. Schoonenberg bezieht sich auf: M.D. CHENU, Position de la théologie, 233.

[118] Vgl. P. SCHOONENBERG, Theologie als geloofsvertolking, 9.

Schoonenberg in dem genannten Beitrag „Theologie en eschatologie" näher ausgeführt: „Die Geheimnisse werden uns niemals zugänglich als das eigene Objekt unseres Verstandes, sagt das Vatikanische Konzil [Constitutio dogmatica de fide catholica; DS 3016; NS 39]. Das ‚Beweisen' und ‚Ableiten' der Theologie ist also ... ein Zurückführen und Zur-Einheit-Bringen der Glaubensgeheimnisse. Es kann in der Tat niemals die Absicht einer wahren Theologie sein, ‚möglichst viele Geheimnisse zu eliminieren'. Sie eliminiert höchstens das Mysterium."[119]
Im Zuge einer theologischen Erneuerung tritt daher die „dogmatische" Theologie in den Vordergrund gegenüber einer „apologetischen" Theologie. Interesse und Aufgabe der Theologie verschieben sich „von der Rechenschaft zur Wiedergabe, von der Verteidigung, die sich an die Vernunft bindet, zu der sie spricht, zur Übersetzung, die hörbereit ist für die Geheimnisse Gottes, schließlich von der Apologie zur Dogmatik."[120] Dieses von Schoonenberg entworfene Ideal einer dogmatischen Theologie, die Theologie des Mysteriums ist, bewegt sich in der Sphäre des Glaubens. Sie geht aus von den Glaubensgeheimnissen, dem Kerygma, und ist, rückgebunden an die Quellen von Offenbarung und Geschichte, ausgerichtet auf die Glaubensverkündigung. Sie ist gekennzeichnet durch die enge Verbundenheit und harmonische Einheit von gläubiger Annahme des Geheimnisses und wissenschaftlicher Reflexion, d.h. von positiver und spekulativer Methode. In dem Beitrag „Theologie en eschatologie" verweist Schoonenberg in diesem Kontext auf die Bemühungen um die Begründung einer „kerygmatischen" Theologie Ende der 30er und Anfang der 40er Jahre. Als einen ihrer Vertreter in Deutschland nennt er Hugo Rahner. Im Rahmen seiner Überlegungen zur Wissenschaftlichkeit der Theologie kommt er auch auf die Konzeption einer „charismatischen" Theologie und auf die in den 30er und 40er Jahren geführte Auseinandersetzung zwischen Vertretern einer „kerygmatischen" Theologie einerseits, einer „charismatischen" Theologie andererseits zu sprechen.[121]
Im Dienst der von Schoonenberg skizzierten „dogmatischen" Theologie stehen Apologie und Philosophie: „Wir verwiesen soeben schon auf die Synthese von Glaube und Vernunft, und wir können des weiteren darauf hinweisen, wie in unserer Theologieauffassung Annahme und Wissenschaft zusammengehen, Vorgegebenes und Konstruktion, positive Untersuchung und metaphysische Spekulation, und wie dieses Zusammengehen nicht das einer reinen Zusammenkoppelung ist, sondern das einer gegenseitiger Durchdringung."[122]

---

[119] DERS., Theologie en eschatologie, 212f.
[120] Ebd., 211. Vgl. DERS., Tot en met de apologie; DERS., Apologie in geloofssfeer.
[121] Vgl. DERS., Theologie als geloofsvertolking, 291. Siehe unten: A.III.1.
[122] Ebd., 331a. Vergleichbare Ausführungen über Grundzüge einer erneuerten dogmatischen Theologie finden sich in: DERS., Theologie en eschatologie, 215: „Wir wollen ... der apologetischen Theologie lieber die dogmatische entgegengestellt sehen ... Diese dogmatische Theologie, dieses in Glaubensbewußtsein Wiedergeben von Mysterien kann dann sowohl auf spekulative, betrachtende, forschende, sogar reflektierende und verarbeitende Weise geschehen, wie auch auf die Weise einer Untersuchung der Quellen, ihrer Registration und

Schrift und Tradition bzw. kirchliches Lehramt stehen nach Schoonenberg in einem Verhältnis gegenseitiger Interpretation.[123] Dabei kommt jedoch der Schrift bleibend ein eigener Wert zu, an dem sich die kirchliche Lehrtradition - in ihren jeweils spezifischen und als solche sachlich begrenzten Fragestellungen (etwa bei der Formulierung von Dogmen) - auszurichten hat.[124] Dieses Verhältnis gegenseitiger Auslegung beschreibt Schoonenberg mit Blick auf das Lehramt und bezogen auf die Quellen der Schrift und Tradition folgendermaßen: „Wir haben schon darauf hingewiesen, daß das Lehramt die Quellen auslegt, aber daß auch umgekehrt die Quellen das Lehramt verstehen lassen, das Lehramt, das objektiv betrachtet auch eine Quelle oder ein Dokument der Tradition ausmacht."[125]
Die Haltung Schoonenbergs gegenüber der Philosophie drückt sich in der Wahl des „Mottos" seiner Dissertation aus, einer Formulierung des Thomas von Aquin: „Qui utuntur philosopicis documentis in sacra Scriptura redigendo in obsequium fidei, non miscent aquam vino, sed convertunt aquam in vinum."[126] Er spricht sich für eine „Indienstnahme" der Philosophie im Rahmen der spekulativen Theologie aus. Innerhalb dieser steht sie - als „ancilla theologiae"[127] - bezogen auf die Quellen von Schrift und Tradition radikal im Dienst der Glaubensübersetzung: „In diese Quellen läßt die Philosophie sich aufnehmen, um sie spekulativ zu übersetzen."[128] Von daher gibt es keine rein philosophischen Begriffe. Diese stehen vielmehr unter dem Einfluß der Glaubensgegebenheiten.[129]
Grundlegend und von bleibender Bedeutung auch für die spätere Zeit ist für Schoonenbergs Theologieverständnis das enge Band zwischen Theologie und Glaube, die „Immanenz" der Theologie im Glauben und ihr Charakter der Übersetzung.[130] Hieraus ergeben sich Konquenzen für seinen Umgang mit Schrift und Tradition, für das Verhältnis von Theologie und Lehramt sowie für die Aufgaben der Theologie im Rahmen der Glaubensverkündigung. In seiner

---

Klassifikation, und vor allem einer Beschreibung ihres Inhaltes mit dem ganzen Vermögen eines Einlebens, das die eigene Psyche und die modernen Untersuchungsmethoden, beide geleitet durch das ... Glaubensbewußtsein, aufbringen können. So kann die dogmatische Theologie spekulativ und positiv betrieben werden. Es scheint uns, daß auch die Apologie diese zwei Arbeitsweisen zuläßt, je nachdem, ob ihr Überzeugen und Widerlegen sich entweder auf Reflexion und Verarbeitung oder auf die historische Untersuchung der Quellen beruft . Dies ist der Grund, warum ... unserer Meinung nach die Unterteilung in positiv und spekulativ einerseits und die in dogmatisch und apologetisch andererseits gleichsam horizontal und vertikal beide die ganze Theologie durchziehen."

[123] Vgl. DERS., Theologie als geloofsvertolking, 309.

[124] Vgl. ebd., 312: „Wir sollten immer wieder unsere theologischen Begriffe der Soteriologie der Heiligen Schrift entspringen lassen (so z.B. das Begriffspaar ‚Natur' und ‚Gnade')."

[125] Ebd., 309.

[126] THOMAS VON AQUIN, Expositio super Boetium de Trinitate, q.2 a.3 ad 5.

[127] P. SCHOONENBERG, Theologie als geloofsvertolking, 297f.

[128] Ebd., 298.

[129] Vgl. L. BAKKER, Schoonenberg's theologie, 357-359.

[130] Vgl. P. SCHOONENBERG, Theologie als geloofsvertolking, 295.

Dissertation finden sich richtungsweisende Formulierungen zu Wesen und Aufgaben der Theologie: Als theoretische Grundlegung des Theologieverständnisses Schoonenbergs kann sie in der Tat als ein „Schlüssel", ein Zugang zu seinem Gesamtwerk gelten. Das (unveröffentlichte) Manuskript der Arbeit liegt dem Schoonenberg-Archiv in Löwen/Belgien vor. Zu mutmaßlichen Gründen der Nichtveröffentlichung äußert sich Mark Schoof: „Weil er ... wahrscheinlich allzu betont die Meinung vertrat, daß eine streng rationale Beweismethode in der Theologie nicht möglich sei und daher einer beschreibenden Interpretation der sich entwickelnden Glaubenserfahrung und der Verkündigung weichen müsse, wurde seine ‚Theologie als Glaubensinterpretation' niemals veröffentlicht."[131] Schoonenberg hat Ende der 40er Jahre eine Bearbeitung seiner Dissertation vorgenommen. Das Erscheinen der Enzyklika „Humani Generis" verhinderte endgültig die Veröffentlichung der Dissertation, da in der Folge noch weitergehende Veränderungen hätten vorgenommen werden müssen.[132]

b) „Het geloof van ons doopsel" I.-III. (1955-1958)

Die inhaltliche Umsetzung und Konkretisierung des in der Dissertation formulierten theologischen Programms erfolgte in den 50er Jahren mit dem mehrbändigen Werk „Het geloof van ons doopsel", einer Auslegung des Glaubensbekenntnisses. Die von Schoonenberg vorgelegten „Gespräche über das Apostolische Glaubensbekenntnis" basieren, wie er im Vorwort von „Bund und Schöpfung" erläutert, auf der im Rahmen seiner Dozententätigkeit in Amsterdam (1951-1953) von ihm gelehrten Dogmatik: „Im Anschluß an eine Reihe theologischer Vorlesungen für Laien, die ich in Amsterdam gehalten habe, stellte ich mir die Aufgabe, eine Dogmatik zu schreiben. Gleich den Vorlesungen sollte sie nach dem Plan des Apostolischen Glaubensbekenntnisses aufgebaut sein."[133]

Der in seiner Dissertation theoretisch und methodisch grundgelegten Aufgabe der Theologie kommt Schoonenberg somit in „Het geloof van ons doopsel" selbst nach: „Es ist nicht schwierig zu sehen, daß Schoonenberg in seiner Dissertation die Methode beschreibt, die er später realisiert. Namentlich ist der Zusammenhang mit ... den drei ersten Teilen von ‚Het geloof van ons doopsel' deutlich. Hier will er den Glauben übersetzen. Ausgangspunkt bildet nicht gerade irgendeine beliebige Glaubenswahrheit, sondern es sind die 'articuli fidei' des Apostolischen Glaubensbekenntnisses, die er hintereinander in den verschiedenen Teilen behandeln möchte. Es geht ihm dabei nicht darum, von diesen Glaubensartikeln ausgehend zu weiterreichenden Folgerungen zu gelangen, sondern die Glaubensartikel selbst bilden den Stoff seiner

[131] M. SCHOOF, Durchbruch der neuen katholischen Theologie, 180.
[132] Vgl. „SCHOONENBERG ZESTIG JAAR", 351.
[133] P. SCHOONENBERG, Bund und Schöpfung, 7.

Theologie. Wir können von einer *bereichernden* und *vertiefenden* Glaubensübersetzung sprechen."[134]
Im ersten Band entfaltet Schoonenberg die christliche Gottes- und Schöpfungslehre: *„God, Vader en Schepper" (1955)*[135] - *„Gott, Vater und Schöpfer"*. Die beiden folgenden Bände enthalten Darlegungen zur Christologie: *„Jezus, de Christus, de Zoon Gods" (1956)*[136] - *„Jesus, der Christus, der Sohn Gottes"* - sowie *„De Mensgeworden Zoon van God"* (1958)[137] - *„Der menschgewordene Sohn Gottes"*. Diese drei Teilbände ordnet Bakker bei seiner Unterteilung des Gesamtwerkes Schoonenbergs einer eigenen Entwicklungsstufe zu: „eine[r] Periode, in der er die Methode der Theologie, wie er diese in seiner Dissertation beschrieben hat, inhaltlich auszuüben beginnt".[138]
Wie aus dem Vorwort des ersten und zweiten Bandes von „Het geloof van ons doopsel" hervorgeht, verbindet Schoonenberg mit seiner Credo-Auslegung den Wunsch, den Gläubigen seiner Zeit den Glauben zu erklären, auf den sie getauft sind, d.h. den „alten" Glauben und den „modernen" Menschen miteinander ins Gespräch zu bringen. Schoonenberg schreibt: „Die Absicht des Buches scheint uns am besten in folgender Formel ausgedrückt: *Es wendet sich an alle, die alten Glauben in der Welt von heute bekennen wollen.*"[139]
Prägend für Schoonenbergs Theologie ist ihre dialogische Grundstruktur: Im Gespräch mit den Forderungen und Nöten der Menschen möchte er, offen für die geistigen Strömungen der Zeit, den Weg zum Glauben öffnen. Er betont die Notwendigkeit einer Unterscheidung zwischen den Offenbarungswahrheiten und ihrer zeitgebundenen sprachlichen Einkleidung.
Schoonenberg zielt einen Dialog zwischen Laien und Theologie an, der sich für beide Dialogpartner befruchtend auswirkt: „Zwar ist es in der Theorie allgemein anerkannt, aber in der Praxis noch nicht deutlich genug gesehen, daß der katholische Laie die Theologie braucht ... Auf der anderen Seite aber ist die Theologie auch auf den Laien angewiesen - wenn auch nicht als Fachmann,

---

[134] L. BAKKER, Schoonenberg's theologie, 363. (Hervorhebung im Original)
[135] P. SCHOONENBERG, God, Vader en Schepper. - Der größte Teil des Buches (5-132) ist aufgenommen in: DERS., Bund und Schöpfung. Eigens für die deutsche Ausgabe verfaßte Schoonenberg ein „Vorwort" (ebd., 7-9), in dem er rückblickend sein Vorhaben in „Het geloof van ons doopsel" erläutert. In einem ebenfalls neu entstandenen „Nachwort" (ebd., 182-220) äußert er sich zu den theologischen Veränderungen, die sich seit dem Erscheinen der niederländischen Erstausgabe des ersten Bandes von „Het geloof van ons doopsel" ergeben haben, insbesondere im Kontext der Gotteslehre, der Bundes- und Schöpfungstheologie.
[136] DERS., Jezus de Christus, de Zoon Gods. Nur ein geringer Teil dieses Werkes, ein Abschnitt über „Wunder" (ebd., 137-166), wurde aufgenommen in: DERS, Bund und Schöpfung. Die übrigen Teile des Buches sind aufgrund der Entwicklungen im Bereich der Bibelwissenschaften und der Einführung neuer exegetischer Methoden von Schoonenberg später nicht mehr neu aufgegriffen worden.
[137] DERS., De Mensgeworden Zoon van God. Der Text ist in überarbeiteter Form eingegangen in: DERS., Ein Gott der Menschen.
[138] L. BAKKER, Schoonenberg's theologie, 354.
[139] P. SCHOONENBERG, God, Vader en Schepper, 7; Bund und Schöpfung, 12. (Hervorhebung im Original)

so doch mindestens als Partner im Dialog ... Aus dem Gesagten ergibt sich eindeutig, daß nach unserer Meinung nicht nur ein bestimmter Teil der Theologie für den Laien von Bedeutung und Wichtigkeit ist, sondern ihr Gesamtbereich ... Denn das Ganze der Offenbarung ist für jeden einzelnen Christen gedacht, und jeder Christ soll es ... soweit wie möglich durchdenken und in seinem Leben wirksam werden lassen. ... Sie [die Theologie] soll - das ist ihre Aufgabe - nicht weniger tun, als die gesamte Offenbarung übersetzen; aber auch nicht mehr."[140] Deutlich wird hier die katechetische Prägung der Theologie Schoonenbergs. Bei seinen Bemühungen um eine Erneuerung der Theologie läßt er sich nicht primär von der Philosophie, sondern von der konkreten Praxis und Erfahrung leiten.[141] Kennzeichnend für Schoonenbergs Theologie ist auch weiterhin die Rückbesinnung auf die Quellen des Glaubens, insbesondere die Schrift, sowie die Einbeziehung der Ergebnisse der historischen Forschungen in die Theologie. Schoonenberg schreibt im Nachwort von „Bund und Schöpfung", rückblickend auf seine Arbeitsweise in „Het geloof van ons doopsel", der Schrift zentrale Bedeutung zu. Sie enthält nicht das „Beweismaterial" für die theologische Beweisführung; vielmehr gehen seine Überlegungen von ihr aus: „... ich [war] ständig bemüht, die Heilige Schrift zum Ausgangspunkt zu nehmen. Dabei ging es mir nicht darum, Begriffe und Thesen eines theologischen Systems nachträglich mit Hilfe von Bibelstellen zu begründen. Vielmehr gab mir die Schrift selbst den Ausgangspunkt, die Thesen und vor allem die Kategorien, so daß ich mehr von der Bibel als von Martin Buber, Ferdinand Ebner und Gabriel Marcel den Personalismus gelernt habe. Vor allem habe ich auf diese Weise die Kategorie des Bundes entdeckt und zu durchdenken versucht. So habe ich auch entdeckt, daß die Bibel Gott zuerst als Gott des Bundes und erst danach als Schöpfer betrachtet. Wenn ich aber jetzt zurückschaue, scheint mir dieser biblische Hintergrund nur ziemlich schematisch angedeutet."[142] Mit dem Studium der Quellen des christlichen Glaubens und der historischen Genese der Lehre der Kirche zielt Schoonenberg in diesen Jahren eine *Erneuerung der Interpretation der „alten" Lehre* an und damit ihre Bereicherung, (noch) nicht allerdings eine Erneuerung der Lehre selbst.[143]

Mit dem ersten Band *„God, Vader en Schepper"* legt Schoonenberg eine biblische Gotteslehre vor.[144] Er beabsichtigt, „jeden einzelnen Artikel mit allen anderen Artikeln des Glaubensbekenntnisses in Verbindung zu bringen", da das Bekenntnis des Glaubens an den Vater im ersten Artikel bereits den „Glauben an den Sohn, den Geist, die Kirche und die Auferstehung voraussetzt, während auf der anderen Seite der gesamte Hintergrund, vor dem der

---

[140] Vgl. DERS., Bund und Schöpfung, 11f.

[141] Vgl. M. SCHOOF, Durchbruch der neueren Theologie, 178-181.

[142] P. SCHOONENBERG, Bund und Schöpfung, 183.

[143] Vgl. L. BAKKER, Schoonenberg's theologie, 363.

[144] Vgl. F. HAARSMA, Ontwikkelingen in de rooms-katholieke theologie in Nederland, 51f mit Anm. 3. Siehe P. SCHOONENBERG, Het verbond met de persoonlijke God; DERS., God van verbond; DERS., De hemelse en de aardse vader; DERS., Onze Vader is God.

erste Artikel steht, nur dann voll und ganz offenbar wird, wenn wir das Glaubensbekenntnis vom ersten bis zum letzten Artikel betrachtet haben."[145] Er entfaltet zunächst die altbundliche Offenbarung Gottes als Gott des Bundes und der Geschichte, als Schöpfer alles Bestehenden: „Im Alten Testament aber bereitet Gott uns für seine Offenbarung als Vater, die wir im Neuen Testament erfahren, dadurch vor, daß er ein ‚*Gott des'* sein will, das heißt dadurch, daß er, der ohne Relativität ist, in die Beziehung zum Menschen eintreten und im gesamten Ablauf seiner Geschichte darin bleiben möchte."[146] Das Bundesvolk Israel erfährt Gott als einen, der in Beziehung mit den Menschen treten will, der in der Geschichte handelnd gegenwärtig ist. Es verehrt ihn zugleich als den Erhabenen und Heiligen. Eingebunden in den Kontext der Schöpfungstheologie des Alten Bundes erörtert Schoonenberg das Gnadenhandeln Gottes am Menschen als integrativen Bestandteil von Gottes Schöpfungs- und Bundeshandeln.[147]

In dem christologischen Teilband *„Jezus, de Christus, de Zoon Gods"* entfaltet Schoonenberg das Christusereignis als Erfüllung des Alten Bundes.[148] In Jesus Christus, seinem Leben, Sterben und seiner Auferstehung erfüllen sich die messianischen Verheißungen des Alten Testamentes: „Wir stehen in diesem Augenblick am Übergang vom Alten zum Neuen Testament. Gleichwohl ist auch der erste Glaubensartikel geformt vom Neuen Testament her und ist der volle Inhalt der Vaterschaft Gottes, und sogar seines Schöpfungswerkes, nur von Christus her und aus seinem ganzen Werk zu erkennen, einschließlich dessen Vollendung im Heiligen Geist."[149] Schoonenberg möchte in das Geheimnis des Gottmenschen eindringen, es im Dialog mit den Menschen von heute übersetzen, bekennend, „wie dieser ewige Sohn Gottes ... in voller Wirklichkeit zu uns hinabgestiegen ist, wie dieses Wort, das bei Gott war, Fleisch geworden ist und unter uns gewohnt hat."[150]

Der dritte Band *„De Mensgeworden Zoon van God"* enthält Ausführungen zur Zweinaturenlehre. Schoonenberg möchte dabei „in einer Zeit biblischer ‚herbronning' wie der unseren"[151], die Heilsperspektive keinen Augenblick

---

[145] P. SCHOONENBERG, God, Vader en Schepper, 23.

[146] DERS., Bund und Schöpfung, 23f. (Hervorhebung im Original) - Das erste Kapitel von „God, Vader en Schepper" entfaltet das Bekenntnis zu „Gott, dem allmächtigen Vater" (ebd., 23-64) in den Abschnitten „Der Gott des Bundes" und „Der Gott der Geschichte". Das zweite Kapitel legt den Glauben an Gott, „Schöpfer Himmels und der Erde" (57-102) dar.

[147] Vgl. ebd., 118-151: „Natur und Gnade".

[148] Vgl. DERS., Jezus de Christus, de Zoon Gods. Das erste Kapitel behandelt „Jesus in der Geschichte" (12-88). Das zweite Kapitel umfaßt das Bekenntnis zu „Jesus dem Christus" (89-190). Das dritte Kapitel schließlich entfaltet den Glauben an „Jesus Christus, den Sohn Gottes" (191-262).

[149] Ebd., 5.

[150] Ebd., 9.

[151] Vgl. DERS., De Mensgeworden Zoon van God, 9. Zu den Gründen, die dazu führten, die Christologie entgegen dem ursprünglichen Vorhaben in zwei Bänden (statt lediglich in einem Band) zu behandeln, äußert sich Schoonenberg in der Einleitung zu „De Mensgeworden Zoon van God": Das Nachzeichnen der Bedeutung Jesu als Abschluß der Geschichte des Alten

verlassen: „Wir werden vielmehr Sorge dafür tragen, die Menschwerdung und das Mensch-Sein von ihm [Christus], der sich uns als der dem Vater Gleiche offenbart hat, voll und ganz zu sehen als ein heilbringendes Kommen und Anwesendsein ... ; wir hoffen ..., in Übereinstimmung mit der patristischen Tradition diese zwei Naturen zu sehen als ein Gleich-Sein Christi (mit) dem Vater und (mit) uns, übereinstimmend mit der Schrift als ein Sein mit dem Vater und mit uns."[152] Aus dieser heilsgeschichtlichen Perspektive zeichnet Schoonenberg den Übergang der Denkformen in der Entwicklung der Christologie der frühen Kirche nach: von den biblischen Kategorien des „Bundes", der „Gegenwart" und „Mittlerschaft" hin zu den nachbiblischen, philosophisch geprägten Termini „Natur" und „Person".[153] Bei Schoonenberg ist die „ontologische" Christologie in die „funktionale" Christologie eingegliedert. Im Zentrum steht die Heilszusage Gottes an den Menschen im und durch den menschgewordenen Sohn: „Auch nachdem wir, wie im zweiten Buch [„Jezus, de Christus, de Zoon Gods"], vom historischen Jesus zu dessen Gottheit aufgestiegen sind, und auch wenn wir ... gesehen haben, daß dieser Jesus Gottes ewiger Sohn ist, der unter uns wohnt, brauchen wir nichts von dem aufzugeben, was wir über ihn als Mensch festgestellt haben. Christus ist und bleibt wahrhaftig und vollständig Mensch; seine Menschheit ist weder Schein noch nur äußerliche Hülle, noch eine vorläufige und zeitliche Bekleidung, welche allein nötig sei, um uns in diesem irdischen Leben nahe zu kommen."[154]
Mit Blick auf die Christologie des frühen Schoonenberg schreibt Wil Veldhuis in seinem Beitrag über die Entwicklung der Christologie in der niederländischen Theologie seit den 50er bzw. 60er Jahren: „Die ontologische Christologie, die das Wesen des menschgewordenen Sohnes bespricht, ist völlig eingebettet in die funktionale Christologie über das Heilswerk des Herrn. Jesus wird als der Messias, die Krönung der Bundesgeschichte des Alten Testaments gesehen. In ihm kommt der heilbringende Gott uns absolut nahe. In seinen Worten und Taten wird offenbar, wie sehr Jesus, der als Mensch uns gleich ist, auch voll und ganz dem Vater gleich ist. Damit erstreckt sich die ganze Betrachtung des menschgewordenen Sohnes Gottes auf Heil, das an uns geschieht."[155] In der Literatur wird das sich darin ausdrückende christologische Anliegen als eine Reaktion gegen die Vernachlässigung des Menschseins Jesu in der herkömmlichen Christologie bewertet. Robrecht Michiels weist die christologischen Bände von „Het geloof van ons

---

Bundes hat den ganzen zweiten Band ausgefüllt, so daß für die Darstellung des ausstehenden christologischen Stoffes, insbesondere der Christologie der Konzilien (Nizäa, Chalcedon) ein weiterer Band erforderlich wurde. (Ebd., 5)

[152] Ebd., 5f. Das erste Kapitel thematisiert das Menschsein des Gottessohnes: „Gottes Sohn, einer der Unseren" (14-79). Dem folgen Ausführungen zur Zweinaturenlehre: „Der eine Christus, wahrlich Gott und wahrlich Mensch" (80-174). Das abschließende dritte Kapitel entfaltet Gottes Handeln in und durch Christus: „Gott im Angesichte Christi" (175-255).

[153] Vgl. ebd., 9.

[154] Ebd., 48.

[155] W. VELDHUIS, Entwicklungen in der Christologie, 16.

doopsel" einer ersten christologischen Periode zu: Sie „verläuft von 1943/1956 bis 1964. Hier legt P. Schoonenberg die Basis seiner Anklage gegen einen ‚entmenschlichten' Christus. Von Anfang an wird dadurch deutlich, daß er auf Gott hin denken will vom Menschen Jesus her. Schoonenberg reagiert namentlich gegen die Auffassung, daß allein die göttliche Person des Wortes Jesus ganz bestimmt; er will gerade die Menschheit Christi für den Glauben relevant machen."[156] Durch eine Rückbesinnung auf die Quellen des Glaubens, verbunden mit einem philosophisch-spekulativen Durchdenken der vorgegebenen Glaubensdaten, legt Schoonenberg den Glauben an Jesus Christus aus und deutet ihn als eine Antwort auf die Fragen und Nöte der Menschen.

c) „De Macht der Zonde" und „Gods wordende wereld" (1962)

Der vierte und letzte Band von „Het geloof van ons doopsel":„*De Macht der Zonde*" und der im selben Jahr publizierte Sammelband „*Gods wordende wereld*", der Studien zum Thema „Entwicklung/Evolution", „Hominisation" und „Heilsgeschichte" enthält, markieren eine weitere Entwicklungsstufe innerhalb der ersten Periode.[157] Durch die Integration der Evolutionslehre Pierre Teilhard de Chardins und damit des modernen dynamischen, evolutiven Wirklichkeitsverständnisses in die Theologie überschreitet Schoonenberg den bisherigen Rahmen einer nur erneuernden Interpretation der „alten" Lehre. Im Vorwort zu „Gottes werdende Welt" schreibt er: „Die Schau Pierre Teilhard de Chardins hat das katholische Denken auf neue Art in Bewegung gebracht. Es läßt sich voraussehen, daß sie zusammen mit der biblischen Neubesinnung Bausteine für eine zukünftige theologische Synthese liefern wird."[158] Bakker bezeichnet den kurzen Zeitraum der ausgehenden 50er und frühen 60er Jahre als „Evolutionsphase" in Schoonenbergs Theologie.[159]
Für Schoonenberg liegt die wertvollste Einsicht der Synthese Teilhard de Chardins darin, daß die Evolution mit dem Entstehen der Menschheit (Hominisation) nicht aufhört, sondern auf tiefergehende Weise innerhalb dieser

---

[156] R. MICHIELS, Het christologische en trinitarische denken, 115. (Hervorhebung im Original) - Die zeitliche Bestimmung der ersten Periode bei Michiels entspricht im wesentlichen der hier vorgenommenen Periodisierung von Schoonenbergs Gesamtwerk: Bei der Festlegung des Beginns der ersten Phase (1943/1956) nimmt Michiels Bezug auf das unveröffentlichte Manuskript der in Maastricht gehaltenen Vorlesungen im Rahmen des „Dogmatischen Grundkurses" von 1943 bzw. auf die Veröffentlichung von „Het geloof van ons doopsel" II. im Jahr 1956. Den Beginn der zweiten Phase datiert Michiels auf das Jahr 1965, d.h. auch er nimmt von 1964 an einen Umbruch in Schoonenbergs Denken wahr.

[157] Vgl. P. SCHOOENBERG, De Macht der Zonde; DERS., Gods wordende wereld (1962) bzw. Gottes werdende Welt (1963); im folgenden wird nach der deutschen Ausgabe zitiert. Heranzuziehen sind darin folgende Studien: „Entwicklung" (ebd., 9-49), „Der Mensch und sein Entstehen" (ebd., 50-79), „Heilsgeschichte" (ebd., 80-134). Siehe auch: DERS., De hominisatie; DERS., De Menswording; DERS., Evolutie.

[158] DERS., Gottes werdende Welt, 9.

[159] Vgl. L. BAKKER, Schoonenberg's theologie, 354.

menschlichen Geschichte selbst weitergeht. Mit Teilhard sieht Schoonenberg „die ganze sichbare Welt als in eine totale Evolution einbezogen"[160]: „Bei ihm [Teilhard de Chardin] hört die Entwicklung mit dem Entstehen des Menschen nicht auf; sie setzt sich in der Menschheit irgendwie auf biologischer Ebene, aber vor allem in Geschichte und Heilsgeschichte fort. Auf biologischer Ebene zeichnen sich verschiedene Grade der Entwicklung ab. ... auf biologischer Ebene kann der Mensch vielleicht seine Nachkommenschaft verbessern ... Vielmehr setzt sich die Entwicklung als vollkommener Vollzug des Menschen selber fort, indem dieser nach und nach immer großzügiger die Erde beherrscht und stets weiträumiger und tiefer mit seinen Mitmenschen in Gemeinschaft tritt. Das bedeutet, daß sich die Entwicklung in der Menschheit vor allem als Geschichte fortsetzt, die ... die biologische Ebene nicht ausschließt ... Die Entwicklung geht in hominisierter Weise weiter, und Entwicklung in hominisierter Weise ist Geschichte. Tatsächlich ist durch Gottes gnädigen Heilswillen sogar Heilsgeschichte geworden, und gelangt die Menschheit nicht zu ihrer letzten Vollendung außer in Christus."[161]

Mit der Integration des Evolutionsgedankens in die Theologie ist zugleich die Haltung eines „vorsichtigen Pessimismus" Schoonenbergs gegenüber Teilhards Fortschrittsglauben verbunden. Schoonenberg sieht darin die Gefahr einer Reduktion menschlicher Freiheit und Verantwortlichkeit im Rahmen der hominisierten Evolution.[162] Vielleicht, so Schoonenberg, lag „Teilhards größte Schwäche darin, daß er das Besondere dieser hominisierten Evolution nicht genügend herausgestellt hat. Hominisierte Evolution ist Geschichte. Das neue Element, das in der menschlichen Geschichte auftritt, ist die Freiheit und Verantwortlichkeit des Menschen - eine Freiheit, die zwar immer situiert ist, ja die sich immer durch eine vielfache Determiniertheit beschränkt sieht, aber doch eine Freiheit."[163]

Schoonenberg stellt dem Begriff der Entwicklung den der Geschichte gegenüber. Zwischen der Evolution im Vormenschlichen und der menschlichen Geschichte sieht er zwar mit Teilhard auch eine gewisse Kontinuität gegeben, er betont aber stärker den unterschiedlichen, analogen Charakter: Das Eigene, das die menschliche Geschichte als solche kennzeichnet, ist für Schoonenberg die Freiheit des Menschen: „ ... das Besondere ..., das ‚Geschichte' ... der ‚Entwicklung' gegenüberstellt, ... *ist die Freiheit*. Der Mensch macht durch seine freien Entscheidungen Geschichte, wenn auch der Raum der Freiheit bei jedem Einzelmenschen mit Recht klein genannt werden kann, weil jeder wegen der Entscheidungen seiner Vorfahren und Zeitgenossen in einer sehr begrenzten Situation sein Dasein beginnt und vollzieht."[164] Für Schoonenberg

[160] P. SCHOONENBERG, Bund und Schöpfung, 188.

[161] DERS., Heilsgeschichte, in: DERS., Gottes werdende Welt, 80f. Schoonenberg verweist auf: P.T DE CHARDIN, Mensch im Kosmos; DERS., Le milieu divin.

[162] Vgl. L. BAKKER, Schoonenberg's theologie, 366f.

[163] P. SCHOONENBERG, Bund und Schöpfung, 191f.

[164] Vgl. DERS., Heilsgeschichte, in: DERS., Gottes werdende Welt, 83. (Hervorhebung im Original)

ist Geschichte Heils- und *Un*heilsgeschichte: „Wir wachsen sicher zu einer immer mehr umfassenden Wahlfreiheit hin, aber die Frage bleibt offen, ob die Menschheit diese ausnützen wird, um die Liebe und die Freiheit der Kinder Gottes zu verwirklichen. Dieses müssen wir erhoffen ... Unser tiefstes Vertrauen stützt sich auf Gottes Heilswillen.“[165]
Zahlreiche Veröffentlichungen Schoonenbergs zur Theologie der (Erb-)Sünde sind in den vierten Band von „Het geloof van ons doopsel“ eingegangen: Mit dem Buch „De Macht der Zonde“, das Schoonenberg als „Einleitung in die Erlösungslehre“ verfaßte, wurde er auch international bekannt.[166] Die Theologie der Sünde ist gleichsam das Vorwort zur Entfaltung des göttlichen Heilswerkes in Jesus Christus.[167] Schoonenberg erinnert an die (vermeintlichen) Gegensätze zwischen dem Schöpfungsbericht und der naturwissenschaftlichen Erkenntnis im Blick auf die Evolutionstheorie: „Wir stehen hier vor einer Konfrontation der Schrift mit zwei Haupttendenzen in unserem heutigen Denken, dem evolutionistischen Denken und der Einsicht in die sehr verschiedenen literarischen Formen, hier namentlich der mythischen Form. Zwischen der Paradieserzählung und dem evolutionistischen Denken entsteht auf den ersten Blick eine Reihe mehr oder weniger ernsthafter Konflikte.“[168]
Schoonenberg sucht auf harmonische Weise das evolutive Denken mit der existentialistischen Philosophie zu verbinden. Zentrale Bedeutung kommt im Rahmen seiner Erbsündenlehre dem Begriff der „Situation“ bzw. „Situiertheit“ als Kategorie der Intersubjektivität zu: Diesen Begriff entlehnt er dem existentialen personalistischen Denken: „Während ‚situs‘, ‚Lage‘, ein Begriff ist, der ganz in das scholastische System essentieller, vornämlich kosmologischer Denkkategorien paßt, ist ‚Situation‘ eine unentbehrliche Kategorie des existentialen, personalistischen Denkens ... ‚Situation‘ ist das, worin wir sind, nicht wie es ‚objektiv‘, d.h. meßbar und wägbar ist, sondern wie es durchlebt wird.“[169] Der Begriff „Situation“ („situatie“) bezeichnet zunächst die Grundsituation, in der sich der Mensch aufgrund seiner Leiblichkeit in der Welt befindet. „Erbsünde“ ist demgemäß die Situation, in welcher der Mensch mit seiner Entstehung steht seit Eintritt der Sünde in die Welt. Zugleich aber

[165] Ebd., 84f.
[166] Vgl. P. SCHOONENBERG, De Macht der Zonde. Siehe DERS., „De zonde der wereld“; DERS., De erfzonde als situatie; DERS., Zonde der wereld en erfzonde (1961); DERS., Erbsünde und „Sünde der Welt“, 65-69; DERS., Erfzonde en zonde der wereld (1963); DERS., Natuur en Zondeval. Een gedachtenwisseling; DERS., De zonde in een werdende wereld.
[167] Vgl. DERS., De Macht der Zonde, 6: „Erlösung setzt Sünde voraus ... Erlösung Gottes ist Erlösung aus Sünde. Die Predigt der Erlösung setzt die Kenntnis der Erlösung voraus. Darum ist es von Anfang an unser Plan gewesen, an dieser Stelle unserer Reihe eine Lehre über die Sünde einzuschalten, über die Erbsünde, die wir nicht bei der Schöpfung besprochen haben, um sie hier besser beleuchten zu können, und über die persönliche Sünde, die, wie uns scheint, vor der Erbsünde besprochen werden muß. Danach wollten wir ... Christi Erlösungswerk besprechen.“
[168] Ebd., 8.
[169] Ebd., 145.

beinhaltet der Begriff der „Situation“, daß der Mensch in seinem Leben und Erleben immer auch selbst die Situation formt und schafft, d.h. diese Situation ist zugleich (Heils- und) Unheilsgeschichte, sich von Geschlecht zu Geschlecht weiter aufbauend im Laufe der Geschichte und der sich darin ereignenden zwischenmenschlichen Begegnungen.[170] Mit Hilfe dieser Kategorie des existentialen Denkens sucht Schoonenberg die Aporien zu überwinden, die sich aus dem „Zusammenstoß“ von Paradieserzählung und evolutivem Denken ergeben.

Die Aufnahme der Arbeiten Teilhards durch Schoonenberg führt zu einer prinzipiellen Veränderung seiner theologischen Methode.[171] Unter dem Einfluß Teilhard de Chardins distanziert er sich vom „Supra-Naturalismus“ heilsgeschichtlichen Denkens und wendet sich der Existenz-Theologie mit ihrer Betonung persönlicher, freiheitlicher Entscheidung zu.[172] In den nachfolgenden Publikationen ist die Bedeutung der Schrift relativiert: Sie fungiert (wie vorher auch die Tradition) als „Negativ-Kriterium“, als „nihil obstat“ bezüglich dessen, was von den biblischen Erzählungen her theologisch gesagt bzw. nicht gesagt werden kann.[173] Eine kritischere Haltung Schoonenbergs gegenüber dem historischen Gehalt der biblischen Berichte ist erkennbar.[174]

Wie Schoonenberg rückblickend im Nachwort seines Buches „Bund und

---

[170] Vgl. L. BAKKER, Schoonenberg's theologie, 367.

[171] Vgl. ebd., 365f: „Durch eine Erweiterung und Radikalisierung der heilshistorischen Perspektive, unter Einfluß Teilhard de Chardins, hat Schoonenberg die Gefahr des Supra-Naturalismus, der noch teilweise seine ersten drei Teile von ‚Het geloof van ons doopsel‘ kennzeichnet, zurückgedrängt ... Die Geschichte Israels bildet nun nicht mehr eine exklusiv heilige Domäne, sondern die ganze menschliche Geschichte wird in ‚Gottes werdende Welt‘ ausdrücklich gesehen als eine Geschichte der Menschen mit Gott ... Auch hier ist die Entwicklung in seinem Denken ... symptomatisch für die Entwicklung in der gesamten katholischen Theologie ... Die Schrift, die vordem so alles beherrschend war, bekommt nun einen - noch immer privilegierten - Platz im Ganzen ... Das Alte Testament ist darin immer noch die vorbereitende Schule und das Wörterbuch, um die Offenbarung in Christus zu verstehen, aber die allgemeinmenschliche Religiosität ist das Wörterbuch, um das Alte Testament zu verstehen.“ Bakker zitiert: P. SCHOONENBERG, Gods wordende wereld, 85.

[172] Vgl. L. BAKKER, Schoonenberg's theologie, 364f: „Im Gegensatz zur Existenz-Theologie ... leidet sie [die heilsgeschichtliche Theologie] ... an einem Mangel an Bibelkritik. Im klassischen Schema zeichnet sich innerhalb des Ganzen der Menschengeschichte eine heilige Geschichte ab. Diese heilige Geschichte ist gekennzeichnet durch Wunder und besondere Eingriffe Gottes. Auffällige Begebenheiten wie die Existenz eines irdischen Paradieses, das Austrocknen eines Sees, Geburt aus einer Jungfrau ... bilden für sie kein Problem, sondern Ausgangspunkt ihrer Betrachtungen. Der Gefahr eines derartigen Supra-Naturalismus entspricht eine Reduktion der menschlichen Verantwortlichkeit. Die Erde, und im besonderen die Geschichte Israels und des Christentums bilden ein Schauspiel der Herrlichkeit Gottes.“

[173] Vgl. ebd.

[174] Vgl. P. SCHOONENBERG, De Macht der Zonde, 9: „Ist die ganze Vorstellung von einer Sünde in der Vergangenheit denn wesentlich für die Lehre von der Erlösung aus der Sünde? Ist sie vielleicht nur die Konsequenz eines ‚statischen‘, ‚fixistischen‘ Weltbildes, eines Weltbildes, worin die Evolution keinen Platz hat, das Böse als Abweichung vom Guten zu sehen, das einmal gewesen ist, während das evolutionistische Denken es sieht als Begleiterscheinung im Aufstieg zu einem Gut, das noch kommen muß?“

Schöpfung" erinnert, hat er in seinen früheren Werken - vor allem in „God, Vader en Schepper" - zwar Raum für ein theologisches Verständnis des evolutiven Charakters der Welt gelassen; eine positive Integration des Evolutionismus habe er jedoch erstmals in seinem Buch „Gottes werdende Welt" versucht.[175] Durch eine evolutionistische Erweiterung des Begriffs der Heilsgeschichte sucht er der Gefahr eines unkritischen Supranaturalismus zu begegnen. Neben einer formalen Bestimmung der Aufgabe der Theologie als derjenigen einer Übersetzung des Glaubens in Rückbindung an die Quellen von Schrift und Tradition ist Schoonenbergs Theologie, unter Einfluß Teilhard de Chardins, inhaltlich geprägt durch eine heilsgeschichtliche und existentiale Interpretation des Glaubensgutes, beeinflußt durch die Philosophie der Intersubjektivität und geprägt von einem christlichen Humanismus.[176]

Schoonenberg nimmt nach Abschluß des vierten Bandes von „Het geloof van ons doopsel" Abstand von seinem bisherigen Unternehmen. Zu seinem mit dem Werk „Het geloof van ons doopsel" ursprünglich verfolgten Plan - einer Entfaltung der (gemäß mittelalterlicher Einteilung) zwölf Glaubensartikel in sechs Bänden[177] - und zu den Gründen des Scheiterns dieses Vorhabens äußert er sich später, im Vorwort von „Bund und Schöpfung": „Dieser Plan ist auf verschiedene Weise fehlgeschlagen. In dem zweiten, dritten und vierten Teil ist gerade die Hälfte des Stoffes behandelt, den ich zu bearbeiten gedacht habe. So hat sich die Gesamtarbeit immer mehr in die Länge gezogen, und da überdies andere Aufgaben an mich herantraten, wurde die Zeit immer knapper. Dazu aber kam ... der Umbruch in der Theologie ..., der noch nicht abgeschlossen ist. Schon im ersten Band mußte ich meine Absicht aufgeben, nur die Amsterdamer Vorlesungen etwas ausführlicher zu fassen. Ich mußte für jeden Teil das gesamte Material neu durcharbeiten. Dabei ergaben sich für jeden Band neue Folgen. Diese bezogen sich jeweils auch auf die bereits geschriebenen Teile. Und diese Fragen wurden für mich immer zahlreicher, je mehr das heutige theologische Denken eine ‚Erschütterung der Fundamente' verursacht. Für mich betreffen die Fragen vor allem die Christologie. Daher möchte ich meine dogmatische Darstellung zu einem vorläufigen Abschluß bringen, auch wenn sie nicht vollständig ist."[178] Hier spricht Schoonenberg die einschneidenden theologischen Veränderungen an, die sich seit Mitte der 60er Jahre vollzogen haben.

---

[175] Vgl. DERS., Bund und Schöpfung, 187f.
[176] Vgl. L. BAKKER, Schoonenberg's theologie, 364-378.
[177] Vgl. P. SCHOONENBERG, Bund und Schöpfung, 12.
[178] Ebd., 7f.

2. Kontexte der Pneumatologie: Chronologischer und inhaltlicher Überblick

a) Fragen der theologischen Erkenntnislehre

Bezüge zur Geist-Theologie finden sich in Schoonenbergs Publikationen seit frühester Zeit. So bringt er die Anfänge des Ökumenismus, die Suche nach der Wahrheit der eigenen und der anderen Konfessionen bzw. das Wachsen in der Wahrheit johanneisch mit dem Wirken des Geistes in Verbindung: Knapp nur in dem kurzen Artikel *„Der Weg der Wahrheit" - „De weg der waarheid" (1946)*[179]; ausführlicher in dem sich anschließenden) Beitrag *„Katholischer Ökumenismus" - „Katholiek Oecumenisme" (1946)*: „Wir haben heute nötig und der Heilige Geist fordert von uns: einen katholischen Ökumenismus"[180], und zwar unter Leitung des Geistes, „der das Angesicht der Erde erneuert und der Christi Kirche stets in neuen Sprachen die großen Taten Gottes verkünden läßt."[181] Die Aufbruchsbewegung in der katholischen Kirche nach dem Zweiten Weltkrieg betrachtet Schoonenberg als ein Werk des Geistes: „Die Kirche erwacht heute in den Seelen, und wo sie noch nicht gegründet ist, erwacht das Heimweh nach ihr. Dies ist eine Gabe des Heiligen Geistes, und wir sehen ihn hierin das Angesicht der Erde erneuern."[182] Ist zwar die Offenbarung seit apostolischer Zeit abgeschlossen, muß sie doch auf je neue Weise entfaltet werden unter Führung des Geistes Christi als Beistand.[183]
In dem Beitrag *„Tot en met de apologie" (1946) - „Zu der und mit der Apologie"* -, erschienen in der vom „Höheren Katechetischen Institut" in Nijmegen herausgegebenen Zeitschrift „Verbum", verdeutlicht Schoonenberg, daß der Religionsunterricht innerhalb der (Atmo)Sphäre des Glaubens stattfindet. Er schreibt das übernatürliche Erkenntnisvermögen des Gläubigen, das

[179] Vgl. DERS., De weg der wahrheid, 3: „Das Bleiben und Wachsen in der Wahrheit erfordert eine Anerkennung der eigenen Beschränktheit, ein Offenstehen für jegliche Wahrheit von wem auch immer. ‚Das Wahre, von wem es auch gesagt wird, kommt vom Heiligen Geist', sagt Thomas von Aquin. Es kostet aber manchmal Mühe, diesen Geist zu verstehen in den Stimmen der anderen."

[180] DERS., Katholieke Oecumenisme, 125; bezugnehmend auf: Y. CONGAR, Chrétiens désunis. Principes d'un ‚oecuménisme' catholique.

[181] Ebd., 124.

[182] Ebd., 121.

[183] Vgl. ebd., 122f: : „... in diesen letzten Tagen haben wir das Angeld der Herrlichkeit, das der Heilige Geist ist ... Er erfüllt das Erdreich als Christi Geist, überall ihn verherrlichend, überall erinnernd an das, was er gesagt hat, überall Christi mystische Glieder beseelend ... Wir haben also die Fülle der Offenbarung, aber sie kann sich noch entfalten ... Wie der Geist Christi das Erdreich erfüllt, so kann sie das Denken der Zeiten erfüllen und sich darin ausdrücken und zur Entfaltung bringen. ... so wird die Offenbarung stets wieder auf neue Weise lebendig im Glauben und in der Glaubenskenntnis eines jeden von uns ... Noch immer bewirkt der Geist in uns, daß jeder Mensch die Wundertaten in der Sprache verkünden hört, in der er geboren ist. Wir haben also die Offenbarung, an die wir glauben, auszusprechen und weiterzudenken in stets neuer Sprache des Mundes und des Geistes, sie stets von neuen Seiten zu beleuchten, stets tiefer in sie einzudringen."

die natürliche Erkenntnisfähigkeit des „Menschengeistes" übersteigt, dem Wirken des Geistes Gottes zu.[184] Als zentralen Inhalt des Religionsunterrichtes nennt Schoonenberg die „Allerheiligste Dreieinigkeit", das „magnum pietatis mysterium". Er wendet sich gegen eine Theologie, die vom Mysterium Gottes selbst nicht zu reden wagt, „da man darüber doch nichts wisse"; „damit verliert man dann die lebendige Einheit der Offenbarung, die Einheit aller Gaben des Vaters, die uns durch den Sohn in beider Geist geworden ist, damit wir so wieder in dem selben Geist und durch Christus, unserem Herrn, dem Vater alle Ehre und Herrlichkeit geben."[185]

In der Dissertation *„Theologie als geloofsvertolking"* erscheint erstmals bei Schoonenberg der Begriff einer „charismatischen" Theologie.[186] Er reflektiert sodann auf das Wirken des Geistes anläßlich der Frage nach dem Verhältnis von Schrift und Tradition. Er schreibt im Sinne der Schultheologie den eigenen Wert der Schrift ihrer Entstehung durch die Inspiration des Geistes zu, während die kirchliche Tradition ihren göttlichen Charakter dem Beistand („assistentia") des Geistes verdankt.[187] Als authentische Wiedergabe apostolischer Verkündigung sind die neutestamentlichen Schriften bei ihrer Entstehung durch den Geist Gottes inspiriert: Das „Charisma der Inspiration" ist eng mit dem Apostelamt verbunden. Die Bücher des Alten Bundes erfüllen dabei eine auf die Predigt der Augenzeugen Jesu und auf deren apostolisches Charisma hinführende Funktion, insofern das Alte Testament die Wirklichkeit, Begriffe und Worte enthält, mit denen neutestamentlich „Gnade", „Geist" und „Wahrheit" (Joh 1,17; 4,23) ausgedrückt werden.[188] Den heilsgeschichtlichen Übergang vom Alten zum Neuen Bund sieht Schoonenberg im Moment der Geistsendung durch den Verherrlichten, im Niedersteigen des Heiligen Geistes vom „Thron" Gottes. Der Neue Bund ist die Phase des Wirkens des Geistes, der bleibenden Gegenwart des erhöhten Herrn im Geist: „Das Neue Testament enthält also eine pneumatische Wirklichkeit und Faktizität: Es ist ja die Phase, in der der Herr der Geist ist (2 Kor 3,17). Das Alte Testament enthält dann die Dinge, Einsetzungen, Begriffe und Worte, in denen die pneumatische Wirklichkeit und Herrlichkeit des Neuen Bundes ausgedrückt wird. In diesem Sinn ist also das Alte Testament die erste Quelle der theologischen Begriffs-

---

[184] Vgl. DERS., Tot en met de apologie, 71: Das Erkennen des Glaubens geschieht nicht mehr (nur) „aus unserem Menschengeist heraus, sondern vom Geist Gottes her, der Gottes eigene Verborgenheit durchforscht ... Der Geist des Sohnes Gottes selbst, die Salbung des Heiligen, legt dabei in uns Zeugnis ab durch eine sehr innige Berührung, führt uns von innen heraus zur ganzen Wahrheit und befähigt uns so, die Offenbarung des Eingeborenen anzunehmen. Und wenn wir so mit diesem neuen Leben und Erkenntnisvermögen ausgerüstet sind, ... erscheint der Abgrund von Gottes dreieinem Leben ..., und Christus selbst ..., uns den Vater verkündigend und den Geist gebend, der mit unserem Geist bezeugt, daß wir Kinder Gottes sind und der in uns Jesu Wort ‚Abba, Vater', wiederholt."

[185] Ebd.

[186] Vgl. DERS., Theologie als geloofsvertolking, 291.

[187] Ebd., 310.

[188] Vgl. ebd., 313.

bildung."[189] Im Alten Testament ereignet sich eine vorläufige, irdische Erfüllung der Verheißungen, die prophetisch auf die neutestamentliche, pneumatische Wirklichkeit Christi verweisen. Die Offenbarungsbegriffe des Neuen Testamentes sind dem Alten Testament entlehnt, vor allem der „pneuma"-Begriff, der am ehesten auf die Unbegreiflichkeit der neutestamentlichen Erfüllung zielt (vgl. Joh 3,8).

In mehreren Artikeln der 40er und (frühen) 50er Jahre entfaltet Schoonenberg diesen Gedanken der pneumatischen Erfüllung des Alten Testaments im Neuen Testament, in Jesus Christus und in der Sendung seines Geistes: so in den beiden in „Verbum" publizierten Artikeln über den *„Alten Bund" (als) „Vorbereitung auf den Erlöser" - „Het Oude Verbond, voorbereiding op de Verlosser" (1949)* - und im Anschluß über den *„Neuen und Ewigen Bund" - „Het Nieuw en Eeuwig Verbond" (1949)*[190]. Den Ausgangspunkt seiner Darlegungen bilden einzelne Lektionen des „Holländischen Katechismus" von 1948, die die Lehre vom Heiligen Geist thematisieren.[191] Nach Schoonenberg stellt den definitiven Endpunkt des Alten Bundes nicht, wie der Katechismus lehrt, die Menschwerdung des Gottessohnes dar, sondern die Vollendung Christi, durch die er für uns zum lebendigmachenden Geist wird. Den Einschnitt zwischen Altem und Neuem Bund bildet Jesu Sterben am Kreuz bzw. Christi Auferstehung, Erhöhung und Geistsendung: Jesu Verherrlichung besteht gerade in der Mitteilung seines Geistes.[192] Der Neue Bund ist die Phase der Herrlichkeit Christi und des gesandten Geistes (1 Kor 15,45; Joh 7,39; 16,7; Apg 2,33). Die Ausführungen des Katechismus über den Heiligen Geist (Lektion 16) erläuternd, deutet Schoonenberg das Pfingstereignis als die geistliche Erfüllung der alttestamentlichen Prophetien. Dabei hebt er hervor, daß der Geist als Gabe nicht nur der Gemeinschaft der Kirche verliehen wurde, sondern - paulinisch - in jedem einzelnen Gläubigen, diesen persönlich heiligend und leitend, charismatisch wirksam ist.[193] Seit Anbruch des Neuen Bundes lebt der gläubige Mensch jedoch nicht nur im Geist, sondern darin zugleich in der Gemeinschaft der göttlichen Dreifaltigkeit, die in der Gabe des Geistes ihr dreieines Wesen den Menschen offenbart hat.[194]

---

[189] Ebd.

[190] DERS., Het Oude Verbond; DERS., Het Nieuw en Eeuwig Verbond.

[191] Vgl. DERS., Het Nieuw en Eeuwig Verbond, 254.

[192] Vgl. ebd., 205f: „Christi Herrlichkeit ist das Geben des Heiligen Geistes, der ja ‚noch nicht war', solange Jesus nicht verherrlicht war (Joh 7,39). ... um diesen Geist vom Thron des Vaters her senden zu können, war es gut für uns, daß er heimging (Joh 16,7). So ist ... der Neue Bund nicht nur die Phase des verherrlichten Sohnes, sondern auch die des gesandten und gegebenen Heiligen Geistes. ‚Nachdem er, erhöht zur Rechten Gottes, vom Vater den verheißenen Heiligen Geist empfangen hat, hat er ihn ausgegossen, wie ihr seht und hört' (Apg 2,33) ... Jesu Verherrlichung als unser Herr und Heiland besteht dann darin, daß er diesen Heiligen Geist mitteilt, daß er dessen Sender und Quelle ist. Der verherrlichte Christus ist selbst ‚geistlich', ‚pneumatisch' schlechthin, und in seinem Geist erlöst und heiligt er die sündigen Menschen ... So kann Paulus von Christus sagen, daß er ‚lebendigmachender Geist' ist (1 Kor 15,45)."

[193] Vgl. ebd., 254f.

[194] Vgl. ebd., 255: „Das Neue Testament ist also das Reich des Heiligen Geistes, aber es ist

Anzusprechen ist auch die dreiteilige Artikel-Folge zum Thema Offenbarung von 1950; erstens: *„Openbaring. God spreekt ons aan"* - *„Offenbarung. Gott spricht uns an"* -, zweitens: *„Publieke en private openbaring"* - *„Öffentliche und private Offenbarung"* - und drittens: *„Schrift en overlevering"* - *„Schrift und Überlieferung"*[195]. Schoonenberg versteht unter Offenbarung ein „Sprechen" Gottes, zunächst in seinen Werken („natürliche" Offenbarung), sodann die definitive Selbstaussage Gottes in der Sendung Jesu Christi („öffentliche" Offenbarung); darin offenbart sich zugleich Gottes trinitarisches Wesen: Im Christusereignis „sehen wir, was und wer der Sohn ist, und damit auch wie in einem Spiegelbild, was es heißt, der Vater zu sein, während in Christi Gang zu seiner Verherrlichung sich stets mehr die Gabe des Geistes ankündigt."[196] Die „öffentliche" Offenbarung ist in Menschwerdung Christi und Geistsendung zu ihrem Ziel gekommen und hat mit dem Tod der Apostel ihren Abschluß gefunden: „Gott hat im Prinzip alles geschenkt, indem er uns zu neuen Menschen gemacht und dies vollendet hat durch die Sendung des Geistes. Gott hat uns nicht nur alles gegeben, was er an Gaben der Erlösung, Vergeistlichung und Vergöttlichung zu geben hatte, sondern er hat auch sein ganzes eigenes Wesen uns offengelegt ... Wir kennen nun die drei göttlichen Personen."[197] Seither lebt die Kirche, zeichenhaft in den Sakramenten, aus der Fülle des Geistes. Darüber hinaus wirkt der Geist (auch heute noch) in den „privaten" Offenbarungen, den Charismen der Gläubigen. Charismen sind keine „Privatoffenbarungen" einzelner oder für einzelne, sondern dienen der Erbauung des Leibes Christi im erinnernden Vergegenwärtigen des Christusereignisses, in Unterordnung unter die Kontrolle durch die kirchliche Lehrgewalt und das Liebesgebot als oberster Norm (1 Kor 12-14; 1 Thess 5,19-21; Joh 15,26).[198] Schließlich entfaltet Schoonenberg das Wirken des Geistes, des anderen

---

dies keineswegs mit Ausschluß der anderen göttlichen Personen ... So ist ... das Neue Testament die Phase, in der die Allerheiligste Dreifaltigkeit sich offenbart hat, in der wir eingehen können in die göttliche Gemeinschaft und jeder Mensch gerufen ist zu einer persönlichen Beziehung mit jeder der göttlichen Personen."

[195] DERS., Openbaring; DERS., Publieke en private openbaring; DERS., Schrift en Overlevering.

[196] DERS., Openbaring, 33.

[197] DERS., Publieke en private openbaring, 70f.

[198] Vgl. ebd., 71f: „Der Geist weht, wo er will, und es gibt noch mehr persönliche und individuelle Gaben, die er in bestimmten Gliedern bewirkt zum Aufbau des ganzen Leibes Christi. Das sind die Charismen ..., worüber vor allem Paulus spricht in 1 Kor 12-14. Die Charismen ..., die allzeit in der Kirche zu finden sind, die durch keine Organisation oder Macht oder Ausbreitung überflüssig gemacht werden, im Gegenteil, die Charismen, denen wir überall begegnen, wenn wir nur Ohren haben, um zu hören, was der Geist zu den Kirchen spricht [Offb 2,7]. Nun, zu diesen Charismen gehören die privaten Offenbarungen. Sie sind darum ebensowenig wie irgendein anderes Charisma eine Privat-Angelegenheit, sie dienen im Gegenteil dem Aufbau des ganzen Leibes. Sie sind da für uns alle, und die Ermahnungen des Paulus, ‚untersucht alles und behaltet das Gute' [1 Thess 5,21], verlangt von uns sowohl Besonnenheit als auch Bereitschaft zum Hören. Besonnenheit, weil sie überprüft werden müssen an ‚der' Offenbarung, die sie nicht ergänzen ..., sondern in Erinnerung bringen, wie dies die Aufgabe des Heiligen Geistes ist (Joh 15,26)."

Parakleten, in den Gemeinden: „Vor der Himmelfahrt sehen wir Christi Gestalt und hören wir seine Stimme, aber danach ist er bei uns in seinem Geist. Der Heilige Geist, er bezeugt Christus gegenüber der Welt (Joh 16,8-11), und er läßt auch Christi Apostel und Martyrer Zeugnis ablegen (Joh 15,26f; Mt 10,20). Er ist der Geist der Wahrheit ... (Joh 14,17). Er lehrt uns alles und bringt uns alles in Erinnerung, was Christus gesagt hat (Joh 14,26). Darum kann er auch vieles von dem, was er uns gibt und für uns tut und ist, unausgesprochen lassen, denn der Geist wird es später erkennen lassen und aussprechen ... (Joh 16,12-15).“[199] Der Heilige Geist ist die Quelle aller Wahrheit in Schrift und Überlieferung: Wurde die Schrift verfaßt unter Leitung und Garantie des Heiligen Geistes („inspiratio“), wird die apostolische Tradition festgeschrieben und ausgelegt durch die Lehrgewalt der Kirche, die kraft des Beistandes desselben Geistes unfehlbar spricht („assistentia“).[200]
Auch liegen in dem Artikel *„Het Oude Testament en de katechese“ (1953)* - *„Das Alte Testament und die Katechese“* - Ausführungen Schoonenbergs mit Blick auf die „geistliche“ Dimension des Neuen Testamentes vor.[201]
Vom Wesen der Theologie (der Dogmatik) bzw. von der spezifischen Art des theologischen Denkens handelt Schoonenbergs Vortrag *„Theologie in Selbstbesinnung“* - *„Theologie in zelfbezinning“ (1956)*[202]. Im Zentrum einer erneuerten Theologie steht der dreieine Gott: Gott Vater, Sohn und Heiliger Geist.[203] Auch finden sich hier Überlegungen zur Theologie als Charisma.

b) Auslegung des Apostolischen Glaubensbekenntnisses

Eine frühe, relativ ausführliche Darstellung zur Geist-Theologie liegt mit der Auslegung des Apostolischen Glaubensbekenntnisses durch Schoonenberg vor: *„De Apostolische Geloofsbelijdenis in de Katholieke Kerk“ (1951)* - *„Das Apostolische Glaubensbekenntnis in der Katholischen Kirche“*-, erschienen in

---

[199] Ebd., 98.

[200] Vgl. ebd., 98f-100.

[201] Vgl. DERS., Het Oude Testament en de katechese, 498f: Um das Eigene des Neuen Bundes auszusagen, müssen die alttestamentlichen Begriffe „aufgebrochen werden, indem die ‚irdische', ‚fleischliche' Wirklichkeit, woraus sie geformt sind, zum Zeichen wird der ‚himmlischen' und ‚geistlichen' Wirklichkeit des Neuen Bundes, einer Wirklichkeit, die erst vollständig anwesend ist, wenn Christus von den Toten auferstanden und damit ‚der Herr der Geist ist' (2 Kor 3,17).“

[202] DERS., Theologie in zelfbezinning. Schoonenberg hat diesen Vortrag anläßlich der „Einundzwanzigsten Wissenschaftlichen Jahresversammlung für Thomistische Philosophie“ zum Thema „Das Verhältnis zwischen Theologie und Philosophie“ im April 1956 gehalten.

[203] Vgl. ebd., 225: Die Theologie „spricht über Gott. Gott gerade in seinem Gott-Sein ... Konkreter können wir dann sagen: Gott in seinem dreieinen Wesen ... Die Offenbarung der Trinität geschieht aber in Christus ... : der Vater, der sich offenbart durch sein fleischgewordenes Wort im Heiligen Geist ... : Die Theologie beschreibt den Vater, der sich offenbart in seinem Sohn und dessen Leib, die Kirche, oder: unsere ganze Heilswirklichkeit als Offenbarung des Vaters durch seinen Sohn im Heiligen Geist.“

dem Band „Glaubensinhalt und Glaubenserfahrung. Eine Positionsbestimmung innerhalb von Reformation und Katholischer Kirche in den Niederlanden". Zielsetzung dieses Bandes ist es, Rechenschaft abzulegen über den gegenwärtigen Stand und die Resultate des Gespräches zwischen den reformierten und katholischen Christen in den Niederlanden.[204] Im Anschluß an einführende Hinweise zu Geschichte und Bedeutung des „Apostolicums" stehen Erläuterungen zum Bekenntnis zu Gott, dem Vater und Schöpfer, zum Sohn (in seiner Menschwerdung und seinem erlösenden Handeln) sowie zum Heiligen Geist.[205]

c) Gnadentheologie / Soteriologie und Anthropologie

(1) Geisttheologisch relevante Äußerungen Schoonenbergs liegen innerhalb des Themenbereiches „Natur und Gnade" vor. Seine *„Anmerkungen über Natur und Gnade" - „Aantekeningen over Natuur en Genade" (1951)* - sind auf dem Hintergrund der Auseinandersetzung zwischen katholischer und protestantischer Erlösungslehre zu lesen. Schoonenberg übersetzt den scholastischen „gratia"-Begriff (anstelle mit „Gnade") mit „Gnadengabe", um sich so dem biblischen Verständnis von „Gnade" - als paulinisch „Geist" und johanneisch „(Ewiges) Leben" - anzunähern.[206] Bezeichnet Gnade alttestamentlich eine Eigenschaft Gottes, sein Gewogensein den Menschen gegenüber, umfaßt der neutestamentliche „Gnaden"-Begriff auch die Wirkungen dieser Gesinnung im Menschen: die von Gott verliehene Gabe, das Charisma. In der lateinischen Tradition, vor allem in der scholatischen und neuscholastischen Theologie, bedeutete „gratia" die Gabe Gottes selbst, was den biblischen „gratia"-Begriff nur einseitig wiedergibt. Mit Paulus versteht Schoonenberg als Gnadengabe schlechthin die Gabe des Heiligen Geistes.[207] Diese „ungeschaffene (Gnaden-)Gabe", die der Heilige Geist selbst ist, bringt die „geschaffenen Gnadengaben" hervor, die im „pneuma"-Begriff des Paulus mit bezeichnet sind. Zu diesen zählt an erster Stelle die durch den Geist bewirkte neue, pneumatische und heilige Existenzweise des Gerechtfertigten, welche als

[204] Vgl. H. VAN DER LINDE / F. THIJSSEN, Geloofsinhoud en Geloofsbeleving. Een peiling binnen Reformatie en katholieke Kerk in Nederland, 7.
[205] P. SCHOONENBERG, De Apostolische Geloofsbelijdenis. Siehe unten: A.III.2.
[206] Vgl. DERS., Aantekeningen over natuur en genade, 15f.
[207] Vgl. ebd., 15: „Welches sind nun die Gnadengaben, die wir in Christus besitzen? Der ... paulinische Begriff ‚Geist', ‚pneuma', weist uns hier den Weg. Gottes Gnadengabe in Christus ist zuallererst ‚die Gabe des Heiligen Geistes' (Apg 2,38; 10,45), und dies bedeutet: der Heilige Geist selbst, durch den die Liebe Gottes in unsere Herzen ausgegossen wird (Röm 5,5). Diese göttliche Person, die wir bekennen als Herrn und Lebensstifter, den wir mit dem Vater und dem Sohn zusammen anbeten und verherrlichen, dieser ist auch zu uns gesandt und uns geschenkt, er ist die größte Gabe von Vater und Sohn an uns. Diesen tragen die Gerecht(fertigt)en als Siegel (Eph 1,13; 4,30), mit ihm wohnen Vater und Sohn in ihnen als in ihrem Tempel, und er [Christus], sein Geist, läßt sie zum Vater ‚Abba' rufen in der Sprache des Sohnes. Der Heilige Geist ist die erste Gnadengabe, die Gnadengabe schlechthin."

„heiligmachende Gnade" bezeichnet wird. Aus diesem Pneumatisch-Sein des inneren Menschen gehen Glaube, Hoffnung und Liebe als „pneumatische Handlungsweisen", als „eingegossene Tugenden" hervor, wie außerdem jedes heilvolle Handeln hervorgerufen wird durch eine Initiative des Geistes, der „Gnade des Beistandes"[208]. Die übernatürlichen Gnadengaben geben Anteil an der göttlichen Natur, ohne jedoch die menschliche Natur auszuschalten. Im Anschluß an die Aussagen über das Leben im Geist bei Paulus (Röm 8,1-17) verdeutlicht Schoonenberg das Mitwirken des Menschen mit der göttlichen Gnade: Gemeinsam mit dem Zeugnis des göttlichen Geistes legt des Menschen Geist Zeugnis ab für Christus (Röm 8,16).[209]

Bereits im Jahrbuch 1950 der „Arbeitsgemeinschaft Katholischer Theologen in den Niederlanden" findet sich ein Beitrag Schoonenbergs zum Thema *„Die Gnade und der sittlich gute Akt" - „De genade en de zedelijk goede act"*[210]. Er erörtert dabei die Frage nach der Notwendigkeit der (Glaubens-)Gnade - bzw. der Einwohnung des Geistes oder seiner „inspiratio" - für den sittlich guten Akt („actus moraliter bonus" bzw. „actus salutaris"). Der Heilige Geist gießt die Liebe in die Herzen der Menschen aus und tritt für sie ein (vgl. Röm 8,26). In ähnlicher Weise wird der Geist und seine Funktion besprochen in dem Artikel *„Gnade und natürliche Gottesliebe" - „Genade en natuurlijke godsliefde" (1959)*. Zu erwähnen ist sein Hinweis auf jene Schrift- und Konzilsaussagen, die die natürliche Gottesliebe als von Gott kommend und vor allem als ein Geschenk des Heiligen Geistes bezeichnen (Röm 5,5; 1 Joh 4,7; Eph 6,23 und Gal 5,22: Konzil von Karthago [Dz 104] und Orange [Dz 198]).[211]

(2) Pneumatologische Bezüge finden sich in verschiedenen Beiträgen zur *paulinischen Soteriologie*. In dem Artikel *„De éne mens met ziel en lichaam" - „Der eine Mensch mit Seele und Leib"* - in „Verbum" (1954) steht Schoonenbergs Rede vom Geist im Rahmen einer anthropologischen Besinnung auf das semitische ganzheitliche Menschenbild der Schrift im Gegenüber zur dualistischen Sicht des Menschen im griechischen und scholastischen Denken.[212] Im Alten Testament bezeichnet eine Vielzahl von Worten je

---

[208] Vgl. ebd., 15f: „... diese ‚ungeschaffene Gabe' bringt auch geschaffenene Gnadengaben mit sich, welche im pneuma-Begriff des Paulus mit bezeichnet scheinen. Der Gerechtfertigte selbst ist ja ein Tempel dieses Geistes ... , er ist ein neues Geschöpf ... Die Theologie nennt darum unter den geschaffenen Gnadengaben zuerst dieses neue Leben, diese neue, pneumatische und heilige Existenzweise und gibt ihr den Namen ‚heiligmachende Gnade'. Aus dieser Existenzweise der Seele, aus diesem Pneumatisch-Sein des inneren Menschen ... fließen dann Glaube, Hoffnung und Liebe als pneumatische Handlungsweisen, als ‚eingegossene Tugenden' hervor. Während außerdem jedes heilvolle Handeln ... hervorgerufen wird durch eine Initiative des Geistes, eine ‚aktuelle Gnade' oder ‚Gnade des Beistandes'."

[209] Vgl. ebd., 17.

[210] DERS., De genade en de zedelijk goede act.

[211] Vgl. DERS., Genade en natuurlijke godsliefde, 25f.

[212] DERS., De éne mens met ziel en lichaam, 301.

verschiedene Dimensionen des einen Menschen: „Auch ‚Seele' (nefesch) und ‚Geist' (ruach) bedeuten ursprünglich jeweils Kehle, Atem und Wind ..., wobei diese ursprüngliche Bedeutung lebendig bleibt (man denke an die Symbole, die den Heiligen Geist begleiten) ... Worte wie ‚Geist', ‚Seele' und ‚Fleisch' bedeuten oft den ganzen Menschen. Zwar betonen sie eine bestimmte Qualität, jeweils sein Band mit Gott, sein Leben, seine Vergänglichkeit, aber sie bezeichnen damit ... dieses ganze Wesen."[213] Obwohl im Neuen Testament der Einfluß des griechischen Leib-Seele-Dualismus spürbar wird, ist doch auch die semitische Sicht des Menschen präsent (Mk 8,35; Mt 10,28.39; 16,25; Lk 9,24). Deutlich wird dies bei Paulus im Blick auf den Disput in Korinth über die Auferstehung des ganzen Menschen nach „Seele" und „Leib" (1 Kor 15) oder die Bildrede von den „Leibern" der erlösten Menschen als Gliedern Christi und Tempel des Heiligen Geistes. „Geist" und „Fleisch" sind Ausdruck des erlösten bzw. unerlösten Menschseins (1 Kor 2,10-3,4; Gal 5,13-26; Röm 7,14-8,13).[214] Darlegungen Schoonenbergs zum semitischen und griechischen Menschenbild finden sich auch im Rahmen einer *„Theologischen Besinnung auf den Leib"*: *„Theologische bezinning op het lichaam" (1956).* Auch hier äußert er sich bei seiner Betrachtung der biblischen Offenbarung über den „Leib" zum Erlösungsverständnis des Paulus. Er nimmt Bezug auf das Begriffspaar „Fleisch" und „Geist"[215] als Bezeichnungen für den unerlösten bzw. erlösten Menschen.

Über *„Glaube und Werke bei Paulus" - „Geloof en werken bij Sint Paulus" (1956)* - schreibt Schoonenberg im Rahmen einer Reflexion auf die neutestamentlichen Grundlagen einer allgemeinen christlichen Moraltheologie.[216] Seine Aufmerksamkeit gilt der paulinischen Soteriologie, d.h. der Entfaltung der neuen christlichen Grundhaltung, die Paulus in den gegensätzlichen Begriffspaaren „Glaube" / „Werke (des Gesetzes)" bzw. „Geist" / „Fleisch" oder „Gesetz" beschreibt, um das Ungenügen der „Werkgerechtigkeit" und die Notwendigkeit des Heiles in Christus auszusagen. Das Heil wird dem erlösten Menschen durch den Glauben zuteil, der sich der Gnade Gottes verdankt (Gal 3,2). Paulus setzt damit an die Stelle der Gerechtigkeit aus Werken die Gerechtigkeit aus Glauben (Röm 9,30-32). Der fundamentalste Glaubensakt

[213] Ebd., 303.

[214] Vgl. ebd.: „Überwiegend semitisch und also total-menschlich wird die Interpretation sein müssen von ‚Geist' ... ‚Fleisch', wenn diese vom Apostel vorgestellt werden als jeweils erlöst und unerlöst (1 Kor 2,10-3,4; Gal 5,13-26; Röm 7,14-8,13). Zwar betrachtet Paulus als ‚Werke des Fleisches' zuerst diejenigen, welche sich im Leib vollziehen (Gal 5,19) und verbindet den ‚Geist' mit dem ‚inneren Menschen' (Eph 3,16). Demgegenüber steht aber das Faktum, daß auf der einen Seite durch ihn Feinschaft, Streit, Mißgunst und Uneinigkeit dem ‚Fleisch' zugeschrieben werden (1 Kor 3,3; Gal 5,20), während er auf der anderen Seite über den ‚geistlichen Leib' der Auferstandenen spricht (1 Kor 15,44)."

[215] Vgl. DERS., Theologische bezinning op het lichaam, 350. 355.

[216] DERS., Geloof en werken bij Sint Paulus. Es handelt sich um den Auszug eines Vortrages, den Schoonenberg am 23. Mai 1956 in Luzern gehalten hat anläßlich einer Studientagung der „Europaischen Arbeitsgemeinschaft für religiöse Erziehung" zum Thema „Die christliche allgemeine Moral in Katechese und Erziehung" (vgl. ebd., 386).

aber vollzieht sich im Getauftwerden auf den Namen Jesu, als dem Sterben (der Sünde) und dem Auferstehen (aus der Sünde).[217]
Den paulinischen Gegensatz von *„Gesetz und Geist"* (Gal 5,18; Röm 7,1-6) verdeutlicht Schoonenberg eigens in dem anschließenden Artikel *„Wet en geest" (1957)*: „Das innere Drängen des Geistes ersetzt ... den äußeren Imperativ des Gesetzes. Es ersetzt ihn auf höhere Weise, es erfüllt ihn. Und so sind wir durch den Geist vom Gesetz erlöst."[218] Dieses Gesetz, von dem durch Christus und dessen Geist bzw. in der Gnade Erlösung geschieht, ist nicht an sich sündig oder „fleischlich", sondern als von Gott kommend heilig und „geistlich" (Röm 7,12).[219] Gleichwohl verliert es seinen (durch die Sünde verursachten) Charakter eines Imperativs von außen, nicht jedoch den Charakter einer objektiven Norm sittlichen Handelns, die - unter der Leitung des Heiligen Geistes (Röm 8,14) - als rechte Norm christlichen Handelns erkannt wird: „Dieser Geist ist nicht nur ein inneres Licht, sondern zugleich eine innere Kraft; er kann ein inneres Gesetz genannt werden, aber dann ein wirksames Gesetz. Durch den Geist ja sind wir selbst ‚Geist' geworden, pneumatische, neue Menschen. Durch den Geist ist die Liebe Gottes ausgegossen in unsere Herzen (Röm 5,5). Durch den Geist werden wir auch selbst zur Liebe getrieben ... (1 Kor 13). Diese Liebe erfüllt das Gesetz ... (Gal 5,14; Röm 8,4; 12,8-10)."[220] Schoonenberg betrachtet den paulinischen Gegensatz zwischen „Gesetz" und „Geist" - das Gesetz wird durch den Geist nicht vernichtet, sondern erfüllt - in seiner Bedeutung in der Heilsgeschichte. Er benennt dabei drei Aspekte der Kontinuität zwischen Altem und Neuem Bund: Das auf steinernen Tafeln geschriebene alttestamentliche Sittengesetz wird, nach der Prophezeiung des Jeremias, erst im Neuen Bund in die Herzen der Menschen geschrieben werden (Jer 31,33): Diese „Prophetie wird erfüllt, wenn der Neue Bund volle Wirklichkeit ist, d.h. wenn der verherrlichte Christus seinen Geist sendet."[221] Jesus vervollkommnet - zweitens - das alte Gesetz durch seine Predigt einer neuen Haltung, die jedoch, wie auch das „neue Herz", erst Wirklichkeit wird in der Sendung des Geistes durch diesen. Die Notwendigkeit äußerer Vorschriften besteht - drittens - auch weiterhin, weil der Geist noch nicht restlos wirksam ist, vielmehr das „Fleisch" noch immer zur Sünde antreibt.
Bezüge zur paulinischen Antithese von „Leib" und „Geist" bzw. „Fleisch" und „Geist" finden sich auch in dem kurzen Beitrag zum Thema *„Leiblichkeit und menschliches Handeln" - „Lichamelijkheid en menselijk handelen" (1960)*, wo es um die Früchte des Geistes geht: Liebe, Friede, Freude, Liebenswürdigkeit und Sanftmut.[222]

---

[217] Vgl. ebd., 386-392.
[218] Vgl. DERS., Wet en geest, 417.
[219] Vgl. ebd., 414f.
[220] Ebd., 416f.
[221] Ebd., 418.
[222] Vgl. DERS., Lichamelijkheid en menselijk handelen, 913.

d) Ekklesiologie

(1) Schoonenberg thematisiert den Heiligen Geist im Zusammenhang von *Auferstehung und Kirche*: in der dreiteiligen Artikel-Folge in „Verbum" 1951 über *„Die Kirche der Auferstehung"* - *„De Kerk der Verrijzenis"*. Im ersten Beitrag *„Der Ort der Auferstehung im Erlösungswerk Christi"* - *„De plaats der verrijzenis in Christus' verlossingswerk"* - erläutert er die Bedeutung der Auferstehung für die Erlösung als Abschluß und Ziel des Erlösungswerkes: Ist paulinisch (vgl. Röm 1,3f) die Auferstehung durch den Geist bewirkt, so ist nach Johannes (7,39; 16,7) das Fortgehen des Sohnes Voraussetzung für das Kommen des Beistandes, des Geistes des Lebens.[223] Er beschreibt im zweiten Beitrag, *„Der Einfluß der Herrlichkeit Christi auf des Leben der Kirche"* - *„De invloed van Christus' herrlijkheid op het leven der kerk"* - die Früchte des Geistwirkens in den Gläubigen und in der Kirche (1 Kor 6,17; 15,45).[224]
Die *„Bedeutung der Auferstehung Christi"* als ein Heilsereignis - *„De betekenis van Christus' verrijzenis" (1955)* - entfaltet Schoonenberg sodann in einem in der Zeitschrift „School en Godsdienst" des Jahres 1955 veröffentlichten Artikel. Bezugnehmend auf dic Auseinandersetzung des Paulus in Korinth (1 Kor 15) über die heilsstiftende Relevanz der Auferstehung Jesu Christi, verdeutlicht Schoonenberg die Bedeutung der Auferstehung als Heilsereignis innerhalb des Erlösungswerkes Christi: Ohne die Auferstehung Christi gibt es keine Erlösung (1 Kor 15,12-19), Kreuzestod und Auferstehung sind zwei Phasen des einen und selben Erlösungswerkes. Die Heilsbedeutung des Kreuzesgeschehens wird vollständig jedoch erst mit Blick auf die Verherrlichung Jesu Christi beschrieben. Erhöht zur „Rechten" des Vaters, nimmt Christus auch weiterhin seine Mittlerrolle wahr, indem er uns die „Früchte" seines Kreuzestodes mitteilt. Als Erhöhter und Verherrlichter gibt Christus im Geist Anteil an dem durch ihn erworbenen Heil.[225] Über die Bedeutung von Tod und Auferstehung Jesu Christi schreibt Schoonenberg erneut in der Zeitung „De Linie" (Ostern 1961): *„Hij heeft de dood doorschreden"* - *„Er hat den Tod durchschritten"*. Wie Kreuz und Auferstehung einen (einzigen) Durchgang vom irdischen zum zukünftigen Leben darstellen, so bilden - johanneisch - Erhöhung und Geistsendung ein einziges Geschehen.[226]

---

[223] Vgl. DERS., De plaats der verrijzenis in Christus' verlossingswerk, 51.

[224] Vgl. DERS., De invloed van Christus' herrlijkheid op het leven der Kerk, 73: „Christus ist ‚Geist' geworden, auch in seinem Leib, und aus ihm als ‚lebendigmachender Geist' (1 Kor 15,45) fließt uns alles Heil zu ... Aber *‚wer dem Herrn anhängt, wird e i n Geist mit ihm'* (1 Kor 6,17). Wir sind darum nicht länger im Fleisch, sondern im Geist. Wir sind darum nicht mehr ohnmächtig unseren Begierden ausgeliefert ..., sondern wir können im Geist die Werke des Fleisches töten und Früchte der Liebe hervorbringen mit der Freiheit der Kinder Gottes." (Hervorhebung im Original)

[225] Vgl. DERS., De betekenis van Christus' verrijzenis, 122-126.

[226] Vgl. DERS., Hij heeft de dood doorschreden: „Der auferstandene Herr ist ‚im Himmel' schon vor seiner Himmelfahrt. Er ist als Verherrlichter der Geber des Heiligen Geistes schon vor dem Pfingstereignis. Johannes läßt aus dieser Einsicht heraus Jesus schon am Tage seiner

(2) In verschiedenen Beiträgen entfaltet Schoonenberg die Bedeutung von *Pfingsten* als „Geburtsstunde" der Kirche. Anläßlich des Pfingstfestes 1953 publiziert er in der Zeitung „De Maasbode" einen (einspaltigen) Artikel - *„Pinksteren: Epiphanie der Kerk" (1953)* - , in dem er im Anschluß an Lukas (Lk 24,49; Apg 2) die Ausgießung des Geistes beim Pfingstereignis in Jerusalem als die (sichtbare und hörbare) Erscheinung, die *„Epiphanie der Kirche"* beschreibt: „Der Geist, der Heilige Geist, der von Gott dem Vater und seinem Sohn Jesus Christus ausgeht, erfüllt Christi wartende und betende Jünger. Hörbar im Geräuch eines Sturmes und sichtbar in feurigen Zungen ... Gabe des Geistes ist also Pfingsten, nicht nur Verheißung eines kommenden Gottesreiches, sondern auch dessen Erstlingsgabe und Angeld."[227] Wie die Taufe Jesu am Jordan in der Herabkunft des Geistes zur „Epiphanie", zum ersten öffentlichen Auftreten, Jesu als des Sohnes Gottes wird, ist das Pfingstgeschehen die Geburtsstunde der Kirche: Die Kirche ist das durch Christus im Heiligen Geist vereinigte und erlöste neue Volk.[228] Im „Zungenreden" der Apostel am Pfingsttag kündigt sich das im Glauben erfahrbare bleibende Wirken des Geistes in der Kirche an, erweist sich die charismatische Dimension der Kirche als in ihrem Anfang grundgelegt.
Vergleichbare Ausführungen finden sich Pfingsten 1954 in dem kurzen Artikel: *„Verschijning van Geest en Kerk" - „Erscheinung von Geist und Kirche"*. Schoonenberg entfaltet (hier wie dort), wie in der Theophanie des Pfingsttages in Jerusalem die Kirche erstmals in Erscheinung tritt, wie die junge Gemeinde mit dem Geist des verherrlichten Christus erfüllt (Apg 2,4) und den Gaben des Geistes, besonders der Zungensprache, ausgestattet wird.[229] Als Kirche des

---

Auferstehung sagen: ‚Ich steige auf zu meinem Vater', und läßt ihn am selben Tage den Geist durch Anhauchen seinen Aposteln mitteilen. Am 40. Tag wurde den Jüngern offenbar gemacht, daß der Herr ‚im Himmel' ist, und am 50. Tag waren sie es wieder, die den Geist in sich erfuhren. Das Geschehen des Durchzuges des Herrn aus dieser Welt nach der zukünftigen ist in sich selbst unteilbar, aber es wird nur allmählich den vorherbestimmten Zeugen offenbar."

[227] DERS., Pinksteren: Epiphanie der Kerk.

[228] Vgl. ebd.: Die Kirche besteht aus Menschen, die „bekleidet sind mit Kraft aus der Höhe, die Zungensprache, Geistesgaben und Ämter empfangen haben, Menschen, in denen der Heilige Geist Zeugnis ablegt und die er zur ganzen Wahrheit führt. Kirche ist nicht nur Zusammenschluß von Menschen, Kirche ist zuerst Gottes Werk durch Christus im Heiligen Geist ... Menschliches Sprechen und Bezeugen, das Amt, das Sakrament, sie alle sind Werkzeuge des Geistes. Die Kirche ist in all diesem Sichtbaren und Hörbaren das große Instrument von Gottes Geist in dieser Welt und die Vor-Verwirklichung von Gottes Königreich."

[229] Vgl. DERS., Verschijning van Geest en Kerk: „‚Alle wurden erfüllt mit dem Heiligen Geist' (Apg 2,4) ... Aber der Heilige Geist läßt vor allem die Kirche selbst erscheinen. Wie er sich bei Jesu Taufe ihm zeigte in der leiblichen Gestalt einer Taube, so wird er nun für Christi Jünger sichtbar in feurigen Zungen ... Wie die Theophanie von Jesu Taufe zu einer Theophanie von Christus selbst wird, so wird auch die Theophanie, bei der die Jünger ‚getauft werden mit Heiligem Geist' (Apg 1,5), zu einer Epiphanie der Kirche. Das Erscheinen des Geistes ist vornämlich sein Erscheinen in der Kirche. Der Geist erscheint in der Kirche und die Kirche im Geist, getauft im Geist und geleitet durch ihn ... Ihr erstes Sprechen erscheint hier nicht als das gewöhnliche Wort der Predigt, sondern das Sprechen ‚in anderen Sprachen ... (Apg 2,4), der ekstatische Jubel der Zungensprache oder Glossolalie ... Charisma, Predigt und Sakrament [der

„Gottmenschen" Jesus Christus zeigt sich von Beginn an ihr göttlicher und menschlicher Charakter dauerhaft in der Spannung von „Verschlossenheit [gegenüber ‚Israel'] und Offenheit, von (kalanisierender) Organisation und Getriebensein durch den Heiligen Geist"[230], dem von Christus verheißenen und in den Charismen bleibend in der Kirche wirkenden Beistand. Auch in dem drei Jahre später, Anfang Juni 1957 erschienenen kurzen Beitrag *„De Geest komt immer" (1957)*[231] - *„Der Geist kommt immer"* - bringt Schoonenberg den historischen Beginn der Kirche mit dem Kommen des Geistes und seinem Wirken unter den Völkern, Juden wie Heiden (Apg 2), in Verbindung. Dabei veranschaulicht er das „Getrieben- und Gebundensein" des Apostels Paulus durch den Geist bei Damaskus, der ihn zur Erkenntnis Christi (in der pneumatischen Existenzweise des Erhöhten) befähigte (2 Kor 3,17).
Eine breiter angelegte, systematische Darlegung zur Thematik *„Pfingsten und die Kirche"* liegt mit dem Beitrag *„Pinksteren en de Kerk"* in der Zeitschrift „Verbum" des Jahres 1958 vor.[232] Sein erster Teil - „Pfingsten: Epiphanie der Kirche" - entspricht weitgehend dem oben genannten Artikel „Pinksteren: Epiphanie der Kerk" (1953): Die neutestamentlich bezeugte Entstehungsgeschichte der Kirche findet ihren Höhepunkt in der Geistausgießung am Pfingsttag. Dabei erscheint die Kirche von Beginn an ausgerüstet mit Amt, Predigt und Sakrament sowie den Gaben des Geistes, darunter insbesondere dem Charisma der Glossolalie (Apg 2,4; 1 Kor 14), aber auch der (Gabe der) Deutung dieser „Zungensprache" (1 Kor 12,10) und dem Charisma der Prophetie (1 Kor 14). Über allem aber steht die Geistesgabe der Liebe (1 Kor 12,31; 13,1-3). Der zweite Teil der Darlegung enthält Ausführungen über die Kirche als bleibendes, fortgesetztes Pfingsten (vgl. Joh 14,17): Gemeint ist die bleibende Gemeinschaft mit dem himmlischen Herrn in der Kirche in seinem Geist.[233] Zeichen und Wirkungen dieses fortwährenden Andrängens des Geistes im ganzen Leben der Kirche sind die Charismen „Offenbarungen des Geistes zum Nutzen [anderer]" (1 Kor 12,7), „für den Aufbau des Leibes Christi" (Eph 4,12). Die Gläubigen verfügen meist über „gewöhnliche" Charismen.[234] Für die ekklesialen Vollzüge der „leiturgia" und „martyria", der

---

Taufe bzw. Sündenvergebung: Apg 2,38.41], darin erscheint die göttliche und himmlische Kirche Christi."

[230] Vgl. ebd.

[231] DERS., De Geest komt immer.

[232] DERS., Pinksteren en de Kerk.

[233] Vgl. ebd.: „Die Kirche ist nicht nur gebunden an die Einsetzungen Jesu, als er einst auf Erden war, sondern sie wird immer auch bewegt durch den himmlischen Christus im Geist. Sie ist nicht nur eine Gemeinschaftsform (‚communauté'), die einst durch Christus gegründet worden ist, sondern sie ist auch das Immer-in-Gemeinschaft-Treten mit ihm (‚communion') ... Nennen wir die Kirche ein fortgesetztes Pfingsten, dann weisen wir damit zugleich auf die Wirkung des himmlischen Herrn durch seinen Geist und auf den irdischen Zeitraum zwischen Himmelfahrt und Wiederkunft."

[234] Vgl. ebd., 192: „... zuerst scheint es uns der Mühe wert zu sein, zu begreifen, daß der Geist des Herrn auch fortwährend kommend ist in den ‚gewöhnlichen' Äußerungen unseres übernatürlichen Lebens. Die heiligmachende Gnade ist die Wirklichkeit seines Ruhens auf uns, die

Sakramentenspendung und der Predigt ist das Geistwirken konstitutiv. Das Leitungsamt der Kirche, nach Schoonenberg eine Form der Prophetie, ist mit dem „charisma infallibilitatis“ ausgestattet.[235] In jeder feierlichen Glaubensaussage, in jeder Form von Predigt und am deutlichsten in den Sakramenten wird Pfingsten fortgesetzt. In Amtsträgern und Laien spricht der Geist, dessen charismatisches Wirken nicht auf die Zeit der Urkirche beschränkt ist, heute zu den Kirchen (Offb 2f). Er fordert auf, im „Hier“ und „Heute“ das zuweilen unerwartete und überraschende Wehen des Geistes in der Kirche zu entdecken (1 Thess 5,19.21).

Über die Gemeinschaft (in) der Kirche, die ihr Urbild in der trinitarischen Gemeinschaft der göttlichen Personen hat, handelt Schoonenbergs Beitrag: *„Gemeinschaftsleben aus christlicher Sicht“* in der Zeitschrift „Ons Geestelijk Leven“: *„Gemeenschapsleven in christelijk zicht“ (1959)*[236]. Nach Schoonenberg stellt die Kirche - als Volk Gottes, Leib Christi - eine organische Einheit dar, in der gleichzeitig die vielfältigen charismatischen Begabungen der einzelnen Glieder ihren Ort haben.[237] Er verweist auf die trinitarische (Lebens)-Gemeinschaft von Vater, Sohn und Heiligem Geist. „Ich habe dies wohl einmal so formuliert: Laßt uns die Allerheiligste Dreieinigkeit abschaffen und vom Vater, vom Sohn und vom Heiligen Geist sprechen. Ich glaube, daß unsere Traktate schwer belastet sind mit einer formalen Betrachtung der Personen und eigentlich sehr wenig sagen über den Vater, wie dieser von Christus gepredigt wird, über Jesus selbst, wie er in seinem ganzen Menschenleben zur Erscheinung kommt als Gott der Sohn, über die befreiende Lebensgemeinschaft zwischen dem Vater und dem Sohn ..., vom Heiligen Geist ..., der uns zeigt, wer er ist als das Band zwischen Vater und Sohn, dadurch daß er das Erdreich erobert für eben den Vater und den Sohn und uns alle in Liebe verbindet.“[238]

Den Gedanken der Verbundenheit von Charisma und Institution (dem Lehr- und Leitungsamt in der Kirche) entfaltet Schoonenberg in seinem Beitrag: *„Kirche und Lehrgewalt“ - „Kerk en leergezag“ (1960)*. Schoonenberg tritt für ein Verständnis von Kirche ein, in der Amträger und Laien nicht einander gegenüberstehen, sondern eine Glaubensgemeinschaft bilden: als Einheit von

‚aktuelle’ Gnade die seines Antreibens. In jeder neuen Begnadigung kommt der Geist über uns, ja überfällt er uns manchmal.“

[235] Vgl. ebd., 193: „... allein der Geist selbst [ist] unsere Garantie, daß wir zur Wahrheit geführt werden, und er kann uns überraschen. Diese Direktheit seiner Führung und das Überraschende, das immer in gewissem Maße in den Glaubensentscheidungen anwesend ist, lassen uns mit Recht von einem Charisma sprechen.“

[236] Vgl. DERS., Gemeenschapsleven in christelijk zicht, 199: „Paulus hat unzweifelhaft - z.B. in 1 Kor 12 und Röm 12 - das Bild gebraucht vom Leib und seinen verschiedenen Organen, um die Einheit der Glieder der Kirche zu beleuchten. Aber er hat dabei ebenso sehr betont, daß jeder seine eigene Aufgabe und sein Charisma hat. Es kommt mir vor, als ob wir manchmal die Entdeckung der Einheit, der organischen Einheit, etwas ausschließlich hervorheben, so daß wir zu wenig Wert legen auf die Eigenheit, die persönliche Autonomie.“

[237] Vgl. ebd.

[238] Ebd.

„ecclesia docens“ und „ecclesia discens“.[239] Daher kann - im Sinne der Charismenlehre des Paulus - von jedem Priester und Laien gleichermaßen das charismatische Amt der Glaubensunterweisung, die „charismatische Lehrgewalt“ ausgeübt werden: „Die Charismen sind nicht nur aus apostolischer Zeit. Sie existieren immer, wenn auch in veränderten Formen. Sie sind wirklich nicht aufgegangen in der Hierarchie, auch wenn sie nicht losgelöst von ihr stehen ... Der Glaube der Kirche äußert sich in Charisma und Lehrgewalt.“[240] Neben einer Bewegung von „oben“, vom Gipfel der Hierarchie, nach „unten“ verläuft auch eine umgekehrte Bewegung von „unten“, von den Laien, nach „oben“. Nach Schoonenberg liegt die Leitung, Korrektur und Entscheidung bezüglich der Glaubenslehre der Kirche letztlich doch beim kirchlichen Lehramt.[241] Schoonenberg nimmt abschließend Bezug auf die Vorbereitungen zum Zweiten Vatikanischen Konzil.[242]

e) Sakramententheologie

(1) Eine knappe Einführung in die Sakramententheologie gibt Schoonenberg in einem kurzen Artikel in „Verbum“ des Jahres 1950 über *„Die Sakramente. Eine kurze Zusammenfassung“* - *„De Sacramenten. Een korte samenvatting“*. Sein Beitrag ist mit Bezug auf das Kapitel über die Sakramente im „Holländischen Katechismus“ von 1948 entstanden. Bezugnehmend auf seinen Beitrag „Het Nieuw en Eeuwig Verbond“ (1949) wird das Wirken des verherrlichten

---

[239] Vgl. DERS., Kerk en leergezag, 318: „Wir sind ... alle Jünger, aber wir sind zugleich alle Wissende. Die Lehrer der Kirche, auch die amtlichen, stehen also - wenigstens im Prinzip - nicht gegenüber Unwissenden, sondern gegenüber Wissenden. Sie müssen es Johannes [1 Joh 2,20f] nachsagen ... : ‚Wir sprechen nicht, weil ihr die Wahrheit nicht kennt, wir sprechen im Gegenteil, weil ihr Wissende seid.‘ Ihre Funktion ist es zu er-innern - indem sie nach außen bringen -, was bereits in allen lebt, in der ganzen Kirche. Der Heilige Geist ‚lehrt‘, aber dadurch, daß er in Erinnerung bringt, was der Herr gesagt hat (Joh 14,26), was also auf eine oder andere Weise schon bekannt ist; er lehrt, indem er in die volle Wahrheit einführt (Joh 16,13). So tun auch diejenigen, die, wie auch immer, in Christi Kirche Lehrer sind.“

[240] Ebd., 319f.

[241] Vgl. ebd., 321: „Schon im Charisma liegt das Undemokratische von Gottes freier Erwählung, im Amt zeigt sich außerdem das Undemokratische von Christi unveränderlicher und unersetzbarer Einsetzung.“

[242] Vgl. ebd., 322f: „Es gibt einen weiteren Klangboden für das, ‚was der Geist zu den Kirchen spricht‘. Obwohl sich die Bischöfe auf dem Konzil als amtliche Lehrer versammeln, gibt es doch eine größere Chance, daß auch das Charisma zu Wort kommt. Vielleicht dürfen wir hoffen, daß es nicht so sehr zu amtlichen Aussagen kommt, als daß eine Politik gewählt wird, worin das wahre Charisma zu Wort kommen kann, eine Politik des Vertrauens auf den Geist, der *überall* spricht und leitet. Aber auch wenn es zu amtlichen Aussagen kommt, dann sind auf einem Konzil die Chancen sehr viel größer, daß sie das Glaubensbewußtsein der *ganzen* Kirche vergegenwärtigen. Gewiß, der Heilige Geist wird das Lehramt in seinen bindenden Aussagen vor Irrtümern bewahren, auch wenn der Papst alleine solche Aussagen trifft. Aber der Dialog auf einem Konzil kann ein Weg sein, entlang welchem er das Lehramt vor allem zur *vollen* Wahrheit führt.“ (Hervorhebung im Original)

Christus, der lebendigmachender Geist ist (1 Kor 15,45), in den Sakramenten entfaltet: „Der himmlische Herr wirkt in den Sakramenten gerade weil er verherrlicht ist, denn die Verherrlichung Christi ... machte ihn ... zur Quelle des Heils und zum Geber des Heiligen Geistes.“[243] Die Sakramente sind gerade durch die Mitteilung des Heiligen Geistes und seiner Gnadengaben charakteristisch für den Neuen Bund: In ihnen wird der Erhöhte und sein Geist als heilvoll gegenwärtig erfahren.[244]
In dem Beitrag über die *„Analogie zwischen Sakrament und Predigt“ - „De analogie tussen sacrament en prediking“ (1954)* - erörtert Schoonenberg die Frage, ob es nicht auch eine gewisse Gnadenmitteilung gibt, die *durch* die Predigt geschieht. Er spricht der Predigt die Mitteilung der „Glaubensgnade“ (bzw. deren Mehrung) zu. Wie die Sakramente Gnade bezeichnen und bewirken kraft des Wirkens des verherrlichten Christus (in seinem Geist) in ihnen, so wird auch durch die Predigt des Neuen Bundes Gnade mitgeteilt bzw. verursacht. Zurückzuführen ist die gnadenmitteilende Wirkung der Predigt letztlich auf den „himmlischen Christus und dessen Geist, der ja in der offiziellen Verkündigung der Kirche die Unfehlbarkeit garantiert, auch bei wenig ergriffenen und selbst sündigen Trägern der Lehrgewalt.“[245] Schoonenberg schreibt Sakrament und Predigt eine (Gnaden-)Wirkung kraft eigener „Wirktätigkeit“ zu, d.h. zuletzt kraft des „Geistes des Herrn“.
Über die Verbindung der Sakramente mit Christi Tod und Auferstehung handelt Schoonenbergs kurzer Artikel *„Christi Ostern und die Sakramente“ - „Christus' Pasen en de Sacramenten“ (1956).* Er setzt (fast) alle Sakramente mit der Osterliturgie in Verbindung: Nach der Schrift ist die Einsetzung, (bzw. Ankündigung oder Vorabbildung) verschiedener Sakramente an Jesu öffentliche Wirksamkeit gebunden: Christi Taufe am Jordan ist Vorbild der christlichen Initiation in Taufe und Firmung.[246] Neben Taufe und Firmung (Mk 1,9-11; Mt 3,17; Lk 3,12f) sind das priesterliche Amt (Mk 3,13-19; Mt 10,1-4; Lk 6,12-16), die Krankensalbung (Mk 6,13), die Ehe (Mk 10,1-12; Mt 19, 1-9; 1 Kor 7,10f) und insbesondere die Eucharistie (Mk 14,22-24; Mt 26,26-28; Lk 22,19-21; 1 Kor 11,23-26) als Sakramente auf die Stiftung durch den irdischen Jesus zurückzuführen. Die durch die Sakramente begründete, heilstiftende Beziehung zwischen dem Auferstandenen und den Empfängern der Sakramente ist ein Werk des Heiligen Geistes.[247] Mit Tod und Verherrlichung Christi ist

---

[243] DERS., De Sacramenten, 52. (Hervorhebung im Original)

[244] Vgl. ebd., 53: Im Neuen Bund ist nun „das Heil erreichbar im verherrlichten Herrn und in dessen Geist. Darum teilt der auferstandene Jesus dann auch seine eigene Sendung und seinen Geist seinen Aposteln mit, damit auch sie die Sünden vergeben können (Joh 20, 21-23) ... So sind die Sakramente die Orte, an denen das Neue Testament seinen eigenen Charakter entfaltet, nicht nur Andeutung zu sein, sondern auch Mitteilung von Geist und Leben.“

[245] Ebd., 52.

[246] Vgl. ebd., 51-53.

[247] Vgl. DERS., Christus' Pasen en de Sacramenten, 55: „Erst durch seinen Tod kommt der Herr in den Zustand, in dem er uns durch die Sakramente den Heiligen Geist und alle Gnaden geben kann ... Erst durch dieses Ostern, dabei einbegriffen die Sendung des Heiligen Geistes,

vor allem die Feier der Eucharistie, der „Mahlzeit mit dem Auferstandenen" (Lk 24,13-35) verbunden. Auch geht die Vollmacht zur Sündenvergebung vom verherrlichten und (in den Gemeinden) in seinem Geist gegenwärtigen Christus aus (Mk 16,15f; Mt 28,19f; Lk 24,47-49; Apg 2,38.41; Röm 4,25; Hebr 5,9). Besonders bei Johannes wird sichtbar, daß in dem einen Geschehen von Auferstehung, Erhöhung und Geistsendung - in der Einheit von Ostern, Himmelfahrt und Pfingsten - die Sakramente anwesend sind (Joh 7,39; 16,7; 19,34-36; 20,22).

(2) Schoonenberg äußert sich sodann zu einzelnen Sakramenten, vor allem zu *Taufe und Firmung*. Über das Mysterium der Osternacht schreibt er in einem kurzen Artikel (Ostern 1953): *„Die Taufe: Sakrament der Mit-Auferstehung"* - *„De Doop: Sacrament der mede-verrijzenis"*. Die durch Christus erwirkte Erlösung wird angeeignet durch die in der Taufe gestiftete Gemeinschaft mit Christus im Geist. Die Taufe Jesu im Jordan ist „Vorabbildung" von Christi Tod und Auferstehung, welche im Ritus der christlichen Taufe - als ein Mit-Sterben und Mit-Auferstehen - „nachgebildet" werden. In der Taufe geschieht „Neuschöpfung", „Wiedergeburt" aus „Wasser und Geist" (Joh 3,3.5).[248] Erläuterungen Schoonenbergs über die *„Taufe als Ostermysterium"* - *„Het doopsel als Paasmysterie" (1958)* sind aus einem Vortrag hervorgegangen bei „Liturgischen Studientagen" zum Thema „Die Heilige Taufe in Liturgie und Seelsorge" (Oktober 1957 in Flandern), eine bibeltheologische Erhellung der Taufe als „Teilnahme an Christi Pascha von Tod und Auferstehung"[249]. In Auferstehung und Verherrlichung Christi, seinem Eingehen in die pneumatische Wirksamkeit, kommt der Pascha- und Exoduscharakter des gesamten Heilswerkes Christi zu seinem Höhepunkt (Joh 7,39; 16,7).[250] Durch die Taufe

---

wird also die Einsetzung der Sakramente vollendet." Erst seit Christi Verherrlichung sind, so Schoonenberg, die Sakramente in ihrer Fülle möglich, weil sie dann erst ihren Inhalt empfangen; ja sie sind „notwendig ..., da der Verherrlichte diesen Inhalt, dieses Leben von ihm selbst, uns nicht anders mitteilen kann als in dieser Form."

[248] Vgl. DERS., De Doop: Sacrament der mede-verrijzenis, 5.

[249] DERS., Het doopsel als Paasmysterie; vgl. DERS., Liturgische Studiedagen over het doopsel, 423.

[250] Vgl. DERS., Het doopsel als Paasmysterie, 7: „Mit der Auferstehung beginnt seine [Christi] Herrlichkeit ... Aber auch diese Herrlichkeit besteht ‚um uns Menschen und unseres Heiles willen' ... Sie ist ... die Fülle seiner Herrschaft über uns und seines Heilseinflusses auf uns. Dies kommt vor allem zum Ausdruck dadurch, daß die volle Gabe des Heiligen Geistes dann erst anfängt. Vor allem bei Johannes wird die Anwesenheit dieses Geistes voll und ganz abhängig gemacht von Jesu Verherrlichung (Joh 7,39; 16,7). Bei ihm bilden darum auch Tod und Auferstehung und Himmelfahrt *ein* Aufgang aus der Welt zum Vater, *eine* Verherrlichung ... (Joh 13,31; 16,28; 17,1). Er geht zum Vaterhaus, um uns einen Platz zu bereiten ... Aber auch gegenwärtig ist das Bereiten dieses Platzes nicht ein Werk, das sich in himmlischen Sälen abspielt, sondern ein Wirken durch seinen Geist gegenüber uns, die hier sind, und auch in diese pneumatische Wirksamkeit ist der Herr eingegangen durch seinen Tod und seine Auferstehung ... Christus hat am Kreuz unser Heil verdient. Aber gleichermaßen verdiente er seine eigene Herrlichkeit, denn die eigene Herrlichkeit besteht gerade darin, daß er durch das Geben des Heiligen Geistes die Fülle des Heils uns zukommen läßt ... Christus hat für uns Genug-

geschieht Teilnahme an Christi „Pascha“ (Röm 6; Kol 2f), „Einverleibung“ in Christus und darin Teilhabe an der trinitarischen Gemeinschaft von Vater, Sohn und Geist: Der Täufling wird „Christus geweiht und durch ihn auch dem Vater und dem Heiligen Geist, so daß wir in des Matthäus' Redaktion des Taufbefehls Jesu auch die trinitarische Formel finden.“[251]
Den innere Zusammenhang von Taufe und Firmung verdeutlicht Schoonenberg in dem Artikel *„Taufe und Firmung - Ostern und Pfingsten“ - „Doopsel en vormsel - Pasen en Pinksteren“ (1958)*. Die Firmung ist das „Sakrament der christlichen Reife“[252]. Die Verbindung der Firmung mit der Taufe ist in Schrift und Tradition bezeugt. Gleichwohl gibt es einige wenige biblische Zeugnisse, nach denen der Geistempfang in Taufe und Firmung unterschieden wird, d.h. Handauflegung und Geistmitteilung neben der Taufe eigens genannt werden (Apg 19,1-6). Geschieht in der Taufe eine Übereignung zugleich an Vater, Sohn und Geist (Mt 28,19), so wird die Gemeinschaft mit dem Heiligen Geist vor allem in der Firmung gestiftet.[253] Taufe und Firmung verhalten sich wie Ostern und Pfingsten, denn „Christi Verherrlichung wird erst vollständig beschrieben mit Beziehung zum Heiligen Geist.“[254] Ist die Taufe, als Mit-Sterben und Mit-Auferstehen, ein Christus-Mysterium und darum Ostermysterium, kann die Firmung als Pfingstmysterium bezeichnet werden, Mitvollzug von Tod und Verherrlichung Christi, der Gabe des Heiligen Geistes in Fülle in den Charismen.[255] Die Spendung der Firmung ist auf die Auferbauung des Leibes Christi hingeordnet. Die charismatische Ausgießung des Geistes bewirkt Gleichförmigkeit der Gefirmten mit Christus, Befähigung zu Mitverantwortung in der Kirche.

(3) Pneumatologische Bezüge liegen in Beiträgen zur *Eucharistietheologie* vor. Eucharistie ist *„Mahlzeit mit dem Auferstandenen“* (Lk 24, 30f. 35) - *„De maaltijd met de Verrezene“ (1954)*. Durch die geistgewirkte Gemeinschaft mit ihm geschieht in jeder eucharistischen Mahlfeier die erinnernde Vergegenwär-

---

tuung geleistet. Aber die Liebe Gottes, die wir aufs neue erhalten haben, wird in unsere Herzen ausgegossen durch den Heiligen Geist, und als Verherrlichter ist Christus selbst der Geber dieses Heiligen Geistes.“ (Hervorhebung im Original).

[251] Ebd., 11.

[252] Vgl. DERS., Doopsel en vormsel, 162.

[253] Vgl. ebd., 166: „Obwohl die göttlichen Personen in ihrer Wirkung und Gegenwart untrennbar sind, können wir doch in der Taufe vor allem sehen, daß Vater und Sohn ‚zu uns kommen und ihren Verbleib bei uns nehmen' (Joh 14,23); durch die Firmung aber erfüllen beide uns mit der Fülle ihres Geistes, des Geistes, der ihrer beider gegenseitige Liebe ist, aber auch die Ausgießung der Liebe nach außen. Darum gibt die Firmung uns das frohe Zeugnis des Geistes, daß wir Kinder Gottes sind (Röm 8,16), und läßt uns mit dem Geist in der Welt Zeugnis ablegen für Christus und den Vater (Joh 15,26f; 16,8-10).“

[254] Ebd., 167.

[255] Vgl. ebd., 169: „Erst in der Firmung werden wir diesem Geist [Christi] in vollem Reichtum teilhaftig, nicht nur durch das innere Gnadenleben, sondern auch durch die Charismen, d.h. die Gaben, durch welche wir in anderen Christi Leib aufbauen können, anderen auf allerlei Weise von Nutzen sein können im Herrn und durch den Geist.“

tigung des Kreuzesopfers. Die „Erneuerung" des Kreuzesopfers in der eucharistischen Mahlfeier, die Teilnahme an Christi Kreuzestod ist, setzt die pneumatische Gegenwart des Auferstandenen voraus und bringt sie immer neu zustande.[256] Die Eucharistiefeier ist nicht ein „neues" Opfer in sich; sie erinnert Jesu freiwillige Hingabe in seinem Leben und Sterben, die in der Darreichung der Gaben repräesentiert und appliziert wird. Der verherrlichte Christus selbst, der Geist-Sendende, ist der Hohepriester, der durch seine Priester, denen er seinen Geist mitgeteilt hat, sich selbst zur Speise, zum Opfer gibt. Jede Konsekration setzt ebenso wie jede andere sakramentale Handlung ein Wirken des Heiligen Geistes und damit des verherrlichten Christus voraus.

In dem inhaltlich anschließenden Artikel desselben Themenheftes zur Eucharistie in „Verbum" 1954 - *„De tegenwoordigheid van Christus" (1954) - „Die Gegenwart Christi"* - richtet Schoonenberg die Aufmerksamkeit erneut auf die geistliche Gegenwart des verherrlichten Christus in der Eucharistie: Christus „ist der unsichtbare Gastherr, der durch seinen Geist in uns allen handelt, um dieses Abendmahl zustande zu bringen."[257] In der Eucharistie vollzieht sich die Wirkung und die Gegenwart des verherrlichten Christus (wie in jedem Sakrament) in zwei Phasen: „Die Sakramente haben ja zunächst eine Auswirkung auf die gesellschaftliche Struktur der Kirche, das ‚res et sacramentum', die Situation, welche sie notwendig verursachen in jedem, der sie gültig empfängt. Dann aber bewirken die Sakramente für den, der sie gültig empfängt, eine ‚res tantum', eine Frucht von persönlicher Heiligkeit durch Mitteilung der Gnaden des Heiligen Geistes, eine Frucht in der Kirche als Vorverwirklichung des Reiches Gottes, eine Frucht zum ewigen Leben."[258] Die „Gnaden"-Gegenwart Christi besagt Einheit mit Christus, seine Gegenwart im Heiligen Geist.[259]

Anknüpfend an die beiden oben genannten Artikel finden sich im selben Jahrgang der Zeitschrift Überlegungen Schoonenbergs zur *„Bedeutung der Herrlichkeit Christi"* für das Leben des Christen: *„De betekenis van Christus' heerlijkheid" (1954).* Seine Darlegungen beziehen sich zunächst auf die „Gemeinschaft mit dem verherrlichten, himmlischen Herrn", in der der Christ während seines ganzen Lebens steht, sodann auf das, was diese Herrlichkeit beinhaltet: Als Glieder des verherrlichten Christus leben die Christen zuerst vom Erhöhten her. Christi Heilseinfluß ist in seinem himmlischen Leben größer als während seiner irdischen Existenz. Mit dem Verherrlichten besteht

---

[256] Vgl. DERS., De maaltijd met de Verrezene, 4: Die Mahlgemeinschaft Christi mit uns „ist seit seiner Himmelfahrt nicht geringer geworden, im Gegenteil. Durch und in dem Heiligen Geist hat die Gegenwart Christi nicht nur an Ausdehnung gewonnen, sondern auch an Fülle und Tiefe, denn dann erst ist die Kirche sein Leib ... Auch die Menschheit, auch der Leib des Herrn sind in diese pneumatische Gegenwart und Gemeinschaft einbezogen, während diese Gemeinschaft immer noch zustande kommt durch das Wort der Predigt und das Zeichen der Sakramente." Siehe auch: DERS., De maaltijd met de verrezen Heer (1955).

[257] Vgl. DERS., De tegenwoordigheid van Christus, 25.

[258] Ebd., 24f.

[259] Vgl. ebd., 26.

eine höhere und tiefere Form von Gemeinschaft, die Jesu Lehre und seinen Einsetzungen erst die unbeschränkte Heilswirkung mitteilt, die sie tatsächlich haben. Es ist dies die Gemeinschaft im Heiligen Geist, die erst nach seiner Verherrlichung, in seinem himmlischen Leben besteht.[260]

Im Lichte von Ostern entfaltet Schoonenberg, ebenfalls in „Verbum“ 1954, die *„Bedeutung des irdischen Lebens Jesu Christi“* als Voraussetzung und wirksames Zeichen der Gemeinschaft der Getauften mit dem Verherrlichten: *„De betekenis van Christus' aardse leven“ (1954)*. Predigt und „Einsetzungsakte“ Jesu sind Grundlage und Bedingung für die tiefere Gemeinschaft mit dem erhöhten Christus in Wort und Sakrament. Geschieht zwar die endgültige Offenbarung vom verherrlichten Christus her (2 Kor 3,16), ist das Christusmysterium grundgelegt in den Schriften des Alten Bundes (Röm 16,25f) und in den Worten und Taten des irdischen Jesus. Dem „anderen Parakleten“, dem Geist der Wahrheit, kommt eine die Verkündigung Jesu erinnernde und gegenwärtigsetzende Funktion zu.[261]

„Die Gegenwart des verherrlichten Christus“ thematisiert Schoonenberg erneut in einem Artikel in „Verbum“ 1957: *„De tegenwoordigheid van de verherrlijkte Christus“ (1957)*. Die Gegenwart des Erhöhten im Pneuma unter den Menschen ist Frucht und Vollendung der Proexistenz Jesu in seinem Leben und Sterben. Seit seiner Verherrlichung ist Christus „nicht mehr nur der Prophet mit seiner Predigt und Zeichen, sondern die Quelle der Sakramente, der bleibende Geber des Heiligen Geistes.“[262]

f) (Trinitäts-)Theologie

Der Artikel *„God in de katechismus“ - „Gott im Katechismus“* in „Verbum“ 1959 enthält Erläuterungen Schoonenbergs zu zwei Lektionen: „Gott und seine Eigenschaften“ und „Ein Gott in drei Personen“. Als positiv hebt er den heilsgeschichtlich-offenbarungstheologischen Zugang der Gotteslehre des Katechismus hervor. Bedenklich erscheint ihm jedoch der Verlust der heilsgeschichtlichen Perspektive bei der formalen Betrachtung der göttlichen Personen in ihrer Einheit und Dreiheit: Der Vater erscheint nicht mehr als „unser Vater, geschweige denn daß der Sohn unser Herr ist oder der Heilige Geist der Lebensspender in uns“[263]. Bezogen auf die Rede vom Geist kritisiert Schoonenberg die Vernachlässigung der lebensstiftenden und lebenserhaltenden Funktion des Geistes für den Menschen. Von daher fragt er, ob es nicht sinnvoller wäre, die Erörterung der Dreifaltigkeit der Besprechung des gött-

---

[260] Vgl. DERS., De betekenis van Christus' heerlijkheid, 150: „Solange Jesus noch nicht verherrlicht war, war der Heilige Geist noch nicht da (siehe Joh 7,39), erst in seiner Herrlichkeit gibt er diesen Geist im Namen des Vaters (siehe Joh 16,7; Apg 2,33).“

[261] Vgl. DERS., De betekenis van Christus' aardse leven, 194-196.

[262] DERS., De tegenwoordigheid van de verherrlijkte Christus, 147.

[263] DERS., God in de katechismus, 9.

lichen Heilswerkes - der Menschwerdung des Sohnes und der Sendung des Geistes durch den Verherrlichten - nachzuordnen und damit der Erörterung des Heiligen Geistes als göttlicher Person, der das Heilswerk des Vaters und des Sohnes vollendet, folgen zu lassen.
Der eben skizzierten Darlegung schließt sich der Artikel *„Die Gegenwart Gottes“ - „De tegenwoordigheid van God“ (1959)* - an. Schoonenberg spricht von Gottes pneumatischer Gegenwart in der Kirche und von der Gegenwart des Heiligen Geistes im Gläubigen, schließlich von der Einwohnung der Allerheiligsten Dreieinheit im Gerechtfertigten: „Diese Einwohnung ist ein Leben von uns in der Gegenwart der göttlichen Personen für-, bei-, mit- und ineinander; der Geist läßt uns im Sohn den Vater anrufen.“[264] Die übernatürliche Gegenwart Gottes ist eine jedem Menschen geschenkte Gegenwart, ungeschuldetes Geschenk, welches daher auch persönlich in Glaube und Liebe empfangen wird. Gottes Gegenwart im Menschen ist immer eine geglaubte, erkannte, erfahrene Gegenwart: Gott ermächtigt den Menschen zur Antwort. Gott selbst legt - durch die Salbung mit Heiligem Geist, der den Menschen alles lehrt, - in Innern des Menschen Zeugnis ab (Röm 8,16).
In dem Beitrag *„Die Gegenwart Christi“ - „De tegenwoordigheid van Christus“ (1959)* - finden sich Aussagen über den Heiligen Geist im theologischen bzw. trinitätstheologischen Zusammenhang: „Die Allerheiligste Dreifaltigkeit ist das Urbild aller persönlichen Gegenwart. Wie wir den Heiligen Geist das persönliche Liebesband zwischen dem Vater und dem Sohn nennen, so können wir auch sagen, daß er die wechselseitige Gegenwart dieser beiden in Person ist. Alles, was wir über dieses innere Geheimnis Gottes sagen, wissen wir aus der Wirkung, der Gegenwart der göttlichen Personen unter uns. In ihren Werken an uns sind die Drei vollkommen ungetrennt, aber jeder handelt doch auf eine eigene Weise. Der Vater sendet seinen Sohn und seinen Geist zu uns, und im Geist haben wir durch den Sohn Zugang zum Vater (Eph 2,18). Der Vater ist deshalb derjenige, von dem zuerst die Transzendenz ins Auge springt ... Umgekehrt ist der Heilige Geist die Person, die am meisten in uns gegenwärtig ist, uns erfüllt und in uns handelt. Der Grund hierfür liegt in der Person, die ‚zwischen‘ Vater und Geist steht, der Sohn, denn er gibt uns vom Vater den Heiligen Geist.“[265] Der Sohn offenbart den Vater und schenkt (von ihm her) den Geist. Der Geist ist beider - des Vaters und des Sohnes - Geschenk.[266]

---

[264] DERS., De tegenwoordigheid van God, 34. Vgl. ebd., 27: Die Einwohnung Gottes ist „die Form der Gegenwart Gottes in uns und durch die heiligmachende Gnade, seine heiligende, erhöhende, rechtfertigende und wiedergebärende Gegenwart. ... umgekehrt wird diese Gegenwart von Vater, Sohn und Geist realisiert im göttlichen Leben, das das unsere wird, in der geschaffenen Gnade also, die heiligmachende Gnade heißt ... Gnade und Einwohnung sind identisch.“

[265] DERS., De tegenwoordigheid van Christus, 150. Vgl. DERS., Tegenwoordigheid (1964), 412: „Dieser Mensch [Jesus] ist für uns Gottes Gegenwart-in-Person, wie der durch ihn ausgegossene Geist Gottes-volle-Gegenwart-in-Gemeinschaft sein wird.“

[266] DERS., De tegenwoordigheid van Christus, 151f: „... ist es nicht eher der Heilige Geist als

g) Christologie

(1) Schoonenberg hat verschiedene Beiträge zum Thema *Menschwerdung / Inkarnation* veröffentlicht. Seine Ausführungen in den „Nederlandse Katholieke Stemmen" (1952) über die heilsgeschichtliche Bedeutung der *„Menschwerdung" - „De Menswording"* - verdeutlichen die Bedeutung des Geistes als Gabe des Verherrlichten für die neutestamentliche Offenbarung: Im Christusereignis und in der Geistsendung offenbart sich Gottes dreipersönliches, „dialogisches" Wesen.[267] Seit der Verherrlichung Christi ist der Neue Bund „Ausdruck des Bundes, des Gespräches, das ewig zwischen Vater und Sohn in beider Geist bestand, Ausdruck davon in der Zeit, in unserer Menschengeschichte."[268]
Über die soteriologische *„Bedeutung der Menschwerdung" -„De betekenis der menswording" (1954)* - in bezug auf Christi Herrlichkeit reflektiert Schoonenberg anläßlich des Festes „Epiphanie/Erscheinung des Herrn". Die Menschwerdung ist nicht primär einmaliges, den Beginn des irdischen Lebens Jesu kennzeichnendes Ereignis, sondern vollzieht sich während des ganzen Daseins Jesu; in der Verherrlichung Christi und der Geistsendung findet sie Höhepunkt und Abschluß.[269] Der Menschheit Jesu kommt Bedeutung auch insofern zu, als durch sie Gemeinschaft mit den göttlichen Personen gestiftet wird: „Die göttlichen Personen wirken nicht nur vorübergehend, sondern der Heilige Geist ruht auch auf uns wie auf Jesus, und mit dem Geist auch die anderen Personen."[270] Der göttlich-menschliche Dialog, der in der alttestamentliche Theologie des Bundes grundgelegt ist, kommt zur in der Selbstmitteilung und Gegenwart des Vaters, des Sohnes und des Heiligen Geist in der Heilsgeschichte des Neuen Bundes zur Erfüllung.[271]

Christus selbst, der nun in unseren Herzen wohnt, ist der Geist nicht der ‚andere Paraklet' (Joh 14,16), der an Jesu Stelle kommt? Ja, das Reich des Geistes ersetzt die sichtbare, räumliche Nähe des Herrn, aber es schließt keineswegs dessen persönliche Gegenwart aus ..., im Gegenteil, denn: ‚Er wird mich verherrlichen, weil er von dem Meinem nehmen und es euch verkünden wird' (Joh 16,14). Der Geist verherrlicht Christus, gibt ihn zu erkennen, läßt ihn bei uns eingehen. Darum entsprechen dann auch bei Paulus das ‚in Christus' und das ‚im Geist' einander, so daß der Apostel sagen kann, ‚der Herr ist der Geist' (2 Kor 3,17). Der Geist ist Christi Vergegenwärtiger, d.h. nicht derjenige, der ihn ersetzt, sondern derjenige, der ihn gegenwärtig setzt, der Christi Gegenwart tiefer und weiter macht, als dies Zeit seiner sichtbaren Nähe der Fall war."

[267] Vgl. DERS., De Menswording, 355.

[268] Ebd.

[269] Vgl. DERS., De betekenis der menswording, 4f: „Mit dem himmlischen Herrn sind wir einer, und zwar zuallererst ... mit seinem Leib. Dieser Leib, einst gebildet durch den Heiligen Geist, ist nun auch ganz durch diesen Geist in Besitz genommen. Er ist damit das Urbild des ‚geistlichen' Leibes, worin nach Paulus die Gerechten auferstehen werden (1 Kor 15,44), des ‚pneumatischen' Leibes, den sich der Apostel, wie aus 1 Kor 15 in seinem Ganzen hervorgeht, am allerwenigsten unkörperlich denkt. Christi verherrlichter Leib ist damit auch für uns, die noch auf Erden sind, sein ‚lebengebendes Fleisch' (Joh 6,51-57)."

[270] Ebd., 5.

[271] Vgl. ebd., 6.

Im Dezember-Heft von „Verbum“ 1956 entfaltet Schoonenberg das Mysterium der Menschwerdung mit Blick auf den Johannes-Prolog (Joh 1,14): *„Das Wort ist Fleisch geworden“ -„Het Woord is vlees geworden“*[272] - und fragt nach der Heilsbedeutung der „unio hypostatica“ für den Menschen. In Anknüpfung an die alttestamentliche Bundestheologie, des Gedankens vom Mit-Sein Jahwes mit seinem Volk, bezeichnet Schoonenberg die Menschwerdung, das Mensch-Sein des Logos, als Bundesgabe.[273] Das Wohnen Gottes unter den Menschen (Joh 1,14) ist die Erfüllung der Gegenwart Jahwes bei seinem Volk im Tempel. Die Menschwerdung ist die Stiftung eines neuen, nicht mit Händen gemachten „Tabernakels“. Schoonenberg bezieht sich auf das Neue Testament (vor allem Lukas und Johannes), das Gottes Gegenwart in Jesus Christus in seinem Geist (Lk 1,35) und als sein Wort (Joh 1,1-14) bezeugt: Lukas „beschreibt ... wiederum ein ‚Überschatten‘ [Ex 40,34f; 1 Kön 8,10f; 2 Chr 5,13f], aber jetzt mit Heiligem Geist (Lk 1,35) und nennt bei Jesu Geburt wiederum die Herrlichkeit Gottes (Lk 2,9). Noch deutlicher ist das In-einem-Zelt-Wohnen (‚eskènosen‘) und die Herrlichkeit Gottes bei Johannes: ‘und es (Wort) hat unter uns gewohnt, und wir haben seine Herrlichkeit geschaut’.“[274] Im Rahmen der Reflexion Schoonenbergs auf Gottes trinitarisches Wesen finden sich Aussagen über die Präexistenz des „ewigen“ und (dem Vater) „wesensgleichen“ Sohn, ebenso wie über den Heiligen Geist als dritte göttliche Person: Im Christusereignis erweist sich der Gott des Alten Bundes als einer, der bereits in der Gemeinschaft der göttlichen Personen von Sohn und Geist lebte, bevor er bei und mit seinem Volk war.

(2) Wiederholt schreibt Schoonenberg über *Taufe und Versuchung Jesu*. Einen eigenen Beitrag über *„Jesu Taufe im Jordan“ - „Jesus’ Doopsel in de Jordaan“* - hat er Ende 1955 in „Verbum“ veröffentlicht, anläßlich der Einführung des Festes „Taufe Jesu Christi“ (13. Januar) in das Kirchenjahr. Schoonenberg möchte „das Geheimnis der Taufe des Herrn wieder für unseren Glauben lebendig ... machen.“[275] Seine Darstellung geht von den Taufperikopen der Synoptiker (Mk 1,9-11; Mt 3,13-17; Lk 3,21f bzw. Apg 10,38) und des Johannes (Joh 1,29-34) aus. Er beschreibt das Geschehen der Taufe Jesu als ein „intra-trinitarisches“ Geschehen, als ein „Drama“ zwischen (Gott) dem Vater, Jesus und dem Heiligen Geist: Die Theophanie - das Herabkommen des Geistes auf Jesus in Gestalt einer Taube - ereignet sich bei den Synoptikern ohne menschliche Zeugen, bei Johannes vor den Augen des Täufers. Schoonenberg deutet sie als ein innertrinitarisches Gespräch zwischen dem

---

[272] Vgl. DERS., „Het Woord is vlees geworden“, 443f: : „Daß der Sohn Mensch ist, ist die höchte Form des Gott-von-uns- und darum auch des Gott-mit-uns-Seins ... Gott ist ... so sehr Gott-mit-uns, daß er Mit-Mensch sein wollte. Christi Menschheit ist dann auch nichts anderes als die Weise, wie Gottes Sohn mit uns ist, und wenn er in dieser Menschheit den Heiligen Geist vom Vater empfängt, dann geschieht dies für uns (vgl. Apg 2,33).“

[273] Ebd., 443f.

[274] Ebd., 445f.

[275] Vgl. DERS., Jesus’ Doopsel in de Jordaan, 434.

Vater, Jesus und dem Geist in der Menschheit des Sohnes. Die Taufe stellt ein Mysterium der Erniedrigung, der Kenosis dar: Der Sohn Gottes entledigt sich seiner Gottheit (Phil 2,6-8; Röm 8,3). Zugleich ist die Taufe ein Mysterium der Verherrlichung Jesu. Indem Christus sich dem „‚Sakrament' seiner messianischen Salbung"[276] unterzog, hat er, als Erstling der mit Heiligem Geist Getauften, die christliche Taufe gestiftet. Seine Taufe ist das „Vor-Bild" für die Tauf- und Firmpraxis der Kirche.[277]
Zur *„Taufe Jesu im Jordan"* äußert sich Schoonenberg erneut im Jahre 1960: *„De doop van Jezus in de Jordaan"*. Ein eigener Akzent liegt auf der Darstellung des Verhältnisses zwischen Inthronisation Jesu zum Messias und Sohn Gottes in der Taufe einerseits und der alttestamentlichen Salbung von Propheten und Königen (1 Sam 16,13; 2 Kön 9,1-13; Jes 11,1-3. 42,1. 61,1; Ps 2,7) andererseits.[278] Angesprochen wird von ihm die zunehmende Personifizierung des Geistes, von einer Weise göttlicher Gegenwart im Alten Testament hin zu einer eigenständigen göttlichen Person im Neuen Testament.
Bezugnehmend auf seine Darstellung zur Taufe Jesu geht Schoonenberg ein Jahr später in dem ebenfalls in „Verbum" erschienen Beitrag *„Woestijn en Thabor" (1957) - „Wüste und Tabor"* - auf Jesu Versuchung in der Wüste (Mk 1,12f; Mt 4,1-11; Lk 4,1-13) und seine Verklärung auf dem Berg Tabor (Mk 9,2-13; Mt 17,1-13; Lk 9,28-36) ein: Es ist derselbe Geist, der bei Jesu Taufe auf ihn hinabstieg und der ihn dann in die Wüste treibt, den Ort der „bösen Geister". Geführt durch den Geist, „den er [Jesus] von Ewigkeit mit dem Vater hervorgehen läßt"[279], ist Jesus uns „vorausgegangen in der ‚Unterscheidung der Geister' (1 Kor 12,10)."[280] Unter der Leitung des „guten", des heiligen Geistes nimmt Jesus dann seine öffentliche Wirksamkeit auf (Lk 4,14.18). Schoonenberg macht deutlich, daß nach dem Zeugnis der Synoptiker

---

[276] Ebd., 440.
[277] Vgl. ebd., 440f: In der Taufe „steigen wir mit Christus hinab in das strömende Wasser ..., darin spricht der Vater zu uns: Du bist mein Kind, an dir habe ich mein Wohlgefallen -, darin werden wir gesalbt mit Heiligem Geist. Anstelle von ‚christlicher Taufe' müssen wir eigentlich sprechen von der ganzen christlichen Initiation, denn die Salbung mit Heiligem Geist nach unserem Aufsteigen aus dem Taufbecken wird begonnen mit der postbaptismalen Salbung durch den Priester, aber vollendet mit dem Chrisma des Bischofs, durch die Firmung."
[278] Vgl. DERS., De doop van Jezus in de Jordaan, 335f: Bei der Taufe handelt es sich „nicht um eine stoffliche Salbung, es ist der Geist Jahwes, der Heilige Geist, der auf ihm zu ruhen kommt und ihn innerlich erfüllt. Hier werden die Prophetien erfüllt über den siebenfachen Geist, der auf dem König Emmanuel ruhen wird (Jes 11,1-3), und auch das Niedersteigen dieses Geistes auf auserwählten Propheten (Jes 42,1; 61,1). Der Geist, der auf Jesus ruht, wird in den Evangelien sich nach und nach als eine Person erweist, der Heilige Geist; dieser Geist war auch schon handelnd bei seiner Empfängnis im Schoß der Jungfrau (Lk 1,35). Bei der Taufe geschieht die Salbung dann auch so sehr von oben und von innen heraus, daß der Prophet, der in dieses Geschehen aufgenommen ist, zurücktritt ... Bei dieser Salbung, die größer ist als die der alttestamentlichen Könige und Propheten, bezeugt der Vater dann auch Jesus die Erfüllung all dessen was im Alten Testament vorausgesagt ist über ihn als Gesalbter schlechthin, als Träger von Königtum und Prophetensendung."
[279] DERS., Woestijn en Tabor, 52.
[280] Ebd.

Jesu gesamte Existenz, Predigt und Taten (auch Wundertaten) auf das Wirken des Geistes Gottes zurückzuführen ist.

(3) In den christologischen Teilbänden von „Het geloof van ons doopsel“ läßt sich an einigen Stellen der Zusammenhang von Christusbekenntnis und Heiligem Geist aufzeigen. So erörtert Schoonenberg im ersten Teil von *„Jezus, de Christus, de Zoon Gods“* die Relevanz der Existenz des irdischem Jesus und des verherrlichten Christus im Rahmen der Glaubensbegründung.[281] Während das Christus-Zeugnis des Petrus in der Apostelgeschichte von Jesu irdischem Leben (und Sterben) ausgeht, das seine Vollendung in der Herrlichkeit des Vaters findet (Apg 2, 22-36; 3, 13-26; 4, 9-12; 5, 30-32; 10, 37-42), blickt Paulus von der Existenzweise des Auferstandenen (Röm 1,4) zurück auf die irdische Existenz Jesu. Den Glauben an Jesus als den Messias, den Geistgesalbten, auslegend mit Bezug auf das Alte Testament (Jes 42,1) auslegend, nennt er Empfängnis und Taufe Jesu als Momente der Salbung Jesu mit Gottes Heiligem Geist, der Ausrüstung zu seiner messianischen Sendung.[282] Damit steht Jesu gesamte Wirksamkeit unter der Wirkmächtigkeit des Geistes Gottes: Vom Geist in die Wüste getrieben, vollzieht sich sein gesamtes öffentliches Wirken einschließlich Dämonenaustreibungen und Krankenheilungen (Mt 12,28; Lk 11,20) in der Fülle des Geistes (Lk 4, 14), als Erfüllung der alttestamentlichen Prophetien.[283] Im Pfingstereignis (Apg 2,16) erfüllt sich die Joel-Verheißung (3,1-5). Das Christus-Bekenntnis der Kirche geht aus von der Einsetzung des Gottessohnes in Macht (Röm 1,3).[284] Im Kontext seiner Ausführungen zur Gottheit des Sohnes (im letzten Kapitel) stehen Aussagen zur Gottheit des Geistes, Bezug nehmend auf die dreigliedrige Taufformel bei Matthäus (Mt 28,19).[285] Auch bei Paulus findet sich neben dem Bekenntnis zu (Gott) dem Vater und zu Jesus Christus das Bekenntnis zu (Gott) dem Heilige Geist (1 Kor 12,4-6; 2 Kor 13,13). Knapp verweist Schoonenbergs auf die

---

[281] Vgl. DERS., Jezus, de Christus, de Zoon Gods, 34. Das Neue Testament kann „entweder hauptsächlich die Gemeinschaft mit dem verherrlichten Christus im Heiligen Geist ausdrücken oder die Erinnerung an Jesu irdisches Leben ... Es ist möglich, daß direkt bezeugt wird, daß der Herr auferstanden und verherrlicht in der Herrlichkeit des Vaters lebt, und damit auch, daß er auf Erden gelebt hat und gestorben ist, - oder daß zuerst dieses irdische Leben beschrieben wird und die Herrlichkeit als Bekrönung danach.“

[282] Vgl. ebd., 22.105; 109-112.

[283] Vgl. ebd., 118f. 124. 127. 137. 167f.

[284] Ebd., 132: „Die Erscheinungen des Auferstandenen erwecken den Glauben der Jünger zum Leben, und der Geist, der erst vom Verherrlichten ausgeht (Joh 7,39; 16,7; Apg 2,33), gibt ihnen Kraft zur Predigt, ja gibt den Glauben, der dieses Bekenntnis möglich macht, denn ‚niemand kann sagen: Herr ist Jesus, wenn nicht im Heiligen Geist‘ (1 Kor 12,3).“

[285] Vgl. ebd., 205: „Dieses Wort ist bei den Synoptikern der sprechendste trinitarische Text und damit die stärkste Bezeichnung des Heiligen Geistes als gleich dem Vater und dem Sohn. Letzteres setzt aber voraus, daß in diesem Text die drei Personen auf einer Höhe stehen und nicht untereinander in einer absteigenden Linie. Dies nun wird deutlich aus dem ‚Getauft-Werden‘, das sich auf alle drei gleichzeitig bezieht, umso mehr wenn man bedenkt, daß dieses Getauftwerden eine Zueignung ist und eine Glaubensübergabe.“

johanneischen Abschiedsreden, in denen Jesus über sein Erlösungswerk, seine Erlösungsgaben und damit über den Heiligen Geist spricht. Bei der Darstellung des Bekenntnisses der frühen Kirche zur Gottheit Christi wird die Entwicklung des Geist-Bekenntnisses von Schoonenberg nur kurz angesprochen mit Blick auf das Konzil von Konstantinopel (381). Schließlich spricht Schoonenberg über den Heiligen Geist im trinitätstheologischen Kontext. Er macht deutlich, daß die Gottesprädikation zunächst Gott dem Vater, dem Schöpfer- und Bundesgott, gilt und erst allmählich auf den Sohn und den Geist übertragen wird.[286] Er erörtert, inwieweit innertrinitarisch von einer Gemeinschaft von Personen gesprochen werden kann und welche Bedeutung das Eintreten des (von Ewigkeit her dreipersonalen) Gottes in die (Heils-)Geschichte hat: „Daß Gott ... in Christus *unser* Gott ist, das ... kommt zur Sprache bei der Menschwerdung und der Erlösung, und vor allem bei der Gabe des Geistes und der Endvollendung."[287] Gott, der „ein Gott des Bundes sein wollte, da er von Ewigkeit verbunden und zusammen ist mit seinem Sohn und auch mit dem Heiligen Geist, der der Geist der Liebe und Gemeinschaft genannt wird"[288], tritt in den Bund mit den Menschen. Seine Liebe gießt er in die Herzen der Menschen aus durch seinen Geist.[289] Schoonenberg verweist auf seine in einem eigenen Band geplanten, jedoch nicht ausgeführten Darlegungen zum Geistartikel des Glaubensbekenntnisses.[290]
In dem Band *„De Mensgeworden Zoon van God"* entfaltet Schoonenberg die Bedeutung der Menschwerdung für den Sohn Gottes und ihre soteriologische Relevanz mit Blick auf die erlösungsbedürftige Menschheit. Er betont die „übernatürliche" Herkunft, die Gottessohnschaft Jesu von Ewigkeit. Ebenso finden sich Ausführungen über Geistempfängnis und Geburt Jesu: Christus ist der „neue Tempel" (Lk 1,35; Joh 1,14). Bei Johannes liegt der Nachdruck, stärker noch als bei den Synoptikern und auch bei Paulus, auf dem Menschsein Jesu Christi; die Menschwerdung Jesu Christi bezeichnet dieser als geistgewirkt (1 Joh 4,2f): „Wie Paulus das Bekenntnis, daß Jesus der Herr sei, dem Heiligen Geist zuschreibt, so erkennt es Johannes als Äußerung des Geistes, aus Gott zu bekennen, daß er ins Fleisch gekommen ist."[291] Als Mensch vereinigt Christus Gott mit den Menschen, der sich in der Menschwerdung des

[286] Vgl. ebd., 245-248: „... der Terminus ‚Gott' [wird] in der Heiligen Schrift für den Vater gebraucht und erst langsam den Sohn, den Heiligen Geist und die ganze Trinität bezeichnen .... Der Heilige Geist wird nie als Gott bezeichnet ... Der Gebrauch von ‚Gott' für den Sohn und danach für den Heiligen Geist und die Trinität bricht sich erst langsam Bahn ... Wir leugnen nicht, daß auch der Sohn und der Geist im Alten Bund wirksam sind. Wir haben schon von Jesus selbst gelernt, daß der Vater immer zusammen mit dem Sohn handelt (Joh 5, 17-26), und ... werden ... sehen, daß dies ebenso gilt für den Heiligen Geist. Der Glaube lehrt uns, daß die drei Personen ebenso sehr in untrennbarer Gemeinschaft wirken wie sie in ungeteilter Gemeinschaft existieren (Dz 281)."
[287] Ebd., 252.
[288] Ebd., 255.
[289] Vgl. ebd.
[290] Vgl. ebd., 260.
[291] DERS., De Mensgeworden Zoon van God, 52.

Sohnes als ein „Gott mit uns" erweist. Zugleich vereinigt Christus die Menschen mit Gott als der vollkommene und endgültige Mittler, der geistgesalbte Messias, der die früheren, alttestamentlichen Mittlergestalten in sich vereinigt und übertrifft und dessen Mittlerschaft sich in der Gabe des Geistes und der Aussendung der Jünger vollendet.[292] Aufgrund der universalen Mittlerschaft Jesu Christi erhalten alle Menschen, Juden wie Heiden, Zugang zum Vater in dem einen Geist (Eph 2,13f; 17f); der Gott des Alten Testaments offenbart sich als dreipersönlich.

In Entfaltung der Lehre über die wahre Gottheit und Menschheit Jesu Christi den Heiligen Geist findet auch der Heilige Geist Erwähnung, so in bezug auf die Bedeutung des Geistes bei der Empfängnis Jesu.[293] Auf das neutestamentliche Geistzeugnis kommt Schoonenberg im Rahmen seiner Deutung der „unio hypostatica" zu sprechen. Er bringt das Sohn und Geist miteinander Verbindende und das sie Unterscheidende zur Sprache: Jesus Christus ist (in seiner Menschheit) der lebendige Tempel, aus dem der Geist fließt wie ein lebendiger Strom von Wasser (Joh 19,34; Ez 47,1). Der Sohn ist die göttliche Person, die für uns im Fleisch offenbart wurde (1 Tim 3,16), die erschienene Gnade und Menschenliebe Gottes (Tit 2,11; 3,4), im Gegensatz zum Vater, der in seiner himmlischen Transzendenz unsichtbar bleibt (Kol 1,15; 1 Tim 1,17; 6,16; Joh 1,18); „im Gegensatz auch zum Heiligen Geist, der zuerst in uns ist (Röm 8,9), mit einem Zeugnis im Innern (Röm 8,16; 9,1), einer Salbung (1 Joh 2,20), einem unaussprechlichen Seufzen (Röm 8,26), der uns auf dem Weg führt zur ganzen Wahrheit (Joh 16,13), der uns in der Sprache des Sohnes zum Vater rufen läßt (Gal 4,6; Röm 8,15), uns rufen läßt zum Sohn selbst wie zu dem Bräutigam (Offb 22,17), so sehr, daß manche Theologen diesen Geist selbst mit einer gewissen Weiblichkeit und Mütterlichkeit charakterisieren."[294]

Entfaltet Schoonenberg schließlich die Bedeutung der Menschwerdung des Gottessohnes im gesamten Erlösungswerk, finden sich Bezüge zum Heiligen Geist im Zusammenhang der universalen Gerichtetheit der Schöpfung auf Christus; der Abschluß der Offenbarung wird in der Sendung des Geistes sichtbar. Das Handeln Gottes in der Heilsgeschichte ist ein „gottmenschliches", letztlich ein trinitarisches: durch den Sohn im Geist.[295] Schoonenberg

---

[292] Vgl. ebd., 68.

[293] Vgl. ebd., 126f: „Marias jungfräuliche Mutterschaft ist gerade ihre göttliche Mutterschaft: sie ist gerade jungfräulich, um ergriffen werden zu können vom Heiligen Geist. Dieser Heilige Geist - und mit ihm die anderen göttlichen Personen - bewirken nicht neben der Mutterschaft Marias ein Ersetzen des menschlichen Vaters, sondern Marias mütterliche Aktivität wird gerade durch den Geist so verändert und innerlich umgeformt, bereichert und erhöht, daß sie ganz die Ursache dieses Kindes ist ... Die Menschwerdung wird ... durch Gott aus und durch Maria bewirkt ... Das Heilige, das aus ihr geboren wird, ist Gottes Sohn in einem Sinn, den die Worte von Lk 1,35 noch nicht vollständig enthüllten. Aber auch gelesen im Vollsinne des Wortes, im Sinn von Ephesus und Chalcedon, bleibt gültig, daß ‚darum' das aus Maria Geborene Sohn Gottes ist, nämlich wegen des Wirkens des Geistes in ihrer jungfräulichen Mutterschaft."

[294] Ebd., 164.

[295] Vgl. ebd., 232: „Wir können nun auf den trinitarischen Aspekt von Gottes Handeln eingehen. Im Göttlichen ihrer Wirkung sind die drei Personen untrennbar verbunden, vollkommen

verweist hier erneut auf den beabsichtigen Band über den Heiligen Geist. Gottes Heilswirken gründet in der trinitarischen Gemeinschaft, der der Mensch in der Gnade teilhaftig wird: „Ist Gnade Bund mit Gott, ist dieser der Bund in Person; ist Gnade Einwohnung Gottes, ist dieser Gott-mit-uns und Gott-in-uns.“[296] Gnade ist Gabe des Geistes (des Verherrlichten) an uns bzw. Einwohnung Gottes - im Pneuma - in uns.[297] Ursache des Heiles aller (Hebr 5,9) wird der Verherrlichte durch die Gabe seines Geistes (Joh 7,39; 16,7). An die Stelle Christi tritt der Heilige Geist, der andere Paraklet, der Zeugnis ablegt für Christus (Joh 16,7-15). Gnade ist „Christus-in-uns“ und damit „Gott-mit-uns“.[298] Deutlich wird hier die Verschränkung von Christologie und Gnadenlehre.

h) Eschatologie

In (wenigen) Texten Schoonenbergs wird die Verbindung von Eschatologie und Pneumatologie deutlich. Hinweise auf den Heiligen Geist als Erstlingsgabe und Unterpfand neuen, ewigen Lebens (Röm 8,22f) finden sich in einem Text über *„Die Vollendung der Zeiten: Das Jüngste Gericht“ - „De voleinding der tijden: het Laatste Oordeel“ (1952)*[299]. Bezug nimmt Schoonenberg auf den genannten Paulus-Text (Röm 8,23) auch in dem Beitrag: *„Der Himmel hat schon begonnen“ - „De hemel is reeds begonnen" (1956)“*, die Gegenwärtigkeit des zukünftigen Heils entfaltend: die „himmlische“ Wirklichkeit besteht auf Erden seit Christi Tod, Auferstehung und Himmelfahrt. Die an Christus Glaubenden sind bereits im „Himmel“; das gegenwärtige Leben ist als „himmlisches“ qualifiziert durch die Gabe des Geistes.[300] Diese im Geist

---

miteinander gleich und einander eins, wie sie es auch sind in ihrer einen göttlichen Natur. Durch die Menschwerdung des Sohnes aber ist innerhalb dieser Einheit und Gemeinschaftlichkeit ein eigenes Wirken von diesem und eine eigene Beziehung zu ihm entstanden ... Damit ist dann zugleich eine eigene Wirkung von und eine Beziehung zu den zwei anderen Personen entstanden; denn der Vater ist stets für uns derjenige, der uns seinen Sohn in das Fleisch sendet und durch diesen Mittler unser Gott ist, der Heilige Geist ist vor uns derjenige, der von Christus her zu uns kommt und uns durch ihn zum Vater führt. [Unsere Gemeinschaft mit den drei Personen] können wir ... besser mit allen Gegebenheiten der Offenbarung konfrontieren, wenn wir in einem folgenden Buch den Heiligen Geist und das ganze Geheimnis der Dreieinheit besprochen haben.“

[296] Ebd., 245.

[297] Vgl. ebd., 248: „In Christi Menschheit besteht das Gnadenleben ... auch als Geschenk an uns. Wir nennen ja ‚übernatürlich' - und noch mehr ‚unverschuldet' - nicht alles, was oberhalb unserer geschaffenen Natur liegt, also z.B. Gottes Leben in sich, sondern dasjenige, was oberhalb ihrer liegt und zugleich ihr mitgeteilt wird, das, worauf wir kein Recht haben, sondern was wir als Geschenk von Gott empfangen, das Transzendente, das uns mitgeteilt wird, das Pneuma, das uns übersteigt und uns gleichzeitig durchdringt.“

[298] Vgl. ebd., 255.

[299] DERS., De voleinding der tijden: het Laatste Oordeel.

[300] Vgl. DERS., De hemel is reeds begonnen: „Wir haben nicht nur eine Verheißung, ... nicht nur ein später einzulösendes Pfand, sondern eine wirkliche Voraus-Gabe, die Erstlingsgabe des Geistes' (Röm 8,23). Der Geist ... gibt uns jetzt schon Kindschaft und ewiges Leben. Die

erfahrbare Nähe des zukünftigen Heiles läßt, so Schoonenberg, noch gespannter ausschauen nach der endgültigen Wiederkunft Christi. Bezüge zum Geist als der dritten göttlichen Person im Kontext von Darlegungen zur „Gottesschau“, zur Teilhabe an der trinitarischen göttlichen Gemeinschaft im Tod finden sich in dem kurzen Artikel *„So werden wir immer beim Herrn sein“ [1 Thess 4,17] - „Zo zullen wij altijd met de Heer zijn“ (1957)*[301].
Ähnliche Gedanken äußert er in dem Beitrag *„Der neue Himmel und die neue Erde“ [Jes 65,17; 2 Petr 3,13; Offb 21,1] - „De nieuwe hemel en de nieuwe aarde“ (1961)*[302].

III. Systematische Bündelung

1. Reflexion Schoonenbergs auf das Wesen der Theologie

Früh reflektiert Schoonenberg auf das Wesen der Theologie. Ihr kommt im Rahmen ihrer Aufgabe einer übersetzenden Weitergabe des Glaubens eine charismatische Funktion zu. Mit der zunächst versuchsweise formulierten Rede von der Theologie als Charisma greift Schoonenberg zeitgenössische Überlegungen zu einer *kerygmatischen* bzw. *charismatischen Theologie* auf.

a) Der Hintergrund: Kerygmatische oder charismatische Theologie?

α) Kerygmatische Theologie
In den 30er und 40er Jahren wurde in der Theologie des deutschen Sprachraums der Versuch unternommen, neben der klassischen, spekulativen theologischen Wissenschaft, der sog. „Essenztheologie“, eine eigene *kerygmatische Theologie* oder *Verkündigungstheologie* (bzw. „Seelsorgs“- oder „Existenztheologie“) zu begründen, deren Leitlinien von Vertretern der theologischen

heiligmachende Gnade ist schon die Seligkeit im Keim.“

[301] Vgl. DERS., „Zo zullen wij altijd met de Heer zijn“: „Wir werden Vater, Sohn und Geist sehen, sie lieben und mit ihnen in Gemeinschaft leben. Diese drei Personen aber haben sich uns offenbart ... dadurch, daß einer von ihnen, der Sohn, Mensch wurde und in einem Menschenleben zeigte, was es heißt, Eingeborener des Vaters zu sein, und damit auch, wer sein Vater ist und wer ihrer beider Geist. Im Himmel aber hat mit der ‚Epiphanie der Parusie Christi‘ (2 Thess 2,8) die vollständige ‚Enthüllung‘, ‚Apokalypse‘ begonnen dessen, was auf Erden offenbar und zugleich verhüllt war. So daß ... auch wir im Endreich den Vater sehen werden durch sein fleischgewordenes Bild im Geist, der Gottes Tiefen durchgründet.“

[302] Vgl. DERS., De nieuwe hemel en de nieuwe aarde: „Ebenso konkret, wie Gott sich selbst in der Heilsgeschichte offenbart hat, schenkt er sich in der Vollendung, ... nun vollständig offenbar. Es ist also der Vater, der sich gibt durch seinen Sohn im Heiligen Geist ... : Der Heilige Geist erfüllt uns mehr als jemals und vereinigt uns ... mit dem Sohn.“

Fakultät Innsbruck ausgearbeitet wurden. Ziel der theologische Erneuerung war die wirksamere Glaubensverkündigung. Nicht durch Umgestaltung der neuscholastischen Theologie, sondern durch Errichtung einer eigenständigen kerygmatischen Theologie neben dieser sollte die Spannung zwischen theologischer Wissenschaft und praktischer Seelsorge überwunden werden.[303] Den Ausgangspunkt der Diskussion bildete das Werk *„Die Frohbotschaft und unsere Glaubensverkündigung" (1936)* von *Josef Andreas Jungmann*. Dieser beobachtete einen bedeutenden „Kontrast, der sich ergibt, wenn wir die ... Glaubensverkündigung des christlichen Altertums neben einen Katechismus von heute oder gar neben ein theologisches Kompendium stellen. Dort eine schlichte Botschaft ..., hier ein kompliziertes Gebäude von Begriffen, Einteilungen, Unterscheidungen."[304] Christus als der Erlöser steht im Zentrum einer erneuerten Katechese. Die christozentrische Ordnung ist eingebaut in die größere theozentrische Ordnung. Die Theologie dient der Erkenntnis der religiösen Wirklichkeit, die Verkündigung ist dem Leben zugewandt, d.h. ausgerichtet auf die zeitgenössische Situation von Mensch und Welt: „Das Dogma sollen wir kennen, verkünden müssen wir das Kerygma."[305]
Für *Hugo Rahner - „Eine Theologie der Verkündigung" (1938)* - handelt es sich bei der kerygmatischen Theologie nicht „um einen Gegensatz zur wissenschaftlichen Theologie oder um eine Ersatzform der Schultheologie"[306]. Sie stellt vielmehr eine Umbildung der klassischen dogmatischen Theologie dar im Dienste der Verkündigung, die er unter Bezugnahme auf die Kerygmatik der Väter vollzieht. Im Zentrum der Verkündigung steht das Mysterium Christi. Rahner bezeichnet die kerygmatische Theologie als eine „theologia cordis": „Auswirkung einer charismatischen Geistesgabe"[307], auf der Erfahrung gründend und durchwirkt vom lebendigen Hauch des Geistes. Die herkömmliche Theologie betrachtet er demgegenüber als eine „theologia mentis".
In der Auseinandersetzung um die kerygmatische Theologie wurde das Ansinnen, eine eigenständige, zweite Form von Theologie zu errichten, kritisiert und der einheitliche Charakter der Theologie hervorgehoben. Nach Schmaus ist die unlösbare Verflochenheit von Glaube und Vernunfterkenntnis Voraussetzung und Grundlage allen theologischen Bemühens. Theologie sei ihrem Charakter

---

[303] Vgl. M. SCHMAUS, Brauchen wir eine Verkündigungstheologie?, 1: „Seit langem ist es eine Beschwerde nicht bloß der gläubigen Laien, sondern auch der Seelsorger, daß es von der Denk- und Sprechweise der wissenschaftlichen Theologie mit ihrer abstrakten, toten Begrifflichkeit keinen Zugang zum Leben des Glaubens gebe. Anstatt den Glauben anzufeuern, hemme die Theologie das Leben, wolle es einsperren in die starren Mauern einer schönen, aber kalten, wirklichkeitsfernen Begriffssystematik ... So kommt also der Seelsorger heute mit ernsthaften Wünschen und Forderungen zur wissenschaftlichen Theologie."
[304] J. A. JUNGMANN, Frohbotschaft, 53.
[305] Ebd., 60f. (Hervorhebung im Original)
[306] H. RAHNER, Theologie der Verkündigung, 5.
[307] Ebd., 6.

nach der „nach Erkenntnis strebende Glaube"[308]. Allerdings müsse die Theologie, die berechtigten Forderungen der Verkündigungstheologie aufgreifend, sich um eine zeitgerechte theologische Sprache bemühen, auf Fragen der Zeit antworten und in der Sprache der Zeit sprechen, das „in der Fachsprache Dargebotene den Menschen der Gegenwart in den Vorstellungsweisen und den Denkkategorien der Zeit verständlich"[309] machen. Der Theologie kommt die Aufgabe zu, die Heilsbedeutung der einzelnen Offenbarungswahrheiten herauszuarbeiten.
Obwohl sich das Programm einer kerygmatischen Theologie in Deutschand nicht durchsetzen konnte, hat es doch Einfluß auf die Gestaltung der Theologie nach dem Zweiten Weltkrieg genommen: „Diese Bewegung hat ... das Bewußtsein dafür geschärft, daß es eine dringliche Aufgabe der theologischen Wissenschaft ist, sich nicht darauf zu beschränken, den Verlauf der Dogmengeschichte nachzuzeichnen oder die metaphysischen Implikationen der Dogmen zu prüfen, sondern ... die religiöse Sinntiefe der christlichen Wahrheiten und auch ihren Lebenswert hervortreten zu lassen, damit der Mensch von heute darin eine zureichende Antwort auf seine Probleme zu finden vermöge."[310]

β) Charismatische Theologie

Leitend für die Konzeption einer *charismatischen Theologie* war die ebenfalls von der Seelsorge her motivierte Frage nach der Funktion der Theologie im Rahmen der kirchlichen Glaubensverkündigung. Die Sorge um eine lebendigere Verkündigung hat sie mit der kerygmatischen Theologie gemeinsam: Das Anliegen, eine größere Nähe zum religiösen Leben zu gewinnen, war charakteristisch für die Theologie der Zwischenkriegszeit. [311] Seit Ende des Ersten Weltkriegs kam es zu einem neuen Aufbruch innerhalb der Theologie des geistlichen Lebens, der Theologie der Mystik, der sich vor allem französischen Dominikanertheologen verdankte. Auch im deutschen Sprachraum gab es Theologen, die sich, die traditionelle Theologie als zu rationalistisch kritisierend, für eine „Theologie der Heiligkeit" aussprachen. Zu nennen sind Anselm Stolz und Thaddäus Soiron; außerdem ist auf die Mysterientheologie Odo Casels zu verweisen.[312]
Anknüpfend an die franziskanische Tradition von Bonaventura und Johannes Duns Scotus, wonach das Ideal der Theologie in einer Synthese von Mystik und Spekulation bestehe, legte *Thaddäus Soiron* im Jahre 1936 den Entwurf einer *„Heilige[n] Theologie"* vor, einer Theologie des Wortes Gottes: Wort Gottes - Theo-logie - ist geistgewirktes und geistmitteilendes Wort. Theologie gründet auf dem durch den Heiligen Geist verliehenen Glauben. Grundlage der

[308] M. SCHMAUS, Ein Wort zur Verkündigungstheologie, 313. Vgl. DERS., Brauchen wir eine Theologie der Verkündigung?, 9: „Der Gang in die Geschichte, also zur Existenz, zum Leben, nicht bloß in die Logik und Systematik, gehört sonach wesentlich zur Theologie."
[309] DERS., Ein Wort zur Verkündigungstheologie, 322.
[310] R. AUBERT, Theologie während der ersten Hälfte des 20. Jahrhunderts, 55.
[311] Vgl. ebd., 27-29; A.M. KOTHGASSER, Pneumatologie im Zwanzigsten Jahrhundert, 617.
[312] O. CASEL, Glaube - Gnosis - Mysterium.

Theologie ist das zweifache Geschenk des Geistes, die Gabe der Wissenschaft und Weisheit. Letztere gehört, gemäß der scholastischen Gabenlehre, zu den sieben Gaben des Heiligen Geistes.[313] Für Soiron steht Theologie primär im Dienst der Heiligung; Wort Gottes und Heiliger Geist sind untrennbar miteinander verbunden: Der Dienst am Wort Gottes geschieht durch die Kraft des Heiligen Geistes (2 Kor 3,6.8; Röm 15,18f); das Wort Gottes vermittelt Geist und Leben. Heilig ist die Theologie schließlich als in der Gemeinschaft der heiligen Kirche stehend.[314] Der Theologe ist „Werkzeug des Heiligen Geistes, der in der Kirche das Wort Gottes hütet und vor Verfälschung bewahrt."[315]

Anselm Stolz geht im Rahmen seiner *„Theologie der Mystik" (1936)*[316] auf die Lehre von den Gaben des Heiligen Geistes ein. Für die Konzeption einer „charismatischen" Theologie maßgeblich ist sein Werk *„Introductio in Sacram Theologiam" (1941)*[317], deren spezifische Aufgabe die Heranbildung des Volkes Gottes zur Heiligkeit sei. Stolz versteht den Entwurf einer „charismatischen" Theologie als einen Beitrag zur theologische Erneuerung seiner Zeit, die in Deutschland auf die pastorale Situation der Verkündigung ausgerichtet ist: Das Verständnis der Theologie als Verkündigung läßt sich an ihrem charismatischen Charakter vertiefen.[318] Die Überzeugung vom charismatischen Charakter der Theologie sei der Überlieferung der Kirche vertraut. Ausgehend von der Definition des Begriffs Charisma als Gnadengeschenk Gottes, Geschenk des Heiligen Geistes an jeden Gläubigen bestimmt Stolz mit Bezug auf 1 Kor 7,7 auch die Theologie als ein Charisma: „Damit ist ja nicht gesagt, daß der Theologe eine der besonderen vom hl. Paulus ... aufgezählten Charismen besitzt, sondern vorerst nur, daß sie eine spezifisch christliche Lebensäußerung ist. Wenn also die Theologie als Charisma des Hl. Geistes bezeichnet wird, dann hat das zunächst den Sinn, daß es sich in der Theologie um ein Reden von Gott handelt, das aus dem Gottesgeist hervorgeht, der uns im Neuen Bunde mitgeteilt ist ... Es offenbart sich in der Theologie ... die Kraft Gottes. ... was aus dem Geiste Gottes hervorgeht, besitzt eine höhere, weil göttliche Vernünftigkeit."[319] Die Charismen, in denen das Wirken des Geistes Ausdruck findet, sind Zeichen der angebrochenen Gottesherrschaft. Die Zeit des Geistes ist, gemäß der Verheißung des Auferstandenen (Joh 16,7), die Zeit der Tröstung: „Zu diesen Tröstungen des Geistes gehört auch die Theologie ... Theologie als Charisma ist ein tröstendes, nicht ein rein doktrinäres Reden von Gott, es weist immer wieder auf die bevorstehende Wiederkunft

---

[313] T. SOIRON, Heilige Theologie, 54-65, hier: 15.

[314] Vgl. ebd., 126: „Das Wort Gottes ist ... als geistgewirktes Wort das die Gemeinschaft, das Reich des Heiligen Geistes schaffende Wort und wirkt ... Rechtfertigung und Heiligung."

[315] Ebd., 140f. (Hervorhebung im Original)

[316] A. STOLZ, Theologie der Mystik.

[317] DERS., Introductio in Sacram Theologiam. Heranzuziehen ist das zweite Kapitel „De theologia, inquantum est charisma" (13-22). Der bereits 1938 veröffentlichte Artikel „Charismatische Theologie" enthält die Kernaussagen dieses Abschnitts.

[318] Vgl. DERS., Charismatische Theologie, 187

[319] Vgl. ebd., 189.

des Herrn hin und stärkt zum Ausharren in der Not der Zeit bis zur Vollendung der Dinge."[320] Die Theologie bewahrt die Kirche vor dem Geist des Irrtums und der Lüge.[321] Der Theologe muß „seine Gabe, seine Theologie dem Dienste des Ganzen unterordnen, den Bedürfnissen der Zeit entgegenkommen und sich selbst den Anregungen und Ergänzungen, die andere ihm bieten können, offenhalten; nur so ist das Ziel der Gaben, der Aufbau des Christus totus, zu erreichen."[322] Die Aufgabe der Theologen ist derjenigen der „doctores" der Alten Kirche vergleichbar.

Für Stolz besteht im wesentlichen Übereinstimmung zwischen der kerygmatischen und charismatischen Theologie ihrer Funktion nach: einer Erbauung bzw. Erziehung der Gläubigen.[323] Die Begründung einer neuen, „autonomen" kerygmatischen Theologie neben der wissenschaftlichen Theologie weist Stolz zurück. Allerdings müsse sich die herrschende Theologie neben ihrer wissenschaftlichen Funktion neu auf ihren charismatischen Charakter besinnen.[324] Die erforderliche stärkere Akzentuierung des Charismatischen in der Theologie könne nicht durch die Errichtung eines neuen theologischen Systems erreicht werden, sondern verdanke sich allein der Wirkung der Gnade, des Geistes Gottes.[325]

Der Versuch, im Zuge der theologischen Erneuerung der Zwischenkriegszeit eine charismatische Theologie zu begründen, konnte sich nicht durchsetzen.[326] Zudem erwies sich die Unterordnung der theologischen Wissenschaft, konzipiert als eine charismatische Funktion in der Kirche, unter das kirchliche Lehramt als problematisch.

---

[320] DERS., Charismatische Theologie, 190. 195. Vgl. DERS., Introductio in Sacram Theologiam, 15: „Theologia, cum sit charisma, est *sermo de Deo ad consolandum accomodatus;* Spiritus enim, cuius est donum, consolator est optimus. Hanc consolationem haurit theologia ex fidei doctrina .... Ergo finis theologiae non est unice, systema scientificum veritatum fidei conficere, nec theologia res est tantum scholarum, sed inservire debet vitae christianae concretae." (Hervorhebung im Original)

[321] Vgl. DERS., Charismatische Theologie, 193-195.

[322] Ebd., 194f.

[323] DERS., Introductio in Sacram Theologiam, 20-22.

[324] Vgl. DERS., De „Theologia Kerygmatica", 348: „Vera theologia ad mentem Traditionis catholicae elaborata et scientifica est et kerygmatica, pertinet enim ad charisma magisterii, quod inquisitionem scientificam et munus pradicationis in consolationem fidelium in se includit."

[325] Vgl. DERS., Charismatische Theologie, 196.

[326] Vgl. J. COMBLIN, Vers une théologie de l'action, 30f: „... la difficulté la plus grave contre la théologie de la sainteté, c'est qu'elle n'a pu réussir à se constituer. Les essais qui on ont été donnés sont inspirés de la théologie patristique. Or, une restauration de la théologie patristique ne peut être la base d'une véritable transformation de la théologie actuelle. Les essais de théologie charismatique, pour brillants qu'ils fussent en raison de la personnalité de leurs auteurs, n'én étaint pas moins des oeuvres archaïsantes et fondamentalement incapables de surmonter le fossé entre la reflexion intellectuelle et la sainteté."

b) Die Position Schoonenbergs: Theologie ist kerygmatisch und charismatisch

Mit seinen Überlegungen zu einem Verständnis der Theologie als Charisma möchte Schoonenberg eine neue Perspektive dessen eröffnen, was Theologie ihrem Wesen nach sein sollte. In seinem Beitrag *„Theologie in zelfbezinning" (1956)* macht er deutlich, daß er das „Ideal" einer Theologie im Blick hat, das ansatzhaft gegenwärtig bereits verwirklicht wird.[327] Er bezieht sich auf die zeitgenössische theologische Erneuerung, auf Studien moderner französischer Theologen.[328] Er nennt Marie-Dominique Chenu und Henri de Lubac und verweist auf die theologischen Schulen der Dominikaner und Jesuiten, Le Saulchoir und Fourvière.[329] Er bringt die Anliegen der „Nouvelle Théologie" mit denjenigen der kerygmatischen Theologie - als einen bedeutenden Vertreter nennt er Hugo Rahner - in Verbindung und weist inhaltliche Entsprechungen in ihrem Bemühen um eine Erneuerung der Theologie auf: Ähnliche Ideen (wie bei der „Nouvelle Théologie") und vor allem eine vergleichbare Praxis „finden wir *vor* dem Krieg bereits im deutschen Sprachgebiet bei den Vertretern der ‚kerygmatischen' Theologie, die ja mit diesem Namen nicht nur das Ideal bekennt einer Ausrichtung auf die Glaubensverkündigung in all ihren praktischen Formen, sondern auch eines Anschlusses an das bestehende ‚Kerygma' der kirchlichen Tradition, und nicht nur an ihr feierlich definiertes Dogma. Es ist nur zu bedauern, daß sie ihr Ideal auf ihre ‚kerygmatische Theologie' beschränkten und es nicht mit der ‚wissenschaftlichen Theologie' in Verbindung brachten, während doch ... gerade ihre Wissenschaftlichkeit eine derartige Erneuerung fordert. Die ... Franzosen haben sich in dieser Hinsicht konsequenter in den Dienst der Erneuerung gestellt."[330] Schoonenberg bedauert die ausschließliche Ausrichtung der kerygmatischen Theologie auf die pastorale Situation der Glaubensverkündigung und ihre bewußte Trennung von der wissenschaftlichen Theologie. Ein konstitutives

---

[327] Vgl. P. SCHOONENBERG, Theologie in zelfbezinning, 226: Wir „versuchen ..., in einigen Punkten unsere Gedanken auszusprechen über das Wesen der Theologie, namentlich der Dogmatik. Wenn also hier gesagt wird:‚Die Theologie ist ...', dann bedeutet dies zunächst: ‘Die Theologie muß sein...'. Aber wir glauben doch auch, daß eine Verwirklichung dessen im Gange ist, was wir hier als Ideal vorstellen, eine Verwirklichung, die uns erst ermöglicht hat, dieses Ideal zu konzipieren. Wir erwarten von dieser theologischen Erneuerung viele Früchte."

[328] Vgl. ebd., 225f, Anm. 2: Mit Blick auf die „Nouvelle Théologie" möchte er lieber von „theologischer Erneuerung" als von „neuer Theologie" sprechen, „weil durch dieses letzte Wort die Erscheinung auf Frankreich allein beschränkt zu werden droht (vor allem wenn noch das französische Original ‚théologie nouvelle' gebraucht wird), sodann weil wir darin stets ein Schimpfwort hören: ein Schimpfwort auf die ‚neue Theologie' selbst seitens ihrer Gegner und auf die ‚alte Theologie' seitens derer, die dieses Wort vielfach in den Mund nehmen. Außerdem verschweigt jener Begriff ganz den vielfältigen Kontakt mit dem alten Quellen, der ein Kennzeichen dieser heutigen Erneuerung ist."

[329] Vgl. DERS., Theologie en eschatologie, 215f. Schoonenberg bezieht sich auf: M.-D. CHENU, Position de la théologie; H. DE LUBAC, Corpus mysticum; DERS., Surnaturel.

[330] DERS., Theologie en eschatologie, 216f (Hervorhebung im Original).

Merkmal einer erneuerten Theologie ist für ihn der Rückbezug auf Schrift und Tradition, auf das „Kerygma“. Aufgabe der Theologie ist es, mit wissenschaftlichen Methoden den Glauben in die jeweilige Zeit hinein zu übersetzen und mit Blick auf die Situation der Verkündigung theologisch zu verantworten. (Dogmatische) Theologie ist, wie es auch die Predigt sein sollte, Glaubensübersetzung; ihr Spezifikum besteht jedoch gerade in ihrer Wissenschaftlichkeit: „,Wissenschaftliche Glaubensinterpretation' erscheint uns als eine adäquate Definition der Theologie, und damit die von der Hochscholastik errungene Einsicht in die Wissenschaftlichkeit der Theologie als ein bleibender Gewinn.“[331] Entscheidend ist die Verbindung von Wissenschaft und Glaube, von Reflexion und Mysterium, die Einheit von Theologie und Glaube.

Bei seiner Rede von der Theologie als Charisma bezieht sich Schoonenberg auf Anselm Stolz, dessen Arbeiten zur charismatischen Theologie ihm bekannt sind.[332] In seiner *Dissertation (1948)* spricht Schoonenberg zunächst nur zögernd von einer „charismatischen“ Theologie. Hier trägt er sein Verständnis der Theologie vor als einer „Wissenschaft, durchdrungen von Glaubensintuition und Glaubenslicht“[333]: „... wir meinen ..., daß nur eine wissenschaftliche, eine auf ihre eigene Weise wissenschaftliche, Theologie ,kerygmatisch', und manchen Fällen vielleicht sogar ,charismatisch' heißen kann ... Wir sind nicht zufrieden mit einer theologischen Wissenschaft, welche dem Glauben nur einen konzeptuellen Ausgangspunkt entnimmt, sondern wollen auch eine fortdauernde Beseelung durch den Glauben als intuitiven Kontakt mit der Offenbarung als Wirklichkeit.“[334] Es geht ihm um eine positive, an die Schrift und die Väter-Tradition rückgebundene Theologie, in Abgrenzung gegenüber einer rein spekulativen Theologie. Knapp zehn Jahre später (1956) bringt Schoonenberg erneut mit Bezug auf Stolz das charismatische Wesen der Theologie deutlicher zur Sprache. In dem Beitrag *„Theologie in zelfbezinning“* schreibt er: „Die Theologie ist eine der Weisen zu ,hören auf das, was der Geist zu den Gemeinden spricht' (Apk 2 und 3, pass.), und es zu bewahren und weiterzugeben. Die Theologen könnten erwägen, die Theologie ein Charisma zu nennen (was ihren Auseinandersetzungen über die Theologie selbst und über die Charismen zugute kommen würde). Sie kann als ,Wort der Weisheit' oder ,Wort der Erkenntnis (Wissenschaft)' betrachtet werden, oder vielleicht auch als ,Prophetie' (vgl. 1 Kor 12,8-10); wahrscheinlich hat sie von allen dreien etwas. In jedem Fall meinen wir, daß in der Theologie, ebenso wie in den Geistesgaben, eine menschliche Begabung, hier die des Be-greifens, in den

---

[331] DERS., Theologie in zelfbezinning, 228f.

[332] Vgl. ebd., 226, Anm. 1. Schoonenberg verweist auf: A. STOLZ, Introductio in Sacram Theologiam; DERS., Charismatische Theologie.

[333] P. SCHOONENBERG, Theologie als geloofsvertolking, 294.

[334] Ebd., 291. - Vgl. 331b: „Übersetzen [des Glaubens] ist ... hörend(es) Sprechen, und wir haben in [dieser] ... Studie vor allem dafür plädiert, daß die Theologen hören sollten, bevor sie sprechen und sprechend fortwährend hören. Wir plädierten damit ... für mehr Übernatürlichkeit, mehr Passivität in der Theologie.“

Dienst des übernatürlichen Lebens der Kirche gestellt wird, hier an erster Stelle ihres Glaubens."[335]

Schoonenberg verdeutlicht die innere Verbindung zwischen der Theologie als Wissenschaft und dem Glauben: Er schlägt vor, die Theologie zu den von Paulus genannten Gaben des Geistes zu zählen. Die Theologie, der nach Einsicht suchende Glaube („fides quaerens intellectum"), wird bei ihrem wissenschaftlichen Streben nach Glaubenserkenntnis vom Geist geleitet. In ihrer prophetischen Funktion weist sie voraus auf neue Wege der Glaubensverkündigung, und von daher kann sie auch „revolutionär" sein.[336] Die Theologie ist (bzw. sollte sein) die Frucht des „Zusammenwirkens" des Geistes Gottes und der (Vernunft-)Begabung des Menschen. Schoonenberg führt hier den Gedanken weiter, der von früheren Vertretern einer „charismatischen" bzw. „heiligen" Theologie geäußert wurde, daß Theo-logie, als Wort von Gott, geistgewirkt ist, Frucht des Geistes und den Geist mitteilend.

Die Überlegungen des frühen Schoonenberg zur charismatischen Funktion der Theologie stehen in der Tradition der charismatischen und kerygmatischen Theologie der 40er Jahre: In seinem Theologie-Verständnis werden Elemente beider Konzeptionen deutlich: Ihrer beider Anliegen war es, der Glaubensverkündigung der Kirche zu dienen. Schoonenberg greift wesentliche Züge der kerygmatischen Theologie auf, hält jedoch nachdrücklich an der Wissenschaftlichkeit der Theologie fest. Daher fühlt er sich stärker der „Nouvelle Théologie" und ihrem Programm eines „ressourcement" verpflichtet. Zugleich betont Schoonenberg das der Theologie eigene intuitive Element, die Glaubensintuition. Theologie ist - als geistgewirktes Wort von Gott - Theologie des Mysteriums, theologische Reflexion auf das Mysterium, welches Gott ist.

2. Der Geist als „Heilig(end)er" und „Lebendigmacher" (Credo-Auslegung)

Eine gewisse Schlüsselstellung für die frühe Pneumatologie Schoonenbergs kommen seinen Erläuterungen zum Geist-Bekenntnis in dem Artikel *„De Apostolische Geloofsbelijdenis" (1951)* zu insofern, als hier der einzige frühe Beitrag Schoonenbergs zu einer systematische Entfaltung der Geist-Theologie vorliegt. Dies gilt für seine Ausführungen zur Person des Heiligen Geistes, seinem Wesen und seinem heilsgeschichtlichen Wirken. Dies betrifft sodann seine Darlegungen zur inneren Einheit des Geistartikels, die Verankerung der Ekklesiologie, Sakramentenlehre und der Eschatologie im dritten Glaubensartikel. Konnten in anderen Beiträgen Schoonenbergs pneumatologische Bezüge aufgezeigt werden - Bezüge, die neben dem dritten Glaubensartikel auch den zweiten Artikel betrafen, - stellen die Ausführungen über „Das Apostolische Glaubensbekenntnis" eine gewisse Bündelung der „Pneumatologie" Schoonenbergs dar. Es ist zu vermuten, daß die Auslegung des Apostolischen

[335] DERS., Theologie in zelfbezinning, 226.
[336] Vgl. DERS., Theologie en eschatologie, 216.

Glaubensbekenntnisses durch Schoonenberg inhaltlich auf den Dogmatikursen aufbaut, die Schoonenberg in den 40er und frühen 50er Jahren in Maastricht und Amsterdam gegeben hat. Diese Kurse umfaßten inhaltlich die ganze Dogmatik, denn er war „für alles zuständig“[337].

a) Der Geist im Kontext des zweiten Glaubensartikels

Die Relevanz der Pneumatologie für die Auslegung des Christus-Bekenntnisses wird an einigen Stellen deutlich. Bezogen auf die christologische Bekenntnisaussage: „... empfangen vom Heiligen Geist, geboren aus der Jungfrau Maria...“ und das biblische Zeugnis diesbezüglich (Joh 1,14; Mt 1; Lk 1f) verweist Schoonenberg, was die Aussagen über Person und Wirkung des Heiligen Geistes betrifft, auf den noch zu besprechenden dritten Abschnitt des Glaubensbekenntnisses. Seine Ausführungen zur Geistempfängnis, zur Jungfrauengeburt und immerwährenden Jungfräulichkeit gelten hier der Person Marias bzw. der Gottheit und Menschheit Jesu Christi.[338] Im Kontext der Darlegungen zur Heilsbedeutung des Lebens und Sterbens Jesu sowie zur Vollendung seines Offenbarungs- und Erlösungswerkes bei seiner Himmelfahrt kommt Schoonenberg (verweisend auf die folgenden Erörterungen zum Geistartikel) kurz auf die bleibende pneumatische Existenz des Erhöhten in seiner Kirche zu sprechen: „Wir werden ... sehen, wie das [Heils-]Wirken nicht mehr sichtbar von ihm [Christus] ausgeht, sondern zu uns kommt in seinem Geist und durch die Organe seiner Kirche, ... daß vom Heilswerk Christi durch seine Verherrlichung alle Grenzen ... weggefallen sind. Jetzt ... ist er ... lebendigmachender Geist, darum auch Sender des Heiligen Geistes, den er selber empfangen hat, so sehr, daß dieser nicht war, bevor er verherrlicht war ... Im Geist aber ist er unsichtbar wiedergekommen, herrscht er und teilt er die Früchte seines hohepriesterlichen Opfers mit. Sein Prophetenamt

[337] Vgl P. VAN HOOF, Bevlogen theoloog. Schoonenberg jarig, 3. Manuskripte von Kursen Schoonenbergs aus diesen Jahren sind im Schoonenberg-Archiv in Löwen vorhanden. Aus der Inventarliste wird ersichtlich, daß Schoonenberg in den Jahren 1941-1945 Kurse zur Christologie und Erlösungslehre, zur Gnadenlehre und Trinitätslehre gehalten hat. Aus der Zeit von 1945 an bis zu Beginn der 50er Jahre besitzt das Archiv Manuskripte Schoonenbergs von Kursen zur Thematik Gnade, Mariologie, Gotteslehre/Trinitätslehre, Eschatologie und Ehe. Darüber hinaus liegen dem Archiv auch Texte (Textfragmente) von Kursen vor, die Schoonenberg im Rahmen seiner Lehrtätigkeit für das „Höhere Katechetische Institut“ in Nijmegen gegeben hat, Manuskripte Schoonenbergs selbst oder Mitschriften von Kursteilnehmern.

[338] Vgl. P. SCHOONENBERG, De Apostolische Geloofsbelijdenis, 157: „Gott erwirkte die Mutterschaft Marias durch seine Kraft und seinen Geist (Lk 1,35). Das ... Symbolon aus dem ... *Psalterium Aethelstani* nennt darum Christus ganz ‚geboren aus Heiligem Geist und Maria, der Jungfrau‘. Dies gibt den Anlaß, sie auch ‚Braut des Heiligen Geistes‘ zu nennen, obwohl Lk 1,35 ihr Verhältnis zum Geist eher sieht als das des alten Tabernakels zur Wolke der Herrlichkeit Gottes, welche ihn auch ‚überschattete‘ (Ex 40,35). ‚Darum auch wird der Geborene heiliger Sohn Gottes genannt werden‘ (Lk 1,35) ... Aber durch diese jungfräuliche Mutterschaft Mariens ist Jesus ebenso sehr ... vollständig Mensch.“ (Hervorhebung im Original)

übt er ... [nun] in seinen Aposteln und ihren Nachfolgern, deren Einsicht er leitet im Geist ... Wie bereits gesagt, der Geist und die Organe, in denen dieses Werk des Verherrlichten sich an uns vollzieht, werden im dritten Abschnitt des Symbolons bekannt."[339]

b) Der dritte Glaubensartikel

(1) Im Rahmen seiner Auslegung des dritten Glaubensartikels formuliert Schoonenberg die Einsicht in die *innere Einheit des Geist-Artikels*: „Alles, was das *Apostolicum* und die anderen Symbole gleicher Struktur in ihrem dritten Abschnitt bekennen, [kann] mit dem Heiligen Geist in Verbindung gebracht werden, obwohl dies im *Apostolicum* - wenigstens auf den ersten Blick - nicht geschieht."[340] Sind zwar in der Struktur des Glaubensbekenntnisses die dem Geistbekenntnis sich anschließenden Glaubensaussagen (nur) beigeordnet, einander nicht unmittelbar zugeordnet, so ist es doch „nicht unwahrscheinlich, daß bei der Befragung vor dem dritten Untertauchen bei der Taufe, welchem der dritte Abschnitt des Symbolums entspricht, zuweilen Kirche und Auferstehung durch Präpositionen verbunden wurden, und zwar so, daß dort die Rede war vom Geist *in* der Kirche *zur* Auferstehung des Fleisches."[341] Schoonenbergs Ausführungen zur Kirche, den Sakramenten, zur Auferstehung der Toten und zum Ewigem Leben stehen damit unter dem „Vorzeichen" des Geistes.

(2) Von Interesse sind zunächst Schoonenbergs Erörterungen über das Wesen des Geistes, *der dritten göttlichen Person*. Hier hebt er, bezugnehmend auf das Nicaeno-Constantinopolitanum, die Wesensgleichheit des Heiligen Geistes mit der ersten und zweiten göttlichen Person hervor.[342] Aussagen finden sich über den ewigen Hervorgang des Heiligen Geistes aus Vater und Sohn wie aus *einem* Prinzip. In diesem Zusammenhang kommt Schoonenberg auf die „filioque"-Problematik zu sprechen: Den ewigen Hervorgang des Geistes kennen wir aufgrund des zeitlichen Auftretens des Geistes in der Heilsgeschichte.[343] Von Bedeutung ist darüber hinaus Schoonenbergs Entfaltung des heilsgeschichtlichen Wirkens des Geistes im Erlösungswerk Christi. Im Anschluß an die Formulierung des Nicaeno-Constantinopolitanums - „der gesprochen hat durch die Propheten" - setzt Schoonenberg den Geist Jahwes aus dem Alten Bund mit dem Heiligen Geist gleich. Schoonenberg schreibt das, was über die

---

[339] Ebd., 163.
[340] Ebd., 166. (Hervorhebung im Original)
[341] Ebd., 167. (Hervorhebung im Original)
[342] Vgl. ebd., 165: „Vater, Sohn und Heiliger Geist, unterscheiden sich mit dem größten Unterschied, den wir kennen, dem von Person gegenüber Person, vollkommen selbständig und unersetzbar, und zugleich eins, ... ungeteilt jeder ein und diesselbe göttliche Natur besitzend: Vater, Sohn, Heiliger Geist, ein Gott in drei Personen."
[343] Vgl. ebd., 166.

Wirkung des „pneuma“ zeitens des irdischen Lebens Jesu gesagt wird, der dritten Person der Trinität zu.

(3) Schoonenberg entfaltet das Wirken bzw. die Wirkungen des Geistes in der Kirche - einschließlich ihrer „Heiligungsmittel“, den Sakramenten, - und im Gnadenleben eines jeden Gläubigen. Den Zusammenhang von *Geist und Kirche* verdeutlicht Schoonenberg wie folgt: „... die Wahrheit selbst der Verbindung von Geist und Kirche sollte ... unsere Aufmerksamkeit verdienen. Der Geist ist in der Kirche, seit der verherrlichte Christus zum Himmel aufgestiegen ist. Er ist die Verheißung des Vaters, der andere Paraklet, der Stellvertreter des Sohnes und der Vollender von dessen Werk , und er hat als solcher sein Werk begonnen mit der Pfingstausgießung ... in Apg 2 ... Der Heilige Geist beseelt also die Kirche in ihren Ämtern, in ihren persönlichen Charismen und im Gnadenleben eines jeden Gliedes ... Der Heiligungseffekt der Sakramente ... umfaßt per se auch eine subjektive und innere Heiligung durch Mitteilung der Einwohnung des Geistes mit ... den Gnadengaben ... Die Kirche ist der Tempel dieses Heiligen Geistes, und jeder, der ihr Glied ist, wird an dieser Einwohnung Anteil haben.“[344]
Die Bindung der Kirche an den Heiligen Geist und Christus macht deutlich, daß die Kirche nicht nur eine menschliche Größe, sondern eine geheimnisvolle Schöpfung Gottes ist. Der biblische Terminus für Kirche macht den Charakter eines „Mysteriums“ deutlich: Der neutestamentliche „ecclesia“-Begriff ist der Septuaginta („qahal“) entlehnt, die damit die Versammlung Israels als religiöse und kultische Gemeinschaft, als Gemeinde Jahwes bezeichnet. Die Kirche ist - paulinisch - Kirche Gottes, Leib und Braut Christi: Sie ist die Einheit der Gläubigen und die Einheit aller Gläubigen mit Christus: „Die Gläubigen *haben* also nicht nur eine Kirche, sondern *sind* die Kirche, ... deren Haupt ... Christus ist. Sie finden darum in einander und namentlich in den Amtsträgern Christus selbst, der in dem Geist jedes Glied führt und heiligt.“[345] Die eine Kirche ist sichtbar unter allen Völkern, sie hat den Platz des einen Volkes Israel eingenommen. Der Geist läßt am „Pfingsttag“ die Jünger in den Sprachen der Völker sprechen (Apg 2,6). Christus hat seine Kirche auf seinen Aposteln gegründet; dies ist die bleibende, apostolische Signatur der Kirche. Gesandt sind die Apostel zur Verkündigung der Erlösung durch Christus, zur Taufe, Sündenvergebung und zur Feier der Eucharistie, des Gedächtnisses des Herrn: „Den Aposteln ist zu dieser Aufgabe ... der Heilige Geist verheißen (Joh 14,26; 15,26f; 16,13; Lk 24,49; Apg 1,5) und gegeben (Joh 20,23; Apg 2). Sie werden dann auch als die Fundamente der Kirche vorgestellt.“[346] Die Verheißung, daß der Herr (Mt 28,20) und sein Geist (Joh 14,16) bis zum Ende der Zeiten mit der Kirche verbunden bleiben, garantiert die Fortsetzung der

[344] Ebd., 175
[345] Ebd., 169. (Hervorhebung im Original)
[346] Vgl. ebd., 171.

Apostolizität.[347] Die Heiligkeit der Kirche ist „zuerst amtlich, objektiv und kultisch, und dann, und dadurch, auch subjektiv und innerlich ... Die katholische Kirche ... ist die heilige Kirche der Sünder, denn kraft ihrer Ämter und ihrer Sakramente, ... kraft ihrer Gebundenheit an Christus im Heiligen Geist, gibt sie nichts als Heiligkeit. Sie ist die heilige Kirche zuallererst, weil sie die sakramentale Kirche ist."[348]

Schoonenberg spricht von der *Einwohnung des Heiligen Geistes im Gerechtfertigten*[349]. Der Begriff „Gnade" zielt nicht nur auf die erbarmende Tat oder Gesinnung Gottes, sondern auch auf seine - den Menschen heiligenden und neues Leben gewährenden - Gaben: die heiligmachende Gnade und die eingegossenen Tugenden von Glaube, Hoffnung und Liebe (1 Kor 13, 13): „... in dem so wiedergeborenen und geheiligten Menschen wohnt der Heilige Geist, und mit ihm Vater und Sohn. Es besteht kein zeitlicher Abstand zwischen der göttlichen Einwohnung und dem geheiligten Zustand des Menschen ... Ebenso wie die unio hypostatica - worin auch eine Einwohnung des Heiligen Geistes beschlossen liegt - sich in einer Vervollkommnung der Menschheit Christi auswirkt, ... so können wir auch die geschaffenen Gnadengaben im Christen betrachten als die Auswirkung der Einwohnung der göttlichen Personen im Menschen."[350]

Schoonenberg betrachtet dann die *Sakramente* im einzelnen. Biblisch bezeugt sind Taufe und Eucharistie, weniger deutlich ist die Rede von Handauflegung (Apg 8,17; 13,3; 1 Tim 4,14; 5,22; 2 Tim 1,6), post-baptismaler Versöhnung (Mt 18,18; Joh 20,23) und Krankensalbung. Die Taufe ist Eingliederung in Christi Leib, die Kirche: „Die Gnade der Taufe, ihre innere Wirkung ... ist die Rechtfertigung, Heiligung oder Wiedergeburt; ... ein Mitsterben [mit Christus], das zugleich ein inner(lich)es Mitauferstehen einschließt durch das Empfangen der heiligmachenden Gnade mit den eingegossenen Tugenden: Glaube, Hoffnung, Liebe. Die Firmung gibt durch Handauflegung und Salbung eine Vollendung der Taufe."[351] Die Firmung vollendet die christliche Initiation. In der Beichte wird die Wirkung der Taufe wiederhergestellt, soweit diese durch danach begangene Sünde zunichte wurde. Der Büßende wird dadurch in sein Recht auf volle Teilnahme an der Eucharistie wieder eingesetzt; durch das Sakrament der Beichte wird das (infolge der Sünde verlorene) Gnadenleben wiederhergestellt.[352] Im Anschluß an eine kurze Erwähnung von Krankensalbung und Amt geht Schoonenberg auf die Eucharistie ein. Sie realisiert die Sakramentalität auf höchste Weise; in Brot und Wein ist Christus in seinem Geist gegenwärtig.[353]

---

[347] Vgl. ebd., 172.
[348] Ebd., 174.
[349] Vgl. ebd., 166.
[350] Ebd., 167.
[351] Ebd., 176.
[352] Vgl. ebd.
[353] Vgl. ebd., 177: „Die Worte ‚dies ist mein Leib', ‚dies ist mein Blut' stellen keineswegs eine Bildsprache dar, und sie geben eine Symbolik nur in dem Sinn wieder, daß das Fundament

Schoonenberg betrachtet schließlich die Kirche im „eschatologischen Licht“. In ihrer irdischen Wirklichkeit ist die Kirche Antizipation des Königreiches Gottes. Die Lehraussagen der Kirche und die Sakramente sind geheiligt, da sie Auftrag und Einsetzung vom irdischen Jesus erhalten haben, aber auch dadurch, „daß sie im Geist Wort und Gebärde des himmlischen Herrn“ sind.[354] Dieser eschatologische Charakter eignet auch den inner(lich)en Gnadengaben, „denn der Geist wird uns als Erstlingsgabe und Angeld gegeben (Röm 8,23; 2 Kor 5,5), derselbe Geist, in dem unsere Leiber auferweckt werden, wohnt schon in unserem inneren Menschen (Röm 8,11), unsere Macht, Kinder Gottes zu werden (Joh 1,12), ist schon Kindschaft (1 Joh 3,1), und ist jetzt schon ewiges Leben.“[355]

(3) Auch der Glaube an die *Auferstehung* und das *Ewige Leben* ist aus pneumatologischer Perspektive zu entfalten: „Die letzten zwei Artikel des *Apostolicums* bezeichnen dasjenige, wozu der Geist in der Kirche anwesend ist und wirkt. ... denn der Geist wird uns gegeben als Erstlingsgabe und Angeld (Röm 8,23; 2 Kor 5,5), derselbe Geist, in dem unser Leib auferweckt werden wird, wohnt in unserem inneren Menschen (Röm 8,11), unser Vermögen, Kinder Gottes zu werden (Joh 1,12), ist schon Kindschaft (1 Joh 3,1), und ist jetzt schon Ewiges Leben.“[356] Der Geist ist Unterpfand der „neuen Schöpfung“ (2 Kor 1,22; Eph 1,15), die in der Gegenwart bereits angebrochen ist.[357] Schoonenberg spricht über die eschatologische Dimension christlicher Existenz im „pneuma“ als der irdischen Vorausgabe des Ewigen Lebens - und damit über die gegenwärtige pneumatische Grundbefindlichkeit eines jeden Gläubigen. Er beschreibt die „Qualität“ des gegenwärtigen Lebens in der Spannung des schon erfahrbaren und noch ausstehenden Heils. Die gegenwärtige Existenz ist Frucht des Geistes (Gal 5,22) und zugleich ein Wandeln im

davon die reale Gegenwart ist, zuwegegebracht durch eine Veränderung in der Ordnung des Wesens selbst, die Transsubstantiation, kraft welcher ‚dies‘ kein Brot oder Wein mehr ist, sondern Christis Leib ... Dies ist eine Machttat des verherrlichten Christus im Heiligen Geist ... Diese Gegenwart ist bleibend, ... die Gegenwart ist ‚geistlich‘ in der Bedeutung, in der der ganze Christus, auch mit seinem Leib, durch die Auferstehung ‚geistlich‘ geworden ist, d.h. enthoben den Gesetzen des ‚Fleisches‘ in ‚dieser Welt‘ ... So ist Christus in jedem gegenwärtig, der ihn empfängt, auch in dem Sünder oder Ungläubigen: auch einem solchen Menschen gibt er im Geist seinem Leib, aber nun zum Gericht (1 Kor 11,29). In dem Gerechtfertigten aber gewährt dieses Maximum an sakramentaler Gegenwart Christi auch ein Maximum an sakramentaler Heilswirkung. ... die Wirkung der heiligen Eucharistie [kennt] keine Vereinzelung ..., sondern sie [ist] an sich die Einverleibung in Christus und die Gabe des Heiligen Geistes.“

[354] Ebd., 185.

[355] Ebd.

[356] Ebd., 183-186. (Hervorhebung im Original)

[357] Vgl. ebd., 155: „In Christus sind wir jetzt schon ‚neue Schöpfung‘ (2 Kor 5,17; Gal 6,15; Eph 4,24; Kol 3,10), ‚Erstlinge von Gottes Schöpfung‘ (Jak 1,18). Darum ist auch unsere Kindschaft jetzt schon eine Realität (1 Joh 3; 4,9), wie es auch der Geist mit unserem Geist bezeugt (Rom 8,16).“

Geist (Gal 5,25).[358] Gott nimmt die durch den Geist getriebenen und in Christus verrichteten Werke des Menschen an und läßt ihn so selbst auch beitragen zum Eintritt in das Gottesreich und zum Empfang der Seligkeit. Das Verhältnis des Gnadenlebens der irdischen Zeit zum Leben der zukünftigen Zeit ist das der Kontinuität und Diskontinuität: Die Gnadengaben sind „schon Vor(aus)gabe", aber doch „nur (Unter-)Pfand". Damit unterstreicht Schoonenberg, daß das Ewige Leben nicht verdient, sondern letztlich (nur) als Geschenk angenommen werden kann. Gemäß ihrem Auftrag, das Glaubensmysterium vollständig (und nicht einseitig) zu übersetzen, wird die Theologie zum Ausdruck bringen müssen, daß das gegenwärtige Gnadenleben nur Angeld ist „und in all diesen Vorverwirklichungen ‚der Geist und die Braut sagen: ‚Komm!' (Offb 20,17)"[359]

Die Auslegung der einzelnen Artikel des Glaubenserkenntnisses hat - so Schoonenberg - die „Liebes-Geschichte" Gottes mit den Menschen offenbart: „Wir haben darin ‚die Liebe erkannt und geglaubt, die Gott für uns hat' (1 Joh 4,16). Gott, der Vater, gab in seiner Liebe uns den Sohn, er schonte ihn nicht, lieferte ihn uns aus und verherrlichte ihn und gab uns mit ihm und in ihm den Heiligen Geist ... Der Vater hat sein Wort in der Welt gesprochen im Alten Bund, und wir besitzen dies nun, in der irdischen Phase des Neuen Bundes, in der Fülle des Geistes. Dieser Geist läßt uns dann zugleich den Sohn erwarten in Herrlichkeit, um das Reich dem Vater zu geben. So sind Vater, Sohn und Geist, diese Drei, Anfang und Ende von allem."[360]

3. Akzente der Pneumatologie Schoonenbergs

a) Entfaltung des Geist-Bekenntnisses

(1) Aussagen Schoonenbergs zur Person des Heiligen Geistes und zu seinem göttlichen Wesen stehen häufig in trinitätstheologischem Zusammenhang. Dieser leitet sich aus (im engeren Sinne) theologischen und christologischen Erwägungen Schoonenbergs her, so etwa über die Präexistenz des Logos. Im Rahmen der Auslegung des Geist-Bekenntnisses des Credos (1951) bespricht er, in Übereinstimmung mit der Schuldogmatik, das Gott- und Personsein des Heiligen Geistes. Bei seiner Erörterung der innergöttlichen Relationen geht Schoonenberg auf den ewigen Hervorgang des Geistes aus dem Vater und dem Sohn ein. Auch im Kontext der Eschatologie spricht Schoonenberg über den Heiligen Geist als dritte göttliche Person, im Rahmen der trinitätsheologischen

---

[358] Vgl. ebd.: „Die rechtfertigende Gnade ... treibt zu ... ‚guten Werken' an ... (Eph 2,8-10). Dies tut der Gabe der Gnade keinen Abbruch, im Gegenteil ... ist die Gabe Gottes ein Appell an unsere Freiheit, angenommen zu werden. Auf der anderen Seite ist alles Annehmen eines Lebens aus den Gnadengaben selbst auch Gabe."

[359] Ebd., 190.

[360] Ebd., 193.

Spekulation (etwa bezüglich der „Schau" Gottes - in den drei Personen - unmittelbar nach dem Tod).

(2) Darüber hinaus lassen sich bei Schoonenberg Grundzüge einer biblischen Pneumatologie erkennen. Diese resultieren aus Schoonenbergs theologischer Methode bzw. Denkrichtung „von unten": Bei seinen Überlegungen geht er grundsätzlich von der biblischen Offenbarungs- und Heilsgeschichte aus. Daß für Schoonenberg die Schrift den Ausgangspunkt seiner Theologie bildet, wird somit auch in seiner Rede über den Heiligen Geist deutlich.

(3) Über Ansätze einer systematischen Entfaltung des Geist-Bekenntnisses kommt Schoonenberg während der frühen Phase seiner Theologie nicht hinaus: Welche Inhalte Schoonenberg in dem in der Reihe „Het geloof van het doopsel" geplanten, aber nicht ausgeführte Teilband zum dritten Glaubensartikel angesprochen hätte, darüber läßt sich nur mutmaßen. Anhaltspunkte hierfür lassen sich sicher dem Artikel „De Apostolische Geloofsbelijdenis" entnehmen.

b) Geistbesitz aller Gläubigen: Gnadenlehre und „pneumatische" Anthropologie

In Schoonenbergs frühen Schriften finden sich an verschiedenen Stellen Ausführungen über die Einwohnung des Geistes im erlösten Menschen. Dabei wird ein vertieftes Interesse an der paulinischen Soteriologie deutlich und, damit zusammenhängend, an der Entfaltung des Geist- bzw. Gnadenwirkens in den Gnadengaben bzw. in den Geistesgaben, den Charismen. Darin erscheint eine gedankliche Weiterführung der im Kontext der Gnadentheologie klassischen Topoi von den Gaben bzw. Früchten des Geistes und der Einwohnung des Geistes in den Gerechtfertigten.
Ein bedeutsamer Grundzug der pneumatologischen Beiträge der 40er, 50er und frühen 60er Jahre stellt somit Schoonenbergs Überzeugung von der Geistbegabung, dem Geistbesitz aller Gläubigen dar, der in der Taufe grundgelegt ist. Bereits in dieser frühen Zeit unterstreicht er wiederholt und in unterschiedlichen thematischen Zugängen - unter anthropologischer, gnadentheologischer, ekklesiologischer und eschatologischer Fragestellung - die pneumatische Existenzweise der an Christus Glaubenden. Unter Bezug auf diese bei Schoonenberg schon in den frühen Jahren in Ansätzen greifbare Charismenlehre läßt sich bei ihm von Grundzügen einer pneumatologischen (oder pneumatischen) Anthropologie sprechen. Schoonenberg liegt daran, aufzuzeigen, daß jeder Christ im Besitz individueller Gnadengaben oder Charismen ist, die von ihm als persönliche bzw. private Offenbarungen bezeichnet werden. Als Kriterien des Geistwirkens benennt er dabei paulinisch den Nutzen für die „Vielen" sowie den Dienst am Aufbau des „Leibes Christi". Schoonenberg unterstreicht

dabei in Abgrenzung gegenüber traditioneller Lehre und in Entsprechung zu Paulus, daß die Geistbegabung sich nicht notwendigerweise, eher ausnahmsweise in außergewöhnlichen Geistes-Gaben manifestiert.[361]
Die Gaben, Begabungen des Geistes (Charismen) sind grundsätzlich Ausdruck der Existenz eines jeden Gläubigen im „pneuma"; sie werden nicht etwa nur den Trägern kirchlicher Lehrgewalt zuteil. Der in den Menschen gegenwärtige und wirksame Geist Gottes, des Vaters und des Sohnes, ermächtigt zur gläubigen Annahme der Offenbarung. Der Glaube gründet in dem Geist, der - so Schoonenberg im Anschluß an die paulinische und johanneische Geist-Theologie - in und mit uns Menschen Zeugnis ablegt für Christus und zur vollen Wahrheit führt.

c) „Pneumatische" Ekklesiologie

Wiederholt beschreibt Schoonenberg in seinen Frühschriften das Pfingstereignis als Epiphanie, als Erscheinungsort der Kirche und charakterisiert damit die Kirche als „Geschöpf" des Geistes. Er bringt damit den konstitutiven Zusammenhang zwischen dem Wirken des Geistes und dem Werden der Kirche zum Ausdruck. Der von Schoonenberg verdeutlichte Konnex von Geist und Kirche spiegelt sich in seiner im Anschluß an Paulus vorgenommenen Bestimmungen der Kirche als Tempel des Geistes: als Wohnung / Bau und Ort der Gegenwart des Geistes.
Das kirchliche Lehramt, dem Schoonenberg den (passiven) Beistand des Geistes zu unfehlbarer Lehre zuschreibt - „assistentia negativa" oder „charisma infallibilitatis" -, ist in ihrer Lehrverkündigung gebunden an die in Schrift und Tradition bezeugte Offenbarung. Im Kontext der Ausführungen zur Schriftinspiration spricht Schoonenberg von dem den Aposteln bzw. der Kirche der apostolischen Zeit verliehenen „Charisma der Inspiration". Bei der Auslegung der Tradition, durch die die Offenbarung bewahrt und weitergegeben wird, steht die Kirche, wie Schoonenberg wiederholt ausführt, unter der Leitung des Geistes auf ihrem Weg zur vollen Wahrheit (Joh 16,13). Gerade das Vertrauen darauf, daß die Kirche in ihrer Lehrverkündigung unter der Führung und dem Beistand des Geistes steht, begründet eine auch kritische Haltung gegenüber der Kirche und eine eigenverantwortliche Zeugenschaft der einzelnen Gläubigen. Auch entfaltet Schoonenberg wiederholt den inneren, konstitutiven Zusammenhang von Sakramentenspendung und Geistempfang bzw. persönlicher Heiligung. Dabei wird eine Gleichsetzung des „Pneuma" mit dem verherr-

---

[361] Vgl. Th. SCHNEIDER, Zeichen der Nähe Gottes, 109: „Zu den großen Leistungen des Paulus gehört ..., daß er diese Geistbegabung nicht als außergewöhnliche Ausnahme beschreibt, sondern als das Kennzeichen gläubiger Existenz überhaupt ... Für Paulus ist die Geistbegabung kein außergewöhnlich-einmaliges Geschehen, sondern grundlegend für Christsein überhaupt. Jeder Christ ist durch den Geist in Dienst genommen und befähigt, am Leben der Kirche verantwortlich mitzuwirken."

lichten Christus im Kontext seiner Eucharistietheologie erkennbar: Das in der Eucharistie gegenwärtige und wirksame Pneuma ist der zum Geist gewordene erhöhte Herr (2 Kor 3,17). Der Geist ist ganz von Christus her verstanden.
Die in den frühen Schriften Schoonenbergs zum Ausdruck kommende enge Verflechtung von Kirchenverständnis und Geist-Theologie legt es nahe, von einer bei Schoonenberg in Ansätzen vorliegenden pneumatischen Ekklesiologie zu sprechen. Der von Schoonenberg gesehene Zusammenhang von Ekklesiologie und Pneumatologie wird ja bereits durch die von ihm vorgenommene Zuordnung der Lehre von der Kirche zum Geistbekenntnis deutlich. Als der vom Vater gesandte andere Paraklet oder Fürsprecher ist der Geist, stellvertretend für Jesus Christus und ihn zugleich vergegenwärtigend, in der Kirche gegenwärtig und führt sie. Schoonenberg entfaltet mehrfach die „Geburtsstunde“ der Kirche als Geistgeschehen und als Erfüllung der Joel-Verheißung (3,1): Der Geist ist jedoch nicht nur mit dem geschichtlichen Anfang der Kirche verbunden: Der Geist führt und begleitet die Kirche - als Institution, in ihren ekklesialen Vollzügen und nicht zuletzt in jedem einzelnen Glied, in Amtsträgern und Laien, - auf ihrem Weg durch die Geschichte. Dabei hebt Schoonenberg gerade die notwendige Offenheit für das dynamische, unvorhersehbare und auch unberechenbare Moment dieses Geistwirkens hervor. Kraft der Geistsalbung in Taufe und Firmung hat das ganze Volk Christi Anteil am priesterlichen und prophetischen Geist Christi. Darüber hinaus kommt jedoch in besonderer Weise den Inhabern der Lehrgewalt der Beistand des Geistes zu. Hervorzuheben ist jedoch an dieser Stelle, daß Schoonenberg den Blick weitet auf das Wirken des Geistes in allen Gliedern der Kirche: Für Schoonenberg erweist sich die charismatische Dimension der Kirche gerade in der Geistbegabung aller Gläubigen, in den individuellen Geistesgaben.

d) Grundzüge einer Geist-Christologie

Schoonenbergs christologische Erörterungen sind zunächst geprägt von den Anliegen der vom Johannesprolog her entfalteten Inkarnationschristologie, die in der Schultheologie die vorherrschende ist. In diesem Sinne schreibt er dem Heiligen Geist im Blick auf die Personeinheit Jesu Christi eine konstitutive Funktion zu, indem er von der Einwohnung des Geistes in der „unio hypostatica“ spricht; die Inkarnation des Logos wird dem Geist zugeeignet („appropriiert“). Im Rahmen seiner christologischen Ausführungen zur „Ontologie“ und „Psychologie“ Jesu Christi ist die pneumatologische Fragestellung nicht von Bedeutung. Entsprechenden Überlegungen zu einer „Wesens-Christologie“ gehen bei Schoonenberg jedoch grundsätzlich Betrachtungen zur Heilsgeschichte voraus: Schoonenberg bezieht sich zunächst auf das alt- und neutestamentliche Offenbarungszeugnis über Jesus Christus und bindet seine christologischen Darlegungen metaphysischer Art an die biblischen Aussagen zurück.

Im frühen Schriftttum Schoonenbergs liegen allerdings auch Ansätze zu einer Verschränkung von Christusereignis und Pneumatologie vor. Schoonenberg sieht die gesamte Existenz Jesu Christi als eine vom Heiligen Geist gewirkte und getragene, den der Erhöhte seinen Jüngern als sein Vermächtnis senden wird. Im Rückgriff auf die Christologie der Evangelisten, insbesondere auf den „Geisttheologen" Lukas, zeichnet Schoonenberg die Grundzüge einer pneumatischen Christologie. Jesus Christus wird von Schoonenberg im Anschluß an das biblische Zeugnis vorgestellt als der geistgezeugte (Lk 1,35) und geisterfüllte (Mk 1,9-11; Mt 3,13-17; Lk 3,21f; Joh 1,29-34) „Geistträger", dessen Worte und Taten (vgl. Lk 4,14.18) geistgewirkt und somit Ausdruck seines Geistbesitzes sind. In Schoonenbergs christologischen Beiträgen der Frühzeit sind alle jene „Stationen" der Existenz Jesu Christi benannt, die im Rahmen einer pneumatologischen Bestimmung des Christusereignisses relevant sind: Geist-Empfängnis, Geist-Taufe, Versuchung durch den Geist, Verkündigung in Wort und Tat in der Vollmacht des Geistes (Dämonenaustreibung, Krankenheilung, Totenerweckung), Auferstehung kraft des Geistes (Röm 1,3f), Verherrlichung und Sendung des Geistes.

e) Wirken des Geistes auf Vollendung hin

Mit der Einbindung der „Letzten Dinge" in das Bekenntnis zum Heiligen Geist nimmt Schoonenberg bereits zu Beginn der 50er Jahre im Rahmen seiner Auslegung des dritten Glaubensartikels eine Verschränkung von Eschatologie und Pneumatologie vor: Der Glaube an die Auferstehung der Toten und das ewige Leben bezeichnet, wozu der Geist in der Kirche wirkt. Der Geist ist „Erstlingsgabe" und „Angeld" neuen, ewigen Lebens (Röm 8,23; 2 Kor 5,5): für eine Schöpfung, die noch in „Geburtswehen" liegt (Röm 8,22). Dieser Geist wird die Toten auferwecken und in die ganze Wahrheit einführen (Joh 16,13). Durch das auf die Vollendung hin ausgerichtete Wirken des Geistes hat die gegenwärtige Zeit eschatologischen Charakter: Der Geist als Angeld läßt von einer wirklichen Gegenwart des Heiles sprechen, insofern diese - jetzt schon - ein Leben in dem „Pneuma" ist, das die Toten zum Leben führen wird (Röm 8,11; Gal 5,22.25). Auch Schoonenbergs - auf dem Hintergrund der Theologie seiner Zeit beachtenswerte - Rede vom Geist im Kontext der Eschatologie gründet auf dem biblischen Zeugnis.

IV. Zur Bedeutung der frühen Pneumatologie Schoonenbergs: Vielgestaltige Rede vom Geist

In der frühen Phase theologischer Wirksamkeit steht Schoonenberg in Lehre und Verkündigung. Bestimmt ist sein Theologie-Treiben von seiner Dozententätigkeit in Maastricht und Amsterdam, im Rahmen der Priesterausbildung seines Ordens und in der theologischen Unterweisung von Laien im Zusammenhang mit seiner Tätigkeit für das „Höhere Katechetische Institut" in Nijmegen. Es geht ihm um die Weitergabe und zeitgerechte Vermittlung des tradierten Glaubens, der Inhalte des christlichen Glaubensbekenntnisses. In diesen Kontext sind seine Überlegungen zum Wesen der Theologie einzuordnen: Die Theologie ist an die Tradition gebunden, die sie weitergibt.
Die theologische Spekulation nimmt in dem hier besprochenen Zeitraum noch nicht die Bedeutung ein, die ihr in den Arbeiten Schoonenbergs seit 1964 zukommt. Eine relativ breite spekulative Auseinandersetzung mit der kirchlichen Lehrtradition zur Christologie (vor allem der Christologie von Chalcedon) durch Schoonenberg findet jedoch bereits in den 50er Jahren statt. Eigentliche Forschungsschwerpunkte lassen sich während dieses frühen Zeitraumes erst allmählich in Ansätzen erkennen, sie betreffen nicht explizit die Pneumatologie. Kennzeichnend für Schoonenbergs Theologie der ersten Periode ist ihr „katechetischer" oder „kerygmatischer" Grundzug, der existentielle Bezug seines Theologisierens, die Abkehr von der „Essenztheologie", die noch in den ersten Jahrzehnten dieses Jahrhunderts betrieben wurde.

1. Beobachtungen zur Textbasis

Die vorgestellten Beiträge Schoonenbergs zur Geist-Theologie der Frühphase sind ausnahmslos in niederländischer Sprache erschienen. Sie sind sowohl in bibliographischer wie auch sprachlicher Hinsicht erschwert zugänglich und von daher innerhalb der zeitgenössischen Theologie (zumindest) des deutschen Sprachraumes weithin unbekannt. Nur in Einzelfällen findet sich ein Hinweis darauf, daß frühe Arbeiten Schoonenbergs in der zeitgenössischen niederländischen Theologie rezipiert wurden. Über eine Rezeption der frühen pneumatologischen Beiträge Schoonenbergs ist mir weder mit Blick auf die niederländische noch auf die deutschsprachige Theologie dieses Zeitraumes etwas bekannt.
Aus dem vorliegenden Überblick über pneumatologische Bezüge im Frühwerk Schoonenbergs wird deutlich, daß er in vielfältigen thematischen Zusammenhängen und in unterschiedlicher inhaltlicher Ausführlichkeit vom Heiligen Geist spricht. Dabei steht eine Vielzahl zumeist kürzerer und oft ohne unmittelbaren Bezug zueinander entstandener Beiträge, die - wie zum Teil bereits aus der Überschrift deutlich ist - ausdrücklich der Theologie des Heiligen Geistes gewidmet sind, innerhalb eines breiteren Spektrums von Artikeln und

Monographien zu unterschiedlichen Themen der Dogmatik, in denen Schoonenberg Aspekte der Geist-Theologie eher beiläufig zur Sprache bringt. Ein spezifisches Interesse Schoonenbergs an der pneumatologischen Fragestellung läßt sich nicht feststellen; sie ist eingebunden in die Glaubensverkündigung als ganze, in die Lehre der (gesamten) Dogmatik. Die Geistthematik erscheint daher bei ihm als eine unter mehreren Themenstellungen. Dennoch ist auffällig, daß in den meisten seiner frühen Veröffentlichungen auch vom Geist die Rede ist.

Es handelt sich bei den besprochenen pneumatologischen Beiträgen Schoonenbergs mehrheitlich um Gelegenheitsschriften, die ihre Entstehung verschiedenen Anlässen verdanken. Ein nicht geringer Teil der - meist kürzeren - Darlegungen zur Geistthematik steht im Zusammenhang mit liturgischen Feiern des Kirchenjahres, vor allem des Oster-Festkreises (Ostersonntag, Himmelfahrt, Pfingsten). Bei zahlreichen Artikel, in denen sich Schoonenbergs auch zum Heiligen Geist äußert, ist ihm die Themenstellung vorgegeben worden: als Beitrag in einem bestimmten Themenhaft einer Zeitschrift oder in Sammelbänden unter einer übergeordneten Thematik; außerdem bei Anfragen zu Vorträgen (etwa vor der Arbeitsgemeinschaft Katholischer Theologen der Niederlande), die dann veröffentlicht werden.

2. Heilsgeschichtliche Perspektive: Pneumatologie „von unten"

Kennzeichnend für Schoonenbergs frühe pneumatologische Beiträge ist der starke Bezug auf die Heiligen Schrift, seine relativ ausführliche Entfaltung des alt- und neutestamentlichen Schriftzeugnisses zum Heiligen Geist: Erkannt und bekannt wird Gott der Heilige Geist aufgrund seiner heilsgeschichtlichen Sendung. Die wahrnehmbaren Ansätze einer biblischen Theologie bei Schoonenberg lassen sich auch auf seine Überlegungen zum Geistbekenntnis übertragen. Gemäß dem biblisch-offenbarungstheologischen Ansatz, der kennzeichnend bereits für Schoonenbergs frühe Theologie ist, nehmen Darlegungen zum Wirken des Geistes Gottes bzw. des Geistes Christi in der Heilsgeschichte des Alten und Neuen Testamentes relativ breiten Raum ein: Altbundliche Erfahrungen des Geistwirkens weisen in „pädagogischer" Funktion voraus auf die pneumatische Wirklichkeit des Neuen Bundes seit der Auferstehung Christi und der Sendung seines Geistes als Beistand der Kirche.

Eine von der Heilsökonomie her denkende Theologie und Pneumatologie, die die existentielle Erfahrbarkeit und Konkretheit des Geistes, seine personale Gegenwart betont, kann Anstöße bieten und Ausgangpunkt sein für eine Erneuerung der Trinitätstheologie, Gnadentheologie und Pneumatologie.[362] Von daher können Schoonenbergs frühe pneumatologische Arbeiten einen Beitrag zur Diskussion um eine Pneumatologie „von unten" leisten: In den frühen Jahren seines theologischen Wirkens ist sein Blick auf die Gegenwart

[362] Vgl. W. BREUNING, Pneumatologie, 122-125; A. ROTZETTER, Pneumatologie, 57.

Gottes und seines Geistes in der Heilsgeschichte gerichtet, und zwar in stärkerem Maße, als dies traditionellerweise im Rahmen der Gotteslehre, Trinitätstheologie und der Pneumatologie geschehen ist.
In verhältnismäßig geringem Maße findet demgegenüber eine Auseinandersetzung Schoonenbergs mit der kirchlichen Lehrtradition über den Heiligen Geist statt. Bezüge etwa zur Lehre des Konzils von Konstantinopel (381) sind eher selten. Gegenüber einer stark biblisch ausgerichteten Argumentation treten lehramtliche Aussagen der kirchlichen Tradition, hier mit Blick auf das Bekenntnis zum Heiligen Geist, in den Hintergrund.

3. Vielfalt und Vielgestalt pneumatologischer Aussagen

Charakteristisch für Schoonenbergs frühe Pneumatologie ist somit ihre Vielfalt und Vielgestalt. Aus der Fülle der Arbeiten der ersten Periode wird nicht so sehr ein einheitlicher pneumat(olog)ischer Grundzug erkennen. Es fällt nicht leicht, seine Beiträge zur Geist-Theologie systematisch zu erfassen und darzustellen. Umso mehr wird deutlich, daß beim frühen Schoonenberg der Heilige Geist thematisch in seiner gesamten Theologie, d.h. in allen dogmatischen Traktaten gegenwärtig ist. Das gilt insbesondere für die dogmatischen Bereiche, die inhaltlich dem Geistbekenntnis zugeordnet sind. Während im Bezug auf Protologie und Eschatologie bei Schoonenberg eher ein pneumatologisches Defizit feststellbar ist, ist demgegenüber seine Besinnung auf den Heiligen Geist innerhalb von Christologie und Ekklesiologie bemerkenswert, ebenso wie seine Aufmerksamkeit für die paulinische Charismenlehre. Grundlegend für sein Theologieverständnis und richtungsweisend auch für spätere Überlegungen zum Wesen der Theologie ist Schoonenbergs Rede von der Theologie als Charisma.

B
Zweite Periode (1964-1971): Geistbekenntnis im Schatten neubedachter Christologie

I. Theologiegeschichtlicher Hintergrund: Ende des konventionellen Christentums und Suche nach neuen Perspektiven der Theologie

1. Umbruch in der niederländischen katholischen Theologie

a) Allgemeine Charakterisierung

Breit dokumentiert ist in der Literatur der zu Beginn der 60er Jahre zu konstatierende Umbruch in den verschiedenen theologischen Disziplinen, der gerade auch die Theologie der Niederlande betraf.[1] Die Wende in Schoonenbergs Theologie der 60er Jahre ist Ausdruck des gesamttheologisch sich vollziehenden Umbruchs dieser Zeit, der durch einschneidende Veränderungen im sozialen und gesellschaftlichen Bereich mit bedingt ist. Zu diesen Umwälzungen äußerte sich Schoonenberg (1986): „Der niederländische Katholizismus ist in den 60er Jahren ganz schnell und vehement von der konservativen zur progressiven Seite übergegangen. Wir haben einen Umbruch erlebt, der in anderen europäischen Ländern, so meine ich, ein halbes Jahrhundert umfaßte; wir haben das ganz schnell eingeholt. Ein Faktor war, daß im niederländischen Katholizismus damals noch eine ziemlich große Zahl von Intellektuellen, Priestern und namentlich Laien, vorhanden war, während diese Leute in anderen europäischen Ländern die Kirche schon lange verlassen hatten. So gab es damals am Anfang der 60er Jahre einen großen Umbruch und große Hoffnungen."[2]

Eine vergleichbare Einschätzung gibt J.A. Coleman bei seiner Darstellung der Entwicklung des niederländischen Katholizismus der Jahre 1958 bis 1974: „It was apparent to anyone attentively following the religious news stories in the 1960s that a genuine revolution was occurring within Dutch Catholicism ... The Netherlands seemed the center for new theological, pastoral, liturgical, catechetical, and structural changes taking place within world Catholicism ... In the latter part of the 1960s and into the decade of the 1970s, Dutch-Roman

[1] Vgl. M. SCHOOF, Durchbruch der neueren katholischen Theologie; J. A. COLEMAN, Evolution of Dutch Catholicism; E. SCHILLEBEECKX, Wende in der heutigen Dogmatik.
[2] P. SCHOONENBERG, Biographisches Interview, 19.

conflicts ware more frequent and more intense than ever in the recent history of Dutch-Roman relations, or in comparison with similar clashes between the church center and periphery in other countries."[3] Diese Entwicklung ist angesichts des noch in den 50er Jahren spürbaren „Traditionalismus" katholischer Kreise in den Niederlanden umso erstaunlicher: „By the beginning of the 1950s Dutch Catholicism was the best organized, most conservative and observant of traditional Catholic laws, and least ecumenical Catholic population in industrial Europe."[4] Internationales Echo rief die Publikation des „Neuen Holländischen Katechismus für Erwachsene" (1966) hervor, an dessen vierjährigem Entstehungsprozeß Schoonenberg neben Edward Schillebeeckx und Gerald Mulders beteiligt war.[5] Ausdruck fand der erneuerte niederländische Katholizismus der 60er Jahre auf dem „Nationaal Pastoraal Concilie" (1966-1972).[6]

Den „Bruch" mit der herkömmlichen Schultheologie skizziert Frans Haarsma, Pastoraltheologe in Nijmegen: „Viele bisher gültige Lösungen und Vorstellungen reichen nun nicht mehr aus, nicht nur an der Peripherie des christlichen Lebens und Glaubens, sondern gerade wo es um den existentiellen Kern und die Fundamente geht. Wenn man diese alten Auffassungen abweist, manchmal sehr radikal ..., dann geschieht dies, um den Weg frei zu machen zur Wirklichkeit hin, die von der traditionellen Theologie vor dem Menschen von heute abgeschirmt wird. Was dann zum Vorschein kommt, wird zunächst erfahren als Leere, Stille und Armut. Die heutige Theologie ist eine bescheidene Theologie; sie hat mehr Fragen als Antworten."[7]

Das Ende des konventionellen Christentums und der Anbruch einer „neuen" Theologie ist die Folge einer stärkeren Verflechtung von überliefertem Glaubensgut und konkret-gelebter, existentieller Erfahrung. Hieraus resultiert die Notwendigkeit einer Neuinterpretation der „alten" Lehre. Als gemeinsames Anliegen der Vertreter der „neuen" Theologie bezeichnet Leo Bakker „ihr[en] Wille[n], den Tatsachen, der heutigen Lage und dem modernen Menschen Rechnung zu tragen"[8]. Entsprechend führt Schillebeeckx zu Beginn der 60er Jahre die Wende in der zeitgenössischen Dogmatik auf die stärkere Rückbindung des überlieferten Glaubensgutes bzw. der Lehre der Kirche an die Situation der Menschen in der Welt von heute zurück: „Aus dem Kontakt zwischen den neuen, durch Reflexion verdeutlichten Erfahrungen und den alten erworbenen (Glaubens-)Einsichten entstand nicht nur eine neue theologische Problematik, sondern auch eine neue theologische Synthese. Denn die neuen Probleme und Einsichten werden wirklich nicht einfach von außen her in der Art eines Anhangs den alten Errungenschaften der Theologie hinzugefügt. Diese letzten erfahren dadurch selbst eine Erneuerung. Und so müssen

[3] J.A. COLEMAN, Evolution of Dutch Catholicism, 1f.
[4] Ebd., 53f.
[5] Vgl. ebd., 248f.
[6] Vgl. ebd., 165-182; W. GODDIJN, De moed niet verliezen, 62-73.
[7] F. HAARSMA, Ontwikkelingen in de rooms-katholieke theologie in Nederland, 51.
[8] L. BAKKER, Ende des konventionellen Christentums, 53.

wir wohl sagen, daß es nicht eine einzige theologische Disziplin oder einen Teil derselben gibt, die sich der heutigen theologischen Erneuerung entziehen kann ... Der Wahrheitsgehalt der alten Einsichten ist dadurch nicht unwahr geworden ... Das Neue in der heutigen Theologie darf uns deshalb nicht erschrecken oder argwöhnisch machen. Es geht nicht um eine *andere* Theologie, sondern um die alte, kirchliche Theologie, die jedoch kräftiger von der alten Glaubenswirklichkeit Besitz ergreift."[9] Die „neue" Theologie der 60er Jahre zeichnet sich durch ihren Wirklichkeits- und Praxisbezug aus.[10]
Beeinflußt wurde die theologische Erneuerung in den Niederlanden durch verschiedene theologische Strömungen des Auslandes.[11] Die Theologie der 60er Jahre befindet sich in einer Übergangsphase: „Offen für die Zeitsituation und das gesamte Weltgeschehen ist man auf der Suche (von Finden läßt sich wohl noch kaum sprechen), und zwar mit lückenhaften Formulierungen."[12] Bei der Suche nach neuen theologischen Perspektiven ist die Forderung nach einer „Übersetzung" der Dogmen von grundlegender Bedeutung.[13] Mit der stärkeren Berücksichtigung der existentiellen Relevanz des Glaubens ist die humanistische Tendenz der Theologie verbunden, die in verschiedenen theologischen Strömungen der 60er Jahre zu einem „Dilemma" zwischen „Gott *oder* Mensch" führte, in dem man sich auf die Seite des Menschen stellte.[14] Die „neue" Theologie verkündet den transzendenten Gott als einen Gott der Menschen.[15] Sie ist weniger spekulativ als funktional und pragmatisch, orientiert an den Fragen der heute Lebenden. Grundsätzlich kann die Situation der Theologie mit Bakker „als eine prophetische bezeichnet werden. Ihre Aufgabe ist es, abzubrechen und auszureißen, aber auch zu pflanzen und aufzubauen (Jer. 1,9-10)."[16]

---

[9] E. SCHILLEBEECKX, Wende in der heutigen Dogmatik, 316f. (Hervorhebung im Original)
[10] Vgl. ebd., 325: „Wir bleiben ... in der Theologie in ständiger Fühlung mit der konkreten Wirklichkeit: mit der menschlichen Existenzerfahrung und mit der Heilsgeschichte, in welcher der lebendige Gott Israel, den Menschen Jesus und seine Kirche die Heilswirklichkeit sinnvoll erfahren läßt. Wir denken uns nicht weg von der Wirklichkeit und von der Erfahrung, nicht einmal von der persönlichen Lebenserfahrung, da Gott mit seiner persönlichen Heilsgebärde bis in die Lebensgeschichte jedes einzelnen Menschen hinein weiter handelt ... in den letzten Jahren [fällt] der phänomenologische, existentielle Einschlag der dogmatischen Besinnung im Gegensatz zur ‚essentialistischen' Theologie früherer Zeiten auf."
[11] Vgl. W. VELDHUIS, Entwicklungen in der Christologie, 18. Veldhuis bezeichnet die niederländische Theologie als ein „Sammelbecken", einen „Schmelztiegel" internationaler theologischer Einflüsse; die Ausübung der katholischen Theologie wird in den Niederlanden nicht von einer eigenen Universitätstradition genährt.
[12] L. BAKKER, Ende des konventionellen Christentums, 59.
[13] Vgl. ebd. 57: „Das kirchliche Lehramt und die Dogmen sind selbstverständlich Normen des Glaubens, man wird sich aber sofort die Frage stellen, wie diese Aussagen in unserer Zeit aufgefaßt, interpretiert und verdolmetscht werden sollen."
[14] Vgl. P. SCHOONENBERG, Gott oder Mensch - ein falsches Dilemma.
[15] Vgl. L. BAKKER, Ende des konventionellen Christentums, ebd., 58. Siehe P. SCHOONENBERG, Ein Gott der Menschen.
[16] L. BAKKER, Ende des konventionellen Christentums, 66.

b) Einzelbeobachtungen

(1) Die traditionelle katholische *Gotteslehre* ist erst relativ spät in Bewegung geraten. Zu Veränderungen kam es im wesentlichen von seiten der biblischen Gotteslehre.[17] Als ein Beispiel einer von der Schrift her entfalteten Gotteslehre verweist Haarsma auf den ersten Band der Dogmatik Schoonenbergs: „Het geloof van ons doopsel" I: „God, Vader en Schepper"[18]. Auf tiefgreifende Weise hat das Werk des anglikanischen Bischofs John A.T. Robinson „Honest to God" - deutsch: „Gott ist anders" - zu einem Umbruch in der herkömmlichen Rede von Gott geführt, ebenso wie die sog. „Gott-ist-tot"-Theologie (Altizer, Sölle, Braun, Van Buren, Hamilton).[19] Wird in der Theologie der 60er Jahre der „Tod" Gottes erklärt, so gilt dies dem traditionellen Gottesbild, d.h. einem transzendenten, weltüberlegenen und damit entfernten und abwesenden Gott: „Es ist das Bild von Gott als ‚Lückenbüßer' ... Dieses Gottesbild ist tot oder dazu verurteilt, schleunigst zu sterben, weil der Mensch von heute sich seines Könnens und seiner Aufgabe vollständig bewußt ist und mit der Hypothese eines solchen Gottes nichts anzufangen weiß ... In der Tradition unterstrich man die ununterbrochene Linie, in der die *Transzendenz* Gottes gelehrt wurde: gerade weil Gott Gott ist, ist er keine Ursache zwischen den innerweltlichen Ursachen, greift er nicht ein, um den Menschen zu entlasten, kann er niemals ein Konkurrent des Menschen sein. Vor der Erkenntnis Gottes wird mit allem Nachdruck die Verborgenheit Gottes betont, die bleibt, auch wenn er sich offenbart, und auf die *via negativa* in der Theologie, die lehrt, daß man alles, was man von Gott aussagt, zugleich leugnen muß. Für die Erfahrung, auch die gläubige, ist Gott anwesend als der Abwesende."[20]
Die neuere Theologie greift demgegenüber auf Texte der Bibel zurück, die die dem Menschen von Gott zugewiesene Verantwortung unterstreicht. Nachdruck auf die Immanenz Gottes gelegt: „Die moderne Theologie macht ... Ernst mit Gottes Immanenz. Sprechend über Gott, spricht sie darum über die Welt und über den Menschen. ... wie Gott und Mensch keine Konkurrenten sind, so verdrängt die Theologie nicht die Anthropologie; wie Gott dem Menschen immanent und transzendent ist, so ist die Theologie der Anthropologie zugleich immanent und transzendent. Beide kommen zusammen im Menschen Jesus Christus, in dem ‚die ganze Fülle der Gottheit leibhaftig wohnt' (Kol 2,9)."[21]

(2) Das anthropologische Anliegen, die Sorge um die Wahrung der Integrität des Menschen wird auch in der *Christologie* dieser Zeit deutlich. Dem Bemühen um eine zeitgemäße Deutung der christologischen Dogmen liegt die

[17] Vgl. E. SCHILLEBEECKX, Wende in der heutigen Dogmatik, 51f.
[18] Vgl. ebd., 52, Anm. 2.
[19] Vgl. J. SPERNA-WEILAND, Orientierung, 92-155.
[20] F. HAARSMA, Ontwikkelingen in de rooms-katholieke theologie in Nederland, 52 (Hervorhebung im Original).
[21] Vgl. ebd., 53. (Hervorhebung im Original)

Überzeugung zugrunde, daß eine bloße Wiederholung der christologischen Formeln von Ephesus und Chalcedon für die heutige Zeit nicht mehr ausreichend ist, daß der Blick vielmehr stärker auf das Menschsein Jesu zu richten ist. „Im Vordergrund steht“, so Haarsma, „daß Jesus Mensch ist, unser Mitmensch, eine menschliche Person also auch. Damit ist die alte Formel, daß es in Jesus Christus nur eine Person, und zwar die göttliche Person, gibt, ungültig geworden, die Formel, nicht das, was die Gläubigen während so vieler Jahrhunderte mit dieser Formel bekennen wollten.“[22] Haarsma bezieht sich bei seinen Ausführungen auf die christologischen Entwürfe von Piet Schoonenberg, Edward Schillebeeckx und Ansfried Hulsbosch.[23] Fraglich erscheint mir allerdings, ob Haarsma's Beobachtung bezüglich der „Ungültigkeit“ der christologischen Formel von Chalcedon die Positionen der genannten Theologen - zumindest diejenige Schoonenbergs - zutreffend beschreibt.
Etwas zurückhaltender dokumentiert Schillebeeckx die Wende in der Christologie. Demnach wendet sich die moderne Theologie dagegen, daß die Menschheit Christi „depersonalisiert“ werde, wie dies in den Handbüchern der Schultheologie geschehen ist: „Man sieht ... die Menschheit Jesu personal, wenn auch nicht als menschliche Person. Die Menschheit Jesu wird auf konsequentere Weise nicht als Grund für Jesu Personsein schlechthin angesehen, sondern für sein Personsein auf eine menschliche Weise. Der Sohn ist persönlich Mensch, und der Mensch Jesus ist persönlich Gott der Sohn.“[24]
In einigen christologischen Entwürfen - so auch bei Schoonenberg - ist die Rede von der „menschlichen Transzendenz“ Christi. Die „neue“ Christologie sucht weniger das zu bestimmen, was Jesus von anderen Menschen unterscheidet, als vielmehr das, was er mit den Menschen gemeinsam hat. Bekennt sie Jesus Christus als den „Sohn Gottes“, so spricht sie von dem Menschen, in dem Gott auf intimste Weise präsent ist. Die göttliche Gegenwart verwirklicht sich gerade in Christi Menschsein. Danach besteht kein wesensmäßiger oder qualitativer Unterschied Jesu Christi zu den anderen Menschen: Er ist der „eschatologische“, der „definitive“, der „endgültige“ Mensch. Von daher wird das Modell der *„Präexistenz“* ersetzt durch das der *„Proexistenz“*: Weil Jesus der Sohn Gottes ist, ist er der Mensch für alle. Diese Formulierung findet sich bei Robinson; Haarsma verweist in diesem Zusammenhang aber auch auf die Christologie Schoonenbergs, dessen „neues“ christologisches Denken von Robinson entscheidend geprägt sei.[25]
Die neuere Christologie versteht sich als eine von der menschlichen Wirklichkeit her denkende sog. Christologie „von unten“, die vom Menschen Jesus ausgeht, nicht von der Präexistenz des Sohnes wie die sog. Christologie „von

---

[22] Ebd., 55.
[23] Vgl. ebd. Haarsma verweist auf die in der niederländischen „Tijdschrift voor Theologie“ des Jahres 1966 erschienenen Artikel der genannten Autoren, darin: P. SCHOONENBERG, Christus zonder tweeheid.
[24] Vgl. E. SCHILLEBEECKX, Wende in der heutigen Dogmatik, 328.
[25] Vgl. F. HAARSMA, Ontwikkelingen in de rooms-katholieke theologie in Nederland, 55; mit Bezug auf: P. SCHOONENBERG, Jezus Christus vandaag dezelfde.

oben".[26] Von diesem *Ansatz „von unten"* her ist sich die heutige Dogmatik ausdrücklicher als bisher der Menschwerdung als eines Mensch*werdens*, als einer wachsenden Wirklichkeit bewußt: „Sie ist nicht das Geschehen eines Augenblicks: zum Beispiel bei der Empfängnis im Schoß Mariens. Seine Menschwerdung ist eine durch das ganze menschliche Leben hindurch zunehmende Wirklichkeit, die ihren aktiven Ruhepunkt im abschließenden Inkarnationsmoment findet: in Jesu Auferstehung, Verherrlichung und eschatologischer Geistausgießung."[27] Dieser Gedanke der Prozeßhaftigkeit der Menschwerdung Jesu wird - auch von Schoonenberg - in verschiedenen christologischen Beiträgen formuliert. Im Mittelpunkt der Auslegungen des Person-Mysteriums des Menschen Jesus steht die Kenosis, die Selbstentäußerung Jesu. Der kenotische Weg der Liebe Jesu bis zur völligen Entäußerung seiner selbst wird als Kernmoment des historischen Lebens Jesu verstanden. Dieser Weg findet seinen Höhepunkt und Endpunkt in der Geistsendung durch den Auferstandenen.[28] So gerät in den neuen christologischen Entwürfen der 60er Jahre die Auferstehung Jesu in zumehmenden Maße in den Blick: „Auch die Geheimnisse der Erhöhung - Auferstehung, Himmelfahrt, Geistsendung und Parusie - werden erfreulicherweise in der Christologie mehr gewürdigt. Man kommt zu der Erkenntnis, daß sie zum Mysterium Christi gehören."[29]
Als Folge einer biblisch orientierten Christologie und der daraus resultierenden geschichtlichen Sicht auf die Person Jesu, auf sein Leben, Sterben und seine Auferweckung kam es zum einen zu einer Bewußtwerdung der inneren Einheit von *„ontologischer"* und *„funktionaler" Christologie*, von Christologie, Erlösungslehre und Gnadenlehre. Die in den 60er und frühen 70er Jahre vorgelegten Versuche einer *Neuformulierung des Dogmas von Chalcedon* werden als das Bemühen gewürdigt, in Rückbindung an das biblische Zeugnis vom Menschen Jesus, in kritischer Distanz zum altkirchlichen Christus-Dogma die gott-menschliche Personeinheit Jesu Christi für die Gegenwart zu deuten. Dies geschieht als Entfaltung und Aktualisierung der Heilsbedeutung der Geschichte Jesu von Nazareth, seines ganzen Lebens und Sterbens, für den Menschen. Zu dieser Einschätzung gelangt Arno Schilson unter ausdrücklicher Berufung auf Schoonenbergs christologischen Entwurf.[30]
Bei der Auslegung des Christusmysteriums richtete sich der Blick zum anderen verstärkt auf das *pneumatische Element*: Aus einer ausdrücklichen Beachtung der pneumatologischen Dimension der Christologie heraus wird gerade die Wahrnehmung der geschichtlichen Dynamik des durch Jesus Christus erworbenen Heiles, somit eine Verschränkung von Christologie und Soteriologie möglich. Damit verbindet sich die Einsicht, daß Christi ganzes Sprechen und

---

[26] Vgl. A. SCHILSON, Perspektiven gegenwärtiger Christologie, 168f.
[27] E. SCHILLEBEECKX, Wende in der heutigen Dogmatik, 329.
[28] Vgl. W. VELDHUIS, Entwicklungen in der Christologie, 26; mit Bezug auf: P. SCHOONENBERG, Kenosis.
[29] R. LACHENSCHMID, Christologie und Soteriologie, 109.
[30] Vgl. A. SCHILSON, Perspektiven gegenwärtiger Christologie, 161-167. 173; R. LACHENSCHMID, Christologie und Soteriologie, 103-105.

Tun gegenüber den Mitmenschen wesensgemäß eine Offenbarung des Vaters und eine Aussendung des Pneumas ist.[31] Diesen Zusammenhang verdeutlicht Arno Schilson: „Daß der Geist in Einheit und Verschiedenheit mit Jesus Christus zugleich dessen geschichtliche Einmaligkeit entgrenzt und in jeder Zeit gegenwärtig setzt, ihn also universal werden läßt, gilt gerade von seiner erlösend-befreienden Wirklichkeit. Wo Menschen heute von Christus erreicht werden, da kann dies nie anders geschehen denn im Geist [1 Kor 12,3]. Sobald daher theologisch verantwortbar die vergangene Wirklichkeit und Wirksamkeit Jesu als gegenwärtig gedacht und gezeigt werden soll, bleibt ein intensiveres Bedenken der Pneumatologie notwendig."[32] Die Forderung nach einer pneumatologisch orientierten Christologie der 70er Jahre geht aus der christologischen Diskussion der 60er Jahre hervor.
Infolge der Neubesinnung auf die biblische Erlösungslehre ist die Trinitätslehre in engeren Zusammenhang mit dem Christusmysterium gerückt; der trinitarische Charakter der Menschwerdung und der Erlösung tritt stärker als zuvor in den Vordergrund.[33]
Theologische Folgerungen aus einem neuen Verständnis der christologischen Dogmen ergeben sich für die *Mariologie.* Wie Haarsma feststellt, blieb es jedoch um strittige Themen - wie etwa die Jungfräulichkeit Marias - bis zum Ende der 60er Jahre weitgehend ruhig.[34] Zu heftigen Auseinandersetzungen diesbezüglich kam es erst in Reaktion auf die Publikation des „Neuen Holländischen Katechismus" von 1966. Schoonenberg hat sich an der Diskussion dieser Zeit über die jungfräuliche Empfängnis Jesu durch Maria in einigen Beiträgen beteiligt.

(3) Konsequenzen aus den neueren christologischen Entwürfen ergeben sich darüber hinaus für die *Trinitätstheologie.* Die Entwicklung vollzog sich als eine Wende von der *„immanenten" Trinität* zur *„heilsgeschichtlichen" Trinität.*[35] Dieser Umbruch innerhalb der Trinitätslehre ist die Folge des heilsgeschichtlichen Denkens, das zuvor in anderen dogmatischen Traktaten, insbesondere in der Christologie und Gnadenlehre, zum Durchbruch gekommen ist: „Bezeichnenderweise geschahen die Umbrüche theologischen Denkens lange Zeit nicht im eigentlichen Kernstück der Trinitätslehre. Im Gegenteil, im Bemühen um eine lebensnahe Theologie wurde ihr Bezirk fast ängstlich ausgespart. So erfolgten die eigentlichen verändernden Impulse auch zunächst nicht in immanenter Weiterentwicklung der traditionellen Trinitätslehre, sondern eher von außen her. Erst auf dem Grund einer erneuerten - oder doch nach Erneuerung suchenden - Christologie, Anthropologie, Gnadenlehre, Ekklesiologie zeichnete sich auch das Bild einer erneuerten Trinitätslehre ab. ... man

---

[31] Vgl. E. SCHILLEBEECKX, Wende in der heutigen Dogmatik, 329f.
[32] A. SCHILSON, Perspektiven gegenwärtiger Christologie, 173.
[33] Vgl. E. SCHILLEBEECKX, Wende in der heutigen Dogmatik, 330.
[34] Vgl. F. HAARSMA, Ontwikkelingen in de rooms-katholieke theologie in Nederland, 55.
[35] Vgl. E. SCHILLEBEECKX, Wende in der heutigen Dogmatik, 328-330; R. MICHIELS, Een Mens om nooit te vergeten, 47-52.

übersah, wie sein [Gottes] inneres Geheimnis als Christus und sein Heiliger Geist unter uns lebte und nur so die Möglichkeit schenkte, ... um das Geheimnis wissend und anbetend von Gott zu reden."[36]
Es kam somit zu einer Entwicklung von der Spekulation über das „Innengeheimnis" Gottes, d.h. über die innergöttlichen Relationen der drei göttlichen Personen Vater, Sohn und Geist, zu einer heilsgeschichtlich ausgerichteten Trinitätslehre, die vom Wirken des Sohnes und des Geistes in der Heilsökonomie her entfaltet, „wie in Inkarnation und Begnadigung mit Christi Geist das Urgeheimnis des trinitarischen Gottes zu uns kommt und somit das Umfassende über Gott und unser Heil *zugleich* ausgesagt ist."[37] Zum trinitarischen und christologischen Mysterium tritt das Geheimnis der Gnade, die Einwohnung des Geistes im Menschen, hinzu.

(4) Auch in der *Gnadenlehre* finden die Einsichten der modernen Anthropologie ihren Niederschlag, wonach der Mensch seinem Wesen nach auf Mitmenschlichkeit und Hingabe an die andere Person angelegt ist.[38] Die Gnade kommt aus der Perspektive der „Intersubjektivität" zur Sprache, der Personalismus kommt innerhalb des Gnadentraktates verstärkt zur Geltung: „Deutlicher und ausdrücklicher als früher erfahren wir ... die heiligmachende Gnade als eine persönliche Lebensgemeinschaft mit Gott ... Das Interesse ist gegenwärtig wieder auf die wahre Reziprozität von actio und reactio zwischen dem göttlichen und menschlichen Lebenspartner gerichtet, unter Beachtung der eigentümlich transzendenten Weise der ‚Reaktion Gottes' auf den Menschen ... Der Gedanke der Reziprozität zwischen Gott und uns tritt in der Gnadenlehre in den Mittelpunkt. Gott läßt sich persönlich vom Menschen lieben ... In dieser ‚unio amoris' liegt das Wesen der Gnade."[39] Man wird sich (stärker als früher) bewußt, daß Gott den Anfang des Glaubens, die Glaubenszustimmung wirkt, durch „eine persönliche innere Einladung Gottes, eine zum Glauben innerlich ziehende Gnade", durch ein „inneres Sprechen" Gottes. Auch die Einladung Gottes zu Glaube, Hoffnung, Liebe wirkt sich als gesamtmenschliche, existentielle Erfahrung aus, die ihrer Struktur nach personal und, mit Blick auf das persönliche Verhältnis zu Gott, theologal ist. Schillebeeckx macht darauf aufmerksam, daß gerade wegen dieses nicht rein begrifflichen Charakters des theologalen Lebens der „Bundescharakter" bzw. die „Ich-Du-Beziehung" der göttlichen Tugenden in der Theologie lange Zeit vernachlässigt wurde. Die Besinnung auf die Personalität der Gnade führte dazu, daß in den neueren Entwürfen zur Gnadenlehre der christologische und pneumatische Charakter der Gnade und der göttlichen Tugenden neu zur Sprache gebracht wurde. Auf diese Weise läßt sich die persönliche Beziehung des begnadeten Menschen zu Gott in der Einheit und Unterschiedenheit der drei Personen neu aussagen.[40]

---

[36] W. BREUNING, Trinitätslehre, 23.
[37] Ebd., 22. (Hervorhebung im Original)
[38] Vgl. E. SCHILLEBEECKX, Wende in der heutigen Dogmatik, 331-335.
[39] Ebd., 332.
[40] Vgl. ebd.: „Aufgrund der scholastischen, allzu scharfen Unterscheidung zwischen Gottes-

(5) Wenn die Theologie auf neue Weise über Gott und seine Offenbarung im Sohn und im Geist spricht, dann findet dies auch seinen Niederschlag in der Theologie des *Glaubens*: „Glaube hat dann nur wenig zu tun mit der Erkenntnis von Wahrheiten, die andere erlangen, sondern alles mit dem existentiellen Bezogensein auf die Person Jesu Christi, von der man berührt wird."[41] Haarsma bringt den Umbruch, der sich im Verständnis des Glaubens vollzogen hat, mit der Berufung auf die existentielle Dimension des Glaubens in Verbindung.[42] Das Christusgeschehen ist Heilsgeschehen, Handeln Gottes; von daher geht es nicht um Vermittlung von Informationen, sondern um „Mitteilung von Existenz" (Kierkegaard).[43] Bei der Lektüre der Bibel und der Interpretation der Dogmen werden die Ergebnisse der modernen Wissenschaften nicht ausgeblendet. Der Glaube öffnet vielmehr den Blick für die tiefsten Dimensionen der alltäglichen Wirklichkeit, in der der Mensch lebt.[44]
Im Gefolge der Wiederentdeckung der Offenbarungsdimension der ganzen Wirklichkeit, die vom Christusmysterium her interpretiert wird, kommt die Theorie vom „impliziten Glauben" neu zur Geltung.[45] Angesprochen ist damit das Verhältnis des Christentums zu den nichtchristlichen Religionen und zum Atheismus, das neu bedacht wird; im Hintergrund steht die Frage nach dem allgemeinen Heilswillen Gottes. Auch wird das Verständnis und die Aufgabe der Theologie als Wissenschaft in ihrem Verhältnis zum Glauben neu formuliert.[46] Theologie ist - mit Schillebeeckx - wissenschaftliche Reflexion auf den Glauben. Sie „*geht* vom Glauben *aus* und *richtet* sich auf den Glauben"[47].
Die Bewußtwerdung des geschichtlichen Charakters des menschlichen Lebens und die Einsicht in den heilsgeschichtlichen Aspekt der Offenbarung führte zur Anerkenntnis der Geschichtlichkeit des Glaubens, seiner Begriffe und Formeln, damit auch der *Dogmen* der Kirche.[48] Insofern als die Offenbarung der

traktat (De Deo uno) und Trinitätstraktat (De Deo trino) konnte man das Gnadenleben, gesehen als eine ‚Teilhabe an Gottes Natur', kaum mit der persönlichen Beziehung des begnadeten Menschen zu den drei göttlichen Personen in ihrer Einheit und Verschiedenheit in Einklang bringen. Wenn man dagegen schärfer herausstellt, daß der eine lebendige Gott dreipersönlich ist, und man andererseits die Gnade als eine personale Begegnung mit Gott sieht (wenn auch innerhalb des Glaubens), dann wird sofort klar, daß das gegenseitige Gegenwärtigwerden von Gott und Mensch, oder die Gnade, naturgemäß eine personale Begegnung mit den drei Personen in ihrer Eigenheit und göttlichen Einheit ist; eine andere Teilhabe an der ‚göttlichen Natur' ist dann ipso facto ausgeschlossen."

[41] F. HAARSMA, Ontwikkelingen in de rooms-katholieke theologie in Nederland, 54.

[42] Vgl. ebd., 54; J. SPERNA-WEILAND, Orientierung, 155-166; 210-221.

[43] Vgl. J. SPERNA-WEILAND, Orientierung, 161.

[44] Vgl. F. HAARSMA, Ontwikkelingen in de rooms-katholieke theologie in Nederland, 54.

[45] Vgl. ebd.

[46] Vgl. E. SCHILLEBEECKX, Wende in der heutigen Dogmatik, 320-322.

[47] Ebd., 321.

[48] Vgl. ebd., 319: Wir haben „durch unseren Glauben, der in einer irdischen menschlichen Gestalt erscheint, nur von einem endlichen, begrenzten und geschichtlichen Standpunkt aus eine Perspektive auf die absolute Heilswirklichkeit ... Nicht der Heilswert ändert sich, nicht einmal unsere Glaubensbegriffe *ändern* sich, sondern die Perspektive, in der wir mittels des Begrifflichen (das naturgemäß Bilder einschließt) die Heilswirklichkeit anvisieren, wechselt im Lauf der Zeit und von Person zu Person, und so wächst der Wahrheitsbesitz oder der

Glaubensgeheimnisses, in deren Zentrum das Christusmysterium steht, durch Heilsfakten geschieht und die Offenbarung von daher selbst geschichtsbildend ist, wandeln sich auch die Formulierungen, in denen der Glaube zum Ausdruck gebracht wird. Wie Haarsma formuliert, muß das Erbe der Vergangenheit, das Glaubensgut früherer Zeiten, für die Gegenwart „operationabel" gemacht werden: „Das gilt für das Dogma, das stets aufs neue durchdacht werden muß in einer Konfrontation des Evangeliums mit den Einsichten der Wissenschaft und den sich stets verändernden Lebenserfahrungen des Menschen; es kann sich dann zeigen, daß eine alte Formulierung ihren Dienst getan hat, und eine neue Weise des Bekennens kann notwendig werden, um die Botschaft des Evangeliums verstehbar zu machen."[49]

(6) Damit ist auf einschneidende Veränderungen des kirchlichen und theologischen Lebens und Denkens hingewiesen, die in der Folge des Zweiten Vatikanischen Konzils gerade die *Ekklesiologie* betreffen: Die Kirche wird sich in weit stärkerem Maße als zuvor ihrer Relationen nach außen, ihrer Bezogenheit auf die Wirklichkeit außerhalb ihrer selbst bewußt.[50] Nach Haarsma läßt sich diese Gerichtetheit der Kirche nach außen am ehesten in dem Begriff der „Relativierung" fassen - Relativierung in der ursprünglichen Bedeutung des Wortes, als Bezogenheit auf die Wirklichkeit außerhalb seiner selbst.[51] Haarsma wählt diesen Begriff als Gegenbegriff zum „Ekklesiozentrismus" der vorausgegangenen Zeit. Gemeint ist damit zum einen die Bezogenheit der Kirche auf Christus als ihren Herrn und Bräutigam, dem sie - durch das Wirken seines Geistes - ihr Bestehen und Leben verdankt. Von daher läßt sich das Amt als ein Dienst am Herrn der Kirche begreifen. Mit dieser „Desakralisierung" des Amtes geht eine stärkere Anerkennung der Mündigkeit der Laien und die Aktivierung einer zunehmend eigenverantwortlichen Mitwirkung der Laien am kirchlichen Leben einher.[52] In diesem Zusammenhang macht Schillebeeckx auf die Notwendigkeit einer Theologie des Laientums aufmerksam, die die Bedeutung und die besondere Stellung der Laien in der Kirche bestimmt.[53] Zum anderen ist die Bezogenheit auf die Welt für die Kirche konstitutiv. Das Dasein der Kirche in der Welt, die Wahrnehmung der Nöte und Bedürfnisse dieser Welt läßt die Kirche bescheidener werden, denn sie wirkt nicht als einzige für das Wohl und Heil der Welt. Zugleich kann sie lernen, freimütiger und offener mit innerkirchlicher Kritik umzugehen: Das „historische Bewußtsein, das zu den Errungenschaften unserer Zeit gehört,

---

persönliche Glaube, und so entwickeln sich auch unsere Glaubensbegriffe. Mittels verschiedener, stets wechselnder Perspektiven nähern wir uns immer mehr der absoluten Heilswirklichkeit." (Hervorhebung im Original)

[49] F. HAARSMA, Ontwikkelingen in de rooms-katholieke theologie in Nederland, 57.

[50] Vgl. ebd., 55-57. Siehe außerdem: E. SCHILLEBEECKX, Wende in der heutigen Dogmatik, 343-351; J. SPERNA-WEILAND, Orientierung, 199-210.

[51] Vgl. F. HAARSMA, Ontwikkelingen in de rooms-katholieke theologie in Nederland, 56.

[52] Vgl. ebd.

[53] Vgl. E. SCHILLEBEECKX, Wende in der heutigen Dogmatik, 345f.

schärft unseren Blick für die zeitgebundenen Elemente und legitimiert jeden mutigen und wohlüberlegten Versuch, zur Erneuerung zu gelangen."[54] Dies gilt für die Strukturen der Kirche, die Gestalt ihres Amtes und die Formgebung der Liturgie. Der wachsende Ökumenismus der 60er und 70er Jahre ist Ausdruck der Bereitschaft der Kirche zum Dialog mit der Welt von heute, mit Andersdenkenden und Andersgläubigen.[55]

Schließlich ist sich die Kirche ihrer Ausrichtung auf das Eschaton neu bewußt geworden. Die Kirche fällt nicht mit dem Reich Gottes der Endzeit zusammen, aber sie ist Werkzeug und Beginn des Gottesreiches. Die Gegenwart des Geistes, als Angeld und Vorbote der Endzeit, in der Kirche, d.h. die eschatologischen Kräfte lassen es nicht zu, daß die Kirche in Selbstgenügsamkeit ruht, sondern setzen sie fortwährend in Bewegung, auf die eschatologische Zukunft zu.

2. Kirche in der Welt von heute: Das Zweite Vatikanische Konzil

a) Zur Bedeutung des Konzils: Anstöße zu einer Erneuerung der Theologie

α) Konzil der Weltkirche

Das Zweite Vatikanische Konzil war - nach den Worten Karl Rahners - „ein Konzil der Kirche über die Kirche"[56], d.h. „das Konzil der Reflexion der Kirche auf ihr eigenes Selbstverständnis"[57]. Auf diesem Konzil war die Kirche nicht nur Subjekt, sondern auch Objekt der konziliaren Aussagen. In allen Konstitutionen, Dekreten und Erklärungen hat sich das Konzil mit ekklesiologischen Fragestellungen befaßt. Die Ekklesiologie wurde zum beherrschenden Thema des Konzils. Unter „Kirche" wird zunächst die Gesamt- oder Weltkirche, dann aber auch die konkrete Orts- oder Altargemeinde verstanden: In jeder Ortskirche ist die Kirche Christi wahrhaft gegenwärtig (LG 26). Auf dem Konzil wurde gerade das kollegial-synodale Prinzip der Kirche neu ins Bewußtsein gehoben.[58]

Auf dem Zweiten Vatikanischen Konzil ist die Kirche als Weltkirche erstmals anfanghaft in Erscheinung getreten: „Das II. Vatikanische Konzil ist in einem ersten Ansatz, der sich erst tastend selbst zu finden sucht, der erste amtliche Selbstvollzug der Kirche *als Weltkirche*."[59] Denn erstmals in der Geschichte der Kirche war der Episkopat aus der ganzen Welt Träger des Konzils.[60] In diesem Konzil hat „die Kirche, wenn auch nur anfanghaft und undeutlich, den Übergang der abendländischen Kirche in die Weltkirche in dem Sinn

---

[54] F. HAARSMA, Ontwikkelingen in de rooms-katholieke theologie in Nederland, 57.
[55] Vgl. E. SCHILLEBEECKX, Wende in der heutigen Dogmatik, 347-351.
[56] K. RAHNER, Das neue Bild der Kirche, 329.
[57] Ebd., 330.
[58] Vgl. ebd., 349-351.
[59] DERS., Grundinterpretation des II. Vatikanischen Konzils, 288. (Hervorhebung im Original)
[60] Vgl. ebd., 287-302; DERS., Bedeutung des II. Vatikanischen Konzils, 304-306.

proklamiert ..., wie er bisher zum ersten und einzigen Male geschah, als die Kirche aus einer Kirche der Juden eine Kirche der Heiden wurde."[61] Die Kirche weitet sich gegenwärtig zu einer Weltkirche, die in ganz unterschiedlichen Kulturen verwurzelt ist: Im Blick auf die Situation der Gesamtkirche bezeichnet das Konzil den „Aufbruch in ein kulturell polyzentrisches Weltkirchentum."[62] Damit ist die Aufgabe verbunden, den christlichen Glauben so zu verkündigen, daß er auch in den nicht-abendländischen Kulturen aufgenommen werden kann.

β) Ökumenisches Konzil

Das Konzil markiert einen geschichtlichen Neubeginn sowohl bezüglich des Verhältnisses der katholischen Kirche zu den anderen christlichen Kirchen und Gemeinschaften, als auch hinsichtlich ihres Verhältnisses zu den nicht-christlichen Weltreligionen.[63] Dabei hat Konzil im Blick auf die getrennte Christenheit „keinen konkreten Weg zur Einheit der Kirche gewiesen, ja nicht einmal einen größeren Freiraum abgesteckt [hat], innerhalb dessen nach ihm zu suchen sei."[64] Gleichwohl anerkennt die Kirchenkonstitution Elemente echter Kirchlichkeit außerhalb der römisch-katholischen Kirche (LG 8). Die Kirche Roms hat hiermit eine entscheidende theologische Selbstrelativierung vorgenommen.[65] Sie formuliert die Überzeugung, daß „bei einer ökumenischen Einigung die nichtkatholischen Kirchen auch ein positives Erbe an Geschichte des Christentums in die eine Kirche der Zukunft mitbringen können."[66] Die positive Würdigung der großen Weltreligionen seitens des Konzils findet ihren Ausdruck in der Erklärung über das Verhältnis der Kirche zu den nicht-christlichen Religionen (NA). Das Konzil schreibt den nicht-christlichen Religionen eine positive Heilsfunktion für die nicht-christliche Menschheit zu.[67] Zugleich betont es die Universalitiät des Heiles bzw. die Souveränität des Heilswillens Gottes. Die Kirche nimmt eine differenzierte Haltung gegenüber den „Atheisten" ein, die sowohl in einer Verurteilung des Atheismus als auch in der Bereitschaft zum Dialog zum Ausdruck kommt.[68]

---

[61] K. RAHNER, Grundinterpretation des II. Vatikanischen Konzils, 297.

[62] J.B. METZ, „Das Konzil - der Anfang eines Anfangs?", 12.

[63] Vgl. H. FRIES, Ökumene, 99: „Das Zweite Vatikanum war ein ökumenisches Konzil ... insofern, als es das ökumenische Anliegen, die Betroffenheit über die Spaltung der Christen und die Bemühung, die Spaltung zu überwinden, sich ausdrücklich zu eigen gemacht und viele Wege dazu aufgewiesen hat, vor allem in der Dogmatischen Konstitution über die Kirche, über das Wort Gottes und im Dekret über den Ökumenismus. Während des Konzils selbst und unmittelbar nach ihm ging eine Woge des ökumenischen Aufbruchs ... durch die katholische Kirche. Ökumenisch war gleichsam das Stichwort und Gütezeichen der nachkonziliaren Kirche."

[64] O.H. PESCH, Das Zweite Vatikanische Konzil, 215. (Im Original hervorgehoben)

[65] Vgl. ebd., 219-224. Von entscheidender Bedeutung ist die Formulierung, daß die einzige Kirche Christi in der katholischen Kirche verwirklicht ist bzw. subsistiert („subsistit"); vgl. LG 8,2. Das Konzil vermeidet damit eine absolute Gleichsetzung der römisch-katholischen Kirche mit der Kirche Jesu Christi.

[66] K. RAHNER, Bedeutung des II. Vatikanischen Konzils, 313f.

[67] Vgl. ebd., 314.

[68] Vgl. GS 21. Siehe hierzu: O.H. PESCH, Das Zweite Vatikanische Konzil, 334f.

γ) Pastoralkonzil

Auf dem Konzil formuliert die Kirche ihr Selbstverständnis mit Blick auf die geistigen und gesellschaftlichen Gegebenheiten der heutigen Zeit. Dabei wird das Verhältnis der Kirche zur säkularen Welt grundsätzlich neu bestimmt.[69] Die Pastoralkonstitution gilt als das gelungenste Dokument des Konzils: „In der Erarbeitung der Pastoralkonstitution *vollzog* sich die ‚Öffnung zur Welt', die sich in ihr dokumentieren sollte und dokumentiert."[70] Von daher läßt sich mit Pesch sagen: „Der Prozeß selbst ist das Ergebnis. Die Erarbeitung des Textes *ist* die Öffnung, sie legt nicht eine vorher schon erreichte Öffnung dar."[71]

Das Konzil anerkennt die Autonomie der irdischen Wirklichkeiten (GS 36). Das Verhältnis zwischen Kirche und Welt ist gekennzeichnet von gegenseitiger Unterstützung in dem gemeinsamen Streben nach der Vollendung des Menschen.[72] Die Verkündigung des Evangeliums geschieht mit Blick auf die Bedürfnisse der Welt und auf die (Glaubens-)Not der heutigen Menschen (GS 1). Die Kirche öffnet sich der Welt, um der Menschheit zu dienen. Dabei geht die Kirche jedoch nicht in der Welt auf. Die pastorale Intention findet ihren Ausdruck in dem Bemühen des Konzils, den gemeinsamen Glauben der Kirche so zu lehren, daß das Glaubensdepositum der Kirche bewahrt und zugleich die Glaubensinhalte in die heutige Zeit übersetzt werden.[73] Das Konzil hat erstmals kirchenamtlich die Einsicht in die „Geschichtlichkeit und Wandelbarkeit auch der Gestalt kirchlicher Glaubenslehre"[74] formuliert. Bleiben die Glaubenswahrheiten durch die Zeiten hindurch gültig, ändern sich doch die Begrifflichkeiten, in denen sie ausgedrückt werden. Was die äußere, sprachliche Gestalt der Lehre betrifft, ist ein Anpassung an die geistigen Gegebenheiten der jeweiligen Zeitsituation legitim, ja notwendig.

Mit der Anerkennung der Situation der Glaubenden in der Welt von heute spricht das Konzil den Glaubenden ausdrücklich eine eigene Lehrautorität

---

[69] Vgl. K. RAHNER, Bedeutung des II. Vatikanischen Konzils, 304-311; Y. CONGAR, Kirche und Welt in der Sicht des Zweiten Vaticanums, 151-184; O.H. PESCH, Das Zweite Vatikanische Konzil, 311-350.

[70] O.H. PESCH, Das Zweite Vatikanische Konzil, 348. (Hervorhebung im Original) - Vgl. J. RATZINGER, Die erste Sitzungsperiode des Zweiten Vatikanischen Konzils, 45f: „,Pastoral' sollte ... heißen: ohne die Sprache der Schule ..., in der Sprache der Schrift, der Väter, des Menschen von heute."

[71] O.H. PESCH, Das Zweite Vatikanische Konzil, 333. (Hervorhebung im Original)

[72] Vgl. Y. CONGAR, Kirche und Welt in der Sicht des Zweiten Vaticanums, 171-173.

[73] Dieses Anliegen wird in der Eröffnungsrede von Papst Johannes XXIII. (11.10.1962) deutlich: „Die Hauptaufgabe des Konzils liegt darin, das heilige Überlieferungsgut (depositum) der christlichen Lehre mit wirksameren Methoden zu bewahren und zu erklären ... Ja, diese sichere und beständige Lehre der Kirche, der gläubig zu gehorchen ist, muß so erforscht und ausgelegt werden, wie unsere Zeit es verlangt. Denn etwas anderes ist das Depositum Fidei oder die Wahrheiten, die in der zu verehrenden Lehre enthalten sind, und etwas anderes ist die Art und Weise, wie sie verkündet werden, freilich im gleichen Sinn und derselben Bedeutung." (DOKUMENTATION: Eröffnung des Zweiten Vatikanischen Konzils [Eröffungsrede des Papstes], 86f.)

[74] Th. SCHNEIDER, Der verdrängte Aufbruch, 24.

bzw. Lehrkompetenz zu.[75] Sie gelten dem Konzil nicht primär als Objekte der Verkündigung, sondern als Subjekte, d.h. als Träger des Glaubens. Das Konzil liefert den entscheidenden Anstoß für eine subjekt-orientierte Kirche (LG 12, 35, 37, 51; DV 10; GS 43, 44).[76] Damit verbunden ist die Rede von der Kirche als „Volk Gottes“ bzw. das Bild der Kirche als „wanderndes Gottesvolk“: „Orientiert am ekklesiologischen Leitbild vom Volk Gottes entfaltet das Konzil erstmals ein betont subjekthaftes Verständnis von Kirche im ganzen ... Die Autorität der Glaubenden selbst gewinnt Gewicht. Im Zusammenhang mit der Rede von der Kirche als ‚Volk Gottes‘ hat das Konzil, zumindest in Ansätzen, die aktive Rolle der Glaubenden bei der Artikulation und Entfaltung des Glaubens selbst unterstrichen und dabei betont, daß die Lehrautorität des kirchlichen Amtes auf dem Glaubenszeugnis der gesamten Kirche fußt. Die Kirche ist als ganze eine lehrende und lernende Kirche.“[77] Das Wesen des Lehramtes wird im wesentlichen pastoral aufgefaßt. Damit wurde auf dem Konzil ein Prozeß der Demokratisierung, Dezentralisierung und Kollegialität eingeleitet.

b) Zur Pneumatologie des Konzils

Das Konzil hat sich als ein pneumatisches bzw. pfingstliches Ereignis begriffen. Obwohl es keine eigene Lehre über den Heiligen Geist vorgelegt hat, läßt sich von einer Pneumatologie des Konzils sprechen.[78] Viele Konzilsaussagen und Konzilslehren sind pneumatologisch grundgelegt.[79] Die pneumatologischen Aussagen stehen im Kontext der Reformbestrebungen der Kirche: Der Geist Gottes ist der Erneuerer der Kirche. Daher finden sich die meisten Aussagen des Konzils über den Geist in ekklesiologischem Zusammenhang: Es geht um das Verhältnis von Schrift und Kirche bzw. die Bedeutung der Tradition, um Fragen der Kirchenverfassung und um Überlegungen über den Ort der Kirche in der Heilsgeschichte.[80] Von grundlegender Bedeutung ist die Entfaltung des Wirkens des Geistes im Volk Gottes. Hervorzuheben ist die neu gewonnene geistliche Sicht der Kirche, die die Einsicht in die Sakramentalität der Kirche mit einer Entfaltung ihrer „communio“-Struktur verbindet. Die Gemeinschaft der Kirche als Volk Gottes gründet in der Gemeinschaft der göttlichen Personen.

---

[75] Vgl. J.B. METZ, „Das Konzil - der Anfang eines Anfangs?“, 19-24.
[76] Vgl. ebd., 21.
[77] Vgl. ebd., 20f.
[78] Vgl. Y. CONGAR, Der Heilige Geist, 152. Siehe DERS., Ekklesiologie des II. Vatikanums, 111-123; C.Th.M. VAN VLIET, Communio Sacramentalis, 200-214.
[79] Eine Übersicht über pneumatologische Themenbereiche und Konzilstexte findet sich bei: A.M. KOTHGASSER, Pneumatologie im Zwanzigsten Jahrhundert, 630f; B. STUBENRAUCH, Pneumatologie, 117. Danach finden sich pneumatologische „Summaria“ in der dogmatischen Konstitution über die Kirche (LG 4; 12), im Dekret über das Laienapostolat (AA 3) und im Dekret über die Missionstätigkeit der Kirche (AG 4).
[80] Vgl. B. STUBENRAUCH, Pneumatologie, 116.

α) Die pneumatologische Dimension der Kirche

Grundlegend für den durch das Konzil hervorgerufenen pneumatologischen Aufbruch und Ausdruck für die Wiedergewinnung der pneumatologischen Dimension der Kirche ist die in der Kirchenkonstitution vorgenommene Bestimmung der Kirche als „Sakrament" (LG 1,2), die pneumatologisch entfaltet wird: Die Kirche ist Sakrament, d.h. Zeichen und Werkzeug des Heiligen Geistes; in ihr wirkt Gott in menschlichen Zeichen, der sichtbaren Verfassung der Kirche (LG 8,1). Das Mysterium der Inkarnation und das Mysterium der Sendung des Geistes stehen in analogem Verhältnis zueinander. Dabei wird die Kirche als ein Mysterium von eigener Struktur beschrieben: Wie der Mensch Jesus und das göttliche Wort eine personale Einheit bilden, so sind in der Kirche die göttliche und die menschliche Wirklichkeit - der Geist Gottes bzw. Christi und das soziale Gefüge der Kirche - geeint.[81] Damit wird der in der traditionellen Ekklesiologie vorherrschende christologische Ansatz beibehalten und pneumatologisch erweitert, so daß man von einer „pneumatologischen Ekklesiologie" des Konzils sprechen kann. Die Kirche ist nicht mehr nur „Leib Christi" oder „Fortsetzung der Inkarnation" bzw. „der fortlebende Christus". Das Mysterium der Kirche wird vielmehr der heilsökonomischen Sendung des Geistes zugeordnet, d.h. die Verbindung zwischen Christus (als dem Haupt der Kirche) und der Kirche (als seinem Leib) geschieht durch seinen Heiligen Geist (LG 7,7; 48,2). Der Geist ist Lebensprinzip der Kirche.[82] Für das Leben der Kirche ist die Sendung der Geistes konstitutiv. Die „Leib-Werdung" ist unmittelbar mit dem Wirken des Geistes verknüpft. Der Geist ist Geist Christi, der das Werk Christi, den Aufbau des Leibes Christi, vollendet. Durch seinen Geist und in seinem Geist ist der erhöhte Herr in seiner Kirche, dem Volk Gottes, gegenwärtig. Die Kirche verdankt sich damit den zwei „Sendungen" des Sohnes und des Geistes (Gal 4,4.6): Die Kirche ist Stiftung Christi, die durch den Heiligen Geist verwirklicht wird. In diesem Sinne ist der Geist Mitbegründer der Kirche.

Das Konzil bestimmt die Kirche als Sakrament des Heiles. Durch den von Christus gesandten Geist ist die Kirche ein allumfassendes Heilszeichen (bzw. soll es werden). Dem Heiligen Geist wird die Rolle der „Beseelung" im Sinne eines Eingreifens zugeschrieben (LG 8,1).[83] Ihm kommt die Funktion der Heiligung zu, die in der Teilhabe an der Salbung Jesu durch den Geist gründet (LG 7,7; 9,3; SC 5; PO 2). In diesem Sinne geht das Konzil in korrigierender Weise über die in der Enzyklika „Mystici Corporis" (1950) enthaltene Vorstellung, der Geist sei die „Seele" des Leibes Christi, hinaus.[84] Im Rückgriff auf

---

[81] Vgl. Th. SCHNEIDER, Zeichen der Nähe Gottes, 44.

[82] Vgl. LG 21,2; AA 3,2; 29,3; CD 11,1.

[83] Vgl. Y. CONGAR, Der Heilige Geist, 148.

[84] Mit der Definition der Kirche als „Sakrament des Geistes" korrigiert das Konzil die in der Enzyklika „Mystici Corporis" vertretene Auffassung, daß der Heilige Geist die Seele des Leibes der Kirche (DH 3808) sei. Wird der Heilige Geist als inneres Lebensprinzip des mystischen Leibes bezeichnet, so setzt die Enzyklika dabei den mystischen Leib Christi mit der hierarchisch verfaßten römisch-katholischen Kirche gleich. Damit bleibt letztlich für das

den altkirchlichen Begriff „sacramentum" bzw. „mysterion" wird die Kirche als geschichtliche Erscheinung des Ur-Sakramentes Jesus Christus verstanden.[85] Kirche ist *nur* Sakrament des Geistes. In aller Vorläufigkeit und Reformbedürftigkeit ist sie Zeichen der gegenwärtig erfahrbaren Liebe Gottes und weist damit voraus auf den Geist Gottes und die noch ausstehende Erlösung in der Gemeinschaft mit Gott. Sie ist aber zugleich *wirksames Zeichen des Heiles*, da in den kirchlichen Vollzügen - „martyria", „leiturgia" und „diakonia" - der erhöhte Herr in seinem Geist gegenwärtig, der Geist Gottes selbst am Werk ist: „Die Rede von der ‚Ur-Sakramentalität' Jesu Christi ist ein Bekenntnis zum trinitarischen Wesen Gottes, das sich uns heilsökonomisch erschließt. Das Christusereignis ist erst hinreichend wahrgenommen, wenn es zugleich als ‚Geistereignis' begriffen wird. Es ist der Geist Jesu Christi, der uns in die volle Wahrheit einführt und das Werk des Vaters vollendet. Insofern ist das Offenbarungsgeschehen als Mitte der Rede von der Sakramentalität Jesu immer (auch) eine pneumatologische Größe. Zugleich zeigt sich hier, daß unsere Erlösung in Jesus Christus ‚ein für allemal', unüberbietbar, weder ergängzungsbedürftig noch ergänzungsfähig erfolgte, diese befreiende Botschaft aber noch nicht alle Menschen erreicht hat. Insofern setzt sich das Heilsgeschehen in der Geschichte fort. Heilsgeschehen ist es aber nur dann, wenn es sich als christologisch begründet und pneumatologisch geleitet erweist."[86] Mit dem Sakramentsverständnis der alten Kirche hat das Konzil die Verankerung der Kirche im dritten Glaubensartikel in Erinnerung gebracht.

Die wahre Kirche ist eine übergeschichtliche Größe, die unter der Leitung des Geistes anfanghaft in der Geschichte verwirklicht ist und endgültig im Eschaton realisiert wird. In dieser Spannung zwischen dem „Schon" und „Noch nicht" erweist sich die pneumatologische und eschatologische Dimension der Kirche, die neben ihrer soteriologischen Dimension das Wesen der Kirche bestimmt.[87] Das Wachsen des Leibes Christi in der Kraft des Geistes verweist auf den dynamischen Grundzug von Kirche als Volk Gottes. Die Einsicht in

---

Charismatische in der Kirche kein Raum, auch wenn die Enzyklika „Mystici Corporis" die Charismen neu in die Rede von der Kirche einbezogen hat. Ebensowenig hat das Christliche außerhalb der römisch-katholischen Kirche hier einen Platz. - Siehe W. KASPER, Kirche als Sakrament des Geistes, 43f; A.M. KOTHGASSER, Pneumatologie im Zwanzigsten Jahrhundert, 618-621.

[85] Vgl. Th. SCHNEIDER, Zeichen der Nähe Gottes, 45: „In dem Maße wie das Christusereignis als ganzes, samt Tod, Erhöhung und Geistausgießung als die Manifestation des Wirkens Gottes, als die Weise und Gestalt der Nähe Gottes beschrieben wird, als Gottgeheimnis, also als das Ur-Sakrament Gottes, in dem Maße ist das hier von der Kirche Gesagte nicht ein zusätzliches, anderes Sacramentum, sondern die geschichtliche Entfaltung und Konkretisierung dieses Ur-Sakramentes." (Im Original hervorgehoben)

[86] D. SATTLER / Th. SCHNEIDER, Hermeneutische Überlegungen zur „Allgemeinen Sakramentenlehre", 27f.

[87] Vgl. P.J. ROSATO, Pneumatological Insights in Ecumenism, 122: „The Church ... by its very nature exists in an interim time and looks to the eschaton; it is both visible and hidden, present and future, institution and event; it stands between the ‚already' and the ‚not yet'. Its true nature is pneumatological and eschatological, and it can never be ‚finished' in any sense."

die „Unabgeschlossenheit“ der Kirche ist ein Grundzug der pneumatologischen Ekklesiologie.[88] Die Einsicht, daß die Kirche eine geschichtlich-eschatologische Größe ist, bietet Ansätze für die ökumenische Verständigung: Kirche ist „realisierendes Zeichen“ (Piet Schoonenberg), Realsymbol der Einheit zwischen Gott und Mensch bzw. unter den Menschen.[89]

β) Trinitarisch-pneumatologische Ekklesiologie

Aus dem Gesagten wird der trinitarisch-pneumatologische Neuansatz der konziliaren Ekklesiologie deutlich.[90] Das Mysterium der Kirche ist im trinitarischen Mysterium verankert; die pneumatologische Dimension wird auf dem Hintergrund der innergöttlichen Gemeinschaft entfaltet (LG 1-4).[91] Der Vater, die „quellhafte Liebe“ bzw. der „urspunglose Ursprung, aus dem der Sohn gezeugt wird und der Heilige Geist durch den Sohn hervorgeht“ (AG 2), ist der Urgrund des neuen Gottesvolkes. Der von ihm gesandte Sohn legt in seinem Leben und Sterben das Fundament der Kirche (LG 5). Der vom Vater durch seinen Sohn gesandte Geist erinnert an das Werk Christi und vergegenwärtigt es in der Zeit zwischen Pfingsten und Parusie, und er führt die Kirche zur Vollendung. Im Anschluß an Cyprian bestimmt das Konzil die Kirche als „das von der Einheit des Vaters und des Sohnes und des Heiligen Geistes geeinte Volk“ (LG 4). Der Geist ist das Einheitsprinzip der Kirche.

Für die konziliare Ekklesiologie und Trinitätstheologie ist der „communio“-Begriff von zentraler Bedeutung (UR 2; LG 13). Die „communio“-Struktur der Kirche erweist sich auf verschiedenen Ebenen: Die Kirche wird jedoch vor allem als eine Gemeinschaft des Kultes bestimmt: Kirche ist Gemeinschaft der Anbetung in Geist und Wahrheit.[92] Das gemeinschaftstiftende Wirken des Geistes tritt besonders in der Eucharistie hervor. Das eucharistisch-kommuniale Kirchenverständnis gründet in einer pneumatologischen Lehre und Praxis der Eucharistie, die in den neuen eucharistischen Hochgebeten in der Einführung der Epiklese zum Ausdruck kommt.

Durch die Unterscheidung zwischen Inkarnation und Sendung des Geistes in die Kirche wird die in der Enzyklika „Mystici Corporis“ vorgenommene Gleichsetzung zwischen mystischem Leib Christi und römisch-katholischer Kirche überwunden zugunsten eines pneumatologischen Verständnisses der christlichen Teilkirchen.[93] Die theologische Würdigung der ekklesialen Elemente in den anderen christlichen Teilkirchen, d.h. die Neuentdeckung der Orts- und Teilkirchen als Verwirklichung der einen, heiligen, katholischen und apostolischen Kirche ist eine Frucht der Pneumatologie des Konzils (LG 8,2;

---

[88] Vgl. Y. CONGAR, Aktualität der Pneumatologie, 75.

[89] Vgl. Th. SCHNEIDER, Sakrament des Heils für die Welt?, 144-150.

[90] Vgl. A. LAMINSKI, Entdeckung der pneumatologischen Dimension der Kirche, 401-405.

[91] Die in der Kirchenkonstitution entfaltete trinitarische Fundierung der Kirche findet sich auch in anderen Dekreten; vgl. PO 1; AG 7.

[92] Vgl. A.M. KOTHGASSER, Pneumatologie im Zwanzigsten Jahrhundert, 633f.

[93] Vgl. H. MÜHLEN, Geist Christi und die vielen Kirchen; A. LAMINSKI, Entdeckung der pneumatologischen Dimension der Kirche, 402f; M. FIGURA, Geist und Kirche, 15-17.

13; 26)[94]: Die pneumatologische Dimension der Kirche schließt ihren örtlichen Charakter konstitutiv mit ein. Die eine Kirche Christi ist eine Gemeinschaft vieler lokaler Kirchen, die der Geist zu immer größerer Einheit führt.[95]
Die pneumatologische Ekklesiologie der Ortskirchen ermöglicht eine Neubewertung der anderen Kirchen. Das Konzil, das in dem Wunsch nach Wiederherstellung der Einheit der Kirche sich dem ökumenischen Dialog öffnete, d.h. die Öffnung zu den anderen christlichen Konfessionen und nichtchristlichen Religionen vollzog, beschreibt die römisch-katholische Kirche nicht länger als ausschließlichen Ort der Vermittlung des Heils, sondern anerkennt unter Berufung auf das unverfügbare und souveräne Wirken des Geistes die getrennten Kirchen und Gemeinschaften als Mittel des Heiles (LG 16; 17; UR 3; AG 7; GS 22; NA 1; 2). Der Geist Christi, der auch in den getrennten Kirchen gegenwärtig und wirksam ist, wirkt auf eine umfassende Gemeinschaft hin, die trotz des sichtbar Trennenden gnadenhaft erfahrbar ist.[96] Der Geist drängt zur missionarischen Ausbreitung des Evangeliums bzw. des Heilswerkes Christi (LG 17; DV 8; 21). Zur Erreichung der größeren Einheit der Kirche und der Menschheit bedarf die Kirche beständiger Erneuerung und des Gebetes um die Herabkunft des Geistes (LG 59).
Die pneumatologische Sicht von Kirche unterstreicht die Kirche als „im Werden", im Prozeß befindliche und erleichtert durch dieses Verständnis den ökumenischen Dialog. Innerhalb der ökumenischen Theologie spielt der Heilige Geist eine bedeutende Rolle: „Gerade der Ökumenismus ist eine jener Aktivitäten des ‚Schon und noch nicht': Er ist durch unsere sündige Verfaßtheit gekennzeichnet und strebt zur Fülle oder eschatologischen Vollendung. Das Konzil sieht darin die Frucht einer Gnade oder eines Wirkens des Heiligen Geistes"[97] (LG 15; UR 1,2; 4,1; GS 92,3). Hervorgehoben wird vom Konzil der pneumatische Charakter der Vergangenheit, Gegenwart und Zukunft der Kirche. Auf Veranlassung der Vertreter der Ostkirchen wurde in der Kirchenkonstitution die eschatologische Vollendung als geistgewirkte entfaltet (vgl. LG 48-50).[98] Der Geist, der das „Angeld unserer Erbschaft ist" (Eph 1,14) begleitet die pilgernde Kirche auf ihrem Weg. Verbunden mit der

[94] Vgl. LG 8,2; 13,2; 26,1.
[95] Vgl. Y. CONGAR, Ekklesiologie des II. Vatikanums, 117f; K. RAHNER, Das neue Bild der Kirche, 333f.
[96] Vgl. A.M. KOTHGASSER, Pneumatologie im Zwanzigsten Jahrhundert, 635f: „Das gesamte Gottesvolk erscheint als im Geiste gesammelt und geeint. Der Geist, der das ‚vinculum unitatis in trinitate' darstellt, bildet auch das Einheits-(unio), Einigungs-(unificatio, communio) und Gemeinschaftsprinzip (communicatio-communitas) der Kirche ... Es geht da-bei um eine ‚communio' von Personen, die als ursprüngliche Subjekte unter-, mit-, für- und zueinander im Geiste Christi kommunizieren. Gerade die Einung der Menschen mit Gott und untereinander erscheint seit Augustinus das Eigenwerk, das ‚proprium' [des] Geistwirkens. Dabei kommen zwei Tendenzen zum Tragen, ... die ‚Personalisierung' und zugleich die ‚Sozialisation' des Heils in christlicher Sicht."
[97] Y. CONGAR, Ekklesiologie des II. Vatikanums, 121. Vgl. Ph.J. ROSATO, Pneumatological Insights into Ecumenism, 124f.
[98] Vgl. J.D. ZIZIOULAS, Die pneumatologische Dimension der Kirche, 144f.

Einführung des eschatologischen Aspektes ist die Anerkenntnis der Geschichtlichkeit der Kirche. Der „Geist Gottes, dessen wunderbare Vorsehung den Lauf der Zeiten leitet und das Antlitz der Erde erneuert“ (GS 26,4; vgl. 39,3), ist bei der Entwicklung der Gemeinschaft der Kirche gegenwärtig. Der Geist baut den Leib Christi im Laufe der Geschichte auf.[99] Die Kirche steht in der Welt und in der Zeit, dessen verschiedene Sprachen zu hören, zu unterscheiden und zu deuten sie unter dem Beistand des Geistes lernt (GS 44,2; 11,1). Unter seiner Leitung strebt sie „im Gang der Jahrhunderte ständig der Fülle der göttlichen Wahrheit entgegen, bis an ihr sich Gottes Worte erfüllen“ (DV 8,2; 23). Diese Führung des Geistes wird für das ganze Volk Gottes ausgesagt, das in jedem seiner Glieder mit dem Heiligen Geist gesalbt ist (LG 12).

γ) „Wiederentdeckung“ der Charismen

Aus der neugewonnenen pneumatischen Sicht der Kirche hat das Zweite Vatikanum eine Theologie der Charismen entwickelt: Nur in der Gesamtheit der Geistbegabungen aller ihrer Glieder besitzt die Kirche die Fülle des Geistes (LG 12,2; AA 3,4; AG 28,1). Die Kirche ist nicht nur institutionell verfaßt, ihre (Ämter-)Struktur ist vielmehr von der „charismatischen“ Struktur der Kirche durchdrungen.[100] Mit der Anerkenntnis der Vielfalt der Gnadengaben, die sich zu allen Zeiten in zumeist alltäglichen, zuweilen außerordentlichen Fähigkeiten manifestieren und sich dem freien Wirken des Geistes verdanken (2 Kor 3,17), als Ordnungs- und Organisationselemente der Gemeinschaft der Kirche geht ein umfassenderes Verständnis der Dienst-Ämter einher. Der Geist bedient sich des Amtes als Organ und Werkzeug und als ein Weg zur Verwirklichung des Heiles, dem das apostolische Amt der Laien in der Kirche zur Seite gestellt und damit höher als bisher bewertet wird. Alle Menschen sind kraft ihrer Teilhabe an der Sendung Christi dazu berufen, „Pneumatiker“, „Charismatiker“ bzw. „Geistliche“ zu sein. Damit wird das Amt nicht nur christologisch-inkarnatorisch, sondern auch pneumatologisch-charismatisch begründet. Der neu gewonnenen pneumatologischen Sicht der Kirche, die mit der christologischen Sicht zu einer Synthese gebracht wird, kommt von daher pastorale Bedeutung zu.[101] Die pneumatische Fundierung des Amtes führte zur Überwindung des bisherigen, einseitig juridischen Verständnis der Kirche, in dem die Amtsübertragung als ausschließlich juridischer Akt verstanden wird, und zu einer veränderten Sicht bzw. Praxis des Rechts in der Kirche, in dem

---

[99] Vgl. Y. CONGAR, Aktualität der Pneumatologie, 80: „Die Geschichte ist die Verwirklichung des Noch-nicht-Gekommenen. Dies ist die Zeit des Geistes ... Der Geist erscheint als Gott-vor-uns, als der ständig vorwärts rufende Gott, als göttliches Prinzip des Neuen und der Erneuerung, als eschatologische Gabe, die schon in der Geschichte am Werk ist.“

[100] Vgl. ebd., 69-79; A.M. KOTHGASSER, Pneumatologie im Zwanzigsten Jahrhundert, 634-638.

[101] Vgl. A.M. KOTHGASSER, Pneumatologie im Zwanzigsten Jahrhundert, 637: „Die Unterscheidung und Zuordnung der heilsgeschichtlichen Sendung des Sohnes und des Geistes fördert das organische Ineinander und den ... Ausgleich zwischen Institution und Geist, Amt und Charisma ... in der Kirche. Das pneumatisch-charismatische Verständnis der verschiedenen Ämter und Dienste kam neu zum Tragen“.

der Geist Christi wirkt. Die Geisterfülltheit der ganzen Kirche - der Gesamtkirche wie jeder Ortskirche bzw. jedes Einzelnen ihrer Glieder - erweist sich darin, daß die Gesamtheit der Gläubigen im Glauben nicht irren kann. Der Geist wirkt in der Kirche den „sensus fidei" (LG 12,1).
Im Bewußtsein der pneumatologischen Defizite des Konzils wurde von Papst Paul VI. im Jahre 1973 die Forderung erhoben: „Der Christologie und besonders der Ekklesiologie des Konzils müssen ein neues Studium und eine neue Verehrung des Heiligen Geistes folgen, und zwar als unerläßliche Ergänzung der Lehre des Konzils."[102] Eine der Aussage des Papstes entsprechende Einschätzung gibt Congar: „Die Pneumatologie als Theologie und Dimension der Ekklesiologie kann ihre volle Entwicklung nur finden dank dem, was in der Kirche verwirklicht und gelebt werden wird."[103] Von einem pneumatologischen „Durchbruch" auf dem Konzil läßt sich insofern sprechen, als sich die Kirche ihres Ortes innerhalb des Geist-Bekenntnisses bewußt geworden ist: Die Ekklesiologie ist zu einer Funktion der Pneumatologie geworden. Der Geist ist nicht mehr der Kirche untergeordnet, diese wird vielmehr als ein Geschöpf des Geistes gesehen.[104]

II. Sichtung der „Pneumatologie" Schoonenbergs der zweiten Periode

1. Wende in der Theologie Schoonenbergs seit 1964

Die Übernahme des Lehrstuhls für Dogmatik an der Katholischen Universität Nijmegen im Jahre 1964, den er bis 1977 innehatte, bildet einen Einschnitt in Schoonenbergs theologischer Laufbahn. In der Literatur herrscht Konsens darüber, daß der Beginn einer neuen Periode der Theologie Schoonenbergs in das Jahre 1964 bzw. 1965 fällt.[105] Richtungsweisende Arbeiten im Bereich der Theologie (im engeren Sinne), der Christologie und Trinitätstheologie seit Mitte der 60er Jahre markieren den Übergang zu einer neuen Phase. Dieser wird in seiner Antrittsvorlesung an der Universität Nijmegen am 14. Mai 1965

---

[102] PAPST PAUL VI., Generalaudienz vom 6.6.1973.
[103] Y. CONGAR, Der Heilige Geist, 153.
[104] Vgl. Th. SCHNEIDER, Sakrament des Heils für die Welt, 162-164; siehe ebd, 152f: „Ich finde ... es wichtig, im Auge zu behalten, daß die Kirche Geschöpf des Geistes ist. Sie ist eine menschliche Gemeinschaft, deren Eigentliches nur im Glauben erkannt und verwirklicht wird. ... sosehr es im Einzelfall erheblicher Anstrengungen bedarf, hier das heute Notwendige zu tun, so wenig darf das alles die grundlegende ‚charismatische' Struktur der Kirche vergessen lassen, die Tatsache ..., daß nicht wir über den Geist verfügen, sondern daß wir uns ihm zur Verfügung stellen müssen. Lebendige Kirche ist ... überall dort, wo Menschen sich dem Wirken des Heiligen Geistes öffnen, sich vom Geist Jesu Christi treiben und bestimmen lassen."
[105] Vgl. L. BAKKER, Schoonenberg's theologie, 354; A. VAN DE BEEK, De menselijke persoon van Christus, 101.

- „Gott oder Mensch: Ein falsches Dilemma" - erkennbar.[106] Seit 1964 ist in den christologischen Beiträgen Schoonenbergs eine Auseinandersetzung mit J.T.A. Robinson greifbar.[107] Beeinflußt durch den anglikanischen Bischof sowie, vermittelt durch diesen, durch Dietrich Bonhoeffer, legt Schoonenberg in seiner Antrittsvorlesung die Grundzüge (s)eines christlichen „Humanismus" vor, der, grundgelegt bereits in der Frühphase seines theologischen Wirkens, für sein gesamtes Werk kennzeichnend ist: Mit dem programmatischen Titel seiner Antrittsvorlesung formuliert er die hermeneutische Grundregel seiner in den 60er und frühen 70er Jahre vorgelegten Entwürfe im Bereich von Schöpfung, Heilsgeschichte, Christologie und Trinitätstheologie. Geprägt ist Schoonenbergs Denken durch die Christologie von Felix Malmberg und Wolfhart Pannenberg.[108] Die Akzentverschiebungen in verschiedenen Bereichen der Theologie Schoonenbergs seit Mitte der 60er Jahre haben Bakker dazu veranlaßt, von einer Radikalisierung früherer theologischer Anliegen zu sprechen.[109] Zu Beginn der 70er Jahre zeichnet sich erneut ein Wandel in Schoonenbergs Theologie ab: Vom Jahre 1972 an nimmt dann die Geist-Theologie im Werk Schoonenbergs deutlich eigenständige Konturen an.
Die zweite Periode ist bestimmt von einer Neuinterpretation der „alten" Lehre, durch die Schoonenberg sich kritisch gegenüber der Neuscholastik absetzt: Wie er im Vorwort zu seiner christologischen Studie „Ein Gott der Menschen" ausführt, möchte er im Dialog mit der Tradition, mit der früheren Kirchenlehre und Theologie ihre bleibende Bedeutung für die Gegenwart erspüren und damit die Vergangenheit zur Gegenwart und Zukunft hin öffnen.[110] Die Neuaussprache zentraler Glaubensinhalte durch Schoonenberg bezieht sich zunächst auf die *Eucharistietheologie*. In Weiterführung früherer Studien legt er in diesen Jahren eine Neuinterpretation der *Transsubstantiationslehre* des Trienter Konzils vor.[111] Von zentraler Bedeutung sind seine Studien zum christologischen *Dogma von Chalcedon*, mit denen er eine terminologische „Umkehrung" der traditionellen Zweinaturenlehre vornimmt.[112] Im Jahre 1969 erscheint seine christologische Studie „Ein Gott der Menschen", in die seine christologischen Beiträge seit Mitte der 60er Jahre Eingang gefunden haben.[113]

---

[106] Vgl. P. SCHOONENBERG, God of mens: een vals dilemma; DERS., Gott oder Mensch - eine falsche Alternative, in: DERS., Ein Gott der Menschen, 9-51.
[107] Vgl. DERS., Robinsons getuigenis voor God.
[108] Vgl. F. MALMBERG, Über den Gottmenschen; W. PANNENBERG, Grundzüge der Christologie.
[109] Vgl. L. BAKKER, Schoonenberg's theologie, 353.
[110] P. SCHOONENBERG, Ein Gott der Menschen, 8.
[111] Vgl. DERS., Eucharistische tegenwoordigheid (1964); DERS., Eucharistische tegenwoordigheid (1965); DERS., Tegenwoordigheid (1964); DERS., Nogmaals: eucharistische tegenwoordigheid; DERS., Christ's Eucharistic Presence; DERS., Inwieweit ist die Lehre von der Transsubstantiation historisch bestimmt?; DERS., Presence and the Eucharistic Presence; DERS., Real-Presence in Contemporary Discussion.
[112] Vgl. R. MICHIELS, Het christologische en trinitarische denken van Piet Schoonenberg, 115-117.
[113] Vgl. P. SCHOONENBERG, Ein Gott der Menschen; DERS., Christus' verlossingsdaad; DERS., Kenosis; DERS., Christus zonder tweeheid; DERS., Jezus Christus vandaag dezelfde;

Mit diesem Werk, das in englischer, italienischer, französischer und spanischer Übersetzung vorliegt, wurde Schoonenbergs Christologie international bekannt. Auf die soteriologische Bedeutung der Auferstehung Jesu und den inneren Zusammenhang von irdischem und verherrlichten Leben Jesu macht Schoonenberg in verschiedenen Beiträgen aufmerksam.[114] Auch hier wird der heilsgeschichtliche Zugang zum Christusmysterium deutlich. Konsequenzen aus seinem christologischem Entwurf ergeben sich auch für seine Deutung der mariologischen Dogmen.[115]
Schließlich erarbeitet Schoonenberg eine eigene Sündenlehre, in deren Zentrum die Deutung der *Erbsündenlehre* des Trienter Konzils steht. In dieser Zeit entstehen zahlreiche Arbeiten zur (Erb-)Sündentheologie, in denen er die Aussageintention des Trienter Erbsündendekretes in den Kontext gegenwärtiger Heils- und Unheilserfahrung überträgt.[116] Zu nennen ist vor allem seine im Jahre 1966 erschienene Studie „Theologie der Sünde". Sie stellt die überarbeitete und mit einem eigenen Anhang versehene Darstellung der Sündenlehre Schoonenbergs im vierten Band seiner Dogmatik „Het geloof van ons doopsel", „De Macht der Zonde" (1962), dar. Aufgenommen wurde sie in die Dogmatik „Mysterium Salutis".[117] Schoonenbergs Theologie der Sünde ist auf dem Hintergrund seiner Studien zu einer erneuerten Theologie der Schöpfung und der Heilsgeschichte zu lesen, in die er die Einsichten der modernen Naturwissenschaften mit einbezieht. Sein Werk „Bund und Schöpfung" von 1970 stellt die Bearbeitung seiner früheren Gottes- und Schöpfungslehre „God, Vader en Schepper" (1955) dar.[118] Schoonenbergs theologische Entwürfe innerhalb der Eucharistietheologie, Christologie und (Erb-)Sündentheologie werden von methodisch-hermeneutischen Überlegungen zur Dogmeninterpretation und zum Wesen der Theologie begleitet.[119] Seine Thesen zur Dogmenhermeneutik in dem Band „Die Interpretation des Dogmas" von 1969 bilden die theoretische Grundlage seiner Glaubensübersetzung.[120]

DERS., Christus' plaats in onze verkondiging; DERS., Hij is een God van geschiedenis; DERS., From a Two-Nature- Christology to a Christology of Presence; DERS., Entwicklung des christologischen Dogmas.

[114] DERS., De werkelijkheid van de Verrezene; DERS., Jezus' verrijzenis en ons geloof.

[115] DERS., Gods oorzakelijkheid en Christus' voortkomst; DERS., Gesprek over de maagdelijke geboorte van Christus; DERS., Eine Antwort.

[116] DERS., Zonde en Godbesef; DERS., Tweegesprek over het ontstaan der zondigheid; DERS., Gesprek over de erfzonde; DERS., Sünde - Sakrament - Jugendalter; DERS., Mysterium Iniquitatis; DERS., Erbsündenlehre; DERS., Sünde und Schuld; DERS., Revision der Erbsünde-Theologie; DERS., Original Sin and Man's Situation.

[117] Vgl. DERS., Theologie der Sünde; DERS., Der Mensch in der Sünde.

[118] Vgl. DERS., Bund und Schöpfung; DERS., God, Vader en Schepper.

[119] DERS., Het heil komt ter sprake; DERS., Religiekritiek; DERS., Theologie und Lehramt; DERS., Testcase Erfzonde; DERS., Ereignis und Geschehen; DERS., Theologie als kritische Prophetie; DERS., Over de aard van de theologie; DERS., Offenbarung und Erfahrung; DERS., Orthodoxie en orthopraxis.

[120] DERS., Geschichtlichkeit und Interpretation des Dogmas; DERS., De Nieuwe Katechismus en de dogma's.

Die Jahre 1964-1971 können mit Bakker als eine „Periode der Neuinterpretation“ bezeichnet werden.[121] Wollte der frühe Schoonenberg mit seiner Auslegung des Glaubensbekenntnisses, „Het geloof van ons doopsel“, „weiten, erweitern, die Lehre so aufbrechen, daß auch der moderne Mensch frei atmen kann“[122], so konzentriert sich dieses Anliegen in den folgenden Jahren auf die „Neuformulierung“ zentraler Inhalte des Glaubens. Schoonenberg stellt sich die Frage, wie der Mensch von heute an die Dreifaltigkeit Gottes, an die Gottheit Christi und an Christi jungfräuliche Geburt glauben kann, wie die Lehre von der Erbsünde und der Transsubstantiaiton für den Glaubenden verständlich wird. Schoonenberg betreibt Theologie mit Blick auf die Bedürfnisse und Nöte des modernen Menschen. So steht eine eng mit der pastoralen Praxis verbundene Hermeneutik im Mittelpunkt seines Interesses.[123] Die von Schoonenberg angesprochenen Themenbereiche sind Gegenstand der allgemeinen, zum Teil heftig geführten theologischen Diskussion im zeitlichen Umfeld des Zweiten Vatikanischen Konzils.[124]

Schoonenberg ordnet den Umbruch in seinen Werken den Veränderungen zu, die sich allgemein in der Theologie der 60er Jahre vollzogen haben. Im Nachwort von „Bund und Schöpfung“ (1970) schreibt er mit Bezug auf seine Auslegung des Glaubensbekenntnisses: „Die Bände meines (unvollendeten) Buches ‚Het geloof van ons doopsel‘ wurden in den letzten fünfziger und frühen sechziger Jahren geschrieben. Seitdem hat die christliche Theologie, auch die katholische, alles andere als Ruhe erlebt ... Inhaltlich hat sich die Theologie mit Themen wie Person und Struktur in der Kirche, christliche Ökumene, nichtchristliche Religionen und in den letzten Jahren vorwiegend mit Säkularisation, politisches Engagement und Revolution beschäftigt. So kann man sagen, daß sie sich immer mehr auf den Menschen hin bewegte, was auch in Warnungen vor einem Humanismus oder Hominismus deutlich wird. Auch meine eigenen theologischen Gedanken bewegen sich immer mehr von Gott her auf den Menschen hin, wobei ich wie andere Theologen darum ringe, Gott nicht aus dem Spiel zu bringen (die falsche Alternative!). Eigentlich meine ich, gerade aus dem ... Gottesbekenntnis ... heraus zu einer Thelogie von Gott *und* Mensch gedrängt zu werden.“[125]

Hier formuliert Schoonenberg das Programm seiner Theologie der 60er Jahre. Sein Blick richtet sich, ausgeprägter noch als bisher, auf die Bundesgeschichte Gottes mit dem Menschen: „Gott ist kein Konkurrent, Gott entfremdet und verfremdet nicht, sondern vermenschlicht uns durch sein menschgewordenes

---

[121] So bezeichnet Bakker den hier in Rede stehenden Zeitraum theologischer Wirksamkeit Schoonenbergs, den er allerdings als eine vierte und (im Jahre 1971) vorläufig letzte Phase (1964-1971) bestimmt: L. BAKKER, Schoonenberg's theologie, 354.

[122] Ebd., 373.

[123] Ebd.

[124] Vgl. P. SCHOONENBERG, Vaticaans Concile en Nieuwe theologie; DERS., Concilium; DERS., De kerk ervaart zich zelf. Siehe W.H.M. VAN DER MARCK, Van orthodoxie naar vrijzinnigheid?, 338.

[125] P. SCHOONENBERG, Bund und Schöpfung, 182f.

Wort ... Unsere Vergöttlichung ist unsere Vermenschlichung ... : denn Jesu göttliche Sohnschaft ist sein Menschsein bis zum Letzten."[126] Seine Rede von Gott, dem Vater, Schöpfer und Bundesstifter, und von Jesus Christus, dem mensch- gewordenen Sohn Gottes, entwickelt sich entlang der in „Het geloof van ons doopsel" aufgezeigten Grundlinien, wie Schoonenberg im Vorwort zu „Hij is een God van mensen" angibt.[127] So bezeichnet er selbst seine theologische Entwicklung der 50er und 60er Jahre als eine radikalere Fortsetzung früherer theologischer Anliegen. Dabei tritt sein Interesse am Menschen als Adressat der göttlichen Zuwendung, sein „christlicher Humanismus", stärker als bisher hervor.

Die zweite Schaffensperiode Schoonenbergs zeichnet sich durch eine zunehmende Tendenz zu fachwissenschaftlicher Spezialisierung aus. Dies scheint im wesentlichen darin begründet zu sein, daß sich Schoonenbergs Denken seit Übernahme der Professur für Dogmatik in Nijmegen (1964) primär im Gespräch mit Fachtheologen und Studierenden der Theologie entwickelt und weniger in der unmittelbaren Begegnung mit dem im Alltag gelebten Glauben. Schoonenbergs Arbeiten richten sich nun in erster Linie an Fachtheologen und in geringerem Maße als früher an (theologische) Laien.[128]

2. Chronologische Übersicht: Schoonenbergs Schriften zur Geist-Theologie

a) Rede vom Geist in Christologie und Trinitätstheologie

Den Beginn einer neuen christologischen Phase, in deren Zentrum die Neuaussprache des Dogmas von Chalcedon steht, markiert Schoonenbergs Auseinandersetzung mit dem Werk des anglikanischen Bischofs John A.T. Robinson „Honest to God" (1963): *„Robinsons getuigenis voor God" (1964) - „Robinsons Zeugnis für Gott"*[129]. Ausgehend von einer kritischen Besprechung des von Robinson entworfenen Gottesbildes und von seiner Sicht der

---

[126] DERS., Ein Gott der Menschen, 7.

[127] Vgl. DERS., Hij is een God van mensen, 6.

[128] Vgl. L. BAKKER, Schoonenbergs' theologie, 380f: „Bezüglich seiner Studien aus ... der Zeit, in der er Hochschullehrer an der Katholischen Universität von Nijmegen ist, kann man die Reihenfolge umdrehen: Sein Denken steht zu dieser Zeit in erster Linie im Gespräch mit Fachtheologen ... Die Gefahr, die mit einer derartigen Spezialisierung verbunden ist, hat er nicht ganz umgehen können: Wir meinen daß sein heutiges theologisches Denken doch etwas weiter weg vom Leben steht, als es vorher der Fall war ... Wir stehen also vor dem merkwürdigen Paradox, daß Schoonenbergs Denken sich mehr denn je mit Glaubensschwierigkeiten des modernen Menschen beschäftigt und daß er sich doch weiter von diesem Menschen und seinem alltäglichen Leben entfernt in einer spezialisierteren Fachtheologie. Im übrigen beschäftigt er sich mehr mit den Glaubensschwierigkeiten der traditionellen Christen als mit den Schwierigkeiten der Nicht-mehr-oder Noch-nicht-Christen, zum Glauben zu gelangen."

[129] P. SCHOONENBERG, Robinsons getuigenis voor God; DERS., Bisschop Robinson op het kruispunt.

Gegenwart Gottes in Jesus Christus richtet Schoonenberg kritische Anfragen an die klassische Gotteslehre und Christologie, wobei er (eher am Rande) auf die Gegenwart Gottes in seinem Geist und auf Aspekte der Trinität zu sprechen kommt.
In dem im selben Jahr publizierten Artikel *„Über den Gottmenschen" - „Over de Godmens" (1964)*[130] - legt Schoonenberg erstmals seinen eigenen Ansatz eines „Weiterdenkens" des Dogmas von Chalcedon vor. Im Kontext von Überlegungen zur Trinitätslehre, die aus seinen Ausführungen zur Personeinheit des Gottmenschen Jesus Christus resultieren, stehen Aussagen über den Heiligen Geist: im Blick auf die innergöttlichen „relationes" von Vater, Sohn und Geist und die Sendung des Sohnes bzw. die Ausgießung des Geistes in die Heilsgeschichte. Schoonenbergs Beitrag *„Die Einheit Christi und die Präexistenz des Sohnes" - „De eenheid van Christus en de preexistentie van de Zoon" (1965)*[131] - ist aus einem Vortrag vor der „Arbeitsgemeinschaft Katholischer Theologen in den Niederlanden" im April 1964 hervorgegangen. Der Text ist im Jahrbuch 1963/64 dieser Arbeitsgemeinschaft publiziert und stellt die bearbeitete und gekürzte Fassung des oben genannten Artikels „Over de Godmens" dar.
Im Rahmen eines christologischen Themenheftes der „Tijdschrift voor Theologie" des Jahrganges von 1966 ist Schoonenbergs Artikel *„Christus ohne Zweiheit?" - „Christus zonder tweeheid?" (1966)*[132] - erschienen: In diesem Heft (Nr. 4) der Zeitschrift ist unter dem Titel „Gottes Heilsgegenwart in Jesus Christus" ein „Dialog über das Christusmysterium" zwischen Schoonenberg, Ansfried Hulsbosch und Edward Schillebeeckx wiedergegeben.[133] Die christologischen Entwürfe der genannten Theologen sind in der zeitgenössischen Christologie breit (zum Teil sehr kritisch) rezipiert worden. Bei Schoonenbergs Beitrag handelt sich um eine Bearbeitung der beiden oben genannten Artikel.[134] Bei der Formulierung von Einwänden gegen die Präexistenz des Sohnes spricht er von Wort, Geist und Weisheit als Weisen der Mitteilung und Anwesenheit Gottes in Jesus Christus.
Einen Versuch zu einem biblisch erneuerten Zugang zur soteriologischen Dimension des Kreuzesgeschehens legt Schoonenberg im selben Jahr vor: *„Christi Erlösungstat" - „Christus' verlossingsdaad" (1966)*[135]. Durch eine Besinnung auf die biblische Sicht der Erlösungstat Christi möchte er das Erlöst-Sein und Erlöst-Werden des Menschen in neuer Weise zur Sprache bringen. Das erlösende Wirken von Vater, Sohn und Geist wird im Rückgriff

[130] Vgl. DERS., Over de Godmens, 176-183.
[131] DERS., De eenheid van Christus.
[132] DERS., Christus zonder tweeheid?
[133] Vgl. TTh 6 (1966), Nr. 4: „Gods heilspresentie in Jezus Christus: dialoog over het Christusmysterie". Darin: A. HULSBOSCH, Jezus Christus; E. SCHILLEBEECKX, Persoonlijke openbaringsgestalte van de Vader. Schillebeeckx und Schoonenberg reagieren mit ihrer Darstellung auf den Artikel von Hulsbosch.
[134] Vgl. P. SCHOONENBERG, Christus zonder tweeheid?, 289f Anm. 2.
[135] DERS., Christus verlossingsdaad.

auf das neutestamentliche Zeugnis entfaltet, Christus als der Erlösungsmittler und der Heilige Geist als Erlösungsgabe schlechthin besprochen. Sichtbare Gestalt nimmt die Erlösung in der Kirche an, die als erlöste unter der Leitung des Geistes steht. Unter pneumatologischer Fragestellung sind Schoonenbergs Ausführungen über die von Gott durch Jesu Tod, Verherrlichung und Geistsendung angebotene Erlösung bedeutsam.

Im Rahmen einer Kontroverse mit L.A.v.d. Linden über die Wirklichkeit bzw. „Objektivierbarkeit" der Auferstehung ist Schoonenbergs Artikel über die *„Wirklichkeit des Auferstandenen" - „De werkelijkheid van de Verrezene" (1966)* - entstanden. In diesem Zusammenhang weist er darauf hin, daß die theologische Reflexion, die den verherrlichten Christus und den Geist, den anderen Parakleten, miteinander in Verbindung bringt, in den neutestamentlichen Schriften (vor allem bei Paulus) erst allmählich entsteht (2 Kor 3,17) und daß diese Reflexion auch gegenwärtig kaum entfaltet ist.[136]

Der Auslegung des Dogmas von Chalcedon ist auch Schoonenbergs Beitrag, *„Jezus Christus vandaag dezelfde" (1967) - „Jesus Christus heute derselbe"* - gewidmet, einer Auseinandersetzung mit dem Zeugnis der Schrift und der vornizänischen Christologie im Rahmen dogmenhermeneutischer Überlegungen. Das soteriologische Anliegen seines christologischen Ansatzes wird deutlich formuliert.[137] Im Mittelpunkt stehen Darlegungen über das Menschen des Sohnes Gottes und über Gottes Gegenwart in Jesus Christus. Auch finden sich Aussagen zur Präexistenz des Sohnes und des Geistes. In der Darstellungsweise wird spürbar, daß Schoonenberg seine Position sucht: Es ist erkennbar, daß er seine Thesen immer wieder neu durchdenkt, formuliert und präzisiert.

Als ein *„theologische[s] Zentralproblem"* beschreibt Schoonenberg die *Christologie* in seinem Beitrag zum Sammelband „Die Antwort der Theologen", in dem verschiedene Theologen - neben ihm Karl Rahner, Johann-Baptist Metz, Yves Congar, Jean Daniélou und Edward Schillebeeckx - zu zentralen Problemen in der zeitgenössischen Theologie und Kirche Stellung nehmen.[138] Er bezeichnet die Interpretation Jesu, das Verständnis des Menschen Jesus als zentrale Frage der heutigen Zeit, die im Mittelpunkt seiner Arbeiten stehe.[139] Mit diesem Beitrag sind seine christologischen und trinitätstheologischen Thesen erstmals in deutscher Sprache bzw. einer internationalen Leserschaft zugänglich.

In der Zeitschrift „De Heraut" ist im Rahmen eines Themenheftes über „Christus und die Auferstandenen" der Beitrag publiziert: *„Rabbi en Zoon van God" (1969)*[140] - *„Rabbi und Sohn Gottes"*. Schoonenberg entfaltet die Bedeutung Jesu als Rabbi und Prophet, als Heiliger und Gerechter, als der mit

[136] Vgl. DERS., De werkelijkheid van de Verrezene, 265.
[137] Vgl. DERS., Jezus Christus vandaag dezelfde, 164.
[138] DERS., Das theologische Zentralproblem: Die Christologie. Der Band „Die Antwort der Theologen" ist in niederländischer, englischer, französischer, italienischer, spanischer, portugiesischer Sprache publiziert worden.
[139] Vgl. ebd., 56.
[140] DERS., Rabbi en Zoon van God.

Gottes Geist Gesalbte, der die Heilserwartungen des jüdischen Volkes übertrifft. Aussagen zur Gottessohnschaft Jesu führen Schoonenberg zu trinitätstheologischen Überlegungen.

Als *„Fortsetzung eines Gedankenaustausches“*, der zwischen Schoonenberg, Schillebeeckx und Hulsbosch 1966 in der „Tijdschrift voor Theologie“ zu Fragen der Christologie geführt wurde, versteht Schoonenberg seinen Artikel *„Gottes Gegenwart in Christus“ - „Gods tegenwoordigheid in Christus: voortzetting van een gedachtenwisseling“ (1969)* -, der drei Jahre später in derselben Zeitschrift erschienen ist. Dieser Dialog wurde fortgesetzt: Schoonenberg versteht seine neuerlichen Darlegungen als Beitrag zu einer sachlichen Diskussion.[141] Den Ausgangspunkt seiner Darstellung bilden Anfragen von Albert Van Roey, Patristiker an der Universität Löwen, an Schoonenbergs Thesen.[142] Ausführungen Schoonenbergs über die Göttlichkeit Christi in der Schrift und über die Entwicklung der Trinitätslehre während der ersten drei Jahrhunderte bilden den Hintergrund seiner Antwort an Van Roey. Im Anschluß finden sich erstmals bei Schoonenberg Hinweise darauf, daß in der vornizänischen Theologie Geist-Christologie und Logos-Christologie nebeneinander existierten und daß die Bedeutung des Logos und des Geistes bei der Inkarnation des Sohnes in nahezu paralleler Weise beschrieben wurde.[143]

Über den Stellenwert der Person Christi in der zeitgenössischen christlichen Verkündigung handelt ein weiterer christologischer Beitrag, der in der Zeitschrift „Verbum“ (1969) veröffentlicht wurde: *„Christus plaats in onze verkondiging“ (1969) - „Christi Platz in unserer Verkündigung“*[144]. Hier greift Schoonenberg hinter die christologischen Titel „Herr“, „Sohn Gottes“ und „Logos“ auf die früheren Schichten des Neuen Testaments und damit auf die Bezeichnungen „Rabbi“ und „Prophet“, „Knecht Jahwes“ und „Menschensohn“ zurück, um die Bedeutung Jesu zu verdeutlichen. Er wendet sich sodann Christi Auferstehung und Verherrlichung zu, der lebendigen Gegenwart Christi in seinem Pneuma.

In dem Werk *„Ein Gott der Menschen“ (1969)*[145] sind die bisherigen Arbeiten zur Christologie und Trinitätstheologie eingegangen. Von pneumatologischer Relevanz sind die Erörterungen zur vornizänischen Logos- und Pneuma-Christologie und seine hermeneutischen Überlegungen zur Genese christologischer Modelle. Heranzuziehen sind ebenso die Darlegungen zu Auferstehung und Verherrlichung Christi, d.h. seine Ausführungen zur Heilsmittlerschaft des Erhöhten in seinem Geist sowie zum Geist als dem „Vergegenwärtiger“ des erhöhten Christus.

---

[141] Vgl. DERS., Gods tegenwoordigheid in Christus, 375. Eine Zusammenfassung des Artikels ist auf Englisch erschienen: DERS., God's Presence in Jesus.

[142] Vgl. A. VAN ROEY, Contemporary Christological Questions; DERS., De nieuwe christologie.

[143] Vgl. P. SCHOONENBERG, Gods tegenwoordigheid in Christus, 387f.

[144] DERS., Christus' plaats in onze verkondiging.

[145] DERS., Ein Gott der Menschen.

Schoonenbergs Beitrag *„From a Two-Nature Christology to a Christology of Presence“ (1970)* ist aus einem Vortrag hervorgegangen, den er während eines Lehraufenthaltes in den USA am Theologischen Institut der „Villanova University“ anläßlich eines Symposions gehalten hat. Im Rahmen von Erörterungen zu einer „Christology of the Final Salvific Presence of God“ kommt er auf Aspekte der Trinitätslehre, konkret auf die Person oder Hypostase des Geistes zu sprechen.[146] Bei der Darstellung einer „Christology of the Final Significance of the Man Jesus“ beschreibt er den eschatologischen Charakter von Auferstehung, Erhöhung und Geistsendung Christi.[147] Sein Vortrag schließt mit Überlegungen zu einer „Christology of Jesus as a Rabbi and Prophet, Example and Pioneer“: Durch seine Verherrlichung und in der Gabe seines Geistes bleibt er Rabbi und eschatologischer Prophet, Vorbild und Lehrer und als solcher in fortwährender Kommunikation mit seiner Gemeinde.[148]
Von *„Jesu Auferstehung und unser[em] Glaube[n]“ - „Jezus' verrijzenis en ons geloof“ (1970)* - handelt ein Beitrag Schoonenbergs, der 1970 in der in Nijmegen herausgegebenen biblischen Zeitschrift „Schrift“ publiziert worden ist. Im Rahmen seiner Ausführungen zur Bedeutung der Auferstehung Jesu kann nach Schoonenberg auch der Geist nicht unerwähnt bleiben, in dem Gott Jesus gerechtfertigt hat (1 Tim 3,16) und in dem der Auferstandene gegenwärtig bleibt.[149] Seit seiner Auferstehung ist Jesus zum Geber und Sender des Geistes geworden. Im selben Jahr 1971 erscheint in der Zeitschrift „Verbum“ ein Artikel mit dem Titel *„Von Offenbarung zur Erfahrung und zurück“ - „Van openbaring naar ervaring en terug“ (1971)*[150]. Hier finden sich Ausführungen über Gottes Anwesenheit und Wirksamkeit in seinem Geist, bzw. über Gottes endgültige Offenbarung in Jesus Christus, mit der die Erfahrung des Heiligen Geistes verbunden ist.

b) Geist und Eucharistie

In Weiterführung der Diskussion der 50er und frühen 60er Jahre zur Transsubstantiationslehre sind Mitte der 60er Jahre einige Artikel Schoonenbergs zur Realpräsenz Christi erschienen. Hier finden sich Äußerungen zur pneumatischen Gegenwart Christi in der Eucharistie sowie zur Einwohnung des Geistes in den Gläubigen und in der Kirche: In der Zeitschrift „De Heraut“ des Jahres 1964 ist ein kürzerer Beitrag zur *„Eucharistischen Gegenwart“* veröffentlicht: *„Eucharistische tegenwoordigheid“ (1964)*[151]. Eine umfassendere Analyse des Begriffes der *„Gegenwart“* legt er Ende desselben Jahres in der

[146] Vgl. DERS., From a Two-Nature Christology to a Christology of Presence, 132-135, bes. 133f.
[147] Vgl. ebd., 135-137, bes. 137.
[148] Vgl. ebd., 138-142.
[149] Vgl. DERS., Jezus' verrijzenis en ons geloof, 32.
[150] DERS., Van openbaring naar ervaring en terug.
[151] DERS., Eucharistische tegenwoordigheid (1964).

katechetischen Zeitschrift „Verbum“ vor: *„Tegenwoordigheid“ (1964)*. Seinen Ausführungen über die „praesentia realis“ gehen Überlegungen zur „Gegenwart Gottes in Christus“ voraus. Durch die Ausgießung des Geistes durch den Verherrlichten wird Gott in der Gemeinde der Gläubigen erfahrbar.[152] Er beschreibt die Anwesenheit Christi in der Eucharistie-feiernden Gemeinde.
Eine erneute Verdeutlichung seiner Position nimmt Schoonenberg in den beiden folgenden, kurzen Darstellungen vor: *„Eucharistie tegenwoordigheid“ (1965) - „Eucharistische Gegenwart“* - und *„Nogmaals: eucharistische tegenwoordigheid“ (1965) - „Nochmals: Eucharistische Gegenwart“*[153].
In den „Chicago Studies“ des Jahres 1966 finden sich Darlegungen zur Eucharistietheologie unter dem Titel: *„Christ's Eucharistic Presence“ (1966)*[154]. Der in der Zeitschrift „Cross Currents“ (1967) veröffentlichte Beitrag Schoonenbergs *„Presence and the Eucharistic Presence“ (1967)*[155] umfaßt Erläuterungen zur eucharistischen Gegenwart auf dem Hintergrund von Überlegungen zum Verständnis des Begriffes „Gegenwart“. Der im selben Jahr publizierte Artikel *„The real presence in contemporary discussion“ (1967)*[156] stellt die gekürzte Wiedergabe eines Vortrages an der Philosophisch-Theologischen Hochschule der Jesuiten in Frankfurt/Main, St. Georgen (1966) dar.
Schließlich gibt Schoonenberg in seinem Artikel *„Het eucharistisch mysterie“ (1966/67) - „Das eucharistische Mysterium“*[157] - abschließend Rechenschaft über seine eucharistietheologische Position. Im Anschluß an seine Betrachtung der neutestamentlichen Berichte über das Letzte Abendmahl stehen Ausführungen über die „Gegenwart Christi“.

c) Charismatische Funktion der Theologie und Dogmenhermeneutik

Die charismatische Funktion der Theologie entfaltet Schoonenberg im Kontext von Studien zur Dogmeninterpretation. Zu nennen ist der in „Verbum“ 1967 erschienenen Beitrag *„Ook dogma's vragen uitleg“ - „Auch Dogmen müssen erklärt werden“*. Die Theologie, die in erster Linie mit den Methoden der literarischen Wissenschaft arbeitet, wird bei ihrer Interpretation der christlichen Botschaft, somit auch der Dogmen, vom Heiligen Geist geleitet.[158] Daß die Übersetzung der Dogmen unter der Leitung des Geistes geschieht, der die Kirche zur vollen Wahrheit führt (Joh 16,13), bringt er auch in folgendem Beitrag zum Ausdruck: *„Ereignis und Geschehen. Einfache hermeutische Überlegungen zu einigen gegenwärtig diskutierten Fragen“ (1968)*. Seine

---

[152] Vgl. DERS., Tegenwoordigheid (1964), 412.
[153] DERS., Eucharistische tegenwoordigheid (1965); DERS., Nogmals: eucharistische tegenwoordigheid.
[154] DERS., Christ's Eucharistic Presence.
[155] DERS., Presence and Eucharistic Presence.
[156] DERS., Real-Presence in Contemporary Discussion.
[157] DERS., Het eucharistisch mysterie.
[158] Vgl. DERS., Ook dogma's vragen uitleg, 12f.

dogmenhermeutischen Thesen formuliert er mit Bezug auf Fragen der Christologie, Mariologie und Erbsündentheologie.[159]
Im Kontext von Darlegungen über *„Orthododoxie und Orthopraxis"* bzw. über *„Das hermeneutische Problem" (1968)* in dem Band „Die Antwort der Theologen" nimmt Schoonenberg auf das paulinische Charisma der „Unterscheidung der Geister" Bezug.[160] Vor diese Aufgabe einer charismatischen Unterscheidung der Geister, d.h. einer Unterscheidung zwischen Kerygma und sprachlicher Ausdrucksgestalt des christlichen Glaubens, sieht sich die Theologie in dem Prozeß der Übertragung des „traditum" der Kirche in die jeweils neue geschichtliche Situation gestellt.
Breit entfaltet Schoonenberg die charismatische bzw. prophetisch-kritische Funktion der Theologie in dem Beitrag: *„Theologie als kritische Prophetie" (1969)*[161]. Als Wissenschaft ist die Theologie charismatisch und weltlich, beide Dimensionen verbinden sich in der Wahnehmung ihres Dienstes einer kritischen Weitergabe des Glaubensgutes.
Schoonenberg gibt 1969 einen Band zu Fragen der Dogmenhermeneutik heraus: *„Die Interpretation des Dogmas"*. Seine Darlegungen zur *„Geschichtlichkeit und Interpretation des Dogmas" (1969)* sind ein Jahr zuvor in der niederländischen „Tijdschrift voor Theologie" publiziert worden.[162] Schoonenberg möchte mit seinen Ausführungen „der Glaubensgemeinschaft helfen, in den Vorgang der Dogmeninterpretation, ihre Notwendigkeit, Rechtfertigung und ihre Grenzen Einsicht zu bekommen."[163] Im Rahmen der Erläuterung von acht Thesen zur Interpretation von Dogmen verdeutlicht er die Bedeutung des Heiligen Geistes im Rahmen dieses Übersetzungsgeschehens. In diesen Beitrag sind seine früheren dogmenhermeutischen Ausführungen eingegangen.

III. Inhaltliche Entfaltung der „Pneumatologie" Schoonenbergs (1964-1971)

1. Theologie als „kritische Prophetie"

Schoonenbergs Verständnis der pneumatischen Dimension der Theologie ist auf dem Hintergrund seiner Überlegungen zum Wesen der Theologie, ihres Verhältnisses zum Glauben bzw. zur Glaubensgemeinschaft der Kirche zu lesen. Er führt seine frühen Beiträge weiter, in denen er sein Verständnis der Theologie als *„wissenschaftlicher Glaubensinterpretation"* grundgelegt hat.

[159] DERS., Ereignis und Geschehen.
[160] DERS., Orthodoxie und Orthopraxis.
[161] DERS., Theologie als kritische Prophetie
[162] DERS., Geschichtlichkeit und Interpretation des Dogmas; DERS., Historiciteit en interpretatie van het dogma.
[163] DERS., Interpretation des Dogmas, 10 (Vorwort).

Schoonenberg gibt folgende Definition: „Christliche Theologie ist die Wissenschaft, in welcher die lebendige Wechselwirkung zwischen der heutigen Erfahrung - des heutigen Menschen, seiner Gesellschaft und Welt - und der christlichen Botschaft - wie sie in den christlichen Glaubensgemeinden in Verkündigung und Lebenspraxis interpretiert zu uns kommt - auf dem Niveau kritischer Reflexion auf den Glaube ausgedrückt wird.“[164] Theologie ist Reflexion auf den Glauben. Als solche bewegt sie sich im Spannungsfeld von Wissenschaft und Glaube: Ihre Aufgabe ist es, unter Anwendung wissenschaftlicher Methoden das von der Kirche überlieferte Glaubensgut zu interpretieren, es mit der Erfahrung des heutigen Menschen zu vermitteln. Damit steht die Theologie im Dienst der Glaubensverkündigung der Kirche; sie besitzt einen weltlichen und einen charismatischen Charakter: „Ich meine ..., daß beide Charaktere, der charismatische und der weltliche, wie paradox dies auch klingen mag, einander nicht widersprechen.“[165] Beide gehen vielmehr in der Theologie zusammen: darin besteht gerade die Eigenart der Theologie: „Das eigentliche Paradoxe an der Theologie möchte so ausgedrückt werden: die Kirche braucht die Theologie gerade insoweit sie weltlich ist, und die Welt braucht die Theologie, insoweit eben diese weltliche Theologie vom Glauben her charismatisch ist. Die Kirche braucht weltliche Theologie, damit die Glaubensbotschaft einerseits vor der Gleichsetzung mit vergangenen Weltbildern oder gesellschaftlich-kirchlichen Ideologien bewahrt und andererseits in der Sprache der heutigen Welt ausgesprochen werde. Die Welt aber braucht eine derartig kritisch überprüfte Interpretation des wirklichen Glaubens der Kirche, damit dieser Glaube der Welt zuspreche. Gerade eine solche Theologie kann der Welt die Botschaft eines Heils verkünden, das nicht nur weltliche Leistung, sondern auch und zuerst Geschenk Gottes an die Welt ist, eines Heils, das die innerweltliche Vollendung zugleich gewährt und übersteigt.“[166]

a) Der weltliche Charakter der Theologie

Als Wissenschaft ist die Theologie weltlich, säkular. Insoweit sie dies noch nicht ist, muß sie, so Schoonenberg, radikal säkularisiert werden.[167] Als „weltlicher Wissenschaftsbetrieb“ arbeitet die Theologie mit anderen Wissenschaften zusammen.[168] Auf das Wissenschaftsverständnis der (systematischen) Theologie hat vor allem in der Hoch- und Spätscholastik der aristotelische Wissenschafts-Begriff eingewirkt: Die Theologie formulierte, jeweils von einer Glaubens- und Vernunftprämisse ausgehend, theologische Konklusionen.

[164] DERS., Over de aard van de theologie, 229.
[165] DERS., Theologie als kritische Prophetie, 378.
[166] Ebd.
[167] Vgl. ebd., 376.
[168] Vgl. DERS., Over de aard van de theologie, 229: Wissenschaft umfaßt „jede Aktivität, die als solche auf die methodische Formulierung und Lösung von Problemen und die systematische Ordnung von Erkenntnis gerichtet ist.“

Das Bemühen, die Glaubensinhalte zunächst innerhalb ihrer eigenen historischen Situation zu interpretieren und sie erst dann - als bereits interpretierte - in der heutigen Zeit auszusprechen, führte in jüngerer Zeit zu einer zunehmend hermeneutischen Ausrichtung der Theologie.[169]
Die systematische Theologie hat nach Schoonenberg die Aufgabe einer synthetisierenden und stets aktualisierenden Interpretation.[170] Er schreibt: „Die Theologie hat sich auf den geeigneten wissenschaftlichen Wegen den Quellen anzunähern oder ... die Sprache des Glaubens zu interpretieren. In dieser Hinsicht arbeitet sie ganz und gar nach den Methoden der Geschichts- und Literaturwissenschaft ... Insofern die Theologie die Auslegung der Quellen weiter synthetisierend und schöpferisch durchdenkt, ist sie an die Methoden oder, besser gesagt, an die Logik des philosophischen Denkens gebunden. Selbst als Fundamentaltheologie - die weder den Glaubensinhalt beweist noch die Glaubenshingabe erzwingt, sondern nur deutlich zu machen versucht, daß beide mit der Vernunft und mit der Existenz des Menschen in Einklang stehen - gebraucht die Theologie keine anderen Methoden als die literaturwissenschaftliche, die geschichtswissenschaftliche und die philosophische."[171]
Die Wissenschaftlichkeit wird in der Theologie nicht durch den Glauben ersetzt. Dem Glauben kommt in der Theologie keine methodische Funktion zu: „Der Glaube kann nicht in die Quellen etwas hineinlegen, was nicht darin steht, er kann keine Lücke in den Gegebenheiten füllen (etwa indem er einen nicht oder nicht sicher historischen Text auf einmal historisch macht). So wenig wie die Gegebenheiten ersetzt [oder modifiziert] der Glaube auch die Methode."[172] Schoonenberg betont einerseits, daß die Theologie als wissenschaftlicher Betrieb, objektiviert, d.h. losgelöst von der Person des Theologen/ der Theologin betrachtet, weder konfessionell noch glaubend ist: „Sie kann von jedem ausgeübt werden, der nach den wissenschaftlichen Methoden arbeiten will, sei er katholisch, protestantisch oder auch ungläubig."[173] Der Glaube ersetzt die Methode der Wissenschaft nicht. Wird aber andererseits „die theologische Tätigkeit als ein Akt der Person gesehen ..., wie sie es konkret immer ist, wird auch das Verhältnis dieser Person zum Glauben für die Theologie wichtig ... Der Glaube inspiriert .. die Theologie, er macht sie hellsehend und kreativ ... Der Glaube macht gerade die strikt wissenschaftliche Methode fruchtbar."[174] Die Funktion des Glaubens in der Theologie verdeutlichend, kommt Schoonenberg auf die charismatische Dimension der Theologie zu sprechen.

[169] Vgl. ebd. 233.
[170] Vgl. ebd., 234.
[171] DERS., Theologie als kritische Prophetie, 377.
[172] Ebd., 377.
[173] Ebd.
[174] Ebd., 378.

b) Das charismatische Wesen der Theologie

Schoonenberg ist sich bewußt, daß das Verständnis der Theologie als eines Charismas gemeinhin eher unvertraut ist: „Es ist im allgemeinen nicht üblich, die Theologie als ein *Charisma* zu bezeichnen, obschon dies schon vor dreißig Jahren [1938] Anselm Stolz ... tat.“[175] Er bezieht sich bei seinen Ausführungen zum charismatischen Charakter der Theologie auf frühere Ansätze, eine charismatische Theologie zu begründen. Schoonenberg versteht seine Überlegungen als Weiterführung der von Stolz in seinem Artikel „Charismatische Theologie“[176] formulierten Gedanken, die er jedoch, was den weltlichen Charakter der Theologie betrifft, modifiziert hat.[177]

Schoonenberg erläutert zunächst, was er unter einem Charisma versteht: „Ein Charisma ist eine Gabe des Geistes zum Dienst, das heißt: eine der Weisen, durch die der Mensch mit der Gabe des Geistes begnadet wird, um einen Dienst in der Kirche auszuüben, um den Leib Christi aufzubauen, was schließlich Dienst am Reiche Gottes in der Welt bedeutet.“[178] Er möchte die Charismenlisten des Neuen Testamentes exemplarisch, nicht exklusiv verstanden wissen. So läßt sich in einzelnen der von Paulus aufgezählten Charismen (1 Kor 12,4-11) die Theologie wiedererkennen: im Wort der Weisheit und Erkenntnis (bzw. Wissenschaft), in der Prophetie und in der Unterscheidung der Geister: „Insofern die Theologie die Glaubensbotschaft entfaltet und vom Kerygma zur Didache hinüberschreitet, ist sie Wort der Erkenntnis. Sie zielt auch darauf hin, zur Weisheit zu führen ..., und insoweit sie dieses Ziel erreicht, ist sie Wort der Weisheit.“[179]

Die Theologie ist jedoch nicht nur Erkenntnis und Weisheit. Da sie sich - gerade als (Wort der) Erkenntnis und Weisheit - nicht nur auf „ewige“, zeitlose Wahrheiten bezieht, sondern auf die in der Zeit fortschreitenden Heilsgeschichte ausgerichtet ist, gilt ihm die Theologie vor allem als Prophetie. Mehr noch als Erkenntnis und Weisheit bringt gerade die Prophetie - in der Form der direkten Zusage an den Menschen - die Heilsbotschaft und das Heilswirken Gottes als Verheißung an den Menschen ins Wort. Prophetie ist „Interpretation der Geschichte als Heilsgeschichte, als Geschichte Gottes mit den Menschen. Sie deutet die Geschichte als verheißungsvoll für die Zukunft (was etwas anderes ist als das sachliche Vorhersagen), aber sie zeigt auch in der Vergangenheit das auf heute und morgen hinzielende Heil auf.“[180] Gerade dies ist aus der Sicht Schoonenbergs die Aufgabe der Theologie.

Die Theologie sucht die Gemeinschaft der Glaubenden auf prophetische Weise zu inspirieren. Sie stellt innerhalb der Kirche eine eigene kritische Instanz dar insofern, als ihr das Charisma der Unterscheidung der Geister eignet: „Dieses

175 Vgl. ebd., 374. (Hervorhebung im Original)
176 A. STOLZ, Der charismatische Gedanke. Vgl. DERS., Introductio in Sacram Theologiam.
177 Vgl. P. SCHOONENBERG, Theologie als kritische Prophetie, 374.
178 Ebd., 374.
179 Ebd.
180 Ebd.

Charisma muß kritisch erwägen, was der Geist zu den Kirchen spricht und was an Menschlichem und Allzumenschlichem dazukommt. Es muß die guten und bösen Geister voneinander unterscheiden, und zwar sowohl von der durch die Jahrhunderte hindurch immer weitergegebenen Botschaft her als von der Weise her, in welcher diese Botschaft sich in der Gegenwart als heilvoll zeigt, man könnte sagen: aus äußeren und inneren Kriterien heraus."[181] Die Theologie kann als Prophetie und zugleich als Kritik bezeichnet werden: *Theologie ist kritische Prophetie.*

Als solche übernimmt die Theologie eine Funktion innerhalb der Kirche im Rahmen des Gesamtauftrages, den die Kirche für die Gesellschaft zu leisten hat. In der Welt stehend und für die Welt verkündet die Kirche die Botschaft vom Heil, und hierbei ist die Theologie als kritische Prophetie wirksam: „Die Kirche muß ja allezeit bereit sein zur Antwort jedem gegenüber, der von ihr Rechenschaft fordert über die Hoffnung, die in ihr lebt (1 Petr 3,15). Sie muß über ihren Glauben, der zugleich Hoffnung ist (1 Petr 1,21), Zeugnis geben, sie muß aus dieser Hoffnung heraus an der Welt (und an sich selbst) eine dauernde Kritik üben, zuerst aber allen die Verheißung zusprechen jenes Heiles für jetzt und immer, das uns in Jesus Christus begegnet ... Die Botschaft der Kirche muß immer neu aus den früheren Quellen und aus der heutigen Begegnung von Glauben und Weltverständnis herausgehört werden. Die Theologie hat die Aufgabe, hier Wege aufzuzeigen und Gesagtes kritisch zu prüfen. Sie muß ... dazu ständig eine Hermeneutik der Botschaft üben."[182]

Theolog(inn)en sind Träger(innen) der Unterscheidung der Geister, insofern sie innerhalb der Kirche eine kritische Funktion ausüben.[183] Sie verfügen über die erforderlichen Methoden und die Kenntnis der literarischen und geschichtlichen Interpretation des „traditums" der Kirche. Ihr Wissen führt zu neuen Interpretationen der Lehrformulierungen der Kirche und gibt Impulse zu neuem Handeln in der Welt.[184] Indem die Theolog(inn)en die Glaubensaussagen mit dem jeweils zeitgenösisschen Welt- und Menschenbild konfrontieren, tragen sie dazu bei, das Evangelium im konkreten Leben der Glaubenden anschaulich werden zu lassen.[185] Die Orthodoxie, die Auseinandersetzung um die rechte Lehre, hat sich dabei am Maßstab der Orthopraxis, der Bewährung der Glaubensverkündigung im konkreten Alltag, zu orientieren.[186]

Die von Schoonenberg als paradox bezeichnete Verschränkung von weltlichem und charismatischen Charakter der Theologie wird in der Bestimmung

---

[181] Ebd., 375. Vgl. auch ebd., 378.

[182] Ebd., 376.

[183] Vgl. DERS., Orthodoxie und Orthopraxis, 40.

[184] Vgl. ebd., 40f.

[185] Vgl. DERS., Het heil komt ter sprake, 411f.

[186] Vgl. DERS., Orthodoxie und Orthopraxis, 40: „Ich gehöre nicht zu den Leuten, die sagen, man könne Lehren und Dogmen formulieren, wie man wolle ...; aber ich bin trotzdem der Meinung, daß die Kämpfe um die Orthodoxie doch wohl leichter hätten beigelegt werden können, wenn wir die Beziehung zwischen Orthodoxie und Orthopraxis besser gesehen hätten." DERS., Interpretation des Dogmas, 107: „Die Orthodoxie wird in die Orthopraxie eingebettet werden, und die Orthopraxie wird zu einem Kriterium der Orthodoxie."

der Theologie als kritischer Prophetie offenkundig. Auch die Theologie wird, was für viele Charismen gilt, durch weltliches Tun ausgeübt, wobei „natürliche“ menschliche Fähigkeiten aktiviert werden.[187] Die Eigenständigkeit der wissenschaftlichen Reflexion ist notwendig, um die Wissenschaftlichkeit der Theologie und die Neutralität der Methode zu gewährleisten. Zugleich bringen die Theolog(inn)en bei der Wahrnehmung ihrer prophetisch-kritischen Aufgabe den persönlichen Glauben mit ein; bei ihrer Hermeneutik der christlichen Botschaft stehen sie, eingebunden in die Glaubensgemeinschaft der Kirche, unter der Leitung des Heiligen Geistes. Viele Fragen und Einsichten, mit denen die Theolog(inn)en befaßt sind, gehen aus Predigten und Geprächen mit Glaubenden hervor.[188]

c) Die prophetisch-kritische Funktion der Theologie

(1) Schoonenbergs Studien zur Hermeneutik der christlichen Überlieferung sind nach eigenem Bekunden aus seiner Liebe für die Heilige Schrift erwachsen. Seit den späten dreißiger Jahren war er bestrebt, *Dogmatik auf der Grundlage der Heiligen Schrift* zu betreiben - eine Methode, die zu dieser Zeit neu war. Schoonenberg beschreibt rückblickend die Entwicklung seines theologischen Denkens von einer eher fundamentalistischen Haltung hin zu einem mehr dynamischen oder „elastischen“ Verständnis von Schrift und Tradition. Hervorgerufen wurde diese veränderte Sicht durch seinen Studienaufenthalt am Biblischen Institut in Rom (1947/48) und durch den Einfluß der „Nouvelle Théologie“.[189] Er suchte sich auf dem Wege einer kritischen Reflexion weite Teile der herkömmlichen dogmatischen Theologie neu zu erarbeiten, wobei er zunächst noch von einem wörtlichen Verständnis der Dogmen ausging. Erstmals äußerte sich Schoonenberg zu Fragen der Dogmenhermeneutik in dem Beitrag „Auch Dogmen müssen erklärt werden“ (1967).[190] Seinen hermeneutischen Überlegungen liegt das Prinzip zugrunde, daß theologische Begriffe erst von ihrer geistesgeschichlichen Genese her verstanden werden können.

(2) Aus dem Verständnis der *Schrift* als *Heils-Deutung der menschlichen Existenz* heraus formuliert Schoonenberg die Notwendigkeit einer Neuinterpretation der Dogmen.[191] Sein Anliegen ist es, die Heilsbotschaft den Menschen

---

[187] Vgl. DERS., Theologie als kritische Prophetie, 378.
[188] Vgl. DERS., Orthodoxie und Orthopraxis, 42; DERS., Van openbaring naar ervaring, 83: Schoonenberg bezeichnet die Katechese als „das Deuten der Erfahrung, das Analysieren der Lebenswelt, das Durchleuchten der Existenz derer ..., an die diese Katechese gerichtet ist.“
[189] Vgl. DERS, Das hermeneutische Problem, 43f: „Ich war immer davon betroffen, daß während meines eigenen Theologiestudiums die Heilige Schrift hauptsächlich dazu benutzt wurde, bereits geltende Thesen zu beweisen. Deshalb habe ich später beharrlich versucht, bei meinem theologischen Denken von der Schrift auszugehen und dann Überlieferung und Dogmen in diese Perspektive hineinzunehmen.“
[190] Vgl. DERS., Ook dogma's vragen uitleg.
[191] Vgl. DERS., Testcase Erfzonde, 196.

von heute verständlich zu machen.[192] Schoonenberg macht erstmals im Kontext seiner Studien zum Erbsünden-Dogma darauf aufmerksam, daß die biblischen Autoren unter Verwendung verschiedener literarischer Genres „von Gottes heilbringendem Anwesend-Sein und Sich-Schenken in unserer Geschichte"[193] berichten, ohne Aussagen über historische Gegebenheiten machen zu wollen: Die Schrift erzählt Heilsgeschichte. Intention des Alten wie des Neuen Testaments ist es, das Heil im „Heute" und für dieses zu verkünden. So gibt die innere Dynamik des christlichen Mysteriums selbst den Anstoß zu neuen Interpretationen. Im Zentrum des christlichen Glaubens steht die Mensch-Werdung und das Mensch-Sein von Gottes eingeborenem Sohn: „Das Mysterium, das alle Mysterien umfaßt, ist Gottes Menschenliebe und sein Kommen zu uns auf menschlichen Wegen ... Darum ist es keine Entkräftigung des christlichen Mysteriums, wenn wir nach den menschlichen Wegen suchen, wie Gottes Reich oder Gottes Gnade zu uns kommt und weitergegeben wird."[194]

(3) Die *hermeneutische Aufgabe* der Theologie ist die *von Kritik und Inspiration begleitete Übersetzung der Glaubensverkündigung*. Ihre kritisch-inspirierende Funktion nimmt sie in bezug auf Vergangenheit, Gegenwart und Zukunft wahr: „Der Theologe wird ... die Geschichte der Interpretation der christlichen Botschaft nicht nur registrieren, periodisieren und charakterisieren, sondern auch die kritische Frage stellen, inwieweit in den verschiedenen vergangenen und zeitgenössischen Interpretationen die christliche Botschaft sich selbst treu (was nicht dasselbe ist wie: materiell identisch) bleibt und auf welche Weise die christliche Botschaft im Heute ihre Aktualisierung erfährt."[195] Die Treue gegenüber dem „depositum fidei" bzw. dem „traditum" erweist sich gerade ihrer Übersetzung für die Gegenwart.[196] Die Hermeneutik geht vom Glauben aus und führt zum Glauben („ex fide ad fidem").

---

[192] Vgl. DERS., Das hermeneutische Problem, 46: „Das erste Motiv, das eine neue ... Interpretation der Dogmen nötig macht, ist die Sorge für den Menschen von heute ... Ein zweites Motiv ist die Erkenntnis, daß die Schrift eine Heilsinterpretation der menschlichen Existenz ist ... Der Hauptinhalt und die Grundintention der Heiligen Schriften sind die Mitteilung einer Botschaft für heute. Dies bringt uns ... zum dritten Motiv ..., nämlich zur Dynamik des christlichen Mysteriums selbst, zu Gottes Erlösung für uns Menschen, die er uns endgültig im Menschen Jesus Christus, seinem eingeborenen Sohn, angeboten hat."

[193] Ebd., 198.

[194] Ebd., 198f.

[195] DERS., Over de aard van de theologie, 231.

[196] Vgl. ebd., 381: „Hermeneutik ist nicht die Kunst des Hineininterpretierens und noch weniger des Abstreichens dessen, was nicht begehrt wird. Ganz im Gegenteil ist die Hermeneutik die konkrete Form der wirklichen, schöpferischen Treue. Eine bloße Wiederholung von Aussagen, genau in denselben Begriffen und mit denselben Vorstellungen und Voraussetzungen, die damals notwendig waren, um die Botschaft dem Glauben zu vermitteln, ist als solche, als bloße Wiederholung, dem Mißverstehen und Nicht-Verstehen immer ausgesetzt und ausgeliefert. Die wirkliche Treue muß übersetzen, muß dieselbe Botschaft, die früher Heil verkündete und immer Heil verkünden wird, in den jeweils heutigen Begriffen, im je heutigen Welt und Menschenverständnis aussagen und erfüllt erst in einer solchen Interpretation ihre Aufgabe, dem Glauben des heutigen Menschen zu entsprechen."

(4) Bei der Auslegung eines Dokumentes unterscheidet Schoonenberg zwei Situationen: diejenige, in der das Dokument entstanden ist, und diejenige, in der es heute gelesen wird. Dementsprechend kommt der Theologie die Aufgabe des *Kommentierens* und *Interpretierens* zu: „Kommentar und Interpretation sind beide nötig und bilden zusammen die ganze Theologie.“[197] Der Interpret/die Interpretin sucht die Texte aus der ihnen eigenen geschichtlichen Situation zu verstehen und in die jeweils zeitgenössische Situation zu übersetzen.[198]
Dogmen sind nach der Situation zu befragen, in der sie entstanden sind. Dies bedeutet, daß „Texte (einschließlich inspirierter und unfehlbarer Texte) keine Antwort auf Fragen sein können, die zur Zeit ihrer Abfassung nicht gestellt werden konnten.“[199] Sie müssen „in Übereinstimmung mit den zur Zeit ihrer Abfassung gestellten Fragen interpretiert werden, das heißt: entsprechend dem, was sie in ihrem eigenen Zusammenhang auszusagen beabsichtigen.“[200] Schoonenberg verweist damit auf die Zeitgebundenheit biblischer wie lehramtlicher Texte. Auch wenn die Gesamtkirche und ihr Lehramt durch den Heiligen Geist unfehlbar geleitet wird, so ist doch die geschichtliche Bedingtheit und Prägung der lehramtlichen Aussagen deutlich zu machen.[201]
Der Interpret/die Interpretin beginnt bei der Auslegung der Texte mit dem *Kommentar.* Dieser sucht die Texte aus ihrer Zeit heraus darzustellen; er trachtet danach, das Eigene der Texte zu finden.[202] Die Theologie übt Kritik an der Vergangenheit insofern, als sie „nachträglich die Botschaft von überkommenen Aussageweisen unterscheidet, und ... im selben Denkakt schon bestrebt [ist], sie in unsere Zeit prophezeiend hineinzusprechen.“[203] Darin besteht ihre Prophetie für die Gegenwart.
Die *Interpretation* eines Dokumentes ist „der Brückenschlag von jener Situation, in der das Dogma entstanden ist, zu unserer Situation.“[204] Sie „überbrückt“, vermittelt zwischen dem Entstehungskontext des Textes und der gegenwärtigen Situation. Die Theologie setzt die Interpretationsgeschichte fort, damit die christliche Botschaft lebensorientierend für die Gegenwart und die Zukunft ist. Sie nimmt damit zum anderen die Aufgabe einer Kritik am Heute und auf die Zukunft hin wahr, indem sie die Relativität auch der eigenen Situation aufzeigt. Der Theologe/die Theologin darf seiner/ihrer eigenen Zeit, sie deutend, vorausgehen, er/sie darf jedoch den „eigenen Zeitgenossen nicht

---

197 DERS., Ook dogma's vragen uitleg, 12.
198 Vgl. DERS., Interpretation des Dogmas, 59.
199 DERS., Das hermeneutische Problem, 47.
200 Ebd.
201 Vgl. DERS., Interpretation des Dogmas, 89: Bei der Abfassung der Heiligen Schrift oder von Lehraussagen bestimmen „weder die Leitung des Heiligen Geistes noch der Glaube an Gott für sich schon den Inhalt dessen ..., was gesagt und angenommen wird. Inspiration und Beistand des Heiligen Geistes verleihen eine Autorität, aber man muß herausfinden, *welcher* Aussage sie im einzelnen Autorität verleihen.“ (Hervorhebung im Original)
202 Vgl. DERS., Ook dogma's vragen uitleg, 14; DERS., Interpretation des Dogmas, 65-69.
203 DERS., Theologie als kritische Prophetie, 379.
204 DERS., Interpretation des Dogmas, 62. (Im Original hervorgehoben)

nach dem Mund reden. Eben darin muß er [bzw. sie] die Unbeliebtheit der wirklichen Propheten zu teilen wissen."[205] Die Interpretation weist die Bedeutung tradierter Texte für die Gegenwart auf, ohne die ursprüngliche Aussageintention zu verändern. Die Aufgabe einer „Unterscheidung der Geister" (1 Kor 12,10) besteht darin zu prüfen ist, inwieweit sich die christliche Heilsbotschaft mit den Geistesströmungen der Gegenwart vermitteln läßt. Bei der Wahrnehmung ihrer prophetisch-kritischen Funktion wird die Theologie vom Heiligen Geist geleitet.[206] Der Geist führt die ganze Kirche auf ihrem Weg zur vollen Wahrheit (Joh 16,13).

2. Der Geist im Kontext von Christologie und Trinitätstheologie

„Piet Schoonenberg ... darf sicher einer der Begründer der zeitgenössischen Christologie und Trinitätslehre genannt werden. Seine Thesen haben vor allem in den 60er und 70er Jahren großen Widerhall gefunden, Zustimmung und Kritik."[207] Mit diesen Worten beschreibt Patrick Lens die Bedeutung der christologischen und trinitätstheologischen Studien Schoonenbergs. Im folgenden ist nicht beabsichtigt, die im wesentlichen in den 70er Jahren geführte Diskussion um Schoonenbergs Thesen zur Christologie und Trinitätstheologie neu zur Sprache zu bringen. Zu verweisen ist statt dessen auf die jüngst erschienenen Dissertationen von Alfred Kaiser, „Möglichkeiten und Grenzen einer Christologie von unten" (1992), und Patrick Lens, „De eniggeboren Zoon" („Der eingeborene Sohn", 1995).[208] Erkenntnisleitend ist vielmehr die Frage nach der Bedeutung des Heiligen Geistes in Schoonenbergs christologischen und trinitätstheologischen Beiträgen der Jahre 1964-1971.
Um Schoonenbergs Christologie einschließlich ihrer Implikationen für die Trinitätstheologie würdigen zu können, ist es erforderlich, ihren theologischen Kontext deutlich zu machen. Daher müssen zunächst seine Überlegungen über das Verhältnis von Gott und Mensch in der Heilsgeschichte vorgestellt werden, die der christologischen Fragestellung nach dem Verhältnis von Gott und Mensch in Jesus Christus zugrundeliegen und von Schoonenberg im Kontext der Schöpfungs- und Gnadenlehre erörtert werden: „Was Schoonenberg in seiner Christologie auseinandersetzt, ist eine konsequente Anwendung seiner Lehre über das Verhältnis zwischen Schöpfer und Geschöpf."[209]

---

[205] DERS., Theologie als kritische Prophetie, 383.
[206] Vgl. DERS., Interpretation des Dogmas, 96: „Der Heilige Geist ... ist ... nicht nur in den gereiften Glaubensbekenntnissen anwesend, sondern auch in der Suche, in der Diskussion ... Das gilt auch für die Führung der Kirche durch den Heiligen Geist. Er führt uns durch das Suchen und Versuchen, ... durch ungeläuterte Einsichten, durch ganze und halbe Wahrheiten und deshalb auch durch halbe und ganze Irrtümer hindurch."
[207] P. LENS, God heeft Zich aan onze menselijkheid gewaagd, 366.
[208] Vgl. A. KAISER, Möglichkeiten und Grenzen einer Christologie „von unten", bes. 127-239; P. LENS, De eniggeboren Zoon, bes. 1-108; 409-510.
[209] R.J.A. VAN EYDEN, Hoe spreken over Jezus Christus, 15.

Schoonenberg sucht, wie er 1972 sein christologisches Anliegend der zurückliegenden Jahre verdeutlicht, die „Alternative: Gott *oder* Mensch“ als ein „falsches Dilemma“ aufzudecken, indem er zeigt, daß Gott als Schöpfer und vor allem als Bundesgott *im* Menschen wirkt.[210] Von diesem Ansatz her legt er in der Christologie dar, „daß der Erstgeborene in keinerlei Hinsicht weniger Mensch ist als wir, auch und vor allem nicht im menschlichen Person-Sein, daß Jesus alles hat von einer menschlichen Person, ja daß er menschliche Person *ist.*“[211]

a) „Nicht-Konkurrenz“ zwischen Gott und Mensch

Schoonenberg ist von der „Säkularisations-Theologie“ der 60er Jahre beeinflußt, die in ihrer Suche nach einem neuen Weltbild Gott und Mensch stärker aufeinander bezogen, in der Christologie den Akzent auf das Mensch-Sein Jesu Christi gelegt hat.[212] Er nimmt Abstand von dem klassischen kausalen Verständnis des Zusammenhangs von Gott und Mensch, nach dem Gott als „außerhalb“ oder „über“ der Schöpfung existierend vorgestellt wird, und sucht nach neuen Formulierungen, Gott und Welt bzw. Gott und Mensch zusammenzudenken.[213] Seine Darlegungen zum Schöpfungs- und Gnadenhandeln Gottes, die er vom Grundgedanken der Nicht-Konkurrenz zwischen Gott und Mensch her entfaltet, versteht er als „ein Stück metaphysischer Theologie“[214]. Liegt nach Schoonenberg der zeitgenössischen Auseinandersetzung zwischen heilshistorischer Theologie und Existentialtheologie die Annahme zugrunde, daß metaphysische Theologie überholt sei - wobei er unter „Metaphysik“ die „Projektion einer idealen Welt hinter oder über der Welt, ... eine Art rationalisierter Mythologie“[215] versteht -, so tritt er selbst für eine Metaphysik ein, die eine Aussage über das Geheimnis als in der Wirklichkeit anwesend macht: Metaphysische Theologie, die das Geheimnis nicht hinter der

[210] Vgl. P. SCHOONENBERG, Het avontuur der christologie, 307.

[211] Ebd., 307. (Hervorhebung im Original)

[212] Vgl. DERS., Enige theologische stellingen aangaande de secularisatie, 343. Als Kennzeichen der Säkularisation nennt Schoonenberg u.a.: „den Abstand gegenüber religiösen Formen und Einstellungen ..., den man Desakralisierung nennen könnte, ... die positive Entdeckung und Bejahung der Welt ... mit ihren eigenen Werten.“

[213] Vgl. P. LENS, De eniggeboren Zoon, 345; T.J. VAN BAVEL, God absorbeert niet, 385: Nach Bavel hängt die Entdeckung des Menschen Jesus mit der „Säkularisations-Bewegung“ der 60er und 70er Jahre zusammen. Er vertritt die Ansicht, „daß jedesmal in der Geschichte ein Säkularisations-Prozeß auftritt, wenn die Religion zu transzendent und zu weltfremd wird. Säkularisation im religiösen Sinn ist dann eine periodisch wiederkehrende Erscheinung, bei der das Verhältnis Gott-Welt (Mensch) immer wieder korrigiert wird. Dieser Prozeß ist als faktisch nichts anderes als die Übersetzung eines Konfliktes, der aus der Spannung zwischen dem Menschen und dem Mysterium erwächst. Die Gefahr einer radikalen Ausschaltung von einem der Pole ist dabei immer gegeben. In unserer Zeit liegt die Korrektur deutlich auf der Seite des Menschen.“

[214] Vgl. P. SCHOONENBERG, Ein Gott der Menschen, 9.

[215] Ebd.

Wirklichkeit sucht, in einem alles übersteigenden Sinn, sondern die die Wirklichkeit selbst als ein Geheimnis begreift, ist als solche Aufschließung des Verhältnisses von Gott und Welt, und sie gelangt zu der Überzeugung, daß die Exklusivität des „Entweder-oder" von Gott und Welt bzw. Gott und Mensch als ein „falsches Dilemma" entlarvt, demaskiert werden muß.[216]
In Schoonenbergs Arbeiten kommt das in der Theologie allgemein zu beobachtende Interesse für die Heilsgeschichte und die Thematisierung des Heils zum Ausdruck, die als neue Orientierung der Theologie seit Mitte des Jahrhunderts wahrnehmbar ist.[217] Die Problematik der „Verträglichkeit von Gottes gnadenvoller und souveräner Leitung mit der Freiheit und Verantwortlichkeit des Geschöpfs Mensch"[218] erweist sich für ihn als die Grundfrage im Hinblick auf Gottes schöpferisches, rettend-erlösendes und vollendendes Handeln. Die Frage nach dem Verhältnis der Allursächlichkeit Gottes zur Freiheit des Menschen wird von ihm im Kontext der Schöpfungs- und Geschichtstheologie besprochen, um von dort her das „Zusammengehen" von Gott und Mensch im Gnadenbund zu entfalten. So ist in Schoonenbergs Darstellung Gottes Heilshandeln in die Schöpfung aufgenommen. Er vertritt damit die These, daß die Gnade nicht der Schöpfung gleichsam von außen hinzugefügt wird, sondern darin ihren Ort hat, ihr immanent ist. Die Schöpfung selbst ist Heilsmysterium, das Gnadenverhältnis hat seinen Ort innerhalb der Schöpfung: „Der Gnadenbund ist in Gottes Schöpfung aufgenommen."[219] Gottes Schöpfung ist Evolution und Geschichte, und darin ist Gottes Bund Heilsgeschichte.[220]

α) Gottes Schöpfer- und Bundeshandeln

Die Frage, „inwieweit Gott und Mensch ... im Gnadenverhältnis zusammengehen"[221], inwiefern Gottes Gnade und menschliche Freiheit in Gottes Gnadenhandeln „zusammenwirken", bildet den Hintergrund von Schoonenbergs Überlegungen zum göttlichen Schöpfer- und Bundeshandeln. Bei der Besprechung eines klassischen Problems der Gnadenlehre, der Frage nach dem Verhältnis von Gottes Ursächlichkeit und menschlicher Freiheit, beruft sich Schoonenberg auf die Schöpfungslehre.[222] Danach ist der katholische Gnadenstreit des 17. Jahrhunderts zwischen Luis Molina und Domingo Bánez (bzw. zwischen den beiden Ordensgemeinschaften der Jesuiten und der Dominikaner), der sich an der Prädestinationsfrage entzündet hat, auf beiden Seiten auf die stillschweigende Voraussetzung eines „Konkurrenzverhältnisses" zwischen Gott und Mensch, zwischen Schöpfer und Geschöpf, zurückzuführen: auf die Annahme, daß „Schöpfer und Geschöpf Konkurrenten seien, daß Gottes Tätigkeit

[216] Vgl. DERS., God of mens: een vals dilemma.
[217] Vgl. H. RIKHOF, Reden van bestaan, 251.
[218] P. SCHOONENBERG, Ein Gott der Menschen, 9
[219] Ebd., 47.
[220] Vgl. ebd.
[221] Ebd., 37.
[222] Vgl. H. RIKHOF, Reden van bestaan, 265-267.

auf Kosten der Tätigkeit des Menschen und des Menschen Freiheit und Ursprünglichkeit auf Kosten von Gottes Ursächlichkeit gingen; daß Gott weniger tätig sei, wo des Menschen Aktivität größer wird, und umgekehrt."[223] Aus der Sicht Molinas ist das Wirken Gottes nur gemeinsam mit der menschlichen Freiheit vorstellbar. Den Ausgangspunkt bildet der freie Wille und die Verantwortlichkeit des Menschen gegenüber Gott. Nach Molina hat Gott selbst keinen ursächlichen Einfluß auf die Freiheit des Menschen. Demgegenüber legt Bánez Nachdruck auf die Allursächlichkeit Gottes, der den freien Willen des Menschen zum Entschluß bewegt. Die Gnade ist durch sich selbst wirksam und nicht (wie bei Molina) kraft menschlicher Zustimmung und Mitwirkung. Schoonenberg sucht zwischen beiden Positionen - der Betonung der Freiheit des Menschen einerseits, der Ursächlichkeit Gottes andererseits - zu vermitteln, indem er aufzeigt, daß Gottes Handeln das des Menschen nicht ersetzt, sondern von innen her ermöglicht.[224] Dabei bedient er sich der fundamentalen Kategorie des Bundes. Schoonenbergs Anliegen ist es, „Gott und Mensch, Gott und Welt zusammen auszusagen"[225]. Es geht ihm darum, Gottes Ursächlichkeit und Freiheit mit der Freiheit, Verantwortlichkeit und Mitwirkung des Menschen zusammenzudenken. Beeinflußt ist er dabei von der theistischen Auffassung des jüdischen Philosophen Emmanuel Levinas, für den die Freiheit des Menschen Voraussetzung für die Begegnung mit Gott ist, die immer über den Mitmenschen vermittelt ist. Geprägt wurde Schoonenbergs Denken durch John A.T. Robinson und über diesen durch Paul Tillich und Dietrich Bonhoeffer sowie durch Exponenten eines erneuerten Thomismus (Rahner, Sertillanges). Es wurde bestimmt durch die Auseinandersetzung mit Vertretern der sog. „Gott-ist-tot"-Theologie bzw. des Atheismus (Sartre, Camus) und ihrer Betonung der menschlichen Freiheit. Wie Schoonenberg die Entwicklung seines persönlichen Denkens beschreibt, ist dieses „den Weg von der biblischen Gottesaussage zur modernen Problematik gegangen. Dabei kam ich vom Gottesbild, das auf den Vorstellungen des Bánez beruht, zu der Einsicht, daß Gottes transzendente Schöpfungsursächlichkeit die Wirklichkeit von Mensch und Welt nicht schmälert, sondern gerade verwirklicht."[226]
Gott ist Schöpfer, der frei schafft und frei handelt.[227] Der Schöpfer bewirkt alles Sein und Handeln, in Evolution, Geschichte und Heilsgeschichte. Er verwirklicht alles Sein und jedes Handeln als ein Sein und Handeln des innerweltlich Seienden selbst. Gott verleiht dem Geschöpf durch seine Schöpfung Wirklichkeit und Individualität, Personalität und Unabhängigkeit. Verdanken sich die Geschöpfe mit ihrer Existenz ganz ihrem Schöpfer und sind von daher einerseits ganz von ihm abhängig, so sind sie andererseits in ihrem Handeln insofern unabhängig, als Gott die geschöpflichen, innerweltlichen Ursachen

---

[223] P. SCHOONENBERG, Ein Gott der Menschen, 12.
[224] Vgl. ebd., 10f.
[225] Ebd., 14.
[226] Ebd., 14f.
[227] Vgl. 15-30; DERS., God concurreert niet, 2-10; DERS., Bund und Schöpfung, 23-117; DERS., Gottes werdende Welt, 9-134.

zum Handeln bringt. Die Tätigkeit des Geschöpfes „kommt vollständig von Gott, ebenso wie das Sein des Geschöpfes in seiner Ganzheit. Sie ist vollständig abhängig und hervorgebracht von Gottes allumfassender Ursächlichkeit. Dennoch bleibt die Tatsache, daß Gott durch seine totale Ursächlichkeit das Geschöpf vollständig selbst handelnd macht, gemäß seiner eigenen Natur und Ordnung, so daß die sich einstellenden Ergebnisse wahrhaft und wirklich durch diese Tätigkeit hervorgebracht sind.“[228]

In diesem Sinne hebt der Schöpfungsglaube die Alternative: „Gott oder Welt“ - auf: „Gottes [universale, erhaltende und regierende] Ursächlichkeit macht den Menschen nicht weniger frei, sondern läßt ihn von innen heraus in Freiheit wählen und entscheiden. ... vor allem ... muß unsere Theologie sich selbst vor der Alternative: Gott oder Geschöpf - hüten und beharrlich den Standpunkt: Gott und Geschöpf - vertreten.“[229] Die Tätigkeit des Schöpfers ermöglicht und verwirklicht die Eigentätigkeit des Geschöpfes.[230] Gott „konkurriert nicht mit unserem Akt, sondern verwirklicht ihn gerade auf jene Weise, wie er *unser* Akt ist; er realisiert ihn als freien Akt.“[231]

Gott ist Schöpfer einer evolutiven, einer sich stets entwickelnden Welt.[232] Schoonenbergs Schöpfungstheologie liegt ein Verständnis von Schöpfung als („creatio continua“) zugrunde: „Gott ist als Gott jederzeit die transzendente (und damit auch die universal-immanente) Ursache der ganzen Welt und von allem.“[233] Denn gerade „durch seine Transzendenz steht Gott nicht neben einer weltlichen Ursache, sondern ist er dieser ganzen Ursache und aller Wirklichkeit der Welt immanent.“[234] Seine Immanenz hebt seine Transzendenz nicht auf.[235] Das „Zusammengehen“ von Gott und innerweltlicher Ursache darf nicht in dem Sinne mißverstanden werden, als sei Gott eine Ursache neben oder inmitten anderer Ursachen. Vielmehr hat und *ist* Gott die Initiative. Nach Schoonenberg handelt Gott selbst via zweiter Ursachen: Das Einschalten von autonomen zweiten Ursachen durch Gott verringert die Unnahbarkeit und Unzugänglichkeit von Gottes Handeln; zugleich wird es möglich, von Gottes heilschaffendem Wirken „gegenüber“ der Schöpfung zu sprechen. Schoonen-

[228] DERS., Bund und Schöpfung, 106.

[229] Ebd., 111.

[230] Vgl. ebd., 107-108: „Im Verhältnis der Tätigkeiten Gottes zu denen der Geschöpfe handelt Gott nie unter Beeinträchtigung des geschöpflichen Tätigseins, noch das Geschöpf unter Beeinträchtigung des göttlichen ... Gott [ist] der, der alles tut, indem er den Geschöpfen ihre ganze Tätigkeit verleiht, ... indem er den Geschöpfen gestattet, oder besser: indem er sie veranlaßt, in allem tätig zu sein. Gott bewirkt also, daß das Geschöpf selbst handelt; er schafft das Geschöpf als handelnd in seiner eigenen Kraft und nach seinen eigenen Gesetzen und als Bewirker seiner Tätigkeit ..., [so] daß, was Gott tut, auch das Geschöpf tut, was Gott nicht tut, auch das Geschöpf nicht tut.“

[231] DERS., Ein Gott der Menschen, 25. (Hervorhebung im Original)

[232] Vgl. DERS., Gottes werdende Welt, 41: „Gott schafft eine sich entwickelnde Welt, nicht nur den Anfang der-selben, sondern auch ihre ganze Fülle. Gott verwirklicht stets diese Welt als eine sich entwickelnde Welt.“

[233] Ebd., 44f.

[234] DERS., Ein Gott der Menschen, 25. Vgl. DERS., Gods transcendentie.

[235] Vgl. N. SCHREURS, Oneindig ver en oneindig dichtbij, 274-278.

berg schreibt: Die falsche Alternative, „daß Gott und Welt, Gott und Mensch Konkurrenten sind, daß sich ihr Wirken nebeneinander abspielt, muß überwunden werden durch die Erkenntnis, daß der Schöpfer seinem Geschöpf gerade das eigene Sein und Wirken immer zu eigen schenkt. Offenbar schließt das aber zugleich Gottes transzendente Initiative ein, die wir auszudrücken versuchen, wenn wir sagen, daß der Schöpfer nicht in seinem Geschöpf aufgeht, sondern hinter ihnen verborgen bleibt, aber ihnen doch in ihrer Bewegung vorausgeht ..., daß Gott ... nicht unabhängig von ‚anderen' Ursachen wirkt, nicht neben ihnen, nicht in Konkurrenz mit ihnen."[236] Zugleich wird die Autonomie des Menschen gewahrt. Gott ist in und durch menschliches Handeln - vermittelt bzw. mittelbar - aktiv: „Wenn Gott etwas in der Welt hervorbringt, tut er dies zugleich aus der Welt heraus, indem er die innerweltlichen Ursachen in Tätigkeit setzt, die für die Hervorbringung dieses Etwas gefügt sind und auch durch ihn selbst verfügt werden."[237] Dabei wird von Schoonenberg die Möglichkeit eines unmittelbaren Eingriffes Gottes in seine Schöpfung nicht ausgeschlossen, wie dies bei Wundern denkbar ist, auch wenn ein direktes Handeln Gottes nicht der gewöhnliche Weg ist, seine Ziele zu erreichen.[238] Gottes Immanenz in der Schöpfung und seine Initiative sind zwei Aspekte des Verhältnisses zwischen Gott und Welt/Mensch.

β) Gottes Gnadenhandeln am Menschen

Was von Schoonenberg im schöpfungstheologischen Kontext über das „Zusammengehen" von Gott und Mensch entfaltet wird, gilt insbesondere im Blick auf Gottes Gnadenhandeln am Menschen: „Kann es wohl anders sein, als daß auch in der Gnade Gott dadurch wirkt, daß er den Menschen einschaltet?"[239] Er greift die These Henri de Lubacs auf, wonach „die Gnade einerseits ganz ungeschuldet ist, andererseits aber Gegenstand eines nicht konditionierten, sondern absoluten, schlechthinnig mit dem Menschen gegebenen und in ihm als Geistperson verwurzelten Naturverlangens ist"[240]. Bereits in seinen Beiträgen zur Gnadentheologie aus den fünfziger Jahren hat Schoonenberg die

---

[236] P. SCHOONENBERG, Ein Gott der Menschen, 30.

[237] DERS., Gottes werdende Welt, 77.

[238] Vgl. DERS., Bund und Schöpfung, 173: Gott „tut nach unserer Überzeugung kein Wunder, indem er sein Zusammenwirken mit geschöpflichen Ursachen einstellt, noch indem er quantitativ ‚etwas hinzu erschafft'. Vielmehr bleibt der Gott der Wunder seinem eigenen Schöpfungswerk treu, indem er auch in Wundertaten geschöpfliche Ursachen mitwirken läßt, indem er Kräfte beteiligt, die innerhalb der Natur am Werk sind, und indem er die Gesetze auf verschiedene Weise achtet, selbst mit ihren Ausnahmen. Doch mit alldem ist nicht geleugnet, daß das Wunder eine Ausnahme vom Gesetz als objektiver Konstante des Wirkens der Natur bildet."

[239] DERS., Ein Gott der Menschen, 39.Vgl. B. WENTSEL, Natuur en genade, 213-217. 315; H.J. KOUWENHOVEN, Simul iustus et peccator, bes. 49-66; H. RIKHOF, Reden van bestaan, 265-267.

[240] P. SCHOONENBERG, Bund und Schöpfung, 193. Schoonenberg bezieht sich hier auf: H. DE LUBAC, Surnaturel; DERS., Le mystère du surnaturel. Vgl. DERS., Le mystère du surnaturel (1965). Siehe B. WENTSEL, Natuur en genade, 85: Danach ist Schoonenberg im niederländischen Sprachraum derjenige, der auf eindringlichste Weise einigen Grundgedanken von Henri de Lubac Gestalt gegeben hat.

Einheit von Natur und Gnade hervorgehoben und sich damit gegenüber dem „Extrinsezismus“ der Gnade, dem Verständnis der Gnade als „donum superadditum“, abgesetzt. Aufgrund des allgemeinen Heilswillens Gottes ist die menschliche Natur auf die übernatürliche Begnadigung gerichtet. Der Mensch befindet sich allzeit in der übernatürlichen Ordnung; alle Menschen sind zur ewigen Glückseligkeit berufen. Die Natur des Menschen ist ganz offen für die von Gott angebotene Gnade. Nach Schoonenberg setzt sowohl die Natur die Gnade voraus als auch die Gnade die Natur, wobei der Akzent auf ersteres fällt.[241] In seinen Arbeiten der 60er Jahre betont Schoonenberg erneut im Rückgriff auf de Lubac den Geschenkcharakter der Gnade und des Bundes sowie das absolute Verlangen nach diesem Geschenk als Geschenk. Bei Schoonenberg wird der Einfluß der Auffassung Karl Rahners deutlich, daß im Menschen ein „übernatürliches Existential“ auf die Gnade hinziele.[242]

Die Gnadenmitteilung ist eine der Weisen, wie Gott schöpferisch wirksam ist. Schoonenberg betont die Notwendigkeit der menschlichen Mitwirkung bei der Gnadenhilfe. Denn aus der Grundannahme, daß Gottes Geschenk der Gnade zu seiner Schöpfung gehört, ergibt sich für Schoonenberg, „daß das oben entwickelte Prinzip vom Wirken Gottes durch seine Geschöpfe auch auf sein Gnadenwirken beziehungsweise sein Bundeshandeln anwendbar ist ... Hier ist zu bedenken, daß Gott nicht nur durch ein Geschöpf auf andere wirkt, sondern auch jedes Geschöpf als sich auf seine eigene Weise als *causa sui* verwirklichend erschafft. Im Geschenk seiner Gnade steht Gott als unser Bundesgott, als unser Du, vor uns. Daher kann er uns nur in einem geschaffenen Du, in einem Mitmenschen entgegentreten, und er tut dies in der höchsten Weise in Jesus Christus, dem Menschen, der sein Sohn ist. Denn wie kann der Gott, der allen *im*manent ist und von innen her wirkt, mir anders *gegenüber*treten als in einem anderen? Gott gibt uns also seine Gnade, indem er uns im anderen schenkend gegenübertritt.“[243]

In der Gnade ist Gott schenkend. Da nur Menschen einander etwas schenken können, wird der schon begnadete Mensch dem anderen Menschen zum Mittler der Gnade. Dabei wird Gott, mehr noch als im allgemeinen Verhältnis zwischen Schöpfer und Geschöpf, in der Gnade als Initiative sichtbar.[244] Im Gnadenprozeß, in dem sich das Schöpfungs- und Bundesverhältnis zwischen Gott und Mensch manifestiert, sind Gott und Mensch keine Konkurrenten. Gott schenkt seine Gnade durch menschliche Vermittlung, in der Begegnung

[241] Vgl. P. SCHOONENBERG, God, Vader en Schepper, 193f: „Nichts ist ... übernatürlich, ohne zugleich auch natürlich zu sein; das Übernatürliche ist niemals nicht-natürlich. Es ist deshalb ein bedenkliches Unternehmen, des Menschen Aktivitäten in natürliche und übernatürliche einzuteilen. Vielmehr ist in allen Aktivitäten, ebenso wie in der konkreten Existenz des Menschen, stets ein natürliches Element anwesend und auch ein übernatürliches (sei es vielleicht auch als verweigertes).“

[242] Vgl. K. RAHNER, Natur und Gnade. - Rahners Verständnis des „übernatürlichen Existentials“ ist mit der Sicht De Lubacs inhaltlich verwandt, auch wenn dieser von einem „natürlichen“ Existential sprechen würde: Siehe P. SCHOONENBERG, Bund und Schöpfung, 193.

[243] P. SCHOONENBERG, Bund und Schöpfung, 196. (Hervorhebung im Original)

[244] Vgl. DERS., Ein Gott der Menschen, 44-47.

zwischen Mensch und Mensch. Bezüglich der Tatsächlichkeit der Vermittlung verweist Schoonenberg auf Jesus Christus als den zentralen Mittler der Gnade.[245]

b) Die christologische Problematik: „Gott und Mensch oder Gott im Menschen?“

α) Rückbindung an die dogemenhermeneutische Fragestellung

Den Ausgangspunkt der Christologie Schoonenbergs der 60er Jahre bildet die hermeneutische Frage, wie das christologische Dogma von Chalcedon übersetzt werden müsse, um seine Relevanz für das Bekenntnis zu Jesus Christus als Gott *und* Mensch für die Gegenwart zu erweisen: „Was verlangt eine wirklich schöpferische Treue zu unserem Glauben an Jesus als den Christus? Wie kann dieser Glaube heute ohne Verkürzung und Verzeichnung bekannt werden, aber auch ohne daß man sich auf Denkmodelle festlegt, die heute nicht mehr aussprechen, was früher gemeint war?“[246] Angesichts der die zeitgenössische Christologie (be)treffende „Erschütterung der Fundamente“[247] ist zu klären, „inwiefern das Modell von den zwei Naturen in Christus uns die Wirklichkeit Christi näherbringt und inwiefern es uns von der Person Jesu Christi entfernt.“[248] Es geht ihm um die Weitergabe des Glaubenserbes in einer sich wandelnden Welt: „Die vergangene Tradition selbst ist eine Bewegung; vor allem ein Studium der christologischen Diskussionen hat mir das klar gemacht ... Eine Tradition muß angenommen, aber ebenso ... denen weitergegeben werden, die bereit sind zu hören, was der Geist uns heute zu sagen hat.“[249]

β) Anklage gegen einen „entmenschlichten“ Christus

Schoonenbergs christologischer Neuansatz läßt sich von seinem Ansatz her den christologischen Entwürfen der 60er und 70er Jahre zuordnen (John A.T. Robinson, Felix Malmberg, Ansfried Hulsbosch, Edward Schillebeeckx, Wolfhart Pannenberg, Karl Rahner). Gemeinsam ist ihnen die stärkere Akzentuierung des *Menschseins Jesu Christi* und damit seiner *Heilsbedeutung „pro nobis“*[250]. Hat sich durch Chalcedon gegenüber dem biblischen und frühchrist-

---

[245] Vgl. H. RIKHOF, Reden van bestaan, 265f.
[246] P. SCHOONENBERG, Ein Gott der Menschen, 52.
[247] DERS., Bund und Schöpfung, 7.
[248] DERS., Ein Gott der Menschen, 54.
[249] Ebd., 8f. Vgl. ebd., 69: „Wir schreiben ... in der Hoffnung, daß der Geist, der uns auf dem Weg unserer Denkmodelle voranführt, uns nicht vom Weg abirren lasse, der zur vollen Wahrheit und zum ganzen Christus führt: daß er uns an alles erinnert, was Jesus gesagt hat und was er für uns war und ist.“
[250] Vgl. W. VELDHUIS, Entwicklungen in der Christologie, 16-18: „In erster Linie versucht man, die Trennung zu durchbrechen, die in der theologischen Besinnung einerseits auf Christi Heilswerk, andererseits auf sein Wesen und seine Person entstanden ist. Eine zweite Frage ist, wie man über das Wesen und die Person des menschgewordenen Sohnes Gottes so sprechen

lichen Christus-Bekenntnis der Akzent vom Handeln zum Sein verschoben, so gerät nun erneut Gottes Gegenwart im Menschen Jesus Christus in den Blick. Veldhuis fragt: „Wenn Christus eine Person ist, und zwar die göttliche Person des Wortes, dann gibt es in ihm kein menschliches Personsein neben seinem göttlichen Personsein. Fehlt dann seinem Menschsein nicht etwas Wesentliches, weil es ein Menschsein ohne eigenes menschliches Personsein ist?“[251] Schoonenberg plädiert für einen *„Christus ohne Zweiheit“*[252]. Er wendet sich gegen ein nach-chalcedonensisches Verständnis der Person Christi, das aus einer geheimen Leugnung des „Wesenseins-mit-uns“ resultierte, welches von Chalcedon selbst ausgesprochen wurde.[253] Ist Christus als die eine Person Gott oder Mensch? Schoonenberg vertritt die Auffassung, daß Jesus Christus als die eine Person Mensch war. Es geht ihm darum, die drohende Gefahr eines „entmenschlichten“ Christus abzuwenden. Die Sorge um die Wahrung des Menschseins Jesu Christi ist Ausdruck eines wachsenden „Humanismus“ in seiner Theologie: Sein Denken bewegt sich „immer mehr von Gott her auf den Menschen hin, wobei ich wie andere Theologen darum ringe, Gott selbst nicht aus dem Spiel zu bringen (die falsche Alternative!)“[254]. Seine Christologie ist durch den *methodischen Ansatz „von unten“* bestimmt: Sie geht vom biblischen Zeugnis über den Menschen Jesus aus, nicht von der göttlichen Sohnschaft Jesu Christi.[255]

---

kann, daß man die Einheit der Person wahrt, ohne die menschliche Natur der göttlichen zu opfern. Drittens befaßt man sich intensiv mit der Frage nach dem Selbstbewußtsein Jesu während seines irdischen Lebens ... Wie kann man über das Wesen Jesu Christi, des menschgewordenen Logos, so sprechen, das seine Heilsbedeutung nicht zugedeckt, seine Menschheit nicht minimalisiert und seine Einheit nicht gespalten wird?“

[251] W. VELDHUIS, Entwicklungen in der Christologie, 16. Vgl. H. RIKHOF, Reden van bestaan, 268.

[252] Vgl. P. SCHOONENBERG, Christus zonder tweeheid?

[253] Vgl. H.E. WEVERS, Jezus Christus - van waar komt hij?, 44f.

[254] P. SCHOONENBERG, Bund und Schöpfung, 183.

[255] DERS., Het avontuur der christologie, 308f: „Was die Christologie aus meinem Buch ‚Ein Gott der Menschen‘ ... vor allem charakterisiert, ist ihre Methode. Ich möchte vom Menschen Jesus Christus her seine göttliche Sohnschaft und damit auch Gottes eigene Dreieinheit zu verstehen suchen. Ich optiere damit für eine Christologie ‚von unten‘, wie diese in den letzten Jahren auch auf so eindrucksvolle Weise von Wolfhart Pannenberg [Grundzüge der Christologie] vertreten worden ist. Wie Pannenberg und ... unabhängig von ihm bin ich zu dem Schluß gekommen, daß die Aporien in unserer Christologie dem Umstand zuzuschreiben sind, daß man nicht den Menschen Jesus, sondern den Logos in Gott zum Ausgangspunkt genommen hat. Ich meine, daß es nur möglich ist, von der Schöpfung und der Heilsgeschichte her über Gott zu denken, von der Heilsgeschichte her über Gottes Dreieinheit, von Jesus über Gott den Sohn und von dem uns gegebenen Geist über den Geist in Gottes Wesen ... Diese Methode bringt es mit sich, daß wir von Jesu Mensch-Sein ausgehen und dieses völlig ernst nehmen ... Die Christologie darf ... das Menschliche zum Ausgangspunkt nehmen; sie kann nicht anders. Sie kann dies tun im Vertrauen darauf, daß alles Göttliche von Christus nichts seiner menschlichen Wirklichkeit fortnimmt. Denn Gott konkurriert nicht ..., Gott absorbiert nicht. Positiver gesagt: Die Christologie darf von der unverkürzten menschlichen Fülle von Jesus ausgehen im Vertrauen, daß dadurch das Göttliche in ihm *besser* zu seinem Recht kommen wird. Denn Gott ist ein Gott der Menschen, der Schöpfer, der die Menschen als Menschen will, der Bundesgott, der den Men-schen in seiner Fülle anerkannt und anruft.“ (Hervorhebung im Original).

Schoonenberg hebt den *Modellcharakter der Zwei-Naturen-Lehre* hervor.[256] Seine Kritik am chalcedonischen Dogma erwächst aus der Betrachtung der biblischen und frühchristlichen Christologie. Nach Schoonenberg werden in der Schrift zwei Denkmodelle sichtbar, durch die die Gefahr des Adoptianismus überwunden wird: „Jesu Ursprung wird ganz Gott zugeschrieben, entweder durch seine Empfängnis aus dem Heiligen Geist oder durch seine Präexistenz."[257] Es handelt sich hierbei um zwei verschiedene Zugänge zur Gottheit Jesu Christi, die nach Schoonenberg einer Pneuma- bzw. einer Logos-Christologie entsprechen. Mit der klassischen, durch Chalcedon inspirierten Christologie ist der Übergang vom biblischen Denken zum Hellenismus vollzogen worden. Die christologischen Titel der Schrift - „Sohn Gottes" bzw. „Sohn", „Knecht (Jahwes)" bzw. „Gottesknecht", „Prophet", „Menschensohn", „Herr" bzw. „Kyrios" -, sind in dem einen Titel „Sohn Gottes" aufgegangen. Die zentralen Begriffe von Chalcedon, „Natur" und „Person", sind nicht-biblische Terminologie, eine hellenistische Erfindung.[258] Die Zwei-Naturen-Lehre ist statisch und „essentialistisch"; die Formel „Eine Person in zwei Naturen" macht keinerlei Aussage über das Heil des Menschen. Auch schweigt sie über die eigene (Heils-)Geschichte Jesu Christi.
Die Zwei-Naturen-Lehre erweckt den Eindruck von *zwei „Lagen" oder „Schichten" in Jesus Christus*, als ob das Menschliche und das Göttliche in ihm nebeneinander oder gegenüber existierten und „addierbar" seien: „The one Christ in two natures forces us either to deny a human person in Christ and thus his consubstantiality with us, or to admit the human person with the result that Jesus Christi is no longer *one* person."[259] Seine Frage lautet: „Ist Jesu menschliches Personsein in das Personsein des Wortes aufgenommen und ist er deshalb als Mensch entpersönlicht? Oder steht das menschliche Personsein als eigenes menschliches Zentrum von Handlungen, von Entscheidungen und Ichbewußtsein neben oder in Spannung zu der göttlichen Person des Wortes? ... Führt uns das chalcedonische Modell zu einem verkleideten oder einem geteilten Christus?"[260] Unter alexandrinischem Einfluß wurde Christus vor allem als die zweite göttliche Person bzw. als der ewige, präexistente Sohn gesehen. Demgegenüber geht es ihm um eine Auslegung der Enhypostasie (bzw. Anhypostasie) der individuellen menschlichen Natur Jesu Christi, die das Menschsein Jesu (in voller Konkretheit und Persönlichkeit) und die Einheit der Person wahrt[261]: „Hat Jesu menschliche Natur ein *eigenmenschliches* Personsein oder nicht? Ist sie enhypostatisch im Logos auf eine Art und Weise, die ihre eigene Hypostase bestehen läßt ..., oder ist sie durch diese Enhypostasie sogar *‚an-hypostatisch'*?"[262]

---

[256] Vgl. P. SCHOONENBERG, Ein Gott der Menschen, 55-61.
[257] Ebd. 56.
[258] DERS., From a Two-Nature Christology to a Christology of Presence, 122.
[259] Ebd. (Hervorhebung im Original)
[260] DERS., Ein Gott der Menschen, 68.
[261] Vgl. DERS., De eenheid van Christus, 100.
[262] Ebd., 62. (Hervorhebung im Original)

Problematisch ist für Schoonenberg, daß in der klassischen (Logos)-Christologie die *präexistente zweite göttliche Person* der menschlichen Person Jesu Christi gegenübersteht.[263] Damit wendet er sich letztlich gegen die Auffassung, daß die präexistente göttliche Person die menschliche Natur anhypostatisch mache. Er zielt ein „Weiterdenken" des Dogmas von Chalcedon an: „Sollte es möglich sein, eine Christologie zu konstruieren ohne die *Formel [„Eine Person in zwei Naturen"]* - natürlich nicht ohne die Aussage - von Chalcedon?[264] Dadurch möchte er zu einem weniger essentialistischen und stärker existentialistischen Interpretation der Christologie von Chalcedon gelangen. Das christologische Modell von Chalcedon muß „dadurch ergänzt werden, daß ausgeführt wird, wie die Erlösung, die im göttlichen und im menschlichen Sein Jesu enthalten ist, über die Wege der menschlichen Mitteilung zu uns gelangt ... Deshalb muß das Zwei-Naturen-Schema durch biblische Kategorien ergänzt werden ... und durch unsere Kategorien der Interpersonalität."[265]

γ) Christologie der Präsenz Gottes („Umgekehrte Enhypostasie")
Schoonenbergs zieht das Prinzip der „Nicht-Konkurrenz" im Gott-Geschöpf-Verhältnis zum Verständnis der hypostatischen Union heran: „Die Berufung auf die Wirklichkeit Jesu Christi als Mensch kann ... durch den Gedanken verstärkt werden, daß Gott, wenn er sich mitteilt, die Tätigkeiten und Selbstvollkommenheiten seiner Geschöpfe nicht aussschaltet, sondern - im Gegenteil - soviel wie möglich einschaltet."[266] Er geht von der Personeinheit Christi als primärer Gegebenheit aus. Bezugnehmend auf den modernen Personbegriff, der Bewußtsein und Freiheit impliziert und das Personsein als ein „In-sich-Existieren"[267] versteht, gelangt er zu der Einsicht, daß in Jesus Christus nicht eine göttliche Person und eine menschliche Person nebeneinander existieren können: „Eine Person kann nicht ein menschliches Personsein neben dem göttlichen Personsein in sich tragen, eine Person kann keine zwei Seinsakte in sich haben."[268] Mit Blick auf das Zeugnis der Schrift und der Überlieferung muß jedoch Jesus ein menschliches Personsein, d.h. „ein eigenes menschliches Sein und Werden und ein menschliches In-der-Geschichte stehen positiv zuerkannt"[269] werden. Hieraus folgt: „Jesus Christus ist *eine* Person, er ist eine menschliche Person."[270]
Um den Dualismus in Christus zu überwinden und zugleich sein menschliches Personsein aussagen zu können, entwickelt er die Theorie der „Enhypostasie des Wortes" bzw. der *„umgekehrten Enhypostasie"*, die besagt, daß die Gött-

[263] Vgl. DERS., Ein Gott der Menschen, 93.
[264] DERS., „Over de Godmens", 168. (Hervorhebung im Original)
[265] DERS., Ein Gott der Menschen, 67.
[266] Ebd., 78.
[267] Vgl. ebd., 182.
[268] Ebd., 79.
[269] Ebd., 77.
[270] Ebd. (Hervorhebung im Original)

lichkeit des Sohnes persönlich wird in der Person des Menschen Jesus.[271] In Jesus Christus konstituiert Gottes Wort seine eigene Existenz als Mensch. Die menschliche Natur ist nicht mehr, wie in der klassischen Christologie, enhypostatisch im präexistenten Sohn Gottes, sondern das Wort ist enhypostatisch in dem Menschen Jesus, der Gottes Sohn ist.[272] Schoonenberg entfaltet seine Sicht von Christi Personsein als eine Umkehrung des chalcedonischen Modells, soweit dieses alexandrinisch bzw. durch den Neu-Chalcedonismus beeinflußt ist: „Jetzt ist nicht die menschliche, sondern die göttliche Natur in Christus anhypostatisch - ... insofern wir das Personsein des Wortes ohne den Menschen Jesus nicht kennen können."[273] Er versteht seine neue Deutung der hypostatischen Union als „Theorie von der Gegenwart des Gotteswortes oder Gottes durch sein Wort in Jesus Christus, und zwar Gegenwart auf die Weise, daß dieses Wort ganz in ihn eingeht; daß es in ihm eine geschichtliche Person wird; daß es Fleisch wird."[274] Er ersetzt „das Modell von der göttlichen Person mit zwei Naturen und also zwei Willen und Handlungweisen ... durch das Modell von Gottes ganzer Gegenwart in der menschlichen Person Jesus Christus mit eigenem menschlichem Willen und Handeln."[275] In diesem Sinne kann er sagen, daß Jesus Christus als Person göttlich und menschlich ist, eine gottmenschliche Person. Es gibt nur eine Sohnschaft, die gott-menschliche Sohnschaft.[276]

Im Menschen Jesus wohnt die Fülle der Gottheit leibhaft(ig) (Kol 1,19; 2,9). In ihm hat Gott auf endgültige, unübertreffliche Weise sein Wesen mitgeteilt, hat er sich selbst ausgesprochen. Schoonenberg ersetzt die ewige göttliche Person in Christus durch Gottes völlige Präsenz.[277] Es geht ihm „um den Ersatz der zwei Naturen einer einzigen Person durch die allesbeherrschende Gegenwart Gottes in dieser menschlichen Person."[278] Er entwirft eine „*Christologie der vollen Gegenwart Gottes*", eine „*Christologie menschlicher Transzendenz und Heilsbedeutung*"[279]. Diese umschreibt er folgendermaßen: „Jesu Gott-Sein [scheint] etwas zu sein, das in seinem Leben wächst, das Geschichte hat. Darum ist es eher als ein heilbringendes Anwesend-Sein Gottes oder ein Sich-Identifizieren Gottes mit Jesus, das gerade in seiner Herrlichkeit vollständig wird (dann ist Jesus der Herr, Messias, Sohn *geworden*: Apg 2,36; 13,33; Röm

[271] Vgl. ebd., 95: „Die Kritik am chalkedonischen Modell hat uns zur Schrift zurückgeführt. Wir sind von der Enhypostasie der Menschheit im Wort zur Enhypostasie des Wortes im Menschen Jesus Christus gekommen."

[272] Vgl. ebd., 92: „Vor allem aber ist in unserer Auffassung nicht die menschliche Natur enhypostatisch in der göttlichen Person, sondern die göttliche Natur enhypostatisch in der menschlichen Person."

[273] Ebd., 92.

[274] Ebd., 94.

[275] Ebd., 146.

[276] Vgl. ebd., 92f.

[277] Vgl. ebd., 133.

[278] Ebd., 97. Vgl. DERS., Gods tegenwoordigheid in Christus, 396f: „Christus ist ... ‚menschgewordener Gott'. Gott hat ihn so erfüllt, daß Gott in ihm Mensch geworden ist."

[279] Vgl. DERS., Ein Gott der Menschen, 96.

10,9).“[280] Mit Van Bavel kann Schoonenbergs christologisches Modell als „Gegenwarts- oder Anwesenheitsmodell“[281] bezeichnet werden.
Jesus Christus ist der eschatologische Mensch, der eschatologische Höhepunkt des göttlichen Heilshandelns und somit der menschlichen Heilsgeschichte. In „der Heilsgeschichte ist er *endgültig* Gottes volles Wort, gesprochen und weitergegeben in ‚der Fülle der Zeit' (Gal 4,4; vgl. Mk 1,15)“[282]. Er ist „Erstling der Entschlafenen“ (1 Kor 15,20). Er ist Spender von Heil, Leben, Freiheit, Liebe und Kindschaft. Es sind dies die Heilsgaben des Geistes, der auch sein Geist ist, der Geist des Verherrlichten (vgl. Joh 14,25; 16,14), denn „der Herr ist der Geist“ (2 Kor 3,17). Der Geist macht den Verherrlichten als Gebenden und Wirkenden gegenwärtig, der Geist ist der „Vergegenwärtiger“ des verherrlichten Christus.[283] Von daher nennt Schoonenberg seine Christologie auch eine *„Christologie der menschlichen Endvollendung“*[284].

δ) „Proexistenz“ statt „Präexistenz“
In Jesu gesamter menschlicher Existenz wird deutlich, wer Gott für uns ist. Die Transzendenz Christi als göttlicher Person ist in seiner menschlichen Proexistenz begründet, in dem Umstand, daß Jesus ganz der Mensch für andere war. Schoonenberg ersetzt die *„Präexistenz“ des göttlichen Sohnes* durch die *„Proexistenz“ des Menschen Jesus*. Jesus ist so von Gott erfüllt, daß Gott in ihm ganz anwesend ist; in Jesu Dasein für die anderen wird Gottes Liebe zu den Menschen und seine Sorge um sie sichtbar: „... in Jesus Christus [ist] Gott so sehr für uns und mit uns ..., das Jesus als ‚Gott' angesprochen und so bezeichnet wird. Christus ist Gott, insoweit er sich für uns mit ihm identifiziert, in ihm uns gegenübertritt und sich uns anbietet. Wir können dies zuspitzen, indem wir den Satz ‚Jesus ist Gott' erklären als ‚Gott ist (heute, für uns) Jesus (geworden)'.“[285] Schoonenberg möchte die ontologische Begrifflichkeit vermeiden, mit der Jesus als Gott und Mensch beschrieben wird. Jesus ist nicht jemand, der dem Menschen entfernt und fremd ist, sondern sein Mitbruder (vgl. Joh 14,9).
Unter dem Eindruck der Schriften Rudolf Bultmanns, Paul Tillichs und Dietrich Bonhoeffers zielt Robinson auf die Überwindung des herkömmlichen „supra-naturalistischen“ und „mythischen“ Weltbildes, welches Gott „außerhalb“ oder „über“ der Welt ansiedelt. Robinson beschreibt diese Weltsicht als „a picture of the world in which the *reality* of *God* is represented by the *existence* of *Gods* or of *a God* in some other order or realm of being ‚above' or

[280] Vgl. DERS., Gods tegenwoordigheid in Christus, 383. (Hervorhebung im Original)
[281] Vgl. T.J. VAN BAVEL, God absorbeert niet, 395: „Das Modell, das Schoonenberg hier vor Augen steht, ist das Gegenwarts- oder Anwesenheitsmodell. Jesus ist der Mensch, in dem Gott völlig gegenwärtig wird, in dem Gott selbst anwesend ist.“
[282] P. SCHOONENBERG, Ein Gott der Menschen, 104. (Hervorhebung im Original)
[283] Vgl. ebd., 186.
[284] Ebd. (Im Original hervorgehoben)
[285] DERS., Gods tegenwoordigheid in Christus, 381. (Hervorhebung im Original)

‚beyond' the world in which we live."[286] Robinson möchte demgegenüber Gott gleichsam in die Mitte menschlicher Existenz zurückholen: „What I want to do is not to deny God in any sense but to put him back into the middel of life - where Jesus showed us he belongs. For the Christians God is not remote, he is involved; he is implicated. If Jesus Christ means anything, he means that God belongs to the world."[287] Robinsons Kritik an der christlichen Gotteslehre ist von Schoonenberg aufgegriffen worden: „[Ich] meine ..., daß es die große positive Grundvision von Robinson ist, daß Gott nicht ein entfernter Gott ist, sondern Gott, der ‚involved and implicated' ist, wir würden vielleicht in den Niederlanden gerne sagen: ein engagierter Gott. Und sein Bemühen besteht gerade darin, Gottes Transzendenz so auszudrücken, daß sie nicht außerhalb seiner Verbundenheit mit uns zustande kommt. Dies tut er zum Beispiel mit seiner Kritik an den Bildern von ‚Gott (da)oben' und ‚Gott (da)draußen'. Das Entscheidende aber scheint mir zu sein, daß er zeigt, daß Gott recht verstanden werden muß, nicht als ein Gott, der erst in zweiter Instanz sich dieser Welt zuwendet, sondern daß er für uns ein Gott ist, der gerade sein Gott-Sein und seine Transzendenz zeigt in seiner Beziehung zu uns, daß sein Gott-Sein sich verwirklicht in seiner übergroßen Liebe zu uns."[288] Auch Robinsons Christologie erwächst nach Auffassung Schoonenbergs aus demselben Anliegen, den Menschen Gott nahezubringen: „Ich glaube, daß das, was er über Christus sagt, streng parallel zu dem verläuft, was er über Gott sagt ... Wie er in bezug auf Gott die Transzendenz vor allem - und zu Recht - in Gottes Sorge um uns aufzeigen will, so will er in bezug auf Christus seine Transzendenz, seine Unizität - seine Gottheit, würden wir sagen, aber gegen diesen Begriff hat Robinson Bedenken - nicht so sehr in der Präexistenz, sondern vor allem in der Proexistenz aufzeigen, nicht in dem Bestehen in der Dreieinheit unabhängig von der Mensch-Werdung, sondern in dem Umstand, daß dieser Mensch Jesus Christus ‚the Man for others' ist, der Mensch, der sich bedingungslos für andere gibt bis in den Tod."[289]

Auch wenn Schoonenberg manche kritische Rückfragen an Robinson formuliert - so etwa, ob bei Robinson die Personalität Gottes noch gewahrt bleibe, - betrachtet er es als entscheidendes Verdienst Robinsons, deutlich gemacht zu haben, daß uns Gott und Christus im Mitmenschen erfahrbar sind, daß man Gott im Menschen begegnet. Für ihn liegt der Wert des Buches „Honest to

---

[286] J.A.T. ROBINSON / D.L. EDWARD, The Honest to God Debate, 256 (Hervorhebung im Original). Vgl. J.A.T. ROBINSON, Gott ist anders, 21-51, hier 24: „Die Vorstellung von einem Gott, der im geistigen oder metaphysichen Sinne außerhalb der Welt ist, stirbt sehr langsam ... Denn es ist ja der Gott, mit dem wir aufgewachsen sind und von dem wir reden ... Jeder von uns lebt mit irgendeinem Bild von einem Gott ‚außerhalb', von einem Gott, der über und jenseits der Welt existiert, die er geschaffen hat, einem Gott, ‚zu' dem wir beten, und zu dem wir ‚gehen', wenn wir einmal sterben. In der klassischen christlichen Dogmatik beschreibt die Trinitätslehre die unabhängige Existenz eines göttlichen Wesens außerhalb von uns und getrennt von uns."

[287] J.A.T. ROBINSON / D.L. EDWARD, The Honest to God Debate, 277.

[288] P. SCHOONENBERG, Bisschop Robinson op het kruispunt, 4.

[289] Ebd., 5.

God“ weniger in seiner Originalität als vielmehr darin, daß Robinson Fragen, die viele Gläubige in ähnlicher Weise, aber oft unausgesprochen haben, offengelegt und damit einer gemeinsamen christlichen Besinnung zugeführt hat.[290]

Jesus Christus ist eine menschliche Person und doch Gott-Mensch. Mittels des Gedankens der Proexistenz, den Schoonenberg mit Bezug auf Robinson entfaltet, formuliert er seine eigene Position in Vermittlung zweier extremer Auffassungen: einer Sicht von Gott, der, transzendent und deistisch, über oder außerhalb von Schöpfung und Mensch existiert, und einer Sicht, nach der Gott, pantheistisch, völlig in der Schöpfung aufgeht bzw. dem Menschen immanent ist.

Für Schoonenbergs Sicht der Menschwerdung Gottes bzw. der göttlichen Sohnschaft Jesu Christi ist der Begriff der *„Kenosis“* von entscheidender Bedeutung. Sein Verständnis der „(Selbst)Entäußerung“ entwickelt er jedoch nicht von der der Präexistenz des Sohnes bzw. der Menschwerdung des Wortes her; den Ausgangspunkt bildet vielmehr das irdische Leben Jesu.[291] Zeit seines irdischen Lebens verzichtete Christus auf Herrlichkeit und Macht: „Was als Gleichheit mit Gott gilt, hat er nicht als Beute erjagen wollen, sondern er hat sich entäußert von Macht und Geltung und, wie Robinson es treffend sagt, von aller Konzentration auf sich selbst.“[292] „Kenosis“ bedeutet nicht Entäußerung oder ein „Verbergen“ der Gottheit Christi für eine bestimmte Zeit, sondern gerade (umgekehrt) eine Enthüllung und Offenbarung der Gottheit Christi: Jesus Christus ist der Mensch, in dem sich Gott in der Entäußerung offenbart als ein Gott, der sich bis zum Äußersten - bis zum Tod Jesu am Kreuz - wegschenkt: „Christus greift also in seinem irdischen Leben nicht nach einem Leben auf göttlicher Höhe, ‚sondern er hat sich entäußert’ ... Besaß Jesus schon das Leben auf göttlicher Höhe, dann müßte es so verstanden werden, daß er sich gerade dessen entäußerte, entledigte. War solch ein Leben aber noch nicht in seinem Besitz, dann kann die Entäußerung absolut verstanden werden: Er hat sich leer gemacht, zu einem Nichts herabgesetzt.“[293] Jesus hat das Leben eines Knechtes Jahwes, eines Propheten geführt; er hat ein Menschsein in Erniedrigung gewählt.[294] In seiner Geisttaufe am Jordan liegt

[290] Vgl. ebd.

[291] Vgl. DERS., Kenosis, 28: „Die Entäußerung ist kein göttlicher Akt des Sohnes bei der Menschwerdung, sondern ist eine Wahl des schon menschgewordenen Wortes während seines irdischen Lebens.“

[292] Vgl. ebd., 31. Schoonenberg bezieht sich auf: J.A.T. ROBINSON, Gott ist anders, 79: „Durch alle Evangelien zieht sich das Paradox hindurch, daß Jesus sich selbst keine eigene Bedeutung zuschreibt und doch zugleich die höchste Bedeutung dem zumißt, was Gott durch ihn und nur durch ihn tut. Wer ihm antwortet, der antwortet Gott, und wer ihn verschmäht, der verschmäht Gott ... Jesus behauptet nie von sich selbst, daß er Gott sei, doch er sagt von sich, daß er Gott bringe.“

[293] P. SCHOONENBERG, Kenosis, 25.

[294] Ebd., 28: „Die Wahl des Weges der Selbstentäußerung sehen wir nicht als einen Akt des Sohnes bei seiner Menschwerdung an, sondern als eine Entscheidung des menschgewordenen Sohnes ... Diese Wahl enthält keinen Verzicht auf eine bestimmte menschliche Daseinsweise,

sein Auftrag als Gottesknecht beschlossen. Während seines Lebens wächst in ihm die Einsicht in seinen Lebensauftrag vom heilverkündenden Propheten zum heilbringenden „Opfer“[295]. In der so aufgefaßten „Kenosis“ des Knechtes Jahwes bis zu seinem Kreuzestod wird die Einheit und Gottgleichheit des Sohnes ebenso wie die Gottheit des Vaters offenbar; Gott ist die Liebe (1 Joh 4,8-10). Die Liebe des „Gott-für-uns“ zeigt sich am deutlichsten in Jesu Menschsein-für-andere. „Erhöht“ wird Jesus am Kreuz. Der Auferstandene wird eingesetzt in Herrlichkeit (Joh 3,14; 8,22-28; 12,32ff; Röm 1,4).[296]

ε) Spuren einer pneumatologischen Christologie

Schoonenberg zielt eine *Vermittlung* zwischen der neutestamentlichen *„Adoptionschristologie" und „Inkarnationschristologie"* an: „Die Adoptionschristologie muß in die Inkarnationschristologie aufgenommen werden. Die Gottessohnschaft ist, zugleich mit seinem Menschsein, eine werdende Wirklichkeit: Die ganze Fülle der Gottheit nimmt stets mehr Besitz von ihm.“[297] Die Adoptionschristologie stellt die älteste Schicht der Interpretation der Person Jesu dar. Hier vollzieht sich die Adoption Jesu zum Sohn Gottes im Geschehen der Geisttaufe am Jordan: Im Zuge der Entwicklung der Christologie „rückt die Adoption im Leben Jesu immer mehr an den Anfang, bis sie mit dem Ursprung Jesu zusammenfällt und zur Inkarnation wird. Vorher aber wird die Sohnschaft Jesu mit seiner Taufe verbunden [Mk 1,11; Lk 3,22; Joh 1,32f].“[298]
Das Neue Testament beschreibt zum einen ein Wachsen Jesu in dem (Heiligen) Geist, durch den er empfangen wurde, ein Zunehmen an Weisheit, ein Reifen in der Sohnschaft.[299] Hier werden für Schoonenberg Elemente einer *pneumatologischen Christologie* deutlich. Er bezieht sich auf die biblischen Berichte, „daß Jesus bei allen Synoptikern nach seiner [Geist-]Taufe vom Heiligen Geist in die Wüste geleitet wird und daß nach Lukas der Geist ihn zu seiner Predigt führte und er diesen Geistempfang selbst bezeugte (Lk 5,14. 18-21)“[300]. In seiner Auferstehung und Verherrlichung ist der wort- und tatkräftige Prophet aus Nazareth, der kraft des Geistes Kranke heilt, Dämonen austreibt und Tote zum Leben erweckt, zum Spender des Geistes geworden.[301]

---

die an sich dem Sohn Gottes zukäme, sondern ist ein Verzicht auf das, was wir Menschen uns als das Leben des Sohnes Gottes vorstellen.“

[295] Vgl. ebd., 31.

[296] Vgl. ebd., 32.

[297] DERS., Ein Gott der Menschen, 158.

[298] Ebd., 130. Vgl. auch: DERS., Bund und Schöpfung, 212f: „War die Taufe Jesu nach seiner eigenen Interpretation ein Erfülltwerden durch den Geist und eine Sendung als Prophet, so hat die Gemeinde aufgrund seiner einzigartigen Machtfülle (die alle Schranken einer Tätigkeit als Rabbi und als Prophet sprengte) Jesus als den Knecht Jahwes und als Gottessohn anerkannt und seine Taufe als Berufung dazu und als Einsetzung in diese Würde verstanden.“

[299] Vgl. DERS., Ein Gott der Menschen, 99: „Gottes Fülle oder Wort oder Geist mußten über Jesus gekommen sein, z.B. bei seiner Taufe im Jordan, und seitdem mußten sie auf ihm ruhen und ihn erfüllen.“

[300] DERS., Bund und Schöpfung, 209.

[301] Vgl. ebd.

Seine Überlegungen zur *Geistempfängnis Jesu*, der im Rahmen des Adoptionsmodells Bedeutung zukommt, entfaltet Schoonenberg vom hermeneutischen Ansatz der „Nicht-Konkurrenz" zwischen Gott und Mensch her: „Daß Gott nicht an Stelle der innerweltlichen Ursachen tritt, kann uns vor der falschen Vorstellung bewahren, Gott (der Heilige Geist) habe in der Zeugung Jesu die Vaterrolle übernommen. Man muß aber leider feststellen, daß solche Vorstellungen nicht verschwunden sind und daß sie bei dem Argument, Jesus könne nicht Gottes Sohn sein, wenn er von einem menschlichen Vater gezeugt werde, bedenklich mitspielen. Auf der anderen Seite muß das Argument der Nicht-Konkurrenz Gottes, oder sogar der Einschaltung innerweltlicher Ursachen, nicht notwendig dazu führen, einen menschlichen Vater Jesu anzunehmen. Es bleibt ... die Möglichkeit, daß andere innerweltliche Mechanismen als die väterliche Zeugung eingeschaltet worden sind."[302]

Im Anschluß an die Exegese der neutestamentlichen Texte über die *„Jungfrauengeburt"* meint Schoonenberg, eher für die Nicht-Historizität der Jungfrauengeburt optieren zu müssen, er möchte aber das abschließende Urteil den Exegeten überlassen.[303] Gleichwohl ist er sich bewußt, daß die nachbiblische Tradition die Historizität der Geburt Jesu aus der Jungfrau Maria bezeugt.[304] So ist für ihn die Frage bezüglich des historischen Kerns offen. Der Bericht der Jungfrauengeburt steht in einer religiösen Tradition, die zugleich überboten wird: „Weil Jesus größer ist als die alttestamentlichen Gottesmänner, größer auch als der Täufer, wird seine Empfängnis durch die Kraft Gottes als wunderbarer vorgestellt: die männliche Zeugung wird nicht aktiviert, sondern umgangen."[305]

Läßt Schoonenberg die Frage der (biologischen) Vaterschaft offen, so wird von ihm die Empfängnis Jesu durch den Heiligen Geist als legitime Entfaltung der Glaubenseinsicht in die Gottessohnschaft Jesu von seiner menschlichen Empfängnis an bekannt. Die „adoptianischen" Züge der neutestamentlichen Christologie lehren, daß Jesu irdische Existenz von Beginn an, d.h. seit seiner Empfängnis unter dem Wirken des Geistes steht und die Gottessohnschaft in diesem Menschen Jesus eine Geschichte hat.[306]

Die Einsicht, daß Gott den Menschen Jesus in allen seinen Dimensionen erfaßt, und zwar von seinem Ursprung an, wird im Neuen Testament einmal von der *Geistempfängnis und Geisttaufe* her, zum anderen durch die *Präexistenzvorstellung* ausgedrückt: „Die zwei Modelle zur Darstellung dieses

---

[302] Ebd.

[303] Vgl. ebd., 212-220. In seiner in den 50er Jahren publizierten Dogmatik „Het geloof van ons doopsel" ist für Schoonenberg die Historizität der Jungfrauengeburt noch unbestritten. Siehe DERS., De Mensgeworden Zoon van God, 123-174.

[304] Vgl. DERS., Bund und Schöpfung, 219: „Die Schrift kann diese Historizität [der Jungfrauengeburt] nicht nachweisen. Die nachbiblische Tradition scheint für sie zu sprechen, aber auch nicht in überzeugender Weise. Die Frage: historisch oder legendär bleibt für mich vorläufig offen."

[305] Ebd., 216f.

[306] Vgl. ebd., 213f.

Ursprungs, das Modell seiner Empfängnis durch den Heiligen Geist und das vom Wort, das in ihm Fleisch wurde, sind ... notwendig."[307] Im Neuen Testament sind allerdings die Inkarnationschristologie und die (Reste der) Adoptionschristologie nicht zu einer theologischen Synthese verbunden worden. Diese Synthese strebt Schoonenberg in den späteren Jahren an, indem er zu zeigen versucht, daß Wort und Geist, verstanden als Gegenwartsweisen Gottes, im Menschen Jesus inkarniert sind.

ξ) Der Geist als Erlösungsgabe

Wird Jesus Christus als Erlöser bekannt, so kommt nach Schoonenberg darin die Einzigartigkeit und menschliche Transzendenz Jesu Christi zum Ausdruck, die ihm im Blick auf Gottes Heilshandeln zugeschrieben wird: Er ist der Erlöser, der nicht erst selbst erlöst zu werden braucht.[308] In der Erlösungstat Christi und im Erlöst-Sein und Erlöst-Werden des Menschen behält Gott die Initiative. Jesu Predigt von Gottes erlösender Herrschaft und von der Barmherzigkeit des Vaters bezeugt diese Initiative Gottes, die im Neuen Testament festgeschrieben ist: „Der Sohn und der H.[eilige] Geist sind nicht auf dieselbe Weise erlösend wie der Vater; vielmehr ist Christus der Erlösungsmittler und der Geist die Erlösungsgabe schlechthin."[309] Die Erlösung ist nicht (als einmalige) geschehen, sie geschieht fortwährend, sie wird immer wieder von Gott angeboten und bewirkt, ebenso wie Gottes erlösendes Wirken auch vor Jesus bereits seinen Anfang hatte. Gottes Erlösung durch Christus ist nicht nur ein Erlösen-von, sondern auch ein Erlösen-zu, Erlösung zur Liebe.

Gottes erlösende Initiative in Jesus Christus bleibt nicht auf die Inkarnation beschränkt, sondern sie ist in Jesu ganzem Leben anwesend: In Jesu Tod und Verherrlichung bietet Gott dem Menschen seine Erlösung an. Er setzt sein Werk fort und vollendet es durch seinen verherrlichten Sohn: „In Jesu Tod hat Gott ihn zur Vollendung gebracht, aber erst in der Verherrlichung schenkt er ihn uns. Jesus ist ganz und gar der Mensch, der auf uns gerichtet ist, die Offenbarung und das Angebot von Gottes Liebe an uns ... Er ist stets mehr Offenbarung und Angebot von Gottes Liebe geworden, und Gott offenbart sich stets mehr, in dem Maße wie Jesus wächst. Der Höhepunkt hiervon liegt in Leiden und Tod."[310]

Indem Gott Jesus von den Toten auferweckt und verherrlicht, bleibt er seinem Erlösungshandeln treu. Im Neuen Testament ist der Glaube an die Auferweckung mit dem Bekenntnis zu Jesus Christus als dem Herrn verbunden (Apg 2,36, Röm 10,9). Schoonenbergs Anliegen ist es, die Bedeutung der Auferstehung in Gottes Erlösungswerk durch Christus gegenüber der herkömmlichen Erlösungslehre stärker zu akzentuieren. Gott schenkt uns auch weiterhin Jesus, als den Verherrlichten, und darin schenkt er sich uns: „Gott

[307] DERS., Ein Gott der Menschen 99.
[308] Vgl. DERS., Christus' verlossingsdaad, 467.
[309] Ebd.
[310] Ebd., 471.

schenkt uns fortwährend seine Erlösung durch den verherrlichten Christus, aber auch durch den Heiligen Geist."[311]

Vor allem bei Paulus wird beiden dieselbe Heiligung und Leitung der Christen zugeschrieben. Diese geschieht sowohl „im Herrn" als auch „im Geist". In den neutestamentlichen Schriften werden beide sowohl miteinander identifiziert (2 Kor 3,17) als auch voneinander unterschieden: Der Geist geht vom Verherrlichten aus (Röm 8,9). Er ist der „andere Paraklet", der das Werk Jesu weiterführt (Joh 14,15. 26; 15,26; 16,8), der vom Vater gesandte Beistand (Joh 15,26; 16,7; vgl. Apg 2,33), und er empfängt von Christus, wie dieser seinerseits vom Vater empfangen hat (Joh 16,15): „So wird bereits in den neutestamentlichen Büchern deutlich, daß Gott durch seinen Christus *und* durch seinen Geist uns die Erlösung mitteilt. Es gibt keine ausdrücklich ausgesprochene Sicht vom Zusammengehen der Gegenwart des Herrn und der des Geistes, aber beide werden als heilwirkend bekannt."[312]

Mit dem verherrlichten Christus ist der Welt von Gott die Erlösung gegeben. Sie geht vom vollendeten Herrn aus und ist von daher seine Gabe. Die Kirche ist die Gestalt der endgültigen, nicht mehr ungeschehen zu machenden Erlösung. Sie ist erlost, heilig, als solche aber zugleich immer auch der Reform bedürftig („sancta simul et semper purificanda", LG 8). Die Erlösung durch Christus nimmt Gestalt an in der Leitung durch Christi Geist, „wodurch die Kirche in ihrem Bekenntnis auf dem Weg der Wahrheit bleibt, trotz der und gerade in den zeitgebundenen Formulierungen."[313] In der Begegnung mit dem verherrlichten Christus wird die Erlösung Wirklichkeit in unserer Geschichte, aber es bleibt zugleich die Aufgabe einer zu erlösenden Welt.

c) Trinitätstheologische Entfaltungen

Schoonenberg geht davon aus, daß die Lehre von der Dreifaltigkeit Gottes von der Christologie her entfaltet werden muß, und nicht umgekehrt Einsichten über den trinitarischen Gott die Rede von Jesus Christus als dem Sohn Gottes bestimmen (dürfen): „Es ist ... in der ganzen Theologie- und Dogmengeschichte so, daß wir Gottes Dreieinheit von Christus her verstehen und nicht Christus von der Dreieinheit her."[314] Dieser methodische Ansatz wird von ihm in der Folgezeit inhaltlich vertieft.

α) Präexistenz des Sohnes und des Heiligen Geistes

Schoonenberg erhebt Einwände gegen die Christologie von Chalcedon (nur) insoweit, als damit die Auffassung verbunden wird, daß das präexistente Wort Gottes schon in seiner Präexistenz Person sei, d.h. die Präexistenzvorstellung

---

[311] Ebd., 472.
[312] Ebd., 472f. (Hervorhebung im Original)
[313] Ebd., 482.
[314] Vgl. DERS., Rabbi en Zoon van God, 111.

das menschliche Personsein Jesu ausschließt. Seine Kritik richtet sich nicht gegen den Inkarnationsgedanken an sich, sofern er besagt, daß der Mensch Jesus in seiner ganzen Existenz, seit seinem ersten Entstehen, aus Gott ist: „Was uns durch Schrift, Überlieferung und Lehramt über die göttliche und präexistente Person des Sohnes gesagt wird, kann niemals dem, was uns über Jesus Christus verkündigt wird, widersprechen. Es kann also den primären Erkenntnisssen von Christus nicht widersprechen ..., daß er *eine* Person ist und daß er eine menschliche Person ist. *Was von der präexistenten göttlichen Person gesagt wird, kann nie diese eine und menschliche Person aufheben.*“[315]
Schoonenberg zielt auf die Wahrung der Einpersönlichkeit Jesu Christi; daher weist er die Vorstellung einer präexistenten, bereits konstituierten göttlichen Person des Sohnes zurück: „Wenn nämlich der Sohn (ebenso wie der Heilige Geist) schon abgesehen von der Menschwerdung (bzw. der Geistausgießung) eine eigene göttliche Person mit eigenem Bewußtsein und Freiheit ist, dann sieht dies nach Tritheismus aus. Gott ist dann ja dreimal ein bewußtes und freies Selbst.“[316]
Unter diesen Voraussetzungen gelangt Schoonenberg zu der Schlußfolgerung, daß „vorinkarnatorisch“ von (Gott dem) Vater, dem Sohn und dem Heiligen Geist als von drei göttlichen Seinsweisen zu sprechen ist, die erst durch die Menschwerdung im eigentlichen Sinn Personen sind bzw. werden: „*Werden der Sohn und auch der Geist nicht erst im eigentlichen Sinn Hypostasen und Personen durch ihre Selbstmitteilung an uns?* Indem der Sohn der Mensch Jesus Christus wird und so gegenüber dem Vater steht, indem der Geist in unserer Gemeinschaft wohnt als Gabe des Vaters und Christi?“[317] Anhand einer Hermeneutik der neutestamentlichen Präexistenz-Texte und einer Übersicht über die frühchristliche Entwicklung der Trinitätslehre vor Konstantinopel und Chalcedon sucht Schoonenberg seine Position zu verdeutlichen.

β) Besinnung auf Schrift und Tradition

Das *christologische Dogma* ist, so Schoonenberg, das weitergegebene Glaubensbekenntnis an die einzigartige und letztgültige Heilsbedeutung Jesu. In Jesus hat Gott in der Heilsgeschichte auf endgültige Weise einen neuen Anfang gesetzt. Dies gil für den verherrlichten Christus ebenso wie für den irdischen Jesus, und es gilt für seinen Ursprung. Aus dieser Einsicht in die Heilsbedeutung Jesu Christi wurde die Vorstellung der Präexistenz des Wortes

[315] Ebd., 87. (Hervorhebung im Original) - Vgl. DERS., Jezus Christus vandaag dezelfde, 174: „Jesus Christus ist ... eine menschliche Person: Was bleibt dann noch für eine göttliche Person übrig? Nichts, *insoweit* diese der menschlichen Person im Weg steht. Nichts, *insoweit* diese in dem einen Christus eine Verdopplung von Subjekten oder ein Ich-Du-Verhältnis einführen würde. Wird auf diese Weise eine präexistente göttliche Person des Wortes - und damit eine präexistente Dreifaltigkeit - geleugnet? Nein, nur insoweit sie dem menschlichen Person-Sein Jesu Christi im Wege stehen würde.“ (Hervorhebung im Original)

[316] DERS., Christus zonder tweeheid?, 293.

[317] DERS., De eenheid van Christus, 104. (Hervorhebung im Original)

(bzw. des Sohnes) entwickelt.[318] Wird an verschiedenen Stellen im Neuen Testament von der persönlichen Präexistenz des Sohnes gesprochen, so wird damit nach Schoonenberg letztlich ausgesagt, „was Jesus Christus jetzt ist und jetzt für uns bedeutet.[319] So will der ganze [Johannes-]Prolog sagen, wer der Jesus des Johannesevangeliums ist; Jesus spricht von seiner Herrlichkeit vor (Beginn) der Welt, um sie jetzt vom Vater zu erhalten."[320]
Nach Schoonenberg wird auf dem Konzil von Nicäa, das den Glauben an den einen Herrn Jesus Christus, den Sohn Gottes bekennt, die Wesensgleichheit (bzw. Wesenseinheit) mit dem Vater vom Auferstandenen ausgesagt. Denn erst als der Auferstandene ist Jesus Herr und Christus (Apg 2,32-36; Röm 10,9): „Nicht vor, sondern nach dem biblischen Bekenntnis von Jesus als Herrn, Christus und Sohn Gottes wird er bekannt als: ‚... wahrer Gott aus wahrem Gott, ... wesensgleich ... mit dem Vater'."[321] Das Zeugnis der Schrift über die Gottheit Christi und die darin wiedergegebene Erfahrung von Gottes Geist ist eine Quelle (neben anderen) für die spätere Lehre von Gottes Dreifaltigkeit. Ihr Ausgangspunkt ist die Anwesenheit Gottes in Jesus Christus und die in der Kirche, als Geist. Daneben haben Elemente der hellenistischen Spekulation die Entwicklung der Trinitätslehre mit beeinflußt.
Schoonenberg deutet den Logos des Johannesprologes analog dem Verständnis der personifizierten Weisheit bzw. des Wortes in Teilen der Weisheitsliteratur des Alten Testamentes: „Versuchen wir, diesen Prolog ohne die Brille der Trinitätslehre nach Nicäa zu lesen, dann sehen wir in dem Logos vielleicht nichts anderes als Gottes personifiziertes Sprechen und Heilswirken, wie dies der Fall war mit Gottes Weisheit und Wort in einigen Passagen aus den Weisheitsbüchern des Alten Testamentes."[322] Unter hellenistischem Einfluß wird das jüdisch-hellenistisch geprägte Verständnis des Johannesprologes, wonach der Logos alles Göttliche bereits in sich umfaßt, zur Logos-Lehre der Apologeten entfaltet. Wird diese Lehre von verschiedenen Theologen in unterschiedlicher Ausprägung vertreten, so wird von ihnen übereinstimmend ein göttlicher Hervorgang bzw. eine (ewige) göttliche Geburt *vor* der Sendung des Logos in die Welt bzw. vor seinem Wirken bei der Schöpfung angenommen.[323]

Die *Lehre vom Geist* entwickelt sich in entsprechender, jedoch weniger deutlicher Weise hin zu einer allmählichen Personifikation (bzw. Hypostasierung) des Geistes. Im Neuen Testament ist der Heilige Geist vor allem „Kraft des

---

[318] Vgl. DERS., Ein Gott der Menschen, 85.
[319] Vgl. ebd. Persönliche Präexistenz kommt in jenen neutestamentlichen Texten zum Ausdruck, in denen die Rede ist von Christus, der in die Welt gesandt wird, in die Welt kommt und vom Vater ausgeht. Schoonenberg verweist hier auf: Gal 4,4; Hebr 10,5; 1 Tim 3,16; Joh 3,13.31; 6,62; 13,3; 16,28; 1 Joh 4,2; 2 Joh 7. Heranzuziehen ist nach Schoonenberg vor allem der Johannesprolog mit seiner Aussage, daß Christus schon im Anfang bei Gott war (Joh 1,1); dort besaß er vor der Schöpfung seine Herrlichkeit (Joh 17,5).
[320] Ebd.
[321] DERS., Over de Godmens, 170.
[322] DERS., Gods tegenwoordigheid in Christus, 386.
[323] Vgl. ebd., 387.

Allerhöchsten", „Finger Gottes". In Verbindung mit dem verherrlichten Christus ist er seine Gabe und Kraft bzw. er selbst (2 Kor 3,17). Das Wirken des Geistes - insbesondere bei Paulus und in der Apostelgeschichte - gibt Anlaß zur Personifikation: Hier führt, betet, befiehlt der Geist und ruft in Erinnerung.[324] Als Person tritt der Geist dann in den Abschiedsreden des Johannes auf: als der andere Paraklet, der zweite Fürsprecher (Joh 14,16). In der nachbiblischen Tradition erscheint der Geist sowohl als Gabe und Kraft als auch als Person.

Wie wenig deutlich anfänglich Logos und Geist voneinander unterschieden waren, zeigt sich für Schoonenberg darin, daß in den frühchristlichen Tradition vor Nicäa eine *Geist-Christologie* neben einer Logos-Christologie bestand. Bei den Apologeten (ebenso vorher und danach) finden sich Belege dafür, daß Wort, Weisheit und Geist allein durch ihre Mitteilung an die Geschöpfe bzw. durch ihre Anwesenheit in Christus bestimmt werden.[325] Dabei scheint die alttestamentliche Weisheit manchmal mit dem Logos identifiziert zu werden (Theophilus von Antiochien), manchmal mit dem Geist (Irenäus), zuweilen sogar der Geist mit dem Göttlichen in Christus.[326] In den ersten drei Jahrhunderten hat sich die Trinitätslehre zur Lehre von der Dreieinheit bzw. „Dreipersönlichkeit" im heute üblichen Sinne des Wortes entwickelt: „Es gibt drei göttliche Personen oder genauer: Hypostasen, die gegenüber der Schöpfung stehen. Sie bestehen schon vor der Inkarnation, ja ‚vor' der Schöpfung, von Ewigkeit. Logos und Sohn werden in Gottes Ewigkeit hineingeholt. Vater, Sohn (Logos) und Geist sind also *präexistent* und in dieser *Präexistenz* schon als eigene Hypostasen voneinander unterschieden."[327] Obwohl Logos und Geist an Gottes Seite in einer ewigen Präexistenz stehen, ist der Subordinatianismus nicht ganz überwunden worden. Als von Gott in seine Schöpfung gesandt, sind sie Gott dem Vater „untergeordnet". Beeinflußt ist diese Sicht durch die (neu-)platonische Auffassung von Gottes Transzendenz und der Annahme von „Mittlern" oder „Zwischenwesen" zwischen Gott und Welt.

Trotz des Umstandes, daß sich immer deutlicher eine präexistente Dreieinheit herausbildet, bleibt diese doch „ökonomisch", d.h. auf Schöpfung und Heilsgeschichte ausgerichtet: „Nicht nur das Senden, sondern auch das Hervorbringen von Wort und Geist geschieht in Gott kraft seines Schöpfungs- und Heilswillens ... Die Autoren vor Nicäa sehen die Trinität ökonomisch. Sehen sie sie nicht immanent? Doch wohl, aber sie kennen keine Immanenz in Gott, die außerhalb seines Heilsbeschlusses steht. Die Trinität ist in Gott um der Schöpfung und der Heilsgeschichte willen."[328]

---

[324] Vgl. ebd.

[325] Vgl. DERS., Christus zonder tweeheid?, 296.

[326] Vgl. DERS., Gods tegenwoordigheid in Christus, 387; mit Bezug auf: G. KRETSCHMAR, Studien zur frühchristlichen Trinitätstheologie.

[327] P. SCHOONENBERG, Gods tegenwoordigheid in Christus, 388. (Hervorhebung im Original)

[328] Ebd.

Nicäa und Konstantinopel stellen eine Wende in der bis dahin gültigen Trinitätslehre dar. Zunächst schreiben sie „das präexistente Bestehen der Dreieinheit“ fest.[329] Wurde bereits vor Nicäa die Existenz des Logos vor seiner Menschwerdung und vor den übrigen Geschöpfen angenommen, wird nun durch Nicäa die Gottheit des Logos bzw. seine Wesenseinheit mit dem Vater festgeschrieben. Ebenso wird in Konstantinopel die Gottheit des Geistes bekannt. Damit ist der Subordinatianismus der Trinitätslehre vor Nicäa überwunden, ihr heilsgeschichtlicher Charakter bleibt zunächt gewahrt. Die heilsgeschichtliche Trinität wird (noch) nicht durch eine rein immanente Trinität(slehre) ersetzt: Im Glaubensbekenntnis von Nicäa wird zunächst die Präexistenz des Sohnes und danach seine Menschwerdung ausgesagt. Im Symbolon von Konstantinopel wird bezüglich des Geistes kein Unterschied zwischen ewigem Hervorgang und zeitlicher Sendung gemacht, da sich der Ausdruck ‚der aus dem Vater hervorgeht’ auf beides bezieht. Die nachfolgende Entwicklung der Trinitätslehre zeigt jedoch einen deutlichen Unterschied zwischen Präexistenz und Heilsgeschichte, zwischen Gotteslehre (‚theologia’) und Gottes Heilswerk (‚oikonimia’). Durch die Abwehr des Subordinatianismus leisteten Nicäa und Konstantinopel einen Beitrag zur „Enthellinisierung“ des Christentums. Indem die beiden Konzilien an der Präexistenz festhielten und darin drei Hypostasen unterschieden, haben sie jedoch, so Schoonenberg, zur Ausbildung einer rein immanenten Trinitätslehre beigetragen, in der die Personen als solche nicht auf die Heilsgeschichte ausgerichtet sind.[330]

γ) Ökonomische und immanente Trinität

Die Schrift spricht über Gott in sich, insofern er auf die Heilsgeschichte bezogen ist: Das biblische Zeugnis „handelt stets von Gott in seiner Beziehung *zu uns*, in seinem Heilswerk an uns. Damit wird auf keinerlei Weise geleugnet, daß die Bibel über Gott *selbst* spricht, denn es ist Gott selbst, der mit uns in Beziehung tritt: Sein Heilswerk ist seine Selbstgabe. Wir können in diesem Sinne auch sagen, daß die Schrift über Gott *in sich* spricht, denn auch dieses In-sich-Selbst schenkt Gott uns in Christus und dem Geist. Aber die Schrift spricht nicht über ein In-sich-Sein Gottes, das außerhalb seiner Bezogenheit auf uns steht, über Gott, ‚bevor’ er sich uns mitteilt, das bedeutet: abgesehen von seiner Schöpfung und Selbstgabe ... in der Schrift ist Gott immer ausdrücklich *unser* Gott: Schöpfer, Gott des Bundes und der Geschichte, Vater Jesu Christi und unser Vater in ihm; ist Jesus Christus unser Herr und Heiland; ist der Heilige Geist derjenige, der in uns wohnt. Außerhalb dieser Grenzen können auch die Konzilien nicht sprechen.“[331]

Um positive Aussagen über die Dreieinigkeit Gottes und besonders der göttlichen Person des Wortes treffen zu können, ist man an das Zeugnis der Schrift gebunden. Die Schrift spricht nirgends von drei göttlichen Personen unab-

[329] Vgl. ebd., 389.
[330] Vgl. ebd., 393.
[331] DERS., De eenheid van Christus, 96. (Hervorhebung im Original)

hängig von Menschwerdung und Geistausgießung. Zugang zur Dreieinigkeit Gottes erlangt man aufgrund ihrer Offenbarung in der Heilsgeschichte. Diese Offenbarung „geschieht im Wort, das Fleisch ist, und in dem Geist, der ausgegossen ist, in dem wir die Kindschaft haben im Hinblick auf den Gott und Vater Jesu Christi. In der ‚heilsökonomischen Trinität' erkennen wir die ‚immanente Trinität' (d.h.: die in Gott immanente und für uns eben transzendente Dreifaltigkeit). Außerhalb dieser Offenbarung kennen wir sie nicht."[332] Schoonenberg vertritt den Standpunkt einer *heilsgeschichtlichen Trinität*. Von den drei göttlichen Personen kann man nur sprechen als bezogen oder gerichtet auf die Heilsgeschichte, d.h. sie werden mit der Menschwerdung von Gottes Sohn und der Ausgießung von Gottes Geist in Verbindung gebracht. Kenntnis von Gottes trinitarischer Existenz als Vater, Sohn und Geist erhalten wir nur durch ihre Bezogenheit auf die Heilsgeschichte: „Von Gott, insofern er über sein Heilswerk hinausgeht, wissen wir nichts, es sei denn, was sich aus diesem Heilswerk schließen läßt ... Können wir sagen, daß Gott, insofern er über seine Selbstgabe und Selbstoffenbarung in Christus und in dem uns geschenkten Geist hinausgeht, also in seiner Präexistenz gegenüber diesen Heilsmysterien und gegenüber der ganzen Welt ... -, können wir sagen, daß Gott in dieser Transzendenz ‚schon' dreifaltig ist? Anscheinend können wir das nicht."[333] Nach Schoonenberg ist die heilsgeschichtliche Trinität die immanente Trinität insofern, als Gott-für-uns - d.h. der Vater, der Sohn und der Geist in ihrer Bezogenheit auf die Heilsgeschichte - Gott-in-sich ist. Von daher ist Zurückhaltung geboten gegenüber Aussagen über Gottes „inneres", intratrinitarisches Leben unabhängig von der Menschwerdung: „Wir sehen die Dreieinheit - die immanente Dreieinheit von Gott selbst - in dem Vater, in Jesus Christus und in dem uns geschenkten Geist. Wir sehen also die göttlichen Hervorgänge *in* der Sendung Jesu und der des Geistes."[334]

Da keine Aussagen über Gott in sich „vor" bzw. unabhängig von der Menschwerdung des Sohnes möglich sind, möchte Schoonenberg die *Präexistenz des Wortes als Person* „vor" der Inkarnation weder verneinen noch annehmen: „Die Präexistenz des Wortes als Person und der ganzen Dreieinheit kann nicht bestritten werden, aus demselben Grund, weshalb sie nicht bestätigt werden kann. Wenn ich dies sage, verstehe ich unter Präexistenz das Sein in Gott selbst ‚vor' seiner Schöpfung und Heilsgeschichte, wobei dann ‚vor' natürlich nicht zeitlich aufgefaßt werden darf. ‚Vor' ist dann ein zeitliches Bild für: ‚transzendent' (was ein räumliches Bild ist) oder ‚abgesehen von'. Nun, von Gott, wie er transzendent oder abgesehen von seiner Schöpfung und Heilsgeschichte ist, wissen wir nichts: denn genau so teilt er sich uns ja nicht mit."[335] Positiv gewendet bedeutet dies, daß sinnvoll eine bejahende oder

[332] DERS., Ein Gott der Menschen, 87.
[333] Ebd., 87f.
[334] DERS., Jezus Christus vandaag dezelfde, 175. (Hervorhebung im Original)
[335] Ebd., 174.

verneinende Aussage bezüglich einer personalen Existenz des Wortes, welches bei Gott ist, und über Gottes Dreifaltigkeit bzw. Dreipersonalität nur getroffen werden kann, wenn diese Aussage in Verbindung mit der Schöpfung, der Inkarnation und mit der Ausgießung des Heiligen Geistes geschieht: „*Von* Jesus und dem uns geschenkten Geist *her* können wir *eventuell* auf eine Dreieinheit, die notwendig zu Gottes Wesen gehört, schließen: Dies hängt zuletzt von unserer Auffassung von Gottes Ewigkeit und Unveränderlichkeit ab. Aber es ist uns, als Geschöpfen, niemals möglich ..., bei Gott, insofern er seine Selbstmitteilung transzendiert, zu beginnen."[336]
Im Christusereignis offenbart sich Gott so, wie er ist. In Christus und durch seinen Geist gibt sich Gott als ein Gott der Menschen, als ein Gott für die Menschen zu erkennen. Die göttlichen Relationen nach außen sind seine Relationen nach innen: *Die ökumenische Trinität ist die immanente Trinität.*[337] Gott ist inmitten seiner Schöpfung als der Transzendente gegenwärtig. Aufgrund seiner Selbstmitteilung in der Geschichte, d.h. erst „seit" der Menschwerdung des Sohnes und der Ausgießung des Geistes in der Geschichte ist es möglich, auf Gottes trinitarisches bzw. dreipersonales Wesen in sich selbst zu schließen. Mit diesem Verständnis (des Verhältnisses) von heilsgeschichtlicher und immanenter Trinität zählt Schoonenberg zu den Vertretern einer „neuen" Auffassung der Trinität, die von einer ökonomisch-relationalen Gottesoffenbarung her entfaltet wird.[338] In dieser neuen Sicht von Trinität geht es - mit Robrecht Michiels - um eine Trinität von Gott um der Schöpfung und der Heilsgeschichte willen: „Das *Mysterium* von Gottes trinitarischer Existenz ist also das Mysterium von Gottes fortwährender Bewegung auf uns zu in Schöpfung und Geschichte und dadurch von uns auf Gott hin."[339]

δ) „Verbum incarnandum" und „auszugießender Geist"
Schoonenberg greift auf die frühchristliche Christologie und Trinitätstheologie vor Nicäa und Konstantinopel zurück. Um die Aporien der klassischen (Logos-)Christologie zu lösen und die Kluft zwischen „Theologia" und „Oikonomia" zu überwinden, „müssen wir zur Vergangenheit vor der hellenistischen

---

[336] Ebd. (Hervorhebung im Original) - Vgl. DERS., Ein Gott der Menschen, 88: „Können wir sagen, daß Gott, insofern er über seine Selbstgabe und Selbstoffenbarung in Christus und in dem uns geschenkten Geist, hinausgeht, also in seiner Präexistenz gegenüber diesen Heilsmysterien und gegenüber der ganzen Welt (eine Präexistenz, die kein zeitliches Vorhergehen bedeutet, sondern lediglich ein zeitliches Bild für die Transzendenz ist) -, können wir sagen, daß Gott in dieser Transzendenz ‚schon' dreifaltig ist? Anscheinend können wir das nicht ... Aber ebensowenig wäre es gerechtfertigt, die präexistente Dreifaltigkeit zu verneinen; denn auch eine solche Behauptung würde nicht von Gottes Offenbarung in seiner Heilsökonomie gedeckt. Von der präexistenten Dreifaltigkeit bliebe also nur eine ziemlich einfältige Wahrheit zu sagen übrig; daß die Anwesenheit oder Abwesenheit dieser präexistenten Dreifaltigkeit keinesfalls die eine und menschliche Person Jesu Christi aufhebt. Positiv heißt dies, daß wir auf Gottes Dreifaltigkeit in Jesus Christus und dem uns geschenkten Geist hingewiesen werden; abstrahiert man davon, ist die Trinität für uns irrelevant (und irrevelant!)."
[337] Vgl. R. MICHIELS, Een Mens om niet te vergeten, 52.
[338] Vgl. ebd., 47.
[339] Ebd., 57. (Hervorhebung im Original)

Trinitätslehre schauen, um darin eine Hilfe für die Zukunft zu finden. Der biblische Ausgangspunkt war Gottes heilbringende Anwesenheit in Christus und den Gläubigen. Diese wird langsam hypostasiert und die Hypostasen werden in Gottes Präexistenz hineinverlegt. Können heute die präexistenten Personen nicht mehr aufgefaßt werden als Weisen von Gottes allgemeiner, definitiver, eschatologischer Gegenwart in der Heilsgeschichte, nämlich in Jesus Christus und in der Heilsgeschichte?"[340]

Das Heilsgeschehen verweist auf ein (inner)göttliches Geschehen, bei dem der Sohn aus dem Vater hervorgeht und der Geist aus Vater und Sohn. In der Präexistenz ist der Logos *„Verbum incarnandum"*: „... das präexistente Person-Sein des Sohnes [braucht] nicht ohne weiteres verneint zu werden. Es kann ‚ökonomisch' aufgefaßt werden als gerichtet auf Schöpfung und Inkarnation, als ‚Verbum incarnandum', als Gott, insoweit er definitive Anwesenheit im und Grund des Menschen Jesus sein will."[341] Gottes Wesen besteht gerade in seiner Ausrichtung auf die Heilsgeschichte: Gott wollte gleichsam „schon immer" *unser* Gott sein. „Vorinkarnatorisch" kann nur von göttlichen Seinsweisen gesprochen werden. Aus der Sicht Schoonenbergs werden die göttlichen Personen nicht nur durch ihre Relationen zueinander bestimmt. Vielmehr werden die göttlichen Seinsweisen zu Personen durch ihre Relationen nach außen, d.h. die Relationen nach außen sind wirklich bestimmend für die drei göttlichen Personen: „Der ewige Vater ist wirklich unser Vater, der Sohn ist in sich selbst - ‚von Ewigkeit' - ‚Verbum incarnandum', Wort, das Mensch wird, und der Geist ist auf dieselbe Weise auszugießender Geist. Die innergöttlichen Hervorgänge sind gerichtet auf ihre Sendungen zu uns ...: aus Reichtum und in Freiheit, aber darum nicht weniger wirklich und innerlich."[342] Das innergöttliche Gegenüber von Vater, Sohn und Geist - die „Person-Opposition" in Gott - ist nicht vollständig unabhängig von der Menschwerdung. Gott ist (bzw. wird) erst dreieinig durch seine Selbstgabe an den Menschen in Christus und im Geist. Schoonenberg betrachtet jedoch Vater, Sohn und Geist nicht lediglich als Aspekte, die in Gott unterschieden werden.

In diesem Zusammenhang besinnt sich Schoonenberg auf das biblische Denkmodell der *„Ausbreitung der Personen"*, um sich dem Geheimnis von Vater, Sohn und Geist anzunähern.[343] Schoonenberg schlägt vor, „die ‚ewige göttliche Person' des Wortes, ebenso wie die des Geistes, zu ersetzen durch ‚bleibende und völlige Anwesenheit in der Heilsgeschichte', d.h. in Jesus (Wort) und in uns (Geist)."[344]

---

[340] P. SCHOONENBERG, Gods tegenwoordigheid in Christus, 393.

[341] Ebd., 397.

[342] DERS., Over de Godmens, 179. - Der der Formulierung „Verbum incarnandum" entsprechende lateinische Terminus „Spiritus effundendus" erscheint erst in Schoonenbergs Schriften der dritten Periode.

[343] Vgl. DERS., Gods tegenwoordigheid in Christus, 394. Schoonenberg bezieht sich hier u.a. auf: A.R. JOHNSON, The One and the Many in the Israelite Conception of God.

[344] P. SCHOONENBERG, Gods tegenwoordigheid in Christus, 402.

Er versteht Logos und Geist als „extension of Gods personality", als Weisen der Gegenwart Gottes. Mit Hendrik Berkhof möchte Schoonenberg dieses Modell vor allem für eine Lehre vom Heiligen Geist heranziehen.[345] Hiermit wird, so Schoonenberg, die alte Lehre von der „circumcessio", dem „Einander-Durchschreiten" wiederentdeckt, jedoch nun mit Bezug auf die Heilsgeschichte: „Der Geist wird mit dem Symbolon von Nicäa-Constantinopel als Herr und Lebensspender bekannt, weil wir in ihm Vater und Sohn anwesend finden, und somit auch mit Vater und Sohn zusammen angebetet und mit-verherrlicht."[346]

Sucht man in der Tradition nach dem Verständnis von *„Person"*, das der Rede von den drei göttlichen Personen zugrunde liegt, so gelangt man zu der (paradoxen) Feststellung, daß Vater, Sohn und Geist nicht mehr, sondern weniger „Person" sind, als der Mensch „Person" ist. Dies gilt mit Bezug auf das moderne Person-Verständnis, das Bewußtsein und Freiheit als höchste Form des In-sich-Existierens beinhaltet. Demgegenüber sieht die Scholastik die göttlichen Personen als reine Relationen. Bei Thomas, der die Person-Definition des Boetius - „rationalis naturae individua substantia" - auf die göttlichen Personen anwendet, und im Thomismus kommen Bewußtsein und Freiheit der Person nicht zur Sprache: „... die göttlichen Personen haben einzeln kein eigenes Bewußtsein und keine eigene Freiheit, sondern sie verwirklichen in der Weise der Relation die den Drei gemeinsamen Eigenschaften des Bewußtseins."[347]
Der trinitarische Person-Begriff erhält seinen Inhalt vollständig von der Offenbarung von Vater, Sohn und Geist in der Heilsgeschichte her. Dabei kommt er bei Schoonenberg im Blick auf die heilsgeschichtliche Trinitäts-Offenbarung nur in nuancierter bzw. analoger Weise zur Anwendung.[348] Schoonenbergs Überlegungen diesbezüglich resultieren aus seinem christologischen Ansatz: Am deutlichsten ist der Sohn als Person erkennbar, „der vor uns steht als menschliche Person, dessen göttliches Person-Sein im menschlichen Person-Sein verwirklicht wird und, wenn er es transzendiert, es doch nicht verringert, sondern in größerer Fülle verwirklicht."[349] Der Gott, zu dem Jesus den Menschen Zugang eröffnet und ihn ihnen nahebringt als ein Gott der Menschen, besitzt das allumfassende Person-Sein, welches jede individuelle Begrenzung durchbricht, darin aber gerade grundlos frei und persönlich ist: „'Es', das 'Er' ist und sich als 'Ich' ausspricht, Grund, der Wille ist, Freiheit, Initiative, Liebe, Vater."[350] Der Geist ist die „Kraft", die auf die Schöpfung, Geschichte, Welt und vor allem die Kirche gerichtet ist. Er ist Kraft und Handlung, die das Person-Sein von Vater und Sohn in sich trägt.

---

345 Vgl. ebd. Schoonenberg verweist auf: H. BERKHOF, De leer van de H. Geest, 123-134.
346 P. SCHOONENBERG, Jezus Christus vandaag dezelfde, 176.
347 DERS., Ein Gott der Menschen, 84.
348 Vgl. DERS., Jezus Christus vandaag dezelfde, 176.
349 Ebd.
350 Ebd.

d) Konsequenzen für die Gottesrede

α) „Reale" Bezogenheit Gottes auf die Schöpfung

Bestimmt Schoonenberg Sohn und Geist in ihrer Präexistenz als „Wort, das sich inkarniert" („Verbum incarnandum") und als „Geist, der ausgegossen wird" (bzw. als „auszugießender Geist"), so bedeutet dies ein „reales" Bezogensein Gottes auf die Schöpfung, ein „Werden" Gottes. Schoonenbergs Annahme eines „Werdens" in Gott liegt die theologische Überzeugung zugrunde, daß Gott wirkliche Beziehungen zu seiner Schöpfung, zu den Menschen eingeht. Demgegenüber betont die scholastische Theologie, daß Beziehungen zwischen Schöpfer und Geschöpf nur vom Geschöpf her real sind. Gott ist dagegen in bloß gedachten (rationalen) Beziehungen auf die Geschöpfe hingeordnet: Thomas von Aquin bestimmt diese als „relationis rationis tantum"[351]. Schoonenberg glaubt die Beziehungen Gottes zum Geschöpf als wirklich denken zu müssen, wenn man die falsche Voraussetzung vermeidet, daß jede Beziehung Abhängigkeit einschließt: „Wer die Wirklichkeit von Beziehungen Gottes zum Geschöpf leugnet, setzt ... voraus, daß Beziehungen auf einer wirklichen Abhängigkeit beruhen, auf einem Vollkommenerwerden des Beziehungssubjekts durch den Beziehungspunkt. Dann konstituierte aber Gleichheit keine wirkliche Beziehung, sondern nur Ungleichheit, und zwar so, daß immer lediglich die Beziehung des Geringeren zum Höheren wirklich ist und nicht umgekehrt. Die Scholastik selbst durchbricht eine solche Sicht in ihrer Dreifaltigkeitslehre, und zwar für die Beziehungen der göttlichen Personen *zueinander*. Dabei nennt sie nicht nur die Beziehungen des Sohnes und des Geistes zum Vater wirklich, Beziehungen, in denen man eine ‚Abhängigkeit' (wenn auch eine göttliche Abhängigkeit) sehen kann, sondern auch die Beziehungen des Vaters selbst zum Sohn und Geist."[352]. Die Scholastik betrachtet gerade die göttlichen Personen selbst als reale Beziehungen zueinander und durchbricht damit das Prinzip, daß nur Abhängigkeitsrelationen real sind.[353] In ihrer wechselseitigen Bezogenheit aufeinander werden die göttlichen Personen konstituiert. Die „göttliche Abhängigkeit" der Personen besteht gerade nicht darin, daß die Personen einer Ergänzung bedürften, sondern daß sie innerlich, in sich selbst, durch ihre Relationen bestimmt werden. Das inner(lich)e Bestimmt-Sein durch die (realen) Relationen hebt die Gottheit der Personen nicht auf.

---

[351] THOMAS VON AQUIN, Summa Theologiae I q.13 a.7 c.: „cum igitur Deus sit extra totum ordinem creaturae, et omnes creaturae ordinentur ad ipsum, et non e converso, manifestum est, quod creaturae realiter referuntur ad Deum; se in Deo non est aliqua realis relatio eius ad creaturas, sed secundum rationem tantum inquantum creaturae referuntur ad ipsum." Siehe hierzu: D. SATTLER, Beziehungsdenken, 311-319; M.-Th. LISKE, Kann Gott reale Beziehungen zu den Geschöpfen haben?

[352] Vgl. P. SCHOONENBERG, Ein Gott der Menschen, 89, Anm. 15 (Hervorhebung im Original); mit Bezug auf: E. SCHILLEBEECKX, De zin van het menszijn van Jezus, de Christus, bes. 130.

[353] Vgl. P. SCHOONENBERG, Christus zonder tweeheid?, 106.

Der Vater, „Quell“ der Gottheit, ist gegenüber den göttlichen Personen von Sohn und Geist nicht abhängig und empfangend, sondern aktiv und schenkend. Die scholastische Theologie kennt somit innerhalb der Trinitätslehre eine Beziehung, die rein aktiv ist. Auf diesem Hintergrund müssen nach Schoonenberg auch die Beziehungen Gottes zum Geschöpf, wenn sie möglich sind, als real erklärt werden. Ein inner(lich)es Bestimmt-Sein durch die Relationen zu den Geschöpfen ist kein Widerspruch in Gott. Dieses reale Bezogensein Gottes auf die Geschöpfe „ist nicht in Passivität oder Rezeptivität begründet, sondern in einer immer transzendierenden, vollkommen aktiven, vollkommen gebenden inneren Selbstbestimmung Gottes“[354]. Gottes Bewirken und (Sich)-Schenken in der Heilsgeschichte ist rein aktiv. In seiner Immanenz geht Gott auf den anderen aus und bleibt doch der Transzendente. Eine wirkliche Selbstbestimmung und wirkliche Relation Gottes nach außen muß angenommen werden, um der biblischen Botschaft von Gottes Schöpfung und Heilshandeln gerecht zu werden. Das schöpferische Wirken Gottes wird aus dieser Sicht nicht notwendig, aber sinnvoll für Gott, weil er in seiner Transzendenz zugleich sein Liebe zu den Menschen und darin sich als Vater erweisen kann, indem er uns seinen Sohn und seinen Geist schenkt.[355]

β) „Werden“ und „Veränderlichkeit“ Gottes

Auch Gottes „Werden“ beruht nicht auf einem Mangel. Gott, der sich auf seine Schöpfung bezieht, *wird* „Gott-für-uns“, und darin gerade Gott selbst, „Gott-in-sich“. In diesem Sinne versteht Schoonenberg die Mensch*werdung* des Sohnes: „Das Wort ist Fleisch *geworden* (Joh 1,14). „Dadurch gibt es in Gott nicht Entstehen oder Wachstum oder Entwicklung, sondern ein Unser-Gott-Werden, das innerlich ein Werden Gottes ist. Das Wort wird Fleisch, um unter uns zu wohnen.“[356] Wie alttestamentlich Gottes „Sein“ ein „Sein-für-uns“ ist (Ex 3,14), so ist sein Werden ein Kommen zu uns. Nach Schoonenberg ist bzw. *wird* Gott dreiein, dreipersönlich durch seine Selbstgabe an den Menschen in Christus und im Geist. „Gott ist oder ‚wird' aus seiner Ewigkeit, d.h. aus seinem tiefsten Wesen heraus derjenige, der für uns Vater, Sohn und Geist ist. Gott ist dazu in seinem ganzen Wesen auf dem Weg; er hat sich in seiner Herzenstiefe entschlossen, so zu sein.“[357]

Die Vorstellung eines „Werdens“ Gottes bzw. eines „Werdens“ in Gott, die mit der Annahme realer Beziehungen Gottes zur Schöpfung verbunden ist, wirft zugleich die Frage nach der „Unveränderlichkeit“ bzw. „Veränderlichkeit“ Gottes auf: Die Frage, „ob sich Gott nicht verändert und verändern muß, insofern er relational ist, ob er sich nicht in seinen realen Beziehungen zu seinen Geschöpfen echt wandelt“[358], beantwortet Schoonenberg mit einer

[354] Ebd.
[355] Vgl. ebd., 107.
[356] Ebd.
[357] DERS., Ein Gott der Menschen, 89f. Schoonenberg bezieht sich hier u.a. auf: E. JÜNGEL, Gottes Sein ist im Werden.
[358] P. SCHOONENBERG, Ein Gott der Menschen, 90, Anm. 15.

Formel Karl Rahners: „Gott ändert sich am anderen."[359] Diese Formulierung drückt, so Schoonenberg, seine Auffassung aus, daß Gott sich in seinen Beziehungen zu seinen Geschöpfen verändert, indem er stets mehr *unser* Gott wird: „Gott verändert sich nicht durch Zunahme oder Abnahme, aber wohl in seiner Beziehung zu uns, und dieses (Sich-)Verändern ist real, weil seine Relation zu uns real ist. Anders gesagt: Gott kann nicht *mehr* Gott werden, aber er wird wohl stets mehr *unser* Gott."[360] Gottes reale Relationen zu uns bringt es mit sich, daß auch Veränderung, d.h. Entstehen und Werden (auf göttliche Weise) in Gott anerkannt werden muß.[361]

Schoonenberg weist im Anschluß an Thomas von Aquin jegliche Veränderung Gottes zurück, die auf Unvollkommenheit schließen läßt.[362] Demnach muß eine Veränderung aus dem Gottesbegriff ausgeschlossen werden, die „auf der eigenen Unvollkommenheit des sich verändernden Subjekts beruht, auf dem Übergang von Potenz zu Akt, auf Wachstum und Reifung im weitesten Sinn des Wortes ... Gott ändert sich nicht oder wird nicht zur eigenen Entfaltung verändert: Diese thomistische Lehre wird hier nicht nur nicht geleugnet, sondern immer vorausgesetzt."[363] Gott verändert sich, indem er ohne Zwang oder Beeinflussung, sondern aus Freiheit und Liebe die Wirklichkeit außer sich sein und werden läßt. Die Annahme solcher Beziehungen bzw. Selbstbewegungen Gottes widerspricht nach Schoonenberg nicht der göttlichen Vollkommenheit, sondern begreift sie auf angemessene Weise.

Die Rede vom „Werden", von der „Veränderlichkeit" Gottes ist unmittelbar mit Schoonenbergs Verständnis der Präexistenz des Logos-Sohnes und des Geistes - als „Verbum incarnandum" und „auszugießender Geist" - verknüpft. Sie resultiert aus seiner Infragestellung einer Präexistenz- Konzeption, bei der der Logos-Sohn Gottes - und entsprechend auch der Geist - (bereits) „vor" der Inkarnation als persönlich aufgefaßt wird: Mit Hilfe eines Begriffes von „Unveränderlichkeit", den Schoonenberg kritisch hinterfragt, wird aus der Gottheit Christi und dem uns geschenkten Geist auf die präexistente Dreifaltigkeit geschlossen. Demgegenüber gelangt Schoonenberg zu einem Verständnis der „Veränderlichkeit" Gottes, die Gottes Trinitarisch-(bzw. Dreipersönlich-)Werden impliziert. Gott selbst wird dreifaltig in einem göttlichen Werden: Er ändert sich an seinen Geschöpfen, indem er mehr unser Gott wird, d.h. „indem er sich auf totale Weise dem Menschen Jesus als Wort mitteilt und in ihm als solches gegenwärtig ist, und indem er in der Kirche als Geist ist"[364]. Dieses innere „Trinitarisch-Werden" Gottes versteht Schoonenberg als die Weiterentwicklung göttlicher Hypostasen in Gottes eigenem Wesen zu gött-

---

[359] Vgl. ebd.; bezugnehmend auf: K. RAHNER, Theos im Neuen Testament, bes. 125-128; DERS., Probleme der Christologie; F. MALMBERG, Über den Gottmenschen, 62-65.

[360] P. SCHOONENBERG, Christus zonder tweeheid?, 300. (Hervorhebung im Original)

[361] Vgl. ebd., 302.

[362] Vgl. DERS., Ein Gott der Menschen, 89f.

[363] Ebd., Anm. 15.

[364] Ebd., 90, Anm. 15.

lichen Personen[365]: „Gottes Gegenwart als Wort wird der persönliche Sohn des Vaters, indem es die menschliche Existenz Jesu Christi vollständig und von Beginn an umfaßt und in seiner Einzigartigkeit konstituiert ... Gottes Gegenwart als Geist wird der persönliche Paraklet, indem er auf parallele Weise die Gemeinschaft der Gläubigen trägt und konstituiert. Gott wird Vater, erste Person der Dreieinheit, indem er so in Jesus einen wesensgleichen Sohn hervorbringt und in der Kirche einen wesensgleichen Geist ausgießt ... Sie [diese Auffassung] zeigt vielleicht besser auf, wie sehr Gott unser Gott sein wollte, wie sehr Gott Liebe ist."[366] Dieses (trinitäts-)theologische Verständnis verdeutlicht nach Schoonenberg besser als die herkömmliche Lehre, daß Gott ein Gott in Bewegung ist, ein für die Menschen lebend(ig)er Gott.

IV. Die Bedeutung der Rede Schoonenbergs vom Geist (1964-1971)

Den nachfolgenden Überlegungen zur Bedeutung der „Pneumatologie" innerhalb der Theologie Schoonenbergs der zweiten Periode und zu ihrer Rezeption in der zeitgenössischen Theologie möchte ich eine zusammenfassende Charakterisierung seines theologischen Werkes dieses Zeitraums vorausschicken.

(1) Seit den 60er Jahren gilt Schoonenbergs theologisches Forschungsinteresse der Christologie und, damit verbunden, der Trinitätstheologie. Seine trinitätstheologischen Überlegungen stehen im Kontext der Neuaussprache des Konzils von Chalcedon. In seinem christologischen Hauptwerk der zweite Periode, „Ein Gott der Menschen", bezeichnet Schoonenberg die Christologie als das „Herz" der Theologie: Sie ist einerseits mit der Trinitätstheologie, andererseits mit der ganzen Lehre vom Heil und der Heilsgeschichte verbunden.[367] Steht die Christologie grundsätzlich im Zentrum der Theologie, gilt dies seit den 60er Jahren ausdrücklich für Schoonenbergs Theologisieren. Er selbst bringt in den 80er Jahren, rückblickend auf die beiden vorausgegangenen Jahrzehnte, sein Interesse und den inneren Zusammenhang beider Traktate zur Sprache: „Since the 60s of this century (and the 50s of my own life) my study, teaching, and writing have been concentrated on christology, and quite naturally, trinitarian doctrine. I say ‚quite naturally', for I see trinitarian theology as the extension of christology toward the mystery of God himself."[368]
Schoonenbergs Christologie hat heilsgeschichtlich-soteriologischen Charakter. In ihr kommt sein Verständnis des Gnadenhandelns Gottes am Menschen, das er auf dem Hintergrund des Schöpfer- und Bundeshandelns Gottes verdeutlicht, konsequent zur Entfaltung: Schoonenberg bringt in seiner Christologie

[365] Vgl. ebd.
[366] DERS., De eenheid van Christus, 111.
[367] DERS., Ein Gott der Menschen, 54.
[368] DERS., A Sapiential Reading of John's Prologue, 403

die Einheit von Gott(heit) und Mensch(heit) in Jesus Christus so zur Sprache, daß das Göttliche und das Menschliche in ihm keine „Konkurrenz“ bilden.
Schoonenbergs Theologie der Jahre 1964-1971 ist grundsätzlich von einer spekulativen Auseinandersetzung um Grundinhalte des christlichen Glaubens bestimmt, wobei er sich kritisch von der neuscholastischen Theologie absetzt. Die Übernahme des Dogmatik-Lehrstuhls in Nijmegen (1964) eröffnet ihm den Raum intensiven und zunehmend spezialisierten theologischen Forschens und Lehrens. In den von ihm besprochenen dogmatischen Themenbereichen - Fragen der Dogmenhermeneutik, der Eucharistietheologie, der Erbsündenlehre, Christologie und Trinitätstheologie - geht er von den lehramtlichen Texten aus: Das „traditum“ der Kirche, die kirchliche Lehre bildet den Ausgangspunkt und die „Norm“ seiner Argumentation. Er befragt die lehramtlichen Aussagen nach ihrer ursprünglichen Aussageintention und konfrontiert sie mit dem Zeugnis der Schrift und der Patristik. Der hermeneutische und pastorale Charakter seiner Theologie zeigt sich in den vielfältigen Bemühungen, die „alte“ Lehre in den heutigen Verstehenskontext hinein zu übersetzen. Dabei bildet die Schrift, das Alte Testament ebenso wie das Neue Testament, die theologische Grundlage.
Die Aufgabe einer „Übersetzung“ des Glaubens, die Schoonenberg in der zweiten Periode seines theologischen Wirkens - allerdings unter veränderten geistigen bzw. theologischen Voraussetzungen - weiterhin wahrnimmt, wird von ihm zunehmend auch theoretisch bedacht. Das verdeutlichen seine Ende der 60er Jahre publizierten Thesen zur Dogmeninterpretation, die am „Testfall“ Erbsündenlehre „erprobt“ und konkretisiert werden. In diesem Kontext wird die hermeneutisch-kritische Aufgabe der Theologie von Schoonenberg eigens bedacht und beschrieben.
Somit sind dieselben theologischen Anliegen Schoonenbergs, die bereits die Frühzeit seines Wirkens methodisch und inhaltlich kennzeichneten, auch in den 60er und frühen 70er Jahren erkennbar. Theologisch-inhaltlich wird die Übersetzung des Glaubens von ihm auf radikalere Weise als bisher fortgesetzt. Insgesamt nimmt Schoonenberg mit seinem Arbeiten aktiv an dem theologischen Umbruch teil, der allgemein für die Theologie der Nachkonzilszeit beobachtet wurde.

(2) Die Pneumatologie ist in der Theologie Schoonenbergs des dargestellten Zeitraums (1964-1971) von anscheinend untergeordneter Bedeutung. Der Geist wird von Schoonenberg in den oben systematisch entfalteten theologischen Zusammenhängen thematisiert. Damit wird gegenüber der thematischen Vielgestalt der Pneumatologie während der ersten Periode eine gewisse Einengung der pneumatologischen Perspektive Schoonenbergs deutlich, die allerdings zugleich eine thematische Konzentration ergibt. In der „Pneumatologie“ Schoonenbergs der zweiten Periode spiegeln sich die Interessensschwerpunkte seiner theologischen Forschungen: seine hermeneutischen Überlegungen zur Dogmeninterpretation und die inhaltliche Auseinandersetzung mit dem Dogma

von Chalcedon. In beiden Themenbereichen kann Schoonenberg an frühere Arbeiten anknüpfen: an seine Arbeiten zur charismatischen Funktion der Theologie und seine ersten Ansätze zu einer pneumatischen Christologie in der ersten Periode.
Im folgenden konzentriere ich mich auf die Bedeutung des Geistes im Kontext der Christologie und Trinitätstheologie Schoonenbergs. Von Interesse sind diese Darlegungen im Hinblick auf Schoonenbergs Ausarbeitung einer Geist-Christologie in den nachfolgenden Jahr(zehnt)en. Von daher wird zunächst die Christologie und Trinitätstheologie der zweiten Periode aus pneumatologischer Perspektive betrachtet und danach gefragt, welche Bedeutung der Rede vom Geist in diesen Kontexten zukommt. Sodann wird die Rezeption seines christologischen und trinitätstheologischen Entwurfes dieser Jahre knapp dargestellt.[369]

1. Die Funktion des Geistes in Schoonenbergs Christologie und Trinitätstheologie

a) Interpretation der „unio hypostatica" (jedoch) ohne Bezugnahme auf den Heiligen Geist

Die Bedeutung des Geistes für die Christologie der zweiten Periode bestimmt Schoonenberg im Nachwort von „Ein Gott der Menschen": „In der christologischen Studie dieses Buches habe ich mich auf die reine Christologie beschränkt; über den Geist habe ich nicht gesprochen. Ich habe das übrigens in meiner ganzen Theologie bisher nur sehr selten getan. Ich war noch nicht bis zum Geist gekommen, und es scheint mir auch ein Vorteil, daß ich die Theologie der *unio hypostatica* nicht durch Betrachtungen über den Geist kompliziert habe."[370] Diese Beobachtung Schoonenbergs gilt für die Christologie der gesamten zweiten Periode.
Im Mittelpunkt seiner Christologie der 60er und frühen 70er Jahre steht, wie deutlich wurde, das Bemühen, die chalcedonische Zwei-Naturen-Lehre so zu interpretieren, daß der Gefahr des Monophysitismus - der „Entmenschlichung" Jesu Christi - und des Apollinarismus begegnet werden kann.[371] Schoonenberg äußert im Nachwort von „Ein Gott der Menschen" die Überzeugung, das nachchalcedonische Christusbild, welches das zeitgenössische Christusbekenntnis

[369] Schoonenberg hat seine Überlegungen zur charismatischen Dimension der Theologie in den 80er Jahren weitergeführt. Siehe unten: C.III.3. und D.
[370] DERS., Ein Gott der Menschen, 202. (Hervorhebung im Original)
[371] Vgl. ebd., 193: „Der Christus, der Gottes ewiger und wesensgleicher Sohn ist, droht entmenschlicht zu werden; der Mensch in ihm ist in Gefahr, zugunsten der göttlichen Person ausgehöhlt zu werden. Dies geschah im Apollinarismus und Monophysitismus vor dem Konzil von Chalkedon; und es geschah auch in der Christologie nach diesem Konzil, soweit die eine Person Christi als *göttliche* Person seine menschliche Wirlichkeit anhypostatisch, unpersönlich macht." (Hervorhebung im Original)

weitgehend bestimmt, zu Recht als geheime Verleugnung des „Wesenseins-mit-uns“ angeklagt zu haben, das von Chalcedon selbst ausgesagt worden ist: „Ich bin ..., so meine ich, diesem Christusbild entkommen, ohne aus der Skylla des Eutyches in die Charybdis des Nestorius zu geraten. Und ich hoffe der Göttlichkeit Jesu Christi nichts genommen zu haben, wenn ich zur präexistenten göttlichen Person Fragen aufgeworfen habe.“[372]

Im Rahmen der Auslegung der „unio hypostatica“ seitens Schoonenbergs kommt dem Geist in der Argumentation keine Bedeutung zu. Der Verzicht auf pneumatologische Erwägungen erscheint ihm vielmehr sinnvoll, um sein Verständnis der „unio hypostatica“ zu verdeutlichen. Schoonenbergs Aufmerksamkeit gilt der Frage, wie die personale Einheit von göttlichem Wort (Logos) und menschlicher Person in Jesus Christus zu denken ist. Inwieweit der Geist für das Zustandekommen der „unio hypostatica“ von Bedeutung ist, wird von Schoonenberg (noch) nicht angesprochen.

b) Rekurs auf die neutestamentliche Adoptionschristologie

Angesichts der Vielfalt der neutestamentlichen Christologien relativiert Schoonenberg die Bedeutung der Inkarnationschristologie: Sie ist lediglich eines von mehreren christologischen Modellen zur Bestimmung der Gottessohnschaft Jesu Christi. Die im Neuen Testament vorhandenen Elemente einer Adoptionschristologie erscheinen ihm geeigneter als die in der späteren Tradition vorherrschende Inkarnations- bzw. Logos-Christologie, um die Gottessohnschaft Jesu unter Wahrung seines menschlichen Person-Seins auszusagen. Im Rahmen dieses Rückgriffs auf die neutestamentliche Adoptionschristologie verdeutlicht Schoonenberg aber doch in ersten Ansätzen die innere Verflechtung von Christologie und Pneumatologie. In der Auferstehung wird Jesus erhöht und eingesetzt zum Herrn und zum Sohn Gottes. Der Geist, der seit Jesu Ursprung bzw. seit seiner Taufe auf ihm ruht und in ihm wirkt, wird seit Jesu Verherrlichung als der Geist Christi in der Welt gegenwärtig.

Schoonenberg betreibt eine Christologie „von unten“, ohne allerdings diesen Terminus in seinem christologischen Hauptwerk der zweiten Periode, „Ein Gott der Menschen“, und in den übrigen christologischen Beiträgen dieses Zeitraumes selbst zu gebrauchen. Ende der 70er Jahre verfaßt Schoonenberg „Einige Notizen zur Erläuterung und Ergänzung der in meinem Buch ‚Ein Gott der Menschen‘ vorgetragenen Christologie“ und verdeutlicht darin rückblickend seinen methodischen Ansatz „von unten“.[373] Danach ist der Ausgangspunkt seiner Christologie nicht so sehr das heutige Selbstverständnis des Menschen oder eine Anthropologie überhaupt, obwohl darauf bei der Entfal-

[372] Ebd.

[373] DERS., Notizen zur Erläuterung und Ergänzung der in „Ein Gott der Menschen“ vorgetragenen Christologie, 1. Dieser Beitrag ist anläßlich eines christologischen Kolloquiums entstanden, das 1979 unter Leitung von Prof. R. Haubst an der Universität Mainz stattfand.

tung des christlichen Glaubensbekenntnisses immer auch Bezug genommen werden muß. Als Ansatzpunkt seiner Christologie wählt Schoonenberg „die menschliche Wirklichkeit Jesu, zumal seine menschliche Geschichte, zu der aber seine verherrlichte Existenz unbedingt hinzugefügt werden muß.“[374] Der methodische Ansatz „von unten“ bezeichnet den Weg des Denkens, der Erkenntnis. Der Ausgangspunkt der Christologie kann nicht die Präexistenz oder das innertrinitarische Verhältnis der göttlichen Personen sein, da dem menschlichen Verstand die immanente Trinität unzugänglich ist. Schoonenberg lehnt von daher eine „trinitarische Christologie“ ab und entwickelt eine „christologische Trinitätslehre“[375].

c) Der Heilige Geist innerhalb der „christologischen Trinitätslehre“

Im Kontext seiner Trinitätslehre sind Aussagen Schoonenbergs zum Heiligen Geist als göttliche Seinsweise - im Blick auf die innergöttliche Trinität - bzw. als göttliche „Person“ oder „Kraft“ - im Blick auf die heilsgeschichtliche Trinität - seinen Ausführungen über das präexistente Wort nachgeordnet.
Im Mittelpunkt der christologischen und trinitätstheologischen Konzeption Schoonenbergs steht - im Blick auf die innergöttliche Trinität - das Wort, das Mensch wird („Verbum incarnandum“), und - mit Bezug auf die Heilsgeschichte - das menschgewordene Wort („Verbum incarnatum“). Schoonenberg ist sich bewußt, daß im Rahmen dieser Konzeption der Heilige Geist nur am Rande zur Sprache kommt. Im Nachwort von „Ein Gott der Menschen“, in dem er dieses „Versäumnis“ bezüglich seiner Rede vom Geist selbst anspricht, faßt er seine Position mit Blick auf den Geist zusammen: Im Alten Testament wird Jahwes Geist als Jahwes kraftvolles Wirken vorgestellt. [376] Im Neuen Testament, in dem an verschiedenen Stellen vom „pneuma hagion“ (ohne Artikel) gesprochen wird, wird ein entsprechender Eindruck vermittelt. „Erst im Zusammenhang mit dem auferstandenen Christus, als Gabe seiner Verherrlichung, wird uns der Geist im Neuen Testament als ‚dritte Person’ gezeigt. Aber das Eigensein und also Dritte-Person-Sein von Gottes und Christi Geist ist im Neuen Testament alles andere als eindeutig. Das Wort war offenbar nicht Person *gegenüber* Jesus Christus, wohl aber *in* ihm gegenüber dem Vater; mit dem Geist aber ist fast das Umgekehrte der Fall. Er ist Person gegenüber der Gemeinde Jesu und gegenüber jedem Menschen, aber ob er auch Gott und Christus als Person gegenübersteht, bleibt eine Frage.“[377]

---

[374] Ebd. Nach Schoonenberg macht die Einbeziehung der verherrlichten Existenz Jesu Christi in seine menschliche Geschichte den Terminus „von unten“ für einige problematisch. Schoonenberg betont jedoch, daß Jesus gerade als Mensch verherrlicht wurde. Der Ausgangspunkt einer Christologie „ist diese menschliche (aber nicht nur irdische) Geschichte Jesu, insoweit sie mittels Schrift und nachbiblischer Tradition überliefert und im Glauben rezipiert ist“ (ebd.).
[375] Vgl. ebd., 2.
[376] Vgl. DERS., Ein Gott der Menschen, 197f.
[377] Ebd., 197f. (Hervorhebung im Original)

Bei Johannes wird in den Abschiedsreden der Person-Unterschied zwischen Christus und dem Geist betont; der Geist wird von diesem als der „andere Tröster“ angekündigt. Paulus identifiziert den auferstandenen Herrn mit dem lebendigmachenden Geist (2 Kor 3,17). Schoonenberg sieht Spuren dieser Identifikation in der Tradition der Pneuma-Christologie. So präzisiert er schließlich seine Sicht des Verhältnisses von heilsgeschichtlicher und immanenter Trinität unter Einbeziehung des Geistes: „... wir [dürfen] vorläufig sagen, daß Gott, also Gott selbst, in der Heilsgeschichte nicht nur Vater und Sohn ist, sondern Vater, Sohn und Geist ... Von Gottes innerem Leben, außerhalb der von ihm gewirkten Heilsgeschichte, wissen wir nichts; und andererseits können wir Gott selbst in seiner eigenen Tiefe und Ewigkeit nicht anders kennen als er sich gegeben hat. Wie sich das Wort zur Fleischwerdung aussprach, so schenkte sich der Geist zur Einwohnung. Wir dürfen die Fülle von Gottes Wesen dreieinig nennen, weil er uns als Vater, Sohn und Geist zur Fülle führt.“[378]

Im Kontext der Christologie und Trinitätstheologie Schoonenbergs kommen den heilsgeschichtlichen Ereignissen von Verherrlichung Jesu und Geistsendung besondere Bedeutung zu. Dabei betont er, daß der Geist erst seit der Verherrlichung Jesu Christi personale Züge trägt. Damit formuliert er seine Sicht der personalen Präexistenz des Geistes in Entsprechung zu seiner Position, die er hinsichtlich der Präexistenz des Logos-Sohnes und des Zusammenhangs von heilsgeschichtlicher und immanenter Trinität vorgetragen hat: In der Selbstgabe an uns - in der Menschwerdung des Sohnes und der Sendung des Geistes - offenbart Gott sein dreieiniges Wesen. Erst infolge dieser Kundgabe und Selbsterschließung Gottes in der Heilsgeschichte ist eine Aussage über Gottes dreieines Wesen möglich.

d) Besinnung auf den Geist angesichts der Krise des Gottesglaubens

Bereits Ende der 60er Jahre zeichnet sich eine bewußte Hinwendung Schoonenbergs zur Theologie des Geistes ab, die eine Reaktion auf die „Säkularisierung“ der zeitgenössischen Theologie darstellt. War er, nach eigener Aussage, in seiner Theologie und insbesondere im Rahmen der Auslegung der „unio hypostatica“ „noch nicht bis zum Geist gekommen“[379], so veranlaßt ihn gerade die zeitgenössische „Gott-ist-tot“-Theologie zur Rede vom Geist im Kontext der Gotteslehre, d.h. zur *Verkündigung der heilbringenden und lebenschaffenden Macht Gottes in seinem Geist*: „... gerade die heutige Krise unseres Gottesbegriffs, gerade die Theologie von Gottes Tod, verweist mich auf den Geist und Lebendigmacher ... Wir sind im Zeitalter des Heiligen Geistes, und das darf heute aktuell werden.“[380]

---

[378] Ebd., 198.
[379] Ebd., 202.
[380] Ebd., 202f.

Schoonenberg beobachtet in der zeitgenössischen Theologie und Frömmigkeit eine Abkehr von einem Gott, der alles auf sich konzentriert, alles „absorbiert". Gegenüber der Vorstellung eines weltüberlegenen und mit seiner Schöpfung „konkurrierenden" Gottes, die nach Schoonenberg mit Recht zurückgewiesen werden muß, betont er die Gegenwart Gottes und Christi in seinem Geist: „Der Vater und der Sohn sind nicht verschwunden, sie sind im Gegenteil vollauf gegenwärtig - aber gerade im Geiste: nicht im stürmischen Geist des Zungenredens, sondern in jenem besonnenen Geist, der die gegenwärtige Geschichte in Prophetie, Weisheit und Wissen deutet; der unterscheiden hilft und die falschen Geister abweist; der zur Führung erweckt, Hilfe und Heilung verleiht ... Gott und Christus sind in dem bescheidenen, dem stillen Geist gegenwärtig, im Geist des Alltags."[381]
In einer Zeit des „Todes" Gottes kann der Geist, eher still und bescheiden als aufsehenerregend, Sensibilität wecken für die Nähe Gottes in der Schöpfung und in seinen Geschöpfen: „Der Geist hat kein Gesicht, sondern ist Hinweis ... Vielleicht kann diese bescheidene Gegenwart des ‚süßen Seelengastes' - von dem Paulus sagt, daß gerade unser Leib sein Tempel sei - für uns ein Anlaß sein, Gott *in* Dingen und *in* Menschen zu finden und nicht erst dahinter oder darüber."[382]
In diesem Zusammenhang wird bei Schoonenberg eine pneumatologische Vertiefung seiner Gotteslehre deutlich: „Gott bleibt der Transzendente, gerade durch seine überwältigende Immanenz. Er ist Geheimnis, aber gerade durch die Macht, mit der er *in uns* wirkt; so geht er über alles hinaus, was wir erbitten, erwarten oder begreifen können. Dann haben wir Gott nicht hinter uns als den toten Gott der Religion, sondern sein Geist ist eine Macht in unserem Rücken, ein Licht in unserem Blick zu Sehen, nicht zunächst zum Himmel, sondern zur Erde. Zugleich aber ist Gott dann ‚le Dieu d'en-avant', denn der Geist ist Unterpfand der Zukunft, ja der endgültigen Zukunft. Es gibt viel Dunkel in dieser Zeit, aber diese Hoffnung und diesen Glauben wollte ich hier aussprechen."[383]
Die hier vorgetragenen Überlegungen zur Bedeutung des Geistes innerhalb der zweiten theologischen Periode Schoonenbergs verweisen bereits ansatzweise auf die Entwicklung seines pneumatologischen Denkens in den nachfolgenden Jahr(zehnt)en, hier innerhalb der Theologie (im engeren Sinne), der Trinitätstheologie und Christologie. Seit den 70er Jahren sind Schoonenbergs Studien in diesen Bereichen, in denen er verstärkt Elemente einer Geist-Theologie einbringt, weitgehend als eine Reaktion auf die Kritik zu begreifen, die vor allem in den 70er Jahren an seiner Christologie und seinen Schlußfolgerungen für die Trinitätstheologie laut wurden. Von daher ist an dieser Stelle eine knappe Übersicht über die durch Schoonenbergs Thesen ausgelöste theologische Auseinandersetzung sinnvoll.

---

[381] Ebd., 203.
[382] Ebd. (Hervorhebung im Original)
[383] Ebd. (Hervorhebung im Original)

2. Zur Rezeption der Christologie und Trinitätstheologie

Ein Überblick über die theologische Literatur, die in Auseinandersetzung mit Schoonenbergs Theologie entstanden ist, macht deutlich, daß seine Christologie und Trinitätstheologie der zweiten Periode, vor allem seine Studie „Ein Gott der Menschen", eine Diskussion ausgelöst hat, die sowohl bezüglich der Vielzahl der Publikationen als auch hinsichtlich der Heftigkeit der Kontroverse auffällig ist.[384] Von verschiedenen Theologen - so beipielsweise von Stephen Pujdak, Alfred Kaiser und Patrick Lens, die sich in ihren Dissertationen eingehend mit Schoonenbergs Christologie und Trinitätstheologie der zweiten Periode und deren Rezeption in der zeitgenössischen Theologie befaßt haben, - wird übereinstimmend der Eindruck formuliert, daß die mitunter polemisch geführte Auseinandersetzung mit Schoonenberg in Teilen auf Mißverständnisse oder eine einseitige Darstellung der Positionen Schoonenbergs zurückzuführen ist.[385] Gleichwohl sind die an Schoonenbergs christologischen Entwurf und seine trinitätstheologischen Implikationen gerichteten kritischen Rückfragen in weiten Teilen sachlich begründet. Dies wird bereits daran ersichtlich, daß Schoonenberg seine Überlegungen später modifiziert und korrigiert.

a) Würdigung der Anliegen Schoonenbergs

α) Einordnung in den theologischen Gesamtkontext

Schoonenbergs christologische und trinitätstheologische Studien sind in der zeitgenössischen Theologie unter Einordnung in den theologischen Gesamtkontext seines Werkes rezipiert worden: Die Verankerung seiner Christologie und Trinitätstheologie in dem breiten theologischen Kontext von Schöpfung, Bund und Gnade ist auf dem Hintergrund anderer Entwürfe in diesen Bereichen positiv gewürdigt worden. So urteilt beispielsweise Herman Fortmann: „Die Sicht Sch.[oonenbergs] bedeutet einen großartigen Versuch, Schöpfung und Begnadigung, Schöpfung und Bund (d.h. ‚Gottesbegegnung im menschlichen Anderen') in einer tieferen Perspektive zusammenzubringen, so daß wir ‚alles in unserem Geschaffen- und Begnadigt-Sein' sehen können als ‚ganz

[384] Vgl. H. BERKHOF, Rezension; DERS., Christian Faith, bes. 147-154. 284-304; Ch. BOYER, Une étrange christologie; Th. CLARKE, Rezension; M.L. COOK, The Jesus of Faith; H. HÄRING, Ecce homo, 24-27. 31f; F. VAN ACKEREN, Is Jesus ‚Man plus God'?; R. KERESZTY, Preexistence and Oneness of Christ; R. LACHENSCHMID, Christologie und Soteriologie, 103f; B.O. McDERMOTT, Rezension; DERS., The personal unity of Jesus and God, 312-315; R. MEDISCH, Christologie Schoonenbergs; B. MONDIN, New Trends in Christology, bes. 59-61; T.J. VAN BAVEL, Nicht-chalcedonische Christologie?; F.J. VAN BEECK, Christus Proclaimed; A. VAN ROEY, Contemporary Christological Questions; DERS., De nieuwe christologie; D. WIEDERKEHR, Konfrontationen und Integrationen der Christologie, 82-99; R. MICHIELS, Menswording.

[385] Vgl. St. P. PUJDAK, Schoonenberg's Christology in Context, 351: „Unfortunately, Schoonenbergs' interpretation has more often been caricatured than represented."

Gott und ganz innerweltlichen Wirklichkeiten' verdankt. In dieser Richtung sind in den letzten Jahren mehrere Versuche unternommen worden."[386]
In Jesus Christus ist Gott in seiner Schöpfung auf unüberbietbare Weise in menschlicher Vermittlung gegenwärtig. Dieser Gedanke leitet über zur Anerkenntnis des heilsgeschichtlichen Ansatzes der Christologie Schoonenbergs und der anthropologischen „Wende", die er (in der Nachfolge Karl Rahners) in seiner Christologie vollzogen hat.

β) Rezeption des heilsgeschichtlichen Ansatzes
Der heilsgeschichtliche, „humanistische" Ansatz der Christologie Schoonenbergs ist überwiegend mit Zustimmung aufgegriffen worden. Seine Einwände gegen das Dogma von Chalcedon werden mehrheitlich als fundamentale und sachlich begründete christologische Anliegen bewertet: Dies gilt in erster Linie für den von Schoonenberg kritisierten Essentialismus des chalcedonischen Modells und die Herauslösung aus den heilsgeschichtlichen Bezügen. Die soteriologische Ausrichtung der klassischen Christologie kommt nicht hinreichend zum Ausdruck. Schoonenberg zeigt die Möglichkeiten und Grenzen der chalcedonischen Christologie auf, indem er sie mit den übrigen christologischen Modellen des Neuen Testamentes konfrontiert. Hier stellt er vor allem die frühe Adoptions-Christologie der johanneischen Präexistenz-Christologie gegenüber. Gewürdigt wird die Nähe Schoonenbergs zum biblischen Gottesbild, zur neutestamentlichen Christusverkündigung.[387]
Als wichtiger Beitrag Schoonenbergs zur zeitgenössischen Christologie gilt sodann die Annäherung von Christologie und Anthropologie, die Vermittlung zwischen den Glaubensfragen der heute Glaubenden mit dem Reichtum des biblischen Zeugnisses und der christlichen Lehrtradition. Positiv wahrgenommen wird, „how seriously S.[choonenberg] takes contemporary man's search for the credible, the ancient Church's complex tradition"[388]. Der von Schoonenberg gewählte anthropologische Ansatz kommt darin zum Ausdruck, daß er nachdrücklich das Menschsein und Mitmenschsein Jesu Christi betont: „Tatsächlich gelingt es Schoonenberg, die Einheit der Person Jesu, seine Menschlichkeit und Geschichtlichkeit mehr als andere ernst zu nehmen. Ein Gegeneinander von Gott und Welt gibt es nicht; Jesus ist (in deutlicher Nähe zu Rahner) in seiner Offenheit für Gott die letzte Aufgipfelung menschlicher Existenz- und Transzendenzmöglichkeit."[389]

γ) Rückgriff auf die frühe antiochenische Christologie
Schoonenberg sucht die göttliche Sohnschaft Jesu vom Menschsein her zu erfassen. Seine Option für die Christologie der früheren antiochenischen Schule hat zu einer veränderten christologischen „Perspektive" beigetragen:

---

[386] H. FORTMANN, Poging tot verdere dialoog, 51. Die Zitate im Zitat sind entnommen: P. SCHOONENBERG, God of mens: een vals dilemma, 28.
[387] Vgl. A. SCHILSON / W. KASPER, Christologie im Präsens, 116-122.
[388] B.O. McDERMOTT, Rezension, 353f.
[389] H. TIEFENBACHER / A. SCHILSON, Frage nach Jesus, dem Christus, 568.

Die Annäherung an Jesus Christus geschieht im Rückgriff auf das „historische Modell" oder „Offenbarungsmodell"[390]. Mit Hilfe dieses Modells läßt sich die Anwesenheit des transzendenten Gottes im Schöpfungsgeschehen und im menschlich-geschichtlichen Geschehen beschreiben. Am deutlichsten ist die Gegenwart Gottes in Jesus Christus und in seiner Geschichte erkennbar. Dieser Ansatz „von unten" ermöglicht es, die gesamte menschliche Existenz des irdischen Jesus in das Bekenntnis der Gottessohnschaft einzubringen, die selbst als eine werdende Wirklichkeit begriffen wird. Was Schoonenberg mit dem Begriff der „menschlichen Transzendenz" Jesu zum Ausdruck bringen möchte, verdeutlicht Tarsius van Bavel, die Überlegungen Schoonenbergs aufgreifend, folgendermaßen: „Jesus ist die intensivste und dichteste Offenbarung Gottes, die wir kennen, oder die authentische, durch Gott selbst autorisierte Offenbarung und Selbstvergegenwärtigung. So ist vielleicht deutlicher, daß Jesus Gott nicht ausschöpft. Der Vater bleibt stets größer. Was Schoonenberg mit dem Ausdruck ‚menschliche Transzendenz' meint, kann ich durchaus unterschreiben. Es geht nämlich darum, daß Gott uns nur in Jesus und in der Welt erreicht. Man kann auch sagen: wer Gott für uns ist und sein will, zeigt sich im Evangelium."[391] Der Ausdruck „menschliche Transzendenz" besagt gerade nicht, daß Jesus zwar die anderen Menschen übertrifft, aber doch in den Grenzen der Menschlichkeit und des menschlich Möglichen eingeschlossen bleibt. Vielmehr möchte Schoonenberg zum Ausdruck bringen, daß Gott selbst sich im Menschen Jesus gibt.[392] Es ist daher ein Mißverständnis zu glauben, Schoonenbergs Christologie käme gewissermaßen ohne Gott aus oder man könne die Person Jesu verstehen, ohne von Gott zu sprechen. Der Begriff der „Transzendenz" bzw. des „Transzendierens" meint gerade das Aufbrechen und Übersteigen der Grenzen des faktisch Gegebenen im Bereich der menschlichen Wirklichkeit. Schoonenberg vertritt also keine Christologie „ohne Gott". Diesem falschen Eindruck sucht Van Bavel zu begegnen: „Das ist sicher nicht die Intention Schoonenbergs: eine Christologie ohne Gott würde für Schoonenberg gerade an der wesentlichsten Dimension Jesu vorbeigehen, für den der Vater die allesbeherrschende Wirklichkeit war ... Die Antwort Schoonenbergs ist eindeutig: Gott offenbart sich nirgendwo anders als in der Welt, aber Er offenbart sich da *als* transzendent."[393]
Schoonenberg beschreibt Jesu gesamte geschichtliche Existenz von seiner Empfängnis bis zu seinem Tod und damit zugleich seine Gottessohnschaft als eine in Wachstum und Entwicklung begriffene. In diesem Zusammenhang spricht er von einer „dynamischen Identifikation" Gottes mit dem Menschen Jesus, die in der Auferstehung Jesu zu ihrem Höhepunkt und Ziel gelangt. Damit kommt die Einheit des Christusgeheimnisses stärker als in der klassischen Christologie in den Blick: Die Menschwerdung ist hingeordnet auf Tod

[390] Vgl. R. MICHIELS, Menswording, 312f.
[391] T.J. VAN BAVEL, Nicht-chalcedonische Christologie?, 90.
[392] Vgl. ebd.
[393] Ebd. (Hervorhebung im Original)

und Auferstehung. „Bei dieser Zusammenschau erkennt man auch mehr, daß der Logos nicht nur eine vollständige menschliche Natur annahm ..., sondern den vollen Prozeß einer menschlichen Existenz bis zum Tod und durch den Tod hindurch in die ganzmenschliche Vollendung."[394] So zählt Schoonenbergs Christologie in den 60er und 70er Jahren zu jenen neueren Entwürfen, in denen die Geheimnisse der Erhöhung - Auferstehung, Himmelfahrt, Geistsendung und Parusie - als zum Christusmysterium gehörend neu gewürdigt werden.[395]

In dem Bemühen um eine stärkere Verschränkung von Soteriologie und Christologie, von biblischer und dogmatischer Christologie, das Schoonenbergs Christologie mit anderen christologischen Entwürfen aus dieser Zeit verbindet, kommt der ältesten überlieferten urchristlichen Christologie - der Adoptions- und Erhöhungschristologie - besondere Bedeutung zu, von der Bruchstücke in 1 Kor 15,3-5; Röm 1,3f; Apg 1-13 vorliegen. Den Gedanken der Präexistenz des Sohnes bezieht Schoonenberg ausschließlich auf den gekreuzigten und verherrlichten Christus. Damit gehört er zu jenen Theologen, Exegeten wie Dogmatikern, die die Einzigartigkeit Jesu Christi ohne die Vorstellung von der (vorinkarnatorischen) Präexistenz des Sohnes aussagen möchten.[396] So schreibt Klaus Reinhardt: „Um Jesus als einzelne Person und darin zugleich als universalen Heilbringer zu erkennen, eignet sich darum wohl am besten die paulinische Pneuma-Christologie, die von der Auferweckung und Erhöhung her Jesus als den mit der Fülle des göttlichen Pneuma ausgestatteten Herrn begreift, ja ihn geradezu (in dynamischer Weise) mit dem Pneuma identifiziert. ‚Der Kyrios ist das Pneuma' (2 Kor 3,7)."[397]

Schoonenberg legt damit bereits in seinen christologischen Arbeiten der zweiten Periode die Grundlage für seine spätere Ausarbeitung einer Geist-Christologie.

[394] R. LACHENSCHMID, Christologie und Soteriologie, 109.

[395] Vgl. ebd. Die Einheit des Christusereignisses, die in diesen neueren christologischen Entwürfen zur Sprache gebracht wird, beschreibt Lachenschmid folgendermaßen: „In christologischer Sicht beinhaltet die Auferstehung, daß Christus selbst in seiner ganzen und darum leibhaftigen Wirklichkeit zur verklärten Vollendung und Unsterblichkeit gekommen ist. Darüber hinaus hat sie eine soteriologische Bedeutung: sie bringt zum Lebenswerk Christi ... nichts Neues hinzu, bringt aber das ganze irdische Leben Jesu mit dem Tod erst zur Geltung, denn sie muß verstanden werden als ein Moment an einem einheitlichen Prozeß."

[396] Vgl. K. REINHARDT, Einzigartigkeit der Person Jesu Christi, 221: „Die Präexistenz ist ... in der heutigen Theologie umstritten. Die Schwierigkeiten rühren einmal daher, daß die Exegeten heute den Abstand der nizänischen von der biblischen Auffassung deutlicher herausgearbeitet haben. Es gibt im Neuen Testament Aussageweisen, die Jesu absolute Einzigartigkeit zum Ausdruck bringen, ohne auf seine Präexistenz zurückzuverweisen ... Die protologischen Aussagen verlegten die eschatologisch verstandene Universalität Jesu zurück in die Urzeit, um sie so zu sichern. Sie seien auf Grund von zeitgeschichtlichen Faktoren im hellenistischen Raum entstanden. Zudem hätten die johanneischen Aussagen über die Präexistenz des Logos und seine Inkarnation noch nicht die Bedeutung, die die klassische Christologie mit der Vorstellung der Inkarnation der zweiten göttlichen Person verbindet."

[397] Ebd., 224.

δ) Dynamisches Gottes- und Christusverständnis

Schoonenbergs Bemühen, das „statische“ Denken der traditionellen Gotteslehre bzw. Trinitätstheologie sowie der Christologie zugunsten der heilsgeschichtlichen Perspekte zu überwinden, ist in der zeitgenössischen Theologie positiv aufgegriffen worden. Sind verschiedene Aspekte innerhalb der christologischen und (trinitäts-)theologischen Konzeption Schoonenbergs nicht unwidersprochen geblieben, so ist sein Grundanliegen letztlich positiv anerkannt worden: Schoonenberg möchte zu einem dynamischen Gottes- und Christusverständnis gelangen, das von der heilsgeschichtlichen Offenbarung Gottes in Jesus Christus und in seinem Geist ausgeht, so daß Schoonenberg formuliert: Gott-für-uns ist der Gott-in-sich und an-sich. In seinem Sohn und seinem Geist kommt Gott selbst auf den Menschen zu: In der Menschwerdung und in der Sendung des Geistes (in der Einwohnung des Geistes in den Herzen der Gerechtfertigten [1 Kor 3,16; 6,19; Röm 5,5; 8,11] bzw. in der Kirche) wird Gott (mehr) ein Gott der Menschen. Dadurch tritt Gott in die Geschichte ein, und er macht mit ihnen Geschichte. Gott ist als der Transzendente seiner Schöpfung und seinen Geschöpfen immanent und ermächtigt sie so zu ihrem Eigensein. In späteren Jahren wird von Schoonenberg der Bezug zum „pneuma“, der in der Rede von „Gott in Bewegung“ und von der „immanenten Transzendenz“ Gottes implizit enthalten ist, expliziert.

b) Kritik

Alfred Kaiser, der in seiner Dissertation die theologische Diskussion im Anschluß an Schoonenbergs Studie „Ein Gott der Menschen“ eingehend dargestellt hat, gibt eine Übersicht über die theologischen Schwerpunkte der gegenüber Schoonenberg geäußerten Kritik: „Die Haupteinwände gegen Schoonenberg kamen aus methodologischen, dogmenhistorischen und hermeneutischen Überlegungen, aber auch aus bibeltheologischer und systematischer Sicht.“[398] Inhaltlich münden die Einwände gegen Schoonenberg in den Vorwurf der Leugnung der Gottheit Jesu sowie der Verfälschung der Trinitätslehre ein. In diesem Sinne verurteilt die römische Glaubenskongregation in einer Erklärung vom 21. Februar 1971 die Christologie Schoonenbergs, ohne ihn allerdings namentlich zu nennen.[399] Als dem katholischen Glauben widersprechend werden jene neueren christologischen Versuche zurückgewiesen, in denen die göttliche Personalität Jesu Christi und seine ewige (personale) Präexistenz geleugnet werden.[400]

---

[398] A. KAISER, Möglichkeiten und Grenzen einer Christologie „von unten“, 201. Zum Folgenden siehe: ebd., 201-239; P. LENS, De eniggeboren Zoon, 409-429; D. WIEDERKEHR, Konfrontationen und Integrationen der Christologie, 92-99.

[399] KONGREGATION FÜR DIE GLAUBENSLEHRE, Declaratio ad fidem tuendam in mysteria Incarnationis et Sanctissimae Trinitatis. Vgl. DOKUMENTATION: Erklärung der Glaubenskongregation über Gottessohnschaft und Trinität.

[400] Vgl. KONGREGATION FÜR DIE GLAUBENSLEHRE, Declaratio ad fidem tuendam in

α) Nicht-chalcedonensische Christologie?

Wiederholt wird gegen Schoonenberg der Vorwurf erhoben, er vertrete eine „nicht-chalcedonische" Christologie. So rezipiert beispielsweise Klaus Reinhardt Schoonenbergs christologische Studie „Ein Gott der Menschen" als christologischen Entwurf, der sich „jenseits" der christologischen Konzilien von Nicäa, Ephesus und Chalcedon bewegt: „Nach ihm [Schoonenberg] geht es in der heutigen Christologie nicht einfach um eine ergänzende, vertiefende, weiterführende Interpretation der Überlieferung, sondern vielmehr um eine Ablösung, um den Ersatz der altkirchlichen durch eine neue, nichtchalkedonische Christusvorstellung."[401] Der Einwand richtet sich gegen die „Umkehrung (der Formel) von Chalcedon", d.h. gegen seine Theorie der umgekehrten Enhypostasie (des Logos im Menschen Jesus) und, damit verbunden, gegen die „Leugnung" der Gottheit Jesu. Dabei wird jedoch übersehen, daß Schoonenberg sich ausdrücklich zur inhaltlichen Aussage (nicht jedoch zur Formel) von Chalcedon bekennt.[402] Mehrfach wird der Eindruck formuliert, Schoonenbergs Theorie der „umgekehrten Enhypostasie" verlagere lediglich das Problem der Dualität von Gottheit und Menschheit in Jesus Christus, ohne das „Konkurrenzverhältnis" Gott-Mensch ausschalten zu können: „Schoonenbergs Umkehrung der *En- und Anhypostasie,* nämlich von einer göttlichen Person auf eine menschliche Person, [wirft] die Frage auf, ob diese Umkehrung nicht selber wieder die gleiche konkurrierende Vorstellung impliziert, gegen die Schoonenberg entschieden angetreten ist."[403]

Hiermit geht die kritische Anfrage an Schoonenberg einher, ob das hermeneutische Prinzip der „Nicht-Konkurrenz" zwischen Gott und Mensch nicht zu einseitig die Inhalte seiner Theologie und so auch seiner Christologie bestimme.[404] So erscheint das Urteil als begründet, daß Schoonenbergs Christologie

mysteria Incarnationis et Sanctissimae Trinitatis no. 3, 238: „Huic fidei aperte adversantur opiniones iuxta quas nobis revelatum notumque non esset Filium Dei ab aeterno in mysterio Deitatis subsistere distinctum a Patre et Spiritu Sancto; itemque opiniones secundum quas evacuanda esset notio unius personae Jesu Christi, genitae a Patre ante saecula secundum divinam naturam et in tempore ex Maria Virgine secundum naturam humanam; ac denique assertio secundum quam humanitas Jesu existeret, non ut assumpta in personam aeternam Filii Dei, sed potius in seipsa ut persona humana, ideoque mysterium Jesu Christi in eo consisteret quod Deus se revelans summo modo praesens esset in persona humana Jesu. Qui ita sentiunt, a vera fide in Christum longe remanent, etiam cum asserunt singularem Dei praesentiam in Jesu efficere ut ipse summum ultimumque culmen sit divinae revelationis; neque veram fidem in Christi divinitatem recuperant, cum addunt Jesum dici posse Deum, eo quod, in eius humana, quam dicunt, persona, Deus summe praesens sit."

401 K. REINHARDT, Die menschliche Transzendenz Jesu Christi. Zu Schoonenbergs Versuch einer nicht-chalcedonischen Christologie, 273.

402 Vgl. P. SCHOONENBERG, Over de Godmens, 168

403 Vgl. D. WIEDERKEHR, Konfrontationen und Integrationen der Christologie, 96. (Hervorhebung im Original)

404 Vgl. L. BAKKER, Schoonenberg's theologie, 378f: „Wir können kaum umhin zu meinen, daß er [Schoonenberg] in den letzten Jahren etwas einseitig mit dem Nicht-Konkurrenz-Prinzip befaßt ist ... Er erklärte ausführlich, warum Glaube an Gott *nicht* auf Kosten des Menschen geht und was dieses ‚nicht' für die Neuinterpretation der klassischen Lehre bedeutet ... Das Nicht-Konkurrenz-Prinzip von Schoonenberg ist zweifellos richtig, aber ist es alles? ... Sind

und Trinitätstheologie trotz der pastoralen Sorge, die sie auszeichnet, in der Umsetzung zu theoretisch ist. Dies liegt in hohem Maße daran, daß Schoonenberg selbst weiterhin die Begrifflichkeit von Chalcedon für seinen Interpretationsversuch heranzieht: Seine christologischen Ausführungen „muten eher als Horizont und hermeneutischer Rahmen für eine inhaltlich noch genauer auszuführende Christologie an. Daher bleibt das von Schoonenberg vorgeschlagene christologische Denkmodell im ganzen recht formal ... Schließlich bedient sich Schoonenberg weitgehend der Kategorien von Chalkedon (z.B. Person und Natur, Enhypostasie und Anhypostasie u.ä.) und versucht mit deren Hilfe eine seinsmäßige Erhellung des gottmenschlichen Daseins Jesu. Dadurch aber bleibt er dem engen metaphysischen Rahmen und der inneren Begrenzung dieser Wesenschristologie auch weiterhin verhaftet. Seine Umkehrung des chalkedonischen Modells gerät also in ähnliche Schwierigkeiten wie dieses selbst - nur richten sich diesmal die kritischen Anfragen auf die Wahrung der *göttlichen* Person Jesu Christi, weniger auf seine *menschliche* Wirklichkeit."[405] Trotz der Würdigung der begründeten Anliegen Schoonenbergs, die ihn zur Neuinterpretation des Dogmas von Chalcedon veranlaßt haben, ist etwa für Arno Schilson und Walter Kasper Schoonenbergs eigener Lösungsvorschlag nicht wirklich überzeugend.

β) „Arianische" bzw. „adoptianische" Christologie?

In Reaktion auf Schoonenbergs Entwurf verbinden sich grundsätzliche kritische Anfragen hinsichtlich seines methodisch-hermeneutischen Ansatzes „von unten" mit dem Vorwurf, er vertrete mit seiner „Christologie der Präsenz Gottes" eine arianische[406] oder adoptionistische Christologie[407], und sie habe Tendenzen zum Subordinatianismus. Aus der Umkehrung der Formel von Chalcedon durch Schoonenberg ergibt sich die Frage, ob es ihm noch gelingt, die Gottheit Jesu Christi positiv auszusagen. So wirft etwa Jean Galot,

---

derartige Überlegungen über das falsche Dilemma nicht zu einseitig, zu un-dialektisch? Fungiert hier eine bestimmte Wahrheit, nl. das Nicht-Konkurrenz-Prinzip, nicht zu sehr als Ausgangspunkt für weitere Argumentationen ...? ... auch der Aufbau seines Buches ‚Ein Gott der Menschen' verrät m.E. dieselbe Gefahr. Erst wird über das falsche Dilemma gesprochen, dann folgen christologische Betrachtungen mit der Neuinterpretation des Dogmas von Chalcedon (deutlich ein Weiterführen des Nicht-Konkurrenz-Prinzips) ... Er beginnt hier also nicht mehr bei ... dem Individuell-Konkreten des Menschen Jesus Christus und des biblischen Zeugnisses, sondern bei der eher etwas philosophisch anmutenden Wahrheit, daß Gott und Mensch niemals einander Konkurrenten sein können." (Hervorhebung im Original)

[405] A. SCHILSON / W. KASPER, Christologie im Präsens, 122. (Hervorhebung im Original)

[406] Vgl. J. GALOT, Vers une nouvelle christologie, 23-40. Siehe hierzu: P. SCHOONENBERG, Arianische Christologie? Antwort P. Schoonenbergs an Jean Galot, 50-56.

[407] Vgl. H. TIEFENBACHER / A. SCHILSON, Frage nach Jesus, dem Christus, 568: Von Schoonenberg „wird in Jesus die Fülle Gottes des Vaters behauptet, so daß man eher von einem ‚göttlichen Sohn' als von ‚Gottes Sohn' sprechen könnte. Die Nähe zu einer stark antiochenisch gefärbten Adoptionschristologie bleibt unübersehbar." Siehe auch: L. RENWART, „Qui dites-vous que je suis?", 1139: „Nous avouons être incapable de voir en quoi ... [Schoonenberg] différait de l'adoptianisme, non peut-être sous ses formes historiquement connues, mais dans sa racine."

Professor für Christologie an der Gregoriana in Rom, Schoonenberg vor, er verlasse mit seiner Christologie die traditionelle Lehre der Kirche, da Christus nicht mehr als Gott bekannt werde, er keine göttliche Person mehr sei.[408] Anton Ziegenaus stellt Schoonenbergs Christologie als eine konsequente Erhöhungschristologie vor, die „ihren Ausgang beim Osterereignis [nimmt], d.h. beim Bekenntnis, daß Jesus auferweckt, erhöht und der Christus sei. Erst da wurde er zum Sohn Gottes eingesetzt ... Bei Schoonenberg tritt die Vereinigung von Gott und Mensch erst bei der Auferweckung Jesu ein ... Schoonenberg geht mit Recht von dem christologischen Kernsatz aus, daß Jesus der Christus, der erhöhte Herr sei. Nur fragt sich, ob Schoonenberg dann, wenn er an der ewigen Sohnschaft nicht festhält, die universale Bedeutung des geschichtlichen Jesus und seines Todes noch wahren kann. Ist letztlich nicht bloß ein Mensch gestorben?[409]
Festzuhalten ist jedoch mit Tarsius Van Bavel, daß Schoonenbergs Modell der „umgekehrten Enhypostasie“ bzw. sein Modell der „menschlichen Transzendenz“ Jesu Christi keine Christologie „ohne Gott“ darstellt: Schoonenberg „leugnet nicht einfach das göttliche Personsein Jesu. Aber während nach dem chalkedonischen Modell die Menschheit Jesu in der Person des ewigen Logos persönlich wird, läßt Schoonenberg die Göttlichkeit des Sohnes persönlich werden in der Person des Menschen Jesus ... Jesus ist so von Gott erfüllt, daß Gott in ihm total anwesend ist. Die Präsenz Gottes fällt mit dem Menschsein Jesu zusammen ... Jesus ist also Gott, weil Gott in ihm anwesend ist.“[410]

Innerhalb des von Schoonenberg vorgeschlagenenen „Gegenwarts- oder Anwesenheitsmodells“ bzw. seiner „Christologie menschlicher Transzendenz und Heilsbedeutung“ bleibt die Frage nach der ontologischen Wirklichkeit Jesu Christi als des Gottes-Sohnes letztlich jedoch ungeklärt.[411] Jesus ist der „letzte“, der „eschatologische“ Mensch. In seiner geschichtlichen Individualität hat er zugleich universale, absolute Heilsbedeutung. Klaus Reinhardt verdeutlicht die Problematik dieser „neuen“ Christologie, zu deren Vertretern auch Schoonenberg zählt, folgendermaßen: „Im Gegenatz zur chalkedonischen Christologie sieht ... die neue Christologie ... die einzigartige Bedeutung Jesu nicht in etwas, das vor, über oder hinter dem Menschsein zu suchen wäre, also in seiner göttlichen Natur oder in seiner präexistenten Gottessohnschaft, sondern in seinem Menschsein selbst: Jesus hat einzigartige Bedeutung und wird Sohn Gottes genannt, weil er auf einzigartige, exemplarische Weise Mensch ist.“[412] Von diesem Ansatz her stellt sich etwa für Reinhardt die Frage, ob es theologisch berechtigt und legitim ist, die Rede von der Gottheit

---

[408] Vgl. J. GALOT, Vers une nouvelle christologie, 23-40, hier 38f.
[409] Vgl. A. ZIEGENAUS, Grundstrukturen neuzeitlicher Christologie, 146-148, hier 148.
[410] Vgl. T.J. VAN BAVEL, Nicht-chalcedonische Christologie?, 89f.
[411] Vgl. H. TIEFENBACHER / A. SCHILSON, Frage nach Jesus, dem Christus, 568.
[412] K. REINHARDT, Einzigartigkeit der Person Jesu Christi, 211.

bzw. der Gottessohnschaft Jesu Christi zu ersetzen durch die Rede von seiner exemplarischen Humanität oder von seiner menschlichen Transzendenz.[413]
Für Schoonenberg besteht in der Tat zwischen dem Menschen Jesus und seinen Mitmenschen kein Unterschied dem Wesen nach - geht es ihm doch gerade um die Wahrung des „Wesensgleich-uns" von Chalcedon. Der Unterschied ist vielmehr jener in bezug auf Qualität und Intensität: Im Menschen Jesus ist Gott endgültig und vollständig gegenwärtig. Ausgehend von dieser Sicht Schoonenbergs zeigen verschiedene Theologen, unter ihnen Klaus Reinhardt und Walter Kasper, die Grenzen auf, an die vergleichbare Versuche stoßen, gleichsam von unten, von der Menschlichkeit her, die Einzigartigkeit Jesu zu bestimmen und zu begründen: Es gelänge ihnen nicht, zum Geheimnis der Gottheit Jesu Christi vorzudringen.[414] Schoonenbergs „adoptianistisches" Verständnis der Gottessohnschaft Jesu erscheint als logische Folge seiner (vermeintlichen) Zurückweisung der Inkarnationschristologie und der Präexistenz des Logos. Übersehen wird dabei allerdings, daß Schoonenberg den Inkarnations- und Präexistenzgedanken nicht uneingeschränkt ablehnt. Er tut dies nur insoweit, als die Annahme eines präexistenten göttlichen Sohnes zu einer Verminderung und Entleerung der menschlichen Wirklichkeit und Personalität Jesu führt.

γ) Leugnung der Präexistenz des Sohnes (und des Geistes)?
Kritik haben vor allem die Folgerungen, die sich aus Schoonenbergs christologischem Ansatz für die Trinitätstheologie ergeben, ausgelöst: Ihm wird vorgeworfen, er leugne die Präexistenz des Sohnes (und des Geistes). Schoonenberg stellt die klassische Christologie von der Präexistenz des Logos her in Frage, die traditionellerweise als vollständig persönliches Existieren (mit eigenem Bewußtsein und eigener Freiheit) des Sohnes Gottes vor der Menschwerdung verstanden wird. Nicht zutreffend ist der von einzelnen Theologen an Schoonenberg gerichtete Vorwurf, er leugne generell die Präexistenz des Sohnes (und demzufolge auch des Geistes). Er unterscheidet vielmehr zwischen der Idee der Präexistenz an sich und derjenigen eines präexistenten Person-Seins des Logos-Sohnes (sowie des Geistes).[415] Schoonenberg weist

[413] Vgl. ebd., 215. Siehe auch: B.O. McDERMOTT, Rezension, 353: „Does his indwelling-model manage to express, with a precision that can satisfy the demands of systematic theology, the uniqueness of Jesus of Nazareth among men? Is the subordinationist tendency in his theory ... stronger than Catholic Christology can tolerate?"
[414] Vgl. K. REINHARDT, Einzigartigkeit der Person Jesu Christi, 220-223: „... läßt sich wirklich Jesu absolute Einheit mit Gott als Verlängerung und als höchste Steigerung der allgemein menschlichen Einheit mit Gott begreifen? Läßt sich Jesu absolute Heilsbedeutung noch im Begriffsfeld menschlicher Transzendenz aussagen? ... Muß man nicht Jesus selbst als Gott anerkennen, als göttliche präexistente Person? ... Es erscheint in der Tat notwendig, daß eine ‚von unten' beginnende Christologie konsequent den Weg zu Ende geht bis zur Anerkennung der ewigen Gottessohnschaft Christi. Das ist nicht nur notwendig, um Jesu Einzigartigkeit zu sichern ... Diese Einmaligkeit besteht gerade darin, daß sich Gott selbst persönlich zum Heile der Menschen engagiert hat."
[415] Vgl. T.J. VAN BAVEL, Nicht-chalcedonische Christologie?, 86-89.

weder die Vorstellung von der Präexistenz des Wortes noch von der Gottgleichheit Jesu (seit seinem Ursprung) zurück. Darauf macht Veldhuis nachdrücklich aufmerksam: „Die Wesensgleichheit mit dem Vater, die Göttlichkeit also, ist nicht vom Menschen Jesus erworben und ihm auch nicht im Laufe seines Lebens geschenkt worden. Sie ist ihm mitgeteilt, gratis geschenkt vom allerersten Ursprung seines menschlichen Lebens an. Der Vater spricht sein Wesen aus in Jesus, der daher auch nie anders gewesen ist als Gottes Wort in Person ... Das Wort, das in Jesus Fleisch wurde, war somit seinem Menschsein präexistent. Der kühne Gedanke Schoonenbergs ist nun, daß dieses präexistente Wort, aus dem Vater geboren, aber nicht erschaffen, ganz das Wesen des Vaters widerspiegelnd, erst in der Menschwerdung Jesu personale Subsistenz erlangt. Der Vater macht sein Wort zur Person, indem er es Mensch werden läßt. Vor der Menschwerdung (oder besser gesagt: unabhängig von der Menschwerdung, um in Gottes Ewigkeit keine Zeitkategorien zu übertragen) könnte der Logos also von uns nicht Person genannt werden."[416]
Schoonenberg leugnet nicht die Präexistenz des Logos, er lehnt es jedoch ab, den Präexistenzgedanken mit dem Personbegriff zu verbinden. Das ewige Wort ist ein Wort, das gesandt werden wird und das im Menschen Jesus Person wird („Verbum incarnandum"). Nach Schoonenberg existiert die zweite göttliche Person als Person nicht anders als im Menschen bzw. nicht unabhängig von ihm. Damit ersetzt er das Modell der drei präexistenten Personen durch das Modell vom „Gott in Bewegung": Gott wird trinitarisch bzw. dreipersönlich in der bzw. durch die Heilsgeschichte. Schoonenberg anerkennt lediglich eine heilsgeschichtliche Trinität. Diese Sichtweise, nach der Gottes dreipersonales Wesen, seine Existenz in drei Personen an die Offenbarung Gottes in der Heilsgeschichte gebunden und damit letztlich von ihr abhängig ist, ist in der zeitgenössischen Theologie auf Widerspruch gestoßen. So urteilt etwa John D. Zizioulas: „... a doctrine of God making God dependent on his relation with Man for his Trinitarian existence is no doctrine of God. If God is to maintain his ontological ultimacy, it is not only possible but indeed inevitable to affirm that he is above all God in himself, which means Trinity in his very being."[417] Die (immanente) Trinität Gottes „wird" nicht erst in der Heilsgeschichte, sie besteht vielmehr „schon immer". Auch Dietrich Wiederkehr betont in diesem Kontext, daß eine nur heilsgeschichtliche Trinität für sich allein ihre ungeschuldete und ungenötigte Gnadenhaftigkeit ebenso wie ihren Offenbarungswert verliert, „wenn ihr die Trinität als innere Lebenskommunikation Gottes entzogen wird."[418]
Schoonenbergs entwickelt in der Folgezeit seine Vorstellung vom „Werden" und von der „Veränderlichkeit" Gottes - vom „Person-Werden" des Sohnes

[416] W. VELDHUIS, Entwicklungen in der Christologie, 42f. Vgl. auch: D. WIEDERKEHR, Konfrontationen und Integrationen der Christologie, 92: Wiederkehr beschreibt Schoonenbergs Position zutreffend als „Negation einer göttlichen Person in Jesus Christus im Sinn einer präexistenten trinitarischen Bezugsperson".
[417] J.D. ZIZIOULAS, Rezension, 101.
[418] D. WIEDERKEHR, Konfrontationen und Integrationen der Christologie, 95.

und des Geistes in Menschwerdung und Geistsendung - weiter. Breiter rezipiert wird sein Verständnis diesbezüglich seit den 70er und 80er Jahren.

δ) Trinitätstheologischer „Agnostizismus"

Kritische Anfragen im Blick auf die trinitarischen Aspekte von Schoonenbergs Christologie hat außerdem seine Auslegung des trinitätstheologischen Grundaxioms Karl Rahners und in diesem Zusammenhang sein trinitätstheologischer „Agnostizismus" hervorgerufen.[419] Schoonenberg vertritt die Auffassung, daß Aussagen über die immanente Dreieinigkeit, d.h. über die (personale) Präexistenz des Wortes (und des Geistes) in Gott „vor der Zeit" bzw. „jenseits" der Welt, nicht möglich sind, da Gottes Wesen unabhängig von seiner Offenbarung in der Heilsgeschichte dem Menschen erkenntnismäßig nicht zugänglich ist. Daher bleibt es für Schoonenberg eine offene Frage, ob die Trinität zu Gottes Wesen gehört. Die präexistente Dreifaltigkeit läßt sich aus der heilsgeschichtlichen Offenbarung weder affirmieren noch leugnen: Die Frage, ob Gott unabhängig von seinem Heilswerk dreipersönlich ist, kann nicht gelöst werden. In diesem Sinne gibt Wiederkehr die Position Schoonenbergs zutreffend wieder, wenn er schreibt: „Schoonenberg läßt es offen und hält es nicht für eine eindeutig entscheidbare rückschließende Erkenntnis, ob Gott in seiner innergöttlichen Ewigkeit, im Voraus zu seiner Selbstgabe in Christus und seiner Selbstoffenbarung im Geist, schon dreifaltig ist."[420]

Brian McDermott fragt in diesem Zusammenhang an: „Can the theologian be satisfied with S.[choonenberg]'s ‚agnosticism' regarding a ‚pre-existent' Trinity?"[421] Von anderen Theologen wird Schoonenberg vorgeworfen, er überspiele mit seinem „Agostizismus" in bezug auf die „präexistente" Trinität die Frage nach der immanenten Trinität als Voraussetzung alles Heilsgeschehens.[422] Er schiebe die Lehre von der immanenten Trinität mehr oder weniger beiseite, um sich ganz auf die heilsgeschichtliche Trinität zu beschränken.[423]

Schoonenberg selbst versteht seine Sichtweise als eine Weiterführung des von Rahner formulierten trinitätstheologischen „Grundaxiom": „Die ‚ökonomische' Trinität ist die ‚immanente' Trinität und umgekehrt."[424] Dieses Axiom besagt: „Im heilgeschichtlichen Verhältnis von Vater, Sohn und Geist wird ‚von unten' das immanente Wesen Gottes offenbar. Umgekehrt erweist sich das immanente Verhältnis von Vater, Sohn und Geist als transzendentaltheologische Voraussetzung der heilsgeschichtlichen Offenbarung. Weil sich Gott durch Jesus Christus im Geist eschatologisch-endgültig offenbart, als der er ist, ist die ökonomische Trinität identisch mit der immanenten Trinität."[425]

---

[419] Vgl. P. LENS, De eniggeboren Zoon, 414-416; L. COPPENS, La personne de Jésus-Christ, 135f; B. SESBOUÉ, Une nouvelle christologie?, 453f.

[420] D. WIEDERKEHR, Konfrontationen und Integrationen der Christologie, 88.

[421] B.O. McDERMOTT, Rezension, 353.

[422] H. TIEFENBACHER / A. SCHILSON, Frage nach Jesus, dem Christus, 568.

[423] Vgl. W. KASPER, Der Gott Jesu Christi, 336.

[424] K. RAHNER, Der dreifaltige Gott, 328.

[425] W. KASPER, Christologie von unten?, 168. Kasper macht in diesem Zusammenhang auf

Mit seiner Zurückhaltung gegenüber Aussagen über die innergöttliche Trinität „vor“ bzw. unabhängig von der Inkarnation des Logos-Sohnes und der Geistsendung wird von Schoonenberg das Axiom Rahners nur formal übernommen.[426] In Verlängerung seines christologischen Ansatzes, der von der „Nicht-Konkurrenz“ zwischen Gottheit und Menschheit in Jesus Christus ausgeht, gilt die Aussage, daß der Sohn präexistent ist, mit Blick auf den Gekreuzigten und Auferstandenen: Jesus ist durch die Auferstehung zum Sohn geworden. Schoonenbergs Mißverständnis des Axioms besteht nun darin, daß er von der „Erkenntnisordnung“ („ratio cognoscendi“) her zeitliche Folgerungen bezüglich der „Seinsordnung“ („ratio essendi“) zieht: Da sich Gott „erst“ in der Heilsgeschichte als Vater, Sohn und Geist offenbart, kann auch erst „seit“ dem Christusereignis die Dreipersonalität Gottes positiv ausge-sagt werden.[427]
Dieser Sicht Schoonenbergs ist jedoch der Einwand Walter Kaspers entgegenzuhalten, daß die heilsgeschichtliche Trinität nur dann Sinn und Bedeutung hat, „wenn Gott in der Heilsgeschichte als der da ist, der er von Ewigkeit ist, genauer: Wenn Gott als Vater, Sohn und Geist nicht nur für uns in der Heilsgeschichte erscheint, sondern wenn er von Ewigkeit Vater, Sohn und Geist ist.“[428] Gott offenbart sich in der Heilsgeschichte als der, der er „schon immer“ ist.
Schließlich läßt sich feststellen, daß Schoonenbergs „Agnostizismus“ in bezug auf die „präexistente“ Trinität (bzw. die „vorinkarnatorische“ immanente Trinität) nicht konsequent durchgehalten ist. Inkonsequent ist, daß er sich einerseits jeglicher Aussagen über Gott „in sich“ „vor“ dem Christusereignis enthält, andererseits jedoch auch vom (präexistenten) Sohn und Geist als gött-

---

die Problematik des Verständnisses des Verbums „ist“ innerhalb des Axioms aufmerksam (vgl. ebd., Anm. 90). Die Aussage „Die heilgeschichtliche Trinität ist die immanente Trinität“ bewegt sich auf der erkenntnistheoretischen Ebene, während umgekehrt in dem Satz „Die immanente Trinität ist die heilsgeschichtliche Trinität“ eine ontologische Aussage enthalten ist.

[426] Vgl. A. SCHILSON / W. KASPER, Christologie im Präsens, 119: Schoonenberg „hält die Auskunft über Gottes vorzeitliches personale Dreifaltigkeit bewußt zurück und zeigt deutliche Sympathie für ein heilsgeschichtliches ‚Werden‘ Gottes zur *personalen* Unterscheidung von Vater, Sohn und Geist ... Nach Schoonenberg tritt das unterscheidende Gegenüber zwischen Vater, Sohn und Geist erst in der Heilsgeschichte als ein Gegenüber von *Personen* in Erscheinung; innergöttlich jedoch kann höchstens eine modale Unterscheidung statthaben ... K. Rahners Grundprinzip, daß wir von Gottes Dreifaltigkeit nur durch seine geschichtliche Selbstoffenbarung wissen können ..., wird nur äußerlich übernommen; Schoonenberg bescheidet sich nämlich mit einem Nicht-wissen des göttlichen ‚Vorher‘, das er allerdings auch nicht einfach leugnet! Erst durch diesen hermeneutischen Ansatz, daß in Jesus der Sohn Gottes erst *Person wird*, eröffnet sich überhaupt der Weg für die Grundthese von Schoonenbergs Christologie.“ (Hervorhebung im Original)

[427] Vgl. ebd., 142; DERS., Neuansätze, 24-26. Siehe in diesem Sinne auch: J.D. ZIZIOULAS, Rezension, 101: „The author [Schoonenberg] ... makes the mistake of drawing from the fact that it is only *on the basis of* the economic God that we can speak of him at all, the conclusion that is is only *of* the economic God that wie can speak. This is a mistake because the economic God is the God of a particular relationship with the world, which, however, aims precisely at indicating to the world that there is a being who exists independently of the world to which it relates.“ (Hervorhebung im Original)

[428] W. KASPER, Gott Jesu Christi, 336.

lichen „Seinsweisen" („modi") bzw. als „Ausbreitungen" Gottes („extensions of God") spricht. Damit rückt seine Position in die Nähe einer modalistischen Trinitätslehre.[429] Damit verneint er die innergöttliche bzw. präexistente Dreifaltigkeit in den drei Personen von Vater, Sohn und Geist.[430]

ε) Rückfragen an Schoonenbergs Hermeneutik von Schrift und Tradition

Die Anfragen, die Schoonenbergs christologische und trinitätstheologische Konzeption gelten, kommen zudem aus dem Bereich der Bibeltheologie sowie der Kirchen- und Dogmengeschichte. Sie beziehen sich auf seine Auslegung der Schrift bzw. bestimmter Schrifttexte und auf seine Interpretation der frühen christologischen und trinitätstheologischen Lehrtradition.[431]

Die Kritik gegenüber Schoonenberg betrifft vor allem seine Hermeneutik der neutestamentlichen Präexistenztexte. So kommen Arno Schilson und Walter Kasper zu folgendem Urteil: Es bleibt „die Schwierigkeit bestehen, wie die traditionellen Aussagen von der göttlichen Präexistenz Jesu, vor allem in den Texten des neuen Testaments, zu verstehen sind. Hier scheint der eigentliche Nerv und zugleich auch eine entscheidende Schwäche in Schoonenbergs Christologie zu liegen."[432] Unbestreitbar gilt Schoonenbergs Grundsatz, daß alle Präexistenzaussagen des Neuen Testamentes vom irdischen Jesus ihren Ausgang nehmen.[433] Die Präexistenzchristologie ist jedoch nicht, wie es oft dargestellt wird, ein erst spätes Produkt der theologischen Reflexion.[434] Sie liegt in dem vorpaulinischen Christuslied in Phil 2,5-11 ebenso vor wie in den Texten, in denen Paulus in einer formelhaft geprägten Weise von der Sendung des Sohnes spricht (Röm 8,3; Gal 4,4). Deutlicher kommt die Präexistenzchristologie dann bei Johannes zum Ausdruck (Joh 1,1f; 14.18; 8,58; 10,30 u.ö.).[435] „Bereits das Neue Testament setzt also voraus, daß Jesus nicht aus dem Zusammenhang der innerweltlichen und geschöpfllichen Wirklichkeit stammt, sondern der wesenhafte Sohn Gottes von Ewigkeit her ist. Letztlich ist die Frage der Präexistenz jedoch eine Frage der innergöttlichen Trinität. Sie ist nichts anderes als eine Auslegung des Satzes, in dem sich alles zusammenfassen läßt, was Jesus von Gott geoffenbart hat: ‚Gott ist die Liebe'. Die innere theologische Begründung der Trinitätslehre liegt darum nicht so sehr in einzelnen biblischen Hinweisen (Mt 28,19; 1 Kor 12,4-6; 2 Kor 13,13),

[429] Vgl. A. SCHILSON / W. KASPER, Christologie im Präsens, 119: „So verstanden *wird* also ein Modus, eine Seinsweise Gottes in der *menschlichen Person* Jesu Christi erst zum *personalen* Sohn Gottes. Ob mit dieser ungeheuer feinen und zwischen einem Modalismus (Gott ist nur einer, erscheint jedoch auf dreifache Weise) ... und einem Tritheismus ... hindurchzielenden Trinitätslehre den biblischen Präexistenz- und Sendungsaussagen wie der lehramtlichen Überlieferung Genüge getan ist, bleibt zumindest zweifelhaft." (Hervorhebung im Original)

[430] Vgl. D. WIEDERKEHR, Konfrontationen und Integrationen der Christologie, 95.

[431] Vgl. A. KAISER, Möglichkeiten und Grenzen einer Christologie „von unten", 218. 234-239; D. WIEDERKEHR, Konfrontationen und Integrationen der Christologie, 87-89; 93-97.

[432] A. SCHILSON / W. KASPER, Christologie im Präsens, 118.

[433] Vgl. ebd.

[434] Vgl. W. KASPER, Wer ist Jesus Christus für uns heute?, 216.

[435] Vgl. ebd.; D. WIEDERKEHR, Konfrontationen und Integrationen der Christologie, 94.

sondern im eschatologischen Charakter des Christusgeschehens und seiner Vergegenwärtigung im Geist insgesamt."[436]
Unter Exegeten besteht Konsens darüber, daß sich im Neuen Testament deutliche Verweise auf die personale Präexistenz Jesu finden.[437] Schoonenbergs Folgerung, daß „die Präexistenzaussagen letztlich nur funktionalen Charakter haben, ... ist ... mit den Erkenntnissen heutiger Exegese nicht voll vereinbar. Verweisen die Präexistenztexte doch gerade durch ihre Funktionsaussage auf eine Wesensaussage ... Die Funktion fordert ... gerade die Frage nach dem Seinsgrund heraus."[438] Im Einzelfalle wäre wohl noch einmal genauer zu überprüfen, ob Schoonenbergs Exegese neutestamentlicher Präexistenztexte, wie etwa seine Auslegung von Phil 2,6-11 oder sein Verständnis von Röm 8,3; Gal 4,4 oder 1 Kor 8,6, den Ergebnissen der zeitgenössischen Bibelwissenschaft entspricht.

3. Bündelung: Die Rede vom Heiligen Geist im Kontext der Christologie und Trinitätstheologie Schoonenbergs

Innerhalb des christologischen und trinitätstheologischen Entwurfs Schoonenbergs kommt dem Heiligen Geist eine nur nachgeordnete Bedeutung zu. Der Geist wird dort thematisiert, wo Schoonenberg bei seiner Entfaltung des menschlichen Person-Seins Jesu eine nicht von der Präexistenz des Gottessohnes, sondern vom irdischen Leben Jesu ausgehende Christologie „von unten" entwirft. Schoonenbergs vordringliches christologisches Anliegen gilt der Verdeutlichung der „unio hypostatica"; hier bleibt der Heilige Geist bewußt unerwähnt. Der Heilige Geist kommt jedoch bei Schoonenbergs Rückgriff auf die frühe neutestamentliche Adoptionschristologie zur Sprache. Bei der Darstellung der Menschwerdung Jesu, des Sohnes Gottes, und seiner historischen Existenz (einschließlich seines Sterbens) werden Elemente einer Geist-Christologie sichtbar: Der Weg Jesu, von seiner Empfängnis/Geburt bis zu seinem Tod, ist bestimmt durch das Wirken des Geistes Gottes. Den Höhepunkt bildet die Auferstehung und Verherrlichung Jesu Christi, die Sendung des Geistes durch den Erhöhten: Hier wird Christus selbst der Spender des Geistes, der Erlösungsgabe schlechthin. Von Bedeutung ist für Schoonenberg der Gedanke der bleibenden Beziehung zum verherrlichten Christus im Heiligen Geist: „Jesu Auferstehung, Himmelfahrt und Sendung seines Geistes bedeuten für uns gerade dieses bleibende Ansprechen [Christi] und diesen lebendigen Kontakt. ... wir [verkündigen] die Kraft Christi, die immer in uns lebt, den Geist, durch den die Liebe Gottes - die Mitmenschlichkeit, aber dann auch die Mitmenschlichkeit Gottes selbst - in unsere Herzen ausgegossen ist."[439]

---

436 W. KASPER, Wer ist Jesus Christus für uns heute?, 216.
437 Vgl. D. WIEDERKEHR, Konfrontationen und Integrationen der Christologie, 94.
438 A. KAISER, Möglichkeiten und Grenzen einer Christologie „von unten", 236.
439 P. SCHOONENBERG, Christus' plaats in onze verkondiging, 407f.

Der Heilige Geist wird von Schoonenberg im Rahmen seiner Trinitätstheologie mitbesprochen, wenn er die Implikationen seines christologischen Neuansatzes für die Sicht des trinitarischen Lebens Gottes - innergöttlich und heilsökonomisch - aufzeigt. Seine trinitätstheologischen Thesen entwickelt er von der Christologie her, konkret von der Frage nach dem Verhältnis (der „Nicht-Konkurrenz") zwischen dem präexistenten göttlichen Sohn-Sein und dem menschlichen Person-Sein Jesu Christi. Der Heilige Geist kommt in diesem Zusammenhang dann zur Sprache, wenn er seine Position bezüglich der zweiten göttlichen Person - aufgrund der spezifischen „Eigenart" des Geistes in teilweise nuancierter Form - auf die dritte göttliche Person überträgt.

In der Rezeption der Christologie und Trinitätstheologie Schoonenbergs der zweiten Periode durch die zeitgenössische Theologie hat der Heilige Geist kaum Aufmerksamkeit erregt. Die Theolog(inn)en, die sich mit Schoonenbergs Sicht auseinandersetzen, beschränken sich darauf, seine Ausführungen über den Geist im Kontext seiner christologischen und trinitätstheologischen Thesen, in dem sie stehen, (lediglich) wiederzugeben. Dies gilt insbesondere für Schoonenbergs Rede vom Geist, die im trinitätstheologischen Zusammenhang. Hier finden Schoonenbergs Überlegungen zum Heiligen Geist nur insoweit Beachtung, als es die Auseinandersetzung mit seiner Sicht des Verhältnisses von immanenter und heilsgeschichtlicher Trinität oder die „modal(istisch)e" Trinititätsauffassung Schoonenbergs - erforderlich macht. Da die Reaktion auf den christologischen Entwurf Schoonenbergs sich in dem hier besprochenen Zeitraum (1964-1971) im wesentlichen auf die von ihm vorgetragene „Umkehrung (der christologischen Formel) von Chalcedon" bezieht, findet also Schoonenbergs Rede vom Geist in der zeitgenössischen theologischen Diskussion keine Beachtung. Seine hermeneutische Methode „von unten" wird breit, auch kritisch besprochen: Schoonenberg gilt in den 70er Jahren als der entschiedendste und zugleich radikalste Verfechter einer Christologie „von unten".[440] Auffällig ist aber, daß sich dabei keine Hinweise auf die - bereits Ende der 60er Jahre vorliegenden - Ansätze einer Pneuma-Christologie bei Schoonenberg finden, die im Zusammenhang mit seiner Besinnung auf die neutestamentliche Erhöhungs- oder Adoptionschristologie stehen.
Auch Schoonenbergs Aussagen gegen Ende der zweiten Schaffensperiode, daß bzw. inwiefern er der Pneumatologie künftig in seiner Theologie - vor allem auch in der Christologie - stärkere Beachtung einräumen wolle, haben in der zeitgenössischen Theologie meiner Wahrnehmung nach keinen Widerhall gefunden. Die Ansätze zu einer Geist-Christologie sind erst zu dem Zeitpunkt wahrgenommen worden, als Schoonenberg seit Ende der 70er Jahre Beiträge explizit zur Geist-Christologie publiziert hat.

[440] Vgl. W. KASPER, Wer ist Jesus Christus für uns heute?, 215.

4. Der Heilige Geist: Ein „vernachlässigtes“ Thema in Schoonenbergs Theologie der zweiten Periode

Insgesamt läßt sich sagen, daß die Pneumatologie in der Theologie Schoonenbergs der zweiten Periode noch nicht von eigenständiger Bedeutung ist. Vom Geist spricht Schoonenberg in den (wenigen) thematischen Zusammenhängen, die in der chronologischen Übersicht aufgezeigt worden sind: im Rahmen seiner Christologie und Trinitätstheologie, die einschließlich ihrer Rezeption ausführlich dargestellt wurde, der Eucharistietheologie und im Zusammenhang seiner Überlegungen zur charismatischen Dimension bzw. zur prophetisch-kritischen Aufgabe der Theologie.
Schoonenbergs Beiträge zur Eucharistielehre sind als Abschluß einer Diskussion um das Dogma der Transsubstantiation entstanden, die in der niederländischen und deutschen Theologie in den 50er und 60er Jahren geführt wurde. Seine Ausführungen sind daher nicht ursprünglich von einer pneumatologischen Fragestellung her bestimmt. Seine pneumatologischen Aussagen beziehen sich in diesem Zusammenhang vor allem auf die pneumatische Gegenwart des erhöhten Herrn in den eucharistischen Gaben, daneben auch auf das Wirken des Geistes bei der Konsekration von Brot und Wein in den Leib und das Blut Jesu Christi. Seine Hinweise diesbezüglich stellen jedoch nicht einen eigentlich pneumatologischen Beitrag dar.
Schoonenbergs Überlegungen zur prophetisch-kritischen Funktion der Theologie stehen im breiteren Kontext seiner dogmenhermeneutischen Beiträge. Er greift dabei auf eigene Ausführungen zur Theologie als Charisma aus den 50er Jahren zurück. Wichtig und aufschlußreich auch für sein eigenes Theologieverständnis ist der von Schoonenberg häufig wiederholte Gedanke, daß der Heilige Geist selbst die Kirche - und damit auch die Theologie bei der Ausübung ihrer wissenschaftlichen Tätigkeit - bei ihrer den Glauben in die jeweilige Zeit übersetzenden Verkündigung auf ihrem Weg zur vollen Wahrheit führt. Mit dieser johanneischen Aussage ist das Bekenntnis Schoonenbergs zur Gegenwart Jesu Christi in seiner Kirche in seinem Geist verbunden. Diese Überlegungen, die sich auf das Wirken des Geistes im Kontext der Glaubensverkündigung der Kirche und, darin eingebunden, der Theologie beziehen, werden von Schoonenberg auch in den nachfolgenden Jahrzehnten weitergeführt.

Den Heiligen Geist thematisiert Schoonenberg (nur) in den oben genannten Kontexten. Von einer eigenständigen „Pneumatologie“ Schoonenbergs in den Jahren 1964-1971 kann daher nicht gesprochen werden. Diese Aussage wird auch durch die Tatsache gestützt, daß in diesen Jahren kein Beitrag Schoonenbergs explizit zur Geistthematik bzw. zur Geist-Theologie vorliegt.
Schoonenberg ist sich bewußt, den Geist innerhalb dieser Zeit „vernachlässigt“ zu haben. Dieses Versäumnis bringt er, wie dargelegt wurde, im Nachwort

seines Buches „Ein Gott der Menschen“[441] selbst zur Sprache. Seine Beobachtung, daß der Heilige Geist von ihm in den zurückliegenden Jahren kaum thematisiert wurde, ist mit Blick auf den hier besprochenen Zeitraum zu unterstreichen. Umso mehr verdient sein 1969 formulierter pneumatologischer Ausblick auf das künftig von ihm zu Leistende Beachtung. Seine Wahrnehmung, im Zeitalter des Heiligen Geistes zu leben, und sein Vorhaben, dies künftig auch eigens zu thematisieren, ist auf dem Hintergrund des pneumatologischen Neuaufbruchs in Theologie und Kirche seit dem Zweiten Vatikanischen Konzil sowie der Entstehung der Charismatischen Bewegung seit Mitte der 60er Jahre zu lesen. Möchte Schoonenberg künftig den Geist deutlicher zur Sprache bringen, so findet sich die theologische Grundlage dafür jedoch bereits in der (ersten und) zweiten Periode: hier vor allem in seiner Theologie (im engeren Sinne), seiner Christologie und Trinitätstheologie.

Die Krise des Gottesglaubens verweist Schoonenberg auf die Geist-Theologie: Der Geist ist Gottes Heil und Leben bringende Macht. Er ist Gottes zum Leben ermächtigende, erlösende Gegenwart in seiner Schöpfung und im (begnadeten) Menschen. Der Geist ist Gott mit-uns und Gott in-uns. Gott der Vater und der Sohn sind in dem (Heiligen) Geist, der beider Geist ist, gegenwärtig und erfahrbar.

Schoonenbergs Gotteslehre, seine Sicht auf Gott den Schöpfer und Bundesstifter und nicht zuletzt sein Verständnis des Gnadenhandelns Gottes laden gleichsam dazu ein, den Geist darin explizit zu machen: Schoonenbergs Theologie (bzw. seine Theologie der Schöpfung und des Bundes) ist geisttheologisch geprägt. Gott und Christus sind in dem Geist gegenwärtig, der lebendig macht, heilt und führt. In den folgenden Jahren führt Schoonenberg die Ansätze zu einer Geist-Theologie weiter.

---

441 Vgl. P. SCHOONENBERG, Ein Gott der Menschen, 197-203.

C
Dritte Periode (1972-1994): Der Geist im Zentrum

I. Theologiegeschichtlicher Hintergrund: Theologie als pneumatologisches Denken

1. Zur Situation der (Geist-)Theologie der Nachkonzilszeit

a) Beginn einer neuen Epoche der Theologie

Die im Umfeld des Konzils beobachtete gesamttheologische Umbruch bestimmte die Theologie bis in die 80er Jahre hinein.[1] Angestoßen durch die pneumatologische Wende auf dem Konzil, ist es seitdem vor allem zu einem Neuaufbruch in der Lehre über den Heiligen Geist gekommen. Heribert Mühlen hat in mehreren Beiträgen die „Wiederentdeckung" des Heiligen Geistes seit den 60er Jahren als den Beginn einer neuen Epoche der Theologie - einer Epoche des Geistes - beschrieben: „Wenn in der zweiten Hälfte des 20. Jahrhunderts eine neue Epoche der Menschheitsgeschichte begonnen hat, wie das Vaticanum II hervorhebt, dann wird sie ganz wesentlich von der Pneumatologie und einem neuen geistlichen Enthusiasmus geprägt sein müssen."[2] Das gewandelte Verhältnis der Kirche zur heutigen Welt, das allgemein mit dem Begriff der „Demokratisierung" beschrieben wird, ist nach Mühlen „zutiefst Pneumatisierung, d.h. epochale Rückgewinnung des charismatischen Lebensgrundes der Kirche"[3]. Als Hauptmerkmale der gegenwärtigen Epoche bezeichnet Mühlen den Übergang zur Gemeindekirche der überzeugten Christen, zu einer sozialen Gotteserfahrung.[4] In dieser Kirche der Zukunft, in der der Heilige Geist als schöpferische und lebendige Wirklichkeit wirksam ist, ist der Amtsträger eingegliedert in das Volk Gottes. Das Leitungsamt wird als ein Charisma unter vielen anderen Charismen begriffen.

Mühlen hält eine epochale Umorientierung von Theologie und Pastoral für dringend geboten: „Der ‚dynamische Charakter unserer Gesellschaft' weckt ein neues Verständnis für die Dynamis Gottes, die auch ‚Heiliger Geist' genannt

---

[1] Siehe oben: B.I.1.

[2] H. MÜHLEN, Pneumatologie am Beginn einer neuen Epoche, 49.

[3] Ebd., 43.

[4] Vgl. ebd.: „Es wird viel, ja alles davon abhängen, ob in der zweiten Hälfte des 20. Jahrhunderts der Überschritt zur Kirche der zutiefst personal Glaubenden geschieht, d.h. ob in epochal gewandelter Form ein neuer Durchbruch zur Pfingsterfahrung des Anfangs von Gott erfleht und geschenkt wird."

wird."[5] Von der christlichen Theologie ist eine entschiedene Besinnung auf die neutestamentliche Geisterfahrung gefordert, die durch Christus zum Vater führt. Mühlen plädiert für einen epochal neuen, pneumatologischen Ansatz in der Gotteslehre, der die lebendige Erfahrung der Gegenwart des Geistes Gottes für die einzelnen und die Gemeinschaft der Christen vermittelt. Die neutestamentliche Gotteserfahrung ist nicht vorrangig auf den Gott „über" der Schöpfung, sondern auf den Gott unter, zwischen, in den Menschen bezogen: Gott als derjenige, der unter den Menschen anwesend ist, wird im Neuen Testament „Heiliger Geist" oder „Geist Gottes" genannt.[6] Von der Erfahrbarkeit Gottes kann nur im Hinblick auf die Gegenwart seines Heiligen Geistes in Schöpfung und Menschheit gesprochen werden. Die Erneuerung der Charismen, die Auswirkungen personaler Geisterfahrung und personaler Glaubensentscheidung sind und kollektive Gotteserfahrung ermöglichen, ist für Mühlen die Voraussetzung zur Überwindung des zeitgenössischen Atheismus.

b) Von der „Geistvergessenheit" zur „Geistüberflutung"

Die katholische Theologie nimmt seit den 60er Jahren die „Geistvergessenheit" der herkömmlichen Theologie wie auch des allgemeinen Glaubensbewußtseins wahr. Walter Kasper schreibt (1979): „Immer wieder wird gegenwärtig die Geistvergessenheit, ja Geistlosigkeit der Theologie beklagt und eine Erneuerung der Theologie des Heiligen Geistes gefordert. Viele versprechen sich davon entscheidende Anstöße für das christliche und für das kirchliche Leben, für die ökumenische Annäherung der Kirchen und auch für den Dialog mit dem neuzeitlichen Denken."[7] Gegen Ende der 70er Jahre zählt daher die Erneuerung der Pneumatologie zu den wichtigsten Aufgaben der Theologie.[8]
Richtungsweisend für den pneumatologischen Aufbruch ist die Ekklesiologie und Pneumatologie des Konzils. Zu einer Wiederentdeckung des Geistes kam es zunächst in der Ekklesiologie und den damit verbundenen Fragen der Sakramententheologie, später in der Christologie und Soteriologie.[9]
Harding Meyer äußert in seinem einleitenden Beitrag zu dem Sammelband „Wiederentdeckung des Heiligen Geistes" (1974) den Eindruck, daß die Besinnung auf den Geist nicht aus einer theologischen Reflexion auf das pneumatische Defizit abendländischer Theologie und Frömmigkeit resultiert,

---

[5] Ebd., 42.

[6] Vgl. ebd., 48: „Der Zugang zur Gottheit und Gegenwart des Heiligen Geistes in uns ist nicht primär ein theoretischer, sondern ein operativer, praktischer: Wir erfahren ihn nur im Vollzug unseres Glaubens, und jede theoretische Erkenntnis hinsichtlich seiner Person und Gottheit ist immer schon von seiner Gegenwart in uns getragen!" (Hervorhebung im Original)

[7] W. KASPER, Aspekte gegenwärtiger Pneumatologie 7.Vgl. H. MEYER, Pneumatische Herausforderungen, 7: „Daß wir aus einer Epoche der ‚Geistvergessenheit' herkommen, ist nachgerade ein gängiges Urteil geworden, das man kaum noch hinterfragt."

[8] Vgl. W. KASPER, Kirche als Sakrament des Geistes, 25.

[9] Vgl. Ch. SCHÜTZ, Pneumatologie, 1-32; B.J. HILBERATH, Pneumatologie (Leitfaden Theologie), 15-32.

sondern aus den konkreten gegenwärtigen Erfahrungen des Geistes. Vielfältige Phänomene, Ereignisse, Bewegungen der heutigen Zeit lassen sich als Manifestationen des Geistes deuten: „als bringe der Heilige Geist selbst ... sich in Erinnerung und eben dadurch unsere pneumatologische Verlegenheit an den Tag.“[10] Der Heilige Geist selbst nährt und stillt gleichsam den Hunger nach Erfahrung des Heiligen Geistes. Die Neubesinnung auf die Pneumatologie ist durch Gruppierungen und Bewegungen in Gemeinde und Kirche angestoßen worden, die die Frage nach der Glaubenserfahrung neu gestellt haben. Insofern, als die Reflexion auf den Heiligen Geist von den geschichtlich konkreten Erfahrungen des Geistes ausgeht (ausgehen muß), läßt sich von einer Pneumatologie „von unten“ sprechen.[11]

Die Neubesinnung auf die Pneumatologie führte in einer ersten Phase in den 60er bis 80er Jahren zu Forschungen im Bereich der alt- und neutestamentlichen Geist-Theologie, der Religions-, Theologiege-, Dogmen- und Konzilsgeschichte, nicht zuletzt anläßlich der 1600-Jahrfeier des Konzils von Konstantinopel (381). Studien zu Teilbereichen der Pneumatologie - im Bereich der Ekklesiologie und Mariologie, der Christologie, Soteriologie und der theologischen Anthropologie sowie im Dialog mit der Philosophie - sind oft im Kontext von interdisziplinären und interkonfessionellen Tagungen zur Geistthematik entstanden, die in Tagungsberichten bzw. Sammelbänden dokumentiert wurden.[12]
Es kam zu einer Neubesinnung auf den dritten Glaubensartikel, auf den Heiligen Geist als dritte göttliche Person sowie auf sein Wirken in der Heilsgeschichte. Dabei tritt neu ins Bewußtsein, daß das „Credo in Spiritum Sanctum“ gleichsam die „Eingangspforte“ zu den nachfolgenden Bekenntnisaussagen des Geist-Artikels bildet, daß dem Geist-Bekenntnis die Schlüsselposition zur Interpretation des gesamten dritten Artikels zukommt: „Was in dieser Klammer des dritten Artikels erscheint, ist seinem Wesen, seinem Inhalt und seiner Struktur nach bestimmt durch das ‚Credo in Spiritum Sanctum‘. Das bedeutet nicht mehr und nicht weniger, als daß die Pneumatologie die Ausgangsstellung der Ekklesiologie, der Soteriologie und der Eschatologie ist. Der Pneumatologie kommt also eine theologische Schlüsselstellung für diese Lehrbereiche zu, die einzig und allein von der Pneumatologie her zu entwerfen und auszuarbeiten sind.“[13]

Bis in die 80er Jahre hinein liegen jedoch kaum systematische Ansätze zur Pneumatologie vor; es fehlt weitgehend an einer systematischen Lehre des

---

[10] H. MEYER, Pneumatische Herausforderungen, 8.
[11] Vgl. A. ROTZETTER, Pneumatologie und Spiritualität, 57.
[12] Vgl. C. HEITMANN / M. SCHMELZER (Hg.), Im Horizont des Geistes; C. HEITMANN / H. MÜHLEN (Hg.), Erfahrung und Theologie des Heiligen Geistes; W. KASPER (Hg.), Gegenwart des Geistes.
[13] O.A. DILSCHNEIDER, Geistvergessenheit der Theologie, 261.

Heiligen Geistes.[14] Ausnahmen stellen vor diesem Hintergrund die pneumatologischen Entwürfe von Heribert Mühlen, Hans Urs von Balthasar, Louis Bouyer und Yves Congar dar.[15] Zu nennen ist in diesem Zusammenhang auch Karl Barth, der gegen Ende seines Lebens die Notwendigkeit einer Entfaltung des ersten und zweiten Glaubensartikels vom Geistartikel her formulierte.[16] Als eigenständiger dogmatischer Traktat steht die Pneumatologie jedoch auch weiterhin im Schatten der theologischen Arbeit und gilt noch zu Beginn der 80er Jahre als 'eher vernachlässigter oder unterentwickelter theologischer Gegenstand.[17]

In den 80er Jahren führte die zweite Phase des pneumatologischen Aufbruchs im Anschluß an die 1600-Jahrfeier des Konzils von Konstantinopel zu einer „Geist-Überflutung“: „An die Stelle der sog. ‚Geistvergessenheit‘ trat eine wahre Geistbesessenheit.“[18] Gleichwohl konstatiert Bernd Jochen Hilberath noch im Jahre 1992 im Rahmen einer Bestimmung der Arbeitsfelder heutiger Pneumatologie, daß nach wie vor ein Nachholbedarf innerhalb verschiedener pneumatologischer Themenbereiche bestehe und von daher auch das Defizit an systematisch entfalteten Geist-Theologien nicht erstaunlich sei.[19] Gleichwohl besteht seit den 80er Jahren weitgehend Konsens darüber, daß die Pneumatologie die „neue Gesamtperspektive des theologischen Denkens“ darstellt:

---

[14] Vgl. S.M. DAECKE, Neue Konjunktur für den Geist, 520: „Was vor einem Jahrzehnt [in den 60er Jahren] sicher noch zutraf, daß jede Reflexion und Rede über den Heiligen Geist befremdlich und verdächtig wirken konnte, ist heute ... nicht mehr der Fall. Die Aufzählung von Namen und Titeln ließe eher vermuten, daß es gegenwärtig geradezu Mode ist, über den Heiligen Geist nachzudenken und zu schreiben - und zwar über die ganze Bandbreite theologischer und kirchlicher Positionen hinweg: von den Lutheranern bis zu den Pfingstlern, von den Orthodoxen bis zur katholischen charismatischen Erweckung. Aber gerade diese Tatsache macht es so schwierig, das Phänomen einer neuen Erfahrung und Entdeckung des Heiligen Geistes zu verstehen und zu deuten: Denn gemeinsam ist allen denen, die heute (wieder) vom Heiligen Geist sprechen und schreiben, im Grunde nur das eine, daß sie diesen Begriff gebrauchen und sich - mehr oder weniger - auf die biblische und kirchliche pneumatologische Überlieferung berufen. Was sie damit meinen und auf welche Traditionselemente sie sich dabei stützen, ist aber zumindest kontrovers, wenn nicht unvereinbar.“

[15] H. MÜHLEN, Der Heilige Geist als Person; DERS., Una Mystica Persona; H.U. VON BALTHASAR, Spiritus Creator; DERS., Pneuma und Institution; DERS., Geist der Wahrheit; Y. CONGAR, Der Heilige Geist.

[16] Vgl. K. BARTH, Nachwort, 311: „Alles, was von Gott dem Vater und Gott dem Sohn im Verständnis des 1. und 2. Artikels zu glauben, zu bedenken und zu sagen ist, wäre in seiner Grundlegung durch Gott den Heiligen Geist, das vinculum pacis inter Patrem et Filium, aufzuzeigen und zu beleuchten.“

[17] Vgl. H.-J. GOERTZ, Geist und Leben, 287; W. DANTINE, Gottheit des Geistes, 299: „Die Pneumatologie hat sich bis heute außerordentlich schwer getan, das spezifische und eigentliche Werk des Heiligen Geistes umfassend und zusammenhängend zu umschreiben! Schon der Umstand, daß in den Dogmatiken üblicher Weise vom Geistwirken an verschiedenen Stellen die Rede ist, nämlich bei der Inspiration der Schrift, bei der Lehre von der ‚zueignenden Gnade‘, und dann wieder bei der Ekklesiologie und der Ämterlehre, und daß überdies diese Lehrkomplexe nahezu unabhängig von einander nebeneinander herlaufen, deutet darauf hin, daß eine einheitliche und umfassende Pneumatologie eigentlich fehlt.“

[18] J. MOLTMANN, Geist des Lebens, 13.

[19] Vgl. B.J. HILBERATH, Pneumatologie (HDD); DERS., Pneumatologie (Leitfaden Theologie), 24.

„Unter ‚Pneumatologie' versteht man heute nicht einfach die ‚Lehre vom Heiligen Geist' im Sinne eines gesonderten Traktates neben den Themen ‚Schöpfung', ‚Christus', ‚Dreifaltigkeit', ‚Kirche', ‚Ekklesiologie', ‚Gnade' usw. Immer mehr zeigt sich, daß *die gesamte Theologie unter dem Gesichtspunkt des Heiligen Geistes* betrachtet werden kann. Die Pneumatologie versteht sich als Klammer des gesamten theologischen Denkens, als Konvergenz- oder Kristallisationspunkt der Theologie überhaupt (auch der theologischen Anthropologie!)."[20] Umgekehrt ist die Theologie „pneumatologisches Denken"[21], insofern sie im Horizont und unter dem Vorzeichen des Geistes steht.
In den 90er Jahren ist jedoch deutlich geworden, daß weder das Bemühen, eine systematische Geist- Theologie zu entwerfen, noch das Anliegen einer pneumatologischen Erneuerung der gesamten Theologie bisher über erste Ansätze hinausgelangen konnte.[22] Der Geist widersteht in der Vielgestalt seines heilsgeschichtlichen Wirkens einer systematischen Beschreibung (und somit Festlegung) seiner Wirklichkeit.[23] Der Heilige Geist bleibt der Unbekannte, der Fremde, der sich letztlich begrifflich nicht fassen läßt.[24]
Es bleibt die Einsicht bestehen, daß Theologie als Rede von Gott ihrem Wesen nach nur im Pneuma möglich ist und von daher der Begriff einer „pneumatischen" (bzw. „pneumatologischen") Theologie angemessen und sinnvoll ist.[25] Das Pneuma ist insofern Subjekt jeglicher Theologie und kirchlichen Handelns, als jeder Christ als Geistträger im und durch den Geist Zugang zur göttlichen Wirklichkeit hat, der die unzugänglichen Tiefen Gottes erforscht (1 Kor 2,10-16). Das Sprechen über die pneumatische Erfahrung ist per se ein pneumatischer Vorgang (Röm 8,16; Gal 4,6): „Es scheint vorweg nicht so wichtig, ob man zu den im Abendland sehr ausführlichen theologischen Traktaten der Trinität, der Christologie, der Mariologie und der Ekklesiologie nun noch eigens *eine ‚Pneumatologie'* hinzufügt oder ob man die *‚pneumatologische Dimension'* als grundlegend und konstitutiv für alle Themen der Theologie erklärt, wie dies im Bewußtsein der östlichen Theologie gegeben ist, entscheidend ist vielmehr, daß das Bewußtsein wächst, daß alle Theologie nur ‚en pneúmati' geschehen, gelehrt, gelernt und gelebt werden kann, sofern Theologie nicht nur in Theosophie, Religionsphilosophie oder gar christlich überfärbte Ideologie ausarten soll."[26]

---

[20] A. ROTZETTER, Pneumatologie und Spiritualität, 56. (Hervorhebung im Original)
[21] Vgl. Ch. SCHÜTZ, Pneumatologie, 15-17, hier 15.
[22] Vgl H.-J. GOERTZ, Geist und Leben. Überlegungen zu einer pneumatologischen Grundlegung der Theologie; Ch. SCHÜTZ, „Der Geist des Glaubens". Überlegungen zur pneumatologischen Dimension von Glaube und Glaubensbegründung.
[23] Vgl. K.H. NEUFELD, Pneumatologie, 417.
[24] Vgl. M. WELKER, Gottes Geist, 49.
[25] Vgl. H.-J. GOERTZ, Geist und Leben, 299-305; A. ROTZETTER, Pneumatologie und Spiritualität, 77f.
[26] A. KOTHGASSER, Pneumatologie im Zwanzigsten Jahrhundert, 651. Zu einem vergleichbaren Urteil kommt auch Karl Heinz NEUFELD, Pneumatologie, 417: „Einigkeit scheint heute darüber zu bestehen, daß P.[neumatologie] nicht nur eine theologische Disziplin neben anderen sein kann, sondern eine umgreifende Dimension theologischen Verstehens sein soll ...

Mit der Einsicht in die pneumatischen Dimension der Theologie ist die Frage nach der inneren Beziehung von Geist und Glaube neu aufgeworfen, insofern Theologie Reflexion auf den Glauben, der nach Einsicht suchende Glaube (fides quaerens intellectum), ist. Angesprochen ist damit der Glaubensbezug des Geistes, die Bedeutung der Pneumatologie im Kontext von Glaubensbegründung und Glaubensgewißheit.[27] Der Glaube ist Ereignis des Geistes. Von daher wird in jüngsten Veröffentlichungen die „Spiritualität“, das Leben im Geist als die neue Gesamtperspektive christlichen Lebens bestimmt.[28]

c) Neubesinnung auf die Pneumatologie in den Niederlanden

Ein Blick in die pneumatologische Literatur der Niederlande der 60er bis 80er Jahre macht deutlich, daß die Theologie der Niederlande am pneumatologischen Aufbruch dieser Zeit Anteil nimmt bzw. die theologische Reflexion der Geisterfahrung selbst aktiv voranbringt. Dies gilt vor allem für Theologen reformierter Tradition: Bereits Ende der 60er Jahre hat Hendrik Berkhof einen eigenen pneumatologischen Entwurf vorgelegt.[29] Aber auch Vertreter der römisch-katholischen Theologie - unter ihnen Schoonenberg - nehmen bei dem Bemühen einer Reintegration der Pneumatologie in die Theologie eine führende Rolle ein.
Seit den 70er Jahren ist auch in den Niederlanden ein allgemeiner pneumatologischer Aufbruch zu verzeichnen, der entscheidenden Rückhalt in der reformierten Tradition hat: „Wenn es auch wahr ist, daß die Pneumatologie ein zentraler Umschlagplatz der heutigen theologischen Diskussion darstellt, so ist damit für die theologische Diskussion in den Niederlanden doch nicht ein absolut neues Thema gegeben: die Pneumatologie war immer ein traditionelles Vorzugsthema der reformierten Tradition.“[30] Diese kann sich auf Calvin als Theologen des Heiligen Geistes berufen. In den Niederlanden als traditioneller Hochburg reformierter Theologie traten daher pneumatologische Fragen recht schnell in den Vordergrund. Jan Verhees macht Ende der 60er Jahre deutlich, daß die römisch-katholische Kirche, die in den Niederlanden eine Minderheit darstellt, an der von reformierter Seite maßgeblich bestimmten theologischen und pneumatologischen Entwicklung Anteil genommen hat: „... ich [muß]

Alle theologische Wahrheit sei ‚pneumatologisch‘ zu erfassen und darzustellen. Doch was ist eine nicht-pneumatologische Sicht christlicher Theologie überhaupt? Wie der Glaube ist auch die Theologie ihrem Wesen nach notwendig an den Hl. Geist gebunden, insofern Glaubenswissenschaft nur ‚im Geist‘ möglich ist ... (1 Kor 12,3).“

[27] Vgl. Ch. SCHÜTZ, „Der Geist des Glaubens“, 217: „Wo Glaube ist, ist immer auch der Geist am Werk ... Alles, was den Glauben konstituiert und betrifft, ist grundsätzlich vom Geist geschenkt und von ihm getragen ... Dieses Licht des Glaubens ersetzt, verdrängt und erdrückt das Menschliche nicht. Es macht gerade den mit Vernunft und freiem Willen ausgestatteten Menschen zu einem gläubig Sehenden und Zustimmenden.“

[28] Vgl. A. ROTZETTER, Pneumatologie und Spiritualität, 78-86.

[29] H. BERKHOF, Theologie des Heiligen Geistes.

[30] A. GEENSE, Pneumatologische Entwürfe in der niederländischen Theologie, 787.

natürlich daran erinnern, daß nicht nur von reformatorischen, sondern auch von katholischen Theologen das aktuelle Interesse an der Pneumatologie unterstützt wird."[31] Römisch-katholische Theologie und Kirche der Niederlande haben die Hinwendung zur Pneumatologie mitvollzogen, die auf internationaler Ebene in den Dokumenten der Generalsynode der niederländischen reformierten Kirche (1960), des Weltrates der Kirchen (Neu Dehli 1961) und des Zweiten Vatikanischen Konzils zum Ausdruck kommt.
Charakteristisch für die Pneumatologie der Niederlande ist der starke Weltbezug der pneumatischen Erfahrung, die Einsicht, daß „das Leben in der Gemeinde der konkrete Ort ist, den der Geist uns weist, um das Wort Gottes in Christus zu hören"[32]. Dieser pneumatische Weltbezug äußert sich darin, daß neben der Kirche der Staat, die christianisierte Kultur, das Ethos und das persönliche Leben als gleichursprüngliche Werke des Geistes gelten.[33] Der Wunsch nach einer eigenständigen Pneumatologie entspricht den allgemeinen theologischen Tendenzen der 60er und 70er Jahre. Sie werden in den Stichworten: funktional, historisch, dynamisch, existentiell, prophetisch und antimetaphysisch beschrieben.[34] Allgemein wächst das Empfinden dafür, daß der Glaube mehr ist als die deutende An- und Übernahme objektiver Glaubenswahrheiten, sondern ein Akt der Personübergabe, der Lebensentscheidung ist. Dieses Bewußtsein drückt sich in der Frage aus: „Was haben Glaube und Offenbarung mit ... Erfahrung zu tun?"[35] Tritt der appellative Charakter der Offenbarung neu ins Bewußtsein, wird auch die Forderung nach einer Pneumatologie erhoben: „Die Offenbarungs- und Glaubenstheologie ... verlangt implizit nach einer Pneumatologie."[36] Die religiöse Erfahrung wird in Verbindung gebracht mit der „rûach Jahwe" bzw. dem „pneuma hagion": „Die Bedeutung dieses Pneuma für den Glauben - ‚niemand kann sagen, Jesus ist der Herr, wenn nicht im Heiligen Geist' - verdient mehr als jemals die Aufmerksamkeit der Theologen ... Wie ‚wirkt' das Pneuma und wie müssen sich die Gläubigen und das gläubige Kirchenvolk gegenüber diesem ‚Wirken' des Pneuma verhalten?"[37] Die „rûach Jahwe" wird als dynamisch immanente, unaufhaltsame Lebenskraft und Geschichtsmacht erfahren, die in Kosmos und Geschichte, wirksam ist.

Diese veränderte Glaubenshaltung hat, ausgehend von der Besinnung auf den Geist in der Rede von Gott, Auswirkungen auf die nun pneumatologisch orientierte Christologie und Ekklesiologie, ebenso wie für die theologische Anthropologie und Ethik. Jesus Christus kommt zentrale Bedeutung zu: Seine Menschwerdung wird nun mit Hilfe des Pneuma-Begriffs neu umschrieben:

---

[31] Vgl. J. VERHEES, Nieuwe vraag naar een pneumatologie?, 412.
[32] A. GEENSE, Pneumatologische Entwürfe in der niederländischen Theologie, 795.
[33] Vgl. ebd.
[34] Vgl. J. VERHEES, Nieuwe vraag naar een pneumatologie?, 413.
[35] Ebd.
[36] Ebd., 416.
[37] Ebd.

„... wo man, wie in der zeitgenössischen Christologie, den Blick vor allem auf Jesu dynamische, progressive und allmähliche Mensch-Werdung richtet, dort wird das Zeugnis vom Geist, der diesen Menschwerdungsprozeß über die Grenzen der biologischen Lebens-Zeit Jesu hinweg beseelte, besonders relevant. Innerhalb der heutigen, dynamischen Christologie und Auferstehungslehre scheinen sich Fragen über die Bedeutung von ruach und pneuma immer deutlicher aufzudrängen."[38] Die Verschränkung von Christologie und Pneumatologie, die Entfaltung des Christusereignisses vom Geistbekenntnis her hat in der niederländischen, insbesondere der reformierten Theologie eine gegenüber der deutschsprachigen Theologie eigene, längere Tradition.
In der Auseinandersetzung um die Bezogenheit von Glaube und Geschichte versteht die niederländische Theologie „Geschichte" nicht als das Resultat der historisch-kritischen Forschung, sondern als den (heils-)geschichtliche Ort, an dem das in Christus angebrochene Reich Gottes Gestalt angenommen hat. Aus pneumatologischer Perspektive ist die Geschichte der Ort der „Ein-Weltlichung", der Einwohnung Gottes in der Welt: „‚Geist' ist Gott selber in Christus, in seiner der Geschichte nach Himmelfahrt und Pfingsten zugewendeten Gestalt."[39]
Auch in der Ekklesiologie kam es zu einer Wiederentdeckung der dynamischen Kraft des Geistes.[40] Der Geist ermöglicht eine neue, charismatische Erfahrung von Gemeinde. Die neue charismatisch-spirituelle Orientierung der Theologie entspricht der veränderten Wahrnehmung menschlicher Existenz, der Geschichtlichkeit und Dynamik seines Weltbezuges. Die Pneumatologie bewegt sich im Rahmen einer „weltgerichteten", heilsökonomisch orientierten Theologie, die von der Kategorie der Erfahrung ausgeht und im Geist die dynamische, humanisierende und vollendende Kraft und Gegenwart Gottes sieht. Nach Otto Dilschneider gehört „die systematische Erfassung dieses Geist-Phänomens in seiner dynamischen und personellen Struktur ... zu den wichtigsten Aufgaben einer in Anschlag zu bringenden Pneumatologie."[41]
Ein Dokument des pneumatologischen Aufbruchs in der niederländischen Theologie ist die Festschrift für Edward Schillebeeckx „Leven uit de Geest" („Leben aus dem Geist", 1974), mit dem von Theologen aus verschiedenen Ländern konfessionsübergreifend Beiträge zur Geist-Theologie vorliegen. Aufgenommen ist darin der Beitrag Schoonenbergs über die „Taufe mit/in Heiligem Geist".[42]

---

[38] Ebd., 418f.
[39] A. GEENSE, Pneumatologische Entwürfe in der niederländischen Theologie, 789.
[40] Vgl. J. VERHEES, Nieuwe vraag naar een pneumatologie?, 419: „Experiment, Begeisterung, Charisma, Gemeinschaftssinn, gesellschaftskritisches Zeugnis (Jes. 11) und Sendung: Dies alles wird von der Schrift mit dem Geist in Verbindung gebracht ... Pneumatologisch [aber] wird die Reflexion über Kirche-Sein und Sendung erst, wenn biblische ruach und biblisches pneuma in kritische Konfrontation mit der zeitgenössischen Existenzerfahrung gebracht werden."
[41] O.A. DILSCHNEIDER, Geistvergessenheit der Theologie, 262.
[42] P. SCHOONENBERG, Het doopsel met Heilige Geest.

2. Arbeitsfelder heutiger Pneumatologie

Einer vom Glaubensbekenntnis her entfalteten Theologie, die die Pneumatologie als theologische Gesamtperspektive begreift, hat deutlich zu machen, daß der Glaube an Gott, den Schöpfer, Erlöser und Vollender pneumatologisch begründet ist: „Die Pneumatologie findet ... ihren Ort einerseits in der Verklammerung des dritten mit den beiden ersten Artikeln des Glaubensbekenntnisses, andererseits als eigener Traktat im Sinne eines Vorzeichens vor der Klammer aller folgenden, die Bekenntnisaussagen des dritten Artikels entfaltenden Traktate."[43] Damit stellt sich die Aufgabe einer trinitarischen Pneumatologie.

a) Pneumatologische Erneuerung des Schöpfungsglaubens

Im Blick auf das Bekenntnis zum Schöpfergott ist der Zusammenhang von Geist und Leben zu entfalten.[44] Angestoßen durch die bestehende Umwelt- und Energiekrise ist es in der Theologie in jüngerer Zeit zu einer neuen Sensibilität für die Gegenwart und das Wirken des lebenschaffenden Geistes in der Schöpfung gekommen.[45] Der lange Zeit in Vergessenheit geratene Zusammenhang von Pneumatologie und Schöpfungsglaube, den der Begriff *„spiritus creator"* deutlich macht, ist damit neu ins Bewußtsein getreten.[46] In den Rahmen eines gesamtgesellschaftlich wachsenden ökologischen Bewußtseins ist die Rede von einer ökologischen Pneumatologie einzuordnen, die von dem Geist spricht, der das Angesicht der Erde erneuert und der neues, unverlierbares Leben schenkt. Damit geht eine Weitung der schöpfungstheologischen Perspektive auf das nicht-menschlich Kreatürliche einher: „Die Einengung der theologischen Perspektive auf das, was des Menschen ist, muß ... überwunden werden. Im Sinne der ‚ökologischen' Visionen der Propheten vom versöhnten Zusammenleben von Mensch, Tier und Natur wird in dieser pneumatologischen Perspektive auf jenen Geist, jenen Lebensatem geachtet, dem die Lebewesen und Dinge ihr Dasein verdanken und der auf einen neuen Himmel und eine neue Erde zutreibt."[47]

Nicht nur die Überwindung der christologisch-soteriologischen Engführung der Pneumatologie wird gefordert, sondern auch ihre notwendige Öffnung für

[43] B.J. HILBERATH, Pneumatologie (HDD), 450. (Im Original hervorgehoben)

[44] Vgl. W. PANNENBERG, Geist und Leben; DERS., Wirken des Heiligen Geistes in der Schöpfung.

[45] Vgl. M. BEINTKER, Creator Spiritus; M. WELKER, Gottes Geist, 51; B.J. HILBERATH, „Der Herr ist und der Leben schafft".

[46] Vgl. Ch. SCHÜTZ, Pneumatologie, 28f: In der Frage „nach der Sicht und dem Gesicht der Welt steckt eine unüberhörbare Anfrage an den Geist und die Pneumatologie ... Der Schöpfungsglaube verlangt geradezu nach einer Freilegung seines pneumatisch-pneumatologischen Untergrundes."

[47] G. FUCHS, Gottes Welt-Innen Raum, 167. Ansätze und Entwürfe zu einer ökologischen Schöpfungstheologie finden sich etwa bei: J. MOLTMANN, Gott in der Schöpfung; H. KESSLER, Stöhnen der Natur.

die schöpfungstheologische Perspektive: „Wir dürfen den Heiligen Geist nicht allein in soteriologischer Perspektive als Zueignung des durch Jesus Christus gekommenen Heils betrachten; der Geist ist nicht nur der Spiritus Redemptor, sondern auch der Spiritus Creator, der in der gesamten Schöpfungswirklichkeit am Werke ist. Der Geist umgreift nach der Schrift Schöpfungs- und Erlösungsordnung und eröffnet damit die universalste Perspektive, die theologisch denkbar ist. Er ist die schöpferische und neuschöpferische Macht, die alle Wirklichkeit durch Jesus Christus in überbietender Weise zu ihrer eschatologischen Vollendung führt ... Eine Theologie der Welt, der Geschichte, der Kultur, der Politik usw. ist darum letztlich nur pneumatologisch möglich.“[48]

Bezüge auf den kosmischen Gesamthorizont der Pneumatologie bei Henri Berkhof, Hans-Joachim Kraus, Gerhard Sauter, und Walter Kasper, Yves Congar und Jürgen Moltmann.[49] Nach Beintker, der mit seinem Artikel „Spiritus Creator“ einen neuen Zugang zu diesem „unerledigten Problem der Pneumatologie“ schaffen möchte, ist die Rede vom Schöpfer-Geist theologisch wenig geläufig. Er weist darauf hin, daß die kosmisch-geschichtliche Dimension der Pneumatologie in (der reformierten Tradition) der niederländischen in besonderer Weise Beachtung gefunden hat.[50]

Eine pneumatologisch erneuerte Schöpfungstheologie oder ökologische Pneumatologie bringt die innere Verwiesenheit des alt- und neutestamentlichen Geistzeugnisses neu zur Sprache: Der Heilige Geist Jesu ist der Geist Gottes.[51] Der Geist Gottes, der in der Geschichte Israels in vielfältiger Weise als Kraft Gottes erfahrbar ist, ist bereits bei der Schöpfung als lebenspendender Sturm, als Atem, Lebenshauch gegenwärtig (Gen 1,2; 2,7). Er ermöglicht und erhält Leben, bewirkt Wandlung (Ps 33,6; 104,29f; Jes 11,1-9; 42,5; Ez 36,24-28; 37,1-14) und führt zur Vollendung. Die Ausgießung des Gottesgeistes ist für die messianische Zeit angekündigt worden (Jes 32,15-20; Ez 36, 24-28; 39,29, Joel 3,1-5). Im Neuen Testament ist das Wirken des lebendigmachenden Geistes (2 Kor 3,6; Joh 6,63; 10,10) mit Jesu gesamter Existenz, vor allem mit seiner Auferstehung verbunden (1 Kor 14,45; 2 Kor 3,17). Die Jünger empfangen vom Auferstandenen den Geist Gottes, der der Geist Christi ist (Joh 20,21; 1 Kor 12,13; Röm 5,5; 8,14-17). Die neutestamentliche Geisterfahrung ist eingebunden in die Offenbarung des trinitarischen Gottes; damit wird der trinitarische Ursprung der Schöpfung deutlich.[52]

---

[48] W. KASPER, Kirche als Sakrament des Geistes, 34f.

[49] Vgl. M. BEINTKER, Creator Spiritus, 12-14. Siehe H. BERKHOF, Theologie des Heiligen Geistes, 107-125; H.J. KRAUS, Reich Gottes - Reich der Freiheit, 325f; G. SAUTER, Kirche in der Krisis des Geistes, 92-94; W. KASPER, Kirche als Sakrament des Geistes, bes. 34-36; J. MOLTMANN, Rezension zu: Y. Congar, Der Heilige Geist, 627.

[50] M. BEINTKER, Creator Spiritus, 13f mit Anm. 4.

[51] Vgl. Th. SCHNEIDER, Gott ist Gabe, 44-60.

[52] Vgl. M. BEINTKER, Creator Spiritus, 20: „Auf Grund der Trinitätslehre ist ein Weltbezug der Pneumatologie geradezu gefordert.“ (Hervorhebung im Original)

Der neu bedachte Konnex von Geist und Leben, Geist und Liebe rekurriert auf einen Schöpfungsbegriff, der Schöpfung („creatio ex nihilo") und Erhaltung („creatio continua") umfaßt und ebenso die endzeitliche Ausgießung des Geistes Gottes, die Neuschaffung im Blick hat.[53] Die Lebensbezogenheit des Geistes äußert sich in der Ermöglichung von Leben, in der Bejahung des Lebens. Die Rede vom Schöpfer-Sein des Geistes ist sowohl im protologisch-schöpfungstheologischen Sinne - aus der Perspektive des ersten Glaubensartikels - als auch im soteriologisch-eschatalogischen Sinne als dem genuinen Ort der Pneumatologie zu entfalten.[54]

b) Pneumatologisch orientierte Christologie

Seit den 70er Jahren wird die Forderung nach einer *pneumatologisch orientierten Christologie* erhoben: Daß die Pneumatologie der Rückbindung an die Christologie bedarf, wird bereits aus der Anordnung der einzelnen Artikel des Glaubensbekenntnisses deutlich: „Das Geistgeschehen kommt von Christus, zielt auf Christus und dient Christus. Diese Dimension hat Pneumatologie deutlich zu machen."[55] Die Christologie ist der systematische Ort, an dem der Geist offenbar wird als die von der Offenbarung Gottes in Jesus Christus verschiedene Weise der Präsenz Gottes in Welt und Geschichte. Die im und durch den Geist erfahrbare Gegenwart Gottes eröffnet eine eigene Perspektive der Gottesrede. Dabei ist jedoch bei Jesus Christus anzusetzen und abzulesen, was Geist Gottes sowie Kindschaft und Vollendung im Geist bedeuten. Im Rahmen einer pneumatisch verfaßten Christologie kommt dem Christusgeschehen Priorität gegenüber dem Geistgeschehen zu. Mit Hilfe der Geist-Christologie, die das Christusereignis als Tat des Heiligen Geistes entfaltet, lassen sich einige Aporien der klassischen (Logos-)Christologie umgehen.[56] Die „gegenseitige Orientierung und Durchdringung von Christologie und Pneumatologie kann aus verschiedenen Engführungen und einseitigen Problemstellungen hinausführen."[57] Die Erarbeitung der pneumatologischen Dimension des Christusereignisses stellt sich als Aufgabe gerade insofern, als die Trinitätslehre von der Selbstmitteilung Gottes in der Heilsgeschichte her zu entfalten ist.

---

[53] Vgl. W. PANNENBERG, Systematische Theologie, Bd. 2, 15-23. 50-76.

[54] Vgl. M. BEINTKER, Creator Spiritus, 15.

[55] Ch. SCHÜTZ, Pneumatologie, 20. Vgl. ebd., 17: „... die Christologie [ist] das Vor-Wort zur Pneumatologie, diese aber das entscheidende Nach-Wort zur Christologie ... Christologie ist also nur möglich, wenn sie bereits auf die Pneumatologie hinblickt, umgekehrt ist eine Pneumatologie nur dann sinnvoll, wenn sie auf die Christologie zurückschaut."

[56] Vgl. H. MÜHLEN, Christusereignis als Tat des Heiligen Geistes.

[57] A. ROTZETTER, Pneumatologie, 63. Vgl. Ch. SCHÜTZ, Pneumatologie, 18: „In einer pneumatologisch verfaßten Christologie würden ... manche der bekannten Spannungen, Polaritäten ... oder Gegensätze relativiert werden, wie z.B. die Gegenüberstellung von historischem Jesus und Christus des Glaubens, Christologie von unten bzw. von oben, ontologisch-metaphysischer bzw. heilsgeschichtlich-funktionaler Christologie sowie die Entgegensetzung von Christus und Kirche."

c) Neuaussprache des Bekenntnisses zum heil(ig)enden Geist

In der zeitgenössischen Theologie wird die heilende Wirksamkeit Gottes in seinem Geist wieder in Erinnerung gerufen, reagierend auf die Beobachtung, daß „die Heilkraft des jüdisch-christlichen Glaubens und die Heilung stiftende Nähe Gottes ... verloren gegangen [sind] und nicht mehr [helfen]."[58] Im Kontext der Besinnung auf die therapeutische Dimension des christlichen Glaubens wird von dem Heiligen Geist gesprochen, der Krankheit und Wunden heilt, Tröster in der Not ist und Ruhe schenkt.[59] Die therapeutische Pneumatologie, die sich im Grenzbereich zwischen Theologie und Psychologie bewegt, möchte „der Tatsache Rechnung tragen, daß Theologie und Kirche - ... in den Augen vieler Zeitgenossen - oft erfahrungs- und seelenlos geworden sind, daß zugleich die empirischen Wissenschaften und nicht zuletzt Psychologie und Tiefenpsychologie gottlos geworden sind."[60]

Das christliche Gottes- und Menschenbild beschreibt die menschliche Existenz als primär verdankte und erlöste Existenz: „... der Mensch ist befreit von allem Druck, sich permanent selbst rechtfertigen zu müssen, denn Gottes Gerechtigkeit ist keine *iustitia distributiva*, keine verteilende, nach menschlichen Maßstäben gerecht zuteilende Buchhaltergerechtigkeit, sie ist ... gerechtmachende Gerechtigkeit, reine Gnade, Liebe."[61] Der Geist vergegenwärtigt das göttliche Heilshandeln im Menschen. Die therapeutische Dimension des christlichen Glaubens ist nach Schütz trinitarisch zu entfalten, ekklesiologisch zu konkretisieren und in der christlichen Existenz zu veranschaulichen.[62] Die stärkere Akzentuierung der heilsamen und erlösenden Geistes-Gegenwart Gottes nimmt unter pneumatologischer Perspektive die biblische Offenbarung des dreieinen Gottes als den Gott der Liebe in den Blick, gemäß der johanneischen Aussage „Gott ist Liebe" (1 Joh 4,16) bzw. „Gott ist Geist" (Joh 4,24). Die „Pneumatherapie" sucht die Einsichten der pneumatologischen Anthropologie in die je individuelle Lebensgeschichte hinein auszusprechen.[63] Die heilende Dynamik des Geistes ermöglicht eine ganzheitliche, Leib, Seele und Geist zu einem Ganzen integrierende Sicht des Menschen. Der Heilige Geist fördert den Prozeß der Personwerdung, indem er den Einzelnen mit den eigenen (selbst-)zerstörerischen Kräften versöhnt.[64] Die Theologie des Geistes

---

[58] Vgl. G. FUCHS, „Die wunde Stelle finden", 262.

[59] Vgl. ebd., 263; DERS., Gottes Welt-Innen-Raum, 164f.

[60] G. FUCHS, „Die wunde Stelle finden", 269 Anm. 1.Vgl. DERS., „Durch seine Wunden wurden wir geheilt"; E. BISER, Theologie als Therapie.

[61] Vgl. B.J. HILBERATH, Heiliger heilender Geist, 27. (Hervorhebung im Original)

[62] G. FUCHS, „Die wunde Stelle finden", 263.

[63] Vgl. ebd.; DERS., Gott ist Liebe, 14: „Der trinitarisch geglaubte Gott wird zum Grund ihrer [der Menschen] Befreiung von der Angst um sich selbst und zu befreiender Menschlichkeit ... ‚Im Hl. Geist' Mensch sein ... und sich als Gottes Geschöpf und Ebenbild verwirklichen, das bedeutet dann: im Horizont gegenseitiger, voraussetzungsloser und unbedingter Anerkennung leben und sterben, lieben und arbeiten können und in solch befreiter und befreiender Freiheit Gott Gott sein lassen zugunsten der Mitmenschen und der Welt als ganzer."

[64] Vgl. DERS., Gottes Welt-Innen-Raum, 165: „Die Einwohnung des Hl. Geistes wirkt sich

verbindet den ersten und den dritten Glaubensartikel gemäß dem biblischen Zeugnis, das das Leben gebende und heiligende Wirken des Geistes miteinander in Verbindung bringt. Der Heilige Geist übernimmt die Funktion eines Therapeuten. „r ist vom Vater in die Herzen der Menschen gesandt und befähigt sie, „Abba, Vater" (Gal 4,6) zu rufen: „Unser Therapeut ist der heilige heilende Geist, der ... heilen kann, weil er heilig ist, und der, weil er der Heilige in unserer Mitte ist, heilen will."[65] Die Besonderheit christlicher Existenz „im Geist" ist zu entfalten, die von der heilsgeschichtlichen Erfahrung Jesu Christi und seines Geistes ausgeht. In der Teilhabe am Gottesverhältnis Jesu, die pneumatisch vermittelt ist, gelangt der Einzelne zu wahrhaftigem Mensch-Sein.[66]
Im Rahmen einer therapeutischen Pneumatologie bekommt die Rede von der Kirche als Sakrament des Heiles neue Bedeutung. In Theologie und Praxis der Kirche wird man sich neu bewußt, daß Gottes Geist die die Kirche tragende und treibende Kraft der Heil(ig)ung ist. Es ist, so Fuchs, „damit zu rechnen, daß die Rede vom heiligen und heilenden Geist ihre Anschaulichkeit und konkrete Wahrheit allererst in der Realität von Kirche und Gemeinde gewinnt - als positive geisterfüllte Vermittlungsinstanzen des Geistes."[67]

d) Trinitarische Pneumatologie

Eine trinitarische Pneumatologie entfaltet die Eigenheit des Geistes von einem konsequent trinitarischen Ansatz her.[68] Bei der Sicht auf die ökonomische und immanente Trinität kommt dem Heiligen Geist eine Schlüsselstellung zu.[69] Ausgehend von der Erfahrung des Geistes in der Heilsgeschichte, der gemeinschaftsstiftenden Wirkungen des Geistes zwischen Gott und Mensch und den Menschen untereinander, läßt sich die Wirklichkeit Gottes als unendlicher Beziehungsreichtum der Liebe, als dreieinige Liebesgemeinschaft bestimmen, an der der Mensch im Geist Anteil erhält.[70] Eine vom Heiligen Geist her entworfene Trinitätslehre steht vor der Aufgabe, das trinitätstheologische Grundaxiom pneumatologisch zu entfalten - „pneumatologisches Grundaxiom" (Bernd Jochen Hilberath) - und der Frage nach der Personalität des Heiligen Geistes nachzugehen. Außerdem ist sie um eine Verständigung über das Problem des „filioque" bemüht.

---

befreiend und vollendend aus, gerade im Umgang mit Angst, Schuld ... Die Ausbildung von Selbstbewußtsein und Selbstlosigkeit, von Ich-Stand und Beziehungskraft gehört in die Programmatik einer therapeutischen Pneumatologie."

[65] B.J. HILBERATH, Heiliger heilender Geist, 31.

[66] Vgl. G. FUCHS, Gott ist Liebe, 13f; B.J. HILBERATH, Pneumatologie (HDD), 467-471.

[67] Vgl. G. FUCHS, „Die wunde Stelle finden", 268.

[68] Vgl. J. MOLTMANN, Gemeinschaft des Heiligen Geistes. Zur trinitarischen Pneumatologie; W. PANNENBERG, Probleme einer trinitarischen Gotteslehre.

[69] Vgl. A. GANOCZY, Trinität - vom Heiligen Geist her reflektiert, 90.

[70] Vgl. G. FUCHS, Gott ist Liebe, 10-15; DERS., Gottes Welt-Innen-Raum, 160-164.

Unter pneumatologisch-trinitarischer Perspektive wird die Kirche als Gemeinschaft der im Geist Christi Versammelten entfaltet und kommt das Verhältnis der Kirchen untereinander in den Blick. Der Geist, der seinem Wesen nach Beziehung ist, Band der Liebe bzw. „Wir" in Person, der „an sich" „für uns" ist, das „Dasein Gottes für uns/in uns", wirkt analog in der Kirche beziehungs- und gemeinschaftsstiftend.[71] Schließlich kommt der politisch-eschatologische Aspekt der Geist-Theologie und Trinitätstheologie neu zur Sprache.[72] Eine in pneumatologischer Perspektive betriebene Eschatologie bespricht den Heiligen Geist als eschatologische Größe, als Gabe der Endzeit, der als „Erstlingsgabe" (Röm 8,23) die in „Geburtswehen" liegende Schöpfung (Röm 8,22) zur Vollendung führt. Die Pneumatologie verbindet Schöpfung und Vollendung; der Geist verweist auf die Gegenwärtigkeit und die Ausständigkeit des endzeitlichen Reiches.

Die am Glaubensbekenntnis orientierte Übersicht über Arbeitsfelder heutiger Pneumatologie hat die „desiderata pneumatologica", die Desiderate einer katholischen bzw. einer christlich-ökumenischen Pneumatologie am Ausgang des 20. Jahrhundert kenntlich gemacht.[73] Neben einer vom Geist her zu entfaltenden Trinitätstheologie stellt sich der systematischen Theologie vor allem die Erarbeitung der pneumatologischen Dimension des Christusereignisses als Aufgabe.[74] Zur Pneumatologie im weiteren Sinne zählen die Theologie der Schöpfung und Erlösung bzw. Gnadenlehre, sodann Ekklesiologie, Sakramentenlehre, insbesondere die Eucharistietheologie und die Eschatologie.

3. Kontextuelle Pneumatologie

Darüber hinaus ist die Besinnung auf die Pneumatologie gegenwärtig eingebunden in bestimmte theologische Kontexte. Die Reflexion auf den Geist geht dabei von der konkreten Erfahrbarkeit des Geistes aus. Anzusprechen ist hier die Geist-Theologie der charismatischen Gemeinde-Erneuerung, der lateinamerikanischen Befreiungstheologie und der feministischen Theologie.

a) Katholisch-charismatische Gemeinde-Erneuerung

Die katholisch-charismatische Gemeinde-Erneuerung in Deutschland stellt einen gegenüber der von Nordamerika her kommenden charismatischen bzw. neo-pfingstlerischen Bewegung eigenständigen Typus charismatischer Erneue-

---

[71] B.J. HILBERATH, „Der Herr ist und der Leben schafft", 87.

[72] Vgl. Ch. SCHÜTZ, Pneumatologie, 30-32; A. ROTZETTER, Pneumatologie, 67f; W. PANNENBERG, Systematische Theologie, Bd. 2, 496-501; B.J. HILBERATH, Pneumatologie (HDD), 457- 463. 547-551.

[73] Vgl. A.M. KOTHGASSER, Pneumatologie im Zwanzigsten Jahrhundert, 651-655.

[74] Vgl. B.J. HILBERATH, Pneumatologie (Leitfaden Theologie), 166-168.

rung dar.[75] Mit dem Ziel einer stärkeren theologischen und pastoralen Integration der Charismatischen Erneuerungsbewegung in die bestehenden Kirchen hat sich im deutschen Sprachraum und in Osteuropa in den 70er Jahren die „Charismatische Gemeinde-Erneuerung“ - diese Selbstbezeichnung findet sich seit 1975 - konstituiert.[76] Sie ist in der kirchlichen Tradition, Theologie und Frömmigkeit verwurzelt, ohne dabei ihre kirchenkritischen Züge und ihre ökumenische Dynamik aufzugeben.

(1) Von zentraler Bedeutung ist die *„Geisterneuerung“*: Gemeint ist eine „von der erneuernden Kraft des Heiligen Geistes getragene Entscheidung für Gott und Erneuerung des menschlichen Geistes im Sinne von Eph 4,22f“ (Heribert Mühlen).[77] Die „Geisterneuerung“ umfaßt drei Momente: erstens Umkehr und persönliche Glaubensentscheidung als Urform der Geisterfahrung; zweitens die erneute Annahme des Gnadenangebotes Gottes, welches in den Sakramenten an die einzelnen Gläubigen bereits ergangen ist; drittens die Offenheit für den Geist und sein Wirken in jedem Einzelnen, die Bereitschaft, vom Geist und seinen Gaben ganz erfüllt zu werden.[78] Deutlich wird damit ein prozeßhaftes Verständnis des Empfangs des Heiligen Geistes. *„Tauferneuerung“* ist die immer wieder neu zu vollziehende, das ganze weitere Leben bestimmende Lebensübergabe an Gott, die stets neue Hinwendung zur Führung durch den Heiligen Geist und die Bereitschaft, die Geistesgaben Gottes anzunehmen und in kirchlichem, politischen und sozialen Engagement wirksam werden zu lassen. Durch die *„Firmerneuerung“* wird die in der Taufe angebotene und geschenkte Geisterfahrung besiegelt und bekräftigt; die persönlichen Geistesgaben werden in die Kirche eingegliedert.

(2) Die katholische charismatische Gemeinde-Erneuerung übernimmt vom Zweiten Vatikanischen Konzil die positive *Neubewertung der Charismen* (LG 12). Nach Mühlen sind Geistesgaben „die Wirksamkeit der Gnade Gottes in der Gemeinde und so zugleich auch deren Auswirkung im Leben des einzel-

---

[75] Schoonenberg hat bei seiner Auseinandersetzung mit „charismatischen“ Gruppierungen innerhalb der katholischen Kirche primär den nordamerikanischen, neo-pfingstlerischen Typus vor Augen. Die Arbeiten Heribert Mühlens sind ihm ebenfalls bekannt.

[76] Vgl. H. MÜHLEN, Geist-Erfahrung und Ökumene, 31.

[77] DERS., Gemeinsame Geist-Erfahrung, 26. Vgl. DERS., Gemeinde-Erneuerung, 803: „Die charismatische Gemeinde-Erneuerung ist eine Form der *Evangelisation*, in der die Christen auf Grund ihres gemeinsamen Priestertums einander durch persönliches Glaubenszeugnis zu einer unmittelbaren Begegnung mit Gott selbst hinführen. Ihr Kern sind die für die Taufe vorausgesetzte Umkehr, missionarische Liturgie und Geisterneuerung. Sie führt aufgrund der sozial vermittelten Glaubenserfahrung den einzelnen über Kindertaufe und christliche Erziehung hinaus zu einer die ganze Person bis in ihre emotionalen Tiefen erfassende Glaubensbindung. Daraus folgt bei vielen eine neue Liebe zum Gebet, zur Hl. Schrift, zur Kirche und ihren Sakramenten sowie eine Motivation zu politischem und sozialem Engagement. Häufig wird auch eine Heilung der in der persönlichen Lebensgeschichte begründeten Widerstände gegen Gott geschenkt sowie der persönlichen Beziehung in Familie und Arbeitswelt.“ (Hervorhebung im Original)

[78] Vgl. DERS., Geist-Erfahrung und Ökumene, 27.

nen."[79] Die Charismen sind Gnaden des Dienstes, in dem „die menschliche Spontaneität sich in empfangender Annahme des Geistes läutern und in den Dienst des Glaubenszeugnisses stellen läßt"[80]. Mühlen versteht somit unter einem Charisma eine natürliche Begabung oder Fähigkeit, „die durch den Heiligen Geist freigesetzt und zum Aufbau und Wachstum des Leibes Christi in Dienst genommen wird."[81] Diese Definition Mühlens hat auf Schoonenbergs Theologie der Charismen eingewirkt. Die Gnaden- oder Geistesgaben sind ein Geschenk, das erst durch die Annahme seitens des Menschen wirksam wird, indem er dem Geist erlaubt, seine Fähigkeiten und Begabungen zu gebrauchen. Mühlen beschreibt das Zusammenwirken von Gott und Mensch in den Charismen folgendermaßen: „Gott handelt unmittelbar am Menschen und in ihm, aber nicht gleichsam neben ihm oder gar ohne ihn. Er setzt seine Eigentätigkeit nicht außer Kraft, sondern ermöglicht und trägt sie als deren Ursprung. Geist-Erfahrung ist deshalb in dem einzelnen immer auch durch seine persönliche Eigenart und Begrenztheit mitbestimmt ... Auch in den charismatischen Diensten handelt Gott nie völlig unmittelbar, sondern immer auch durch menschliche Begrenztheit hindurch. Er gebraucht den Menschen nie wie ein lebloses Werkzeug, sondern bedient sich seiner Mitwirkung."[82] Das hier zum Ausdruck kommende Verständnis der Charismen entspricht Schoonenbergs Grundsatz der „Nicht-Konkurrenz" zwischen Gott und Mensch, der von ihm auch im Kontext der Charismenlehre entfaltet worden ist.[83]

Die charismatische Gemeinde-Erneuerung betont, daß der Heilige Geist eine soziale Wirklichkeit ist: Er ist in und unter den Menschen anwesend, er stiftet und ordnet Beziehungen. Von daher zählt zu den „leuchtenderen Charismen" (vgl. LG 12,2) das *Charisma des sozial- und gesellschaftskritischen Einsatzes.* Zu den herausragenden Charismen gehören außerdem die *Prophetengabe* und die *Sprachengabe*. Beide treten vor allem in der Gebetsversammlung auf, sie sind Charismen der Glaubensstärkung. Das Sprachengebet ist, so Mühlen, eine „Intensivierung des privaten Betens und Befreiung des Sprechvermögens zum persönlichen Glaubenszeugnis"[84]. Das Sprechen oder Singen im Geist ist Ausdruck der Geisterneuerung. Auch die *Geistesgabe der Heilung* tritt neu ins Bewußtsein (1 Kor 12,9.28; Mk 16,17f). Unter Berufung auf Jesu Wirken, dessen prophetischer Dienst die Heilung von Krankheiten und Leiden einschloß, wird die Zusage von Gottes Heil als wirkliche Heilung bis in den psychischen und organischen Bereich hinein verstanden, als Heilung von Ängsten, von (krankmachenden) Erinnerungen oder Erwartungen. Die Heilung ist eng verbunden mit dem Empfang der Sakramente.[85] Den „leuchtenderen"

[79] Ebd. (Im Original hervorgehoben)
[80] DERS., Aufbruch der Geisterfahrung, 36.
[81] DERS., Erneuerung des christlichen Glaubens, 235. (Im Original hervorgehoben)
[82] DERS., Gemeinsame Geist-Erfahrung, 25.
[83] Siehe unten: C.III.3.b. und D.II.1.b.
[84] Ebd.
[85] Vgl. DERS., Was ist neu an der Gemeinde-Erneuerung?, 36: „Innere Heilung ist ... ein Befreiungsprozeß, eine Form der Umkehr, in welcher der einzelne die eigene Geschichte der

Charismen - Propheten- und Sprachengabe sowie Gabe der Heilung - kommt nicht mehr Hochschätzung zu als den „gewöhnlichen“ Geistesgaben, den alltäglichen Charismen: dem seelsorgerlichen, aufbauenden und ermutigendem Wort des Rates und des Trostes, dem einfachen Glauben, dem Schweigen und Zuhörenkönnen („Entprivatisierung“ der Charismen).

(3) Die *Pneumatologie* gilt als ein Desiderat einer Theologie der Charismatischen Erneuerung. Lange Zeit stand die Erfahrung des Geistes im Vordergrund, die Reflexion auf den Geist war von nachgeordneter Bedeutung. Gleichwohl hat Mühlen bereits 1971 die Überzeugung geäußert, daß „die Pneumatologie nicht ein regionaler Bereich innerhalb der Gesamttheologie ist, nicht gleichsam ein Traktat unter anderen, sondern das umgreifende Ganze jeglicher Theologie und das Ferment jeglicher Kirchlichkeit. Damit ist gemeint: Der Heilige Geist kann niemals in einem regionalen Sinne zum ‚Gegenstand' theologischen Nachdenkens werden, denn er ist ja selbst jener umgreifende Horizont, innerhalb dessen jegliche theologische Reflexion überhaupt erst als solche erfolgen kann.“[86]

b) „Geistliche“ Theologie der Befreiung

Die lateinamerikanische Befreiungstheologie begreift sich als Frucht der durch das Konzil angestoßenen pneumatologischen Erneuerung christlichen Lebens und Denkens.[87] Absicht und Verheißung der Theologie der Befreiung ist es, „eine Stimme der Armen zu sein und von Gottes Gegenwart und Gottes Macht unter den Opfern der Geschichte zu reden“[88]. Der Heilige Geist wird als die treibende, dynamische Kraft im Kampf gegen unterdrückende Unrechtsstrukturen, als der Antrieb zu einer befreienden Evangelisierung erfahren: „Die Hinwendung der Kirchen zu den Armen geht Hand in Hand mit einer Erneuerung des Gespürs für den Heiligen Geist.“[89]

Angst und der ständigen Selbstrechtfertigung an Gott abgibt und so allererst befreit wird zum Dienst in der Kirche und Gesellschaft.“

[86] H. MÜHLEN, Pneumatologie am Beginn einer neuen Epoche, 49. Vgl. DERS., Art. „Pneumatologie“, 971.

[87] Vgl. J. COMBLIN, Der Heilige Geist, 12-16. 24-31; L. BOFF, Rezeption des II. Vatikanums.

[88] R.S. CHOPP, Lateinamerikanische Befreiungstheologie, 306.

[89] J. COMBLIN, Der Heilige Geist, 15. Vgl. ebd.: „Es liegt auf der Hand, daß vor allem die Gemeinden der Armen die Erfahrung des Heiligen Geistes machen. Niemanden darf es wundern, daß die Kirchen die Erfahrung des Heiligen Geistes gerade in diesem Augenblick wieder zu werten, zu schätzen und zu bedenken lernen, in dem ihnen die Bedeutung der vorrangigen Option für die Armen neu aufgeht ... Ist es nicht normal, daß sich die Kirche gerade in dem Augenblick wieder auf die Gaben des Heiligen Geistes besinnt, in dem sie aufhört, ihr Vertrauen auf ihre wirtschaftliche, politische, gesellschaftliche und kulturelle Macht zu setzen um wieder eine arme Kirche des armen Volkes zu sein?“

Unter den Basisgemeinden Lateinamerikas herrschte lange Zeit eine mündliche Form der Theologie des Heiligen Geistes vor, die aus der Befreiungspraxis erwachsen ist. Die Erfahrung des Wirkens des Geistes Gottes unter den Armen ist befreiungstheologisch bis in die 80er Jahre hinein im Kontext der Gottesrede, der Christologie und Gnadenlehre, der Ekklesiologie und Mariologie reflektiert und dabei mehr oder weniger ausdrücklich zur Sprache gebracht worden. Eine eigene, systematisch entfaltete Pneumatologie hat sich spät entwickelt. Erst seit Ende der 80er Jahre liegen Beiträge zu einer Theologie des Heiligen Geistes bzw. zu einer „Spiritualität" der Befreiung vor.[90]

(1) Die *Gotteserfahrung* ist ihrem Wesen nach *Erfahrung des Geistwirkens*.[91] Gott ist der lebendige Gott der Geschichte, der, wie damals Israel aus der Knechtschaft in Ägypten, auch heute als Befreier aus Unterdrückung und Armut führt. Dabei wird befreiungstheologisch zunächst als Gnadenerfahrung beschrieben, was später ausdrücklich als Geisterfahrung thematisiert wird. Die Gnade forciert den Widerspruch des Menschen gegen alle heillosen Zustände. In diesem Widerspruch gegen die Absolutismen der herrschenden Systeme erfährt der begnadete Mensch den Heiligen Geist in sich als Kraft und Dynamik, die alles durchdringt.[92] In der Theologie der Befreiung wird die Tradition vom Heiligen Geist als dem „Vater der Armen" neu lebendig, der in den Kämpfen der Unterdrückten gegenwärtig ist. Der Geist befreit die Geknechteten zu einem Leben als Kinder Gottes. Die göttliche „communio" zwischen Vater, Sohn und Geist ist Urbild und Vorbild idealer menschlicher Gemeinschaft, sie stellt den Prototyp dessen dar, was nach dem Willen des dreieinen Gottes die Gesellschaft sein soll: „In der Bejahung und Respektierung der einzelnen Person sollen die Menschen so zusammenleben und zusammenwirken, daß sie eine einzige Gesellschaft von Gleichgestellten und Brüdern bilden."[93]

(2) *Kirche* ist Gemeinschaft der Gläubigen, Leib des auferweckten und pneumatischen Christus; sie ist *„Sakrament des Heiligen Geistes"*.[94] Als Erbe Christi und seines Geistes ist die Kirche Zeichen und Werkzeug der Befreiung. Die kirchlichen ·Basisgemeinschaften sind „die Geburt der Kirche von der Gläubigkeit des armen Volkes her. Sie schaffen Kirche als ein Ereignis des

---

[90] Vgl. J. COMBLIN, Der Heilige Geist; J. SOBRINO, Geist, der befreit.

[91] Vgl. J. COMBLIN, Der Heilige Geist, 12.

[92] Vgl. ebd., 223: „Der Heilige Geist ist der Impuls, aus dem heraus die Armen schreien. Er ist die Kraft der Kraftlosen. Er führt den Kampf des Volkes der Unterdrückten für Emanzipation und volle Verwirklichung."

[93] Ebd.

[94] L. BOFF, Kirche, Charisma und Macht, 253f. „Die Kirche hat nicht nur einen christologischen, sondern auch und vor allem einen pneumatologischen ... Ursprung. Sofern sie vom Heiligen Geist, der der Geist Christi ist [2 Kor 3,17], ihren Ursprung nimmt, hat sie eine dynamische und funktionale Dimension. So ist die Kirche im Sinne von Energie, Charisma und Aufbau der Welt zu beschreiben, denn ‚der Geist weht, wo er will' (Joh 3,7), und ‚wo der Geist des Herrn wirkt, da herrscht Freiheit' (2 Kor 3,17)."

Geistes".[95] In der kirchlichen „communio" sind die Charismen der einzelnen Christen wirksam: „Das Charisma schließt ... das hierarchische Element nicht aus, sondern ein. Das Charisma ist fundamentaler als das institutionelle Element. Es ist die pneumatische Kraft (dynamis tou theou), welche die Institutionen schafft und lebendig erhält."[96] Die Kirche Lateinamerikas entsteht aus dem Volk, sie erneuert sich aus der Kraft des Geistes. In ihr ist der Geist Christi, des auferstandenen Herrn, gegenwärtig.

(3) *Jesus Christus* ist der *(mit dem Geist gesalbte) Befreier*, in ihm hat sich Gott auf die Seite der Unterdrückten gestellt. Jesus ist der von Gott Erwählte, auf dem der Geist Gottes ruht, durch den er Recht und Erbarmen aufrichten wird.[97] Als der Gesalbte war Jesus zeit seines Lebens Werk des Geistes, er ging seinen Weg „im Geist" (Lk 1,35; 4,1.14.18; Apg 10,38). Die Christologie der Befreiung geht vom historischen Jesus aus, als solche ist sie „geschichtliche" Christologie bzw. Christologie „von unten"; gleichwohl umfaßt sie das Christusmysterium in seiner Ganzheit: Der vom Auferstandenen in die Welt gesandte Geist bezeugt das Werk des Sohnes, der seinerseits den Vater im Licht des Heiligen Geistes offenbart hat (1 Kor 2,10).[98] In jüngerer Zeit wird von einigen Befreiungstheologen die Forderung nach einer engeren Verflechtung von Christologie und Pneumatologie erhoben.
Die Besinnung auf die Funktion des Geistes im Christusereignis hat Auswirkungen auch auf die Mariologie.[99] Der aus Maria Geborene ist in seiner Menschheit „Werk(zeug)" des Heiligen Geistes. Verbunden mit einer pneumatologisch orientierten) Neubesinnung auf die Gestalt Marias ist die Rede von den weiblichen bzw. mütterlichen Eigenschaften des Geistes bzw. Gottes.[100]

(4) Das wachsende Bewußtsein dafür, daß der Zugang zu Gott und zu Jesus auf der Erfahrung des Heiligen Geistes beruht, hat in jüngerer Zeit zu Entwürfen einer neuen *Spiritualität der Befreiung* geführt.[101] Die Theologie der Befreiung ist immer mehr zu einer „spirituellen" oder „geistlichen" Theologie geworden, die die Trennung zwischen Theologie und geistlichem Leben, zwischen Lehre und Praxis des Glaubens zu überwinden sucht. Die „geistliche" Theologie der Befreiung ist eine mit dem Geist und im Geist erarbeitete Theologie: einem Geist der Stärke und des Trostes.

---

[95] DERS., Rezeption des II. Vatikanums, 650.
[96] DERS., Kirche, Charisma und Macht, 263.
[97] Vgl. L. BOFF, Jesus Christus, der Befreier; DERS. / C. BOFF, Wie treibt man Theologie der Befreiung?, 66.
[98] Vgl. R. GIBELLINI, Theologie im 20. Jahrhundert, 355.
[99] Vgl. L. BOFF / C. BOFF, Wie treibt man Theologie der Befreiung?, 70-72.
[100] J. COMBLIN, Der Heilige Geist, 72: Der Heilige Geist ist „das mütterliche Wesen ..., das die gesamte Menschheit umarmt, ihr Leben gibt und sie ihrer Freiheit entgegenführt."
[101] Vgl. J. SOBRINO, Geist der befreit; J. COMBLIN, Der Heilige Geist, 159-174.

c) Feministische Theologie im Horizont des Heiligen Geistes

Eine aus feministischer Perspektive betriebene Theologie begreift sich als Protest gegen den „Androzentrismus" der Theologie. Für die feministisch-theologische Forschung ist die Frage nach dem Stellenwert und der Bewertung der Frau bzw. des Weiblichen in der biblischen, kirchlichen und theologischen Tradition von zentraler Bedeutung.[102]

(1) Seit Beginn der 80er Jahre wird von der niederländischen Theologin Catharina Halkes die Forderung nach einer (feministisch-theologischen) *Pneumatologie und Sophiologie* erhoben; diese sei nicht nur für die Glaubenserfahrung von Frauen, sondern auch für die Theologie als ganze befruchtend.[103] Für Halkes ist „feministische Theologie eine vornehmlich pneumatologische Theologie ..., welche die Beweglichkeit von Gottes Handeln im Geist ans Licht zu bringen trachtet."[104] Sie fordert eine stärkere Wechselwirkung zwischen Schöpfungstheologie, Christologie und Pneumatologie, die „den kommunikativen Aspekt in Gott zum Ausdruck bringt und das Gleichgewicht zwischen Gottes Transzendenz und Immanenz herstellt."[105] Trotz dieser Anstöße zu einer pneumatologischen Grundlegung feministischer Theologie hat sich erst allmählich eine Hinwendung zur systematischen Reflexion auf den Geist vollzogen.

(2) Feministische Theologinnen wollen durch eine stärkere Akzentuierung der weiblichen, mütterlichen Züge Gottes zu einem ganzheitlichen Gottesverständnis gelangen, das ein neues, auf Gleichberechtigung und Gleichwertigkeit gründendes Miteinander von Mann und Frau (Gen 1,27; Gal 3,28) ermöglicht.[106] Um die lebendige Beziehung zwischen Gott und Mensch zu beschreiben, erinnern feministische Theologinnen bei ihrem Rückgriff auf die weibliche Bildwelt an drei alttestamentliche, als weiblich und personal vorgestellte Erscheinungsweisen göttlichen Wirkens: *„chokmah" (Weisheit), „shekinah" (Gegenwart oder Herrlichkeit Gottes), „rûach" (Geist).*[107] „Ruach" (Sturm, Wind, Atem, Geist) ist schöpferische, dynamische Lebenskraft; die „rûach"

---

[102] Vgl. C. HALKES, Gott hat nicht nur starke Söhne, 19f.

[103] Ebd., 42: „Eher als zum Vater und zum Sohn haben feministische Theologinnen Zugang zu Gott dem Geist, der das Relationale (Bezogene) und Dynamische verkörpert und den Funken anzündet in dem, was sich zwischen Menschen ereignet. Sowenig ich in der pastoralen Theologie einen Nachdruck auf der Pneumatologie ... gefunden habe, sowenig kommt der Heilige Geist thematisch im Werk feministischer Theologinnen vor. Und doch meine ich, daß es in diese Richtung gehen muß."

[104] DIES., Feministische Theologie. Zwischenbilanz, 297.

[105] Ebd.

[106] Bezüglich der weiblichen Dimension Gottes wird verwiesen auf: Dtn 32, 10.18; Hos 11, 1-4. 8f; Jes 42,14; 49,13; 66,13; Lk 15,8-10.

[107] Vgl. H. SCHÜNGEL-STRAUMANN, Ruah (Geistin), 71: „Die Vorstellung und Aufarbeitung einer weiblichen ruah mit ihrer Vitalität ist geeignet, männliche Strukturen zu erschüttern. Letztlich dürfte sie zur Relativierung eines rein androzentrischen Gottesbildes führen."

Gottes wirkt verwandelnd, befreiend aus der Enge in die Weite, erneuernd, belebend. Geht es um die Integration des Weiblichen in das Gottesbild, ist hier vor allem der Aspekt des Leben-Schenkens und Beziehung-Stiftens gemeint. Dabei sind nicht nur Gottes Beziehungen zu den Menschen im Blick, sein Heil und Gemeinschaft stiftendes Wirken, sondern auch der Beziehungsreichtum in Gott.[108] Um Gottes trinitarisches Aufeinander-Bezogensein zu beschreiben, kommt dem Geist als ursprungloser Liebe, als Symbol des Relationalen besondere Bedeutung zu. Die Aussage, daß Gott seinem Wesen nach Liebe, Sein-in-Beziehung ist, ist letztlich ein Bekenntnis zum Heiligen Geist.

(3) Die *Offenbarung Gottes* im Raum der Geschichte, in den Erfahrungen der Menschen ist ein zentrales Thema feministischer Theologie und Pneumatologie.[109] Gottes Weltzugewandtheit und Lebensnähe, seine Einwohnung in der Schöpfung werden in pneumatologischer bzw. gnadentheologischer Perspektive entfaltet. Die Besinnung auf den Geist eröffnet ein neues Verständnis der Transzendenz Gottes und seiner Bezogenheit auf die Welt: „Kann in einer Weise von Gott und Mensch, göttlicher Souveränität und menschlicher Freiheit, Immanenz und Transzendenz Gottes gesprochen werden, die beides verbindet, aber auch unterscheidet? ... dies weist auf die Pneumatologie als vermittelnde Instanz und den Heiligen Geist als Mittler."[110] Für die Rede von Gott aus der Perspektive der Erfahrung von Frauen ist Gottes reales Bezogensein auf die Welt, seine mitleidende Solidarität mit den Menschen konstitutiv. Theologinnen sprechen sich für eine „Entdualisierung" der Beziehungen von Gott und Welt/Mensch aus und bringen dabei die Rede vom Geist ein.[111]
Feministische Theologinnen setzen die klassische, aus dem Patriarchat erwachsene Vorstellung von einem unveränderlichen, apathischen, monarchischen Gott, der in totaler Abgeschiedenheit ohne reale Beziehung zur Welt existiert, in ein Spannungsverhältnis zum Wirken des Geistes. Aus feministischer Perspektive spiegelt, so Elizabeth A. Johnson, die „Ablehnung der göttlichen Beziehung zur Welt, die in der hoch spezialisierten scholastischen Sprache systematisiert wurde, die Herabsetzung der gegenseitigen Beziehung, die für das Patriarchat in seinen sozialen und intellektuellen Erscheinungsformen charakteristisch ist."[112] In Abgrenzung gegenüber der Relationslehre des Thomas von Aquin spricht sich Johnson gegen einen Gott der „nichtwirklichen" Beziehungen aus, der heute allgemein auf Ablehnung stoße.[113]

---

[108] Vgl. C. HALKES, Suchen, was verloren ging, 172.
[109] Vgl. L. SCHERZBERG, Rede vom Heiligen Geist, 121-123.
[110] DIES., Sünde und Gnade, 241.
[111] Vgl. DIES., Grundkurs Feministische Theologie, 175: „Die christliche Sprache gibt traditionell dieser Bewegung des lebendigen Gottes, die in der und durch die Erfahrung der Geschichte verfolgt werden kann, den Namen Geist."
[112] E.A. JOHNSON, Ich bin die ich bin, 304.
[113] Vgl. ebd., 304: „Der eine relationale Gott ist gerade dadurch, daß er völlig transzendent und durch keine endliche Kategorie begrenzt ist, zur radikalsten Immanenz fähig, da er zu allem Existierenden in enger Beziehung steht." - Siehe auch: Ebd., 312f: „Die göttliche Transzendenz ist ein Ganzes, das alle Teile einschließt und die Welt umfaßt, statt sie auszuschließen, ...

Wenn feministische Theologinnen im Bild des Geistes, der weht, wo er will, von der alles durchdringenden, belebenden und befreienden Gegenwart Gottes in seiner Schöpfung sprechen, möchten sie nicht die göttliche Transzendenz in seiner Immanenz oder in den zwischenmenschlichen Beziehungen auflösen. Johnson tritt für ein Modell freier, wechselseitiger Beziehung ein und, bezugnehmend auf die Vorstellung des „Pan-en-theismus" („All-in-Gott"), für ein gleichgewichtiges Verhältnis zwischen göttlicher Transzendenz und Immanenz. Es geht ihr darum, jede „Konkurrenz zwischen Gott und der Welt zugunsten sich gegenseitig fördernder Beziehung"[114] zu vermeiden. Johnson, die sich für das Modell des Panentheismus ausspricht, ist von Schoonenbergs Arbeiten beeinflußt, in denen dieser zum einen den Gedanken der „Nicht-Konkurrenz" zwischen Gott und Mensch entfaltet, zum anderen den „Panentheismus" zur Umschreibung von Gottes Transzendenz und Immanenz heranzieht.[115] Die Vorstellung des „Engagements" Gottes in seiner Schöpfung schließt den Gedanken des „Leidens" Gottes als Ausdruck und Folge seiner Liebe zu seinen Geschöpfen ein.[116]

(4) Von feministischen Theologinnen wird auf *Elemente einer Geist-Christologie, Weisheits-Christologie und „Schechina"-Christologie* des Neuen Testaments verwiesen.[117] Tritt die feministische Theologie für die Befreiung der Frau ein, gilt in diesem Zusammenhang ihre Aufmerksamkeit der befreienden Praxis Jesu, des Messias, des von Gottes Geist Gesalbten. Sein Eintreten für die Armen und Ausgegrenzten geschieht in der Vollmacht des Geistes.[118] Als Elemente der neutestamentlichen Geist-Christologie nennt Johnson Geistempfängnis und Geburt Jesu, seine Taufe am Jordan, die Versuchung Jesu in der Wüste, Dienst und Mission, Jesu Sterben am Kreuz und seine Auferstehung. Sie verweist auf die Ausgießung des Geistes am Pfingsttag, das Wirken des Parakleten, der an alles erinnert und zur vollen Wahrheit führt. Sie bezieht sich auf das Wirken des Geistes in den paulinischen Gemeinden, erwähnt die

---

während die göttliche Immanenz der Welt als innerste Dynamik und Ziel gegeben ist. Transzendenz und Immanenz entsprechen sich wechselseitig."

[114] Ebd., 313.

[115] Vgl. ebd., 313f: Schoonenberg habe den inneren Zusammenhang von Freisetzung des Menschen, seiner Ermächtigung zum Selbststand durch Gott bei wachsender Verbundenheit und Nähe zwischen Gott und Mensch ausgearbeitet. Johnson verweist auf: P. SCHOONENBERG, Ein Gott der Menschen; DERS., Gott als Person / als persönliches Wesen, 177. Siehe unten: C.III.2.d.

[116] Vgl. E.A. JOHNSON, Ich bin die ich bin, 356: „Angesichts der feministischen Wertschätzung der Gegenseitigkeit als hervorragender moralischer Qualität bringt Liebe wohl auch für Gott Leiden mit sich ... Als Zusammenfassung barmherziger Liebe erscheint das Symbol des göttlichen Leidens nicht als Unvollkommenheit, sondern als höchste Vollkommenheit. Das Sprechen über den leidenden Gott hat besondere Affinität zur Erfahrung des Geistes."

[117] Vgl. J.C. JANOWSKI, Theologischer Feminismus, 181.

[118] Vgl. E.A. JOHNSON, Ich bin die ich bin, 195: „Die christliche Gemeinschaft steht in der Tradition des Bundesvolkes und erbt sein Verständnis des Geistes. Dementsprechend identifiziert praktisch jeder Autor des Neuen Testaments die Geschichte und die Jesu, des Juden, der Christus wurde, als ein Phänomen des Geistes."

Charismen bzw. die Früchte des Geistes. Bei ihren Ausführungen bezieht sie sich auch auf Schoonenbergs geist-christologischen Beitrag „Spirit Christology and Logos Christology“.[119]

(5) Der Beitrag feministischer Theologie bei der Entfaltung eines *pneumat(olog)ischen Kirchenverständnisses* besteht im historischen Rückgriff auf das urchristliche Zeugnis von geistbegabten Frauen und von charismatischen Bewegungen, an deren Spitze Frauen standen: Beides ist in der Anfangszeit der Kirche greifbar, jedoch bald in den Hintergrund gedrängt worden.[120] Gewarnt wird davor, das Charismatische bzw. Prophetische einseitig gegenüber dem Institutionellen hervorzuheben, d.h. das Charismatische Frauen zuzuschreiben, das Amt Männern vorzubehalten.[121] Das charismatische Kirchenverständnis begünstigt die gleiche Wertschätzung aller Charismen der Gläubigen in der Verschiedenheit der Ämter und Dienste.

(6) Von feministischen Theologinnen wird in jüngster Zeit die Auffassung vertreten, die Lehre vom Heiligen Geist sei der Konvergenz- und Kristallisationspunkt theologischen Denkens. Die *Pneumatologie* gilt als *Gesamtperspektive auch der feministischen Theologie*.[122] Feministische Theologie betreibt eine Pneumatologie „von unten“, die in ihrer theologischen Reflexion von der konkreten Geisterfahrung ausgeht.[123] Sie setzt damit die an die katholische Theologie gerichtete Forderung des Konzils um, den Blick auf neue Subjekte und Orte einer Theologie „von unten“ zu lenken.[124]

[119] Vgl. ebd., 395f.
[120] Vgl. L. SCHERZBERG, Rede vom Heiligen Geist, 119-121.128-132.
[121] Vgl. ebd., 129: „Die prophetisch-charismatische Dimension der Kirche wiederzugewinnen, ist eine wichtige und sicherlich auch für Frauen förderliche Aufgabe; genauso wichtig ist es aber, daß Frauen Zugang zum institutionellen Bereich haben.“
[122] Vgl. DIES., Sünde und Gnade, 244: „Im Rahmen der Pneumatologie ist vieles möglich, was Feministischer Theologie wichtig ist: weibliche Bilder und weibliche Sprache für Gott zu finden; Selbst- und Personwerdung mit einer Überwindung von Unterschieden zwischen den Geschlechtern, den Rassen und Klassen, d.h. mit einer universalen Solidarität zu verbinden; die Teilhabe der endlichen menschlichen Existenz, von Körper, Materie und Welt am göttlichen Sein zu denken und zu erfahren sowie Gnade als Befreiung zu buchstabieren.“
[123] Vgl. ebd., 243.
[124] H. PISSAREK-HUDELIST, Feministische Theologie. Herausforderung?, 425.

II. Sichtung der Pneumatologie Schoonenbergs

1. Etappen der Neubesinnung Schoonenbergs auf den Geist

Mit Beginn der 70er Jahre werden erneut Akzentverschiebungen in der Theologie Schoonenbergs deutlich.[125] Aufgrund einer verstärkten Auseinandersetzung mit pneumatologischen Fragestellungen seit 1972 läßt sich die letzte Periode (1972 bis 1994) als pneumatologische Periode bezeichnen. Diese dritte Phase ist durch eine bewußte wissenschaftliche Besinnung auf Grundelemente einer Geist-Theologie geprägt. Die im folgenden skizzierten Entwicklungen in der Theologie Schoonenbergs der 70er bis 90er Jahre sind Ausdruck der pneumatologischen Neubesinnung.

a) „Durchbruch" des Geistes seit Beginn der 70er Jahre

Schoonenbergs wachsendes Interesse an einer Theologie des Heiligen Geistes wird maßgeblich hervorgerufen durch persönliche Kontakte zur Charismatischen Erneuerung im Rahmen seiner Lehraufenthalte in den USA zu Beginn der 70er Jahre. Der erste Besuch Schoonenbergs in den USA fand bereits im Jahre 1963 (Pittsburg/Pens.) statt. Aufgrund seiner Ernennung zum Professor für Dogmatik in Nijmegen kam es zu Aufenthalten Schoonenbergs in den USA erst wieder seit 1970. In diesem Jahr kam er in Ann Arbor / Michigan erstmals persönlich mit der Charismatischen Bewegung durch die Teilnahme an einer Gebetsgruppe in Berührung. Insgesamt zählt Schoonenberg zehn Besuche in Nordamerika in den Jahren 1963 bis 1978.[126] Schoonenbergs Auseinandersetzung mit der Charismatischen Bewegung ist erstmals in einem Interview des Jahres 1972 greifbar, in der er zur katholischen Pfingstbewegung in Nord-Amerika befragt wird.[127] Seit Mitte der 70er Jahre gilt sein Interesse vor allem der Bedeutung der Geisttaufe und dem Verständnis der Charismen.
Wie Schoonenberg in seinem Artikel „Het avontuur der christologie" (1972) ausführt, ist sein Interesse an der Charismatischen Bewegung letztlich *christologisch* motiviert. Im Schlußabschnitt, „Plädoyer für Pfingsten", erläutert er, daß er sich von seiner Christologie her zu einer Auseinandersetzung mit der neuen Pfingstbewegung herausgefordert fühlt.[128] Er tritt dafür ein, daß die

---

[125] Vgl. L. BAKKER, Schoonenberg's theologie, 381.
[126] Vgl. T. KLIJN, De charismatische beweging. Gesprek met P. Schoonenberg, 273; P. SCHOONENBERG, Waar de Geest toe drijft, 251.
[127] P. SCHOONENBERG, Katholieke Pentecostals. Die dritte Periode nimmt von diesem Interview zeitlich ihren Ausgangspunkt.
[128] DERS., Het avontuur der christologie, 330f: „Von der Frage nach einer Erfahrung Gottes und Jesu als Person her komme ich auf die Pfingstbewegung und die Jesusbewegung zu sprechen ... Seit dem zweiten Weltkrieg ist eine erneuerte Pfingstbewegung innerhalb der Kirche aufgekommen, deren Glieder sich manchmal ‚neo-pentecostals' nennen. Sie suchen mit

zeitgenössischen Erfahrungen der Person Christi, wie sie in der „neuen Pfingstbewegung" zum Ausdruck kommen, thematischer Gegenstand der Theologie und zu einer Quelle theologischer Inspiration werden. Aus seinem pneumatologisch motivierten Neuansatz in der Christologie ergeben sich Konsequenzen für das Verständnis des menschlichen Person-Seins Jesu Christi, die er in der Folgezeit zu erarbeiten beabsichtigt: „Der Theologe darf und muß ... sich fragen, ob hier [in der Pfingst- und Jesusbewegung] der Geist zu den Kirchen spricht. Ich denke, daß die Kirchen hier auf einen Mangel an Ansprechbarkeit und Herz hingewiesen werden, und viele vertreten diese Auffassung. Von der Christologie her meine ich, daß uns diese Bewegungen außerdem die Frage stellen, ob wir Jesus genügend als Person - gewiß, im Geist, in der Kirche, in den anderen, aber doch ihn selbst als Person - anerkennen und begegnen wollen ... - die allzeit richtende, verheißende, ermutigende Person, die mit uns ist alle Tage, vor allem wenn wir vereinigt sind in seinem Namen ... Ich meine, daß ich dadurch, daß ich seine Person als menschlich anerkenne, Christus nicht weniger göttlich zu bekennen brauche, als es die Kirche immer getan hat. Die trinitarischen Implikationen dieses christologischen Abenteuers hoffe ich noch einmal ausführlich zu besprechen."[129]
Schoonenbergs (Neu-)Besinnung auf die Pneumatologie gründet in dem christologischen Anliegen, das Bekenntnis zu Jesus Christus als dem *Sohn Gottes,* deutlicher als bisher, zu entfalten. So schreibt er in dem genannten Artikel: „Gott oder Mensch, ist ein falsches Dilemma, das ist noch immer meine Überzeugung. Nachdem ich dies [in den zurückliegenden Jahren] vor allem ausgearbeitet habe, indem ich gezeigt habe, wie Gott als Schöpfer und selbst als Bundesgott *im Menschen* wirkt, wird es nun Zeit zu betonen, daß im Menschen auch wirklich *Gott* wirkt, Gott, der Liebe ist. In der Christologie habe ich dargelegt, daß der Erstgeborene in keinerlei Hinsicht weniger Mensch ist als wir, auch und vor allem nicht im menschlichen Person-Sein, daß Jesus alles von einer menschlichen Person hat, ja daß er menschliche Person *ist.* Von dieser Einsicht her ist es ein Abenteuer, in dieser menschlichen Person nun auch unverkürzt den Sohn Gottes zu sehen ... Diesem christologischen Abenteuer ist nachstehender Artikel gewidmet."[130] Ging es ihm bisher primär um die Wahrung des Mensch-Seins Jesu Christi, tritt nun seine Gottessohnschaft

---

dem Sektarismus auch den stark fundamentalistischen Zug der alten Pfingstbewegung zu überwinden ... Ein in vielerlei Hinsicht eindrucksvolles Beispiel ist die katholische Pfingstbewegung in Amerika, die gegenwärtig in den Vereinigten Staaten ‚Catholic Movement for Charismatic Renewal' heißt. Diese katholische und überdies sehr ökumenische Bewegung wird in sehr positivem Sinn vom katholischen Episkopat der Vereinigten Staaten anerkannt. Nun scheint es mir der Mühe wert, daß sich Theologen vor allem mit dem ‚neopentecostalism' auseinandersetzen, und ich fühle mich von meiner Christologie her dazu gedrängt. Zunächst kann die Theologie solchen Bewegungen auf verschiedene Weisen Hilfe bieten ... Aber zugleich kann die Pfingst- und vielleicht die Jesusbewegung der Theologie zu Einsichten und Begeisterung verhelfen. Einsichten hinsichtlich der Geisttaufe, der Prophetie, des Gebetes, des Wehens des Geistes und der Person unseres Herrn Jesus."

[129] Ebd., 331.

[130] Ebd., 307. (Hervorhebungen im Original)

in den Blick. Hierbei greift Schoonenberg auf die Geist-Theologie, konkret auf die neutestamentlichen und frühchristlichen Spuren einer Geist-Christologie zurück.
Schoonenberg verknüpft in diesem Beitrag von 1972 seinen christologischen Neuansatz - der Einbeziehung der pneumatologischen Dimension zur Entfaltung des „ganz-menschlichen Seins“ der Person Jesu Christi - mit einer knappen Darstellung und Bewertung des charismatischen Aufbruchs der Kirchen in den USA.[131] Dabei formuliert er an die Theologen unterschiedlicher Disziplinen die Einladung, im Gefolge dieses geistigen Neuaufbruchs das Wirken des Geistes stärker als bisher in ihre theologische Forschung einzubinden, um so der Erfahrung des Geistes in der Charismatischen Bewegung eine Geist-Theologie an die Seite zu stellen. Er spricht sich für eine wechselseitige Befruchtung der katholischen Theologie und der neuen Pfingstbewegung aus, damit „das Babel in der heutigen Kirche einmal in Pfingsten umschlage.“[132]
Eine Entwicklung der Theologie Schoonenbergs hin zu einer stärkeren Einbeziehung der Rede vom Geist läßt sich also - in Entsprechung zu dem 1972 formulierten Vorhaben - seit Beginn der 70er Jahre in bezug auf seine christologischen und trinitätstheologischen Studien beobachten. Die in der Literatur zu Schoonenberg für die 70er Jahre konstatierte Wende in seinem theologischen Denken gilt vor allem seinem Bemühen, unter Wahrung der früher formulierten christologischen Anliegen den Glauben an Jesus Christus im Rückgriff auf das Modell einer Geist-Christologie zu entfalten, das von ihm seit Ende der 70er Jahre in verschiedenen Beiträgen erarbeitet wird. Die Relevanz der Geist-Christologie gegenüber der klassischen Logos-Christologie untersucht er erstmals 1977: „Spirit Christology and Logos Christology“.[133]
Bereits vom Jahre 1973 an läßt sich in Schoonenbergs Arbeiten eine eigenständige, d.h. von der spezifisch christologischen Fragestellung stärker unabhängige Behandlung der Trinitätstheologie beobachten, innerhalb derer auch der Geist - als göttliche Person bzw. Gegenwartsweise - eigens thematisiert wird.[134] Seit Ende der 70er Jahre liegt in mehreren Beiträgen eine systematische Reflexion auf Wesen und Wirken des Geistes vor.

b) Theologische Summe: „De Geest, het Woord en de Zoon“ (1984/1991)

Als das Ergebnis seiner christologischen und trinitätstheologischen Studien während der Jahre von 1972 bis 1984 kann das im Jahre 1984 als Manuskript abgeschlossene Werk „De Geest, het Woord en de Zoon. Theologische overdenkingen over Geest-christologie, Logos-christologie en drieëenheidsleer“ betrachtet werden. Grundlegende theologische Anliegen Schoonenbergs im

[131] Vgl. ebd.
[132] Ebd.
[133] DERS., Spirit Christology and Logos Christology.
[134] Vgl. DERS., Trinität - der vollendete Bund; DERS., Continuïteit en herinterpretatie in de Drieëenheidsleer.

Bereich der Gotteslehre, der Trinitätstheologie und der Christologie der zurückliegenden Jahr(zehnt)e sind darin eingegangen. Damit stellt dieses Manuskript die theologische „Summe“ seines Werkes dar. Es handelt sich um das Manuskript des Buches „De Geest, het Woord en de Zoon“, das erst 1991 im Niederländischen, 1992 im Deutschen veröffentlicht wurde. Die Veröffentlichung verzögerte sich aufgrund eines Publikationsverbotes seitens des Jesuitenordens aufgrund einiger umstrittenen Thesen Schoonenbergs zur Gotteslehre, Trinitätstheologie und Christologie. Eine offizielle Zustimmung zur Veröffentlichung seines Werkes seitens seines Ordens hat Schoonenberg nicht erhalten. Die Publikation des Buches „De Geest, het Woord en de Zoon“ erfolgte schließlich anläßlich des 80. Geburtstags Schoonenbergs auf Initiative der Theologischen Fakultät der Universität Löwen. Herausgeber sind Robrecht Michiels und Herman-Emiel Mertens, Inhaber des Lehrstuhls für Systematische Theologie in Löwen.[135] Bereits vor der Veröffentlichung des Werkes finden sich bei einzelnen Theologen - so etwa in dem 1986 erschienenen Artikel Herwi Rikhofs „Auf Gott hin denken“ - Hinweise auf Inhalte des „noch nicht erschienenen Buches“[136].

Der vor der Dogmatischen Arbeitsgemeinschaft in Amsterdam im Mai 1985 von Schoonenberg gehaltene Vortrag „Naar aanleiding van een onuitgegeven boek“[137] - „Aus Anlaß eines unveröffentlichen Buches“ - informiert über Anliegen und Inhalte dieses unveröffentlichten Werkes. Schoonenberg hat sich dabei auch zum Hintergrund des Publikationsverbotes geäußert. Schoonenberg gibt zunächst eine kurze Inhaltsangabe seiner Studie, der er eine Charakterisierung des Gesamtwerkes vorausschickt: „Im Jahre 1984 habe ich nach langer Arbeit ein Manuskript vollendet, betitelt *Der Geist, das Wort und der Sohn. Theologische Überlegungen über Geist-Christologie, Logos-Christologie und Dreieinheitslehre*. Dessen Ziel ist es, eine weitgehend vergessene Geist-Christologie in unserer Verkündigung wieder aufleben zu lassen als Parallele der Logos-Christologie. Beide bekennen Jesus als *den* Sohn Gottes. In der Geist-Christologie ist er dies, weil er vom Heiligen Geist empfangen ist bzw. den Heiligen Geist empfängt, in der Logos-Christologie, weil er fleischgewordenes Wort [ist].“[138]

Im zweiten Teil seines Vortrages zeichnet Schoonenberg kurz den Verlauf der Auseinandersetzung mit Rom nach, die nach seiner Aussage in der Folge auch zu einigen Schwierigkeiten mit dem Jesuitenorden geführt hat.[139] Die theologi-

---

[135] DERS., De Geest, het Woord en de Zoon. In der niederländischen Ausgabe dieses Werkes von 1991 schließt das Schlußkapitel (IV.) mit der Orts- und Zeitangabe: „Schotenhof, bij Antwerpen, 24 januari 1984“ (vgl. ebd., 185). Ein vergleichbarer Hinweis fehlt in der deutschen Ausgabe des Buches: Der Geist, das Wort und der Sohn.

[136] Vgl. H. RIKHOF, „Auf Gott hin denken“, 219.

[137] P. SCHOONENBERG, Naar aanleiding van een onuitgegeven boek. Über die Vorgeschichte des Buches bis zur Veröffentlichung äußert sich Schoonenberg im Vorwort von: De Geest, het Woord en de Zoon, 16f.

[138] DERS., Naar aanleiding van een onuitgegeven boek, 1. (Hervorhebung im Original)

[139] Vgl. ebd., 2.

schen Kontroversen innerhalb der römisch-katholischen Kirche nahmen ihren Ausgang von seinem christologischen Werk „Ein Gott der Menschen“ (1969). Darin habe er seine Sicht vorgetragen, daß das göttliche Wort in der Inkarnation Person geworden sei - dies vor allem, um dem persönlichen Menschsein Raum zu geben, allerdings noch nicht in Verbindung mit dem Heiligen Geist. Die im Jahre 1972 von der Glaubenskongregation veröffentlichte Erklärung „Declaratio ad fidem tuendam in mysteria Incarnationis et Sanctissimae Trinitatis a quibusdam recentibus erroribus“[140] sei ganz offensichtlich in Abwehr gegenüber seinen christologischen und trinitätstheologischen Thesen entstanden: Die Hauptaussage dieses Dokumentes sei, daß Vater, Sohn und Heiliger Geist - von Ewigkeit her - unterschiedene Personen seien.[141]
Wie Schoonenberg berichtet, endete die von 1975 bis 1978 zwischen Schoonenberg und der Glaubenskongregation geführte Korrespondenz mit der Verpflichtung seitens Schoonenbergs, sich der Verbreitung von theologischen Aussagen, die nicht in Übereinstimmung mit obengenannter römischer Erklärung stehen, zu enthalten. Im Jahre 1982 protestierte die Glaubenskongregation (unter dem Vorsitz Joseph Kardinal Ratzingers) bei der damaligen Leitung des Jesuitenordens gegen Schoonenbergs Publikation „Denken über Chalcedon“, die 1980 in der Theologischen Quartalschrift erschienen war.[142] Diese Intervention Roms führte schließlich zu der Vereinbarung, daß Schoonenbergs Publikationen im Themenfeld von Inkarnation und Trinität dem Urteil des Ordensoberen zu unterwerfen seien, der auf der Grundlage der Stellungnahme zweier Theologen, die von ihm unter fünf von Schoonenberg vorgeschlagenen Theologen ausgewählt werden, einer Veröffentlichung der Arbeiten Schoonenbergs jeweils eigens zustimmen müsse. Ende 1984 ist dieses Verfahren mit Blick auf das damals abgeschlossene Manuskript „De Geest, het Woord en de Zoon“ durchgeführt worden; der allgemeine Obere gelangte zu dem Urteil, die Erlaubnis zur Publikation nicht geben zu können.
Im dritten Teil seines Vortrages vor der Dogmatischen Arbeitsgemeinschaft erläutert Schoonenberg schließlich in mehreren Punkten, inwieweit er in seiner im Jahre 1984 vorgelegten Geist-Christologie seine früheren christologischen und trinitätstheologischen Anliegen in modifizierter Form aufgegriffen hat. Auch lassen sich seinem Vortrag Hinweise darüber entnehmen, inwieweit er die seit Ende der 70er Jahre bereits vorliegenden geist-christologischen Beiträge inhaltlich weitergeführt hat.[143] Erarbeitet Schoonenberg eine Synthese zwischen den im Neuen Testament in Ansätzen vorhandenen, älteren geistchristologischen Modell und der die traditionelle Christologie seit Chalcedon beherrschende Logos-Christologie, gehen darin Untersuchungen zur chalcedo-

---

[140] Vgl. KONGREGATION FÜR DIE GLAUBENSLEHRE, Declaratio ad fidem tundam in mysteria Incarnationis et Sanctisimae Trinitatis.
[141] Schoonenberg zitiert aus Nr. 5 der Declaratio: „A fide deerat opinio secundum quam Revelatio nos incertos relinqueret de aeternitate Trinitatis et speciatim de aeterna existantia Spiritus Sancti ut personae, in Deo, a Patre Filioque distinctae.“ (Ebd., 238)
[142] Vgl. P. SCHOONENBERG, Denken über Chalcedon.
[143] Vgl. DERS., Naar aanleiding van een onuitgegeven boek, 2-5.

nischen Zweinaturenlehre ein[144], ebenso wie seine Studien zur „Relationalität" und „(Un-)Veränderlichkeit" Gottes, zur Dreieinheit Gottes, zum Verhältnis von immanenter und heilsgeschichtlicher Trinität und zum trinitarischen Person-Begriff.[145] Der Umstand, daß einerseits die erwähnte römische Erklärung „Declaratio ad fidem tuendam" in das Jahr 1972 fällt, andererseits in Schoonenbergs christologischen und trinitätstheologischen Beiträgen seit 1972 ein pneumatologischer Neuansatz deutlich wird, scheint nicht zufällig zu sein. Diese zeitliche Übereinstimmung läßt sich als Argument zugunsten der vorgetragenen Periodisierung heranziehen.

c) Spätphase (1984-1994)

Die Spätphase von 1984 bis 1994 ist inhaltlich durch weiterführende Studien zur Geist-Christologie, zur Gotteslehre und Trinitätstheologie bestimmt.[146] Außerdem erscheinen weitere Artikel zur Geist-Theologie, über Wesen und Wirken des Heiligen Geistes.[147] Da in diesen Jahren die Zahl der neu publizierten Beiträge Schoonenbergs insgesamt geringer wird, wird die Konzentration auf die genannten Themenbereiche umso deutlicher.
Im Jahre 1986, anläßlich des 75. Geburtstages Schoonenbergs, wird auf Initiative des Linzer Pastoraltheologen Wilhelm Zauner ein Sammelband deutschsprachiger Schriften Schoonenbergs herausgegeben: „Auf Gott hin denken"[148]. (Schoonenberg war im Sommer 1984 Gastdozent an der Universität Linz.) Bei der Auswahl früherer Beiträge Schoonenbergs aus den 70er und 80er Jahren, die zum Teil von ihm überarbeitet wurden, zum Teil erstmals in deutscher Übersetzung erschienen sind, werden ebenfalls die oben bezeichneten Schwerpunkte seines Denkens deutlich, die für seine Theologie seit Beginn der 70er Jahre beherrschend sind: Ausführungen zur Transzendenz und Immanenz Gottes, zur Personalität Gottes, zur Veränderlichkeit und Unveränderlichkeit

---

[144] Vgl. DERS., Monophysitisches und dyophysitisches Sprechen über Christus; DERS., De zoekende christologie van Ansfried Hulsbosch; DERS., De reflectie der eerste eeuwen op Jezus Christus; DERS., Christologische Diskussion heute; DERS., Arianische Christologie?; DERS., Alternativen der heutigen Christologie; DERS., Christologie angesichts der Avatara-Lehre; DERS., Visies op het heil en de Heiland.
[145] Vgl. DERS., Ich glaube an Gott; DERS., Process or History in God?; DERS., Transzendenz Gottes; DERS., Gott in der Prozeß-Theologie; DERS., Denken naar God toe. (Afscheidscollege); DERS., Auf Gott hin denken; DERS., De uitdaging van Gods Drieëenheid; DERS., Gott als Person / als persönliches Wesen; DERS., Gott als Person; DERS., Gott als Person und als das unpersönlich Göttliche; DERS., Gott der Philosophen.
[146] Vgl. DERS., Opmerkingen over Geest-christologie; DERS., Der Christus „von oben"; DERS., Trinitätslehre Karl Rahners; DERS., Western Scholasticism and a Theology of Prayer; DERS., Gott ändert sich am andern; DERS., A Sapiential Reading of John's Prologue; DERS., Versuch, über Gott zu reden; DERS., Diskussion über den trinitarischen Personbegriff; DERS., Ons denken naar God toe.
[147] Vgl. DERS., Charismata: talenten waar de Geest mee speelt; DERS., Gods Geest in de heilsgeschiedenis; DERS., Ik geloof in de Heilige Geest.
[148] DERS., Auf Gott hin denken (Deutschsprachige Schriften).

Gottes.[149] Im Kontext von Überlegungen zur (Heils-)Geschichte - Evolution, Hominisation bzw. erbsündliche Situiertheit und Erlösungsbedürftigkeit des Menschen[150] - stehen Ausführungen zur Geist-Theologie.[151] Das letzte Teil enthält Schoonenbergs Sicht des Gott- und Menschseins Jesu Christi.[152]
Im Jahre 1991 erscheint Schoonenbergs Buch „De Geest, het Woord en de Zoon". Die niederländische Ausgabe des Werkes enthält ein anläßlich der Publikation eigens verfaßtes Nachwort.[153] Dem Nachwort schließt sich im Anhang der Text eines Vortrags an, den Schoonenberg am 7.3. 1991 an der Theologischen Fakultät der Universität Löwen gehalten hat: „De triniteitsleer: een leeg dogma of een verrijkend theologoumenon?"[154] Die deutsche Ausgabe dieses Buches - „Der Geist, das Wort und der Sohn. Eine Geist-Christologie" - weist neben einem geringfügig modifizierten Vorwort, das im September 1991 in Nijmegen entstanden ist, vor allem Änderungen in der Textgestalt des letzten, vierten Kaptitels auf. Schoonenberg hat in der deutschen Ausgabe die Inhalte des ursprünglichen vierten Kapitels des niederländischen Originaltextes einerseits sowie Inhalte des oben genannten Vortrages aus dem Anhang ineinander verschränkt. Dabei hat er bewußt auf Hinweise verzichtet, die erkenntlich machen, daß der Text des Buches in seinem Grundbestand bereits seit 1984 abgeschlossen ist.

2. Übersicht über Schoonenbergs Schriften zur Geist-Theologie

a) Neubesinnung auf den Geist in Christologie und Trinitätstheologie

(1) Mit der kleinen Studie *„Wege nach Emmaus. Unser Glaube an die Auferstehung Jesu"* (1974) möchte Schoonenberg Wege zum Glauben an die Auferstehung Jesu erschließen.[155] Zu Beginn der 70er Jahre ist die biblische Theologie neben der Frage nach dem historischen Jesus mit den Zeugnissen der Auferstehung befaßt. Der Glaube an die Auferstehung Jesu ist durch den Geist gewirkt, er ist Ausdruck und Inhalt der Geisterfahrung.[156] Von Interesse

---

[149] Vgl. ebd., 29-128.
[150] Vgl. ebd., 129-202. Siehe auch: DERS., Der versagende Mensch und sein Gott; DERS., God onze verzoening; DERS., En de erfzonde?; DERS., Erfzonde konkret; DERS., Zonde van verzuim; DERS., Loont God het goede?; DERS., Genesis and Evolution;
[151] Vgl. DERS., Allgemeine Heilsgeschichte und Heiliger Geist, in: ebd., 150-161.
[152] Vgl. ebd., 203-265.
[153] Vgl. DERS., De Geest, het Woord en de Zoon, 201-206.
[154] Ebd., 207-217. Dieser Vortrag ist als Artikel in den Louvain Studies erschienen: DERS., Doctrine of the Trinity.
[155] Vgl. DERS., Wege nach Emmaus, 5: „Dieses Büchlein ist mit der Zuversicht geschrieben, daß der Heilige Geist uns heute Wege zu einem gereiften Auferstehungsglauben erschließt."
[156] Vgl. ebd., 35: „Der Mensch kann nur glauben, wenn er innerlich dazu befähigt und eröffnet wird, ... wenn er dazu den Heiligen Geist empfängt. Darum kann die glaubende Anerkennung, Jesus sei auferstanden oder Jesus sei der Herr, nur durch den Geist gewirkt werden (vgl. 1 Kor 12,3)."

ist sodann, was Schoonenberg in Rückbindung an Paulus über den geistlichen, pneumatischen Leib des Auferstandenen sagt (1 Kor 15,44; 2 Kor 13,13).[157] Der Auferstandene ist personal (nicht räumlich) präsent.[158] Schoonenberg widmet der paulinischen Aussage: „Der Herr ist der Geist“ (2 Kor 3,17) einen eigenen Abschnitt und hebt in seiner Darstellung die Nähe des Geistes zum verherrlichten Christus und die Ähnlichkeit im Handeln hervor.[159] Der Auferstandene ist dem Geist nach erfahrbar (Röm 1,3f). In seinem Geist gegenwärtig ist der Auferstandene vor allem in der eucharistischen Mahlgemeinschaft. Schoonenberg äußert sich zur Geisterfahrung der Pfingstbewegung, die, wenn in ihr wirklich der Geist Christi wirksam und erkennbar ist, als ein echtes „Geisteswerk“ anerkannt werden kann.

(2) In dem christologischen Beitrag *„Het avontuur der christologie“ (1972)*[160] - *„Das Abenteuer der Christologie“* - bringt Schoonenberg die Gottessohnschaft Jesu Christi deutlicher zur Sprache. Dieses Anliegen führt zu einer stärkeren Berücksichtigung des Heiligen Geistes auch im trinitätstheologischen Kontext. Auch in dem im selben Jahr in der „Trierer Theologischen Zeitschrift“ erschienenen Artikel *„Ich glaube an Gott“ (1972)* wird die Neubesinnung auf die Rede vom Geist deutlich. Dieser Beitrag ist, wie aus dem Untertitel hervorgeht, als eine *„Antwort an Prof. Dr. Klaus, Reinhardt, Trier“* zu lesen, als eine Erwiderung Schoonenbergs auf die von Reinhardt an seiner christologischen Studie „Ein Gott der Menschen“ geübten Kritik.[161] Hier führt Schoonenbergs noch einmal eigens aus, daß nun in seinem Bemühen, die Präsenz Gottes in Jesus Christus zu entfalten, der Trinitätstheologie und der Theologie des Geistes in seinem Denken größere Bedeutung zukomme.[162]
Dem in dem Artikel „Het avontuur der christologie“ angekündigten Vorhaben, die trinitätstheologischen Implikationen seines neuen christologischen Ansatzes bzw. „Abenteuers“ zu entfalten, kommt Schoonenberg in den folgenden Publikationen nach: In dem kurzen Beitrag *„Trinität - der vollendete Bund“* von 1973 legt er 36 *Thesen zur Lehre vom dreipersönlichen Gott* vor und kommt dabei eigens auf die Pneumatologie zu sprechen.[163] Im Rahmen seiner

[157] Vgl. ebd., 57f: „In höchster Weise wird der Leib des auferstandenen Christus andere mit sich ‚im Geist' vereinen, so daß für Paulus ‚im Geist' und ‚in Christus' parallele Ausdrücke sind und er sogar sagen kann: ‚Der Herr ist der Geist' (2 Kor 3,17). Wir dürfen deshalb den Aufer-stehungsleib Christi zu seinem Leib, ‚der die Kirche ist' (Kol 1,24), ausdehnen.“
[158] Vgl. ebd., 63: „Er ist in den ‚Raum' personaler Begegnung auferstanden.“
[159] Vgl. ebd., 69: Wie einerseits der Atem Christi den Menschen bzw. die Kirche belebt und vorantreibt, so ist andererseits Christus selbst der Geist und geht der Geist von ihm aus, „und so bleibt Christus unser persönliches Gegenüber. Es ist dann auch nicht nur unser Geist, sondern *der* Geist, der Geist des Vaters und Christi, der ‚unserem Geist bezeugt, daß wir Kinder Gottes sind' (Röm 8,15). Dieser Geist ist der Geist der Sohnschaft, der Teilnahme an Jesu Sohnschaft.“ (Hervorhebung im Original)
[160] Vgl. DERS., Het avontuur der christologie, hier 307.
[161] DERS., Ich glaube an Gott; K. REINHARDT, Die menschliche Transzendenz Jesu Christi.
[162] Vgl. P. SCHOONENBERG, Ich glaube an Gott, 82f.
[163] DERS., Trinität - der vollendete Bund, bes. 116f; in geringfügig überarbeiteter Form in englischer Übersetzung erschienen: DERS., Trinity - The Consummated Convenant.

Ausführungen des folgenden Jahres zur *„Kontinuität und Neuinterpretation in der Dreieinheitslehre“* - *„Continuiteit en herinterpretatie in de drieëenheidsleer“ (1974)*[164] - widmet er erstmals dem Geist eine breitere Darstellung, im Kontext der Auseinandersetzung um den trinitarischen Personbegriff und der Frage nach dem innergöttlichen Hervorgang des Geistes bzw. seiner Ausgießung in der Heilsgeschichte.

In dem Beitrag *„Berkhof en het Credo“ (1974)* - *„Berkhof und das Credo“*[165] - legt Schoonenberg im Rahmen einer Besprechung der von Hendrik Berkhof in seinem Buch „Christelijk Geloof“ dargestellten Christologie und Trinitätstheologie seine eigene Position dar. Schoonenbergs „Brief“ an Frans van Ackeren - *„A letter from Piet Schoonenberg“ (1975)*[166] - enthält, in Erwiderung auf Van Ackeren's Kritik an seiner Christologie und Trinitätstheologie, eine Bündelung seiner trinitätstheologischen Thesen.[167]

Einen historischen Überblick über die *„Reflexion der ersten Jahrhunderte auf Jesus Christus“* - *„De reflectie der eerste eeuwen op Jezus Christus“ (1975)* - gibt Schoonenberg in dem Sammelband „Wer, sagen die Menschen, daß ich bin?“[168] Seine Ausführungen gelten der Entwicklung der biblischen und nachbiblischen Christologie bis zum Konzil von Nicäa. Ausgehend von Überlegungen zur Präexistenz Christi kommt er im trinitätstheologischen Zusammenhang auf den Heiligen Geist zu sprechen. Er konstatiert, daß die soteriologische Relevanz der Trinitätstheologie in der herkömmlichen Theologie weitgehend unberücksichtigt geblieben ist, da sie nicht von der Christologie und der Pneumatologie her entfaltet wurde.

Schoonenberg widmet seinen Beitrag *„Christologie en theologie der godsdiensten“ (1975)*. - *„Christologie und Theologie der Religionen“*[169] - der Problematik der Offenbarung Gottes in Jesus Christus und befragt kritisch die traditionelle Auslegung des Johannesprologes und der christologischen Dogmen der ersten Jahrhunderte. Schoonenberg entfaltet die Bedeutung des Geistes im Blick auf das Leben, Sterben und Auferstehen Jesu Christi. Hier findet sich die These Schoonenbergs, daß Logos *und Geist* Jesus zum Sohn Gottes machen.

Schoonenberg äußert sich seit Beginn der 70er Jahre im Kontext seiner trinitätstheologischen Erörterungen wiederholt zur Thematik „Unveränderlichkeit“ und „Veränderlichkeit“ bzw. „Werden“ Gottes. Dabei setzt er sich auch mit dem Gottesbild der Prozeßtheologie auseinander: *„Gott in der Prozeß-Theologie“ (1975)*.[170] Bei diesem Text handelt es sich um die Übersetzung eines ursprünglich auf Englisch veröffentlichten Artikels[171], der von

[164] DERS., Continuïteit en herinterpretatie in de drieëenheidsleer.
[165] DERS., Berkhof en het Credo. Vgl. H. BERKHOF, Christelijk Geloof.
[166] P. SCHOONENBERG, A letter from Piet Schoonenberg.
[167] Vgl. F. VAN ACKEREN, „Is Jesus ‚Man plus God'?“
[168] DERS., De reflectie der eerste eeuwen op Jezus Christus.
[169] DERS., Christologie en theologie der godsdiensten.
[170] DERS., Gott in der Prozeß-Theologie.
[171] DERS., Process or History in God?

Schoonenberg für die Publikation in der Zeitschrift „Theologie der Gegenwart" eigens mit einem Nachwort versehen wurde: „Nachschrift: Veränderung Gottes und Trinität".[172] Darin präzisiert er seine trinitätstheologischen Überlegungen mit Blick auf das „Trinitarisch-Werden" Gottes, d.h. auf das Person-Werden des Logos und des Geistes.
Die knappe Darstellung *„De uitdaging van Gods Drieëenheid" (1977) - „Die Herausforderung der Dreieinheit Gottes"*- ist anläßlich des Dreifaltigkeits-Sonntags (3. Juni 1977) entstanden. Sie ist in der Zeitschrift „De Bazuin" veröffentlicht worden und richtet sich somit an eine breitere Leserschaft. Mit seiner Auslegung des Bekenntnisses an Gott den Vater, den Sohn und den Heiligen Geist möchte zu einer Vertiefung und Erneuerung des Glaubens an Gottes Dreieinheit beitragen.[173] Dabei verdeutlicht er das Wirken des dreieinen Gottes in Jesus Christus.
In seiner *Abschiedsvorlesung als Hochlehrer in Nijmegen*, die Schoonenberg am 25. Februar 1977 gehalten hat - *„Denken auf Gott hin"* - *„Denken naar God toe. Afscheidscollege als hoogleraar te Nijmegen (1977)"*[174] -, bringt er seine Darlegungen zur göttlichen Immanenz und Transzendenz mit der Pneumatologie in Verbindung. In vergleichbarer Weise münden Schoonenbergs Überlegungen zur „Personalität" Gottes ein in die Rede vom Geist-Sein Gottes (Joh 4,24): *„Gott als Person/als persönliches Wesen" (1977)*[175]. Ähnliche Überlegungen formuliert Schoonenberg in dem Beitrag *„Gott als Person und als das unpersönlich Göttliche. Bhakti und Jnana" (1978).*[176] Er stellt die überarbeitete Fassung eines Vortrages dar, den er auf einem Symposion des Indologischen Instituts Wien gehalten hat. Er entfaltet die personale Gottesvorstellung der Bibel im Kontext christlicher Theologie und westlicher Philosophie und stellt ihr die nicht-personale Gottesvorstellung des Hinduismus gegenüber.
Schoonenberg thematisiert die Frage nach dem *„Leiden Gottes"*: *„Lijden van God? (1979)"*[177] mit Bezug auf die „Wesensdreieinheit" Gottes, d.h. im Rahmen seines trinitätstheologischen Modells unter Einbeziehung des Heiligen Geistes.

(3) Erstmals im Jahre 1977 legt Schoonenberg mit dem Artikel *„Spirit Christologie and Logos Christology"*[178] in der niederländischen Zeitschrift „Bijdragen" einen theologischen Vergleich zwischen diesen beiden

---

[172] DERS., Gott in der Prozeß-Theologie, 234f.
[173] Vgl. DERS., De uitdaging van Gods Drieëenheid, 4.
[174] DERS., Denken naar God toe. Afscheidscollege; gekürzt: DERS., Auf Gott hin denken.
[175] DERS., Gott als Person / als persönliches Wesen. Übersetzungen sind im Niederländischen, Englischen Französischen, Italienischen und Spanischen erschienen.
[176] DERS., Gott als Person. Der zweite Teil des Vortrages liegt erneut vor in: DERS., Gott als Person und als das unpersönlich Göttliche; gekürzt: DERS., Der persönliche Gott (Deutschsprachige Schriften).
[177] DERS., Lijden van God?
[178] DERS., Spirit Christology and Logos Christology.

christologischen Modellen vor. Er rekonstruiert aus dem neutestamentlichen Zeugnis eine Geist-Christologie neben der Logos-Christologie.
„Einige Fragen über Christus" bespricht Schoonenberg in der Zeitschrift „De Heraut": *„Een aantal vragen over Christus" (1978)*[179]. Der Artikel ist im Januar-Heft erschienen, das als ganzes der Christologie gewidmet ist: „Wer ist Christus?" Aus Schoonenbergs Ausführungen wird deutlich, daß sein Eintreten für die Geist-Christologie aus seinen vorausgegangenen Studien zur Christologie von Chalcedon resultiert. Aus der Erfahrung mit der Charismatischen Bewegung und ihrer Spiritualität richtet Schoonenberg seinen Blick insbesondere auf die heilende Kraft des Geistes, die von Jesus zeit seines irdischen Lebens ausging, und auf den Geist, der vom Erhöhten ausgeht und noch heute in der Kirche gegenwärtig ist.[180] Zu nennen sind zwei kürzere Beiträge zur Geist-Christologie: *„Christ and Spirit. An Essay in Spirit Christology" (1978)*[181] und *„Waar de Geest toe drijft" (1979) - „Wohin der Geist treibt"*: Hier bringt Schoonenberg die weit-reichenden Veränderungen in der Theologie der zurückliegenden zwei Jahr-zehnte mit dem Wirken des Geistes in Verbindung, der zu den Kirchen spricht (Offb 2,7) und sie auf dem Weg zur vollen Wahrheit führen wird (Joh 16,13).[182]
In der für Edward Schillebeeck anläßlich seiner Emeritierung am 1. September 1982 herausgegebenene Festschrift, „Meedenken met E. Schillebeeckx" („Mitdenken mit E. Schillebeeckx") nimmt Schoonenberg in seinem Beitrag *„Toekomst voor een Geest-christologie?" (1983) - „Zukunft für eine Geist-Christologie?"* - eine neutestamentliche Rekonstruktion der Geist-Christologie vor und beschreibt die Weisheits-Christologie als Synthese von Logos- und Geist-Christologie.[183] In dem in der Zeitschrift „Bulletin voor charismatische Theologie" (1983) erschienenen Artikel *„Visies op het heil en de Heiland" (1983) - „Sicht auf das Heil und den Heiland"* - entfaltet Schoonenberg die Bedeutung des Geistes bei der Menschwerdung und den theologischen Zusammenhang von Wort-Christologie, Geist-Christologie und Weisheits-Christologie zu sprechen.[184]
Schoonenbergs *„Anmerkungen über Geist-Christologie" - „Opmerkingen over Geest-christologie: tussen Van de Kamp en Suurmond"*[185] - sind anläßlich eines Kolloquiums über Geist-Christologie zwischen ihm sowie Gerrit Cornelis Van de Kamp, Jan Veenhof (Professor für Dogmatik und Dogmengeschichte an der Freien Universität Amsterdam), Jean-Jacques Suurmond und Martien Parmentier (Lehrstuhlinhaber für Patristik) im Jahre 1983 in Amsterdam entstanden.

---

[179] DERS., Een aantal vragen over Christus.
[180] Vgl. ebd., 7.
[181] DERS., Christ and Spirit.
[182] DERS., Waar de Geest toe drijft.
[183] Vgl. ebd., 154-157.
[184] DERS., Visies op het heil en de Heiland.
[185] DERS., Opmerkingen over Geest-christologie. Vgl. G.C. Van de Kamp, Pneumachristologie, 175-189.

Im Jahre 1983 veröffentlicht Schoonenberg in der „Tijdschrift voor Theologie" einige *„Gedanken über den Hervorgang des Heiligen Geistes anläßlich des Disputes über das ‚Filioque'": „De voortkomst van de Heilige Geest. Gedachten naar aanleiding van het dispuut over het ‚Filioque'" (1983)*[186]. Er erläutert den theologiegeschichtlichen Hintergrund des Streits um das in das Glaubensbekenntnis des Westens eingefügte „Filioque" („qui a Patre *Filioque* procedit") und skizziert die Entwicklung der Trinitätslehre seit dem zweiten Jahrhundert. Er gibt eine Übersicht über einzelne „Formeln", die sich im Laufe der Kontroverse zur Beschreibung des innergöttlichen Hervorgangs des Geistes herausgebildet haben. Ziel seiner Darlegung ist es, anläßlich der „filioque-Kontroverse" „unser Denken über den Hervorgang des Heiligen Geistes ein wenig [zu] stimulieren"[187].
Wesentliche Aspekte des oben genannten Artikels sind in deutscher Sprache in seiner Darlegung *„Zur Trinitätslehre Karl Rahners" (1984)*[188] zugänglich, die im Rahmen der Festschrift für Karl Rahner anläßlich seines 80. Geburtstages („Glaube im Prozeß") erschienen ist. Ausgehend von Rahners trinitätstheologischem Grundaxiom und seinem Verständnis der göttlichen „Subsistenzweisen" entfaltet Schoonenberg die Grundzüge seiner Trinitätstheologie. Ebenfalls dem Gedenken Karl Rahners gewidmet sind Erörterungen Schoonenbergs zur Veränderlichkeit bzw. Unveränderlichkeit Gottes: *„Gott ändert sich am andern. In freundlichem Gedenken an Karl Rahner" (1985)*[189].
In dem Beitrag *„Rückkehr zur Vergangenheit - Weg in die Zukunft? Prolegomena zu einem Entwurf der Theologie" (1985)*[190] stellt Schoonenberg grundsätzliche Überlegungen über die Bezogenheit des theologischen Arbeitens sowohl auf die Vergangenheit, die Quellen des Glaubens, als auch auf die Zukunft hin an, auf eine wachsende ökumenische Einheit zwischen den Kulturen, Religionen und christlichen Kirchen.[191] Er plädiert für eine Rückgriff auf das dynamische Gottesbild der biblischen Schriften. Nach Schoonenberg führt die Anwendung des dynamischeren Gottesbildes zu einer dynamischeren Sicht der trinitarischen Hervorgänge und Personen.[192]
In dem 1986 in der Zeitschrift „Theology Digest" publizierten Artikel *„A Sapiental Reading of John's Prologue: some reflections on views of Reginald Fuller and James Dunn" (1986)* unternimmt Schoonenberg den Versuch einer Lektüre des Johannes-Prologes aus der Perspektive der Weisheitsliteratur unter Bezugnahme auf die christologischen Studien von Reginald Fuller und James Dunn.[193] In seiner Auslegung von Joh 1 zeigt er die Nähe des Logos-Hymnus

---

[186] P. SCHOONENBERG, De voortkomst van de Heilige Geest.
[187] Ebd., 107. Siehe unten: C.III.2.f.
[188] DERS., Trinitätslehre Karl Rahners.
[189] DERS., Gott ändert sich am anderen; erneut abgedruckt: DERS., Gott ändert sich am andern (Deutschsprachige Schriften); Bearbeitung von: DERS., God as Relating and (Be)coming.
[190] DERS., Rückkehr zur Vergangenheit - Weg in die Zukunft?
[191] Vgl. ebd., 294.
[192] Vgl. ebd., 306.
[193] Vgl. DERS., A Sapiental Reading of John's Prologue, bes. 410-416.

zur neutestamentlichen Geist- und Weisheits-Christologie auf. Er untersucht die Gestalt der Weisheit bzw. des „Geistes“ Jahwes im Alten Testament und verdeutlicht deren Bedeutung bei der Inkarnation des Logos.[194]
In dem Beitrag *„Eine Diskussion über den trinitarischen Personbegriff. Karl Rahner und Bernd Jochen Hilberath“ (1989)*[195] geht Schoonenberg der Frage nach, inwieweit der Personbegriff in bezug auf Gott den Vater, den Sohn und den Heiligen Geist Anwendung finden kann. Diese Fragestellung hat seit Erscheinen der Habilitationsschrift Hilberaths, „Der Personbegriff der Trinitätstheologie in Rückfrage von Karl Rahner zu Tertullians ‚Adversus Praxean'“, neue Aufmerksamkeit auf sich gezogen.[196] Die Besprechung von Hilberaths Studie führt Schoonenberg zu einer Bestimmung seiner Position zwischen derjenigen Rahners und Hilberaths.
Der in der „Trierer Theologischen Zeitschrift“ im Jahre 1990 erschienene christologische Beitrag *„Der Christus ‚von oben' und die Christologie ‚von unten'“ (1990)*[197] ist anläßlich der Promotion Alfred Kaisers an der Theologischen Fakultät Trier im Dezember 1988 entstanden.[198] Schoonenbergs Darlegungen sind eine Antwort auf Kaisers Einladung, seine „Christologie *auch* ‚von oben', ja von der Trinitätslehre her, zu entfalten“.[199] Geringfügig überarbeitet ist dieser Artikel ein Jahr später in der „Tijdschrift voor Theologie“ abgedruckt worden: *„De Christus ‚van boven' en de christologie ‚von beneden' Nadere overdenkingen rond de 'God van mensen'“ (1991) - „Der Christus ‚von oben' und die Christologie ‚von unten'. Nähere Überlegungen um den ‚Gott der Menschen'“*[200].
Im selben Jahr 1991 ist Schoonenbergs bereits 1984 abgeschlossene Studie *„De Geest, het Woord en de Zoon. Theologische overdenkingen over Geestchristologie, Logos-christologie en drieëenheidsleer“*[201] publiziert worden, in deutscher Übersetzung unter dem leicht veränderten Titel: *„Der Geist, das Wort und der Sohn. Eine Geist-Christologie“ (1992)*.[202]
Der im Anhang der niederländischen Ausgabe „De Geest, het Woord en de Zoon“ veröffentlichte Beitrag Schoonenberg zur Trinitätslehre ist im selben Jahr 1991 in englischer Sprache in der von der Theologischen Fakultät in Löwen herausgegebenen Zeitschrift „Louvain Studies“ erneut abgedruckt

[194] Vgl. ebd., 403: „I want to speak of the Prologue to the Johannine gospel, ... its connection with Wisdom theology and Wisdom christology, and even with the Spirit christology of the New Testament, primarly that of John himself.“
[195] DERS., Diskussion über den trinitarischen Personbegriff.
[196] B.J. HILBERATH, Personbegriff der Trinitätstheologie. Im Rahmen seines „Plädoyer[s] für den Personbegriff in der Trinitätstheologie“ widmet Hilberath den trinitätstheologischen Überlegungen Schoonenbergs einen eigenen Exkurs: „P. Schoonenbergs Weiterführung von Rahners Initiative“ (vgl. ebd., 304-306).
[197] P. SCHOONENBERG, Der Christus „von oben“.
[198] A. KAISER, Möglichkeiten und Grenzen einer Christologie „von unten“.
[199] P. SCHOONENBERG, Der Christus „von oben“, 95. (Hervorhebung im Original)
[200] DERS., De Christus „van boven“.
[201] DERS., De Geest, het Woord en de Zoon.
[202] DERS., Der Geist, das Wort und der Sohn.

worden: *„The Doctrine of the Trinity: An Empty Dogma or a Fruitful Theologoumenon?" (1991).*[203]
Zu Fragen der Trinitätstheologie äußert sich Schoonenberg in zwei Vorträgen, die er in den Jahren 1990 und 1991 jeweils im Rahmen der Schoonenberg-Kolloquien an der Universität Nijmegen und Löwen gehalten hat. Hier hat er zum Thema *„Ökonomische und immanente Trinität" (Nijmegen 1990)*, bzw. zur *„Ein- und Mehrpersönlichkeit Gottes" (Löwen 1991)* gesprochen.[204]
In der Festschrift „Hoop en opstanding" („Hoffnung und Auferstehung") für Herman-Emiel Mertens, Professor für Systematische Theologie an der Fakultät Löwen, anläßlich seiner Emeritierung (1993) ist der Beitrag erschienen: *„Het Oordeel der Liefde" - „Das Gericht der Liebe"*[205]. Hier legt Schoonenberg eine soteriologische Annäherung an das Christusmysterium bzw. an die Person Jesu Christi vor. Seine These, daß das Jüngste Gericht ein Gericht der Liebe sei, begründet er bibeltheologisch. Dabei nimmt die Auslegung der Evangelienberichte über die Taufe Jesu am Jordan relativ breiten Raum ein. Ihr folgt ein kurzer Ausblick auf das Jüngste Gericht an. Der Beitrag schließt mit Ausführungen über Gott, der die Liebe ist und der Vergebung zum Heil der Menschen wirkt.
In seinem letzten Artikel, der zu Beginn des Jahres 1994 in der Tageszeitung „Trouw" erschienen ist, trägt Schoonenberg in aller Kürze sein Verständnis der Dreieinheit Gottes bzw. des Bezogenseins Gottes auf die Heilsgeschichte vor: *„De Drieëenheid ‚is al naar ons afgestapt'" (1994) - „Die Dreieinheit ‚ist schon auf uns abgestimmt'"*[206]. Mit dieser Formulierung möchte er seine Auffassung zum Ausdruck bringen und zur Diskussion stellen, „daß die Dreieinheit von aller Ewigkeit an auf uns gerichtet ist, sich nach uns richtet"[207].

b) Das Charismatische in der Theologie

(1) Zur Charismatischen Bewegung äußert sich Schoonenberg erstmals 1972 in einem Interview über *„Katholische Pfingstler"*, das in Nijmegen geführt wurde und in der Zeitschrift „Vuur. Maandblad van de Charismatische Werkgemeenschap Nederland" („Feuer. Monatssschrift der Charismatischen Arbeitsgemeinschaft Niederlande"), dem Publikationsorgan der „Charismatischen Arbeitsgemeinschaft der Niederlande", abgedruckt ist: *„Katholieke Pentecostals. Vraggesprek met Prof. Dr. P.J.A.M. Schoonenberg" (1972)*[208]. Neben

---

[203] DERS., The Doctrine of the Trinity.
[204] DERS., Ökonomische und immanente Trinität; DERS., Ein- und Mehrpersönlichkeit Gottes.
[205] DERS., Het Oordeel der Liefde.
[206] DERS., De Drieëenheid „is al naar ons afgestapt".
[207] Ebd.
[208] DERS., Katholieke Pentecostals. Der vollständige Titel dieser von der „Charismatische Werkgemeenschap Nederland" (CWN) herausgegebenen Zeitschrift lautet: „Vuur. Maandblad voor opwekking, voor alternatief getuigenis" („Feuer. Monatsschrift für Erweckung, für

knappen Hinweisen zur Entstehungsgeschichte des sog. „Neo-Pentecostalism" seit 1966/67, ausgehend von ersten Zentren in Pittsburg/Pensilvenia, Notre Dame/Indiana und Ann Arbor/ Michigan, geht Schoonenberg kurz auf das Wachstum und die Organisation dieser Bewegung sowie auf spezifische Züge der charismatischen Spiritualität und Theologie ein, insbesondere auf die „Geisttaufe" und die „Glossolalie".

Zu erwähnen ist in diesem Zusammenhang auch die im Jahr 1973 entstandene *Rezension* des Werkes von *W.J. Samarin, „Tongues of Men and Angels" (New York 1972)*, einer Darstellung der „Glossolalie" als religiöser Sprache des „Pentecostalism".[209] Bei seinen Erörterungen des charismatischen Phänomens der Zungenrede bezieht sich Schoonenberg in seinen späteren Beiträgen zur Charismatischen Erneuerung wiederholt auf dieses Werk.

Eine erste systematische Reflexion auf die *„Taufe mit Heiligem Geist"* liegt mit dem Beitrag *„Het doopsel met Heilige Geest" (1974)* in der von Jos Lescrauwaet herausgegegenen Festschrift für Edward Schillebeeckx, „Leven uit de Geest" („Leben aus dem Geist"), vor: „In einem Buch über die Erfahrung des Geistes darf eine Betrachtung über die ‚Taufe mit/in (dem) Heiligen Geist' nicht fehlen."[210] Schoonenberg gibt mit seiner Darlegung auf die existentielle Frage nach der Bedeutung der Taufe mit Heiligem Geist eine theologische Antwort. Es handelt sich um „den Versuch, die Taufe mit Heiligem Geist und die Frage, die die Pfingstbewegung uns diesbezüglich stellt, zu verstehen sowohl vom Neuen Testament als auch von dieser Bewegung selbst her"[211]. Dieser Beitrag Schoonenbergs ist in mehrere Sprachen übersetzt worden.

Bis Ende der 70er Jahre finden sich wiederholt Artikel Schoonenbergs zur Charismatischen Bewegung, die im wesentlichen dieselben inhaltlichen Aspekte aufweisen. Dies betrifft seine Erläuterungen zur Geschichte der Pfingstbewegung sowie zur Charakterisierung des religiösen Lebens und der Theologie der Pfingstler und Charismatiker. Zu nennen sind die in der Zeitschrift „Reliëf" veröffentlichten Darlegungen über *„Die charismatische Bewegung" - „De charismatische beweging" (1975)*[212]-, außerdem die Ende desselben Jahres in „De Bazuin" erschienenen, kürzeren Ausführungen unter dem Titel: *„Doorbraak van de Geest. De katholieke charismatische beweging en haar critici" (1975) - „Durchbruch des Geistes. Die katholische charismatische Bewegung und ihre Kritiker"*[213]. Hier äußert sich Schoonenberg auch zu

---

alternatives Zeugnis"). Die seit den 50er Jahren herausgegebene Zeitschrift „Vuur" ist die erste Zeitschrift der Pfingstbewegung. Sie war ursprünglich das Publikationsorgan der Stiftung „Vuur", der ersten charismatischen Bewegung, die in den Niederlanden seit Ende der 50er Jahre besteht. Im Jahre 1973 wurde „Vuur" von der ein Jahr zuvor gegründeten „Charismatische Werkgemeenschap Nederland" übernommen. Zu ihren Organen, Zielen und Veranstaltungen siehe: Vuur 19 (1974) 9-12.

[209] P. SCHOONENBERG, Boekbespreking van: W.J. Samarin, Tongues of Men and Angels.

[210] DERS., Het doopsel met Heilige Geest, 65.

[211] Ebd.

[212] DERS., De charismatische beweging.

[213] DERS., Doorbraak van de Geest.

Spannungen, die innerhalb der Bewegung aufgetreten sind, und zu der von außen an ihr geübten Kritik. Eine knappe Beschreibung spezifischer Merkmale der *„Charismatische[n] Gebetsgruppen und Kirchen"* legt Schoonenberg ein Jahr später in der Zeitschrift „Vuur" vor: *„Charismatische gebedsgroepen en kerken" (1976)*[214].

Auf die in charismatischen Gebetsgruppen sich ereignenden körperlichen und seelischen Heilungen kommt Schoonenberg in einem Gespräch mit Trudi Klijn zu sprechen. Eine Wiedergabe dieses Gespräches ist in der holländischen Ausgabe der Zeitschrift „Praktische Theologie" des Jahres 1976 abgedruckt: *„De charismatische beweging - hulp bij persoonlijke genezing" (1976) - „Die charismatische Bewegung - Hilfe zu persönlicher Heilung"*[215].

Eine eigene kürzere Abhandlung über das *„Bittgebet"* ist von Schoonenberg im selben Jahr in der Zeitschrift „Bouwen aan de Nieuwe Aarde", einem Publikationsorgan der Charismatischen Bewegung der Niederlande und Belgiens, erschienen: *„Smeekgebed" (1976).*[216] Mit den *„Heilungswundern Jesu"* befaßt sich Schoonenberg im Rahmen eines Themenheftes über „Heilung", in der November-Ausgabe derselben Zeitschrift „Bouwen aan de Nieuwe Aarde" von 1977: *„Jezus' Genezingswonderen" (1977)*[217]. Er entfaltet das Zusammenwirken von Gott und Mensch mit Bezug auf in Kreisen der Charismatischen Erneuerung sich ereignenden Heilungen.[218]

Unter der allgemeinen Fragestellung: *„Was will die Charismatische Erneuerung sein?" - „Wat will de charismatische vernieuwing zijn?" (1978)*[219] - finden sich Informationen Schoonenbergs zur Vorgeschichte der Bewegung, vor allem zu ihrer Ausbreitung in den Niederlanden, und eine Zusammenfassung spezifischer Kennzeichen der Charismatischen Erneuerung. Diese Ausführungen Schoonenbergs gehören zu einer Reihe von Beiträgen verschiedener Autoren im Rahmen des Themenheftes der Zeitschrift „De Heraut": „Geest en geestesgaven" („Geist und Geistes-Gaben").[220] Von Schoonenberg verfaßt ist darin außerdem der Beitrag *„Der Heilige Geist in der Schrift" - „De Heilige Geest in de Schrift"*[221].

---

[214] DERS., Charismatische gebedsgroepen en kerken.

[215] T. KLIJN, De charismatische beweging. Gesprek met P. Schoonenberg.

[216] P. SCHOONENBERG, Smeekgebed.

[217] DERS., „Jezus' Genezingswonderen". Der Artikel ist irrtümlich unter dem Titel „Jezus' Gebedswonderen" („Jesu Gebetswunder") veröffentlicht worden.

[218] Vgl. ebd., 14f.

[219] DERS., Wat will de charismatische vernieuwing zijn?

[220] Wie aus im Vorwort aus den Erläuterungen zu Inhalt und Zielsetzung des Themenheftes durch die Herausgeber hervorgeht, soll ein neuer Zugang zum Heiligen Geist als dem großen „Unbekannten" für Glaube und Theologie geschaffen werden, außerdem zu den Geistesgaben, die in Theologie, Verkündigung und Katechese systematisch „totgeschwiegen" worden seien. Von daher wird die Aufmerksamkeit auf die Charismatische Erneuerung gelenkt, die nicht so sehr Nachdruck auf die Kenntnis über den Heiligen Geist, vielmehr auf die Erfahrung des Geistes legt. Es wird berichtet, daß in den Jahren 1973-1978 in den Niederlanden über 100 neue Gruppen der Charismatischen Bewegung entstanden seien. Vgl. De Heraut 109 (1978) 130.

[221] DERS., De Heilige Geest in de Schrift.

„Wenn der Geist zum Aufbruch drängt“[222], unter diesem Titel liegt in der Zeitschrift „Publik-Forum“ des Jahre 1979 die einzige in deutscher Sprache erschienene Publikation Schoonenbergs zur Charismatischen Erneuerung in der katholischen Kirche vor. Die von Schoonenberg vorgenommene Analyse der neopfingstlerischen Bewegung ist anläßlich der von der Charismatischen Bewegung geplanten Evangelisation in mehreren deutschen Städten veröffentlicht worden, mit der diese „erstmals seit langem in Deutschland in die Offensive gehen“[223] möchte.

(2) In Anknüpfung an die positive Würdigung der Charismen durch das Zweite Vatikanische Konzil (LG 12) entfaltet Schoonenberg unter einer zunächst allgemein gehaltenenen Fragestellung: *„Was sind Charismen?“ - „Wat zijn charismata?“ (1975)*[224] - das biblische, insbesondere das paulinische Zeugnis über die Vielfalt der Geistesgaben. Ausgehend von dieser neutestamentlichen Grundlage fragt er dann nach der Existenz nachbiblischer Charismen, bevor er der Frage nach der Eigenart des Charismas nachgeht. Der Frage, wo die Charismen im Menschen zu situieren sind, widmet Schoonenberg ein Jahr später eine eigene, kürzere Abhandlung: *„Charismata: haar plaats in de mens“ (1976) - „Charismen: Ihr Platz im Menschen“*[225].
Unter der Überschrift *„Notizen über Charismen“ - „Notities over charismata“ (1977)* - liegen zwei von Schoonenberg 1975 und 1976 gehaltene Vorträge in geringfügig veränderter schriftlicher Form in dem 1977 erschienenen Sammelband über die Entwicklung der „Pfingsterneuerung“ in den Niederlanden vor: „Charismatisch Nederland. Overzicht over de ontwikkeling van de Pinkstervernieuwing“[226]. Es handelt sich zum einen um eine nahezu vollständig wiedergegebene Ansprache Schoonenbergs während einer charismatisch-theologischen Konferenz der „Charismatischen Arbeitsgemeinschaft der Niederlande“ („Charismatisch Werkgenootschap Nederland“, CWN) am 27. November 1975 in „De Ark“ in Hilversum. Zum zweiten wurden weite Teile eines Referates Schoonenbergs vor der ersten „Nationale Konventie“ der „Charismatischen Arbeitsgemeinschaft Niederlande“ im Don Bosco-Zentrum in Leusden bei Amersfoort am 28. Mai 1976 von der Herausgeberin in überarbeiteter Form in den genannten Band aufgenommen.[227] Dieser Sammelband „Charismatisch Nederland“ gibt in sieben Beiträgen verschiedener Theologen ein Bild

[222] DERS., Wenn der Geist zum Aufbruch drängt.
[223] Vgl. ebd., 12.
[224] DERS., Wat zijn charismata?
[225] DERS., Charismata: haar plaats in de mens.
[226] DERS., Notities over charismata.
[227] Siehe die Anmerkungen seitens der Herausgeberin zur Herkunft der von ihr ausgewählten Texte Schoonenbergs, die mit seiner Zustimmung von ihr bearbeitet wurden: Ebd., 27. 40.- Siehe auch Schoonenbergs Anmerkung in: DERS., Charismata: talenten waar de Geest mee speelt, 57, Anm. 18: Danach handelt es sich um zwei Ansprachen des Jahres 1975, die auf der Grundlage einer Tonbandaufzeichnung in ihrer Textgestalt leicht verändert wurden, wobei einige Fehler nicht verbessert wurden. (Es liegt damit eine Divergenz bezüglich der Datierung eines der beiden Vorträge vor, die von mir nicht geklärt werden konnte.)

von der niederländischen charismatischen Bewegung.[228] Wie aus einer von W.W. Verhoef vorgenommenen Besprechung des genannten Sammelbandes „Charismatisch Nederland“ hervorgeht, lautete die Themenstellung des ersten Vortrages Schoonenbergs ursprünglich: *„Pneumatologische und anthropologische Notizen über Charismen“*.[229] Es geht Schoonenberg um die Verdeutlichung des Zusammenwirkens von Göttlichem und Menschlichem in den Charismen. Der zweite Vortrag befaßt sich mit Taufe, Firmung und Geisttaufe, der Erfahrung von Umkehr und Erneuerung, von Heilung an Leib und Seele.[230]
Ein Auszug des ersten Vortrags findet sich Anfang des Jahres 1977 vorabgedruckt in der Zeitschrift „Kosmos en Oekumene“. Es handelt sich hierbei um Schoonenbergs anthropologische Erwägungen über den „Ort“ der Charismen im Menschen: *„De charismata en de liefde“ (1977) - „Die Charismen und die Liebe“*[231].

Eine kurze *„Nachschrift von Dr. P. Schoonenberg“ - „Naschrift van Dr. P. Schoonenberg“*[232] in der „Tijdschrift vor charismatische Theologie“ (1979) ist als Reaktion auf die von Jos Lescrauwaet verfaßte „Reflexion über die Idee von P. Schoonenbergs über die Gaben des Geistes“ („Reflectics over de idee van P. Schoonenberg over de gaven van de Geest“)[233], zu lesen. Schoonenberg versteht seinen Beitrag als Verdeutlichung, Vervollständigung seiner eigenen Überlegungen zur Charismentheologie.

Der Festschrift-Beitrag *„Charismen [sind]: Talente, mit denen der Geist spielt“ - „Charismata: talenten waar de Geest mee speelt“ (1985)*[234] ist dem Freund und Kollegen in Nijmegen, dem Pastoraltheologen Frans Haarsma gewidmet, in dem Schoonenberg bereits in der Überschrift den Grundgedanken seines Verständnisses der Charismen festschreibt. Es handelt sich hier um die am weitesten entfaltete Darlegung Schoonenbergs zur Charismentheologie mit einem eigenen „Lehrstück“ zur Gnadentheologie und zur theologischen Anthropologie.

Im Jahre 1986 veröffentlichte Schoonenberg in der flämisch-niederländischen Ausgabe der Internationalen katholischen Zeitschrift „Communio“ einen Artikel unter dem Titel: *„Gottes Geist in der Heilsgeschichte. Einsichten, Aussichten und Fragen“ - „Gods Geest in de heilsgeschiedenis. Inzichten, uitzichten en vragen“ (1986)*[235]. Dieser Beitrag ist in deutscher Übersetzung leicht

---

[228] Vgl. F. RUTKE (Hg.), Charismatisch Nederland.

[229] Vgl. W.W. VERHOEF, Boekbespreking van: F. Rutke (Hg.), Charismatisch Nederland, 21. Offensichtlich wurde der ursprüngliche Titel von der Herausgeberin bei der Erstellung der Textfassung von Schoonenbergs Beitrag gekürzt.

[230] Der zweite, kürzere Teil der Abhandlung Schoonenbergs ist von der Herausgeberin mit der Überschrift „Fragmente“ versehen worden. Es handelt sich um einzelne Textfragmente aus der von Schoonenberg gehaltenen zweiten Ansprache: Vgl. P. SCHOONENBERG, Notities over Charismata, 40-48.

[231] DERS., De charismata en de liefde.

[232] DERS., Naschrift.

[233] J. LESCRAUWAET, P. Schoonenberg over de gaven van de Geest.

[234] DERS., Charismata: talenten waar de Geest mee speelt.

[235] DERS., Gods Geest in de heilsgeschiedenis.

modifiziert in den Sammelband deutschsprachiger Schriften Schoonenbergs, „Auf Gott hin denken“, aufgenommen worden: *„Allgemeine Heilsgeschichte und Heiliger Geist“ (1986)*[236]. Hier entfaltet Schoonenberg das Wirken des Geistes in der gesamten Heilsgeschichte, die er in eine Zeit vor Christus, eine Zeit Jesu Christi auf Erden und eine Zeit nach Christus bis zu seiner Wiederkunft unterteilt. In jedem dieser drei Zeiträume sieht er den Heiligen Geist am Werk. Bei seinen Ausführungen über die heilsgeschichtliche Gegenwart des Geistes „nach Christus“ kommt er auf das Wirken des Geistes in den Charismen zu sprechen. Seine früheren Arbeiten zur Charismenlehre sind hier kurzgefaßt in deutscher Sprache zugänglich.

(3) In dem Beitrag *„The Theologian's Calling, Freedom and Constraint“ (1982)*[237] greift Schoonenberg frühere Ausführungen zur pneumatischen bzw. charismatischen Dimension der Theologie auf und führt sie in Überlegungen zur Theologie als Charisma weiter. Sie stehen im Rahmen von Aussagen zur Berufung des Theologen/der Theologin, der/die in seiner/ihrer wissenschaftlichen Reflexion auf den Glauben sowohl Freiheit als auch Bindung gegenüber dem Lehramt der Kirche erfährt. In diesem Kontext erläutert Schoonenberg, inwiefern der Theologe/die Theologin zu einem charismatischen Dienst innerhalb der Kirche berufen ist. Diese Darlegungen, die in der zeitgenössischen Theologie große Beachtung fanden, sind anläßlich eines Internationalen Kolloquiums über das Thema „Autorität in der Kirche“ entstanden, das vom 27.-30. April 1981 in Löwen stattfand.[238]

c) „Ich glaube an den Heiligen Geist“ - Auslegung des Geistbekenntnisses

Ein eigene kleine pneumatologische Studie liegt innerhalb des hier besprochenen Zeitraumes in Gestalt einer knapp 20-seitigen, als Heft gebundenen Abhandlung Schoonenbergs aus dem Jahre 1977 vor unter dem Titel: *„Gottes Geist und sein Wirken“ - „Gods Geest en zijn werking“(1977)*[239]. Diese ist auf Ersuchen der Niederländischen Bischöfe entstanden; herausgegeben wurde sie vom Pressedienst des Bistums Breda, als Beilage der Zeitschrift „Pastorale“. Schoonenberg gibt zunächst einen kurzen Einblick in die Geisterfahrung des Alten Bundes, der sich Ausführungen zum neutestamentlichen Geistzeugnis unter der Themenstellung „Der Heilige Geist und Jesus“ bzw. „Der Heilige Geist und die Kirche“ anschließen.[240] Unter dem Leitmotiv „Der Heilige Geist

[236] DERS., Allgemeine Heilsgeschichte und Heiliger Geist (Deutschsprachige Schriften).
[237] DERS., The Theologican's Calling; DERS., Roeping, vrijheid en onvrijheid van de theoloog.
[238] Vgl. L. SWIDLER / P.F. FRANSEN (Hg.), Authority in the Church and the Schillebeeckx Case.
[239] P. SCHOONENBERG, Gods Geest en zijn werking.
[240] Vgl. ebd., 1-6. Die Darlegung Schoonenbergs zum biblischen Geistzeugnis ist abermals abgedruckt: DERS., De Heilige Geest in de Schrift.

als Gabe“ stehen systematische Überlegungen zum Wesen des Heiligen Geistes.
Mit seinem Beitrag: *„Glauben an den Geist“* - *„Geloven in de Geest“ (1979)*[241] - eröffnet Schoonenberg ein unter gleicher Themenstellung konzipiertes Themenheft der niederländischen Zeitschrift „Kerugma“ von 1979: Heft 4 ist dem Heiligen Geist, d.h. der Auslegung des dritten Artikels des Glaubensbekenntnisses gewidmet.[242] Schoonenberg selbst wird als Experte auf dem Gebiet der Theologie des Geistes vorgestellt.[243]
Eine Reflexion über das Sprechen über den Heiligen Geist, jedoch keine eigenständige Pneumatologie oder Theorie über den Heiligen Geist zielt Schoonenberg mit seinem Artikel *„Sprechen über Gottes Heiligen Geist“* - *„Spreken over Gods Heilige Geest“* - an, der ebenfalls 1979 in der niederländischen Zeitschrift „Kultuurleven“ erschienen ist.[244] Schoonenberg nimmt Bezug auf die durch die charismatische Bewegung angestoßene pneumatologische Neubesinnung gegenwärtiger Theologie, die die frühere „Geistvergessenheit“ überwunden hat. Ausgehend von der neutestamentlichen Geisterfahrung geht er der Frage nach, wie in neuerer Zeit über den Geist gedacht und gesprochen wird. Unter der Überschrift „Gott in Bewegung“ richtet er aus pneumatologischer Perspektive den Blick auf die Kirche und das Reich Gottes und geht schließlich auf die neutestamentliche Geist-Christologie ein.
Anfang der 90er Jahre veröffentlicht Schoonenberg letztmalig einen pneumatologischen Beitrag: in der niederländischen Zeitschrift „Schrift“: *„Ik geloof in de heilige Geest“ (1991)* - *„Ich glaube an den Heiligen Geist“*[245]. Seine Ausführungen zielen letztlich auf den Zusammenhang von Geist und Christus, auf eine Pneumatologie, die sich um Christus konzentriert und in eine Geist-Christologie einmündet. Der Artikel schließt mit trinitätstheologischen Erwägungen über den Geist und das Wort.

d) Taufe und Firmung

In seinem Artikel *„Einheit von Taufe und Firmung“ (1973)*[246] in der Zeitschrift „Diakonia“ plädiert Schoonenberg für die Rückgewinnung der ursprünglichen Einheit der christlichen Initiationsakramente Taufe und Firmung. Er tritt dafür ein, die Erfahrung der „Geisttaufe“ in pflingstlerischen bzw. charismatischen Kreisen für die katholische Sakramententheologie fruchbar zu machen. Ebenfalls 1973 erscheint ein kurzer Lexikonartikel Schoonenbergs in der „Oosthoeks Encyclopedie“: *„Firmung“* - *„Vormsel“*[247]

---

[241] DERS., Geloven in de Geest.
[242] Vgl. Kerugma 22 (1978-79) 1.
[243] Vgl. ebd.
[244] P. SCHOONENBERG, Spreken over Gods Heilige Geest.
[245] DERS., Ik geloof in de heilige Geest.
[246] DERS., Einheit von Taufe und Firmung.
[247] DERS., „Vormsel“.

III. Systematische Erwägungen zu Wesen und Wirken des Heiligen Geistes

1. Schoonenbergs Auslegung des dritten Glaubensartikels

a) Zur personalen Dimension des Glaubens

Am Ausgang der Auslegung des Geistbekenntnisses stehen Überlegungen über das Wesen des Glaubens(aktes). Er kennzeichnet den Glauben als ein Geschehen personaler Begegnung: „,Wir glauben an den heiligen Geist'. Dieser Satz aus unseren Glaubensbekenntnissen sagt mehr als: Wir glauben, daß der heilige Geist existiert. Glauben-daß schöpft das Glauben-an nicht aus. Natürlich, wer an Gott glaubt und an Jesus Christus, Gottes eingeborenen Sohn, spricht sich über ihre Existenz und ihre göttlichen Eigenschaften aus, wie derjenige, der an die Existenz des Südpolgebietes glaubt. Aber er sagt zugleich etwas, das viel tiefer geht. Er spricht aus, daß er sein Vertrauen auf Gott und Christus setzt, sein Leben ihnen anvertraut. Nicht das Glauben an die Existenz des Südpolgebietes, sondern das Glauben an einen Geliebten ist ein geeigneter Ausgangspunkt, um den Reichtum unseres Glaubens an den Vater, den Sohn und den heiligen Geist zu ergründen ... Wir glauben an den Gott der Verheißungen und der tatsächlich geschehenen Rettung, wie er sich in Jesus offenbart hat. Und auch unser Glauben an den heiligen Geist muß ein Vertrauen auf sein Wirken zum Heil sein."[248] Der spezifisch christliche Ausdruck „glauben an" („credere in Spiritum Sanctum") bezeichnet eine bestimmte Gerichtetheit des Glaubens: In diesem Glauben geht der/die Einzelne nach dem Geist aus, öffnet er/sie sich für Gott, der als Heiliger Geist zu den Menschen kommt, für den Geist, der „bei euch bleibt und in euch sein wird" (Joh 14,17).[249]

Die personale Dimension des Glaubens faßt Schoonenberg in den Begriff der „Person-Übergabe" an den Vater durch seinen Sohn im Heiligen Geist.[250] Glaube an Gott ist das Wagnis einer persönlichen Begegnung mit Gott: „Der Glaube ist Personübergabe an Gott, d.h. an den Vater, der Liebe ist und der zu jeder Person das Wort seiner Liebe spricht im Sohn und der in beider Geist zur Annahme des Wortes zieht ... Das christliche Leben, die Begegnung mit Gott in Christus ... in der Liebesgemeinschaft des H.[eiligen] Geistes, das alles

[248] DERS., Geloven in de Geest, 3.

[249] Vgl. DERS., Ik geloof in de heilige Geest, 144. Siehe DERS., De uitdaging van Gods Drieëenheid, 4: „In unseren gebräuchlichen Glaubensbekenntnissen glauben wir *an*, d.h. vertrauen wir uns dem Vater an, der erschaffend ist, dem Sohn, der unser Mensch-Sein in sich durch den Tod hindurch zum Leben führt, dem Geist, der in der Kirche ist zur Tilgung der Sünden und endgültig zur Auferstehung und zum Ewigen Leben." (Hervorhebung im Original)

[250] Vgl. DERS., Het geloof als persoonsovergave, 126: Das „credere in Deum" bringt zum Ausdruck, daß „Gott nicht nur Inhalt und Zeuge unseres Glaubens ist, sondern auch das Ziel, wonach wir streben, die Person, der wir uns übergeben, um in ihm unser Heil zu finden."

beginnt im Glauben."[251] Die personale Struktur des Glaubens an Gott, der sich in Christus offenbart und dies durch seinen Geist in der Kirche bezeugt, bestimmt Schoonenberg in Analogie zur zwischenmenschlichen Beziehung der Freundschaft und Liebe. Glaube ist nach Paulus „Übergabe des ganzen Menschen an den erlösenden Gott. Er kann also mit Recht mit dem Glauben an den treuen Freund oder an den Geliebten verglichen werden, er ist Personübergabe, Glaube an ein ‚Er', und an ein ‚Du'."[252] Der Akt des Glauben an den dreieinen Gott umfaßt das Moment des Sich-Verlassens auf Gott hin ebenso wie das Moment der verstandesmäßigen Annahme der Glaubensgegebenheiten.

In dem Beitrag „Geloven in de Geest" kennzeichnet Schoonenberg auf dreierlei Weise die Haltung des Glaubens an den Heiligen Geist.
(1) „*Unser Glaube an den Geist ist wirksam, denn Gottes Geist ist Kraft und Wirksamkeit.*"[253] Schoonenberg erinnert daran, daß Gottes Geist im Alten Testament als eine wirksame Kraft beschrieben wird. „Rûach" ist die Bezeichnung für eine Wirkung („een werking"): Gottes Geist ist atem- und lebengebend, er beseelt die Menschen zur Rettung Israels, zur Prophetie, zu heilendem und befreiendem Dienst und zum Zeugnis für Gottes Liebe in Christus. Der Glaube an den Geist, der in der Kirche wirksam ist, führt zu kirchlichem und gesellschaftlichem Engagement, auch zur Veränderung von bestehenden Strukturen, unter anderem durch den Einfluß der Charismatischen Bewegung. Die Kirche ist „Brückenkopf" des Königreiches Gottes und seines Geistes und steht als solche im Dienst in und an der Welt.

(2) „*Unser Glaube an den Geist ist empfangend und bittend, denn der Geist ist Gottes Gabe.*" Der Geist ist Gottes Gabe, und er wird von Gott fortwährend gegeben. Er durchdringt den Menschen in seinem Innersten. Er wird immer wieder neu von Gott geschenkt, oft auch auf überraschende Weise. Er erhebt den Menschen über seine eigenen Grenzen, läßt sie ihn übersteigen, indem er ihm zugleich neue Kräfte gibt. Der Glauben an den Heiligen Geist selbst ist ein (von Gott) Empfangen - eine Haltung, die der westlichen Kultur des „Tuns" und „Leistens" entgegensteht. Der Geist erweckt den Menschen und treibt ihn an zu heilvoller Wirksamkeit, diese ist jedoch gerade eine vom Geist gegebene und bewirkte. Der Mensch vermag etwas zu tun bzw. etwas zu sein; denn der Geist eröffnet ihm immer neue Möglichkeiten, wenn er sich für den Geist und seinem Wirken öffnet. Ein Sich-Öffnen und Sich-Aufschließen des Menschen für den Geist geschieht vor allem im Gebet, dem Sprechen zu Gott oder auch dem Schweigen auf ihn hin. Im Gebet ist Gott nicht über allem erhaben, transzendent, auch nicht der geschöpflichen Wirklichkeit allein innerlich, immanent: Gott ist der Gegenwärtige und zugleich der Kommende (Offb 1,4).

---

[251] Ebd., 133.
[252] Ebd.
[253] DERS., Geloven in de Geest, 10. (Hervorhebung im Original)

(3) *„Unser Glaube an den Heiligen Geist ist ein Personverhältnis, denn Geist ist göttlich und persönlich.“*[254] Der Geist ist eine Wirkung, Kraft und Gabe, aber er ist auch persönlich. Der Geist wird in der Schrift unpersönlich und persönlich vorgestellt: als Wind oder Atem, Wasser und Feuer, aber auch (vor allem in den johanneischen Parakletsprüchen) als ein sprechendes und handelndes Subjekt. Als dritte göttliche Person wird der Heilige Geist - mit dem Vater und dem Sohn - angebetet, und es kann auch *zu* ihm gebetet werden. Durch den Geist ist die Liebe Gottes in die Herzen der Menschen eingegossen (Röm 5,5). Kraft des Geistes steht der Mensch in einer persönlichen Beziehung zu Gott dem Dreieinen. Glauben an den Heiligen Geist bedeutet, sich ihm und seiner Führung anzuvertrauen.

b) Der Heilige Geist als Gabe: Vielgestalt des Geistwirkens

α) Biblische Grundlegung und pastorale Ausrichtung des Geistbekenntnisses

Schoonenberg kann bei seiner Auslegung des Geistartikels auf eigene Arbeiten aus der Frühphase seiner Theologie zurückgreifen.[255] Auch für seine Beiträge der dritten Periode ist die Einsicht in die innere Einheit des dritten Glaubensartikels grundlegend: „In unseren Glaubensbekenntnissen nennen wir nach dem Heiligen Geist: ‚die heilige katholische Kirche, (die Gemeinschaft der Heiligen), die (*eine* Taufe zur) Vergebung der Sünden, die Auferstehung des Fleisches (der Toten), das ewige Leben’. Dies alles ohne ausgesprochene Verbindung mit dem Heiligen Geist. ... wir [können] den ganzen dritten Teil des Symbolums auch so auffassen: ‚Wir glauben an den heiligen Geist, der in der Kirche wirkt zur Vergebung der Sünden jetzt, und endgültig zur Auferstehung und zum ewigen Leben’.“[256]

„Das Wirken und der eigene Charakter des Heiligen Geistes sind lange Zeit vernachlässigte Gegenstände gewesen, in der Predigt, im Gebet und in der Besinnung innerhalb unserer Kirche. Darum gibt es heute genug Katholiken, für die dieser Geist nicht viel bedeutet.“[257] Schoonenberg formuliert diese Beobachtung am Ausgang der 70er Jahre. Er verbindet diese Feststellung mit der Wahrnehmung eines Neuaufbruchs der Geisterfahrung in den Kreisen der Charismatischen Bewegung.

Im Rahmen seiner Ausführungen zum Geistbekenntnis geht Schoonenberg vom biblischen Zeugnis aus. Um auf die Frage, wer der Heilige Geist sei, eine Antwort zu finden, folgt er zunächst dem Weg der Schrift. Sein Anliegen ist jedoch nicht primär ein exegetisches, sondern ein systematisches und pastorales. Es geht ihm um eine Vermittlung der biblischen Geisterfahrung mit

---

[254] Ebd., 12. (Hervorhebung im Original)

[255] Vgl. DERS., De Apostolische Geloofsbelijdenis. Siehe oben: A.III.2.

[256] DERS., Geloven in de Geest, 10. (Hervorhebung im Original)

[257] DERS., Gods Geest en zijn werking, 1.

den Geisterfahrungen heutiger Menschen, dabei zunächst darum, bewußt zu machen, daß der Geist Gottes auch heute zu den Menschen spricht. Damit verbindet sich die Aufforderung Schoonenbergs, auf das zu hören, was der Geist heute den Gemeinden zu sagen hat, und darauf zu achten, auf welche Weise dies geschieht (Offb 2,7). Daher sucht Schoonenberg die vor allem unter Katholiken herrschende Unvertrautheit mit dem Geist zu überwinden, die neue, vor allem „charismatische“ Vertrautheit mit dem Geist innerhalb und außerhalb der Kirche für Theologie und Pastoral fruchtbar zu machen: „... ich [möchte] reflektieren auf das Sprechen über den Heiligen Geist. Ich gehe dabei von diesem Sprechen im Neuen Testament aus, aber meine Absicht ist es wohl, einige Klarheit und Tiefe in die Weise, wie heute der Geist zur Sprache gebracht wird, zu bringen. Wo kommt dieses Sprechen her und welche Gebiete berührt es? So wird vielleicht eine Brücke geschlagen zwischen denen, die zu sehr über den Geist sprechen, und denen, die darüber so wenig zu sagen wissen. Vielleicht sogar zwischen denen, die um den und im Geist beten, und denen, die vor allem das gesellschaftliche Handeln in den Vordergrund stellen.“[258]
Beim „Hören“ darauf, wo und auf welche Weise der Geist in der heutigen Zeit wirksam und erfahrbar ist, - etwa in (charismatischen) Gebetskreisen, im Glaubensleben der einzelnen oder im politisch-gesellschaftlichen Engage-ment - stellt sich die Unterscheidung der Geister als dringliche Aufgabe: „Es ist ... von Bedeutung, den Geist zu erkennen, auch dort, wo er nicht genannt wird, und zu unterscheiden, ob und inwieweit er wirksam ist dort, wo er auf vielfältige Weise zur Sprache kommt. ‚Löscht den Geist nicht aus, mindert prophetische Gaben nicht, prüft alles, behaltet das Gute’ (1 Thess 5,19-21).“[259]
Der Anstoß für Schoonenbergs Neubesinnung auf den dritten Artikel des Glaubensbekenntnisses kommt aus der religiösen Praxis und zielt auf sie. Dabei steht die Auslegung des Geistartikels im Kontext der von ihm angestrebten Übersetzung des Glaubens in die heutige Zeit: Seine Überlegungen zum Geistartikel sind eingebunden in den hermeneutischen Auftrag, den die Theologie als kritische Prophetie zu leisten hat. Bei der Wahrnehmung dieser Aufgabe vertraut die Theologie auf die Führung durch den Geist. Dabei ist gerade das Sprechen über den Geist, wie Schoonenberg hervorhebt, ein Sprechen *im* Geist. In der Schrift, und insbesondere im Neuen Testament beruht die Rede vom Geist auf Erfahrung, sie geschieht aus dem Geist: „Dieses Sprechen zeugt von Ergriffenheit durch den uns immer bewegenden Geist. So wird es immer sein müssen, soll authentisch, wahrheitsgetreu über den Geist gesprochen werden.“[260] Vor allem für die Pneumatologie gilt, daß das Wort über das Pneuma nicht losgelöst von der Existenz des Sprechenden selbst steht. Die Pneumatologie ist weder den „Pneumatologen“ noch den „Charismatikern“ vorbehalten, sondern mit dem Dasein jedes/jeder Gläubigen verbunden.

---

[258] DERS., Spreken over Gods Heilige Geest, 252.
[259] DERS., Gods Geest en zijn werking, 19.
[260] DERS., Spreken over Gods Heilige Geest, 258.

Der Heilige Geist ist seinem Wesen nach *Gabe Gottes*, er wird von Gott geschenkt. In dieser Beobachtung läßt sich die *biblische Geisterfahrung* bündeln. Nimmt man das alt- und neutestamentliche Geistzeugnis in den Blick, ist für Schoonenberg auffällig, daß „der Geist uns von Gott geschenkt wird, von Gott aus zu uns und über uns kommt. ... wo wir die Schrift über ‚den Geist Jahwes', den ‚Geist Gottes', den ‚Geist Christi' sprechen hörten, wurde ... eine Gabe an das Geschöpf [gemeint], eine Gabe, die uns überkommt."[261] Das Gabe-Sein des Geistes läßt sich auf zweierlei Weise bestimmen: Bei Ezechiel ist der Geist Gottes Gabe an ein unreines Volk, an schwache, sündige Menschen: Die Erneuerung des Gottesvolkes ist mit der Gabe des Geistes verbunden (Ez 31,28; 37,1-14).[262] In diesem Sinne stellt Paulus dem „Geist" das „Fleisch" gegenüber und meint damit den ganzen Menschen, insofern dieser ohnmächtig zum Guten, geneigt zum Bösen, gefangen im Bösen ist: „Dieser Mensch wird gerade dadurch, daß Gott seinen Geist schenkt, zum Guten befreit, zu einem Menschen ‚im Geist', der auch selbst (ganz, also in unserer Sprache ‚mit Seele und Leib') zum ‚Geist' geworden ist."[263] Demnach ist der Geist Gabe, die über einen Menschen kommt, der ihn selbst (noch) nicht hat, und er wird vor allem demjenigen gegeben, der sich ihm bisher verschlossen hat.

Sodann ist der Geist deshalb Gabe, weil sich in ihm Gott selbst gibt, er von seinen eigenen Gaben mitteilt. Für Schoonenberg steht dieser Gedanke im Hintergrund, wenn in einigen neutestamentlichen Texten der Geist Gott dem Vater und Jesus Christus gleichgestellt wird (1 Kor 12,4-6; 2 Kor 13,13; Mt 28,19). Der Geist ist bei Paulus nicht nur Gabe Gottes, sondern selbst Geber: Mit einer göttlichen Freiheit teilt er einem jeden seine Gaben zu, wie es ihm gefällt (1 Kor 12,11)[264]. Für Schoonenberg erweist sich darin der personale Charakter des Geistes, der gemäß dem Glaubensbekenntnis von Nicäa-Konstantinopel mit dem Vater und dem Sohn angebetet und verherrlicht wird.

Schoonenberg hebt das Gabe-Sein des Geistes vor allem gegenüber den vom Leistungsdenken beherrschten gegenwärtigen gesellschaftlichen Verhältnissen der westlichen Welt hervor.[265] Er sieht die zweifache Gefahr, daß Menschen einerseits angesichts ihrer weltweiten Verantwortung die Möglichkeiten eigener Leistung überschätzen, daß sich Christen andererseits in ihrem eigenen, persönlichen Glaubensleben der Herrschaft der Leistung unterordnen. Schoonenberg spricht sich in diesem Zusammenhang dafür aus, eine Haltung der Offenheit für das Wirken des Geistes im eigenen Leben mit kirchlich-religiösem und politisch-gesellschaftlichem Engagement zu verbinden.

Daß und inwiefern der Geist Gottes Gabe ist, läßt sich in seinem vielfältigen Wirken in der Welt erfahren und aufzeigen: Der Geist ist „Gott in

---

[261] DERS., Gods Geest en zijn werking, 6.

[262] Vgl. ebd. 2: „Der ‚Geist Jahwes' ist für ihn [Ezechiel] das erneuernde, lebengebende, heiligende Wirken Gottes."

[263] Ebd., 6.

[264] Vgl. ebd., 7.

[265] Vgl. ebd., 7f.

Bewegung".[266] Schoonenberg entfaltet das in Bewegung setzende, dynamische Wirken des Geistes im Blick auf Jesus Christus, die Gläubigen, die Kirche bzw. das Gottesreich: Der Geist ist Bewegung in Jesus Christus und im Königreich Gottes, das gegenwärtig schon besteht und zugleich eine eschatologische Größe ist.

β) Geistwirken und Christusbekenntnis

Das Neue Testament bringt in eindringlicher Weise das Wirken des Geistes mit dem Wirken des irdischen Jesus und des verherrlichten Christus in Verbindung. Im Rahmen seiner Auslegung des Geistartikels verweist Schoonenberg auf die neutestamentliche Geist-Christologie und zeichnet in knappen Zügen die Genese dieses christologischen Modells anhand der ihm zugrundeliegenden neutestamentlichen Bezugstexte nach: Die Geist-Christologie nimmt ihren Ausgang vom verherrlichten Christus (Röm 1,4); sie zeigt Jesu irdische Existenz als geistgesalbte und geisterfüllte (Lk 4,18; Apg 10,38) und geht dabei über die Taufe (Lk 3,22 par) zurück bis zu den Kindheitsberichten (Lk 1,35).[267] Sitz im Leben der neutestamentlichen Geisterfahrung ist nicht ein Sprechen Jesu über den Geist, sondern das Wirken Jesu in der Vollmacht des Geistes, sein befreiendes und die Menschen mit neuem Leben erfüllendes Handeln. Das Gabe-Sein des Geistes erweist sich gerade im Christusereignis: Ist der Geist zunächst die vom Vater dem Sohn geschenkte Gabe, so ist er seit der Auferstehung Christi die Gabe des Verherrlichten an seine Jünger: Geist Christi und Geist Gottes (Joh 14, 26.26).

γ) Das Wirken des Geistes im Menschen, in Kirche und Gesellschaft

(1) Paulus bezeichnet den *erlösten Menschen* als *„Geist"*, da in ihm der Geist Christi wirksam ist (Röm 8,1-12). Frucht des Geistes ist die Liebe, die mit Hoffnung und Glaube verbunden ist (1 Kor 13,13). Im Rückgriff auf Paulus spricht die spätere Theologie von Glaube, Hoffnung und Liebe als den vom Geist Gottes hervorgebrachten oder eingegossenen Tugenden; ihnen geht das Wirken der heiligmachenden Gnade voraus, eine radikale Heiligung des menschlichen Personkerns.[268]

In Übereinstimmung mit der neueren Entwicklung in der (Gnaden-)Theologie möchte Schoonenberg die Aufmerksamkeit darauf lenken, daß das ganze Gnadenleben des Menschen als eine Frucht des Geistes bezeichnet werden kann, als „ein Resultat der Anwesenheit, der Einwohnung von Gottes Heiligem Geist in unserer Person"[269]. Gegenüber einer fast ausschließlichen Rede von den geschaffenen Gaben selbst, der heiligmachenden Gnade, den Tugenden in der herkömmlichen Gnadenlehre, die eine Art von übernatürlichem

---

[266] Schoonenberg übernimmt diese Bezeichnung von Jan J. Verhees, der seiner Studie über die Pneumatologie des Augustinus diesen Titel gegeben hat: J.J. VERHEES, God in beweging.

[267] Vgl. P. SCHOONENBERG, Spreken over Gods Heilige Geest, 257f; DERS., Gods Geest en zijn werking, 3f. - Zur Geist-Christologie Schoonenbergs siehe unten: C.III.2.

[268] Vgl. DERS., Gods Geest en zijn werking, 12-15.

[269] Ebd., 12.

Organismus bilden, ist die Beziehung der heiligmachenden Gnade und der „eingegossenen“ Tugenden zum Geist Gottes aus dem Blick geraten. In ihnen durchdringt der Geist Gottes, der der Geist Christi ist, den Kern der menschlichen Person und beseelt das Vermögen des Menschen: „Unser Beten wird einfacher und tiefer werden, wenn wir uns dieser Relation zu Gott, seines fortwährenden Berührens und Umformens im Geist bewußt sind. Der Gott, den wir uns spontan als erhaben vorstellen, wohnend im höchsten Himmel, im unzugänglichen Licht, ist zugleich anwesend in der Tiefe unseres geistlichen und leiblichen Wesens, in unserer Subjektivität selbst, denn sein Geist betet in uns mit unaussprechlichem Seufzen (Röm 8,26).“[270]
Das Wirken des Geistes im Menschen drängt zugleich nach außen. Neben der „eingegossenen Heiligung“ schenkt der Geist nach außen gerichtete Gaben zum Dienst und Nutzen anderer, die Charismen. Er trägt seine Sicht diesbezüglich im Rahmen der Auslegung des Geistbekenntnisses in knapper Form vor, da sich gerade an ihnen das „Gabe-Sein“ des Heiligen Geistes erweist. Schoonenberg entfaltet seine Theologie der Charismen im wesentlichen im Kontext der Anthropologie. Ihnen kommt darüber hinaus für die Ekklesiologie Bedeutung zu, auf die er im Rahmen seiner Überlegungen zur pneumatologischen Dimension der Kirche näher eingeht.

(2) Nach dem neutestamentlichen Zeugnis ist die Geistausgießung durch den Verherrlichten am „Pfingsttag“ die Geburtsstunde der *Kirche* (Apg 2,33). Hierin erfüllt sich die Prophetie des Joel (Apg 2,1-21) und zugleich die Verheißung, daß die Jünger mit Heiligem Geist taufen werden (Apg 1,5; 11,16).[271] Die Geistausgießung ereignet sich auch bei den Heiden (Apg 10,47; 11,15). Sie ist begleitet von Zeichen des Enthusiasmus, von Prophetie und Zungensprache.
Gegenüber der johanneischen Traditionslinie, die das Bei-Gott-Sein Jesu Christi seit seiner Verherrlichung in den räumlichen Bildern des „Oben“- bzw. „Im-Himmel-Seins“ beschreibt (Joh 14,16.26), verweist Schoonenberg auf die paulinische Vorstellung, daß der Verherrlichte den Menschen nahe ist, in ihnen lebt (Gal 2,20; Kol 1,27). Wird Gott von den Propheten Israels als ein Gott der Nähe verkündet, so erweist sich Gott als ein naher, gegenwärtiger Gott dann vor allem in Christus: Der Verherrlichte ist zum Geber und Mittler des Geistes Gottes geworden (2 Kor 3,17; Gal 4,6; Phil 1,19). So ist Christus im Geist in seiner Gemeinde gegenwärtig: Der „Paraklet“, der „andere“ Beistand, ist sein Stellvertreter, der als der Geist der Wahrheit Jesu Werk in Erinnerung ruft und weiterführt (Joh 14,16f; 14,26; 15,26; 16,7-11; 16,12-15). Bei Johannes ist das Wirken des Geistes weniger von aufsehenerregenden Phänomenen begleitet als bei Paulus.
Paulus beschreibt die Kirche - die Ortskirche und damit die Kirche in ihrer Gesamtheit - als Tempel Gottes, Leib Christi im Geist (1 Kor 3,16; 12,13; 4,4;

[270] Ebd., 13.
[271] Vgl. ebd., 4-6; DERS., Spreken over Gods Heilige Geest, 255f.

Eph 2,22). Ist die Gemeinschaft der Gläubigen erfüllt vom Geist Gottes, ist auch jedes einzelne Glied der Kirche Tempel des Heiligen Geistes (1 Kor 6,15.19).[272] Die Besinnung des Paulus auf die Bedeutung des Geistes im Leben des Christen, der Anwesenheit des Geistes in jedem Gläubigen während seiner gesamten Existenz, erwächst aus seinem Streit gegen enthusiastische Gruppierungen insbesondere in Korinth. Daher liegt in der Charismenliste des ersten Korintherbriefes der Akzent auf den nüchterneren, alltäglichen Geistesgaben, wie Dienst und Leitung (1 Kor 12,28). Alle Christen sind begabt mit dem Geist und werden von ihm geführt (Röm 8,9.14), und von daher bezeichnet „Geist" den erlösten Menschen (Röm 8,1-17). Als herausragende Frucht des Geistes gilt ihm die Liebe (1 Kor 13; Gal 5,22f).

Die historische Entstehung der lokalen christlichen Kirchen ist, wie Schoonenberg hervorhebt, mit dem „charismatischen" Wirken des Geistes eng verbunden. Die Charismen sind jedoch nicht, wie in der katholischen Theologie oft dargestellt wurde, „Hilfsmittel" allein der jungen Kirche: Charismen sind auch heute noch in der Kirche erfahrbar.[273] Der lange Zeit bestehende, vermeintliche Gegensatz von „Charisma" und „Amt" hat zu der irrigen Vorstellung beigetragen, die Leitung durch den Geist sei fast ausschließlich in der Hierarchie und durch sie wirksam. Auch die Heiligung der Gläubigen durch den Geist wurde beinahe ausschließlich mit der amtlichen Spendung der Sakramente verbunden. In neuerer Zeit, nicht zuletzt bedingt durch den Einfluß der Charismatischen Bewegung, wird in umgekehrter Weise das Wirken des Geistes in den Charismen betont. Institution, Amt und Hierarchie werden demgegenüber als eher hinderlich für das freie, ungebundene Geistwirken betrachtet. Die junge Kirche gilt als rein „charismatisch", und die Entstehung der Ämter, die in den Pastoralbriefen dokumentiert ist, wird als Form des „Früh-Katholizismus" angesehen.

Schoonenberg begrüßt die neue Aufmerksamkeit für die Charismen in der Ekklesiologie als einen theologischen Gewinn bzw. als eine Gabe des Geistes selbst. In seiner Sicht von Kirche ist das dynamische Element des Geistes aufgenommen, jedoch nicht zu dem Gegensatz „Charisma" und „Amt" zugespitzt. Seiner Auffassung nach gehören beide zusammen und sind in der Geschichte der Kirche auch immer verbunden gewesen, auch wenn sich das Amt in seiner heutigen Gestalt erst allmählich herausgebildet hat: Die Kirche hat auch in frühester Zeit über ein Leitungsamt verfügt.

In der Charismenliste von 1 Kor 12 wird das Apostelamt von Paulus vor den Propheten und Lehrern angeführt (1 Kor 12,28; vgl. Eph 2,20). „Der Umstand, daß Paulus Apostel, Propheten und Lehrer vor den anderen Charismen nennt und sie in eine Reihe stellt, erweckt den Eindruck, daß die mit diesen Worten bezeichneten Dienste einen besonderen Platz unter den anderen Charismen einnehmen, ohne die sie im übrigen in der Gemeinde von Korinth nicht existierten. Daß gerade die ersten drei Worte der Aufzählung Personen

[272] Vgl. DERS., Gods Geest en zijn werking, 5; DERS., Geloven in de Geest, 7.
[273] Vgl. DERS., Gods Geest en zijn werking, 13-17.

bezeichnen und die übrigen Wirkungen, erweckt den Eindruck einer gewissen Stabilität, wir können sagen: eines amtlichen Charakters - der übrigens das prophetische Auftreten von anderen nicht ausschließt (siehe vor allem 1 Kor 14)."[274] In den Pastoralbriefen finden sich Ämter nicht ohne Charismen. Was heute im Rückgriff auf Timotheus als ein Amt bezeichnet wird, nennt dieser selbst ein Charisma (1 Tim 4,14; 2 Tim 1,6). Es wird durch Handauflegung durch Älteste verliehen und durch Prophetie. Das Anliegen der Ausführungen Schoonenbergs ist also, aufzuzeigen, daß „das Amt den charismatischen Gaben nicht entgegengesetzt ist. Es ist es in seinem Ursprung nie gewesen ... Anders gesagt: daß Amt und Hierarchie nicht als rein menschliche Mittel funktionieren, um eine Organisation zusammen zu halten, sondern als Charismen, wodurch Gottes Volk auf dem Weg zur vollen Wahrheit geführt wird."[275] Die Ämter sind, historisch gesehen, aus den Charismen erwachsen, und von daher können die Ämtsträger es als eine Gnade ansehen, daß in jüngerer Zeit, nachdrücklicher als früher, eine charismatische Ausübung des Amtes verlangt wird, da so die Ämter des Bischofs, Priesters und Diakons wieder stärker mit ihren historischen Wurzeln verbunden sind.

(3) Der „Geschenk-Charakter" des Geistes erweist sich für Schoonenberg vor allem bei der Betrachtung des *Gebetes* und der *Sakramente*. Das Beten kann die Betenden in Berührung bringen mit dem Geist in der Tiefe des eigenen Wesens.[276] Das Gebet, das Sich-Öffnen für Gott, ist zugleich eine Bedingung für den Empfang des Geistes Gottes: „Euer Vater wird den Heiligen Geist denen geben, die ihn bitten" (Lk 11,13).[277] Das Beten um den Geist geschieht in einer Haltung des Bittens, des Empfangens. Das Gebet um den Geist ist, so Schoonenberg, zugleich ein Gebet im Geist: „Wir beten nicht nur um den Geist, sondern auch *im* Geist. Auch im Geist können wir beten: ‚Komm, Heiliger Geist', denn seine Anwesenheit schließt ein stets neues und tieferes Kommen ein. Beten im Geist wird sich aber auch im Dank und Lobpreis äußern."[278] Schoonenberg verweist hier auf Lk 1,41f; 1,67; 2,27 und 10,21. Er hebt das Moment der Danksagung und des Lobpreises im christlichen Beten hervor, das sich bei Paulus findet (Phil 4,6; Kol 3,15f; 4,2) und auf das von der Charismatischen Bewegung neue Aufmerksamkeit gelenkt wird.
Im Bittgebet, das für persönliche Anliegen, aber auch für andere (auch verstorbene) Menschen formuliert, kommt eine Nähe zu diesen Menschen zustande. Schoonenberg beschreibt das Gemeinte am Beispiel des Segens, der für oder über andere erbeten wird. Im Segen wird die eigene Offenheit für Gottes Gabe die anderen mitgeteilt. Das eigene gläubige Erwarten wird auch zum Erwarten des/der Gesegneten. Nach Schoonenberg kann die Charismatische Bewegung den Christen das Segensgebet auch untereinander wieder

[274] Ebd., 16.
[275] Ebd., 16f.
[276] Vgl. ebd., 13.
[277] Ebd., 9.
[278] Ebd. (Hervorhebung im Original)

nahebringen, denn das Erbitten des Segens ist nicht dem Bischof oder Priester vorbehalten. Schoonenberg schreibt: „Ich denke, daß ... in dieser Hinsicht die Charismatische Bewegung uns etwas zu lehren hat. Wir können in der Tat, einander segnend, füreinander den Heiligen Geist herabbitten. Gleichwohl muß es immer ein Bitten bleiben, denn niemals verfügen wir über den Geist Gottes."[279]

Schoonenbergs Überlegungen über das Bittgebet, hier vor allem Segensgebet, dienen der Verdeutlichung des Wesens der *Sakramente*. Auch bei der Spendung der Sakramente verfügt der Spender nicht über die Gnadengaben Gottes. Nach Schoonenberg haben die Sakramente die „Wirkung" oder „Ursächlichkeit" einer Zeichenhandlung zwischen Personen, wie er dies mit Bezug auf das Segensgebet beschrieben hat.[280] Die sakramentale Segenshandlung wird unter Verwendung von Wasser, Salbe und Öl oder durch das Mitteilen und Darreichen von Brot und Wein vollzogen. Dies geschieht, um gemeinsam den Geist zu empfangen, der die Gläubigen mit Christus verbindet und sie zu Kindern des Vaters macht. Im Osten wird bei der Spendung der Sakramente um den Heiligen Geist - deprekativ bzw. epikletisch - gebetet. Im Westen überwiegt die indikativische Gebetsform gegenüber der deprekativen. Letztere tritt hier nur im Ritus der Weihe und Krankensalbung auf: „Wenn wir den Ritus der übrigen Sakramente nicht zu einer einzigen Formel verschmälern, werden wir sehen, daß darin wohl immer eine Bitte um Gottes Gnade, manchmal ein Herabrufen von Gottes Geist, zu finden ist. In den neuen eucharistischen Kanones der römischen Liturgie hat auf eine glückliche Weise die Epiklese wieder vor oder nach den Einsetzungsworten ihren Platz. Darin wird gebetet, daß Gott durch seinen Geist unsere Gaben von Brot und Wein heilige zu Leib und Blut Christi und/oder daß er uns, die die Eucharistie empfangen, zur Einheit führen möge. So ist wohl in allen Sakramenten ein Segenselement zu finden, ein Herabbitten von Gottes Gnade, Gottes Geist über die, die sie empfangen."[281]

Nach Schoonenberg ist im Kontext der Betrachtung des Geistes als Gabe vor allem über die *Taufe* und die *Firmung* zu sprechen. Die christliche Taufe, die sich dem äußeren Ritus nach von der Wassertaufe des Johannes herleitet, wird „im Namen Jesu Christi" (Apg 2,38; 10,48; 19,5) „zur Vergebung der Sünden" vollzogen (Apg 2,38). Sie ist ein Sterben der Sünde mit Christus und der Beginn eines neuen Lebens (Röm 6,3-11). Die Taufe ist mit der Gabe des Geistes verbunden (Apg 2,38; 8,15f; 10, 44-48; 19,5). Im heutigen Taufritus erinnert die Salbung am Ende an die Gabe des Geistes, die ursprünglich mit der christlichen Initiation, in der Taufe und Firmung eine Einheit bildeten, verbunden war.

Das Herabkommen des Geistes wird ausdrücklich(er) in der Firmung erbeten, die, als ein von der Taufe losgelöster Ritus, eine „confirmatio", eine Bestär-

---

[279] Ebd., 9f.
[280] Vgl. ebd., 10.
[281] Ebd.

kung oder Festigung der Taufe darstellt. Wird der Geist bereits in der Taufe gegeben, so ist er doch immer noch kommend, entsprechend einer stets wachsenden persönlichen Gegenwart: „So wird der Geist stets geschenkt, ist er stets kommend. Dieses Kommen wird auf sehr feierliche Weise in der Firmung erbeten und geschenkt ... Sie ist die große Segnung unseres ganzen Lebens mit dem Geist, gespendet von Bischof oder Priester.“[282]
Vom Verständnis der Sakramente als Segnungen her läßt sich die Gemeinschaft zwischen Spender und Empfänger der Sakramente aufzeigen. Vor allem aber wächst in Taufe, Firmung und Eucharistie der Empfänger dieser Sakramente in die umfassende Gemeinschaft der Kirche Christi hinein. Aber auch nach ihrem Empfang können die Gläubigen stets tiefer in diese Gemeinschaft aufgenommen werden, die für den Einzelnen den Geist erbittet; denn Sakramente - insbesondere Taufe und Firmung - bleiben immer vollendbar. Auf diesem Hintergrund wird auch die Bitte um die Taufe mit Heiligem Geist verständlich und sinnvoll als die Bitte um ein sich immer neues Aufschließen für den stets kommenden Geist.[283]

(4) Schoonenberg bringt das dynamische, verändernde und erneuernde Wirken des Geistes mit der *Reform in Kirche und Gesellschaft* in Verbindung. Er erinnert daran, daß nach biblischem Verständnis Erlösung die allgemeine Wiederherstellung der gesamten Schöpfung bedeutet (2 Kor 5,18; Eph 1,10).[284] Die alttestamentliche Bundesgeschichte Gottes mit den Menschen umfaßt Befreiung aus politischer Gefangenschaft ebenso wie aus sozialer Unterdrückung. Verschiedenen religiösen Einrichtungen kommt neben ihrem religiösen Charakter auch soziale Bedeutung zu, so etwa dem Sabbat oder dem Sabbatjahr (Dtn 5.14f; Lev 25). Im Neuen Testament ist Jesu Proklamation der Gottesherrschaft verbunden mit seinem Eintreten für die sozial und wirtschaftlich Benachteiligten (Lk 6,20-26). Der Geist Gottes und das Königreich Gottes werden nur an wenigen Stellen unmittelbar in Zusammenhang gebracht (Mt 12,28; Joh 3,5; Röm 14,17), sie hängen jedoch aufgrund ihres Wesens innerlich zusammen: „Das Königreich Gottes ist kein Gebiet, sondern ein Geschehen, die aktive Herrschaft Gottes ... Wir sahen schon, wie bei Propheten wie Ezechiel und Joel die endgültige Erweckung und Heilung des Volkes Gottes das Werk von Jahwes Geist zu sein scheint. Es ist also nicht erstaunlich, daß im Neuen Testament Reich Gottes und Geist Gottes verbunden werden.“[285] Von Bedeutung ist in diesem Zusammenhang, daß Paulus den Geist als eschatologische Gabe versteht, die gegenwärtig schon geschenkt wird: Der Geist ist Vorgabe oder Angeld (2 Kor 1,22; 5,5; Eph 1,14; vgl. Röm 8,11). In diesem Sinne ist auch die von Jesus angekündigte Gottesherrschaft eschatologisch und zugleich gegenwärtig, eine religiöse und

[282] Ebd.
[283] Vgl. ebd., 11.
[284] Vgl. ebd., 7f; 17.
[285] DERS., Spreken over Gods Heilige Geest, 256.

soziale Größe. „... zusammenfassend können wir sagen, daß der Geist die endgültige Herrschaft ist als Tat Gottes selbst, sein endzeitliches Reich verwirklichend."[286]

Ebensowenig wie die Kirche ist das Reich Gottes statisch oder als eine feste Größe zu verstehen, sondern es ist immer im Kommen, kraft des überraschenden und überwältigenden Wirkens des Geistes: „Das Königreich ist ... immer kommend durch die Überrumpelung des Geistes. Es ist darum Gerechtigkeit, die revolutionär durchbricht in einer Welt von Besitzbildung und Ausbeutung. Es ist Friede, aber nicht der der ‚*tranquillitas ordinis*', sondern der rettenden Gerechtigkeit. Es ist keine Selbstgenügsamkeit oder Sicherheit, sondern Freude. Das Reich Gottes hat seinen Brückenkopf in der Kirche Jesu Christi, aber dann in einer Kirche, wo nicht besessen, sondern geteilt wird, ... eine Kirche, in der Jude und Heiden vereint sind ... (Gal 3,28)."[287]

Schoonenberg ist der Überzeugung, daß der Heilige Geist und *soziale Reform* auf vielfältige Weise miteinander zu tun haben.[288] Wie die Charismen eine gewisse Eigenständigkeit haben gegenüber der Heiligung des Menschen durch den Geist, so haben sie eine noch größere Selbständigkeit gegenüber den Strukturen, die der Mensch errichtet. Der Gläubige kann seinen persönlichen Auftrag auch in dem Einsatz zur Verbesserung ungerechter und unterdrückender Strukturen in Gesellschaft und Kirche sehen. Dabei kann der Geist eine prophetische Einsicht vermitteln.

Schoonenberg möchte mit diesen Überlegungen einer drohenden Polarisierung innerhalb der Kirche zwischen gesellschaftlich aktiven Gruppierungen und (charismatischen) Gruppen, die ihren christlichen Auftrag vor allem im Gebet verwirklicht sehen, entgegenwirken.[289] Die Gefahr einer Polarisierung sieht er mit dem stärker werdenden Einfluß der Charismatischen Bewegung seit den 70er Jahren gegeben. Aus seiner Sicht stellen Gebet und gesellschaftlich-politische Aktivität keine Alternativen dar, vielmehr sollten Gebet und Handeln einander durchdringen. Wichtig ist ihm aber vor allem, daß sich Christen überhaupt entweder um eine Vertiefung des Gebetslebens bzw. der eigenen Religiosität oder aber um gesellschaftliches Engagement bemühen: „Wenn wir glauben, daß Gottes Geist die Kirche zur vollen Wahrheit führt, dann vertrauen wir, daß er auch daran wirkt, beide Wege zusammenzubringen. Wenn jeder seine eigene Haltung ehrlich und offen durchdenkt, besteht eine Chance, daß diejenigen, die Gerechtigkeit bewirken wollen, sich für den Geist öffnen, um von eigenem Unvermögen und verborgener Selbstsucht befreit zu werden, und daß diejenigen, die beten, sich zu einem immer radikaleren Einsatz gerufen fühlen. Der Geist wird beide an Jesus erinnern, der sich nach seinem Gebet am frühen Morgen gezwungen fühlte, noch zu mehreren anderen Städten zu gehen (Mk 1,35-39) und andererseits seinen Umgang mit Zöllern

[286] Ebd., 257.
[287] Ebd. (Hervorhebung im Original)
[288] Vgl. DERS., De Geest en zijn werking, 19.
[289] Vgl. ebd., 7-9.

und Sündern rechtfertigte, indem er in den Parabeln seine Erfahrung von Gott als liebendem Vater aussprach (Lk 15).“[290]
Gebet und Handeln nach außen sind Ausdruck des Schöpfungsautrages Gottes an den Menschen: „Der Mensch ist ... aufgerufen, die Natur und die Wirklichkeit von Individuum und Gesellschaft in Dienst zu nehmen zum Heil von allen und allem (was alle Formen der Ausbeutung, sowohl des Menschen als auch der Natur, ausschließt). Darum ist es gut, für eine bessere Lebenswelt und eine bessere Gesellschaft zu arbeiten. Aber damit braucht Gott nicht in den Hintergrund zu treten. Er ist vielmehr derjenige, der uns dazu stets aufruft, stets neue Aufträge gibt. Namentlich ruft er uns in Jesus, das Gesetz der Ausbeutung ... umzukehren zum Dienst ... Jesus ruft uns, um den anderen den anderen sein zu lassen, selbst durch unseren eigenen Tod, um Brot für alle zu werden. Dies ist, was der Heilige Geist uns in Erinnerung bringt, was er immer, und heute vor allem, zu den Kirchen spricht.“[291]
Angesichts der Beraubten und Unterdrückten wird der/die Einzelne seiner/ihrer Mitschuld und seiner Ohnmacht gewahr, hörend auf den Ruf Jesu durch den Geist. Daher steht eine aktive Haltung gegenüber der Wirklichkeit dieser Welt nicht im Gegensatz zum Gebet, in dem gerade ein Sich-Öffnen für neue Einsichten, Bekehrung geschehen kann, das Erkennen der Aufgabe, die Gott dem Einzelnen von Jesus Christus her anbietet und wozu der Geist Gottes das Vermögen verleiht.[292] Das Gebet - auch in „charismatischen“ Gruppen - kann zu praktischer Tat führen und „aktive“ Gruppen zum Gebet bewegen.
Der Geist bewirkt Erneuerung und Veränderung durch seine Gegenwart als Gabe in den Menschen - in Jesus Christus und seit seiner Auferstehung in den Glaubenden -, in der Kirche Christi und in der Welt. Der Geist Gottes schenkt neues Leben in und mit Gott. Sein gegenwärtiges Wirken weist voraus auf die endzeitliche Gottesherrschaft. Der Geist stiftet Gemeinschaft mit Gott, jetzt und zukünftig, und er selbst ist das stets neue, erneuernde und vorandrängende, lebenstiftende Kommen Gottes, bis Gott alles in allem sein wird.

2. Geist-Christologie und Trinitätstheologie

a) Weiterführung der früheren christologischen und trinitätstheologischen Anliegen

Schoonenbergs Christologie der zweiten Periode ist von dem Anliegen bestimmt, die Einheit von Gottheit und Menschheit Jesu Christi unter Wahrung des vollen Mensch-Seins Jesu Christi auszusagen. Die von ihm entwickelte Theorie der „umgekehrten Enhypostasie“ hat zu einem „Agnostizismus“ bezüglich des Person-Seins des (präexistenten) Sohnes und des (präexistenten)

---

[290] Ebd., 7.
[291] Ebd., 8.
[292] Vgl. ebd.

Geistes geführt. Der entscheidende theologische Einwand gegen sein Modell einer „Christologie der Präsenz Gottes in Jesus Christus" lautete, daß es ihm nicht gelänge, die Gottessohnschaft Jesu Christi in ontologischen Kategorien auszusagen. In den folgenden Jahren geht es ihm darum, aufzuzeigen, daß bzw. inwiefern Jesus Christus menschliche Person und zugleich unverkürzt Sohn Gottes ist. Dies geschieht unter Einbeziehung der Rede vom Heiligen Geist. Theologische Grundanliegen, die aus seinem methodischen Ansatz „von unten", d.h. seinem Ansatz bei der menschlichen Wirklichkeit Jesu Christi, resultieren, bleiben gewahrt. Mit der Entfaltung des inneren Zusammenhangs von Christologie und Pneumatologie denkt Schoonenberg seinen christologischen Ansatz „von unten", ausgehend von der neutestamentlichen Aszendenz- oder Erhöhungs-Christologie, weiter, indem er ihn mit der Vorstellung der Sendung des Sohnes „von oben", die der frühchristlichen Logos-Christologie bzw. der Deszendenz- oder Inkarnations-Christologie zugrundeliegt, zu vermitteln sucht.

b) Neuinterpretation und Ergänzung der Christologie von Chalcedon im Rückgriff auf die Geist-Christologie von Schrift und Tradition

α) Verstärkte Einbeziehung der biblischen Christologie(n) in die dogmatische Theologie

(1) Durch die Besinnung auf die *neutestamentliche Geist-Christologie* möchte Schoonenberg die biblische Theologie, insbesondere die *Vielfalt der neutestamentlichen Christologien* stärker als bisher in die dogmatische Theologie einzubeziehen: „Decidely I want to make more room für Spirit christology. My reason is simply that here, as in all my theological efforts, I want to introduce more of the Bible's own theology into dogmatics. I find it intolerable that a main theme of Paul's, Luke's and even John's christology remains either banished from our christological treatises or confined to some *scholion*. It has to be reconsidered. In one or another way Spirit christology must be reintroduced."[293]

Schoonenberg wählt ein Einteilungsprinzip, das einen Vergleich der Geist-Christologie mit den anderen Christologien erleichtert: das Prinzip der Beziehung Jesu zu Gott. Daraus ergibt sich eine Dreiteilung der neutestamentlichen Christologien.[294] Erstens: Jesus ist *„von Gott"*, und zwar mit seinem ganzen Wesen: Jesus ist Gottes Prophet, sein Knecht, Messias, Menschensohn, der neue Adam und Herr. Am stärksten drückt der *Sohnes-Titel* die Verbundenheit Jesu mit Gott aus. Zweitens: Jesus selbst wird als *„Gott"* bekannt. Daß Jesus selbst Gott *ist*, der alttestamentliche Schöpfer- und Bundesgott, wird im Neuen Testament nirgends explizit gesagt. An verschiedenen Stellen werden

[293] DERS., Spirit Christology, 360. (Hervorhebung im Original)
[294] Vgl. DERS., Toekomst voor een Geest-christologie?, 147; DERS., Der Geist, das Wort und der Sohn, 51-55.

Jesus jedoch Name und Attribute Gottes zuerkannt. Die dynamische Gleichstellung Jesu mit dem Gott Israels mündet in eine Übertragung der Gottes-Prädikation auf Jesus ein: Jesus ist „von Gott“ auf so einmalige Weise, daß er mit Gott gleichgesetzt wird. Drittens: Jesus ist mit Gott identisch, aber auch von ihm unterschieden, d.h. Jesus ist *Sohn Gottes kraft einer verbindenden Wirklichkeit.* Jesus ist eine „Ausweitung“, ein „Ausfluß“ Gottes: Jesus ist Gottes fleischgewordenes Wort (Logos), oder er ist *der* Empfänger und Geber des Heiligen Geistes. Er ist die (Verkörperung der) Weisheit Gottes, bzw. derjenige, in dem die ganze Fülle Gottes leibhaftig wohnt (Kol 1,19; 2,9).
Nach Schoonenberg bieten sich die Logos-Christologie, Weisheits-Christologie und Pleroma-Christologie für einen direkten Vergleich mit der Geist-Christologie an. Sie geben allen Formen des Von-Gott-Seins Jesu - als geisterfüllter Prophet, Messias, Menschensohn, fleischgewordenes Wort - Raum und bringen zugleich den Unterschied zwischen Vater und Sohn zum Ausdruck.

(2) Schoonenberg strebt eine Verflechtung verschiedener christologischer Ansätze zur Deutung der Gottessohnschaft Jesu Christi an. Er schlägt eine „harmonisierende“ Lesart der neutestamentlichen Texte vor, die *„post-exegetische Einheitslesung“*: ein post-exegetisch zusammenfügendes Aufgreifen der verschiedenen christologischen Sichtweisen des Neuen Testamentes, die sich wechselseitig kommentieren, ein Dialog zwischen den einzelnen Christologien. Der zusammenfügenden Lesart geht eine die Schrift „aufteilende“ Leseweise, die Erarbeitung der Unterschiede der verschiedenen christologischen Ansätze voraus.[295] Die zusammenfügende Lektüre der Schrift impliziert eine bestimmte Haltung der kirchlichen Traditon gegenüber, die Schoonenberg mit dem Stichwort „ressourcement“ kennzeichnet.[296] Gemeint ist eine Rückkehr zu den Quellen, die auf einen wechselseitigen Kommentar einzelner Schrifttexte oder verschiedener Traditionsschichten zielt: „So kommentieren wir Text mit Text, Buch mit Buch, Autor mit Autor.“[297]

---

[295] Vgl. DERS., Toekomst voor een Geest-christologie?, 148: „... die unterscheidende Lesart wird uns mehr Nuancen und einen größeren Reichtum entdecken lassen - und dadurch letztendlich die zusammenfügende Lesung wieder befruchten.“ Schoonenberg weist die Vorstellung einer Einheit der neutestamentlichen Texte, wie sie in den Evangelienharmonien zum Ausdruck kommt, als falsch zurück. Hier werden verschiedene Textteile zu einer Geschichte über Jesus von Nazareth ineinander geschoben. Es geht ihm nicht um eine quantitative Ergänzung von Textteilen zu einer fortlaufenden Geschichte, sondern um einen Dialog der Christologien, um die Bedeutung der Person Jesu, sein Mensch-Sein und Gott-Sein unter Zuhilfenahme verschiedener christologischer Modelle, die von Schoonenberg zusammengefügt werden, zu erfassen. Siehe DERS., Der Geist, das Wort und der Sohn, 96f.

[296] Vgl. DERS., Der Geist, das Wort und der Sohn, 104.

[297] Ebd., 98. Vgl. ebd., 103f: Die postexegetische Einheitslesung „strebt ... nach der Einheit der Schriften, insbesondere der Evangelien, aber auf eine revolutionäre Weise. Die Einheit, die sie findet, ist nicht nivellierend, sondern provozierend. Gegen diese Lese- und Interpretationsweise kann man einwenden, daß sie den Weg verlasse, auf dem der Heilige Geist die Kirche bisher geführt hat, da sie eine Ehrfurcht gebietende Art der Schriftlesung rücksichtlos abschaffe. Das ist nicht der Fall. Als erstes will ich nicht abschaffen, sondern vervollständigen,

β) Rekonstruktion der neutestamentlichen Geist-Christologie

(1) Schoonenberg versteht unter *Geist-Christologie* „nicht jede Christologie, in der auch über den Heiligen Geist gesprochen wird, und sicher nicht eine Christologie, in der erst über den Geist gesprochen wird, nachdem Jesu Identität zuvor aus einer anderen Quelle erklärt wurde. Nein, Geist-Christologie erklärt diese Identität ganz vom Geist aus."[298] Er unterscheidet die Geist-Christologie von jenen Christologien, die gleichsam „von oben", von der Präexistenz Christi bei Gott ausgehen und die Gottessohnschaft Jesu vom Präexistenzgedanken her entfalten. Demgegenüber setzt er beim Menschen Jesus an, dessen ganze Existenz als Gottes Sohn vom Geist gewirkt ist, in dessen Leben die Gegenwart des Geistes und das Erfülltsein vom Geist konstitutiv ist: „Ich reserviere den Namen Geist-Christologie ... für eine Reflexion auf Jesus, innerhalb derer das Band zwischen ihm und Gott ... in den Geist gelegt wird. Geist-Christologie ist also hier eine Christologie, *in der Jesus Sohn Gottes ist, weil der Heilige Geist über ihn gekommen ist, in der der Geist Jesus zum Sohn Gottes macht.*"[299]

Schoonenbergs Besinnung auf die biblische und frühchristliche Geist-Christologie steht im Kontext wachsender Aufmerksamkeit für die „aufsteigende" Christologie(n) seit den 70er Jahren: „Today, ascending christology finds more positive appreciation. I am happy with that, precisely because I pleaded for it in my book The Christ. I want to stress, however, that I have never said that ascending Christology has to *replace* descending [Christology]. On the contrary both Christologies have to complete each other."[300]

Schoonenberg setzt ausdrücklich seine geist-christologischen Studien mit seinen früheren christologischen Studien in Bezug. Es geht ihm darum, die Inkarnations- oder Logos-Christologie durch den christologischen Ansatz „von unten" zu ergänzen, nicht aber zu ersetzen. Erarbeitete er in den vorausgegangenen Jahren das Modell der „totalen Präsenz Gottes in Jesus Christus" und erinnerte er an die biblische Adoptions- und Erhöhungschristologie, die er der Inkarnationschristologie gegenüberstellte, wählt er nun im Rückgriff auf die biblische und frühchristliche Geist-Christologie erneut den christologischen Ansatz „von unten". Diese hat von der Adoptions- oder Erhöhungschristologie ihren Ausgang genommen (vgl. Röm 1,3f; Apg 2,33).[301] Ohne die johanneische Christologie, nach der der präexistente Sohn in Jesus Mensch geworden ist, verdrängen zu wollen, schließt sich Schoonenberg der früheren biblischen Terminologie und Sichtweise an, „nach der Jesus Gottes Sohn gerade als der *Mensch* ist, der den Geist Gottes empfangen hat - ja von diesem

ja dasselbe Ziel anstreben wie die frühere Schriftlesung, aber auf eine fruchtbarere Weise. Sodann kann uns gerade die Verheißung des Beistandes des Heiligen Geistes für eine größere Wertschätzung und ausgiebigeren Gebrauch der modernen Exegese öffnen ... und der Schriftlesung, die sich daraus ergibt."

[298] Ebd., 25.

[299] DERS., Toekomst voor een Geest-christologie?, 147. (Hervorhebung im Original)

[300] DERS., Christ and the Spirit, 34. (Hervorhebung im Original)

[301] DERS., Spirit Christology, 351. 362. Vgl. DERS., Der Geist, das Wort und der Sohn, 12f.

Geist empfangen ist - und in dem Gottes Wort Fleisch geworden ist. Er ist dann *der* Sohn Gottes, der eigene, der vielgeliebte, der einzige Sohn, als *der* Empfänger und *der* Geber des Geistes und als der Mensch, an den sich Gottes Wort nicht nur richtet, der dieses Wort nicht nur weitersagt, sondern der dieses Wort *ist.*“[302]

(2) Schoonenberg geht von der synoptischen Geist-Christologie aus, die seiner Überzeugung nach älter ist als die johanneische Tradition.[303] Er entnimmt dem *Markus-Evangelium Ansätze einer Geist-Christologie*. In dem markinischen Bericht über die Taufe Jesu am Jordan ist nach Ansicht Schoonenbergs die christologische Grundaussage des geist-christologischen Modells enthalten: Jesus wird Sohn Gottes durch den Empfang des Geistes bei der Taufe - oder, pointierter formuliert: Jesus ist - bzw. wird - Sohn Gottes durch den Heiligen Geist.[304] Jesus sieht den Geist wie eine Taufe auf sich herabkommen und hört die Stimme, die, ihn unmittelbar anredend, ihn als den vielgeliebten Sohn Gottes proklamiert. Schoonenbergs christologische Schlußfolgerung lautet: „In diesem Evangelium ist zuvor nicht beschrieben, daß Jesus schon Sohn Gottes ist ..., und noch weniger ist gesagt, wie oder seit wann er Sohn Gottes ist. Darum liegt es auf der Hand, im Bericht des Markus zu lesen, daß am Jordan Jesus Sohn Gottes *wird.* Indem Gott den Geist auf ihn niedersteigen läßt, und durch die Stimme aus dem Himmel ‚Du bist mein Sohn’ *macht* Gott Jesus zu seinem Sohn. In dem Maße, wie diese Auslegung wahrscheinlich ist, gibt Markus uns in dieser Erzählung eine Geist- Christologie ..., in der Jesus Gottes Sohn ist *aufgrund* des Herabkommens des Geistes auf ihm.“[305] Der markinische Gebrauch des Sohnestitels legt es nicht nahe, Jesus als die zweite Person der ewigen Dreifaltigkeit Gottes zu sehen: „Gott erklärt nicht eine bereits präexistente Vater-Sohn-Beziehung (eine solche kennt Markus nicht), sondern macht Jesus zu seinem Sohn *dadurch*, daß er ihm seinen Geist gibt. Die Worte ‚du bist mein Sohn’ sind wirksam, wir könnten sie sogar sakramental nennen, so daß das Handlungselement in diesem ‚Sakrament’ das Geben des Geistes ist. ... die Frucht dieser ... Taufe ist Jesu Sohnschaft Gottes.“[306]
Bei der Taufe sind Geistempfang Jesu und die Proklamation Jesu als Sohn Gottes, seine „Einsetzung“ zum Sohn Gottes verbunden: Nach Markus ist Jesus Sohn, *weil* ihm der Geist gegeben ist. Die Vorstellung der Inkarnation eines präexistenten Gottessohnes erscheint dagegen bei Markus nicht, ohne daß er diesen Gedanken leugnen wollte. Markus bezieht sich vielmehr auf die alttestamentliche Vorstellung, wonach Propheten oder Könige durch die „Salbung“ mit dem Geist zu ihrem Amt ausgerüstet bzw. zu Gottes „Söhnen“ eingesetzt werden (Ps 2,7; Jes 42,1). Der Taufperikope schließt sich der Bericht über die Versuchung Jesu in der Wüste an, in die Jesus durch den

---

[302] DERS., Der Geist, das Wort und der Sohn, 12. (Hervorhebung im Original)
[303] Vgl. G.L. MÜLLER, Christologie im Brennpunkt, 372f.
[304] Vgl. P. SCHOONENBERG, Der Geist, das Wort und der Sohn, 18-24.
[305] DERS., Toekomst voor een Geest-christologie?, 148. (Hervorhebung im Original)
[306] DERS., Der Geist, das Wort und der Sohn, 24. (Hervorhebung im Original)

Geist getrieben wird (Mk 1,12f). Von dort zurückgekehrt, heilt Jesus kraft des Geistes Kranke und treibt Dämonen aus. So schildert Markus Jesu Leben und Wirken als ein vom Geist erfülltes.

(3) Nach Schoonenberg liegt *im lukanischen Werk* eine *vollständige Geist-Christologie* vor. Die markinische Christologie wird im lukanischen Werk unter drei Aspekten ergänzt: Jesu Empfangensein vom Heiligen Geist, die Verbindung zwischen dem Geist und der Predigt Jesu, der Zusammenhang zwischen dem Geist und dem verherrlichten Christus.[307]
Von Lukas wird der Zeitpunkt, an dem Jesus vom Geist berührt und so Sohn Gottes *wird*, von der Taufe auf den Moment der Empfängnis Jesu durch den Heiligen Geist vorverlegt (Lk 1,35): „Hier wird gesagt, daß Jesus nicht nur in einem bestimmten Teil seines Lebens, von der Taufe oder der Auferstehung an ein Mann des Geistes ist, sondern in seiner ganzen menschlichen Existenz und in der ganzen Dauer seiner menschlichen Geschichte von seiner Empfängnis an. Von diesem Augenblick an ist er ein Werk, eine Frucht des Heiligen Geistes."[308] Schoonenberg sieht darin ein Element der Adoptions- oder Erhöhungschristologie bzw. einer „aufsteigenden" Christologie.[309]
Bei Lukas und Matthäus findet sich der Bericht von der Taufe Jesu und der Versuchung in der Wüste (Lk 3,21f. 4,1-13; Mt 3,13-17. 4,1-11). Bei Lukus wird die Bedeutung des Geistes während seines Wüstenaufenthaltes (Lk 4,1) stärker hervorgehoben als bei Markus. In der Kraft des Geistes kehrt Jesus nach Galiläa zurück (Lk 4,14), und fortan wird sein ganzes Auftreten, deutlicher noch als bei Markus, mit dem Wirken des Geistes in Verbindung gebracht (Lk 16,21; Apg 10,38). Als der mit dem Geist Gesalbte ist Jesus von Gott zu seinem Werk der Verkündigung, der Befreiung und Heilung im Gnadenjahr des Herrn gesandt. Jesus hat am Jordan den Geist als Ausrüstung zu seinem prophetisch-messianischem Heilswerk empfangen.
Im Kreuzesgeschehen und in der Auferstehung Jesu ist das Wirken des Geistes erfahrbar. Das Ostermysterium ist dabei unmittelbar mit dem Pfingstgeschehen verbunden: Der Geist, der für Lukas *die* Gabe Gottes ist (Lk 11,13), wird die „Verheißung des Vaters" (Lk 24,49). Dieser Geist kommt am Pfingsttag auf die Apostel herab, an dem Jesus, erhöht zur Rechten des Vaters, von ihm den Geist empfangen und diesen ausgegossen hat (Apg 2,33). Nachdem Jesus den Geist bei seiner Taufe empfangen hat, empfängt er ihn bei seiner Himmelfahrt ein zweites Mal, um ihn den Seinen mitzuteilen.[310] Jesu Verherrlichung und die Geistsendung durch den Erhöhten implizieren, daß Jesu ganze Person und seine ganze Geschichte, sein Leben von seinem Ursprung an, vom Geist gesalbt (worden) ist, daß Jesus in seinem ganzen Wesen von Gott(es Geist) ist, aus dem Geist Gottes lebt.[311]

---

[307] Vgl. ebd., 25-31.
[308] Ebd., 27.
[309] Vgl. ebd., 26.
[310] Vgl. DERS., Toekomst voor een Geest-christologie?, 149.
[311] Vgl. ebd.

(4) Schoonenberg hat bei Lukas eine vollständige Geist-Christologie gefunden, die auch nicht von anderen Christologien durchkreuzt wird. Nach Schoonenberg kann die *lukanische Geist-Christologie durch die Christologie(n) anderer neutestamentlicher Autoren* - vor allem des *Paulus* und *Johannes* - ausgeweitet bzw. *vervollständigt* werden.

Bei diesen beiden tritt das Verhältnis des Geistes zum Gekreuzigten und zum verherrlichten Christus deutlicher in den Vordergrund.[312] So wird im Hebräerbrief das synoptische Zeugnis von Jesu Auftreten im Geist dadurch erweitert, daß der Geist zu Jesu Kreuzesopfer in Bezug gesetzt wird (Hebr 9,14), und bei Johannes wird der Geist von Jesus nach seiner Auferstehung (Joh 20,22f) bzw. bereits am Kreuz (Joh 19,30.34; vgl. Joh 7,39) mitgeteilt. Von Paulus und Johannes werden der verherrlichte Christus und der Geist (beinahe) miteinander identifiziert: „Bei Paulus ist der Geist ‚von Gott', aber auch ‚von Christus' (Gal 4,6; Röm 8,9); der auferstandene Jesus, der ‚letzte Adam', ist ‚lebendigmachender Geist' geworden (1 Kor 15,45). Paulus sagt sogar einmal: ‚Der Herr ist der Geist' (2 Kor 3,17) ... Johannes verbindet den verherrlichten Christus mit dem Geist, der nach Jesu Heimgang zum Vater gegenüber der Welt ‚Paraklet' ist und für die Jünger ‚Geist der Wahrheit' (14,16f; 14,26; 15,26; 16,7-11; 16,13-15). Hier übernimmt der Geist Jesu Werk."[313]

Im Johannes-Evangelium wird der Geist als Prinzip des (ewigen) Lebens gesehen (Joh 3,5-8; 6,63; 7,39; 20,22f). Als Paraklet und Geist der Wahrheit ist er Inspirator des Zeugnisses und des Lehrens (Joh 14,16f.26; 15,26; 16,7-11.12-15; 1 Joh 2,20.27; 4,2f; 5,6b).[314] In den johanneischen Parakletsprüchen wird der Geist deutlicher als im übrigen Neuen Testament als Person dargestellt. Als der „andere Paraklet" ist der Geist jedoch zugleich vom Verherrlichten deutlich unterschieden: Die Sendung des Geistes durch den Sohn läßt den Unterschied zwischen beiden erkennen: „In der späteren Reflexion des Neuen Testaments werden Christus und der Geist genauer unterschieden als bei Paulus. Dies ist sogar innerhalb der Geist-Christologie des Lukas der Fall. Dort werden Jesus und der Geist stets deutlich unterschieden, bei der Erhöhung Jesu aber werden ihre Positionen vertauscht. Wurde Jesus in seinem irdischen Leben vom Geist geführt, so wird nun der Geist von Jesus gegeben. Selbstverständlich in Abhängigkeit von Gott."[315] Obwohl der Geist bei Johannes der „andere Paraklet" ist, ist doch der bei Lukas vorzufindende Abstand zwischen dem himmlischen Christus und dem auf Erden wirkenden Geist, was durch die Verheißung seines Kommens durch den Verherrlichten nahegelegt werde (Joh 14,18). So besteht nach Schoonenberg bei Johannes, wie bei Paulus, ein enges Zusammengehen zwischen dem Verherrlichten und dem Geist: bei „allem Unterschied der Personen sind die Wirkungen des verherrlichten Christus und des Geistes in den Gläubigen nicht mehr zu unterscheiden."[316]

---

[312] Vgl. ebd., 149f; DERS., Der Geist, das Wort und der Sohn, 31-47.
[313] DERS., Toekomst voor een Geest-christologie?, 149f.
[314] Vgl. DERS., Der Geist, das Wort und der Sohn, 33.
[315] Ebd., 40.
[316] Ebd., 42f.

(5) *Der neutestamentliche Befund* läßt sich *zusammenfassen*: Schoonenberg rekonstruiert aus den den unterschiedlichen geist-christologischen Ansätzen der synoptischen, johanneischen und paulinischen Tradition *eine* Geist-Christologie. Sie stellt ein älteres, den anderen Christologien gegenüber gleichwertiges christologisches Modell, einen „eigenständigen, quasi-systematischen Ansatz einer Theologie vom Sohn Gottes"[317] dar. Sie ist imstande, „alles, was ein Christ in bezug auf Gottes Werk in Jesus Christus bekennt, zu integrieren, denn sie bekennt Jesus unverkürzt als Gottes einzigen Sohn, unseren Herrn."[318] Sie zeigt Jesus als eine menschliche Person, die vom Heiligen Geist geführt wird und ganz von ihm erfüllt ist: „Jesus, der vom Heiligen Geist Empfangene und Empfänger des Heiligen Geistes, [war] auf seinem ganzen Lebensweg, im besonderen vom Jordan bis Golgota, so sehr von diesem Geist durchdrungen und in diesen Geist aufgenommen ..., daß er als Vollendeter (vom Vater her) der Spender dieses Geistes wurde."[319]

Den ersten Konzentrationspunkt der Geist-Christologie stellt *das Herabkommen des Geistes auf Jesus bei seiner Taufe am Jordan, die Geistsalbung* dar. Bliebe der Geistempfang Jesu allein auf das Taufgeschehen beschränkt, würde der geist-christologische Ansatz die theologischen Grenzen des Adoptianismus nicht überschreiten; die göttliche Sohnschaft Jesu käme später gleichsam hinzu und seine Sohnschaft wäre somit nicht einzigartig. Die *Geistempfängnis Jesu* stellt somit den zweiten Konzentrationspunkt dar. Der Heilige Geist wird in der Geist-Christologie selbst als göttlich betrachtet, existierend und wirksam vor Christus, der Jesus am Ursprung seiner menschlichen Existenz zum Sohn Gottes macht.[320]

Die Geist-Christologie ist ihrem Wesen nach eine Christologie „von unten", denn sie setzt bei der irdischen Existenz Jesu an. Sie zeigt eine menschliche Person, die von Anfang an aus Gottes Geist wirkt und existiert, und zeichnet die Lebensgeschichte Jesu von seinem Ursprung bis zu seiner Verherrlichung als eine Geschichte zwischen Jesus und dem Geist Gottes nach. Nicht erst bei seiner Auferstehung und Verherrlichung wird Jesus zum Sohn Gottes eingesetzt. Vielmehr wird Jesus - Sohn Gottes Zeit seines Lebens als vom Geist empfangen, den Geist (immer neu) empfangend und aus ihm heraus wirkend - nun als Sohn Gottes in Vollmacht offenbar und zum Geber des Geistes. Die Geistsendung durch den Verherrlichten impliziert Jesu Gottessohnschaft im Geist von seinem Ursprung an. *Auferstehung und Verherrlichung Jesu, seine Himmelfahrt und die Geistausgießung*, die als ein einheitliches Geschehen begriffen werden, verweisen - als dritter Konzentrationspunkt - zurück auf den Ursprung Jesu als des Sohnes Gottes kraft des Geistes.

So wird in der Geist-Christologie die göttliche Sohnschaft des Menschen Jesus unabhängig von der Präexistenz-Vorstellung gedeutet. Nach Schoonenberg hat

---

[317] G.L. MÜLLER, Rezension, 125.

[318] P. SCHOONENBERG, Toekomst voor een Geest-christologie?, 151.

[319] DERS., Der Geist, das Wort und der Sohn, 43, Anm. 25.

[320] Vgl. DERS., Toekomst voor een Geest-christologie?, 151.

das christologische Bekenntnis seinen Ausgang von der Auferstehung Jesu genommen und gehört der Gedanke der Präexistenz Jesu als des Gottessohnes einer späteren Reflexionsstufe an.[321] Die Geist-Christologie ist, vergleichbar der Adoptions- und Erhöhungs-Christologie, eine aufsteigende oder „Aszendenz"-Christologie. Ihr liegt jedoch nur in ihren Anfängen der Gedanke der Adoption Jesu (bei der Taufe, verbunden mit der Geist-Salbung; Apg 2,33; Ps 2,7) oder der Erhöhung bzw. Einsetzung (bei der Auferstehung; Röm 1,3f) zum Sohn Gottes zugrunde. Die „sohn-machende" Wirkung des Geistes Gottes erstreckt sich auf Jesu gesamte Existenz von Beginn an.

γ) Geist-Christologie und Logos-Christologie: Zwei gegensätzliche Deutungsmodelle?

(1) Geist-Christologie und Logos-Christologie unterscheiden sich durch ihren *methodischen Ansatz „von unten" bzw. „von oben"*: „Die Geist-Christologie sieht das Leben Jesu sich in einer aufsteigenden Linie bewegen: Sein Sohnsein wird in der Auferstehung vollendet; in der Wort-Christologie dagegen findet man eine absteigende Linie: das Wort kommt von Gott und wird Mensch unter uns."[322]

In der Geist-Christologie *wird* der Mensch Jesus Sohn Gottes bzw. er wird *mehr* Sohn Gottes, er wird von Gott voller zu seinem Sohn gemacht. Die Geist-Christologie ist eine „narrative" Christologie, die erzählend „von unten" ausgeht, über Jesu Lebensweg berichtet und dabei den Bezug Jesu „nach oben" entwickelt: „... in der Geist-Christologie [steht] Jesus vor uns als selbst auf dem Weg seiend, zu seiner Taufe im Jordan, zu seinem Werk als Verkünder der frohen Botschaft, als Heilender und Befreier in Galiläa, und zu seinem Kreuz und seiner Auferstehung ... in Jerusalem."[323]

In der Logos-Christologie dagegen findet die Geschichte Jesu kaum Beachtung, und in der klassischen chalcedonischen Christologie ist sie fast vollständig vernachlässigt worden.[324] Hier „*ist* Jesus bereits von Anfang an, aus seiner Präexistenz heraus Sohn Gottes."[325] Bei Johannes wird der präexistente Logos mit dem Menschen Jesus identifiziert. Dies ist noch nicht im Prolog (Joh 1,1-18) geschehen, der vom (präexistenten) Wort (Logos) spricht, das „im Anfang" bei Gott war, selbst Gott war: „Verbindet man jedoch den Prolog mit der johanneischen Sohn- und Menschensohn-Christologie, so kann man sagen, daß Jesus in diesem Modell als ganzer von Gott herabkommt, während Jesus in der Geist-Christologie (mehr) Sohn Gottes wird und zu einer größeren Vereinigung mit Gott, zu einem sich vollständiger auswirkenden Sohn-Sein aufsteigt."[326] Der Unterschied zwischen beiden Christologien hat sich in dem Maße verschärft, wie sich in der späteren Tradition die Logos-Christologie zu

---

[321] Vgl. ebd.
[322] Ebd., 13.
[323] DERS., Toekomst voor een Geest-christologie?, 151.
[324] Vgl. DERS., Christ and the Spirit, 42f.
[325] DERS., Der Geist, das Wort und der Sohn, 57. (Hervorhebung im Original)
[326] Ebd., 56.

einer Logos-Sohn-Christologie entwickelt hat, in welcher der Logos in seiner Präexistenz als Sohn Gottes bzw. als Gott der Sohn, die zweite göttliche Person, gesehen wird.
Schoonenberg stellt dem vom Johannes gezeichneten „statischen" Jesus-Bild die bei den Synoptikern entfaltete Geschichte Jesu gegenüber: „... die drei johanneischen Vorstellungen der Präexistenz bei Gott und der Sendung oder Herabkunft aus Gott: das Wort oder der Logos, der Fleisch wird, der Sohn, der beim Vater war und von dort her gesandt wird, und der Menschensohn, der vom Himmel herabkommt, ... deuten auf eine persönliche Existenz vor dem Leben Jesu als Mensch und werden noch betont durch Worte über seine Rückkehr zum Vater, bei dem er vorher existierte (13,3; 16,28) ... Während sich der synoptische Bericht auf die Verherrlichung zu bewegt, geht der johanneische von der Präexistenz aus: sogar die Verherrlichung ist eine Rückkehr dorthin. Die Herrschaft, die Jesus bei den Synoptikern empfangen *wird*, *hat* er im vierten Evangelium bereits empfangen (17,2). Daher das unhistorische und beinahe zeitlose Bild des johanneischen Jesus, ... die bleibende Herrlichkeit, die keine Zunahme von Wissen zuläßt, die jede Einwirkung auf Jesus ... seiner eigenen Initiative unterwirft (13,27; 18, 4-8)."[327]
Schoonenberg tritt aus theologischen und pastoralen Gründen für die Neubesinnung auf die Geist-Christologie ein: „Eine solche Geist-Christologie kann Menschen unserer Zeit ansprechen. Sie kann sie für den menschlichen Weg Jesu während seines Lebens empfänglich machen und damit auch für unseren menschlichen Weg, wenn wir ihm folgen. Diese Christologie zeigt uns Jesus nicht als abstrakten Gottsohn, sondern in seinem konkreten Auftreten als Prophet."[328] Sie kann den Glauben an Jesus verlebendigen.
Ein Nebeneinander von Geist-Christologie und Logos-Christologie erscheint unmöglich: In der Logos-(Sohn-)Christologie kann der Geist Jesus nicht mehr zum Sohn machen, da Jesus als der menschgewordene Logos bereits Sohn Gottes ist. Wenn dagegen der Heilige Geist als Person Jesu Menschheit so in Besitz nimmt und erfüllt, daß er Jesus zum Sohn Gottes macht, ist wenig Raum für eine „unio hypostatica", für eine Personeinheit mit dem Logos: „Denn entweder ‚unterbricht' der Geist dann diese Personeinheit mit dem Logos und macht sie zu einer nur mittelbaren Einheit, - oder Logos und Geist sind beide mit der Menschheit Jesu persönlich vereint, so daß die Menschheit Jesu zwei göttlichen Personen zugehört."[329] Ist in der Logos-Christologie der Einfluß des Geistes beim Zustandekommen der „unio hypostatica" nur ein nebensächlicher, akzidentieller, hat also der Geist keinen unmittelbaren Einfluß auf die Menschheit Jesu, so stellt er sich in der Geist-Christologie zwischen den Logos oder Sohn und die menschliche Natur Jesu.
Kann jedoch die Geist-Christologie neben der Logos-Christologie bestehen? Mit Blick auf die Logos-Christologie in ihrer heutigen Form ist dies, so

[327] Vgl. ebd., 102. (Hervorhebung im Original)
[328] Ebd., 44.
[329] Ebd., 64. Vgl. auch: Ebd., 145.

Schoonenberg, nicht möglich: „Gemäß der Logos-Christologie ist Jesus Christus Sohn Gottes, weil er die inkarnierte zweite Person von Gottes Dreieinheit ist; er kann darum nicht noch einmal Sohn Gottes sein kraft des Geistes, der auf ihm ruht."[330] So stellt sich die Frage: „Wie kann Jesus noch den Geist empfangen, wie kann er durch den Geist zu Gottes Sohn gemacht werden, wenn er schon von Ewigkeit her Gottes Sohn ist?"[331] Die (klassische) Logos-Christologie und die Geist-Christologie sind nach Schoonenberg unvereinbar aufgrund der „Konkurrenz" zwischen Sohn und Geist im Blick auf die „sohn-machende" Wirkung bzw. die „unio hypostatica".

(2) Schoonenberg will die *Geist-Christologie in die gegenwärtige christologische Diskussion einbeziehen*: „The crucial question, however, is how to do so ... Shall it be the more conservative way of drafting a Spirit christology within the Logos christology, where it will be not much more than an appendix? Or shall it be the way of replacing Logos by Spirit christology, with the damage of discarding a tradition of centuries and even ... still with the danger of adoptionism? I have to say honestly that I cannot decide between these alternatives."[332]
Schoonenberg möchte *die beiden christologischen Ansätze „von unten" bzw. „von oben" zu einer Sohn-Christologie verbinden.*[333] In beiden Christologien kann Jesus als vollständig göttlich und vollständig menschlich betrachtet werden, geht man, wie Schoonenberg, von der These aus, daß Sohn und Geist im bzw. durch das Christusereignis zu Personen werden. Er betrachtet Geist-Christologie und Logos-Christologie als zwei gleichwertige Deutungsmodelle. Wie alle Christologien des Neuen Testamentes bringen sie auf unterschiedliche Weise zum Ausdruck, daß und wie Jesus *der* Sohn Gottes ist: „Are they perhaps identical? Are they two expressions of one and the same christological confession?"[334] Die Geist-Christologie sieht Jesus nicht weniger göttlich als die Logos-Christologie: „Because the Spirit is equally divine as the Logos, the Spirit too is not only present in Jesus, but also embraces, contains and sustains his human reality, although we do not say that it is enhypostatic in the Spirit. In Spirit christology as well, the Spirit is connected with Jesus not only functionally but also ontologically, because function is the expression of being and being includes function."[335] Sowohl die Inkarnations-Christologie als auch die Adoptions- oder Erhöhungs-Christologie, die sich zur Geist-Christologie weiterentwickelt hat, kann die Fülle der Menschheit Jesu aussagen. Werden beide Modelle ergänzt, so kann die absteigende oder Inkarnations-Christologie die Adoptions-Christologie vor der Gefahr des Adoptianismus bewahren, d.h. davor, einen Teil der Geschichte Jesu von seiner Messianität oder göttlichen

---

[330] DERS., Toekomst voor een Geest-christologie?, 152.
[331] DERS., Der Geist, das Wort und der Sohn, 59.
[332] DERS., Spirit Christology, 360.
[333] Vgl. DERS., Toekomst voor een Geest-christologie?, 157.
[334] DERS., Christ and the Spirit, 41.
[335] DERS., Spirit Christology, 365.

Sohnschaft auszuschließen. Umgekehrt kann die aufsteigende oder Adoptions-Christologie die Inkarnaktions-Christologie davor bewahren, statisch zu werden. Sie kann aufzeigen, daß die Menschwerdung ein fortlaufender Prozeß ist."[336]

Schoonenberg möchte *beide Christologien zu einer Synthese verbinden*, in der Sohn und Geist Jesus zum Sohn Gottes machen: „Can we not see Jesus as the Prophet (John 6:14; 7;40), so filled with God's word that he *is* the Word incarnate, like he is so filled with the Spirit that he became life-giving spirit (1 Corinthians 15:45), that he *is* the Spirit (2 Corinthians 3:17)?"[337] Jesus, in dem Gott sein Wort ganz ausgesprochen hat und der ganz vom Geist Gottes erfüllt ist, ist der Mensch-auf-dem-Weg schlechthin: „Das Wort wird Fleisch und Gott bringt Jesus während seines ganzen Lebens als seinen Sohn hervor, von der Empfängnis bis zur Auferstehung, mit der Auferstehung als Vollendung ... Das Wort wird fortwährend Fleisch in der Geschichte Jesu, wird in zunehmendem Maße Fleisch. Die Fleischwerdung des Wortes kann sich darum mit der Vollendung, dem ‚Aufsteigen' Jesu verbinden, das wir in der Geist-Christologie gefunden haben. Die wachsende Fleischwerdung kann ein zunehmendes Erfülltwerden vom Heiligen Geist einschließen, wobei Inkarnation und Inpiration sich gemeinsam zum Höhepunkt des Auferstandenen hin bewegen, der lebendigmachender Geist geworden ist."[338]

δ) Verbundenheit von Wort und Geist in der Weisheit

Die im Neuen Testament eher verborgen anwesenden Weisheits-Christologie enthält eine Synthese von Wort-Christologie und Geist-Christologie. Die Verbundenheit von Wort- und Geist-Christologie sieht Schoonenberg im alttestamentlichen Verständnis von „Wort", „Geist" und „Weisheit" grundgelegt: Danach wird in der alttestamentlichen Weisheit die „Perichorese", die gegenseitige Durchdringung von Wort und Geist sichtbar.[339]

(1) Im *Alten Testament* sind *Wort*, *Geist* und *Weisheit* „Ausstrahlungen" und Wirkungen Gottes, Weisen seiner Anwesenheit, gleichsam eine Ausbreitung von Gottes eigenem Wesen. Werden sie personifiziert vorgestellt, erscheinen sie als handelnde Subjekte „neben" Gott oder „zwischen" Gott und den Menschen. Als Weisen der Gegenwart Gottes werden im Alten Testament beispielsweise sein „Angesicht", seine „Glorie" und sein Name vorgestellt. Daneben erscheinen aber vor allem Geist, Wort und Weisheit als Personen oder Hypostasen neben Gott, die jedoch auch wieder mit dem handelnden Gott zusammenzufallen scheinen.[340]

Hat das hebräische Wort *„rûach"* von seinem Wortstamm her verschiedene Bedeutungen - Wind, Atem, aber auch Gemüt oder Gemütsregung, Geist (in

---

[336] DERS., Christ and the Spirit, 34.
[337] Ebd., 44. (Hervorhebung im Original)
[338] DERS., Der Geist, das Wort und der Sohn, 80.
[339] Vgl. ebd., 67.
[340] Vgl. ebd., 65f.

Mensch und Tier) -, so bezeichnet „rûach“ ursprünglich ein Wirken bzw. eine Wirkung, d.h. ein aktives Element: „rûach“ ist Windzug, Luft in Bewegung, das Blasen des Windes oder heftiges Wehen, Stürmen.[341] In der Natur ist dieses Moment der Bewegung mit Leben, mit der Kraft zum Leben verbunden; „rûach“, *Geist* ist Lebensprinzip, lebendiges Wesen (Ps 104, 29f; Ijob 33,4). Auch werden dem Geist Gottes besondere Wirkungen zugeschrieben: Die mit der „rûach“ Begabten verfügen über besondere Fähigkeiten (Ex 35,31). Doch ruft „rûach“ am ehesten den Gedanken an Leben hervor, Leben in Beweglichkeit und Fülle.
Schoonenberg zeigt die Nähe von *Wort* und *Geist* in ihrem Wirken auf. Beide scheinen in den prophetischen Büchern ineinanderzugreifen: Das Wort dringt tief ein in das Herz des Menschen, und der Geist führt zum Wort: „For the prophets, God's Word and his Spirit ... are the most important extensions of Israel's God - the Word with the earlier canonical prophets from Amos to Jeremiah and the Spirit with later prophets around the Exile, especially Ezekiel. Both Word and Spirit are stimuli of prophetism, causing the prophets to see visions, to understand them, and urging them to speak. Incidentally Word and Spirit are personified (Is 55:10f; 63:10, 14). More important, both are experienced not only as enabling and urging to prophetic speech, but also as the instrument of God's action announced in that speech ... God's creative and recreative Word ... is recreative in Israel's restitution because ‚in the beginning' it has been creative in the constitution of heaven and earth (Gn 1; Ps 33,9; Wis 9,1; Jud 16:14). The Spirit of God too has been seen as creative (cf. Gn 1:26; Ps 33,6) and as life-giving (Ps 104:30).“[342] Die (neu)schaffende Funktion von Gottes Wort und Gottes Geist wird dann in der Weisheitsliteratur der göttlichen Weisheit zugeschrieben.

In der nachexilischen Weisheitstheologie ist die *Weisheit* („chokmah“) die Frucht des Studiums und der menschlichen Erfahrung.[343] In älteren Schichten der Weisheitsliteratur ist sie die auf Erfahrung gründende Kenntnis von Dingen oder Personen, erwachsen aus der Praxis und auf die Praxis hin orientiert. In dem Maße, in dem die Weisheit den alltäglichen Bereich überschreitet und über die menschliche Einsicht hinausgeht, rückt sie in die Nähe Gottes. Sie ist Gabe Gottes, sein Eigentum (Ijob 28). In späteren Schriften ist die Weisheit *die* Personifizierung des Handelns Gottes und seiner Gegenwart. Dabei wird sie deutlicher als andere Personifizierungen, wie etwa der Geist oder der Name Gottes, von Gott unterschieden als sein erstes Geschöpf, als seine Gesellin. Sie spielt vor Gottes Angesicht (Spr 8,30) oder thront neben ihm (Weish 9,4). Zugleich ist sie Gottes Atem, der Ausfluß seiner Herrlichkeit. Die Weisheit ist nicht schlechthin Gott, sondern verkörpert Gottes Gegenwart.

---

[341] Vgl. DERS., Waar de Geest toe drijft, 252f; DERS., Gods Geest en zijn werking, 1-3.
[342] DERS., A Sapiental Reading of John's Prologue, 407. Vgl. DERS., Toekomst voor een Geest-christologie?, 154.
[343] Vgl. DERS., Der Geist, das Wort und der Sohn, 67-71.

Als solche wird sie mit den Gaben identifiziert, die von Gott berührt werden. So wird die Weisheit mit dem Gesetz gleichgesetzt, worin sich für Schoonenberg der Wortcharakter der Weisheit ausdrückt: Die Weisheit wird als Gottes gesprochenes Wort verstanden. Sie tritt jedoch auch selbst, prophetisch redend, an Weggabelungen auf und verkündet sich selbst (Spr 8; Sir 24). Sie ist Gottes Offenbarung, die bis in die Herzen der Menschen dringt (Weish 7,27).
Die *Weisheit* ist *Wort und Geist Gottes.* Im Buch der Weisheit wird sie in Parallele sowohl zu Gottes schöpferischem Wort als auch zu dem „heiligen Geist, dem Lehrmeister" (Weish 1,4f) gesetzt: Die Weisheit und Gottes Heiliger Geist machen die Ratschlüsse Gottes bekannt (Weish 1,6). Die Weisheit erfüllt die Funktionen des Geistes Gottes, der, wie bereits bei Ezechiel, als prophetische Inspiration und Quelle des Lebens verstanden wird, der nun aber auch in gewisser Nähe zum „pneuma" der Stoa steht, das die Welt durchdringt. Im Buch der Weisheit kommt dem Geist verstärkt protologische Bedeutung zu (vergleichbar Gen 1,2), anstelle der messianischen und eschatologischen Funktion des Geistes bei den Propheten. Auf diese Weise ist der Geist wiederum enger mit dem schöpferischen Wort Gottes von Gen 1 verbunden. Die Weisheit entwickelt sich im Alten Testament allmählich zu einem Begriff, der Wort und Geist zusammenbringt, beide „synthetisiert". Diese *„Perichorese" von Wort und Geist*, die sich in der prophetischen Literatur abzeichnet, ist im Buch der Weisheit zu ihrem Höhepunkt gekommen.[344]

(2) Die Verbundenheit von Wort und Geist in der Weisheit lädt Schoonenberg dazu ein, auch *in Jesus Wort und Geist* gleichermaßen wirksam zu sehen.[345] Die eher verborgenen Ansätze einer *Weisheits-Christologie* im Neuen

[344] Vgl. ebd., 148-150: „Die Weisheit ist Gottes gesprochenes Wort als Gesetz, Gottes sprechendes Wort, wo sie ihre Einladung erklingen läßt, und Gottes Geist, wo sie nicht nur alles Geschaffene durchdringt, sondern auch in die Seelen eindringt. Da wir nun die Weisheit als Gottes völlige Gegenwart verstehen, liegt es nahe, in Wort und Geist ... zwei Formen dieser Gegenwart zu sehen. Das Wort ist dann die Gegenwart des immer größeren Gottes *bei* seiner Schöpfung, der Geist seine Immanenz, seine *Ein*-wohnung. Wie die Weisheit Gott selbst ist in seiner ganzen Gegenwart, so ist sein Wort Gott als der, der seiner Welt ihr Dasein gibt, sein Geist Gott als der, der sie durchdringt ... Gottes Wort bringt Geschöpfe zum Dasein, zu Selbständigkeit. Es bestimmt das Wesen, die Essenz, die Wirklichkeit: es ... gibt Dasein, Existenz ... Sehen wir ... auf den Geist als dem Wort entgegengesetzt. Atem und Wind sind bewegend, sie dringen ... ein, ... sie durchdringen jemanden. So kann Geist die Innerlichkeit sein, die dem Wort und Begriff vorhergeht ... 1 Kor 2,10) ... (Röm 8,26f) ... Während das Wort Form und Gestalt gibt, bringt der Geist Leben, körperlich, sozial und innerlich (Ez 37,1-14). Damit ist gesagt, daß der Geist nicht nur in unser Inneres eindringt, sondern uns auch nach außen öffnet ... Geist bewegt und drängt nach außen, zu den anderen. Das Wort gibt den Einzelnen Namen, der Geist schafft Gemeinschaft. Das Wort drückt Essenz aus, der Geist bewegt zur Koexistenz. Das Wort ist grundlegend am Anfang, der Geist treibt an zur Vollendung in der Zukunft. Der Geist erinnert nicht nur daran, was das Wort gesagt hat, sondern gibt immer neue Einsichten und kündigt kommende Dinge an (Joh 16,14f). So sind Wort und Geist unterschieden, aber auch wieder vereinigt ... Beide zusammen bilden die Fülle der Weisheit Gottes, beide zusammen bringen die ganze Gegenwart Gottes. Das Wort ist die erschaffende und ordnende Form dieser Gegenwart, der Geist die erfüllende und vollendende." (Hervorhebung im Original)
[345] Vgl. DERS., Toekomst voor een Geest-christologie?, 154.

Testament ermöglichen es, Wort und Geist als Weisen der Gegenwart Gottes zur Deutung der Gottessohnschaft Jesu heranzuziehen. Weil Wort und Geist „als Formen der Weisheit miteinander verbunden sind, bleiben sie auch verbunden in ihrem Verhältnis zu Jesus. Sie erfüllen ihn in gleicher Weise und verkörpern sich in ihm, ohne daß eine die andere überflüssig macht oder in eine sekundäre Rolle drängt. In seiner ganzen Wirklichkeit wird Jesus vom Wort getragen und vom Geist getrieben. *Beide* machen Jesus zum Sohn Gottes, so daß beide, Wort- und Geist-Christologie, zur Erklärung der göttlichen Sohnschaft Jesu gleichberechtigt sind."[346] Das Niedersteigen und Ruhen des Geistes auf Jesus von Joh 1,32-35 liest Schoonenberg mit der im Johannes-Prolog enthaltenen Aussage über den Logos und das Pleroma (Joh 1,14. 16) zusammen: Im Logos bzw. Pleroma des Prologs ist der Geist bereits mit enthalten.[347] Kann nicht auch die „Fülle" („plêrôma") Gottes, die im Christushymnus des Kolosserbriefes (Kol 1,15-20) Christus zugeschrieben wird (Kol 1,19; 2,9), als Wort und Geist gedacht werden?[348]

Schoonenbergs *Rekonstruktion der neutestamentlichen Weisheits-Christologie*[349] geht davon aus, daß „wir in den paulinischen, synoptischen und johanneischen Traditionslinien eine gewisse Neigung [finden], Jesus mit der Weisheit der Weisheitsliteratur gleichzustellen"[350]. Gleichwohl ist der Versuch, Wort und Geist in ihrer Synthese mit Jesus zu verbinden, im Neuen Testament nicht unternommen.
(a) Im Neuen Testament sind *„Wort"* und *„Geist"* mit dem *Leben*, mit der (Neu-)Geburt zum Leben verbunden. Als Beleg hierfür zieht Schoonenberg Joh 6,63 heran, wonach die Worte Jesu „Geist" und „Leben" sind; in Joh 7,39 ist das „lebendige Wasser", das zuvor Jesu Worte bildhaft bezeichnet (Joh 4,10.13), nach der Verherrlichung Jesu der Geist. Die *Weisheit* selbst wird im Neuen Testament als *Gabe Gottes* bzw. als eine *Gabe des Geistes* (1 Kor 12,8) vorgestellt. Lukas bezeichnet sie sowohl als eine Jesus geschenkte Gabe (Lk 2,40. 52) als auch als eine Gabe, die von ihm selbst ausgeht (Lk 21,25).
(b) Lukas sieht die *Weisheit Gottes in Jesus* (ebenso wie im Täufer) am Werk (Joh 7,35; 11,19): Jesus ist Diener und Werkzeug der Weisheit Gottes. Bei Matthäus ist die Verbindung zwischen Jesus und der Weisheit noch enger gezeichnet. Ist bei Lukas die Weisheit Gottes diejenige, die Propheten und Apostel sendet (Lk 11,49), nimmt bei Matthäus Jesus selbst die Stelle der Weisheit ein (Mt 23,34). Für seine Gemeinde ist Jesus die Weisheit, die die Propheten zum Sprechen veranlaßt (vgl. Weish 7,27). So scheint in diesem Matthäustext Jesus mit Gottes Weisheit identifiziert zu werden, allerdings nur unter vergleichender Heranziehung der Lukas-Parallele (bzw. von Q). Eine ausdrückliche Gleichsetzung Jesu mit der Weisheit wird von keinem der

[346] DERS., Der Geist, das Wort und der Sohn, 152f. (Hervorhebung im Original)
[347] Vgl. DERS., Toekomst voor een Geest-christologie?, 155.
[348] Vgl. DERS., Der Geist, das Wort und der Sohn, 152.
[349] Vgl. ebd., 72-94.
[350] Ebd., 77.

Evangelisten vorgenommen.[351] Allein bei Paulus findet sich explizit die Identifikation Jesu Christi mit Gottes Kraft und Gottes Weisheit (1 Kor 1,22-24), allerdings eher zufällig: „Dieser explizite Ausspuch über Jesus als Gottes Weisheit bleibt im Neuen Testament allein. Auch die Gleichstellung Jesu mit der Weisheit bei Matthäus, die sich aus einer Parallele innerhalb des Neuen Testaments ergibt, ist die einzige ihrer Art. Es gibt wohl verschiedene neutestamentliche Texte, die diese Gleichstellung suggerieren, aber dann wegen Parallelen im Alten Testament ... Der Gedanke an die Weisheit kann aber bereits bei der Beziehung zum Leben der Christen mitspielen. Christus ist ja ‚Gottes Kraft und Gottes Weisheit' ... (1 Kor 1,24), ... , von Gott für uns zur Weisheit gemacht' (1,30). Durch diese Gleichstellung Jesu Christi mit Gottes Weisheit kann Paulus Christus auch das zuschreiben, was das Alte Testament der Weisheit zuschreibt: ‚Das All besteht durch sie'."[352] Die alttestamentliche (personifizierte) Weisheit ist mit der Schöpfung verbunden (Spr 3,19; 7,23; 8,1.30; 9,2-4), wie auch Paulus Christus - der Weisheit Gottes (1 Kor 1,24) - eine zentrale Bedeutung in Gottes Schöpfung zuschreibt, „durch den alles geschaffen ist" (1 Kor 8,6).

(c) Auf die indirekte oder verborgene *Gleichsetzung Jesu mit der Weisheit Gottes* greift Schoonenberg sodann bei der Interpretation einzelner *Christushymnen* zurück.[353] Schoonenberg sieht in Hebr 1,3 Anklänge an Weish 7,25f. In Hebr 1,2 wird im Kontext der Schöpfungstheologie ein entscheidendes Element der Weisheitstheologie auf Christus übertragen. Deutlicher wird dieser Zusammenhang und der Bezug auf Weish 7,25f für Schoonenberg im Kolosserhymnus (Kol 1, 15-17): „Die Hymne im Kolosserbrief sieht Christus deutlich als die *Mensch gewordene* Weisheit."[354] Zu dieser Aussage gelangt Schoonenberg mit Blick auf Kol 1,15-17, Kol 1,20, wo von der Versöhnung gesprochen wird, und Gen 1,26f sowie unter vergleichender Heranziehung von 1 Kor 15,24-28.

(d) Schoonenberg legt - im Anschluß an zeitgenössische Exegeten[355] - eine *„weisheitliche Auslegung" des Johannes-Prologs* vor. Mit Blick auf Joh 1,1-4 unterstreicht Schoonenberg die Nähe von Logos und Weisheit zur Schöpfungsaussage von Gen 1,1: „... as Wisdom was before the face of God, sharing his throne, so ‚the Logos was with' or ‚in the presence of God' (1b)."[356] In diesem Kontext verweist er erneut auf die zentrale Bedeutung der Weisheit bei der Schöpfung und zieht zugleich die Verbindung zur Vorstellung vom Erschaffen Gottes durch das Wort (Gen 1; Ps 33,6-9; Weish 9,1).[357]

---

[351] Vgl. ebd., 73f.
[352] Ebd., 74.
[353] Vgl. ebd., 75-77; DERS., A Sapiential Reading of John's Prologue, 410-416.
[354] DERS., Der Geist, das Wort und der Sohn, 75. (Hervorhebung im Original)
[355] Vgl. R. FULLER, Incarnation, 57-66; DERS., Christmas, 63-73; J.D.G. DUNN, „Let John be John"; R.E. BROWN, Jesus, God and Man; J.M. ROBINSON, Jesus als Sophos and Sophia; C.H. DODD, Interpretation of the Fourth Gospel, 275.
[356] P. SCHOONENBERG, A Sapiential Reading of John's Prologue, 411.
[357] Vgl. DERS., Der Geist, das Wort und der Sohn, 76.

Wird in der Weisheitsliteratur an verschiedenen Stellen über den Ursprung der Weisheit aus bzw. von Gott gesprochen, findet sich demgegenüber bei Johannes keine entsprechende Aussage über den Ursprung des Logos: Die plausibelste theologische Erklärung hierfür sieht Schoonenberg in der Überzeugung des Johannes von der Ewigkeit des Logos (Joh 1,1c): Das göttliche Wesen des Logos kommt bei ihm deutlich zur Sprache, während dies in der Weisheitsliteratur von der Weisheit selbst an keiner Stelle ausgesagt wird: Der Logos ist nicht nur göttlich („theios"), sondern Gott („theos"), d.h. er besitzt die volle Göttlichkeit des Vaters oder, in späterer theologischer Terminologie, er hat dasselbe göttliche Wesen wie der Vater. Im Anschluß an John D.G. Dunn sieht Schoonenberg hierin den „Schlüssel" für das johanneische Verständnis des Begriffes „Sohn Gottes": „Precisely because Wisdom/Logos rather than Son of God is his [John's] primary category, he remains a monotheist - for while ‚Son' is more fitted to express distinction and relation ..., ‚Logos' by definition better expresses sameness and continuity."[358] Der Logos ist nicht nur Schöpfer, sondern - hier zeigt sich die Nähe zur Weisheit - Schöpfungsmittler, wobei er jedoch selbst Gott bleibt. In Joh 1,4f erscheint der Logos als der Mittler der lebengebenden Offenbarung Gottes. Dieser Logos wird Fleisch, vollständige menschliche Person in Jesus: „Das Bekenntnis Jesu, des *fleischgewordenen* Wortes als Gott - ... hat hier zurückwirkende Kraft. Die Hymnen in Kol 1 und Joh 1 machen uns deutlich, daß wir es nicht nur mit einer Weisheitstheologie zu tun haben, sondern mit einer Weisheits-*Christologie*. Die Züge der Weisheit Gottes sind die des konkreten Jesus geworden."[359] Die „weisheitliche Lektüre" des Johannes-Prologes führt zu der Einsicht, daß „der Logos des Prologs nach der Weisheit gestaltet ist und darum den Geist einschließt oder zumindest Raum dafür offenläßt."[360]

(e) Schoonenberg verweist auf eine gewisse inhaltliche Nähe zwischen Texten der Weisheitsliteratur, in denen die Weisheit zur Gerechtigkeit einlädt und diese verheißt, und einem vergleichbaren Verhalten Jesu: „... in Einladungen und Verheißungen Jesu [finden wir] eine Modellierung der Texte ..., die ihn selbst als die Weisheit in Person sehen. Noch weniger als bei Worten, die sich auf die Schöpfung beziehen, ist es hier möglich, neutstamentliche und alttestamentliche Texte genau als Parallelen nebeneinander zu stellen."[361] Er sieht etwa einen Zusammenhang von Mt 11,28-30 und Sir 41,23-30. Er bezieht sich dabei auf die Einladung Jesu, sein Joch auf sich zu nehmen, und die damit verbundene Verheißung der Seelenruhe. Verschiedene weisheitliche Texte, in denen der lebensspendende Charakter der Weisheit angesprochen wird (vgl. Spr 9,5; Sir 24,30-34), schwingen für Schoonenberg an verschiedenen Stellen im Johannes-Evangelium mit, in denen der Logos als das Leben, das Licht für

---

[358] J.D.G. DUNN, „Let John be John", 355.
[359] P. SCHOONENBERG, Der Geist, das Wort und der Sohn, 76. (Hervorhebung im Original)
[360] DERS., Toekomst voor een Geest-christologie?, 155.
[361] Ebd.

die Menschen vorgestellt wird (Joh 1,4), in denen Jesus Leben im Überfluß verheißt (Joh 10,10) oder das ewige Leben in vielfältigen Bildern symbolisiert wird (Joh 2,10; 410-14; 6,48-51; 7,38).[362]
Liegt - *zusammenfassend* - bei Lukas eine Geist-Christologie in reiner Form vor, so wird sie bei den übrigen Synoptikern, bei Johannes und Paulus durchkreuzt von einer Wort- und Weisheits-Christologie. Für Schoonenberg ist der Geist in der Logos-Christologie, der Weisheits-Christologie und der Plêrôma-Christologie impliziert.[363]

ε) Wort-Christologie, Geist-Christologie und Weisheits-Christologie in der christlichen Tradition

(1) Eine Bestätigung seiner Beobachtungen über das „Zusammengehen" von Wort und Geist in der Weisheit findet Schoonenberg in der *vor-nizänischen* bzw. *vor-kappadokischen Tradition.*[364] Seine Untersuchung gilt den binitarischen Strömungen der vor-nizänischen bzw. vor-kappadokischen Trinitätslehre, d.h. jenen Texten, in denen seit dem Aufkommen der Logos- Christologie der Geist mit dem Logos gleichgestellt wird. Er betrachtet erstens das Weiterbestehen der Geist-Christologie neben der Weisheits-Christologie, zweitens eine Traditionslinie der Logos-Christologie, in welcher der Logos wiederholt als Pneuma dargestellt wird, und drittens die philosophisch geprägte Trinitätslehre des Marius Victorinus, in der Christus und der Heilige Geist in einen Begriff zusammengefaßt werden.
Im *„Hirten" des Hermas* findet er eine Geist-Christologie, die „weiter [geht] als im Neuen Testament, der Geist ist Gottes präexistenter Sohn ... In der jüdisch-christlichen Theologie des Hermas finden wir ... den Gedanken, daß der Geist als präexistente Person der Sohn Gottes ist, aber es ist zweifelhaft, ob dieser Gedanke dort durchgehalten wird, wo der Sohn schlechthin genannt wird, und ob ein mehr dynamischer Geistbegriff daneben steht. Damit ist die Möglichkeit gegeben, daß die binitarischen Formulierungen des Hermas doch mit einem gewissen trinitarischen Gedankenstrom verbunden sind."[365] Schoonenberg sieht bei verschiedenen christlichen Verfassern des zweiten Jahrhunderts einen Einfluß der alttestamentlichen Weisheits-Christologie. Wird von den meisten Kirchenvätern der vor-nizänischen Tradition die Weisheit mit dem Logos identifiziert, wird von einigen Autoren die Weisheit mit dem Heiligen Geist gleichgesetzt. Er verweist exemplarisch auf *Theophilus von Antiochien*, der erstmals den Begriff „trias" gebraucht, d.h. die Trinität als

[362] Vgl. ebd., 77.
[363] Vgl. ebd., 77-80.
[364] Vgl. ebd., 80f: „Im Alten Testament kommen Gottes Wort und Geist einander sehr nahe, und die Weisheitstheologie ist auf dem Wege, beide im Bild der Weisheit zu vereinen. Im Neuen Testament sind Logos- und Geist-Christologie nicht weit voneinander entfernt und finden ihren Zusammenhang vielleicht in einem Unterstrom von Weisheits-Christologie. Auch in der frühen christlichen Tradition kann man eine Linie der Geist-Christologie oder ihrer Zusammenfügung mit der Logos-Christologie aufweisen."
[365] Ebd., 83f (mit Quellennachweis).

die Dreiheit von Gott, Wort und Weisheit begreift. Der Weisheit kommen hier charakteristische Eigenschaften des Geistes zu.[366] Auch bei *Irenäus* liegt eine Identifikation von Geist und Weisheit vor, wenn er Wort und Geist als die beiden Hände Gottes bezeichnet.[367] Außerdem sind *Ignatius von Antiochien*, der Verfasser des *zweiten Clemensbriefes, Lactantius* und *Hilarius* in mehr oder weniger ausgeprägter Form „Binitarier" gewesen.[368] Binitarische Aussagen stehen bei ihnen im Zusammenhang der Rezeption paulinischer Theologie: Der paulinische Gegensatz von „Fleisch" und „Geist" zur Bezeichnung des Menschlichen und Göttlichen, der in Röm 1,3f mit Bezug auf Christus die beiden Phasen des irdischen und des verherrlichten Lebens meint, wird in der nachbiblischen Tradition in zunehmenden Maße zur Bezeichnung der göttlichen und menschlichen Natur in Christus herangezogen. Dies führte zu einer Gleichsetzung des Geistes mit dem „Göttlichen" bzw. zu einer Identifikation von Logos und Geist als dem göttlichen Element in Christus, somit zu einer Form von „Binitarismus".

Zu einer Gleichstellung des göttlichen Logos in der Welt mit dem Pneuma kam es außerdem bei einigen frühchristlichen Apologeten unter dem Einfluß stoischer Philosophie: „Der Geist, der nach Lk 1,35 auf Maria herabkam, wird nun mit dem fleischgewordenen Logos von Joh 1,14 in Zusammenhang gebracht.[369] Mitunter finden wir in der Auslegung von Lk 1,35 ‚die Kraft des Allerhöchsten' als Logos aufgefaßt (eventuell unter Berufung auf 1 Kor 1,24: Christus Gottes Kraft), so daß für den Heiligen Geist daneben Raum bleibt, es gibt aber auch eine Linie, die den Geist in diesem Text mit dem Logos schlechthin identifiziert. Diese Gleichstellung wird dadurch erleichtert, daß verschienene Autoren die Worte ‚Heiliger Geist' (pneuma hagion) aus Lk 1,35 als ‚Heiliger Geist' (pneuma kyriou) oder ‚Geist Gottes' (Spiritus Dei) lesen. Der erste deutliche Text, der den Geist aus Lk 1,35 mit dem Logos gleichstellt, ist ein Satz von Justinus in Apol I,33: ‚Der Geist und die Kraft, die von Gott kommen, darf man nicht anders verstehen als den Logos'. Dieser Gedanke wird von Tertullian übernommen, der sich überdies auf Joh 4,24 beruft und eine stoische Auslegung gibt in adv. Praxean, 26."[370] Schoonenberg führt ver-

[366] Vgl. ebd., 70. Schoonenberg verweist auf: THEOPHILUS VON ANTIOCHIEN, Ad Autolycum II 5.

[367] Vgl. P. SCHOONENBERG, Der Geist, das Wort und der Sohn, 70. 84; mit Bezug auf: IRENÄUS VON LYON, Adversus haeresis IV praef. und IV 20,1; V,1,3; 5,1; 6,1; 28,3.

[368] Vgl. P. SCHOONENBERG, Der Geist, das Wort und der Sohn, 84-86.

[369] Schoonenberg verweist auf: E. EVANS, Tertullian's Treatise Against Praxeas, 63-70; M. SIMONETTI, Note di cristologia pneumatica, 217-226.

[370] P. SCHOONENBERG, Der Geist, das Wort und der Sohn, 85. Schoonenberg gibt die angeführte Textstelle aus Tertullian, Adversus Praxean, folgendermaßen wieder: „(Wenn die Schrift) ‚der Geist Gottes' sagt, nennt sie, obwohl Gott (als Ganzer) Geist ist, doch nicht direkt Gott, sondern will, daß der Teil dieses Ganzen (darunter) verstanden werde, das den Namen ‚Sohn' bekommen sollte. Dieser Geist Gottes ist derselbe wie das Wort (hic spiritus dei idem erit sermo). So wie ja wir, wenn Johannes sagt: ‚Das Wort ist Fleisch geworden', den Geist mitdenken (spiritum quoque intellegimus), wo das Wort genannt wird, so erkennen wir hier das Wort beim Nennen des Geistes. Denn der Geist ist die Substanz des Wortes und das Wort die Wirkung des Geistes, und die beiden sind eins (unicum sunt). Sonst würde Johannes einen

schiedene frühchristliche Autoren an - neben *Tertullian* auch *Lactantius, Victorinus von Pettau, Hilarius, Phoebadius von Agen* -, bei denen sich die Vorstellung von einer Fleischwerdung des Geistes Gottes oder des Heiligen Geistes finde.[371] Schoonenberg faßt zusammen: „Bisher sahen wir hauptsächlich binitarische Texte, in denen entweder ausschließlich der Geist oder ausschließlich der Logos zur Sprache kam, der dann ‚aus Geist besteht', weil er göttlich ist. Oft ... finden wir diese Texte in einem trinitarischen Kontext ... Ein einziges Mal finden wir auch die Weisheit genannt. Ein deutlicher Versuch, Wort und Geist unter die Weisheit oder den Logos zusammenzufassen, wurde nicht sichtbar, Tertullian sagt aber, daß wir beim Wort den Geist mitdenken, und Phoebadius identifziert Wort, Geist und Weisheit."[372]
Schließlich findet Schoonenberg in der Trinitätslehre des *Marius Victorinus* aus dem vierten Jahrhundert eine Sicht vor, in der Christus und der Heilige Geist als in den Logos aufgenommen vorgestellt werden:[373] „Des Victorinus Denken über Gottes Dreieinheit hat zwei Charakteristika, seine Sicht der Fülle des Seins und seine Sicht der Dreieinheit als Einheit zweier Zwei-Einheiten."[374] Das erste Prinzip ist Gott der Vater, dem die Fülle des Seins zukommt. „Diese Fülle schließt unterschiedene Seinsweisen ein, namentlich Leben oder Bewegung oder Akt und Kenntnis oder Bewußtsein. Auch der Logos oder Sohn und der Heilige Geist besitzen diese Fülle des Seins, aber bei ihnen herrscht einer der Aspekte vor (prédominance), die im Sein des Vaters eingeschlossen liegen (implication). Der Vater läßt den Logos aus sich hervorgehen, aber dieser kommt auch aktiv aus dem Vater hervor, und so kommt der Heilige Geist aus dem Wort hervor oder mit ihm aus dem Vater. Dabei herrscht im Vater das Sein vor, im Logos das Leben, die Bewegung oder der Akt und im Geist das Wissen. Dennoch ist auch der Vater Leben und Bewegung und Erkenntnis, ist der Logos Sein und der Geist Sein."[375] Victorinus charakterisiert demnach die Dreieinheit als eine Dreieinheit von Sein (Vater), Leben, Bewegung oder Akt (Logos) und Wissen (Geist).
Bei Victorinus findet sich die Aussage, daß Gott Geist ist, so daß Vater, Sohn und Heiliger Geist Geist sind, jedoch jeder auf seine eigene Weise. Ebenso kann er Vater, Sohn und Geist auch Logos oder Wort nennen. Für sein Verständnis des Verhältnisses von Sohn und Geist ist seine Sicht der Dreieinheit als der Einheit von zwei Zwei-Einheiten heranzuziehen. Danach steht nicht das Wort bzw. der Sohn dem Geist gegenüber; beide bilden vielmehr den Sohn oder Logos: Dieser selbst ist die Zweiheit Jesus - Geist. Schoonenberg bezieht sich auf Marius Victorinus, Adversus Arium III 8 und übersetzt: „So gibt es

---

anderen als den Fleischgewordenene verkünden und der Engel einen anderen als bestimmt, Fleisch zu werden, wenn nicht der Geist Wort und das Wort Geist ist' (Corpus Christianorum 13,22)."

371 Vgl. P. SCHOONENBERG, Der Geist, das Wort und der Sohn, 86 (mit Quellennachweis).
372 Ebd., 86f (mit Quellennachweis).
373 Vgl. ebd., 86-90; bezugnehmend auf: A. ZIEGENAUS, Marius Victorinus.
374 P. SCHOONENBERG, Der Geist, das Wort und der Sohn, 87.
375 Ebd., 88.

zwei Daseinsweisen (existentiae duae), die Christi und die des Heiligen Geistes in der einen Bewegung, die der Sohn ist."[376] Er fährt fort: „In diesem Text ist die Einheit zwischen Jesus und dem Geist vor allem in der philosophischen Terminologie des Victorinus ausgedrückt, im restlichen Teil des dritten Buches aber gibt er die zwei Zweieinheiten in Bildern des Neuen Testaments wieder. Dabei tritt die Einheit Jesu mit dem Geist als zwei Komponenten der einen Bewegung, die der Sohn ist, noch einmal in den Vordergrund, nun auch als ein gegenseitiges einander Durchdringen, eine Perichorese, ähnlich der zwischen Vater und Sohn. Letztere verhalten sich zueinander wie die Ruhe, in der die Bewegung als ihrem Ursprung beschlossen liegt, zur Bewegung, in der die Ruhe sich äußert. Auf diese Weise verhalten sich auch Jesus und der Geist zueinander: ‚Jesus ist der Geist, der offenbar ist, denn er ist im Fleisch, aber der Geist ist der verborgene Jesus, der in uns die Einsicht zustande bringt, nicht mehr jener, der Zeichen wirkt und in Parabeln spricht.'"[377]

Aus den Texten des Victorinus wird an keiner Stelle deutlich, daß er „die vorhergehende westliche Tradition, die das Wort und den Geist miteinander identifizierte ..., gekannt hat, ausgeschlossen ist es aber nicht".[378] Für Schoonenberg besteht die Bedeutung der Trinitätslehre des Victorinus darin, „die wenig reflektierte Identifikation nun in einer durchdachten Form"[379] dargestellt zu haben: „Die Weisheit aus der Schrift spielt in der Terminologie des Victorinus keine oder kaum eine Rolle, aber der Weg, auf dem die Weisheit Wort und Geist zusammenfaßt, findet in ihm einen Ruhepunkt, wenn er auch Logos nennt, was die Schrift Weisheit nennt. Die Absicht Tertullians, beim Logos immer den Geist mitzudenken, findet bei ... Victorinus ... einen spekulativen Ausdruck."[380]

(2) Schoonenberg sieht in der *neueren Theologie Anknüpfungen an die frühe geist-christologische Tradition*: den Versuch von verschiedenen Theologen, die Geist-Christologie neben der bestehenden Logos-Christologie zu etablieren bzw. dem Geist bei der Menschwerdung des Sohnes eine größere Bedeutung zuzuschreiben; außerdem Bestrebungen, die Logos-Christologie durch eine reine Geist- Christologie zu ersetzen.[381]

(a) Schoonenberg bezieht sich zunächst auf *Matthias Joseph Scheeben*, in dessen Werk ein neues Interesse für die Pneumatologie deutlich wird, der sich jedoch bei der Deutung der (Gottes-)Sohnschaft Jesu Christi als ein „typischer" Vertreter der Logos-Sohn-Christologie erweist. Dieser ruft den Gedanken der persönlichen Einwohnung des Heiligen Geistes in den Gerechten in

---

[376] Ebd., 89 (mit Quellennachweis bzw. Wiedergabe des lateinischen Textes).

[377] Ebd. (mit Quellennachweis bzw. Wiedergabe des lateinischen Textes). Schoonenberg bezieht sich auf: MARIUS VICTORINUS, Adversus Arium III 4.

[378] P. SCHOONENBERG, Der Geist, das Wort und der Sohn, 89.

[379] Ebd., 89f.

[380] Ebd, 90.

[381] Vgl. ebd., 62-65; DERS., Spirit Christology, 356-360.

Erinnerung, die Beziehung des Geistes zu Jesus wird dagegen kaum entfaltet. Im Kontext von Erläuterungen zur hypostatischen Union hebt Scheeben das Gesalbt-Sein Jesu durch und mit dem Logos hervor: „Eine Salbung *durch* den Geist kann, so sagt Scheeben, nur bedeuten, daß der Geist der Mittler ist zwischen dem Salböl, das der Logos selbst ist, und der Menschheit Jesu. Als solcher ist der Geist Mittler der hypostatischen Einheit selbst, aber dies ist eine Wirkung der ganzen Dreifaltigkeit, die nur durch Appropriation dem Geist zugeschrieben wird. Eine Salbung Jesu *mit* dem Geist macht Jesus nicht zum Gottmenschen, sondern ist nur eine Folge der Tatsache, daß er der Mensch gewordene Sohn *ist*. Darum, so sagt Scheeben, gebrauchen die Schrift und die Väter diesen Ausdruck nicht, um die göttliche Würde Jesu zu beschreiben, sondern nur um seine Wirkung zu bezeichnen."[382] Scheeben reduziert „die Rolle des Geistes in bezug auf Jesu Menschheit, soweit diese für die hypostatische Union konstitutiv ist, zu einer Appropriation und [beschränkt] diese Rolle (nun wahrscheinlich als persönliche Wirkung des Geistes) auf die Zurüstung Jesu für sein Werk ..., die auf die unio hypostatica folgt, sie aber nicht konstituiert. ... entweder macht der Geist Jesus zum Sohn Gottes, dann ist aber ‚der Geist' die ganze Gottheit - oder der Geist ruht auf Jesus, der bereits Gottes Sohn ist und stattet ihn mit seinen Gaben aus und dann dürfen wir den Geist als Person am Werk sehen."[383]

(b) Im Rahmen der klassischen Logos-(Sohn-)Christologie verbleiben nach Schoonenberg auch die pneumatologischen, christologischen und trinitätstheologischen Entwürfe der beiden zeitgenössischen Theologen *Heribert Mühlen* und *Walter Kasper*: „Wir sahen bereits, wie bei Scheeben der Geist, soweit er als Person auftritt, den bereits vom Logos zum Sohn Gottes gemachten Jesus weiter für sein messianisches Werk ausstattet. Dies ist auch die These ... [von] Heribert Mühlen und Walter Kasper ... Der von Thomas gemachten Unterscheidung zwischen Christi ‚Gnade der Einwohnung' und ‚heiligmachender Gnade' folgend sagt Mühlen, daß der Logos sich auf die menschliche *Natur* Jesu beziehe, indem er sie zur Person macht und sich der Heilige Geist auf diese *Person* Christi bezieht, indem er sie mit geschaffenen Gnadengaben heiligt."[384] Auch bei Kasper wird die „unio hypostatica" mit dem Logos vorausgesetzt: „Die bereits auf Cyrillus von Alexandrien zurückgehende Auffassung, daß der Geist Jesu Menschheit für ihre Einheit mit dem Sohn *disponiert*, entwickelt Kasper in existentieller Weise weiter: der Geist heiligt Jesus, um die Selbstmitteilung Gottes in der unio hypostatica frei zu

---

[382] DERS., Der Geist, das Wort und der Sohn, 61. Schoonenberg bezieht sich auf: M.J. SCHEEBEN, Gesammelte Schriften, Bd. II, 275-277; Bd. VI/1, 176-184.

[383] P. SCHOONENBERG, Der Geist, das Wort und der Sohn, 62.

[384] Ebd., 63. (Hervorhebung im Original) - Schoonenberg bezieht sich auf: H. MÜHLEN, Der Heilige Geist als Person, bes. 206-214. Siehe auch P. SCHOONENBERG, Der Geist, das Wort und der Sohn, 63 Anm. 15: „Mühlen macht Gebrauch von der Unterscheidung des Thomas zwischen Christi gratia unionis und gratia habitualis: *Summa Theol.* III, q.7,a.13. Die erste wird nach Mühlen durch das Wort, die zweite durch den Heiligen Geist zustande gebracht." (Hervorhebung im Original)

beantworten, um ‚die menschgewordene Antwort auf Gottes Selbstmitteilung zu sein'"[385]. Von Kasper wird, so Schoonenberg, die „unio hypostatica" mit dem Logos bereits vorausgesetzt: „Kasper ... synthetisiert sein Material in seiner Logos-Sohn-Christologie nach Chalkedon (aber mit großer Aufmerksamkeit für das menschliche Person-sein Jesu) und ergänzt diese ..., indem er sie pneumatologisch ausrichtet."[386]
Die hier exemplarisch aufgezeigten Ansätze einer pneumatologischen Neubesinnung in der Christologie verbleiben, so Schoonenberg, in den Grenzen der herkömmlichen Logos-(Sohn-)Christologie: „Scheeben, Mühlen und Kasper sind für ihre Einführung der Pneumatologie in die Christologie zu loben, sie beweisen aber, daß dieser Geist in einer Logos-Sohn-Christologie nur an zweiter Stelle steht. Er kann Jesus nicht mehr zum Sohn Gottes machen, weil Jesus das als menschgewordener Logos bereits ist. Man kann Mühlen fragen, warum eine als Sohn Gottes konstituierte Person noch einer eigenen Heiligung bedarf, und Kasper, warum das göttliche Wort nicht selbst die angenommene Menschheit befähigt, auf diese Annahme zu antworten."[387]
(c) Schoonenberg verweist schließlich auf zwei Theologen des 19. und 20. Jahrhunderts, *Edward Irving* und *G.W.H. Lampe,* die (mehr oder weniger ausgearbeitet) eine Geist-Christologie neben bzw. unabhängig von der Logos-Christologie vorgelegt haben. Ist Irving der Pfingsttheologie zuzuordnen, so ist das (geist-)christologische Anliegen des zeitgenössischen angelsächsischen Theologen Lampe in einer grundsätzlichen Kritik an der klassischen Logos-Christologie mit ihrer Bedrohung des Menschseins Jesu begründet.[388]

c) Spekulative Konsequenzen für die Christologie von Chalcedon

„Jesus ist - und wird - der Sohn durch das Herabkommen des Heiligen Geistes auf ihn ebensowohl wie durch die Inkarnation des ewigen Wortes in ihm."[389] Hat Schoonenberg diese These an der biblischen und vor-nizänischen bzw. vor-kappadokischen Tradition zu begründen gesucht, stellt sich ihm nun die Aufgabe, sie im Blick auf die Lehrdefinitionen von Chalcedon zu entfalten.

α) „Gegenseitige Enhypostasie"

Schoonenberg entwickelt im Rahmen seiner geist-christologischen Studien das Modell der „umgekehrten Enhypostasie" seit 1972 zu dem der „gegenseitigen Enhypostasie" weiter: „Ich habe ... die Enhypostasie von Jesus im Logos durch

---

[385] P. SCHOONENBERG, Der Geist, das Wort und der Sohn, 63 (Hervorhebung im Original); mit Bezug auf: W. KASPER, Jesus der Christus, 298. Zur (Geist-)Christologie Kaspers siehe: M.E. O'KEEFFE, Contemporary Spirit Christologies, 98-156.
[386] P. SCHOONENBERG, Der Geist, das Wort und der Sohn, 63.
[387] Ebd.
[388] Vgl. DERS., Spirit Christologie, 358f. Siehe G.W.H. LAMPE, Holy Spirit. Zur Pneuma-Christologie Lampe's siehe: M.E. O'KEEFFE, Contemporary Spirit Christologies, 55-97.
[389] P. SCHOONENBERG, Der Geist, das Wort und der Sohn, 212.

eine umgekehrte Enhypostasie *ersetzt*. Bei näherem Hinsehen frage ich mich, ob ich nicht die erste Enhypostasie (die klassische), die von Jesu Menschheit im Logos, nicht hätte beibehalten können ... Auf den ersten Blick scheint dieses Insein Jesu *im* Logos in Widerspruch zu stehen mit der von mir betonten Gegenwart Gottes (= des Wortes) in Jesus. Dieser Widerspruch verschwindet aber, wenn wir bedenken, was Gegenwart Gottes bedeutet. Gott als die alles transzendierende Wirklichkeit wird nicht umschlossen von dem, worin er gegenwärtig ist. Er trägt zugleich alle Wirklichkeit, so daß diese auch in ihm besteht. Gott ist in seiner Schöpfung, und diese ist in Gott. Der Vater ist in Jesus, und Jesus ist im Vater ... Diese Gegenwärtigkeit Gottes ist sein Logos, der demnach in Jesus wohnt ..., während umgekehrt Jesus im Logos und so im Vater ist. Die zwei Einwohnungen oder Enhypostasien ergänzen einander; wir haben eine wechselseitige Durchdringung, eine Perichorese von Gott und Jesus und dadurch von Logos und Mensch in Jesus Christus."[390]
Schoonenberg nimmt die Enhypostasie des Logos im Menschen Jesus *und* die Enhypostasie des Menschen Jesus im Logos an: „I propose to speak of a *reciprocal* enhypostasis ... Because each presence of God in a creature includes the presence of that creature in God, the enhypostasis of the Word in Jesus (which I proposed and maintain) includes the enhypostasis of Jesus in the Word (which I now affirm with the classical doctrine). This way I think that I have satisfied the concern of alarmed theologians and of the Congregation for the Doctrine of Faith."[391]
Die Enhypostasie der Menschheit Jesu im Wort darf nicht zu einer Anhypostasie der Menschheit Jesu führen. Sodann besagt die Enhypostasie des Menschen Jesus nicht, daß Jesus in seinem Menschsein durch etwas Nicht-Menschliches konstituiert werde; vielmehr wird „seine vollmenschliche Person dadurch erschlossen, vertieft und erweitert, daß der Logos diese Person tragend umfaßt und der Vater sein Gegenüber ist."[392] Die menschliche Natur Jesu ist enhypostatisch im Wort. Dabei trägt sie selbst jedoch zum Subsistieren des Wortes nichts bei, da sie unabhängig von ihrer Enhypostasie im Wort (d.h. ihr vorausgehend) kein eigenes Dasein hat. Das Wort wird nicht durch die Menschheit hypostatisiert. Vielmehr hypostatisiert es sich selbst dadurch, daß es die Hypostase der Menschheit Jesu wird.[393]
Schoonenberg sucht den Terminus der „Anhypostasie" in bezug auf die menschliche Natur Jesu Christi zu vermeiden. Er weist auch weiterhin die Vorstellung zurück, daß die menschliche Natur innerhalb der hypostatischen

---

390 DERS., Het avontuur der christologie, 312. (Hervorhebung im Original)

391 DERS., Spirit Christology, 364f. (Hervorhebung im Original) - Schoonenberg bezieht sich hier auf die Erklärung der Glaubenskongregation aus dem Jahre 1972, Declaratio ad fidem tuendam in mysteria Incarnationis et Sanctissimae Trinitatis.

392 DERS., Ich glaube an Gott, 82.

393 Vgl. DERS., Der Geist, das Wort und der Sohn, 153f. Schoonenberg betont an dieser Stelle, daß er diese These auch in seinen früheren Arbeiten bereits vertreten habe, und wendet sich gegen die Kritik, daß bei ihm das Personwerden des göttlichen Wortes von der Menschheit Christi verursacht werde.

Union, d.h. seit der Inkarnation, kein eigenes Personsein habe.[394] Nach Schoonenberg ist das Verhältnis der Enhypostasie des Wortes in der Menschheit Jesu einerseits und der Enhypostasie der Menschheit Jesu im Wort andererseits ein gegenseitiges, jedoch kein symmetrisches: „Whereas the enhypostasis of Jesus in the divine Logos is totally received, that of the Logos in Jesus is totally active. The human person Jesus is grounded in the hypostasis of the Logos but the Logos becomes hypostasis, indeed second person, by actively sustaining the personal being of Jesus."[395]

(1) Die *Einheit von Gottheit und Menschheit* in der einen Person Jesu Christi beschreibt Schoonenberg mit dem Begriff der *gegenseitigen Perichorese*: „Die göttliche und die menschliche Natur in Jesus Christus durchdringen sich gegenseitig; kraft dieser gegenseitigen Perichorese ist er auf göttliche Weise menschlich und auf menschliche Weise göttlich, beides in einem geschichtlichen Vollzug."[396]
In dieser Perichorese der Naturen bleiben Gottheit und Menschheit unterschieden und bilden doch eine personale Einheit auf eine Weise, wie dies für geschöpfliche Wirklichkeiten nicht möglich ist. Nicht eine der beiden Naturen - insbesondere nicht die göttliche Natur, soweit diese im Logos exi-stiert, - ist mit der gottmenschlichen Person Jesus Christus oder dem Sohn Gottes identisch, sondern deren gegenseitige Perichorese: „Jesus Christus [kann] *nicht nur* göttliche Person genannt werden (und gar *nicht nur* menschliche Person), sondern *gottmenschliche Person.* Als solche benenne ich Christus, nicht kraft einer nur logischen *communicatio idiomatum*, sondern kraft der ontologischen Perichorese beider Naturen. Die Zweiheit der Naturen Christi und die Einheit seiner Person sind nicht separate Gegebenheiten, sondern die Naturen einigen sich als Naturen in der Person, und die Person als Person ist gottmenschlich in den Naturen. Die gottmenschliche Natur ist gottmenschlich in den Naturen."[397]
Schoonenberg hebt nachdrücklich hervor, daß Jesus keine „Mischperson" aus

---

[394] Vgl. ebd.: Der Ausdruck „Anhypostasie" kann zwei unterschiedliche Bedeutungen haben: Die menschliche Natur Christi hat kein eigenes menschliches Personsein *außer* ihrer hypostatischen Einheit mit dem göttlichen Wort, d.h. vor der Inkarnation, oder *innerhalb* der hypostatischen Einheit, also seit der Inkarnation. In der klassischen Christologie ist das zweite Verständnis das vorherrschende; es wird in der neueren Theologie zur Diskussion gestellt. Schoonenberg hat den Gedanken der Anhypostasie der menschlichen Natur in Jesus Christus seit der Inkarnation bereits in „Ein Gott der Menschen" abgelehnt und tut dies auch weiterhin.

[395] DERS., Spirit Christology, 368.

[396] DERS., Denken über Chalcedon, 301. Vgl. DERS., Alternativen der heutigen Christologie, 356: „In einer solchen Perichoresis [von Gottheit und Menschheit] teilen sich die göttliche Wirklichkeit des Logos und die menschliche Wirklichkeit gegenseitig in ihren Eigenschaften, ... dadurch, daß sie ganz sie selbst bleiben. Nun ist meine Behauptung, daß eine solche Perichoresis der Naturen eine gegenseitige Enhypostasie einschließt, so daß die Person Christi mit den beiden Naturen in ihrer Perichoresis identisch ist. So kehre ich zum alten Terminus ‚zusammengesetzte Person' (‚hypostasis synthetos') zurück, nur mit dem Unterschied, daß Christi menschliche Wirklichkeit selbst zu seinem Personsein beiträgt und nicht nur von der göttlichen Person ‚gehabt' wird."

[397] DERS., Der Christus „von oben", 122. (Hervorhebung im Original)

Gottheit und Menschheit darstelle.[398] Die Perichorese von Göttlichem und Menschlichem besagt sowohl ein „Durch-einander-Gehen“, ein wechselseitiges sich Durchdringen, als auch eine unendliche Distanz, in der die göttliche und die menschliche Wirklichkeit voneinander entfernt sind. Die göttliche Natur des Logos und die menschliche Natur enhypostasieren sich ineinander, allerdings jede auf ihre eigene Weise: „... der Logos ... bestimmt sich selbst auf endgültige Weise, indem er zugleich die Menschheit Jesu und sich selbst zu der einen Person des Gottessohnes macht. Der Logos *wird* Fleisch (er nimmt es nicht nur an), und gerade dadurch wird er Sohn.“[399] Als von der Person des Vaters ausgehend, erschafft der Logos Jesu Menschheit - „ipsa assumptione creatur“ (Augustinus) - und personalisiert sie. Als derjenige, der zu seiner Inkarnation vom Vater ausgeht, ist er nicht in jeder Hinsicht der Person des Vaters gleich, da dies das menschliche Personsein Jesu ausschließen würde. Der Logos personalisiert die Menschheit Jesu vielmehr „als das *pleroma* des Vaters, das Jesu Menschheit erfüllt und bewohnt, aber in dieser Einigung auch erschafft, als die Weisheit, die sich ein Haus baut.“[400]

(2) Die Gegenwart des Logos, der „Fülle“ („plêrôma“) des Vaters bzw. der Weisheit Gottes in Jesus schließt die *Präsenz des Geistes in Jesus* ein.[401] Der *Logos*, der die Weisheit ist, ist *Wort* und *Geist*: „Mit dem schöpferischen Tragen des Wortes geht das schöpferische Erfüllen und Geleiten des Geistes gepaart, im ganzen Leben Jesu von der Empfängnis bis zur Auferstehung.“[402]
Als Folge des Konkurrenzdenkens in der klassischen Christologie - im Verhältnis von göttlicher und menschlicher Natur in der hypostatischen Union und hinsichtlich der Bedeutung des Logos und des Geistes beim Zustandekommen der „unio hypostatica“ - ist dem Geist eine die Person Jesu (mit)konstituierende Wirkung nicht zugeschrieben worden: „Die strikte Personeinheit des Logos oder Sohnes mit der individuellen menschlichen Natur Christi hat dazu geführt, die Beziehung des Heiligen Geistes zu dieser Menschheit als zweitrangig aufzufassen, was der neutestamentlichen Geist-Christologie zuwider ist.“[403] Nach Schoonenberg machen jedoch Logos und Geist einander dieses hypostatische Verhältnis zur Menschheit Jesu nicht streitig. Er identifiziert die Person Jesu Christi weder mit der des Wortes, noch mit der Menschheit Jesu, sondern mit ihrer Perichorese. Wie es eine Perichorese des Wortes und der Menschheit Jesu gibt, so nimmt er auch eine Perichorese des Geistes und Jesu menschlicher Natur an. Mit dieser verbunden ist die Annahme einer gegenseitigen Enhypostasie von Geist und Menschheit Jesu, die auf dieselbe asymmetrische Weise besteht wie hinsichtlich des Logos zur Menschheit Jesu.[404]

[398] Vgl. DERS., Denken über Chalcedon, 302-304.
[399] DERS., Alternativen der heutigen Christologie, 357. (Hervorhebung im Original)
[400] DERS., Der Christus „von oben“, 122. (Hervorhebung im Original)
[401] Vgl. ebd.
[402] DERS., Der Geist, das Wort und der Sohn, 203.
[403] DERS., Der Christus „von oben“, 115.
[404] Vgl. DERS., Der Geist, das Wort und der Sohn, 203.

Schoonenberg geht davon aus, daß eine der Relation des Logos zur menschlichen Natur Jesu gleichartige, d.h. gegenseitige, aber nicht symmetrische Relation auch zwischen dem Geist und der Menschheit Jesu besteht. Auch der Geist bildet die Menschheit Jesu, denn innerhalb der Weisheit Gottes und des Logos ist der Geist mit dem Wort vereinigt: Die Menschheit Jesu „wird gänzlich geheiligt und geleitet vom Geist. Auch hier kann gesagt werden, daß diese Menschheit nicht außerhalb oder vor dieser Wirkung des Geistes existiert; dies ist im Bekenntnis, daß Jesus vom Heiligen Geist empfangen ist, eingeschlossen. Andererseits gibt sich aber der Geist eine neue Präsenz dadurch, daß er sich mit Jesus vereinigt; er findet einen Ruheplatz in Jesus und damit in unserem Menschengeschlecht."[405] Der Geist macht Jesus nicht nur zum Propheten, er gibt ihm nicht eine Salbung, die seinen Sohn-Sein nur hinzugefügt wäre, sondern der Geist macht Jesus wirklich zu Gottes vielgeliebtem Sohn. Der Geist ist mit Jesus nicht nur funktional, sondern auch ontologisch verbunden. Jesus ist göttlich durch die Gegenwart des Geistes, die ihn durchdringt, ebenso wie durch das Wort, das sich in seiner menschlichen Natur hypostatisiert.[406]
Auch bezüglich des Verhältnisses (der Menschheit) Jesu zum Geist gilt, daß der Vater, von dem der Geist ausgeht, das sendende Gegenüber Jesu ist. Schoonenberg versteht den Geist, insoweit er vom Vater unterschieden ist, im Anschluß an Marius Victorinus „als im Logos enthalten und deshalb auch als Salbung und Kraft die gottmenschliche Person des Gesalbten erfüllend."[407] Die Beziehung zwischen dem Geist und der Menschheit Jesu beschreibt Schoonenberg als eine wechselseitige, die letztlich jedoch, analog der Relation von Wort und Menschheit Jesu, vom Vater bewirkt ist: „So finden wir ... ebenso wie beim Wort eine gegenseitige Beziehung zu Jesus: der Geist macht ihn zum Sohn und nimmt von ihm sosehr, daß er selbst der Geist des Sohnes wird. Und wieder können wir diese gegenseitige Einwirkung letztendlich Gott zuschreiben, der im Geist Jesus zu seinem Sohn macht und in Jesus seinen Geist zu dessen Geist."[408]
Gleichwohl unterstreicht Schoonenberg die aktive Rolle von Logos und Geist bei der Menschwerdung Jesu: „I do not intend to make the Logos and the Spirit passive, so that they have to be sustained by respectively the person of Jesus and the community of the Church, which by that fact should be the created hypostases of divine realities."[409] Es ist der Logos und es ist der Geist selbst, die sich im Christusereignis mitteilen bzw. vom Vater mitgeteilt werden. Damit bleibt die klassische Lehre, nach welcher der Logos die Hypostase der menschlichen Wirklichkeit Jesu ist, gewahrt. In Entsprechung dazu ist der Geist, als Paraklet, die Hypostase der Kirche: „We can even say that the risen and glorified Christ is sustained by both the Logos and the Spirit,

[405] Ebd., 154.
[406] Vgl. DERS., Spirit Christology, 365.
[407] DERS., Der Christus „von oben", 122.
[408] DERS., Der Geist, das Wort und der Sohn, 205.
[409] DERS., Christ and the Spirit, 46.

so that he is the Word Incarnate but also ... he himself ‚is the Spirit' (2 Corinthians 3:17).“[410]
Wie sich der Logos in der Inkarnation mit der einen Person Jesus identifiziert und Sohn wird, so wird der Geist durch die Verherrlichung Jesu Christi persönlich, d.h. er wird der Paraklet: Der Geist repräsentiert Jesus gegenüber einer Gemeinschaft, er wird eine „Gemeinschafts-Person“, die Gemeinschaft des Geistes (2 Kor 13,14).[411] Jesus ist vom Geist empfangen, empfängt ihn während seines Lebens immer wieder aufs neue, und umgekehrt empfängt der Geist vom Sohn selbst: „Er [der Geist] empfängt von Jesus als göttlicher Geist, also auf göttliche Weise, nicht um in sich selbst erfüllt zu werden, sondern um über Kirche und Welt zu kommen ... Daher kann man auch sagen, daß er vom Sohn nimmt.“[412] In ihrem Dasein in sich selbst ist die Menschheit Jesu enhypostatisch im Wort, nach ihrer Hinwendung zu anderen ist sie enhypostatisch im Geist.[413] Das Wort wird in Jesus die Person des Sohnes, und der Vater personalisiert den Geist aus Jesus heraus als Paraklet.

β) Logos und Geist im Christusereignis
(1) In Jesus Christus ist Gott - als Sohn und Geist - gegenwärtig: „Der Geist als erschaffend und waltend im Kosmos trägt ihn, die Fülle Gottes wohnt in ihm leiblich, das Wort, das bei Gott ist und Gott ist, ist in ihm Fleisch geworden ... Er ist ein von Gott ergriffener und erfüllter Mensch. Er ist Fleisch, aber zugleich fleischgewordener Logos.“[414] Um das „sohn-machende“ Wirken des Wortes und des Geistes in Jesus zu verdeutlichen, unterscheidet Schoonenbergs zwischen der *Existenz(weise) des Wortes und des Geistes* in der vorinkarnatorischen Heilsgeschichte, ihrem *Person-Werden* im Christusereignis und ihrem *Person-Sein* seit dem Christusereignis. Er weist ein personales Verständnis von Wort und Geist vor der Inkarnation zurück: „Can we call the Word and the Spirit each a person without damaging both the human person and the oneness of Christ, or without falling in the conception of two (or even three) persons in Christ?“[415] Vor der Inkarnation sind Wort und Geist Weisen der Gegenwart Gottes oder „Ausdehnungen“ Gottes, die sich im Christusereignis personalisieren bzw. vom Vater personalisiert werden. Im Alten Testament sind Geist, Wort und Weisheit „Ausflüsse“. „Jesus' human person was pervaded by the Logos and the Spirit as extensions of Gods person, so that the Christ in his divine-human reality is only one person.“[416] Indem Logos und Geist sich in Jesu menschlicher Person auf intimste Weise vereinigen, wird das Wort Sohn Gottes und der Geist Paraklet. Sie sind dann nicht mehr länger Ausdehnungen Gottes, sondern göttliche Personen.

---

[410] Ebd.
[411] Vgl. ebd.
[412] DERS., Der Geist, das Wort und der Sohn, 205
[413] Vgl. ebd.
[414] DERS., Der Christus „von oben“, 105f.
[415] DERS., Spirit Christology, 366.
[416] Ebd., 368. Vgl. DERS., Der Christus „von oben“, 116.

Der Geist existiert vor der Inkarnation nicht personal. Wie Schoonenberg vom „(Mehr-)Person-Werden" des Wortes gesprochen hat, so bekommt auch der Geist Persönlichkeit oder mehr Persönlichkeit in Gott dadurch, daß er Geist Jesu geworden ist: „Nie früher hat der Geist so ganz *in* einem Menschen gesprochen, sowohl zu den Menschen als auch zu Gott ... So sehr ist Jesus *der* Empfänger des Geistes, so sehr verpersönlicht er das, wozu ihn der Geist drängt, daß bei seiner Vollendung der Geist von ihm empfängt, um es uns mitzuteilen und um ihn zu verherrlichen (Joh 16,14). Der Geist Gottes ist nun zugleich der Geist des Sohnes. Und er ist dies auch gegenüber Gott, zu dem er nun in uns ‚Abba, Vater' ruft (Gal 4,6; Röm 8,15) und zu dem er mit unaussprechlichen Seufzern fleht (Röm 8,26)."[417]
Das Person-Werden des Geistes unterscheidet sich vom Person-Werden des Wortes in zweierlei Hinsicht: Zum einen ist der Zeitpunkt, an dem der Geist persönlich wird, nicht die Inkarnation, sondern die Verherrlichung Jesus Christi, die „Inspiration".[418] Der Geist wird von beiden, dem Vater und Jesus Christus mitgeteilt. Jesus, der selbst mit Heiligem Geist getauft wurde, wird nun selbst der „Täufer" mit Heiligem Geist. Der Geist wird die Gabe des Pfingstereignisses, der Paraklet, der Geist Christi, der der christlichen Gemeinde gegeben wird. Zum anderen wird der Geist nicht in derselben Weise Person wie der Logos. Dabei mag es fraglich sein, ob der Geist überhaupt „Person" wird. Von daher formuliert Schoonenberg den Vorschlag: „to see the Holy Spirit ... as a divine person with regard to us, representing the Father and the glorified Christ, and ... at the same time ... as the personal presence and outpouring of Christ's person, and of the Father through Christ's person."[419]
Der Geist wird einerseits deutlicher von Jesus unterschieden als der Logos, andererseits bekommt er die Gestalt Jesu. Beide Aspekte sind in den johanneischen Parakletsprüchen enthalten: Der Geist ist, als Paraklet, „der andere (Paraklet)", „another Jesus"[420] (Joh 14,16): Das Kommen des Geistes ist mit Jesu Heimgang zum Vater verknüpft (Joh 16,7): Bei „der Rückkehr Jesu zum Vater ist der Geist der Paraklet geworden. *to* Pneuma ist nun *ho* Parakletos, der Geist ist (mehr) Person geworden"[421]. Zugleich ist der Geist innig mit Jesus verbunden. Diese Einheit zwischen Jesus und dem Paraklet wird auf vielfältige Weise verdeutlicht: Der Geist ist das Band zwischen dem verherrlichten Christus und der Welt. Wie zuvor Jesus, legt der Geist der Wahrheit, als Paraklet, Zeugnis ab gegenüber der Welt (Joh 16,8-11). Er setzt für die Jünger das Sprechen Jesu fort und ruft es in Erinnerung (Joh 14,26). Er verherrlicht Jesus, indem er verkündigt, was er zuvor von ihm empfangen hat (Joh 16,14f).

---

[417] DERS., Der Geist, das Wort und der Sohn, 128f. (Hervorhebung im Original)
[418] Vgl. DERS., Spirit Christology, 368f; DERS., Der Geist, das Wort und der Sohn, 146-157. 195-212.
[419] DERS., Spirit Christology, 369.
[420] Vgl. ebd. Schoonenberg übernimmt diese Formulierung von: R.E. BROWN, The Gospel according to John, Bd. 2, 1135-1144.
[421] P. SCHOONENBERG, Der Geist, das Wort und der Sohn, 206. (Hervorhebung im Original)

Führt die enge Verbindung zwischen dem Parakleten und dem Verherrlichten bei Paulus fast zu einer Identifikation von beiden (1 Kor 15,45; 2 Kor 3,17), tritt bei Johannes innerhalb dieser innigen Einheit letztlich doch der (personale) Unterschied zwischen beiden deutlich hervor: Als der Paraklet, als der Geist der Wahrheit bekommt der Geist des Sohnes eine eigene Gestalt: Er „lehrt, bringt in Erinnerung, zeugt von Jesus und überzeugt die Welt, er spricht von den kommenden Dingen und verherrlicht Jesus. Außerdem wird eine gewisse persönliche Präexistenz angedeutet, insofern er ‚aus der Nähe' (para) des Vaters ausgeht“[422] (Joh 15,26).
Johannes spricht sowohl von einem Bleiben des Geistes, des Parakleten, bei den Jüngern, als auch von einem durch den Geist verliehenen neuen Sein der Jünger (Joh 14,17). Er durchdringt das Innerste der Jünger, er bewohnt die Gläubigen: Der Auferstandene gibt ihnen den Geist, indem er sie anhaucht (Joh 20,22). Der Paraklet ist in der Gemeinschaft der Jünger gegenwärtig, den Jüngern einwohnend als heiligende Kraft. So hebt Schoonenberg doch wieder den nicht-personalen Charakter des Geistes hervor: „Viel mehr als wenn er sich als eigene Person zeigen würde, lebt er in ihrer koinonia, ihrer Gemeinschaft (vgl. 2 Kor 13,13). Sie haben ihn empfangen als ‚Salbung von dem, der heilig ist' (1 Joh 2,20). Der Geist bewegt die Gemeinschaft der Gläubigen dazu, ihre Grenzen zu überschreiten. Wir dürfen es auch dem Geist zuschreiben, daß Menschen, die das Zeugnis von Jesus Christus hören, dies zu verstehen beginnen und in Freude annehmen, auch bevor sie sich der Kirche anschließen ... Der Geist reicht weiter als die Gemeinschaft der Kirche und der von ihr Ausgesandten.“[423]
In diesem Zusammenhang ist das eschatologische, auf Vollendung hin drängende Wirken des Geistes angesprochen. Die Einwohnung des Geistes in den Menschen bzw. in der ganzen Schöpfung, die Gegenwart des Geistes in der Gemeinschaft der Gläubigen (und über diese hinaus) ist das Unterpfand der Vollendung: Der Geist ist die Vorgabe ewigen Lebens (2 Kor 1,22; 5,5; Eph 1,14), Vorschuß, Anfang der vollen Gabe (Röm 8,11). Der Geist ist Gott, der alles in allen sein wird und dazu auf dem Weg ist (1 Kor 15, 24-28). Ist in Jesus das Wort vollständig Person geworden, so wird der Geist vollständig „Koinonia“ geworden sein am Ende der Zeiten, bei der endgültigen Vollendung, in allen, die „mit dem Lamm vor dem Thron des Vaters stehen. Wir alle werden dann in Fülle ‚mit dem einen Geist getränkt sein' (1 Kor 12,13).“[424] Die Geistsendung durch den Verherrlichten verweist auf die endgültige Vollendung.
(b) Schoonenberg bezeichnet *Gottes Wort und Gottes Geist*, die in Jesus Christus personalisiert werden, als die „dem Wesen Gottes eigenen Wirkprinzipien“, als „Prinzipien seiner inneren Schöpfungskraft“, als *„personalisierende*

---

[422] Ebd.
[423] Ebd., 207f.
[424] Ebd., 210.

Prinzipien in Gott“[425]. Machen Wort und Geist Jesus zum Sohn Gottes, ist dies auf Gottes schöpferisches, erschaffendes Wirken zurückzuführen insofern, als Wort und Geist eine von Gott ausgehende Aktivität darstellen: „Wort und Geist [sind] schöpferische, neuschaffende, wiederherstellende und Leben gebende Mächte in Gottes Wesen, Formen seines kreativen Wirkens und seiner Gegenwart ... Erschaffen ist Personalisieren. Gott erschafft fortwährend eine Welt, ... er personalisiert uns in seinem Bund, er erschafft und personalisiert den Menschen Jesus, indem er ihn durch sein Wort und seinen Geist personalisiert, und in der Menschheit Jesu personalisiert er auch das Wort und den Geist selbst. Wort und Geist sind Gottes interne Prinzipien allen Personalisierens ... Sie sind *Verbum incarnandum* und *Spiritus effundendus*.“[426]
Jesus ist Gottes gesprochenes Wort und zugleich ganz durchdrungen von Gottes Geist. Jesus ist der Mensch, in dem Gottes Gegenwart in eschatologischer Fülle verwirklicht ist. Er ist die Weisheit Gottes, sein Pleroma, das in Gottes Schöpfung wohnt. Er ist der Logos, der bei Gott ist und zugleich erschaffend von ihm ausgeht. Und in der (personifizierten) Weisheit ist der Geist eingeschlossen, der die ganze Schöpfung durchdringt. Die Weisheit ist Gottes völlige Gegenwart; Wort und Geist sind die zwei Formen dieser Gegenwart.

d) Gotteslehre und Christologie

α) Gottes Gegenwart in der Schöpfung in Wort und Geist
Schoonenberg gelangt seit den 70er Jahren zu einer Präzisierung seiner Überlegungen zur Immanenz und Transzendenz Gottes. Gottes Gegenwart in der Schöpfung wird in der Vorstellung der *Immanenz* oder der *Einwohnung* Gottes in denjenigen, die er heiligt, ausgedrückt. Dabei bleibt Gott jedoch der *Transzendente*, der „Welt-Überlegene“.[427] Gott handelt nie unvermittelt in der Schöpfung; Wort und Geist sind „Mittler“ seiner Gegenwart: „Das Wort ist die Gegenwart des immer größeren Gottes *bei* seiner Schöpfung, der Geist seine Immanenz, seine *Ein*-wohnung. Wie die Weisheit Gott selbst ist in seiner ganzen Gegenwart, so ist sein Wort Gott als der, der seiner Welt ihr Dasein gibt, sein Geist Gott als der, der sie durchdringt.“[428]

(1) Unter dem Leitmotiv *„Von Transzendenz zu Immanenz“* sucht Schoonenberg zu einem Verständnis der göttlichen Transzendenz zu gelangen, welches

---

[425] Ebd., 196. (Hervorhebung im Original)
[426] Ebd. (Hervorhebung von mir)
[427] Vgl. DERS., Der Geist, das Wort und der Sohn, 147: „Er ist nie in der Welt, in den Geheiligten und sogar in Jesus Christus eingeschlossen; er ist immer größer, immer auch ‚außerhalb'. Auch das göttliche Wort ist sowohl ‚in' als auch ‚außerhalb' des Menschen Jesus. ... Gott ist größer als die Welt, und er ist ‚außerhalb' ihrer, so daß er immer mehr in sie eintreten und sie immer mehr erfüllen kann: darum ist er nicht nur der Seiende, sondern auch der Kommende (Offb 1,4.8; 4,8).“
[428] Ebd., 148. (Hervorhebung im Original)

Gottes Immanenz einschließt. Es handelt sich um „zwei untrennbare und einander wechselseitig aufrufende Aspekte ein und desselben Verhältnisses zwischen Gott und der Welt“[429]. In bezug auf Gott meint „Transzendenz“ sein Übersteigen der Welt, seine Erhabenheit und Überlegenheit, seine alles-beherrschende Wirklichkeit. „Immanenz“ bedeutet Gottes Anwesenheit im Innersten der Welt, sein Einwohnen in der Schöpfung, sein Inne-Sein und Inne-Bleiben. Im Zuge der Auseinandersetzung um die „Gott-ist-tot“-Debatte der 60er Jahre hat sich eine theologische Sichtweise durchgesetzt, die Gottes Transzendenz in seiner Weltbezogenheit beschreibt. Die göttliche Transzendenz kann nicht außerhalb der Beziehungen Gottes zur Schöpfung gedacht werden. Schoonenberg faßt die Wechselseitigkeit des Verhältnisses von Immanenz und Transzendenz (im Anschluß an Heinz Zahrnt) in den Begriff der „immanenten Transzendenz“.[430] Gott ist nicht ausschließlich das transzendente Gegenüber des Menschen, sondern er ist jedem Seienden beinahe bis zur Identifikation anwesend. Gottes Transzendenz schließt gleichermaßen ein „Mit-Sein“ und „Du-Sein“ ein: „Gott ist in uns, aber wir sind auch in ihm, ‚leben, bewegen uns und sind in ihm' (Apg 17,28).“[431] Er wendet sich gegen die Vorstellung des Pantheismus, wonach Gottes Gegenwart auf seine innerweltliche Anwesenheit reduziert wird, indem er ganz in seiner Schöpfung aufzugehen scheint.
Demgegenüber sucht Schoonenberg Gottes Immanenz von seiner Transzendenz her zu begreifen und spricht von einer sich immer transzendierenden Immanenz Gottes. Diese besteht in einer stets neuen, überwältigenden Selbstmitteilung Gottes in seiner Schöpfung: Gott ist „über“ allem, um „alles in allem“ zu werden (1 Kor 15,28). Nicht trotz, sondern kraft seiner Transzendenz ist Gott immanent, gegenwärtig und immer neu kommend, umfaßt er und durchdringt er den Menschen. Seine Immanenz vollzieht sich in einem dauernden Kommen, d.h. Gottes Gegenwärtigkeit ist nicht nur Immanenz, sondern (im Anschluß an Henri Berkhof) auch „Kondeszenz“.[432] Gott ist da, und er ist der stets Kommende.

(2) Schoonenbergs Ausführungen über die Gegenwart des transzendenten Gottes in seiner Schöpfung münden ein in die johanneischen Bekenntnisaussagen: *„Gott ist Geist“ (Joh 4,24)* und *„Gott ist Liebe“ (1 Joh 4,8.16)*. Gottes Transzendenz erweist sich in seinem *„In-Sein“*, wodurch Gott - als *Geist* - die geschöpfliche Wirklichkeit durchdringt, ganz erfüllt, seinen Geschöpfen an der Fülle des Seins, die Gott selbst ist, Teilhabe gewährt. Seine Transzendenz erweist sich in seinem *„Mit-Sein“*, in dem Gott als *persönliches Gegenüber* erfahrbar ist und zugleich die Grenzen der geschöpflichen Wirklichkeit überschreitet. Schoonenberg liest die johanneische Aussage „Gott ist

[429] DERS., Auf Gott hin denken, 195.
[430] Vgl. DERS., Ich glaube an Gott, 74; mit Bezug auf: H. ZAHRNT, Gott kann nicht sterben, 161-168.
[431] DERS., Auf Gott hin denken, 195.
[432] Vgl. ebd., 198; bezugnehmend auf: H. BERKHOF, Christelijk geloof, 112-117; DERS., Verbond, 289.

Geist“ (Joh 4,24) als Bündelung dessen, was in bezug auf Gottes Sein als „nicht-persönlich“ und „nicht-individuell“ gilt: „Geist-Sein“ besagt die Schrankenlosigkeit und Unbegrenztheit Gottes, kraft derer er sich überall finden läßt. „Gott ist Geist“ bedeutet: Gott erfüllt alles, durchbricht alle Grenzen.[433] Und dennoch soll der Gott, der in dieser Weise ‚Geist‘ ist, angebetet werden; er selbst sucht Menschen, die ihn (im Geist und in der Wahrheit) anbeten (Joh 4,23). Gott, von dem Johannes sagt, er sei Geist, ist der Vater, der den Sohn liebt und ihn alles lehren wird: „dieser Vater ist Geist, und umgekehrt: dieser Geist ist der Vater.“[434]

In Schoonenbergs Verständnis des „Geist-Seins“ Gottes wird der Einfluß östlicher Religionen auf sein Denken deutlich.[435] Sodann ist die gedankliche Nähe Schoonenbergs zum Pan-en-theismus erkennbar: Er spricht allerdings eher von einem „Theo-en-pantismus“.[436] Den Pantheismus weist er zurück, da er Gott nicht auf seine Immanenz reduzieren will: „Die endliche Welt und wir selbst darin können nicht außer Gott sein. Er umschließt alles, ja Er ist das alles, wie sogar die Schrift einmal (wenn auch nur einmal) zu sagen scheint (Sir 43,27: [...] to pan estin autos; nach der Willibrord-Übersetzung: Er ist das All). Andererseits wird damit das endliche Sein nicht absorbiert oder vernichtet, ja es bleibt als einziges von Gott unterschieden und von ihm abgegrenzt.“[437] Gottes Gegenwart in der Schöpfung ist zugleich Ermächtigung und Freisetzung der Geschöpfe zum Selbstand.

Gottes Transzendenz erweist sich in seiner Liebe zu den Menschen, seinem Mit-Sein mit ihnen, in seinem In-Sein: *Gott (die) Liebe ist (1 Joh 4,8.16).*[438] Die höchste Form des göttlichen Seins ist Gottes „Selbst-Bewegung“ auf seine Geschöpfe: „Weil Gott die Fülle und Allheit des Seins ist, übersteigt er in seiner Transzendenz alles, was nicht Gott ist, und ist zugleich allem zutiefst immanent. Weil Gott Person ist, ist seine Transzendenz höchste Freiheit und seine Immanenz stets neue Selbstmitteilung. Weil Gott Liebe ist, besteht seine Transzendenz darin, daß Er ohne Grenzen und Vorbedingungen liebt, und seine Immanenz zeigt sich in der Ohnmacht, die seine Liebe annimmt ... Gott ist Liebe ohne Grenzen oder Vorbedingungen.“[439] Gottes Transzendenz meint die Unbegrenztheit, Bedingungslosigkeit, ja „Wehrlosigkeit“ der Liebe, die Gott ist. Gottes Liebe ist eine Dynamis, eine Kraft ohne Zwang.[440] Gottes

---

[433] Vgl. DERS., Gott als Person / als persönliches Wesen, 176; DERS., Gott als Person, 232.
[434] DERS., Gott als Person / als persönliches Wesen, 176.
[435] Vgl. DERS., Versuch einer christlich-theologischen Sicht des Hinduismus; DERS., Christologie angesichts der Avatara-Lehre.
[436] Vgl. DERS., Auf Gott hin denken, 195f.
[437] DERS., Gott als Person / als persönliches Wesen, 177.
[438] Vgl. ebd., 174-178.
[439] DERS., Auf Gott hin denken, 201.
[440] Vgl. ebd., 202: „Gott hat (ist) eine Kraft, die keine destruktiven Elemente enthält, die diese nicht nötig hat, weil sie nicht von außen einbricht, sondern von innen ansetzt. Gottes Kraft ist die Kraft, mit der die Liebe wirkt, einlädt und Leben schenkt, wenn sie angenommen wird; eine Kraft, die auch haltmacht, wenn sich der Mensch verschließt, denn Gott schafft uns jeden Augenblick frei. Gottes Liebe ist eine Kraft ohne Druck.“

Immanenz ist ein Gegenwärtigsein und Kommen „in Kraft ohne bedrückende Macht, in ‚wehrloser Überlegenheit'".[441] Die Liebe Gottes ist in Jesus Christus erschienen. Das Kreuzesgeschehen ist höchster Ausdruck des Sich-Schenkens, der Hingabe Gottes, der Ohnmacht seiner Liebe (Joh 3,16f; Röm 8,32). Im Christusereignis wird Gottes Liebe als dreieinige sichtbar.[442]

(3) Schoonenbergs Sicht der Gegenwart Gottes in Schöpfung und Geschichte steht im Zusammenhang mit Betrachtungen über das Wirken des Geistes in der Heilsgeschichte. In der Heils- (und Unheils-)Geschichte, die mit Jesus Christus ihren Höhepunkt erreicht hat, unterscheidet er eine Zeit vor Christus, den Zeitraum des irdischen Lebens Jesu und schließlich die Zeit nach Christus. In jeder dieser drei Perioden ist der Heilige Geist in seiner Wirksamkeit erfahrbar.[443] Mit der Verherrlichung Christi ist die Zeit des Geistes angebrochen: „... der einwohnende Gott ist nicht nur wirksam als der Eine, sondern als der Drei-Eine, mit einer persönlichen Anwesenheit des Geistes, gerade als Ausgießen und Ausströmen Gottes auf uns zu, als die sanft und mächtig bewegende Kraft in unserem Inneren."[444] Durch diesen Geist und in ihm handelt Gott, der Vater, in der Kirche und in der Endvollendung: Nach Schoonenberg ist der Geist gewissermaßen „Gott eschatologisch"[445].
War Gottes Geist auch vor Christus erfahrbar, außerhalb Israels wirksam? Schoonenberg macht deutlich, daß „der Heilige Geist selbst, die Krönung der Gnadengaben Gottes, ... erst nach der Taufe und Handauflegung geschenkt [wird]. Es ist .. nicht ... üblich, Gottes Geist außerhalb des Bereiches der christlichen Predigt wirksam zu sehen."[446] Er tritt demgegenüber dafür ein, den Geist nicht nur im Alten Testament neu zu entdecken, sondern auch das Wirken des göttlichen Geistes außerhalb der christlichen Kirchen wahrzunehmen: „Die Heilswege außerhalb der Kirche Christi können ... Wege zu ihr hin sein, aber auch Wege neben ihr, denn alle sind mit uns auf dem Weg zur Vollendung, in der Gott alles in allem sein wird (1 Kor 15,28). Ich denke, daß uns der Geist einlädt, auch dies besser zu verstehen."[447]
Im Anschluß an die Theologen James Dupuis und Frederick Crowe, die ihre Überzeugung von der Wirkung des Geistes Gottes in der vor- oder außerchristlichen Heilsökonomie in verschiedenen Beiträgen zum Ausdruck gebracht

---

[441] Ebd., 203; bezugnehmend auf: H. BERKHOF, Christelijk geloof, 141-148.
[442] Vgl. P. SCHOONENBERG, Ons denken naar God, 154: „Erkennend und liebend können wir dann Gottes Dreieinheit sehen als die Ausströmung dieser Liebe zu uns und in uns. Das ewige Wort ist dann die Ankündigung und Zusage von Gottes Liebe, Gott aus Gott und also Liebe aus Liebe, und vom Heiligen Geist kann dasselbe gesagt werden ... So kann erkennende Liebe den Vater sehen als das Herz aller Liebe, das Wort als die Verkörperung dieser Liebe, und den heiligen Geist als diesselbe Liebe, ausgegossen in unsere Herzen (Röm 5,5)."
[443] Vgl. DERS., Allgemeine Heilsgeschichte und Heiliger Geist (Deutschsprachige Schriften), 150.
[444] Ebd., 151.
[445] Vgl. DERS., Gott als Person / als persönliches Wesen, 175.
[446] Ebd., 155.
[447] Ebd., 160f.

haben, möchte Schoonenberg, in Anlehnung an F.Crowe, im Blick auf diejenigen, die außerhalb der christlichen Gemeinschaft stehen, von „anonymen Geistlichen“ („anonymous Spiritans“) oder „anonymen Geist-Bewegten“ sprechen (den Hintergrund dieser Bezeichnung bilden Karl Rahners Verständnis der „anonymen“ Christen): „Dieser Vorschlag kann unser Denken über den Geist in seinem Verhältnis zu Christus ausweiten. Wie er auf Erden wirkt, geht der Geist nicht nur von Christus aus als fleischgewordenem Wort und von seinem Leib, der Kirche. Er führt auch nicht nur dorthin. Er geht auch aus vom Vater durch dessen ewiges Wort und treibt zum Ende, worin Gott durch Christus alles in allem sein wird. Der Atem Gottes wirkt in Kirche *und* Kosmos.“[448]

Schoonenberg vertritt die Auffassung, daß der Heilige Geist als *die* Gabe Gottes „schon am Beginn des Weges Gottes mit den Menschen anwesend war, daß er als solcher bereits von den Propheten erkannt wurde und anonym oder unter anderem Namen in den ‚kosmischen' Religionen wirkte.“[449] Der Geist geht durch alle hin, die ihn (sakramental) empfangen. Schoonenberg sieht darüber hinaus im Weg der gesamten Menschheit eine Parallele zum Weg Jesu Christi mit dem Geist des Vaters.[450]

β) Menschwerdung Gottes: Geschichte Gottes mit den Menschen

(1) Im Zusammenhang mit Schoonenbergs Verständnis der immanenten Transzendenz Gottes steht seine Rede von der Bezogenheit Gottes auf seine Schöpfung: „Da Gottes Sein Mit-Sein und In-Sein ist und gerade darin unser Sein transzendiert, ist es auf die Geschichte der Menschen bezogen.“[451] Hieraus ergibt sich für ihn die Vorstellung von einem *Werden Gottes*, einer „Selbstbewegung“ Gottes auf die Geschöpfe hin: „Gottes Erschaffen, Erlösen und Vollenden, sein Bund, seine Vaterschaft, seine Liebe sind wirklich, und

---

[448] DERS., Ik geloof in de heilige Geest, 145; bezugnehmend auf: F. CROWE, Son of Spirit; J. DUPUIS, Jesus Christ and his Spirit.

[449] P. SCHOONENBERG, Allgemeine Heilsgeschichte und Heiliger Geist (Deutschsprachige Schriften), 159.

[450] Vgl. ebd., 160: „‚Wer Ohren hat, höre, was der Geist zu den Kirchen spricht', so steht es siebenmal in Offb 2 und 3. Wir müssen darauf horchen, welche Richtung er unserem Denken und Wollen durch seine innere Gnade gibt. Wir müssen in uns selbst und anderen auch die Charismen erkennen und dürfen den Geist nicht auslöschen, weder durch chaotischen Eigenwillen noch durch institutionelle Starre. Wir werden auch dazu eingeladen, die verschiedenen Charismen in den verschiedenen christlichen Gemeinschaften zu entdecken, wie es das Dekret über den Ökumenismus des Zweiten Vatikanums uns vorhält. Heute ist es an der Zeit, den Geist auch im Ersten Testament zu erkennen, das nicht nur ‚alt' ist, sondern einen bleibenden Wert hat für Christen und für Juden. Zuletzt bietet sich eine umfassende Ökumene an, jene mit den Religionen der ganzen Welt, in denen wir auch den Auswirkungen desselben Geistes begegnen dürfen. Mission, Sendung zum christlichen Zeugnis bei allen Völkern, hört damit nicht auf. Sie wird zu einem Sprehen zu anonymen Geist-Bewegten und ein Horchen auf das, was er uns zu verstehen gibt, so daß sie auf das horchen können, was derselbe Geist uns über Jesus Christus berichten läßt.“

[451] DERS., Die Transzendenz Gottes (Deutschsprachige Schriften), 41.

insoweit darf eine wirkliche Bezogenheit Gott nicht abgesprochen werden."[452] Die Geschichte, die Gott mit den Menschen hat, schließt nach Schoonenberg eine Geschichte in Gott selbst ein: „Gott hat dadurch Geschichte, daß er mit uns Geschichte macht"[453]. Diese Geschichte Gottes schließt Bedürftigkeit, Abhängigkeit oder Unvollkommenheit Gottes aus. Die Geschichte, die Gott selbst hat, resultiert nicht aus einem „Bedürfnis" Gottes heraus, mit seinen Geschöpfen in Beziehung zu treten, sondern geht aus Gottes Wirken, seinem Schenken und seiner Selbstmitteilung hervor: Wenn Gott sich verändert, wird er „mehr *er-selbst-für-uns*, mehr Schöpfer, mehr unser Gott"[454]. Seit den 70er Jahren entwickelt Schoonenberg seine Sicht von den „relationes" Gottes zur Schöpfung bzw. von einem „Werden" Gottes weiter.

(a) Nach Schoonenberg schließt das traditionelle Verständnis der Transzendenz Gottes die Vorstellung *wirklicher Beziehungen Gottes* zur Schöpfung aus. Er erinnert an die Unterscheidung zwischen *„relationes reales" der Geschöpfe auf Gott hin* und den *„relationes rationis tantum" auf seiten Gottes zur Schöpfung*, die sich in der „Summa theologiae" des Thomas von Aquin findet.[455] Dieser unterscheidet zwei Formen gegenseitiger Beziehung: Gehören zwei Glieder einer Beziehung derselben Seins-Ordnung an, so sind die Beziehungen in beiden Gliedern der Beziehung „real". Stehen die beiden Glieder einer Beziehung jedoch in einer „relatio non ex aequo", d.h. sind sie nicht Glieder derselben Ordnung („non sunt unius ordinis") - wie dies im Blick auf die Beziehung Gottes zur Schöpfung und die Beziehung der Schöpfung zu Gott der Fall ist -, so ist die Beziehung auf seiten der Geschöpfe eine naturwirkliche („relatio est res naturae") bzw. reale Beziehung, auf seiten Gottes jedoch eine nur gedachte oder vorgestellte („relatio rationis tantum"). So sind nach Thomas (allein) die Geschöpfe real auf Gott hingeordnet, während Gott in einer bloß gedachten, „rationalen" Beziehung zu den Geschöpfen steht, d.h. „nur insoweit, als sich zu jeder wirklich bestehenden Beziehung die Umkehrrelation zumindest denken läßt."[456]

Schoonenberg drückt diesen Unterschied zwischen der gedachten Beziehung Gottes zur Schöpfung und der realen Beziehung der Geschöpfe zu Gott so aus:

---

452 Ebd., 37f.

453 DERS., Der Geist, das Wort und der Sohn, 114.

454 Ebd., 142. (Hervorhebung im Original)

455 Vgl. DERS., Gott ändert sich am andern, 325-327; DERS., Unser Gebet und unser Gott, 193-196.

456 M.-Th. LISKE, Kann Gott reale Beziehungen zu den Geschöpfen haben?, 208. Vgl. D. SATTLER, Beziehungsdenken, 313f: „Die Aufgabe, die Beziehung zwischen Schöpfer und Geschöpf zu erfassen, läßt Thomas zur Konzeption einer Art von Beziehung greifen, ... bei der die Weise des In-Beziehung-Seins für die beiden Relata unterschiedlich, spezifisch ist: der ‚realen' Beziehung (relatio realis) der Geschöpfe zu Gott entspricht eine ‚gedachte' Beziehung (relatio secundum rationem) Gottes zu den Geschöpfen. Beide zusammen bilden die ‚relatio non ex aequo' ... Bei ‚gedachten Beziehungen' kommt die Beziehung nicht aufgrund einer Wirklichkeit zustande, die in den Relaten gegeben ist, von denen sie ausgesagt wird, sondern aufgrund einer bloß gedanklichen Zuordnung eines Relats zu einem anderen. Reale Beziehungen basieren auf einer im Relat selbst bestehenden Wirklichkeit."

„Gottes Relationen zu uns bestehen nur dadurch, daß wir uns unsere Relationen in umgekehrter Richtung vorstellen ... Das Argument des Thomas für die Nicht-Wirklichkeit hat viel von einer Tautologie an sich: ‚Weil Gott außerhalb der Schöpfungsordnung steht und alle Geschöpfe auf ihn hingeordnet sind, und nicht umgekehrt ...'. Im ersten Teil dieses Satzes klingt die Transzendenz Gottes mit, und dies kann der Gedanke gewesen sein, der dieser Sicht der Relationen Gottes zugrundeliegt. Gottes Transzendenz schließt seine Unabhängigkeit ein. Es ist wahrscheinlich, daß Thomas in allen realen Relationen eine Abhängigkeit sieht und sie deshalb nicht von Gott aussagen will."[457]
Werden Gott reale Beziehungen zur Schöpfung zugesprochen, so bedeutet dies aus der Sicht des Thomas eine „Abhängigkeit" Gottes, die mit der göttlichen Transzendenz, mit dem Wesen Gottes unvereinbar ist.[458] Die hier vorgetragene Auslegung des Thomas durch Schoonenberg entspricht der Interpretation der thomanischen Relationslehre in der zeitgenössischen Theologie.[459] Die bleibende Bedeutung der Sicht des Thomas von den nicht „(natur)wirklichen", sondern (lediglich) „gedachten" Relationen Gottes zu den Geschöpfen wird darin gesehen, daß auf diese Weise Gott als nicht von seinen Geschöpfen abhängig oder auf sie angewiesen bestimmt wird. Die Schöpfung erscheint als freie Tat des Willens Gottes, der Schöpfer bleibt unabhängig bzw. unberührt von der kategorialen Wirklichkeit: „... die Redeweise von nur ‚gedachten' Beziehungen Gottes zur Schöpfung [gewährleistet] ... die Vermeidung des Mißverständnisses, es bestehen eine ‚Wechselbeziehung', eine Beziehung der Gegenseitigkeit zwischen Gott und den Geschöpfen, die ihn ‚abhängig', ‚zeitlich' und ‚veränderlich' machen könnte."[460]
(b) Für Schoonenberg ist Gottes Transzendenz gerade *in* seiner Weltbezogenheit erfahrbar: „Der Hauptgrund dafür, daß Thomas Beziehungen Gottes zur Welt leugnete, bestand ... darin, daß diese Beziehungen ein Werden, eine Veränderung in Gott implizieren. Ich stimme der Logik dieses Argumentes zu, aber für mich ist es gerade umgekehrt. Ich gebe Beziehungen Gottes zur Welt zu, und aus diesem Grund und in diesem Ausmaß - und wirklich nur aus diesem Grund und in diesem Ausmaß - betrachte ich Gott als werdend und

---

[457] P. SCHOONENBERG, Der Geist, das Wort und der Sohn, 116f.
[458] Vgl. THOMAS VON AQUIN, Quaestiones Disputatae de potentia q.7 a.1 ad 9: „cum Deus ab altero nullo dependeat, sed, e converso, omnia ab ipso dependeat, in rebus aliis sunt relationes ad Deum reales, in ipso autem ad res secundum rationem tantum."
[459] Vgl. D. SATTLER, Beziehungsdenken, 316f: „Als ein erstes wichtiges Anliegen des Thomas bei seiner Differenzierung der Beziehungen zwischen Gott und Geschöpfen läßt sich sein Bemühen erkennen, eine ‚Abhängigkeit' Gottes von den Geschöpfen aufgrund etwa einer mit seinem Wesen gegebenen Notwendigkeit, Schöpfer sein zu müssen, begrifflich auszuschließen ... Positiv betrachtet, kommt in der Bestimmung der spezifischen Weise der Beziehung Gottes zur Schöpfung Gottes Freiheit im Schöpfungswerk zum Ausdruck. Ein weiteres Anliegen bei der Unterscheidung zwischen ‚realen' und ‚gedachten' Beziehungen in der Rede von Schöpfer und Geschöpfen ergibt sich aus der von Thomas empfundenen Notwendigkeit, ‚Zeitlichkeit' aus der Bestimmung des Wesens Gottes auszuschließen."
[460] Ebd., 317f.

sich verändernd."[461] Schoonenberg spricht Gott Relationen zu, die nicht Abhängigkeit implizieren, sondern Ausdruck der Vollkommenheit Gottes sind. In seinen Überlegungen ist er durch die Prozeß-Theologie beeinflußt: „Ich stimme mit Hartshorne darin überein, daß Mit-anderen-in-Beziehung-Stehen eine Vollkommenheit ist und Gott zugeschrieben werden muß; mit anderen Worten, mit Hartshorne bin ich der Vorstellung von einem ‚einsamen Gott' abgeneigt."[462] Denn: „Den Prozeß-Denkern wird immer klarer, daß Relationen und Veränderungen in Gott auszusagen sind nicht obwohl, sondern *weil* Gott vollkommen ist. Ich selbst glaube auch: wir können nicht anders als echte Beziehungen und Veränderungen in Gott als Folge seiner Vollkommenheit anzunehmen. Dann aber müssen wir den Gedanken kritisch betrachten, daß Gott in der Welt verwirklichte Werte in seine ‚consequent nature' aufnimmt und so ‚Erfüllung' durch die Welt empfängt. Es entspricht der wirklichen göttlichen Vollkommenheit mehr, zuerst zu geben, mitzuteilen und gerade darin in Erfüllung zu geben ... Sein ‚Wachsen' besteht nicht zuerst darin, daß er die Werte in sich aufnimmt, sondern daß er sie gibt und ermöglicht, daß er sich selbst mitteilt, daß er ‚alles in allem' wird."[463]

Mit Blick auf Thomas gibt Schoonenberg zu bedenken, daß dieser selbst in seiner Trinitätslehre, die seiner Gotteslehre im Aufbau der „Summa theologiae" folgt, reale Beziehungen in Gott („ad intra") anerkennt, mit denen Thomas nicht die Vorstellung der Abhängigkeit verbindet.[464] Mit bedingt durch die Kritik des Utrechter katholischen Dogmatikers De Grijs an seiner Thomas-Interpretation[465], modifiziert Schoonenberg seine frühere Auffassung, Thomas verneine in seiner Relationslehre jede reale Beziehung zur Welt. Grundsätzlich bleibt er jedoch bei seiner Überzeugung, daß gegen die Lehre des Thomas eine reale Beziehung Gottes zur Schöpfung angenommen werden muß: „... ich [bin] bereit zu sagen, daß, was Thomas z.B. über Gottes Erhalten und Verwalten der Welt, Gottes Liebe, Gnädigkeit und Sorge sagt, eine wirkliche Beziehung Got-

---

[461] P. SCHOONENBERG, Der Gott der Philosophen, 362.

[462] DERS., Der Gott der Philosophen, 361. Schoonenberg verweist auf: C. HARTHORNE, The Divine Relativity, 60-115.

[463] P. SCHOONENBERG, Gott in der Prozeß-Theologie, 232. (Hervorhebung im Original)

[464] Vgl. DERS., Der Gott der Philosophen, 361f: „Thomas [gesteht] reale Beziehungen in Gott zu, obgleich nur ‚ad intra', im inneren Leben Gottes als Trinität; nach Thomas und der scholastischen Theologie im allgemeinen *sind* die göttlichen Personen wirklich subsistente Beziehungen (*Summa Theologica I*,q 40, a.1). Das bedeutet, für Thomas stellt es keinen Gegensatz zu Gottes Sein dar, eine wahre Beziehung zu haben, ja, eine wahre Beziehung zu sein, vorausgesetzt, es handelt sich nicht um eine veränderliche Beziehung. Wir können sogar noch weitergehen und die scholastische Theorie ausbauen, indem wir sagen, in Gott ist das In-Beziehung-Stehen die höchste Realisation seines Seins, weil es sein trinitarisches Leben begründet." (Hervorhebung im Original)

[465] Vgl. F. DE GRIJS, Spreken over God en Thomasinterpretatie, bes. 24-32. De Grijs vertritt in seiner Auseinandersetzung mit der Sicht Schoonenbergs die These, Thomas habe nicht eine wirkliche, sondern nur eine dingliche Relation in Gott verneint. Schoonenberg seinerseits macht deutlich, daß ihn zwar die Auffassung von de Grijs (noch) nicht überzeugt habe, daß er jedoch Aspekte der von de Grijs vorgetragenen Sicht aufgreife und bedenke. - Siehe dazu: P. SCHOONENBERG, Gott ändert sich am andern, 326.

tes zur Welt *impliziert.* Allein Thomas hat diese Beziehung nicht mittels der Kategorie Relation benannt. Das konnte er auch nicht, denn im scholastischen System gibt es entweder prädikamentale Relationen, die ein Akzidens sind, oder transzendentale Relationen, die zwischen inneren Seinsprinzipien, wie zwischen Akt und Potenz, existieren. Thomas konnte offenbar diese begrenzten Begriffe nicht übersteigen und Relation als reine Vollkommenheit Gott zuschreiben (obwohl er es in seiner Trinitätslehre dennoch tut!).“[466]
Relationen, die aus Aktivität hervorgehen und rein schenkend sind, besagen nicht Abhängigkeit. Solche Relationen schreibt Schoonenberg Gott zu; sie wahren die Transzendenz Gottes, da sie ausschließlich auf Aktivität beruhen. Die „Transzendenz zwang Thomas, Gott keine realen, sondern nur gedanklich bestehende Relationen zuzuschreiben. Sie zwingt mich, Gott keine Abhängigkeitsrelationen zuzuschreiben, keine Relationen, die auf Passivität beruhen, sondern nur jene, die auf Aktivität, auf der Kreativität des transzendenten und vollkommenen Schöpfers beruhen.“[467]
Gott steht durch Selbstmitteilung in Selbstbeziehung.[468] Gott bewegt sich selbst, indem er in Beziehung tritt, indem er sich selbst mitteilt; Relation Gottes bedeutet Selbstbeziehung, Selbstbewegung Gottes: „Die Bewegung, in der Gott auf die Welt hin begriffen ist, ist eigentlich und einzig eine Bewegung des Schenkens, der Selbstmitteilung.“[469] Auch im geschöpflichen Bereich umfaßt die Relation ein schöpferisches Element: Wenn wir mit einem anderen Menschen in Relation treten, machen wir ihn oder sie „anders“ dadurch, daß wir auf „schöpferische“ Weise im anderen Menschen etwas Neues entstehen lassen. Und auch wir selbst ändern uns, indem wir uns auf den oder die andere hinbewegen. Damit fallen „Aktivität in Hinblick auf andere“ und „in Relation treten mit anderen“ zusammen.[470] Dieser Relationsbegriff im geschöpflichen Bereich gilt in bezug auf Gott analog: „Denn Gott tritt in Relation ohne Abhängigkeit und Bedürfnis, sondern rein schenkend und schöpferisch. Er setzt nicht das Dasein, worauf er sich bezieht, voraus, sondern hat es erschaffen und erschafft es jeden Augenblick. Und zuletzt: sein In-Relation-treten und sein schöpferisches und schenkendes Wirken fallen restlos zusammen ... Die Relation hat in Gott keinen Platz als eigene Kategorie ... Gott ist nicht eine Substanz, die *auch* noch Relationen hat oder Relationen eingeht, sein ganzes Sein fließt zu uns hin.“[471]
Schoonenberg legt einen anderen als den scholastischen Relationsbegriff zugrunde: „... die Relation zur Welt [ist] nicht ein Akzidens, das in Gott inhäriert, sondern sie *ist* Gottes Wesen, was Thomas von den trinitarischen

---

466 P. SCHOONENBERG, Gott ändert sich am andern, 326. (Hervorhebung im Original)
467 DERS., Der Geist, das Wort und der Sohn, 118. (Hervorhebung im Original)
468 Vgl. DERS., Der Gott der Philosophen, 361.
469 DERS., Gott in der Prozeß-Theologie, 233; vgl. DERS., Der Geist, das Wort und der Sohn, 122.
470 Vgl. DERS., Der Geist, das Wort und der Sohn, 141.
471 Ebd. (Hervorhebung im Original)

Relationen sagt (Summa theol. I, q.28 a.2 und q.29 a.4).“[472] Gott ist unaufhörlich schöpferisch tätig und teilt sich selbst in diesem Erschaffen mit. Gott selbst *ist* Relation: „Gott wird nicht bezogen, er bezieht sich. Und deshalb wird er nicht bewegt ..., er bewegt sich.“[473] Der Relationsbegriff Schoonenbergs schließt im Blick auf Gott Abhängigkeit, passive Rezeptivität, Notwendigkeit und Bedürftigkeit aus, die Vorstellung des Werdens und der Veränderung Gottes ein.

(c) Eine *Wirklichkeit*, so Schoonenberg, *ändert sich, wenn sich ihre Relationen ändern*. Nun ändern sich durch das Christusereignis die Relationen Gottes zur Welt: Gott *wird* Erlöser der Menschheit, das ewige Wort Gottes *wird* Fleisch, der göttliche Geist *wird* Paraklet. „Deshalb ändert sich Gott, wird er, was er zuvor nicht war, in seinem eigenen Wesen.“[474] Die *Veränderung einer Wirklichkeit in ihren Relationen* schließt jedoch ein *„Sich-selbst-Sein“* nicht aus. „Während wir uns durch Gewinn oder Verlust in unserem eigenen Sein verändern, verändert sich Gott nur durch die Beziehung zu anderen Wesen. Während wir uns durch aktives Handeln, aber außerdem auch passiv verändern, verändert sich Gott durch reines Handeln und Schenken ... Gott ... steht in Beziehung und verändert sich als Schöpfer, während wir dies nur als Geschöpfe tun.“[475]

Veränderungen zum Guten vermehren und „verinnigen“, so Schoonenberg, die Identität des sich verändernden Subjekts. Veränderungen zum Schlechten verkehren und entfremden von der eigentlichen Identität. Analog gilt dies auch für Gott: „Wenn er sich verändert, wird er mehr-*er-selbst-für-uns*, mehr unser Schöpfer, mehr unser Gott. So wie wir, wenn wir gebend mit anderen in Relation treten, indem wir uns mit ihrer Geschichte, ihrer Freude und ihrem Leid identifizieren, mehr wir selbst werden, so wird Gott mehr Gott-für-uns, mehr der Gott, der Liebe zu uns ist.“[476]

Gleichwohl hält Schoonenberg an der kirchlichen Lehre der *Unveränderlichkeit* Gottes fest, die seit dem Konzil von Nicäa lehramtlich festgeschrieben ist (DH 126)[477]: „Es ist wahr, daß Gott in seinem Wesen unveränderlich ist, denn er ist nicht zusammengesetzt und kennt keine Verminderung oder Vermehrung seines göttlichen Seins.“[478] Die Selbstmitteilung Gottes bedeutet keine Vermehrung seines eigenen Seins, denn „er wird mehr *unser* Gott, er ist auf dem Weg, alles in allem zu sein, er wird der Allherrscher, der Allmächtige ... Seine ‚Potenz‘ ist rein aktiv, ist Omnipotenz, Allmacht.“[479] Die kreatürliche Potenz ist demgegenüber passiv-empfangend.[480]

---

[472] DERS., Gott ändert sich am andern, 326. (Hervorhebung im Original)
[473] Ebd., 326f.
[474] Ebd., 326.
[475] DERS., Der Gott der Philosophen, 362f.
[476] DERS., Der Geist, das Wort und der Sohn, 142.
[477] Vgl. ebd., 119.
[478] Ebd.
[479] Ebd. (Hervorhebung im Original)
[480] Vgl. DERS., Gott ändert sich am andern (Deutschsprachige Schriften), 80. Gegenüber dem

(2) Den treffendsten Ausdruck für das „Mysterium" von Gottes Unveränderlichkeit in seinem Wesen und seiner Veränderlichkeit in den Relationen, die er eingeht, findet Schoonenberg in *Karl Rahners Formulierung: „daß der in sich selbst unveränderliche Gott an anderen sich ändern könne"*[481] bzw. „daß Gott, ‚in sich' unveränderlich bleibend, ‚im anderen' werden kann und daß *beide* Aussagen wirklich und wahrhaft vom selben Gott als ihm selbst gemacht werden müssen."[482] Schoonenberg hebt hervor, daß Rahners These eine Aussage über Gottes Unveränderlichkeit *und* Veränderlichkeit enthält: „Man beachte, daß Rahner beides ins Spiel bringt. Er widerspricht der kirchlichen Lehre der Unveränderlichkeit Gottes nicht, sondern er erweitert sie. Gott bleibt die incommutabilis substantia spiritualis (I. Vatikanum: DS 3001), er bleibt sogar motor immobilis, aber zugleich und in seiner selben göttlichen Wirklichkeit ändert er *sich* ‚am anderen', in seiner Selbstbeziehung zum Geschöpf."[483]
Für Rahner ist die Aussage von der „Unveränderlichkeit" Gottes eine „dialektische" Aussage: Sie ist (nur) gültig insofern, als man die Aussage von der Mensch*werdung* unmittelbar hinzufügt. Man darf, so Rahner, „dieses ‚sich *am* andern ändern' weder als Widerspruch zur Unveränderlichkeit Gottes in sich betrachten noch es einfach zurückfallen lassen in die Aussage einer ‚Veränderung *des* anderen'. Hier hat sich die Ontologie an der Botschaft des Glaubens zu orientieren und ihn nicht zu schulmeistern ... Das Geheimnis der Inkarnation muß in Gott selbst sein: eben darin, daß er selbst, obzwar ‚in sich' unveränderlich, ‚am anderen' etwas werden kann. ... so erfahren wir durch die Inkarnationslehre, daß die Unveränderlichkeit (ohne darum aufgehoben zu sein) gar nicht einfach *das* allein Gott Auszeichnende ist, sondern daß *er* in und trotz seiner Unveränderlichkeit wahrhaft etwas *werden* kann. Er selber, er in der

---

Einwand von W. H. Hill (The Three-Personed God, 178-184), daß jede Veränderung Potenz voraussetze, weist Schoonenberg darauf hin, daß im Blick auf Gott die Veränderung auf analoge Weise zu verstehen sei und es darin auch eine Potenz auf analoge Weise gebe, denn „in Gott ist Veränderung nur möglich als total aktive Selbstbewegung; sie beruht deshalb auf einer total aktiven Potenz, seiner Omnipotenz ... Hill verneint und ich behaupte, daß Gott *sich auch selbst* aktuiert dadurch, daß er Akte setzt, obwohl nur sich selbst mitteilende." (Der Geist, das Wort und der Sohn, 120 Anm. 16; Hervorhebung im Original)

[481] K. RAHNER, Theologie der Menschwerdung, 147, Anm. 3.

[482] DERS., Probleme der Christologie, 202, Anm. 2. (Hervorhebung im Original) - Vgl. T.J. VAN BAVEL, Schoonenberg's paradoxaal spreken over God, 258: „K. Rahners These ‚Gott verändert sich am anderen' bedeutete einen Durchbruch in der modernen katholischen Theologie. Schoonenberg beruft sich wiederholt auf dieses Prinzip. Gott bleibt unveränderlich in sich, ansonsten würde man Gottes Identität antasten. Wenn Gott sich verändert, geschieht dies niemals aus einem Bedürfnis heraus oder durch Einfluß von außen. Liebe ist Gottes Wesen, aber wer Liebe sagt, sagt auch Beziehung. Liebe macht Gott zu dem Gott des Bundes, des Reiches, der Vergebung und des Lebens. Daß man Gottes Relation zur Welt als eine reale Relation auffassen muß, zieht sich wie ein roter Faden durch Schoonenbergs Denken."

[483] P. SCHOONENBERG, Trinitätslehre Karl Rahners, 483. Vgl. R. MIGGELBRINK, Ekstatische Gottesliebe, 304: Rahner leistete mit seiner Aussage, daß der an sich selbst Unveränderliche selber am anderen veränderlich sein kann, „einen Beitrag zur Vermittlung zwischen der definierten Glaubenslehre von der göttlichen Immutabilität und der göttlichen Impassibilität einerseits und dem mit der Mensch*werdung* Gottes und dem Leiden Christi offenbar gewordenen *Werden* und Leiden Gottes andererseits." (Hervorhebung im Original)

Zeit."[484] Der Satz von der Unveränderlichkeit Gottes darf nicht das Faktum verschleiern, daß Jesu Werden und Geschichte die „Geschichte des Wortes Gottes selbst, *sein* ihm eigenes Werden ist"[485].

Weder Rahner noch Schoonenberg nehmen in Gott zwei real unterschiedene Bereiche an: einen Bereich des Wesens Gottes, in dem er derselbe bliebe, und einen anderen der Relationen Gottes, in dem (bzw. in denen) er sich änderte.[486] Nach Schoonenberg fallen beide Bereiche zusammen.[487] Unveränderlichkeit, Sein und „Selbigkeit" Gottes einerseits sowie Veränderlichkeit, „Werden" Gottes (Gott wird mehr ein Gott für uns) andererseits können als sich einschließend gedacht werden. Die an Schoonenberg gerichtete Kritik, er leugne das Dogma der Unveränderlichkeit Gottes, trifft von seine Position nicht, da sie nicht vollständig wiedergegeben ist.[488] Es ist zutreffend, daß seine Sichtweise eine Veränderung in Gottes innerem Wesen impliziert. Diese Veränderung kommt aber, wie Schoonenberg betont, gerade durch Gottes Relationen zu den Geschöpfen in seinem innerlichen Wesen zustande.[489] Schoonenberg tritt für ein „dynamisches" Gottesbild ein, das es ermöglicht, Gott als relational, werdend, sich verändernd, zugleich als Fülle, Beziehung(sreichtum), Vollkommenheit, als Geheimnis zu denken. Er bezieht sich auf Studien zeitgenössischer Theologen, die die Herkunft des Theologoumenons von der Unveränderlichkeit Gottes aus dem griechisch-philosophischen Denken nachzuweisen suchen. So zeigt sich bereits in der Patristik, daß das biblisch-heilsgeschichtliche Zeugnis von einem lebendigen, re-agierenden und veränderlichen Gottes, der mit-leiden und sich in seiner Geschichte mit den Menschen mit-verändern kann, durch die griechisch-philosophische Lehre von der Unwandelbarkeit des Göttlichen bzw. durch das griechische Apathie- und Unveränderlichkeitsaxiom überlagert und zurückgedrängt wird.[490]

---

[484] K. RAHNER, Theologie der Menschwerdung, 147, Anm. 3. (Hervorhebung im Original) - Vgl. ebd., 146: „Das Wort ist Fleisch *geworden*. ... es bleibt doch wahr, daß der *Logos* Mensch *wurde,* daß die Werdegeschichte dieser menschlichen Wirklichkeit *seine* eigene Geschichte, unsere Zeit die Zeit des Ewigen, unser Tod der Tod des unsterblichen Gottes selbst wurde." (Hervorhebung im Original)

[485] Ebd., 146. (Hervorhebung im Original) - Vgl. DERS., Theologische Bemerkungen zum Zeitbegriff, 321.

[486] Zu dieser nach Schoonenberg mißverständlichen Einschätzung gelangt Pannenberg, der mit Blick auf Rahners Formulierung - „der an sich selbst Unveränderliche kann selber am anderen veränderlich sein" - schreibt: „Es dürfte kaum genügen, nur von einem Werden ‚am andern' zu sprechen, als ob davon ein inneres Wesen Gottes zu unterscheiden wäre, das von einem Werden ganz unberührt bliebe. So scheint es *Rahner* zu meinen ... Die ‚am andern' stattfindende Veränderung Gottes geschieht aber ebenso auch ‚an ihm selbst' ... Die Veränderung kann vom inneren Sein Gottes nicht ferngehalten werden. Aber das braucht seine Selbigkeit nicht anzutasten." (W. PANNENBERG, Grundzüge der Christologie, 331 mit Anm. 3; Hervorhebung im Original)

[487] Vgl. P. SCHOONENBERG, Der Geist, das Wort und der Sohn, 120.

[488] Vgl. W. J. HILL, The Three-Personed Gott, 181: „Schoonenberg's position demands change in God's inner being."

[489] Vgl. P. SCHOONENBERG, Der Geist, das Wort und der Sohn, 118-121.

[490] Schoonenberg bezieht sich u.a. auf die Studie von: W. MAAS, Unveränderlichkeit Gottes, der als Ergebnis seiner Untersuchungen formuliert (ebd., 163): „Wir haben ... dargelegt, daß

Nach Schoonenbergs Überzeugung nach kann die systematische Theologie vom „Prozeß-Denken“ lernen, daß der Gottesbegriff dipolar sein muß, insoweit als diese Dipolarität Gottes Vollkommenheit bedeutet.[491] Gott ist „kraft seiner Fülle und Selbstmitteilung ... sowohl ewig wie auch zeitbezogen, so wie er auch sowohl transzendent ist als auch in wirklicher Beziehung steht, sowohl veränderlich ist als auch sich selbst bewegt.“[492] Die Geschichte Gottes, die er selbst mit den Menschen erlebt, schließt - auf analoge Weise - Freude, Schmerz und Trauer Gottes mit ein; Gott ist „nicht nur ewig, sondern er bezieht sich auch auf unsere Zeit, engagiert sich ... in unserer Geschichte. Deshalb ist er außer ewiger Freude auch Liebe, die leidet.“[493] Gott ist die Liebe: „Es ist die Liebe, die Gott zu unserem Gott, dem Gott des Bundes und des Reiches, Gott der Vergebung im Gekreuzigten und des Lebens in seinem Geist macht, und so *wird* Gott. Die Liebe läßt Gott *sich ändern ...*“[494]

(3) Das *christologische Bekenntnis zur Menschwerdung* des Gottessohnes impliziert die theo-logische Aussage, daß Gott selbst *(Mensch) wird.* Schoonenberg folgt darin Rahner, der hervorhebt, daß mit dem Menschwerden und Menschsein des Logos für Gott selbst etwas Neues beginnt: „Es ist ... eine Wohltat zu hören, daß Karl Rahner dagegen protestiert, daß die Neuheit der Menschwerdung nur auf unserer Seite eine Wirklichkeit sei. Auch für Gott, namentlich für den Logos, der Gott ist, beginnt etwas Neues.“[495] Neben der Aussage von der Mensch*werdung* des Logos (Joh 1,14) sind in diesem Zusammenhang auch jene neutestamentlichen Texte heranzuziehen, die von Gottes „Dahingabe“ oder „(Selbst-)Auslieferung“ des Sohnes (Joh 3,16; Röm 8,32)

---

kirchliche Lehrentscheidungen und die traditionelle Schuldogmatik die Lehre von der absoluten Unveränderlichkeit Gottes vertreten. Hinsichtlich der Begründung aus der Heiligen Schrift wird immer wieder auf dieselben Stellen verwiesen: Ex 3,14; Ps 102,28; Mal 3,6; Jak 1,17. Wir haben gezeigt, daß diese Standardstellen, auf ihre Tragfähigkeit für die Begründung der Lehre von der Unveränderlichkeit Gottes hin befragt, einer kritischen Prüfung durch die Mittel und Ergebnisse der heutigen historisch-kritischen Exegese nicht standhalten. Es mußte also eine andere Quelle gefunden werden, aus der diese Lehre geflossen ist: Wir haben im einzelnen nachgewiesen, daß diese Quelle in dem Unveränderlichkeitsaxiom der griechischen Philosophie zu finden ist.“ - Biblische Ansätze für eine „Veränderlichkeit“ Gottes sieht Maas etwa in der Rede von Gottes „Mitleid“ (Hos 11,8) oder von Gottes „Reue“ (Am 7,3). Indem Gott auf das Verhalten der Menschen re-agiert, verändert auch er sich. Die Unveränderlichkeit Gottes dagegen erweist sich in seiner bleibenden Bundestreue gegenüber den Menschen: „Diese unwandelbare Treue Gottes erfordert geradezu, daß er immer wieder ‚neu‘, immer wieder ‚anders‘ ist ... Die Treue Gottes zu seinen Verheißungen, seine personale Zugewandtheit zu seinem Bundesvolk, ist zwar unveränderlich, aber die Art und Weise der Erfüllung seiner Verheißungen ist veränderlich, immer wieder anders, immer wieder neu.“ (Ebd., 166-169). Siehe auch: H. MÜHLEN, Die Veränderlichkeit Gottes, 28-30.

[491] Vgl. P. SCHOONENBERG, Gott in der Prozeß-Theologie, 231.

[492] DERS., Der Geist, das Wort und der Sohn, 122.

[493] Ebd., 126.

[494] DERS., Gott ändert sich am andern (Deutschsprachige Schriften), 80f. (Hervorhebung im Original)

[495] DERS., Der Geist, das Wort und der Sohn, 127; E. SCHILLEBEECKX, Heiligung des Namens Gottes, 50.

sowie von der „Selbst-Entäußerung“ des Gottessohnes (Phil 2,7) sprechen. Bezeichnet wird hier der Vorgang der „Selbstentleerung“ („Kenosis“) des Logos, welches ein Werden („Genesis“) und Sich-Verändern Gottes impliziert: die Aussage, daß Gott sein Eigenstes weggibt.[496] Das Werden betrifft nicht nur die angenommene menschliche Natur des Logos, sondern der Logos-Sohn, und damit Gott selbst, bleibt davon nicht unberührt.

e) Trinitarische Aspekte der (Geist-)Christologie

α) Die trinitarischen „Personen“ und „Relationen“

(1) Seit den 70er Jahren ist eine verstärkte Auseinandersetzung Schoonenbergs mit dem *trinitarischen Personbegriff* nachweisbar. Seine Zurückhaltung gegenüber der Rede vom Person-Sein des präexistenten Sohnes und Geistes resultiert aus den Problemen, die sich aus der Verwendung des Personbegriffs der Trinitätslehre für die Christologie ergeben, erstens: dem Problem einer „konkurrierenden“ Beziehung von Wort und Geist in bezug auf die Menschheit Jesu, d.h. beim Zustandekommen der „unio hypostatica“, zweitens: dem Problem einer „Konkurrenz“ zwischen dem göttlichen Wort, wenn dieses bereits „vor“ der Inkarnation als Person existiert, und dem menschlichen Person-Sein Jesu.[497] Die Vermeidung des „modernen“ Personbegriffs in bezug auf die „präexistente“ Trinität ist (im Anschluß an Rahner) auch aus pastoralen Gründen geboten: Versteht man seit der Aufklärung unter „Person“ das autonome und autarke Individuum, so führt das christliche Bekenntnis von dem einen Gott in drei Personen zwangsläufig zur Annahme von drei Göttern (Tritheismus).[498]

Boethius „bestimmte Person als ‚naturae rationabilis individua substantia' (individuelle, ungeteilte Substanz einer Vernunftnatur: Boethius, Contra Eut. et Nest. III 84 bzw. 86), als das in und aus sich existierende, vernunftbegabte Einzelwesen.“[499] Schoonenberg übersetzt: „individuelle Sustanz vernünftiger Natur“[500]. „Person“ ist demnach „ein konkretes Individuum, das selbständig ist, in sich selbst besteht, nicht in einem anderen“[501]. Die Individualität wird bei Boethius als Grund allen Person-Seins betrachtet. Dieser Personbegriff erscheint für die Trinitätstheologie heute nicht geeignet, „da er mit seiner

[496] Vgl. P. SCHOONENBERG, Der Geist, das Wort und der Sohn, 126-135. Siehe K. RAHNER, Theologie der Menschwerdung, 148: „Das glaubensmäßig gegebene Urphänomen ist ... die *Selbstentäußerung*, das Werden, die *‚kénosis'* und *‚génesis'* Gottes selbst, der werden kann, indem er im Setzen des entsprungenen anderen selbst das Entsprungene *wird,* ohne in seinem Eigenen, dem Ursprünglichen selbst, werden zu müssen.“ (Hervorhebung im Original)

[497] Vgl. P. SCHOONENBERG, Der Geist, das Wort und der Sohn, 189f.

[498] Vgl. DERS., Trinitätslehre Karl Rahners, 476-479.

[499] J. WERBICK, Trinitätslehre, 500.

[500] P. SCHOONENBERG, Der Geist, das Wort und der Sohn, 160.

[501] Ebd.

Akzentuierung des individuellen Selbstandes die ‚interpersonale' Einheit der drei göttlichen Personen nicht mehr angemessen zum Ausdruck bringen kann."[502]

Die augustinisch-thomistische Schule steht in der Tradition des Boethius, indem es dem „Substanz"- bzw. „Substistenz"-Begriff bei der Bestimmung des Person-Seins verhaftet bleibt. Über Boethius hinausgehend sucht sie jedoch das göttliche Wesen als Beziehungsgeschehen zu verdeutlichen. Thomas bestimmt „Person" als „subsistens distinctum in natura rationali"[503], als „in sich bzw. aus sich existierende selbständige geistige Substistenz"[504], die er, deutlicher als Augustinus in seiner „psychologischen" Trinitätsauffassung, als relationale Wirklichkeit begreift[505]: Die Personen in Gott sind „relationes subsistentes"[506], „die für sich selbst bestehenden Beziehungen"[507]. Der Personbegriff des Richard von St. Victor ist als Korrektur des Personbegriffs des Boethius entstanden: „Richard definiert Person, gerade im Hinblick auf Gottes Dreieinheit nicht als substantia oder subsistentia, sondern als ‚naturae intellectualis incommunicabilis existentia'. Wir können übersetzen: ‚das unmitteilbare (besser vielleicht: unentfremdbare) Dasein in einer intellektuellen Natur'"[508]. „Person" meint ein „Selbstsein, das nicht auf einen anderen übertragen werden kann"[509]. Schoonenberg sieht in der Trinitätslehre des Richard von St. Victor den Ursprung der „sozialen", „dialogischen" bzw. „personalistischen" Trinitätsauffassung, die sich im 20. Jahrhundert durchgesetzt hat. Die Aufnahme der Kategorie der Relationalität in das moderne Personverständnis kennzeichnet die Person-Konzeptionen der Philosophen der Intersubjektivität und des Dialogs (Franz Ebner, Gabriel Marcel, Maurice Nédoncelle, Martin Buber) in der ersten Hälfte dieses Jahrhunderts.[510]

Für Rahner ist der Glaube an Vater, Sohn und Geist als den einen Gott auch ohne Heranziehung des Personbegriffs aussagbar.[511] Nach Schoonenberg ist

---

[502] J. WERBICK, Trinitätslehre, 500.
[503] THOMAS VON AQUIN, Summa theologiae I q.29 a.2.
[504] J. WERBICK, Trinitätslehre, 502.
[505] Vgl. ebd.
[506] THOMAS VON AQUIN, Summa theologiae I q.40 a.2 ad 1.
[507] J. WERBICK, Trinitätslehre, 503. Vgl. ebd.: „Die göttlichen Personen bestehen so für sich, daß sie im Selbstvollzug des göttlichen Wesens auf den (bzw. auf die) bezogen sind, von denen her sie sind; in Gott ist ja das, was ist (die Person), nicht unterschieden von dem, wodurch es ist (die personkonstituierende Relation)."
[508] P. SCHOONENBERG, Der Geist, das Wort und der Sohn, 198. Schoonenberg bezieht sich auf: RICHARD VON ST. VICTOR, De trinitate IV 22.
[509] P. SCHOONENBERG, Gott als Person / als persönliches Wesen, 173. Vgl. J. WERBICK, Trinitätslehre, 510: In bezug auf den von Richard neu eingeführten Terminus „existentia" bezeichnet der Wortstamm „sistere" das „In-sich-Stehen und Keiner-anderen-Substanz-Inhärieren", während die Präposition „ex" das „Aus-sich"- bzw. „Von-einem-her-Sein" bezeichnet: „Das nicht mitteilbare, individuierende Woher- bzw. Von-einem-Ursprung-(origo-)her-Sein bleibt dem Selbstvollzug der Person ... nicht äußerlich, sondern bestimmt ihn entscheidend, da es die individuelle Art ihres In-sich-Seins ausmacht."
[510] Vgl. P. SCHOONENBERG, Gott als Person und Gott als das unpersönlich Göttliche, 215.
[511] Vgl. K. RAHNER, Der dreifaltige Gott, 385. Nach Rahner fungiert der trinitarische Personbegriff lediglich als logische Erklärung (vgl. ebd., 351). Er ersetzt den Personbegriff durch den

bereits in der jungnizänischen Formulierung „drei Hypostasen und eine ousia" die Gefahr des tritheistischen Mißverständnisses grundgelegt: „Ich meine, daß diese von der kirchlichen ‚Sprachregelung' abweichende [neuzeitliche] Entwicklung [des Personbegriffs] die Situation zwar bedeutend verschärft hat (drei Personen mit *einem einzigen* Bewußtsein sind für den modernen Menschen kaum verständlich), aber sie doch nicht wesentlich verändert hat. Schon die Tatsache, daß der dem Menschen entnommene Personbegriff eine multiplizierte und nur spezifisch eine Natur oder Wesenheit voraussetzt, ruft das tritheistische Verstehen unmittelbar auf. Der Ausdruck ‚drei göttliche Personen' ist eine in sich mißverständliche Redeweise, weil es keine Spezies ‚Gott' gibt und deshalb die Drei nicht ‚in ihrem <Wesen> multipliziert gedacht werden dürfen' oder weil es in Gott keine ‚mengenhafte Multiplikation des Wesens' gibt."[512] Schoonenberg skizziert die Wandlung im Verständnis des Personbegriffs von der Scholastik zur Neuzeit: „Der Personbegriff der mittelalterlichen und späten Scholastik, das Konzept des Boethius mit seinen Varianten, ist gewiß ontologisch, der Personbegriff seit Kant, der moderne, ist psychologisch. Man kann nun nicht sagen: Die Scholastik hat Recht damit, in Gott drei Personen anzunehmen, das moderne Denken hat Recht damit, diese drei Personen zu leugnen, denn beide arbeiten mit einem anderen Personbegriff. Weil die beiden Personbegriffe letztendlich aufeinander zurückzuführen sind ..., hat entweder die Scholastik auch heute recht, oder das moderne Denken setzt die scholastische, und damit auch die patristische Drei-Personen-Lehre ins Unrecht. Die Aussage ‚in Gott sind drei unterschiedene Personen' muß entweder auch heute gültig sein, oder es muß ihr schon immer etwas Fehlerhaftes angehaftet haben. Wenn sie aber heute gültig ist, wenn in Gott also auch psychologisch drei Personen zu unterscheiden sind, dann wird die Gefahr des Tritheismus sichtbar. Wie kann Gott dreimal ein Selbst sein, ohne daß wir dann von drei Göttern sprechen müssen?"[513]

Schoonenberg tritt - mit Einschränkungen im Blick auf die immanente Trinität - für die Beibehaltung des trinitarischen Personbegriffs ein, der inhaltliche Elemente sowohl des patristisch-mittelalterlichen als auch des neuzeitlichen Personverständnisses vereinigt. Er reagiert damit auf Hilberaths Studie „Der Personbegriff der Trinitätstheologie in Rückfrage von Karl Rahner zu Tertullians ‚Adversus Praxean'", einem Plädayer für einen kommunikativen Personbegriff im Rückgriff auf Tertullian und Richard von St. Victor.[514] Schoonenberg eigene Position ist eine zwischen Rahner und Hilberath vermittelnde: „Rahner will einen ‚modernen' Personbegriff, der sich auf die Person als individuelles Subjekt konzentriert, von der Trinitätslehre fernhalten, Hilberath

---

Begriff distinkte Subsistenzweise", den er als Ergänzung und Korrektur des Personbegriffs bzw. als dessen Alternative versteht. - Siehe P. SCHOONENBERG, Trinitätslehre Karl Rahners, 134f; B.J. HILBERATH, Personbegriff der Trinitätstheologie.

[512] P. SCHOONENBERG, Trinitätslehre Karl Rahners, 476f. Die Zitate im Zitat sind entnommen: K. RAHNER, Der dreifaltige Gott, 386.

[513] Vgl. P. SCHOONENBERG, Continuïteit en herinterpretatie in de Drieëenheidsleer, 63.

[514] Vgl. B.J. HILBERATH, Personbegriff der Trinitätstheologie, 295-327.

dagegen einen moderneren, auf die Kommunikation gerichteten Personbegriff einführen. Bei näherem Zusehen aber scheint mir, daß der ‚subjektive' und der ‚kommunikative' Personbegriff einander nicht völlig ausschließen, daß sie vielmehr einander teilweise decken."[515] Schoonenbergs Verständnis der (inner)göttlichen Relationen und Personen liegt die Annahme zugrunde, daß sich das patristisch-scholastische Verständnis der Person als „individua substantia" bzw. als „subsistens distictum" einerseits und der neuzeitliche relationale Personbegriff andererseits - der *subjektive* und der *kommunikative* Personbegriff - in der Rede von Gott dem Vater, dem Sohn und dem Heiligen Geist so miteinander verbinden lassen, daß dadurch die Gefahr des Tritheismus, des Modalismus und des Subordinationismus vermieden werden kann. Er geht dabei von der Voraussetzung aus, daß der Personbegriff nicht nur analog in bezug auf Gott und Mensch gilt, sondern auch innergöttlich eine Analogie zwischen dem Personsein des Vaters und dem Personsein des Sohnes und Geistes besteht. Dies ist im folgenden zu entfalten.

(2) Spricht Schoonenberg vom *„Person-Sein" Gottes*, so gilt dies dem *Gott Israels*, dem *Gott des Neuen Testaments* und der frühchristlichen Tradition, der der *Vater* ist: der (trinitarisch gesprochen) *ersten göttlichen Person.*[516] Unabhängig vom trinitätstheologischen Kontext kann Gott als Person bzw. als personal bezeichnet werden, wobei „Gott" hier den dreifaltigen Gott meint.[517] In Schoonenbergs Arbeiten finden sich beide Formen der Bezeichnung Gottes als Person: in bezug auf Gott, den Vater, und in bezug auf den dreifaltigen Gott. Er schreibt das Personsein „in Fülle" ausschließlich dem Gott des Alten Bundes zu, der (auch innergöttlich) im Christusereignis Gott Vater *wird.*[518] Schoonenberg verknüpft in seinem Verständnis des Person-Seins Gottes des Vaters den subjektiven Personbegriff - das In-sich- und Aus-sich-Substistieren des Vaters, sein Person-Sein in Fülle von Ewigkeit her: der Vater ist „autotheos" - mit einem genetisch-relationalen Personverständnis, das ein auf seiten Gottes ein rein aktives, sich selbst schenkendes (Sich-selbst-) Personalisieren -

---

[515] P. SCHOONENBERG, Diskussion über den trinitarischen Personbegriff, 129f.

[516] Vgl. DERS., Der Geist, das Wort und der Sohn, 158.

[517] Schoonenberg bezieht sich auf: K. RAHNER, Theos im Neuen Testament; DERS., „Gott" als erste trinitarische Person, 71f: „‚Gott' kann ... für jede der drei göttlichen Personen [stehen], die im Besitz dieses [göttlichen] Wesens sind, oder ‚Gott' kann auch stehen für alle drei Personen zusammen ... ‚Gott' ist ... für das schultheologische Verständnis ein ... bezüglich der Personalität allgemeiner Begriff und kann darum für jede der drei Personen einzeln und für alle drei zusammen supponieren ... Wir behaupten: Ho theós *bezeichnet* im NT die erste Person der Trinität und steht nicht bloß oft für sie." (Hervorhebung im Original)

[518] Vgl. P. SCHOONENBERG, Der Geist, das Wort und der Sohn, 166f: „Der biblische Glaube richtet sich in einer Von-Person-zu-Person-Beziehung auf Gott und impliziert damit, daß Gott Person *ist* ... Personsein [ist] gerade Sich-selbst-sein ..., In-sich-selbst-existieren (subsistieren) bis zum Grad des bewußten Bei-sich-seins und des freien Aus-sich-herausseins und-handelns, das *Sich*-beziehen auf andere Seiende. Das alles müssen wir Gott zuschreiben, wenn wir sagen: Gott ist Person." (Hervorhebung im Original).

ein „Mehr-Person-Werden-für-uns“ in der vorinkarnatorischen Heilsgeschichte und ein „Vater-Werden“ im und durch das Christusereignis - umfaßt.

(3) Seit Beginn der 70er Jahre erarbeitet Schoonenberg eine *Synthese von trinitarischem Modalismus und Personalismus*, die auf der Annahme eines *Person-Werdens* des Vaters und - analog - *des Sohn und Geistes* bei der Inkarnation beruht: „Wahr ist ... die modalistische Trinitätslehre, insoweit sie sich auf das innergöttliche Sein in sich bezieht. Wahr ist die personalistische Trinitätslehre, insoweit sie sich auf Gott in der Heilsökonomie bezieht. Gott ist ökonomisch dreipersönlich, immanent hat er drei Weisen seines Seins, die sich durch die Heilsgeschichte als drei Personen verhalten, zu uns und auch zueinander.“[519] Bezüglich des *„Person-Seins“ von göttlichem Wort und Geist* ist ein Weiterdenken Schoonenbergs modalen zu einer (mehr) personalen Sicht festzustellen. Gleichwohl bleibt er bei seiner Position, daß innergöttlich von interpersonalen Relationen erst in und als Folge des Christusereignisses, d.h. „seit“ der Menschwerdung des Gottessohnes sowie der Geistsendung durch den Verherrlichten, gesprochen werden kann: „... die Interpersönlichkeit ist im Wesen Gottes, aber nur in dem und seit dem Christusereignis. Was die Präexistenz betrifft, bleibe ich bei meiner Auffassung, daß darin Wort und Geist in Bezug zueinander und in Hinblick auf den Vater noch nicht in einer interpersönlichen Beziehung stehen.“[520]
(a) Die *Verbindung von Modalismus und Personalismus* ermöglicht es, sowohl die Kritik am trinitarischen Personbegriff aufzugreifen (Karl Rahner, Karl Barth), die auf die Gefahr des Tritheismus aufmerksam macht, als auch die Entwürfe zu rezipieren, die, in der Tradition der „sozialen“ oder „dialogischen“ Trinitätslehre stehend, die Trinität als interpersonale Gemeinschaft beschreiben. Schoonenberg versteht die modale und personale Auffassung in ihrer Synthese als „Interpretation zweier aufeinander folgender Phasen der göttlichen Selbstmitteilung, nämlich vor und nach dem Christusereignis.“[521] In bezug auf die immanente Trinität „vor“ dem Christusereignis bewegt sich Schoonenbergs Position noch zu Beginn der 70er Jahre zwischen einem trinitätstheologischem Agnostizismus und einem trinitarischen Modalismus.[522]

[519] DERS., Trinität - der vollendete Bund, 116.
[520] Ebd., 195.
[521] P. SCHOONENBERG, Gott in der Prozeß-Theologie, 234.
[522] Vgl. DERS., Trinität - der vollendete Bund, 116: „Vater, Sohn und Geist sind als Gott uns gegenüber Person. Ob sie *einander gegenüber* Person sind, ist damit nicht ausgemacht ... Gott in sich kann nicht als drei Personen nach der heutigen Bedeutung dieses Wortes bezeichnet werden. Denn drei Subjekte göttlichen Bewußtsein und göttlicher Freiheit bedeuten drei Götter ... Es bleibt aber, daß Jesus Christus und der Vater sich personal gegenüberstehen und daß der Heilige Geist in uns zum Vater betet und zum Sohn ruft und ihnen also auch personal gegenübersteht. Vater, Sohn und Geist stehen sich also nach der Schrift *in* der Heilsgeschichte gegenüber. ... dies [ist] auch nur *durch* die Heilsgeschichte möglich. Die immanente Trinität ist eine Trinität der Personen dadurch, daß sie ökonomische Trinität ist ... Der Unterschied zwischen Vater, Sohn und Geist ist also heilsökonomisch personal zu nennen, innergöttlich aber höchstens modal. Gott in sich ist nicht als drei Personen, er ist es in der Heilsgeschichte ...

Setzt sich die modale Sicht in den 70er Jahren durch, zeigt sich seit den 80er Jahren das Bemühen, die modal(istisch)e Konzeption mit der personal(istisch)en Auffassung im Blick auf die „präexistente“ Trinität als zwei gleichberechtigte trinitarische Modelle zu entfalten: „The Logos and the Spirit can be called persons *according to the scholastic concept ... According to the modern concept,* however, it seems better to nuance our speaking of the Logos and the Spirit as persons. Here the idea of God's change by self-communication fits in ... Before the Christ event (which includes the Incarnation, the Cross, the glorification, and the giving of the Spirit) it is more convenient to consider both the Logos and the Spirit as ‚extensions' of the person of the Father ..., as modes of his presence. This prevents both tritheism and the denial of Jesus' human personhood ... Since the Incarnation, however, and through it, the Logos has become the second person (according to the modern concept), in dialogue with the Father. ... A similar statement can be made regarding to the Holy Spirit. By coming to us, dwelling in both the Christian community and its members, the Spirit enters a dialogue with the Father (Gal 4:6; Rom 8:16, 26f) and the Son (Ap 22:17) and so becomes the third person.“[523]
(b) Schoonenberg versteht *Wort und Geist vorinkarnatorisch* als *„Ausströmungen“, „Ausbreitungen“* oder *„Ausdehnungen“ Gottes*, als *„Kräfte“ („dynameis“) Gottes.*[524] Sie sind „Präsenz- oder Subsistenzweisen“ Gottes. Er greift damit auf den klassischen trinitarischen Personbegriff („distinctum subsistens“) als eine gegenüber dem modernen Personverständnis alternative Terminologie zurück. Nach Schoonenberg besteht zwischen seiner eigenen Auffassung und der klassischen Lehre von den drei göttlichen Personen lediglich ein terminologischer Unterschied: Seine Aussage, „daß Gott in und durch das Christusereignis von dreipersönlich im klassischen Sinn zu einer Gemeinschaft dreier Personen im modernen Sinn wird“[525], entspricht von daher aus seiner Sicht dem vom kirchlichen Lehramt Festgeschriebenen.
In bezug auf den präexistenten göttlichen Geist erscheint ein *pneumatologischer Modalismus* als mit der Lehre des ersten Konzils von Konstantinopel vereinbar, da nach Schoonenberg die dem Geist zugeschriebenen persönlichen Titel „Herr“ und „Lebendigmacher“ sowie die persönliche Formulierung „...der durch die Propheten gesprochen hat“ (DH 150) das Person-Sein des Geistes gegenüber den Menschen, nicht jedoch gegenüber Vater und Sohn

Damit ist nicht ausgemacht, ob und inwieweit Gott, abgesehen von der Heilsgeschichte (‚vor der Schöpfung'), dreifaltig ist (‚war'). Es wurde schon gesagt, daß diese Frage nicht zu beantworten ist.“ (Hervorhebung im Original) - DERS., Gott in der Prozeß-Theologie, 235: „Bezüglich der Trinität müssen wir sagen, daß die Fülle ihrer Wirklichkeit ewig ist. Wie sie sich aber abgesehen von („vor“) Gottes Selbstmitteilung in der Heilsgeschichte gestaltet (ob dreipersonal oder dreimodal und in welchem Sinn), scheint mir nicht aussagbar zu sein.“
[523] DERS., A letter from Piet Schoonenberg, 225. (Hervorhebung im Original)
[524] Vgl. DERS., Continuïteit en herinterpretatie in de Drieëenheidsleer, 68.
[525] DERS., Gott in der Prozeß-Theologie, 235. Schoonenberg bezieht sich in diesem Zusammenhang auf das 4. Laterankonzil und auf die Erklärung der Glaubenskongregation von 1972, Declaratio ad fidem tuendam in mysteria Incarnationis et Sanctissimae Trinitatis.

bezeichnen.[526] In der Heilsgeschichte ist das Wirken des Geistes - auf eine gegenüber dem Person-Sein des Vaters und des Sohnes analoge Weise - in personalen Kategorien beschreibbar. Schoonenberg möchte auch nach der Verherrlichung Christi den Geist eher als eine Kraft, als eine Weise der Selbstmitteilung und Anwesenheit Gottes und weniger personal verstehen, wenngleich der Geist, als vom Vater und vom Sohn ausgehend und den Sohn gegenüber der Gemeinde repräsentierend, seit dem Christusereignis auf neue Weise personale Züge trägt.Auch kommt dem Geist gegenüber dem Vater und dem Sohn eine gewisse Eigenständigkeit und Personalität zu (Gal 4,6; Röm 8,15; Offb 22,17). So beschreibt Schoonenberg das Person-Sein des Geistes als „eigen-artiges" gegenüber dem Person-Sein von Vater und Sohn: „... der Geist als dritte Seinsweise Gottes [trägt] die Kirche und personalisiert sich in ihr. Dabei ist er aber eher Gemeinschaft als Person zu nennen, vielleicht ‚Wir-in-Person' (Mühlen), dies aber zuerst wegen seiner einigenden Wirkung in der Kirche. Daraus könnte man auf eine einigende Funktion in Gott schließen; es liegt auf der Hand, den Geist als Ausströmung, Heiligungskraft und Selbstgabe in Gott zu betrachten."[527]
(c) In seinen Spätschriften entfaltet Schoonenberg - in Entsprechung zur Rede vom innergöttlichen Person-Werden des Vaters - das *„Person-Sein" bzw. „Person-Werden" des präexistenten Wortes und Geistes.* Schoonenberg weitet damit die Analogie des Person-Seins zwischen Gott und Mensch auf sein Verständnis des Person-Seins von Wort und Geist in der immanenten Trinität („vor" dem Christusereignis) aus: „Ontologisch betrachtet verwirklicht sich das Personsein in den ‚Drei' *analog.*"[528] Er ist darin von Rahners Aussage beeinflußt, daß „die auf jeden Fall gegebene Verschiedenheit des jeweiligen Personseins der drei göttlichen Personen ... in Wahrheit so groß ist, daß sie nur *ganz locker* analog einen Personbegriff, *gleichmäßig* angewandt auf die ‚drei' Personen, erlaubt."[529] Sind, gemäß dem Konzil von Nicäa, Wort und Geist „Gott von Gott", so sind sie, so Schoonenberg, „Person von Person". Wie sie vom Vater her Gott sind, sind sie von ihm her Person. Eine Bestätigung sieht er in der klassischen Sicht der Hervorgänge: „Das Wort und der Geist gehen nicht nur *von* Ewigkeit aus dem Vater hervor, sondern auch *in* alle Ewigkeit. Ihr Hervorgehen ist ewig geschehend, es fällt mit ihrer Person zusammen, so wie das in Ewigkeit Hervorgehenlassen des Wortes und Geistes mit der Person des Vaters zusammenfällt. Wenn der Vater ein ewiges Personsein hat und ist, dann muß dem Wort ein ewiges Personalisiert-werden zuerkannt werden. Nochmals: Wenn sie Personen sind, dann Personen aus der Person des Vaters."[530] Schoonenberg spricht von einer innertrinitarischen „Subordination" oder „Postordination" (im Sinne der „posterioritas originis").[531]

[526] Vgl. ebd., 68f.
[527] DERS., Trinität - der vollendete Bund, 117.
[528] DERS., Trinitätslehre Karl Rahners, 481.
[529] K. RAHNER, Der dreifaltige Gott, 333. (Hervorhebung im Original)
[530] DERS., Der Geist, das Wort und der Sohn, 182. (Hervorhebung im Original)
[531] Vgl. DERS., Trinitätslehre Karl Rahners, 481.

Schoonenberg vermeidet auch weiterhin die Anwendung des relationalen oder dialogischen Personbegriffs in bezug auf das innergöttliche Wort und den innergöttlichen Geist („vor" der Inkarnation) und lehnt damit die Vorstellung der Interpersonalität, einer „Ich-Du"-Beziehung zwischen Vater, Sohn und Geist in der präexistenten Trinität, ab.[532] Er beruft sich dabei auf den Personbegriff der augustinisch-thomistischen Tradition, in der bei den meisten Theologen, so auch bei Thomas, eine derartige innergöttliche dialogische Relation keinen Ausdruck finde.[533] Er weist im Blick auf die Präexistenz von Vater, Sohn und Geist die personalistische Trinitätsauffassung zurück. Aber auch der klassische (patristisch-scholastische) Personbegriff erscheint ihm in seiner - alleinigen - Anwendung auf die immanente Trinität ungeeignet: „... sowohl der klassische (ontologische) als auch der moderne (psychologische oder relationale) Personbegriff [schließt] immer eine Individuation der Natur oder des spezifischen Wesens ein, so daß mit der Multiplikation der Person auch die Natur multipliziert wird. Weil das eben in Gottes Trinität nicht der Fall sein kann, ist der bisher entwickelte Personbegriff für die Trinitätslehre unbrauchbar."[534] Er schließt sich jenen Theologen an, die die augustinisch-thomistische Trinitätskonzeption mit dem Modell der Interpersönlichkeit zu verbinden suchen, indem er von der Interpersönlichkeit im Wesen Gottes seit und in dem Christusereignis spricht.
(d) Schoonenberg zieht den *viktorinischen Personbegriff* heran, um das *„(Noch-)nicht-vollendet-Sein" des Person-Seins von Wort und Geist in der Präexistenz* zu verdeutlichen.[535] In der Tradition des klassischen, augustinisch-thomistischen Personbegriffs stehend, hat die Person-Definition des Richard von St. Victor jedoch gegenüber derjenigen des Boethius zwei Vorteile: „Zuerst ist sie logisch anwendbar, denn sie erlaubt es, die den Drei gemeinsame göttliche Natur als eine Substanz aufzufassen. Aber auch ontologisch ist sie wertvoll, denn sie verbindet die trinitarischen Personen mit den Hervorgängen und deshalb mit dem Geheimnis der ‚Quelle der Gottheit' und mit dem ‚Gott-aus-Gott'-Sein."[536] Gemäß der Person-Definition des Richard von St. Victor („naturae intellectualis incommunicabilis existentia", De trinitate IV 22) wird das die göttlichen Personen Unterscheidende durch ihren Ursprung („*ex*-sistentia") ausgedrückt, das heißt (in den Worten Schoonenbergs): „der Vater existiert aus sich selbst, der Sohn aus dem Vater, der Heilige Geist aus

[532] Vgl. DERS., Der Geist, das Wort und der Sohn, 194f: „Ich bleibe ... dabei, daß in Gott *nicht ohne weiteres* drei dialogisierende Personen existieren können. Sie können wohl dadurch existieren, daß sich Gott in seiner Schöpfung mitteilt, sein Wort und seinen Geist auf neue Weise personalisiert im Personalisieren des anderen. Darum muß ich den an sich sympatischen Versuch, Gottes Trinität als ‚Gemeinschaft von Personen' zu verstehen, abweisen, sofern er eine solche Gemeinschaft von Person gegenüber Person, mit einer Ich-Du-Beziehung rein in Gott als Gott stellt." (Hervorhebung im Original)
[533] Vgl. ebd., 192f.
[534] DERS., Trinitätslehre Karl Rahners, 477.
[535] Vgl. DERS., Der Geist, das Wort und der Sohn, 192.
[536] DERS., Diskussion über den trinitarischen Personbegriff, 139.

Vater und Sohn"[537]. Schoonenberg übernimmt die Definition des Richard als Bestimmung des Personseins von Wort und Geist, nicht jedoch in bezug auf den Vater: Der Begriff „ex-sistentia", das „Heraussstehen" und „Aus-einem-Ursprung-Sein" bzw. „Aus-einem-Ursprung-Entspringen" verdeutlicht, daß „Wort und Geist ... ihren Ursprung im Vater haben. Sie sind dann in der Präexistenz Personen als aus dem Vater herausstehend."[538]
Schoonenbergs Auffassung weicht jedoch insofern von derjenigen Richards ab, als er das „ex-sistere" von Wort und Geist - vorinkarnatorisch - noch nicht als ein „In-sich-Bestehen" („sub-sistere") begreift. Das vollkommene „Aus-sich-selbst-Existieren" und „In-sich-selbst-Existieren" spricht er ausschließlich dem Vater zu: Allein der Vater „subsistiert" kraft seiner Gottheit. Wort und Geist sind jedoch nicht „sub-sistierend" in einem eigenen, unterschiedenen Dasein, insofern dieses „In-sich-Dasein" („Subsistieren") eine dialogische Relation des Wortes und des Geistes zum Vater einschließt.[539] Damit verneint Schoonenberg - vor-inkarnatorisch - ein innertrinitarisches „Einander-Gegenüberstehen" von Vater, Sohn und Geist, da sie ihr Personsein vom Vater empfangen: „Gerade in ihrer ganzheitlichen Abhängigkeit vom Vater sind und bleiben Wort und Geist wahrlich Gott, wesenseins mit dem Vater. Was sie vom Vater entlehnen, ist ihr ganzes Sein."[540] Das Gemeinte drückt Schoonenberg in dem (von Origines bei Platon entlehnten) Begriff der „metoche" oder „methexis" aus, der „Mit-habe" und Partizipation, die Schoonenberg als „Ganz-habe", „Totizipation" versteht.[541] Erst durch das Christusereignis tritt ein innertrinitarischer Dialog (bzw. „Trialog") ein.
(e) Mit Blick auf das „kommunikative" Personverständnis Hilberaths unterscheidet Schoonenberg zwischen einem *„genetisch-kommunikativen"* und einem *„dialogisch-kommunikativen" Personbegriff* bezogen auf die immanente Trinität „vor" bzw. „seit" dem Christusereignis. Vorinkarnatorisch sind Wort und Geist Person „gemäß ihrer Ek-sistenz, ihres ewigen Hervorgangs aus dem Vater, während dann im Christusereignis eine distinkte Sub-sistenz hinzukommt."[542] Schoonenberg verdeutlicht seine Position zwischen Rahner und Hilberath: „Im Gegensatz zu Rahner ... will ich Gott den Vater doch als Person denken. Er ist die ‚Quelle der Gottheit', ... der Ursprung ... als frei sich schenkende Liebe in bezug auf seine Schöpfung und auch auf Wort und Geist, ... insofern er sie ewig als Verbum incarnandum und Spiritus effundendus hervorbringt. In gewisser Übereinstimmung mit Rahner möchte ich Wort und Geist eher als Weisen qualifizieren, aber nicht zuerst als Subsistenzweisen, sondern als Weisen der Ausströmung oder der Selbstschenkung des Vaters. Damit ist auch mein Gegensatz zu Hilberath deutlich: Ich möchte Wort und Geist erst in zweiter Instanz mittels einer personalen Begrifflichkeit

[537] DERS., Der Geist, das Wort und der Sohn, 199, Anm. 44.
[538] Ebd., 199.
[539] Vgl. ebd., 198f mit Anm. 43 und Anm. 44.
[540] Vgl. DERS., Diskussion über den trinitarischen Personbegriff, 151.
[541] Vgl. ebd.
[542] DERS., Trinitätslehre Karl Rahners, 486.

charakterisieren. Der Grund ist, daß ich Hilberaths kommunikativen Personbegriff bezüglich der Trinität zuerst als genetisch-kommunikativ und erst dann als dialogisch-kommunikativ auffasse. Der personale Dialog wird vom Hervorbringungsverhältnis beherrscht, aber ist darin doch enthalten: Das Interpersonale ist im Verhältnis zwischen Hervorbringendem und Hervorgehendem verborgen, kann aber entborgen werden. Man könnte Vater, Wort und Geist eventuell als ‚überpersönlich' nennen, deren Personsein in der Hervorgangsbeziehung beschlossen ist und in dem Ökonomisch-Werden der Trinität aufgeschlossen wird."[543]

(4) Die von Schoonenberg vorgetragene Sicht des „Werdens" Gottes korrespondiert mit einer *„meta-boethischen" Auffassung der Ewigkeit Gottes.*[544] Danach „kann eine Modifikation in der Ewigkeit von Wort und Geist auftreten, die in der der ersten Person nicht auf dieselbe Weise auftritt."[545] Boethius „sieht in der Ewigkeit ein Leben, das keinen Beginn- und Endpunkt hat und haben kann, eine vita interminabilis. Überdies schließt die Ewigkeit ein, daß Gott diese Ewigkeit auf vollkommene Weise besitzt: interminabilis vitae perfecta possessio. Die Vollkommenheit besteht darin, daß er sein ganzes Leben zugleich und zusammen besitzt, ohne die Zerstückelung in Vergangenheit, Gegenwart und Zukunft. So ist dann Gottes Ewigkeit für Boethius: interminabilis vitae tota simul et perfecta possessio (de consol. philos. V,6) ... Diese Definition der Ewigkeit, vor allem im Auschluß jeder Aufeinanderfolge, stützt sich ganz auf Gottes wesentliche Unveränderlichkeit. Insofern ist sie auch akzeptabel. Sie muß aber zugleich durch das ergänzt werden, was wir ... über Gottes Relationen und seine Selbstbewegung, die Selbstbeziehung ist, sagten. Dann zeigt sich Gott in seiner Ewigkeit auch zeitbezogen."[546] Schoonenbergs Verständnis der „Veränderlichkeit" Gottes ermöglicht es ihm, eine Auffassung der Ewigkeit Gottes vorzutragen, die „Bewegung" und „Aufeinanderfolge" (auf göttliche Weise) einschließt und damit auch das Personverständnis betrifft: „Die von mir vorgeschlagene Auffassung, daß die Ewigkeit Gottes auch in seinem trinitarischen Leben sich mit seinen Beziehungen zu unserer Geschichte modifiziert, öffnet die Möglichkeit für eine Modifizierung des Status der drei, so daß ein Person-*werden* von Wort und Geist und ein Mehr-Person-werden des Vaters nicht ausgeschlossen sind."[547]

β) Weiterführung des Rahnerschen „Grundaxioms"
In der vorkonziliaren Theologie ist die heilsgeschichtliche Trinität gegenüber der immanenten Trinität vernachlässigt worden. Schoonenberg geht es um ein Wiederentdecken des trinitarischen Mysteriums als eines Heilsmysteriums: „There was a generel neglect of God's Trinity in its salvific activity ... I only

[543] DERS., Diskussion über den trinitarischen Personbegriff, 160.
[544] DERS., Der Geist, das Wort und der Sohn, 199, Anm. 45.
[545] Ebd.
[546] Ebd., 122.
[547] Ebd., 199, Anm. 45.

gradually became conscious of this fact in the course of my own theological studies. Indeed, initially I knew no better. Things were apparently meant to be this way."[548] Sein trinitätstheologischer Entwurf „von unten" ist der Versuch, das Mysterium der Dreieinheit Gottes von seiner Offenbarung in der Heilsgeschichte her zu entfalten. Dabei führt er seine Überlegungen zu Rahners trinitätstheologischem Grundaxiom weiter.

(1) *Karl Rahners trinitätstheologisches Grundaxiom* stellt die Verbindung zwischen den in der „Schuldogmatik" unvermittelt nebeneinander bestehenden Traktaten „De Deo uno" und „De Deo trino" her und sagt die Trinität als Heilsmysterium "für uns (in ihrer Wirklichkeit und nicht erst als Lehre)"[549] aus. Nach Rahner *ist* die heils- und offenbarungsgeschichtliche Trinität die immanente, „weil in der Selbstmitteilung Gottes an seine Schöpfung durch Gnade und Inkarnation wirklich Gott sich selbst so gibt und erscheint, wie er an sich ist ... In der Heilsgeschichte kollektiver und individueller Art ... erscheint und ist in Wahrheit der eine Gott selbst gegeben, der in seiner absoluten Einmaligkeit da ankommt, wo wir selber sind und wo wir ihn, eben diesen Gott selber, streng als ihn selbst empfangen."[550] Gott selbst gibt sich in seinem heilsgeschichtlichen Wirken zu erkennen und ist darin als der, der er in seinem dreieinen Wesen *ist*, erfahrbar, teilt sich uns als er selbst mit: „Gott verhält sich zu uns dreifaltig, und ebendies dreifaltige (freie und ungeschuldete) Verhalten zu uns *ist* nicht nur ein Abbild oder eine Analogie zur inneren Trinität, sondern ist diese selbst, wenn auch als frei und gnadenhaft mitgeteilte."[551] Der Hauptakzent des Grundaxioms liegt in der Annahme der Identität von heilsgeschichtlicher und immanenter Trinität als *ontologischer* Aussage: „In der Heilsgeschichte begegnet uns *wirklich* der dreieinige Gott. Zwar erfassen wir Gott nie und nimmer ganz und völlig, dennoch besagt die Aussage von der Selbstmitteilung Gottes in der Heilsgeschichte, daß Gott an sich und für sich nicht völlig anders sein kann, als er sich in der Heilsgeschichte zu erfahren gibt."[552]

Rahners Aussage, daß jede „der drei göttlichen Personen ... sich als je sie selber in ihrer personalen Eigenart und Verschiedenheit dem Menschen in freier Gnade mit[teilt]"[553], ist auf dem Hintergrund und in Abgrenzung gegenüber der scholastischen Lehre zu lesen, wonach die Menschwerdung des Sohnes und die Einwohnung des Geistes im begnadeten Menschen der zweiten und dritten göttlichen Person nur zugeeignet sind, nicht jedoch als Eigentümlichkeiten des Sohnes und des Geistes gelten. Demgegenüber betont Rahner,

---

[548] DERS., Doctrine of the Trinity, 195.
[549] K. RAHNER, Der dreifaltige Gott, 328.
[550] DERS., Grundkurs des Glaubens, 141. Vgl. DERS., Der dreifaltige Gott, 327-347. 382-384.
[551] DERS., Der dreifaltige Gott, 337. (Hervorhebung im Original)
[552] B.J. HILBERATH, Karl Rahner, 104.
[553] K. RAHNER, Der dreifaltige Gott, 337.

daß der Satz: „Die ‚ökonomische' Trinität *ist* die immanente Trinität" - wenigstens in *einem* Fall, dem Fall der Inkarnation, definierte Glaubenswahrheit ist: „Es gibt also zumindest *eine* ‚Sendung', *eine* Anwesenheit in der Welt, *eine* heilsökonomische Wirklichkeit, die nicht bloß einer bestimmten göttlichen Person appropriiert wird, sondern ihr eigentümlich ist ... Es gibt eine Prädikation heilsgeschichtlicher Art, die von nur einer göttlichen Person geschehen kann. Ist dies aber *einmal* der Fall, dann ist auf jeden Fall der Satz *falsch*: Es gibt nichts Heilsgeschichtliches, nichts ‚Ökonomisches', was nicht in gleicher Weise vom dreifaltigem Gott als ganzem und von *jeder* Person im einzelnen und für sich gesagt werden kann; *falsch* ist somit auch umgekehrt der Satz: In einer Lehre von der Trinität ... kann es nur Aussagen geben, die Innergöttliches betreffen. Sicher richtig ist der Satz: Trinitätslehre und Ökonomielehre (Trinitätslehre und Heilslehre) lassen sich nicht adäquat unterscheiden."[554]
Weil Gott selbst sich in der Heilsgeschichte offenbart, verweist die ökonomische Trinität auf die immanente Trinität; die heilsgeschichtliche *Selbst*offenbarung Gottes läßt eine Aussage über Gottes innerstes Wesen zu: „Als *erkenntnistheoretischer* Grundsatz besagt es [das Grundaxiom], daß wir Zugang zur Wirklichkeit Gottes an sich nur haben aufgrund seiner Offenbarung in der Heilsgeschichte. Nur weil in der ökonomischen Trinität die immanente Trinität selbst da ist, können wir Aussagen über Gott wagen."[555] In der Seinsordnung ist die immanente Trinität die Voraussetzung der ökonomischen Trinität, in der Erkenntnisordnung ist die immanente Trinität nur aufgrund der heilsgeschichtlichen Trinität zugänglich. Über die Gültigkeit dieses Grundsatzes herrscht in der zeitgenössischen Trinitätstheologie weitgehend Konsens.
Weil Gott gleichsam „von oben" auf den Menschen zukommt, sich selbst ihm in seinem dreifaltigen Wesen zu erkennen gibt und zugleich den Menschen in seiner Geschöpflichkeit zur Gotteserkenntnis befähigt, treffen Aussagen über Gottes innertrinitarisches Leben, die aus der heilsgeschichtlichen Gotteserfahrung (gleichsam „von unten") formuliert sind, wirklich Gott selbst: (Trinitäts)-Theologie „von unten" ist eine durch die göttliche (Selbst-)Offenbarung „von oben" ermöglichte. Damit ist ausgesprochen, was der Zusatz „... und umgekehrt" zum Ausdruck bringen will. Diese „umgekehrte" Lesart - „die immanente Trinität *ist* die ökonomische Trinität" - enthält die Begründung für die ontologische und die erkenntnistheoretische Auslegung des Grundaxioms. Es geht nämlich „nicht nur darum, daß wir allein aufgrund der Selbstoffenbarung Gottes ihn erkennen können, und darum, daß Gott sich selbst in der Geschichte

[554] Ebd., 329. (Hervorhebung im Original) - In bezug auf diesen Fall der Inkarnation „wird nicht nur ‚über' diese bestimmte [zweite] göttliche Person in der Welt *geredet*. Hier ereignet sich ‚außerhalb' des innergöttlichen Lebens in der Welt selbst etwas, was nicht einfach Ereignis des in Wirkursächlichkeit in der Welt wirksamen dreipersönlichen Gottes als des einen ist, sondern nur dem Logos allein zukommt, Geschichte einer göttlichen Person im Unterschied zu den anderen göttlichen Personen ist." (Hervorhebung im Original)
[555] B.J. HILBERATH, Karl Rahner, 104 (Hervorhebung im Original).

offenbart, sondern es geht entscheidend darum, daß Gott an und für sich selbst bereits der Gott ist, der sich uns selbst mitteilen will."[556]
Das trinitätstheologische Grundaxiom ist auf dem Hintergrund der „transzendentalen" Trinitätslehre Rahners zu lesen: Die immanente Trinität ist die transzendentale Möglichkeitsbedingung der ökonomischen Trinität: „Ist die Trinität als ‚immanente' notwendig, und Gott absolut ‚einfach' und in Freiheit sich faktisch selbstmitteilend in ‚ökonomischer' Trinität, die die ‚immanente' *ist*, dann ist die ‚immanente' Trinität die notwendige Bedingung der Möglichkeit der freien Selbstmitteilung Gottes."[557] Die heilsgeschichtliche Offenbarung ist die erkenntnistheoretische bzw. erfahrungstheologische Voraussetzung jeglicher Aussage über die immanente Trinität. Rahner, der „von unten", d.h. bei der menschlichen Selbsterfahrung ansetzt, fragt zugleich nach den im Menschen grundgelegten Möglichkeitsbedingungen der Erkenntnis Gottes in seiner Dreifaltigkeit.

(2) Die in den 70er Jahren entstandenen trinitätstheologischen Beiträge Schoonenbergs enthalten, seiner eigenen Aussage nach, eine eher angedeutete als ausgearbeitete Trinitätslehre.[558] Er versteht seine Thesen zur Trinitätslehre als Weiterführung der trinitarischen Gedanken Karl Rahners.[559] Er entwickelt eine *trinitätstheologische Konzeption „von unten" unter Rückgriff auf Rahners Axiom.* Dabei setzt er die ökonomische Trinität mit der immanenten Trinität gleich; für ihn ist jedoch (mit Robrecht Michiels) die ökonomische Trinität die „Trinität überhaupt".[560]
(a) Schoonenberg greift Rahners These, daß die *heilsgeschichtliche Trinität die immanente Trinität* sei, als erkenntnistheoretischen Grundsatz auf: „Unser ganzes Denken bewegt sich von der Welt her auf Gott hin und kann sich niemals in der umgekehrten Richtung bewegen ... Dieses Gesetz bedeutet bezüglich der Trinität Gottes, daß diese niemals Ausgangspunkt sein kann. Wir schließen in keiner Hinsicht von der Trinität auf Christus und den uns geschenkten Geist, sondern immer nur umgekehrt."[561] Die ontologische Bedeutung des Grundaxioms verdeutlicht Schoonenberg im Sinne Rahners: „Die ökonomische Trinität *ist* die immanente Trinität, denn nicht weniger als Gott selbst ist als Logos in Jesus Christus und als Heiliger Geist in uns

[556] Ebd.
[557] K. RAHNER, Der dreifaltige Gott, 384, Anm. 21 (Hervorhebung im Original). Vgl. B.J. HILBERATH, Personbegriff der Trinitätstheologie, 33: „Die ökonomische Trinität ist die immanente, weil der eine Gott ‚an und für sich' in dreifacher relativer Weise subsistiert, weil die immanente Trinität gewissermaßen die *transzendentale* Möglichkeitsbedingung der ökonomischen Trinität darstellt, so wie auf seiten des Menschen der Selbstvollzug in Wahrheit und Liebe die *transzendentale*, von Gott gesetzte Möglichkeitsbedingung der heilsgeschichtlichen Erfahrung bildet." (Hervorhebung im Original)
[558] Vgl. P. SCHOONENBERG, Trinität - der vollendete Bund, 115.
[559] Ebd.
[560] Vgl. DERS., Continuïteit en herinterpretatie in de Drieëenheidsleer, 65.
[561] DERS., Trinität - der vollendete Bund, 115.

anwesend. In der Heilsgeschichte ist Gott *selbst* anwesend."[562] Für Schoonenberg ist der Unterschied zwischen innergöttlicher und heilsgeschichtlicher Trinität „ein Unterschied zwischen zwei Aspekten derselben Wirklichkeit"[563]. Schoonenberg erläutert die *„umgekehrte" Lesart des Axioms* wie folgt: „Umgekehrt ist die immanente Trinität die ökonomische Trinität. Sie ist uns nur als ökonomische zugänglich. Daß Gott auch abgesehen von seiner heilsgeschichtlichen Selbstmitteilung trinitarisch ist, darf weder als selbstverständlich vorausgesetzt noch auch verneint werden ... Die trinitarische Theologie kann deshalb die immanente Trinität nur insoweit fruchtbar beschreiben, als sie sich innerhalb der durch die Heilsgeschichte gesteckten Grenzen hält. Diese Begrenzung aber macht die Trinitätslehre konkret, auf die Menschen bezogen und für die Verkündigung dienstbar."[564]

Nach Schoonenberg ist die immanente Trinität mit der heilsgeschichtlichen Offenbarung der Dreifaltigkeit Gottes identisch: Danach *ist* die heilsökonomische Vaterschaft und Sohnschaft Sohnschaft die innergöttliche (und umgekehrt), und der in der Heilsgeschichte wirkende Geist *ist* der innergöttliche Geist (und umgekehrt). Die heilsgeschichtlichen Sendungen *sind* die innergöttlichen Hervorgänge, und die heilsgeschichtlichen Relationen sind die innergöttlichen (und umgekehrt).[565] Diese Auslegung des Grundaxioms ergibt sich aus der These, daß Gott (erst) im Christusereignis dreipersonal *wird.* In der Heilsgeschichte stehen sich seit der Menschwerdung Jesu Christi und der Sendung des Geistes Vater, Sohn und Geist personal gegenüber (wobei der Personbegriff analog zu gebrauchen ist), und das heilsgeschichtliche Gegenüber der drei göttlichen Personen *ist* die innergöttliche, interpersonale Gemeinschaft von Vater, Sohn und Geist. Von daher können unabhängig vom Christusereignis keine Aussagen über die immanente Trinität getroffen werden.

(b) Gegen Schoonenbergs „Weiterführung" des Rahnerschen Grundaxioms wird zu Recht der *Vorwurf* erhoben, *er löse die immanente Trinität in die ökonomische auf.*[566] Aus der Sicht Walter Kaspers unterliegt Schoonenberg damit der Gefahr einer mißverständlichen Auslegung des Axioms, die in der

[562] Ebd. (Hervorhebung im Original)
[563] Ebd.
[564] Ebd.
[565] Vgl. ebd.: „Der Vater muß ... nicht nur als ‚erste Person' ... gesehen werden, sondern auch und zuerst als unser Vater in Christus. Die heilsökonomische Vaterschaft ist die innergöttliche Vaterschaft - und umgekehrt ... Der Sohn ist nicht nur innergöttlich, sondern auch und zuerst als der Mensch Jesus Christus zu verstehen. Der Logos ist nicht nur innergöttliches Wort ..., sondern auch und zuerst offenbarendes und lebenspendendes Wort in der Heilsgeschichte, das in Jesus Christus Fleisch und gänzlich Mensch geworden ist. Die heilsökonomische Sohnschaft ist die innergöttliche Sohnschaft - und umgekehrt ... Der Heilige Geist ist nicht nur innergöttliche Verbindung zwischen Vater und Sohn, sondern auch und zuerst ‚Gabe' (donum) und ‚Heiligungskraft' in der Heilsgeschichte ... Der in der Heilsgeschichte wirkende Geist Gottes ist der innergöttliche - und umgekehrt."
[566] Vgl. W. KASPER, Gott Jesu Christi, 335. Siehe entsprechend auch: Y. CONGAR, Der Heilige Geist, 334f.

Identitätsaussage des Axioms selbst begründet ist: „Die Gleichsetzung von immanenter und ökonomischer Trinität ... ist ... vieldeutig und mancherlei Mißdeutungen fähig. Ein Mißverständnis wäre es sicher, wenn durch diese Gleichsetzung die heilsgeschichtliche Trinität ihrer geschichtlichen Eigenwirklichkeit beraubt und nur noch als zeitliche Erscheinung der ewigen immanenten Trinität verstanden würde ... Naheliegender ist gegenwärtig freilich eher das entgegengesetzte Mißverständnis, als solle durch diese Gleichsetzung die immanente Trinität in die ökonomische aufgelöst werden, so als ob sich die ewige Trinität erst in der Geschichte und durch die Geschichte konstituieren würde. Die Unterschiede zwischen den drei Personen wären dann von Ewigkeit her höchstens modal, real würden sie erst in der Geschichte."[567] Unzutreffend ist der Vorwurf, Schoonenberg leugne die immanente Trinität.[568]

(c) Schoonenberg *führt* in dem Beitrag „Zur Trinitätslehre Karl Rahners" (1984) *seine Überlegungen zum Rahnerschen Grundaxiom weiter*. Dies wird in den Ausführungen über die immanene Trinität als (transzendentaler) Möglichkeitsbedingung der ökonomischen Trinität deutlich: „Im ersten Teil [des Axioms] wird eine schlechthinnige Identität ausgedrückt: Wenn man den Vater, den Sohn und den Heiligen Geist in der Heilsökonomie anerkennt, dann erkennt man eben dieselben drei Personen, die sich im göttlichen Wesen selbst als Vater, Sohn und Geist verhalten. Sagt man aber umgekehrt: ‚Die immanente Trinität *ist* die heilsökonomische Trinität', dann wird hier ... nicht eine schlichte Identität ausgedrückt: die Begriffe und die damit angedeuteten Realitäten fallen nicht zusammen. Sagt Rahner doch selbst, daß das Wort als Gott-immanent ‚der Selbstaussage des Vaters nach außen ... als die Bedingung ihrer Möglichkeit *vorausliegen'* muß ..., daß diese immanente Möglichkeit freier Selbstmitteilung ‚in Gott von Ewigkeit gegeben ist, somit notwendig und <wesentlich> zu ihm gehört' ... Somit liegt die immanente Trinität nach Rahners eigenen Worten der ökonomischen Trinität als deren Bedingung voraus, und es verhalten sich beide als notwendige innere zur freien äußeren Selbstmitteilung Gottes. Nach dieser Auffassung ist die immanente Trinität nicht nur mit der ökonomischen identisch, sondern sie transzendiert diese auch."[569]

Wie in jedem Erkenntnisakt, so ist in der Glaubenserkenntnis ein Moment der Intuition gegeben, ein Moment „der ganzheitlichen überbegrifflichen Fassung der Wirklichkeit ... In dieser impliziten Intuition bedingen die Sicht Gottes und die der endlichen Realität einander: wir werden von der endlichen Wirklichkeit auf Gott verwiesen, aber zugleich erkennen wir die Endlichkeit der uns umgebenden und der eigenen Wirklichkeit dadurch, daß wir auf den Unendlichen hin erkennen. So erkennen wir auch die ökonomische Trinität als

[567] Ebd., 335f. - Vgl. B.J. HILBERATH, Personbegriff der Trinitätstheologie, 53.

[568] Vgl. F. VAN ACKEREN, Is Jesus ‚man plus God?', 59-70; P. SCHOONENBERG, A letter from Piet Schoonenberg, 224.

[569] P. SCHOONENBERG, Trinitätslehre Karl Rahners, 474. Die Zitate im Zitat sind entnommen: K. RAHNER, Der dreifaltige Gott, 358f. 365. (Hervorhebung durch Schoonenberg) - Vgl. hierzu: B.J. HILBERATH, Personbegriff der Trinitätstheologie, 304.

Trinität *Gottes* dadurch, daß wir uns bereits von diesem Gott selbst in seiner immanenten Trinität zugesprochen wissen (im testimonium internum).“[570]
Insoweit die Glaubenserkenntnis mit der „intuitiven Intuition“ zusammenfällt, ist darin ein überbegrifflicher Vorgriff auf die immanente Trinität gegeben, so daß die ökonomische Trinität von der immanenten Trinität her erkennbar ist (und umgekehrt): Die in jedem Glauben gegebene Einsicht oder Intuition greift über die kategoriale Wirklichkeit hinaus und erfaßt das Göttliche selbst.[571] Auf begrifflicher Ebene ist jedoch die immanente Trinität *nur* durch die heilsgeschichtliche Trinität erkennbar, und nicht umgekehrt, denn es gibt keine vom Christusereignis unabhängige Offenbarung der Trinität. Von daher plädiert Schoonenberg für eine Trinitätstheologie „von unten“, wie er auch für eine Christologie „von unten“ eintritt, wobei er jedoch, nach eigener Aussage, nicht „unten“ bleibt.[572]
Für Schoonenberg besagt die im zweiten Satzglied ausgedrückte Identität von immanenter und ökonomischer Trinität, daß die innergöttliche Trinität nicht ohne die heilsgeschichtliche Trinität gedacht werden kann und tatsächlich nicht ohne diese existiert: „In Gott gibt es immer auch die ökonomische Trinität ..., denn der Vater hat von Ewigkeit gewollt - oder besser: will in seiner Ewigkeit -, daß sein Wort Fleisch werde und sein Geist sich uns mitteile.“[573] Mit seiner Aussage, daß die immanente Trinität „immer schon“ ökonomisch sei, möchte Schoonenberg die immanente Trinität nicht leugnen. Er verteidigt den von Rahner formulierten Zusatz „... und umgekehrt“ gerade gegenüber Einwänden, die ein „Aufgehen“ der immanenten Trinität in der ökonomischen Trinität und damit ein „Aufgehen“ Gottes im Weltgeschehen befürchten, indem er darauf hinweist, daß Gott sich selbst aus freier Liebe zur ökonomischen Trinität macht: Gott ist notwendig der, der er in Freiheit sein will.[574] Die immanente Trinität ist „notwendig“ eine, die im Christusereignis in Freiheit ökonomisch, d.h.zu einer Gemeinschaft von drei göttlichen Personen *wird*.[575]

---

570 P. SCHOONENBERG, Trinitätslehre Karl Rahners, 475.

571 Vgl. ebd.; DERS., Der Geist, das Wort und der Sohn, 180. Schoonenberg greift hier auf M.D. De Petter und dessen Verständnis der „Impliziten Intuition“ zurück. R. MIGGELBRINK (Ekstatische Gottesliebe im tätigen Weltbezug, 338) sieht in Schoonenbergs Verständnis der überbegrifflichen „Intuition“ eine inhaltliche Nähe zu Rahners Konzeption des „Vorgriffs auf das Sein“.

572 Vgl. P. SCHOONENBERG, Trinitätslehre Karl Rahners, 475; DERS., Der Geist, das Wort und der Sohn, 180 mit Anm. 28.

573 DERS., Diskussion über den trinitarischen Personbegriff, 155f.

574 Vgl. DERS., Doctrine of the Trinity, 198f. Schoonenberg bezieht sich hier auf die Kritik von: H.U. VON BALTHASAR, Die Personen in Christus, 466: „... die ökonomische Trinität [erscheint] gewiß als die Auslegung der immanenten ..., die aber als der tragende Grund der ersten mit ihr gerade nicht einfach identifiziert werden darf. Denn andernfalls droht die immanente und ewige Trinität Gottes in der ökonomischen aufzugehen, Gott in den Weltprozeß verschlungen zu werden und nur durch diesen hindurch zu sich selbst zu kommen.“

575 Vgl. P. SCHOONENBERG, Diskussion über den trinitarischen Personbegriff, 715: „... die immanente Trinität [ist] in Freiheit immer die ökonomische, während die ökonomische Trinität ... notwendigerweise die immanente ist.“

f) Der innergöttliche Hervorgang des Geistes

α) Zur „filioque"-Kontroverse: Unterschiedliche trinitarische Modelle in Ost und West

Im Hintergrund der Kontroverse um das „filioque" steht, wie Schoonenberg verdeutlicht, eine unterschiedliche Sicht auf die Trinität in Ost und West.[576] Nicäa und Konstantinopel formulieren den Ost und West verbindenden Glauben, daß Sohn und Geist eines Wesens mit dem Vater sind (Homoousie bzw. Homotimie). Die Trinitätslehre des Ostens legt in der Folgezeit den Hauptakzent auf die drei Personen, während im Westen (seit Augustinus) das eine göttliche Wesen in den Vordergrund stellt: „Der Osten setzt Vater, Sohn und Geist als (aus dem Zeugnis der Schrift und Tradition) bekannt voraus und sagt von ihnen, daß sie ein göttliches Wesen sind. Augustinus dagegen, und die westliche Theologie nach ihm, setzt den einen Gott als (u.a. aus der Philosophie) bekannt voraus und sagt von diesem einen Gott, daß er in Vater, Sohn und Geist existiert."[577] Von daher wird das gemeinsame Bekenntnis, daß die drei göttlichen Personen ungetrennt wirken, unterschiedlich gefaßt: „Der Osten formuliert dies so: alles kommt aus dem Vater durch den Sohn im Heiligen Geist; der Westen sagt: alles kommt von der Dreieinheit, die als ein Prinzip wirkt. Unterscheidung von Personen oder ihr Zusammenfügen in einem Wirkprinzip, das ist auch der springende Punkt im Filioque-Disput."[578] Unvereinbar mit östlichem Denken ist die Vorstellung, daß der Heilige Geist aus zwei Personen hervorgeht. Das würde bedeuten, daß der Geist in sich selbst zweifach und damit geteilt ist. Demgegenüber betont der Westen mit Nachdruck, daß der Geist aus Vater und Sohn als aus *einem* Prinzip hervorgeht, wie dies auf dem Konzil von Florenz festgeschrieben worden sei.[579]

Schoonenberg skizziert die trinitätstheologischen Konzeptionen des Ostens und Westens als trinitarische Modelle der „Einheit im Ursprung" bzw. der „Einheit im Wesen" (Dorothea Sattler).[580] Das östliche Modell der Dreieinheit läßt sich, so Schoonenberg, in einer zur geschöpflichen Wirklichkeit hin absteigenden Linie beschreiben: „Das östliche Modell ist ... eine Linie, die von Gott dem Vater zu uns absteigt und auf der der Sohn sehr dicht beim Vater steht und der Geist sehr dicht bei uns."[581] Nach östlichem Denken ist der Vater die Quelle der Gottheit, von dem die östliche Trinitätslehre ihren Ausgang

---

[576] Die offizielle Einfügung des „filioque" in das Glaubensbekenntnis erfolgte durch Papst Benedikt II. im Jahre 1014. Auf dem 4. Laterankonzil (1215) und dem 2. Konzil von Lyon (1274) ist der Hervorgang des Geistes aus Vater *und Sohn* vom Westen lehramtlich definiert worden: Vgl. DH 805. 850. 853.

[577] DERS., De voortkomst van de Heilige Geest, 110. (Hervorhebung im Original)

[578] Ebd.

[579] Vgl. ebd. Siehe: DH 850 („ex uno principio").

[580] Vgl. D. SATTLER, Einheit im Ursprung - Einheit im Wesen, 199-202; W. KASPER, Gott Jesu Christi, 264-273.

[581] P. SCHOONENBERG, De voortkomst van de Heilige Geest, 111.

nimmt. Die Einheit zwischen Sohn und Geist besteht darin, daß sie im Vater ihren Ursprung haben, wobei diese Ursprungsabhängigkeit in unterschiedlicher Begrifflichkeit ausgedrückt wird: der Zeugung („gennesia“) in bezug auf den Sohn, und der Hauchung („ekporeusis“) in bezug auf den Geist. Dabei ist das „Ausgehen“ oder „Ausströmen“ des Geistes (gemäß der Bedeutung des griechischen Begriffes „ekporeusis“) nur im Blick auf den Vater als ursprunglosem Ursprung der Gottheit aussagbar.[582] Die Betonung der Eigenständigkeit der göttlichen Personen im östlichen Denken resultiert aus der Abwehr modalistischer Tendenzen des 5. Jahrhunderts.
Die westliche Trinitätslehre ist demgegenüber „essentialistisch“ ausgerichtet, d.h. der Akzent liegt auf der Einheit der göttlichen Personen in dem einen, Vater, Sohn und Geist gemeinsamen Wesen: Ausgehend von der Einheit im Wesen, wird der Unterschied der Personen innerhalb dieser Wesenseinheit verdeutlicht.[583] Die Trinität des Westens läßt sich mit Schoonenberg als ein „in sich geschlossenes Dreieck“[584] denken. Grundlegend für das trinitarische Modell des Westens ist die Trinitätslehre des Augustinus, der den Heiligen Geist als die wechselseitige Liebe von Vater und Sohn beschreibt. Bei ihm findet sich die Auffassung, daß der Geist gemeinsam von Vater *und Sohn* ausgeht, „principaliter“ (ursprunghaft, ursprünglich, grundsätzlich) jedoch vom Vater.[585] Im Gegensatz zur östlichen Tradition unterscheidet die westliche Tradition begrifflich nicht zwischen dem Hervorgang des Sohnes und dem des Geistes aus dem Vater; der lateinische Terminus „processio“ findet für alle innertrinitarischen Vorgänge Anwendung, für die Zeugung des Sohnes ebenso wie für die Hauchung des Geistes. Um den Unterschied zwischen der „processio“ des Sohnes und der „processio“ des Geistes aus dem Vater bestimmen zu können (und die Vorstellung von zwei „Söhnen“ zu vermeiden), wird dem Sohn eine Beteiligung an der „processio“ des Geistes zugeschrieben kraft des vom Vater empfangenen Seins. Vater und Sohn werden dabei als ein einziges Prinzip gedacht.

Das „filioque“ hat seinen genuinen Ursprung im skizzierten trinitarischen Modell des Westens. Seine Aufnahme in das Glaubensbekenntnis diente der Hervorhebung der Wesensgleichheit des Sohnes mit dem Vater gegenüber subordinatianischen Tendenzen. Zugleich wird die Beteiligung des Sohnes an der heilsgeschichtlichen Sendung des Geistes im innergöttlichen Leben verankert. Demgegenüber betont der Osten stärker als der Westen die Monarchie des Vaters, und das innergöttliche Verhältnis des Geistes zum Sohn bleibt

---

[582] Vgl. B.J. HILBERATH, Pneumatologie (Leitfaden Theologie), 127: Östliche Theologie bestimmt „die Konstituierung der Hypostasen/Personen einzig von ihrer Ursprungsrelation (Ursprungslosigkeit, Gezeugtsein, Hervorgegangensein) her.“

[583] Vgl. L. SCHEEFCZYK, De betekenis van het „Filioque“, 23.

[584] P. SCHOONENBERG, De voortkomst van de Heilige Geist, 111. Die westlich-lateinische Trinitätskonzeption läßt sich auch als ein Kreis skizzieren oder allgemeiner als ein „symmetrisches“ Modell bezeichnen: Siehe W. KASPER, Jesus der Christus, 307f.

[585] Vgl. AURELIUS AUGUSTINUS, De trinitate IV, 20; XV, 17. 26.

offen. Schoonenberg macht darauf aufmerksam, daß der entscheidende Unterschied zwischen der östlichen und der westlichen Trinitätsauffassung in der Bestimmung des Verhältnisses von heilgeschichtlicher und immanenter Trinität im Blick auf die Zuordnung des Geistes zum Sohn besteht: Wird im Westen die enge Verbindung von Sohn und Geist in der „Offenbarungstrinität" auf die „Wesenstrinität" zurückgeführt, weisen östliche Theologen das vom Westen vertretene trinitätstheologische Erkenntnisprinzip der Einheit von ökonomischer und heilsgeschichtlicher Trinität zurück. Wie Schoonenberg erläutert, nehmen Ost und West den ewigen Hervorgang des Geistes aus dem Vater in der immanenten Dreieinheit an, der Frage nach der Sendung des Geistes in der Heilsgeschichte wird jedoch unterschiedliche Bedeutung zugemessen: Die „Sendung des Geistes durch den Sohn ist gemäß westlicher Theologie Ausdruck dafür, daß der Geist auch in Ewigkeit (mit) vom Sohn ausgeht; die Sendung in der Zeit, in der Heilsgeschichte ist im ewigen Hervorgang begründet. Gerade letzteres wird aber durch die östliche Theologie bestritten. Sie schweigt die sicher schon seit Johannes Damascenus bekannte Sicht eines Hervorgangs aus dem Vater mittels des Sohnes einfach tot (Photius), oder sie entkräftet diese Formel, indem sie sie nicht auf den Heiligen Geist bezieht, sondern auf dessen geschaffene Gaben oder ‚ungeschaffene Energien' (Gregorius Palamas)."[586]

β) Der Hervorgang des Geistes - Dogmatische Formeln

(1) Die Formel *„... der aus dem Vater hervorgeht"* stellt die ursprüngliche Bekenntnisformel von Konstantinopel dar.[587] Darin drückt sich die Geisterfahrung der beiden Testamente und der Tradition aus: Der Geist kommt von Gott; Gott teilt sich den Menschen in seinem Geist mit. Wie im Alten Testament wird auch im Neuen Testament der Geist in enger Verbundenheit mit dem Vater gesehen: Der Geist ist der Geist Gottes oder des Vaters, Gabe und Verheißung des Vaters (Röm 8; Lk 11,13; 24,49). Der erhöhte Christus empfängt den Geist vom Vater, bevor er ihn mitteilt (Apg 2,33). Nach Johannes wird der Paraklet bzw. der Geist der Wahrheit vom Vater oder vom Sohn gesandt, nicht jedoch unabhängig vom Vater. In der frühchristlichen Tradition wird die Gottheit des Geistes gerade von dieser Relation des Geistes zum Vater her bestimmt.

Die neutestamentliche Aussage vom heilsgeschichtlichen Hervorgehen des Geistes aus dem Vater (Joh 15,26: „ho *para* tou patros ekporeuetai") wird im Credo von Konstantinopel zugespitzt zu einem innergöttlichen Hervorgehen aus („ek") dem Vater im Sinne eines immerwährenden, ewigen Hervorgangs („ekporeuómenon"). Angezielt ist damit das Bekenntnis der Wesensgleichheit des Geistes mit dem Vater. Für Schoonenberg gibt das Glaubensbekenntnis von Konstantinopel eine Einheit im Glauben zwischen Ost und West wieder,

---

[586] P. SCHOONENBERG, De voortkomst van de Heilige Geest, 111.

[587] Vgl. ebd., 116. Siehe: D. SATTLER, Einheit im Ursprung - Einheit im Wesen, 193-195; W. KASPER, Gott Jesu Christi, 267-269; Y. CONGAR, Der Heilige Geist, 344-370.

die - angesichts des Disputs um die Bedeutung des Sohnes - nicht verloren werden darf. Es erinnert den Westen daran, daß nicht die göttliche Natur, sondern der Vater der Ausgangspunkt der frühen Trinitätslehre ist.

(2) Die Formel *„... aus dem Vater durch den Sohn"* schließt an die neutestamentliche Glaubenserfahrung an: Der Geist Gottes ist auch der Geist des Sohnes (Gal 4,6) bzw. der Geist Christi (Röm 8,9; Phil 1,19).[588] Sohn und Geist werden wiederholt aufeinander bezogen bzw. (beinahe) miteinander identifiziert (1 Kor 15,45; 2 Kor 3,17; Offb 2. 3). Das Christus-Bekenntnis ist der Maßstab für die Echtheit der Geisterfahrung (1 Kor 12,3; 1Joh 4,1-3). Christus ist der Mittler des an Pfingsten ausgegossenen Geistes (Apg 2,33), und im Johannes-Evangelium ist im Zusammenhang mit dem Geben oder Senden des Geistes stets Jesus einbezogen: Der Geist wird vom Sohn vermittelt (Joh 7,37-39; 14, 16.26; 16, 12-15; 20,22); das „lebendige Wasser" - der Geist - geht vom Thron Gottes und des Lammes aus (Offb 22,1; vgl. Joh 4,10f; Offb 21,6). Der Gedanke des Gegeben- oder Gesandtwerdens des Geistes durch den Sohn („dia tou Hyiou", „per Filium") ist in der Patristik des Ostens und Westens bezeugt: Schoonenberg verweist auf die alexandrinischen Väter (Athanasius, Didymus und Cyrill) und auf Johannes von Damaskus.[589] Für Schoonenberg trägt diese Formel die Verheißung einer Annäherung zwischen Ost und West in sich. Vom Osten wird sie allerdings nur im Blick auf die heilsgeschichtliche Sendung, nicht jedoch auf den ewigen Hervorgang des Sohnes ausgesagt.
Die heilsgeschichtliche Zuordnung von Sohn und Geist bietet den Ausgangspunkt für eine Geist-Christologie. Die genannte Formulierung ist jedoch insofern einseitig, als sie den Eindruck einer göttlichen Priorität Jesu Christi gegenüber dem Geist erweckt.

(3) Die Formel *„... aus dem Vater und dem Sohn"* steht im Zentrum der „filioque"-Kontroverse.[590] Sie kann als „Übersetzung" der vorausgehenden Formel verstanden werden, dann allerdings in der Sprache der westlichen Trinitätslehre. Schoonenberg plädiert für ein Verständnis des „filioque" im Sinne der oben vorgestellten Formulierung „durch den Sohn", die seiner Auffassung nach mit der Aussageintention der Unionsbulle des Konzils von Florenz (1439)[591] übereinstimmt.

(4) Die Formulierung *„... der aus dem Vater hervorgeht und vom Sohn empfängt"* verbindet das neutestamentliche Zeugnis vom Hervorgang des Geistes aus dem Vater (Joh 15,26) mit der johanneischen Aussage, daß der Geist vom Sohn empfängt (bzw. nimmt) (Joh 16,14).[592] In der Tradition wird

---

[588] Vgl. P. SCHOONENBERG, De voortkomst van de Heilige Geest, 116f.
[589] Vgl. Y. CONGAR, Der Heilige Geist, 354-361.
[590] Vgl. P. SCHOONENBERG, De voortkomst van de Heilige Geest, 117-119.
[591] DH 1300-1302.
[592] Ebd., 119f.

der Begriff „das Meine“ mit Jesu Existenz gleichgesetzt: „Er wird *von mir* nehmen“. Die genannte Formel findet sich bei einigen griechischen Vätern. Bei Epiphanius von Salamis erscheint sie als eine zwischen der östlichen und der westlichen Tradition vermittelnde Formel.[593] Für Schoonenberg stellt sie - ebenso wie die Formel „aus dem Vater und dem Sohn“ - eine Erklärung der Formel „durch den Sohn“ dar, nun nicht von westlicher, sondern von östlicher Seite: Sie wird im Blick auf die Sendung des Geistes ausgesagt, die jedoch in den ewigen Hervorgang aufgenommen ist.

Das Hervorgehen des Geistes „durch den Sohn“, das im Hintergrund der Formulierung - „der aus dem Vater hervorgeht und vom Sohn empfängt“ - steht, läßt die Vorstellung einer Existenz des Geistes vor Jesus und eines Wirkens des Geistes auf Jesus zu, da hier die Rede von einem aktiven Empfangen oder Nehmen des Geistes von Jesus ist. Schoonenberg bringt die hier besprochene Formel mit seinen geist-christologischen Arbeiten in Zusammenhang: Er macht darauf aufmerksam, daß nach dem neutestamentlichen Zeugnis erst seit der Verherrlichung der Geist von Christus empfängt, Zeit des irdischen Lebens Jesu jedoch umgekehrt Jesus - etwa bei seiner Taufe - vom Geist empfängt. Schoonenberg spricht sich für die Vorstellung einer innergöttlichen „Periochorese“ nicht nur der Personen, sonden auch der Hervorgänge aus und möchte, im Rückgriff auf die hier vorgestellte Formel, das lineare Modell östlicher Trinitätstheologie ergänzen: „Der Geist steht nun nicht mehr nur unter dem Sohn auf der zu uns absteigenden Linie, sondern auch über ihm, zwischen dem Vater und dem Sohn.“[594] Eine Bestätigung seiner Überlegung sieht er in der nachfolgenden Formulierung.

(5) Die Formulierung *„... Christus, gesandt vom Vater und vom Geist“*, die Jes 48,16 entnommen ist[595], erscheint in einigen Texten der Patristik. Schoonenberg vermutet, daß der Vers, der in Jes 48 losgelöst vom Zusammenhang erscheint, dem Kontext von Jes 61,1 entstammt. Dieser Vers wiederum wird von Lukas (4,18) auf Christus bezogen, was vermutlich der Anlaß war, auch Jes 48,16 mit Christus in Verbindung zu bringen: so durch Didymus von Alexandrien und Anastasius von Antiochien im Osten, von Ambrosius und Fulgentius im Westen, zur Verteidigung der Gottheit des Geistes.[596] Die 9. Synode von Toledo (675) lehrt mit Bezug auf Jes 48,16, daß der Sohn vom Vater und vom Geist gesandt wird und daß der Sohn sich auch selbst sendet, da die Werke der Dreieinheit untrennbar sind.[597]

---

[593] Vgl. EPIPHANIUS, Ancoratus 6.

[594] P. SCHOONENBERG, De voortkomst van de Geest, 120.

[595] Jes 48,16: „Und jetzt hat Gott, der Herr, mich und seinen Geist gesandt.“ Die Einheitsübersetzung übersetzt „sein*en* Geist“ als zweites Objekt des Satzes und entspricht damit dem vorherrschenden Verständnis. In einigen Übersetzungen findet sich „*der* Geist“ jedoch als zweites Subjekt. - Vgl. hierzu: ebd., 120-122.

[596] Vgl. ebd., 121 mit Anm. 30 (mit Quellennachweis).

[597] Vgl. DH 538.

Schoonenberg spricht sich dafür aus, die genannte Formel entsprechend der oben vorgestellten Aussage, daß der Sohn vom Geist empfängt, zu interpretieren. Ist der Vater „Spirator" des Geistes und teilt er ihm seine ganze Wirklichkeit mit außer dem „Spirator-des-Geistes-Sein", dann teilt er dem Geist auch das Vermögen mit, den Geist hervorzubringen. Dieser Überlegung scheint zunächst die „Ordung" („taxis") der Dreieinheit entgegenzustehen. Der Geist hat jedoch auch eine Priorität gegenüber Jesus, wie sich aus dem Alten Testament ablesen läßt, und von daher hält er die Formulierung für eine theologisch gültige, daß der Sohn aus Vater und Geist hervorgeht, oder: aus dem Vater durch den Geist. Sie stellt für ihn keine Leugnung der klassischen absteigenden Linie dar, die Ostern-Pfingsten entspringt. Sie führt vielmehr zum Gedanken der „Perichorese" der Hervorgänge.

(6) Der Hervorgang *„... aus dem Vater allein"* („Monopatrismus") wird zwar nicht im Glaubensbekenntnis der Kirchen von Byzanz und Rußland ausgesagt, gilt jedoch seit der Zeit des Patriarchen Photius zunehmend als offizielle Lehre.[598] Durch die Betonung der Monarchie des Vaters - der Vater ist „Quelle" der Gottheit („pêgê", „pêgaia theotês"), wird das klassische linear-dynamische Schema - vom Vater durch den Sohn im Geist - durchbrochen. Statt dessen gehen zwei Linien vom Vater aus: die des Sohnes und die des Geistes. Jene Textbelege aus der Patristik, die eine aktive Beteiligung des Sohnes beim Hervorgang des Geistes festschreiben, bleiben bei Photius unerwähnt. Nach Schoonenberg finden sich Anhaltspunkte für das Schema des Photius in der biblischen Tradition, in der Sohn und Geist als zwei gleichberechtigte Wege oder Weisen der Mitteilung Gottes bezeugt werden. Er bezieht sich hier auf jene Texte aus Schrift und Tradition, die ihm bei seiner Synthese von Geist- und Logos-Christologie in der Weisheits-Christologie als Belegstellen dienten. Die Vorstellung, daß Sohn und Geist (nach dem Modell zweier Linien) vom Vater ausgehen, erscheint geeignet, der Gefahr einer (dem Westen vorgeworfenen) Unterordnung des Geistes unter den Sohn zu wehren.

γ) Die trinitätstheologische Relevanz der Überlegungen Schoonenbergs zur „filioque"-Problematik

Eine ökumenische Verständigung der Kirchen in der „filioque"-Problematik erscheint Schoonenberg auf der Grundlage der Formel „(aus dem Vater) durch den Sohn" möglich. Seine Auffassung entspricht damit der gegenwärtig auch von anderen Theologen vertretenen.[599] Die unterschiedlichen Formeln zur Bezeichnung des Hervorgangs des Sohnes dokumentieren einerseits die Gegensätze, andererseits die Komplementarität des östlichen und westlichen Trini-

---

[598] Vgl. ebd., 122f.

[599] Vgl. W. KASPER, Gott Jesu Christi, 273; Y. CONGAR, Der Heilige Geist, 451-453. Über den Stand der ökumenischen Gespräche über das „filioque" informiert: D. SATTLER, Einheit im Ursprung - Einheit im Wesen, 189-191. 202-207.

täts-Modells.[600] Sein Beitrag zur Diskussion um das „filioque" ist insofern ein ökumenischer, als er das Gespräch über die hier vorgestellten Formeln anregen möchte. Er markiert die in der östlichen und westlichen Theologie bestehenden Unterschiede im Verständnis des Verhältnisses von immanenter und ökonomischer Trinität und sucht die bestehenden Differenzen durch seine (vermittelnde) Sicht der innergöttlichen Hervorgänge und der heilsgeschichtlichen Sendungen zu überbrücken.

Der Westen schließt von der heilsgeschichtlichen Sendung des Geistes auf den Hervorgang des Geistes aus Vater und Sohn. Er folgt damit dem erkenntnistheoretischen Prinzip, daß die „Offenbarungstrinität" Aussagen über die „Wesenstrinität" zuläßt. Zugleich jedoch stehen in der westlichen Theologie Abhandlungen zur ökonomischen und immanenten Trinität oft beziehungslos nebeneinander: Da das Wirken Gottes in der Schöpfung der Dreieinheit als einem Prinzip zugeschrieben wird, kann, gemäß dem augustinisch-thomistischen Trinitäts-Modell, der Hervorgang des Geistes unabhängig von der heilsgeschichtlichen Sendung beschrieben werden. Schoonenberg warnt daher vor einer Isolierung der immanenten von der heilsgeschichtlichen Trinität. Auch die Scheidung zwischen Hervorgang und Sendung des Geistes in der östlichen Trinitätstheologie weist Schoonenberg zurück, befürwortet allerdings ihr lineares Modell. Er selbst hebt in seiner eigenen Trinitätskonzeption die Monarchie des Vaters, als ursprungloser Ursprung der Gottheit, hervor.

Schoonenberg tritt für eine stärkere Akzentuierung der Einheit von immanenter und ökonomischer Trinität ein, somit für eine Einheit von innergöttlichem, ewigem Hervorgang und heilsgeschichtlicher Sendung in der Zeit: Er hält ein Plädoyer „für diese Harmonie. Ja, ich will noch weiter gehen und sagen, daß die ‚ökonomische Trinität die immanente Trinität ist und umgekehrt' und darum die Sendung in der Zeit nicht nur ein Ausdruck oder Folge des ewigen Hervorgangs ist, sondern *zu diesem Hervorgang selbst gehört* ... auch der ewige Hervorgang des Heiligen Geistes, und darin die drei Personen selbst, [modifizieren] sich durch die Sendungen in ihren gegenseitigen Verhältnissen ... Gott ist immer ökonomisch. Die Fleischwerdung des Wortes und die Ausgießung des Geistes bedeuten etwas für ihrer beider Hervorgang aus dem Vater innerhalb des göttlichen Wesens."[601] Verändern sich die Hervorgänge in Gott durch die Sendungen bzw. Schenkungen „nach außen", so schließt dies für Schoonenberg die Vorstellung der „Perichorese" der Hervorgänge in Gott

[600] Nach Congar sind die Formel „vom Vater als dem absoluten Ursprung und vom Sohne" und die Formel „aus dem Vater durch den Sohn" gleichwertig und komplementär. Unter der Voraussetzung, daß diese Einsicht auch von orthodoxer Seite geteilt werde, könne das „filioque" aus dem Credo gestrichen werden. Vgl. Y. CONGAR, Der Heilige Geist, 451. - Siehe W. KASPER, Gott Jesu Christi, 273: „Denkbar wäre etwa die [gemeinsame] Formel ‚qui ex patre per filium procedit'. Wichtiger als eine solche einheitliche Formel ist die *Einheit in der Sache ... Es geht nicht um einen nutzlosen Streit um Worte, sondern um ein vertieftes Verständnis unseres Heils, nämlich um die Frage, wie das Heil Jesu Christi auch durch den Heiligen Geist mitgeteilt wird.*" (Hervorhebung im Original)

[601] P. SCHOONENBERG, De voortkomst van de Heilige Geest, 112-114.

ein: Innerhalb des linearen trinitarischen Schemas ist der Geist dem Sohn dann sowohl untergeordnet als auch übergeordnet. Im Hintergrund steht der Gedanke des „Person-Werdens“ von Vater, Sohn und Geist im und durch das Christusereignis. Seine Überlegungen über den Hervorgang des Geistes sind letztlich soteriologisch motiviert; sie möchten die heilsgeschichtliche Trinität stärker ins Bewußtsein heben.

3. Das „charismatische“ Wirken des Geistes

a) Begegnung mit der Charismatischen Bewegung

α) Zur Geschichte der Charismatischen Bewegung

In mehreren Beiträgen erinnert Schoonenberg an die Geschichte der Pfingstbewegung in Nordamerika seit Beginn dieses Jahrhunderts.[602] Der Vorgang der „Pentecostalisierung“ der traditionellen Kirchen ist in den 60er Jahren von den in den USA entstandenen neo-pfingstlichen bzw. charismatischen Gruppierungen ausgegangen. Schoonenberg beschreibt die Herkunft der klassischen Pfingstbewegung aus den protestantischen Erweckungsbewegungen in den USA. Die „Geburtsstunde“ der Pfingstbewegung wird von ihm auf ein Ereignis des Jahres 1900/1901 (1. Januar 1901) in Topeka, Kansas festgelegt: Während einer Gebetsversammlung von einer der angesprochenen „Heiligungskirchen“ wurde ein junges Mädchen mit Heiligem Geist erfüllt und begann, in Zungen zu reden.[603] Die Pfingstbewegung und mit ihr das Phänomen der Zungenrede breiteten sich rasch aus. Ein weiteres Zentrum bildeten die Negerkirchen an der Azusa Street in Los Angeles. Im Jahre 1906 entstand die erste niederländische Pfingstgemeinde in Amsterdam. Innerhalb der klassischen Pfingstbewegung lassen sich zwei Richtungen unterscheiden.[604] Kennzeichnend für die Spiritualität der Pfingstler sind ursprünglich drei Grunderfahrungen: Zu den Erfahrungen der Sündenvergebung bzw. Wiedergeburt und der Heiligung tritt die Erfahrung der Erfüllung mit dem Heiligen Geist bzw. der Ausrüstung mit einem besonderen Charisma, als deren Erkennungszeichen die Zungensprache gilt. Diese stark emotionale Richtung unter den Pfingstlern wird in den USA von den *„Churches of God“* vertreten.

---

[602] Vgl. DERS., Het doopsel met Heilige Geist, 73-76; DERS., De charismatische beweging, 129-133.

[603] Vgl. DERS, Wenn der Geist zum Aufbruch drängt, 12: „Eine Gruppe von Mitgliedern in Topeka (Kansas) war in den Jahren 1900/1901 damit beschäftigt, die Heilige Schrift betend zu studieren. Dabei tauchte die Frage auf, wie diese Heiligung verkündet werden könnte, woran lag es, daß sie so wenig von anderen verstanden bzw. so wenig wirkungsvoll war? Ein junges Mädchen glaubte, die Antwort darauf gefunden zu haben. Sie bat den Leiter der Gruppe, Charles Parkam, ihr die Hände aufzulegen und den Heiligen Geist auf sie herabzurufen. Parkam tat so und sie begann, in Zungen zu reden. Dieses Ereignis wurde, in Amerika zumindest, als die Geburtsstunde der Pfingstbewegung verstanden, die sich dann schnell in verschiedene Pfingstgemeinden auffächerte.“

[604] Vgl. ebd.

Den *„Assemblies of God"* gelten Sündenvergebung und Heiligung als eine Erfahrung, der das Erfülltwerden mit Heiligem Geist zur Seite steht. Gemeinsam ist allen Gruppierungen der Pfingstler der besondere Nachdruck auf der „Geisttaufe", die die charismatischen Gruppen in den Großkirchen übernommen haben. Die Pfingstgemeinden, von denen die „Assemblies of God" international am bekanntesten sind, bilden eigene Denominationen und zählen zum Typ der „freien" Kirchen, wobei sie selbst nicht als „Kirchen" gelten wollen. Von diesen Pfingstgemeinden sind charismatische Gruppierungen zu unterscheiden, die im Raum der christlichen Großkirchen anzutreffen sind.

Im Jahre 1967 hat die Pfingstbewegung auf die katholische Kirche Nordamerikas übergegriffen. Schoonenberg sieht einen Zusammenhang zwischen der Bitte Papst Johannes XXIII. um eine neues Pfingsten in der Kirche und der Herausbildung katholisch-charismatischer Gruppierungen. Der katholische „pentecostalism" ist erstmals in Pittsburgh (Pennsilvania) entstanden, wo er aus Kreisen einiger Professoren (Laien) und Studierenden der Duquesne Universität hervorgegangen ist.[605] Von dort ging er über auf die Universitätszentren Notre Dame (Indiana) und Ann Arbor (Michigan). Im Rahmen eines Lehraufenthaltes in Ann Arbor im Sommer 1970 hat Schoonenberg selbst erstmals durch die Teilnahme an einem der wöchentlichen Gebetskreise persönliche Beziehungen zu Mitgliedern der Katholischen Charismatischen Bewegung in den USA aufgenommen. Die vertrauensvolle, freudige Atmosphäre in diesem Gebetskreis und die späteren Begegnungen mit Menschen aus der charismatischen Bewegung führten bei Schoonenberg zu persönlich neuen religiöse Erfahrungen.[606]

Der „neo-pentecostalism" breitete sich sehr schnell in den Vereinigten Staaten und in Kanada aus und griff auch auf andere Erdteile über; seit etwa 1973 ist er auch in Holland und Belgien beheimatet, bereits seit Beginn der 60er Jahre in England und Deutschland.[607] Seit dieser Zeit ist für die neue Pfingstbewegung fast allgemein die Bezeichnung „Charismatische Bewegung" üblich geworden, in bewußter Abgrenzung gegenüber der klassischen und neuen Pfingstbewegung. In Schoonenbergs Beiträgen zur Charismatischen Bewegung, die ausnahmslos in den 70er Jahren erschienen sind, findet sich der Prozeß der Etablierung und Konsolidierung der Charismatischen Bewegung in West-Europa dokumentiert.[608] Neben den Anfängen der Charismatischen Erneuerung in Europa spiegelt sich in ihnen auch die Krise, in die - ebenfalls Mitte der 70er Jahre - die Charismatische Bewegung in der Phase der Profilierung gegenüber der traditionellen Pfingstbewegung geraten ist und die einen Wendepunkt ihrer damals jungen Geschichte bedeutete.

Neben dem nordamerikanischen „neo-pentecostalism" gilt Schoonenbergs Interesse vor allem der Entstehung charismatischer Gruppen in den Nieder-

---

605 Vgl. DERS., Katholieke Pentecostals, 5.

606 Vgl. T. KLIJN, De charismatische beweging. Gesprek met P. Schoonenberg, 273.

607 Vgl. H. MÜHLEN, Geist-Erfahrung und Ökumene, 27.

608 Vgl. P. SCHOONENBERG, Wat wil de charismatische vernieuwing zijn?, 151f.

landen und der Herausbildung einer eigenen Organisation der Charismatischen Bewegung. Ende der 70er Jahre ist die Pfingstbewegung in den Niederlanden in föderativen Verbänden organisiert: der Brüderschaft der Pfingstgemeinden in den Niederlanden („Broederschap van Pinkstergemeenten in Nederland"). Die charismatischen Gruppen, die innerhalb der Großkirchen entstanden sind, sind in der „Charismatischen Arbeitsgemeinschaft der Niederlande" („Charismatische Werkgemeenschap Nederland", CWN) föderativ vereinigt. Ihr Publikationsorgan ist die Monatszeitschrift „Vuur" („Feuer").[609] Die Charismatische Erneuerung in der römisch-katholischen Kirche arbeitet mit der CWN zusammen. In den Niederlanden hat sie darüber hinaus, wie auch in anderen Ländern, ein eigenes Dienstleistungszentrum mit Sitz in Eindhoven und eine eigene monatlich erscheinende Zeitschrift „Bouwen aan de Nieuwe Aarde" („Bauen an der Neuen Erde"). Die Charismatische Erneuerung in der römisch-katholischen Kirche versteht sich nicht als „Kirche in der Kirche" und hat von daher auch keine eigenen Statuten, Mitgliederverzeichnisse oder Mitgliederbeiträge. 1978 existieren etwa 100 Gebetsgruppen in den Niederlanden.[610]

β) Merkmale „charismatischer" Spiritualität und Theologie

Schoonenberg konzentriert sich auf die katholische charismatische Bewegung, mit der er, wie er selbst äußert, „sehr gut bekannt ist"[611]. Mit dieser Bewegung „habe ich die nötigen Kontakte gehabt, durch Literatur, durch Teilnahme und vor allem durch persönliche Kontakte, namentlich in Amerika. Ich hoffe also, einigermaßen ‚von innen heraus' über diese Bewegung zu schreiben. Genug von innen heraus, um mit Petrus zu sagen: ‚Diese Menschen sind nicht betrunken, wie ihr meint' (Apg 2,15). Aber auch nüchtern genug, um bei Paulus sowohl Ermutigung als auch Warnung zu finden."[612] Verweise auf

[609] Im Jahre 1972 begannen Vertreter charismatischer Organisationen mit der Errichtung der CWN. Diese ist Arbeitsgemeinschaft, Gebetsteam und Besinnungsgruppe von nationaler und ökumenischer Breite. Sie verfolgt folgende Ziele: Zum einen, Christen aller Kirchen zu ermutigen, sich vom Heiligen Geist erfüllen zu lassen, damit dieser in ihrem Leben seine Gaben und Früchte zur Entfaltung bringen kann und darin Christus verherrlicht wird. Zum zweiten möchte sie den Christen dabei helfen, in ihrer jeweiligen charismatischen Gemeinschaft so wirksam zu sein, daß das volle Werk des Geistes, darunter auch der Dienst der Heilung, offenbar wird, im Dienst an der Erneuerung des Leibes Christi. Zum dritten möchte die CWN die Christen aufrufen zum Gebet für eine weltweite Erweckung, zu Zeugnis und Dienst in den Nöten dieser Welt, damit aus dem Werk des Geistes in den Gemeinden und unter den Völkern Gerechtigkeit geschieht. - Die Monatszeitschrift „Vuur" ist im Jahre 1973 von der gleichnamigen Stiftung „Vuur" auf die Stiftung CWN übergegangen. Die CWN führt seit 1972 Charismatische Theologische Konferenzen und seit 1974 Regionale Charismatische Konferenzen durch. Seit 1976 organisiert sie jährlich einmal eine „Nationale Zusammenkunft" („Nationale Konventie"), eine viertägigen Begegnung von Mitgliedern aus dem ganzen Land und zwischen allen Kirchen: Katholiken, Protestanten und aus der Pfingstbewegung. Sie unterhält außerdem „Lebensschulen" („Levensscholen"), in denen auf nationaler Ebene Kurse für praktische, biblische und charismatische Bildung angeboten werden. - Siehe hierzu: Vuur 24 (1979) 9-12.

[610] Vgl. P. SCHOONENBERG, Wat wil de charismatische vernieuwing zijn?, 151.

[611] Vgl. DERS., Doorbraak van de Geest, 4.

[612] Vgl. DERS., De charismatische beweging, 131.

Arbeiten von Mühlen machen deutlich, daß Schoonenberg die Situation der Charismatischen Erneuerung in Deutschland vertraut ist.[613] Er definiert die Charismatische Bewegung als eine „Erneuerungsbewegung, die durch die verschiedenen Kirchen hindurchläuft und die durch ein betendes Erfahren der Wirkung des Heiligen Geistes in Gang gesetzt worden ist“[614], als eine „Bewegung in den christlichen Kirchen, die sich auf Gebet und Gemeinschaft konzentriert, mit einer großen Aufmerksamkeit für die Charismen, wie sie im Neuen Testament aufgezählt werden“[615] (1 Kor 12; Röm 12).

(1) Die charismatischen Gruppierungen, die Schoonenberg im Blick hat, zeichnen sich durch ihren Willen zum *Christ-Sein* bzw. *Katholisch-Sein,* somit durch ihre *Kirchlichkeit* aus: „Die Bewegung betrachtet sich nicht als Ziel an sich. Sie will Kirche verwirklichen, den Leib Christi aufbauen. Die meisten Glieder der katholischen Bewegung sind auch treue Glieder der römisch-katholischen Kirche und eifrige Teilnehmer an den Sakramenten.“[616] Schoonenberg weist darauf hin, daß gerade in den Niederlanden die Katholiken, die der Charismatischen Erneuerung angeschlossen sind, in ihrer großen Mehrheit ihre Zugehörigkeit zur Kirche zum Ausdruck bringen. Die katholischen Charismatiker hoffen, die Kirche aus ihrer „Erstarrung“ zu befreien; sie entdecken neu den Reichtum der Schrift und das persönliche Gebet. Zudem entsteht unter ihnen ein neues Gefühl der Zusammengehörigkeit, auch zwischen Klerikern und Laien.

(2) Die Charismatiker besinnen sich auf die gemeinschaftliche Erfahrung der ersten Christen. Die Charismatische Bewegung ist *gemeinschaftsbildend*, „zum Nutzen der Gemeinde“ (1 Kor 4,12), zum Aufbau des Leibes Christi (Eph 4,12). Sie möchte das paulinische Ideal Wirklichkeit werden lassen, daß jeder einzelne Gläubige ein Glied dieses Leibes Christi ist (1 Kor 12,27), daß alle Glieder zueinander gehören, aufeinander angewiesen und einander im Glauben Stärkung und Trost sind (Röm 12,5). Das *gemeinschaftlich erfahrene und gelebte Christsein* findet seinen Ausdruck vor allem im Rahmen der Gebetsgruppen: „Die Bewegung ist also primär eine [Bewegung] *gemeinschaftlichen spontanen Gebetes.*“[617] Schoonenberg bezeichnet diese *Gebetszusammenkünfte* („prayer meetings“) als den bedeutendsten Ausdruck von Gemeinschaft.[618] Ausgehend von einem Schrifttext wird gemeinsam gebetet. Immer wieder beginnt jemand mit einem Gebet, in das die anderen einstimmen: schweigend, halblaut vor sich her betend, in gewöhnlicher Sprache oder in Zungensprache. Manchmal mündet dieses Gebet in ein Lied ein. Dieses Beten

---

613 Vgl. DERS., Wenn der Geist zum Aufbruch drängt, 12f; bezugnehmend auf: H. MÜHLEN, Einübung in die christliche Grunderfahrung.
614 T. KLIJN, De charismatische beweging. Gesprek met P. Schoonenberg, 273.
615 P. SCHOONENBERG, Doorbraak van de Geest, 4.
616 Ebd.
617 Ebd. (Hervorhebung im Original)
618 Vgl. DERS., De charismatische beweging, 135.

dauert gewöhnlich etwa eineinhalb bis zwei Stunden. Lobpreis und Dank finden breiten Raum; auch Bittgebete für allgemeine und (zuweilen sehr) persönliche Dinge werden vorgetragen. Vor allem in kleineren Gruppen werden die persönlichen Freuden und Nöte im Gebet ausgesprochen. In diesem Rahmen wird auch für bzw. über Anwesende gebetet, wobei man einander an den Händen hält oder die Hände auf die Schulter oder das Haupt eines anderen legt. Manchmal spricht jemand aus der Gruppe selbst die Bitte aus, daß auf diese Weise für ihn bzw. für sie gebetet werde. In der beschriebenen Weise vollzieht sich auch das Gebet um die Taufe mit Heiligem Geist; diesem Gebet geht zumeist eine Vorbereitungzeit von einigen Wochen voraus. Die Leiter der Gebetsversammlungen achten darauf, daß dieses „Erfülltwerden" mit Heiligem Geist in Verbindung mit Taufe und Firmung gesehen wird. Unter Katholiken mündet ein solcher Gebets(gottes)dienst meist in eine Eucharistiefeier ein. Die Gebetszusammenkunft ist dann eine Art von Wort(gottes)dienst, die mit dem eucharistischen Mahl abgeschlossen und gekrönt wird.[619] In vielen Gruppen findet monatlich, manchmal sogar wöchentlich eine Eucharistiefeier in den Gebetsversammlungen statt. Mit dem Entstehen eines neuen Gebetslebens in den Gebetskreisen der Charismatischen Bewegung ist also auch eine neue Erfahrung der Eucharistie verbunden. Charismatische Gruppen wollen „ein Stück betende Kirche"[620] sein. Schoonenberg unterstreicht den ökumenischen Charakter der Charismatischen Bewegung. In ihr sieht er Ökumene an der Basis wirksam. Aus dieser Erfahrung stellt Schoonenberg die Frage nach der Interkommunion, die für ihn ein dringliches Problem darstellt.[621]

(3) Die Zugehörigkeit zur Kirche schließt *soziales und missionarisches Engagement* seitens der charismatischen Gruppen ein. Schoonenberg selbst hält die Frage nach der sozialen Relevanz der Charismatischen Bewegung letztlich für nicht sehr entscheidend. Wird zwar auch für politische und gesellschaftliche Belange gebetet, ist ihr genuiner Beitrag doch ein religiöser, insofern sie zu vertiefter Glaubenserfahrung führen will. Eine Bewegung „*muß* einseitig sein, will sie etwas zuwege bringen ... Und man tut ihr Unrecht, wollte man von einer solchen Bewegung Aktivitäten verlangen, die nicht auf ihrem Programm stehen. Von einer Aktionsgruppe erwartet man ja beispielsweise auch nicht einen Beitrag zu geistlicher Vertiefung."[622]
Die Charismatische Bewegung ist sozial eingestellt, politisch und gesellschaftlich interessiert. Gleichwohl ist ihr genuines Anliegen ein anderes: „Gewiß, man kann Gottes Liebe in dem Appell, den Notleidende an uns richten, entdecken und so vom Mitmenschen zu Gott kommen. In allen pfingstlichen Bewegungen findet man eher ... den umgekehrten Weg. Sie gehen von Gottes Liebe in Jesus zu den Menschen aus, sie verkünden und praktizieren

[619] Vgl. ebd.
[620] DERS., Wat wil de charismatische vernieuwing zijn?, 152.
[621] Vgl. ebd., 153.
[622] T. KLIJN, De charismatische beweging. Gesprek met P. Schoonenberg, 274. (Hervorhebung im Original)

ausgesprochen *Gottes* Mit-Menschlichkeit. Dabei kommen für sie viel mehr die Personen als die Strukturen in den Blick. Ihr spezifischer Beitrag ist in viel stärkerem Maße die Heilung als die Reform der Gesellschaft. In den Gruppen stützt man einander geistlich und psychisch."[623] Man ist bemüht, einzelne Menschen auch individuell anzusprechen, einen Beitrag zu Heilung und Bekehrung zu leisten. In den USA scheint die soziale Aktivität von größerer Bedeutung zu sein als in Europa. Die Arbeit unter drogenabhängigen Jugendlichen hat in der amerikanischen Pfingstbewegung historische Tradition, die seit den 70er Jahren von der Charismatischen Bewegung in Holland und Belgien aufgenommen worden ist: im „Heilungszentrum Oase" in Rotterdam und unter den sozialen Randgruppen von Antwerpen. In der Charismatischen Bewegung Lateinamerikas ist eine politische Einstellung, die die Veränderung der bestehenden gesellschaftlichen Strukturen zum Ziel hat, stärker verbreitet als in Europa.

(4) Für Schoonenberg ist die Frage nach der Bedeutung der *„Geisttaufe"* von großer existentieller Relevanz: „Die Frage, was die Taufe mit Heiligem Geist beinhaltet, ist eine sehr existentielle Frage. Sie kann für jeden von uns bedeuten: ob wir uns dafür öffnen wollen. Es ist auch eine Frage für die Kirche als ganze, mit Bezug auf ihr inneres Leben und ihr Zeugnis für die Welt."[624] Allen Formen der Pfingstbewegung bzw. der Charismatischen Bewegung ist die Erfahrung des „Getauft"- oder „Getränkt-Werdens" mit Heiligem Geist gemeinsam, die als normal und alltäglich gilt und die in der Kirche allgemein werden soll. „Charismatiker" sind „Christen, die die neutestamentliche Erfahrung des Geistes und des Herrn als normal betrachten und sie allen wünschen ... *Sie glauben, diese Erfahrung, die Taufe mit Heiligem Geist, empfangen zu haben, und wollen danach leben.*"[625]
Die persönliche Erfahrung von Glaube und Heil(ung) bedeutet eine wachsende Bereitschaft zur Übergabe an den Herrn. Die Bitte um den Geist verbindet sich mit der „Erwartung einer kräftigen Wirkung des lebendigen Herrn Jesus und des Geistes"[626]. Die Offenheit für das immer neue Wirken des Geistes Gottes und sein Eingreifen in das eigene Leben ist Ausdruck eines bewußt angenommenen und gelebten Glaubens. Betont wird nicht so sehr die Lehre über den Heiligen Geist, als vielmehr die Lehre über die Taufe mit bzw. in Heiligem Geist.[627] Auch wird, wie in der römischen Liturgie, wenig *zum* Heiligen Geist gebetet, umso mehr jedoch *um* und *im* Heiligen Geist.[628]
Der Erfahrung der „Geisttaufe" liegt das neutestamentliche Zeugnis zugrunde: des Täufers Ankündigung der Taufe mit Heiligem Geist, die die Wassertaufe überbietet (Mk 1,8; Mt 3,11; Lk 3,16; Joh 1,33; Apg 1,5; 11,16; 1 Kor

[623] P. SCHOONENBERG, De charismatische beweging, 136f. (Hervorhebung im Original)
[624] DERS., Het doopsel met Heilige Geest, 64.
[625] Ebd., 75. (Hervorhebung im Original)
[626] DERS., Wat wil de charismatische vernieuwing zijn?, 155.
[627] Vgl. DERS., Het doopsel met Heilige Geest, 83, Anm. 1.
[628] Vgl. DERS., Wat wil de charismatische vernieuwing zijn?, 155.

12,13).[629] Wie im Neuen Testament, so kann sich die Geisttaufe auch heute auf verschiedene Weise und in verschiedener Intensität ereignen: „in einer anfänglichen Erfahrung des Betroffenseins, einer Erfahrung von Vergebung und neuem Leben; in einer Kraft, die Traumata heilt, Hemmungen überwindet, über Schwellen hinweghilft, und schließlich in einer neuen Ausrüstung mit Charismen, die befähigen, auf andere zuzugehen, in der Verkündigung, durch Heilung, aber auch, indem Strukturen angeklagt und verändert werden."[630] Für Schoonenberg ist weniger bedeutsam, inwieweit Bekehrung, Wiedergeburt, Heiligung und Geisttaufe als unterschiedene, zeitlich aufeinanderfolgende Momente einer bewußten Glaubensentscheidung bestimmt werden können, vielmehr die Beobachtung, daß auch unter katholischen Charismatikern die Erfahrung von zwei unterschiedenen „Krisis"-Momenten - Bekehrung und Geisttaufe - gemacht wird. Wichtig ist das Gebet um den Geist: „Die Gabe [des Geistes] muß erbeten werden, nicht nur durch eine umgebende Gemeinschaft ..., sondern vor allem durch denjenigen selbst, der sie zu empfangen hofft. Ein ausgesprochenes Verlangen und eine völlige Offenheit ist nötig. Diese Einsichten haben die katholische charismatische Bewegung veranlaßt, etwa sechs Wochen des Unterrichts und des Gebetes dem direkten Gebet um den Heiligen Geist vorausgehen zu lassen."[631]

Gerade bei Nicht-Amerikanern beobachtet Schoonenberg einen gewissen Argwohn gegenüber einer „schnellen" Gabe des Heiligen Geistes, aber auch von nord-amerikanischer Theologen wird vor einem Verfügen-Wollen über den Geist gewarnt. Aus eigener Erfahrung weiß Schoonenberg zu berichten, daß in den USA das Gebet um die Taufe mit Heiligem Geist von einer Art gemeinsamer Exerzitien von sieben Wochen begleitet wird.

Im Unterschied zur Theologie der Pfingstler kann nach Auffassung „charismatischer" Christen der Geist auch am Beginn des geistlichen Wegs gegeben werden.[632] Die Geisttaufe kann, so Schoonenberg, „als kräftiger Stimulanz auf einem Weg des Suchens erfahren werden"[633]. Das Kommen des Geistes kann sich in der Erfahrung von Vergebung und Neubeginn im Glauben, in einer Art zweiter Bekehrung ereignen, die als Bekehrung aus Ichverhaftung und Gleichgültigkeit oft die erste, wirkliche Bekehrung ist. Dieser Neuaufbruch auf dem geistlichen Weg kann von tiefem Frieden erfüllt sein und einer Freude. Schoonenberg weist jedoch auch darauf hin, daß auf dem geistlichen Weg oft auf Tröstung Trostlosigkeit folgt, „daß man durch die Dürre, die ‚Wüste', die ‚Nächte' hindurch an Tiefe wachsen muß."[634] Schoonenberg versteht die Geisttaufe als Gnadengabe. In ihr ereignet sich wirklich ein „Durchbruch" des Geistes, der im Gebet ebenso erfahrbar ist wie in den alltäglichen Verpflichtungen. Sie markiert einen Wendepunkt im

[629] Vgl. DERS., Het doopsel met Heilige Geest, 66-73.
[630] DERS., Wenn der Geist zum Aufbruch drängt, 13.
[631] DERS., Het doopsel met Heilige Geest, 79.
[632] Vgl. ebd., 78.
[633] DERS., Wenn der Geist zum Aufbruch drängt, 14.
[634] Ebd.

geistlichen Leben: das Sich-Öffnen für die Führung des Geistes ohne persönlichen Widerstand, eine Hingabe der ganzen Person. Schoonenberg sieht einen Zusammenhang zwischen der Geisttaufe und mystischen Erfahrungen: Sie ist „ein erster Durchbruch mystischer, d.h. erfahrener Verbundenheit mit Gott in Christus“[635]. Die Konfrontation von „charismatischer“ und (katholischer) mystischer (vor allem: karmelitischer) Spiritualität kann sich fruchtbar auswirken: „Menschen, die im Geist getauft sind, können von dieser Spiritualität lernen, daß die Tröstung, die gefühlsmäßige Freude, die damit einher geht, in dieser Form nicht immer bleiben wird. Es bleibt eine Freude, die uns niemand nehmen kann, aber ihr Überströmen in unsere Leiblichkeit, mit spontanen Zungen und Tränen, braucht nicht immer so zu sein. Die karmelitische Spiritualität kann uns in dieser Hinsicht von unrealistischen und krampfhaften Erwartungen reinigen. Vor allem müssen wir lernen, uns von einem Festhalten und einem Fordern einer solchen gefühlsmäßigen Gottesfurcht zu reinigen, von geistlicher Gier, wie man das nennen kann ... Denn es ist möglich, daß der Geist uns gerade in die Wüste führen will, wie er das mit Jesus tat.“[636] Wie die mystische Tradition die Charismatiker vor übertriebenen emotionalen Erwartungen hinsichtlich ihrer persönlichen religiösen Erfahrungen bewahren kann, kann umgekehrt die Begegnung mit der Charismatischen Erneuerung katholischen Christen zu einer Wiedergewinnung der ganzmenschlichen und gemeinschaftlichen Dimension des Glaubensvollzugs verhelfen.

(5) Schoonenberg betont, daß in Kreisen katholischer Charismatiker durch die Erfahrung der *„Geisttaufe“* die Sakramente *Taufe* und *Firmung* in ihrer Bedeutung als Initiationssakramente nicht relativiert würden. Katholische „pentecostals“ legen großen Wert auf die Sakramente: „Die Taufe im Heiligen Geist erleben sie als ein Aufleben von Taufe und Firmung.“[637] Die christlichen Kirchen werden nun mit der Forderung nach einer *erfahrenen Geisttaufe* konfrontiert.[638] Gerade darin besteht für Schoonenberg eine große Verheißung der Charismatischen Bewegung für die Kirchen: daß diejenigen, die sich für den Verbleib in ihrer Kirche entschieden haben, „dieser Taufe mit Heiligem Geist einen Platz geben unter den Gaben des Geistes, die sie in ihrer Kirche anwesend wissen: daß sie ihre Tradition dadurch bereichern, *und umgekehrt*: auch die Geisttaufe dadurch besser einordnen und verstehen, indem sie sie mit Elementen aus ihrer Tradition verbinden.“[639]
Nach Schoonenberg kann die Charismatische Bewegung einen entscheidenden Beitrag zu einer neuen Würdigung der Firmung leisten, indem die Firmung mit der Geisttaufe in Verbindung gebracht wird: „Es erscheint mir ... sinnvoll, die Taufe mit Heiligem Geist als eine Erneuerung der Firmung zu betrachten. Katholiken in der Charismatischen Bewegung äußern die Sorge davor, eine

---

[635] DERS., Notities over charismata, 45. (Im Original hervorgehoben)
[636] Ebd., 46.
[637] DERS., Katholieke Pentecostals, 6.
[638] Vgl. DERS., Notities over charismata, 43.
[639] Ebd. (Hervorhebung im Original)

zweite Taufe oder eine zweite Firmung anzunehmen und gebrauchen ... darum Begriffe wie ‚Durchbruch des Geistes', *Break-through of the Spirit* in Amerika, und in Deutschland spricht man sogar von *Firmerneuerung.* Persönlich möchte ich noch einen Schritt weitergehen: Ich frage mich, ob dieser Durchbruch des Geistes allein nur eine Erneuerung der Firmung sein muß; *kann sie nicht in die Firmung selbst aufgenommen werden?* Aber sei sie nun mit der Spendung der Firmung verbunden oder nicht: die Taufe mit Heiligem Geist oder die Taufe als Durchbruch des Geistes kann ein bedeutender Wendepunkt in unserem ganzen christlichen Leben sein."[640]
Schoonenberg tritt für die Einheit von Taufe und Firmung ein: „Für die heutige Theologie und Verkündigung scheint es angebracht zu sein, die Firmung mit dem pneumatischen Aspekt der Taufe zu verbinden und sie als Geistspendung zu interpretieren. Das hat mehrere Gründe: a) Es entspricht am meisten der Schrift und der Hauptlinie der Tradition. b) Es entspricht dem heutigen Bedürfnis der Kirche, wieder eine Kirche im Heiligen Geist zu werden (gerade weil die *einseitige* Betonung des Amtes und der hierarchischen Führung sich heute sichtbar rächt). c) Es entspricht schließlich auch der stärker geistbezogenen Strömung in der Kirche. Ich meine die Pfingstbewegung, die nicht nur gemacht ist ... Es ist zu empfehlen, heute bei der Spendung der Firmung mit der Einheit von Taufe und Firmung zu rechnen und einen Ritus zu entwerfen, in dem die Elemente beider synthetisiert (und nicht nur von außen her addiert) werden."[641] Er betrachtet theologische Bemühungen, eine spezielle Firmgnade aufzuweisen, als nachträgliche Rechtfertigungsversuche für die Praxis einer getrennten Sakramentenspendung von Taufe und Firmung. Wie die Firmgnade (lediglich) ein Aspekt der Taufgnade darstellt, so ist auch der Firmcharakter (lediglich) ein Aspekt des Taufcharakters. Als Sakramente, die im Tauf- und Firmgedächnis zu einer stets neuen Ratifikation des Glaubens führen, prägen sie einen unzerstörbaren Charakter ein.[642]

(6) Daß seit den 70er Jahren die *Charismen* wieder stärker in das allgemeine gläubige Bewußtsein getreten sind, ist nach Schoonenbergs ein entscheidendes Verdienst der Charismatischen Bewegung. Die Charismen sind „Früchte" der „Taufe" mit Heiligem Geist. In der Geisttaufe ist das Kommen des Geist als Gabe für diejenigen erfahrbar, die sich ihm öffnen: Der Geist wirkt in den Charismen.[643] Die „pentecostals" glauben, in herausragender Weise mit den Charismen begnadet zu sein; unter diesen Charismen nehmen *Heilung, Prophetie und Zungenrede* eine besondere Stellung ein. Katholische „pentecostals", die eine eigene Frömmigkeitstradition haben, verbinden die Zungenrede mit „eingegossenem Gebet" („infused prayer").[644]

---

[640] Ebd. (Hervorhebung im Original)
[641] DERS., Einheit von Taufe und Firmung, 54. (Hervorhebung im Original)
[642] Vgl. ebd.
[643] Vgl. DERS., Het doopsel met Heilige Geest, 76.
[644] Vgl. ebd., 76f.

(a) In der *Heilung* auf persönlicher Ebene sieht Schoonenberg den bedeutendsten Beitrag der Charismatischen Bewegung.[645] Die heilende Wirkung des Gebetes erweist sich, wenn Gläubige, alleine oder in Gruppen, für jemanden um inner(lich)e Heilung, vor allem um eine „Heilung der Erinnerungen" beten: „Ich glaube, daß hier die größte Gabe liegt, die Gottes Geist über die charismatische Bewegung der heutigen Kirche schenkt - und damit auch der gesamten Gesellschaft, denn nur innerlich ‚heile', das heißt reife Menschen können Machtstrukturen zerbrechen, ohne andere an ihre Stelle zu setzen. Ich denke, daß hier auch neue Möglichkeiten für das Sakrament der Versöhnung und der Krankensalbung angeboten werden."[646]

Eine plötzliche Befreiung von inneren Hemmungen und Belastungen aus der Vergangenheit geschieht in der Erfahrung der Gegenwart des Geistes. Aus persönlichen Erfahrungen mit gemeinsamen Gebet in charismatischen Gruppen bezeugt Schoonenberg einen starken persönlichen Glauben an die innerlich heilende Kraft des Betens. Er selbst hat durch seine Teilnahme an Gebetskreisen der Charismatischen Bewegung eine Erneuerung seines Gebetslebens erfahren; er spricht davon in einem Interview mit Trudi Klijn: „Ich kam dadurch zu einer inneren Befreiung, oder eher zu einer inneren Heilung, von Erinnerungen, von Traumata aus der Vergangenheit. Mit diesen Menschen führte ich eigentlich ein betendes therapeutisches Gespräch, dessen Grundtenor das Sich-Öffnen für Gottes Liebe war."[647]

Das Gebet ist für Schoonenberg das Sich-Öffnen für Gottes verändernde, schöpferische Liebe, und diese Öffnung des Menschen auf Gott hin kann am ehesten in Gemeinschaft mit anderen geschehen.[648] Unter Heilung versteht er in diesem Sinne „eine Form des Gebetes, wodurch Glaube geweckt wird, wie das durch Jesus geschah, ein Glaube, der Berge versetzt. Oder, was eigentlich mehr ist, daß eine Person aufbricht, so daß nicht nur psychische, sondern auch somatische Kräfte freiwerden, Kräfte, die unseren Lebensmut und auch unseren Leib wiederherstellen."[649] In diesem Vertrauen auf Gottes heilende Macht kann die geistliche Heilung also auch mit körperlicher Genesung verbunden sein.

Der Heilige Geist schenkt auch das Charisma, zur inner(lich)en und auch körperlichen Heilung anderer beizutragen, durch liebevolle Fürsorge für andere. Charakteristisch für die Gabe des Geistes ist, „daß sie wirksam ist bis in den Leib hinein. Dies beweist die Zungensprache ... Noch mehr beweist dies erfahrene Heilungen und die Gabe, dabei hilfreich zu sein. Die ganze leibhaftige Person, das *soma*, wird ein Tempel des Geistes, der Mensch wird ‚ein Geist mit dem Herrn', ‚der Leib ist für den Herrn da und der Herr für den Leib' (1 Kor 6,13.17.19)."[650]

---

[645] Vgl. T. KLIJN, De charismatische beweging. Gesprek met P. Schoonenberg, 276.
[646] P. SCHOONENBERG, Wenn der Geist zum Aufbruch drängt, 14.
[647] T. KLIJN, De charismatische beweging. Gesprek met P. Schoonenberg, 273.
[648] Vgl. ebd.
[649] P. SCHOONENBERG, De charismatische vernieuwing, 134.
[650] DERS., Het doopsel met Heilige Geest, 72f. (Hervorhebung im Original)

(b) Die *Glossolalie*, das Beten oder Singen in „Zungen", ist ein Charisma, das viel Aufmerksamkeit auf sich gezogen hat. Schoonenberg bezeichnet die Zungensprache als das „Vermögen, aus der Tiefe der Person zu beten, in Klängen, die für die betende Person selbst keine umschreibbare Bedeutung haben. Diese Klänge bilden nicht eine bestimmte, sondern eine dem Beter unbekannte Sprache, obwohl unterbewußte Reminiszenzen an andere Sprachen mitspielen können."[651] Sie ist „ein Gebet in Worten ohne konzeptuelle Bedeutung, ein ‚sur-realistisches' oder ‚non-figuratives' Gebet"[652]. Schoonenberg beschreibt sie als „eine Berührung [des Geistes], durch die unser Bewußtsein oder unser Unterbewußtsein (eventuell mit Resten von Sprachen, die wir früher kannten ...) zum Vorschein kommt. So ist sie eine Sprache, die ... in vielen Fällen ...keinerlei Information gibt."[653]
Die Glossolalie ist eine Gabe des Gebetes, nicht der Kommunikation (1 Kor 14,2). Sie stellt einen „Ausfluß von ‚eingegossener Betrachtung' oder von ‚eingegossenem Gebet', also von einer zu tiefem Gebet einladenden Tröstung"[654] dar, was sie in die Nähe mystischer Erfahrungen rückt. Sie kann der Beginn von prophetischem Sprechen oder charismatischem Handeln sein. Sie kann aber auch Ausdruck eines mystischen Gebetslebens sein; sie ist dann der Beginn der „eingegossenen Betrachtung" („contemplatio infusa")[655]. Die nicht-begriffliche Zungensprache eignet sich zum Gebet, „bei dem wir ja dem Vater, der alles weiß, keine Information zu geben brauchen, sondern bei dem wir mittels Sprache unser Herz für Ihn öffnen."[656]
(c) In der Versammlung hört Paulus lieber prophetisches Reden (1 Kor 14). *Prophetie* ist „ein verständliches Sprechen aus dem Geist, ein Sprechen in Gottes Namen, das Situationen erhellt, uns uns selbst verstehen läßt, Wege weist, jemandem ‚Berufung' gibt. Prophetie wird meistens dadurch gekennzeichnet, daß jemand, kraftvoll und überzeugend, im Namen und in der Person Gottes oder Christi spricht."[657] Prophetische Rede resultiert für Schoonenberg aus einem intuitiven und tiefen Verstehen der menschlichen Personen („Kenntnis der Herzen") und ihrer Verhältnisse.[658] Mit der Prophetie ist die Gabe der „Unterscheidung der Geister" verbunden: Propheten sind dem Urteil anderer,

---

651 Ebd., 76.
652 DERS., Doorbraak van de Geest, 4.
653 DERS., Notities over charismata, 37.
654 DERS., De charismatische beweging, 134.
655 Vgl. DERS., Charismata: talenten waar de Geest mee speelt, 55.
656 Ebd. Vgl. DERS., Notities over charismata, 37: „Ich denke, daß Beten immer ist: unser Herz erheben, oder noch besser, unser Herz öffnen, unser Herz bekehren, vor dem Gott, der schon in seiner Liebe anwesend ist. Unser himmlischer Vater weiß es schon und Er is schon da, Er liebt uns schon. Das ist mein Gebet. Und das tue ich mit meinem ganzen Wesen, mit meinem ganzen Leib auch. Ich kann es in Stille tun ..., und ich kann es auch sprechend tun. *Aber Sprechen bedeutet dann*, daß ich nicht Gott gegenübersitze und rede - um Ihm etwas zu sagen - sondern *daß ich damit mein eigenes Wesen, mein eigenes Herz öffne*. Und genau so ist, scheint mir, das Charisma der Zungensprache aufzufassen." (Hervorhebung im Original)
657 DERS., De charismatische beweging, 134.
658 Vgl. DERS., Charismata: talenten, waar de Geest mee speelt, 53.

die das prophetische Charisma mit ihnen teilen, unterworfen (1 Kor 14, 29. 31f).[659]

γ) Schoonenbergs Urteil über die Charismatische Bewegung
Schoonenbergs Bewertung der Charismatische Bewegung ist verknüpft mit einem Bericht über interne Spannungen, die unter den katholischen „Neo-Pfingstlern“ in Nord-Amerika aufgetreten sind. Dabei faßt er verschiedene Kritikpunkte, die damals laut wurden, zusammen.

(1) Gewarnt wird vor einer übermäßigen Betonung der „Taufe“ mit Heiligem Geist und der Charismen, wenn das Auftreten der Geistesgaben als sichtbares Zeichen für den Empfang des Geistes betrachtet bzw. erwartet wird. Dies gilt vor allem für das „aufsehenerregende“ Charisma der Zungenrede.[660] Hier fällt der Begriff der *„Charismanie“*, einer „Sucht“ nach Charismen.[661] Sie drückt sich (mit Edward D. O'Connor) in jener Mentalität aus, „die das Charismatische für das einzige oder hauptsächliche Kriterium gereifter Spiritualität hält.[662] Es geht jedoch darum, die Geisttaufe nicht nur als ein entscheidendes Ereignis in der geistlichen Entwicklung einzelner zu bewerten, sondern den empfangenen Heiligen Geist den anderen mitzuteilen. Entsprechend hält Schoonenberg den Nachdruck auf spektakulären körperlichen Heilungen, die als Werk Gottes gedeutet werden, für bedenklich.[663] Die „Charismanie“ äußert sich oft in der Erwartung, daß das Charismatische „an die Stelle der natürlichen Ausübung der menschlichen Fähigkeiten oder des normalen Wirkens des Kirchenamts“[664] treten und diese ersetzen solle. Auch Schoonenberg kritisiert, daß „alles in großem Maße der Weisheit und Güte des Herrn zugeschrieben wird“[665]. Er sieht in dem Umstand, daß man sich sehr häufig auf die göttliche Allmacht beruft, die Gefahr, daß von einzelnen im Namen Gottes persönliche Auffassungen anderen, gutgläubigen Menschen aufgenötigt werden. Die eigentliche Ursache für Mißstände innerhalb der Charismatischen Bewegung sieht er darin, daß alles, auch die gewöhnlichsten Dinge, unmittelbar der Inspiration durch den Heiligen Geist zugeschrieben werden.[666] Gewarnt wird vor einer übertriebenen oder mißbräuchlichen Berufung auf den Heiligen Geist.

(2) Mitgliedern der Charismatischen Bewegung wird oft auch vorgeworfen, daß sie ein elitäres christliches Bewußtsein besitzen, daß sie sich selbst als Vertreter eines *„Elite-Christentums“* verstehen und sich gegenüber Christen abgrenzen, die ihrer Auffassung nach den Geist Gottes in ihrem Leben in

---

[659] Vgl. DERS., Wat zijn charismata, 238f.
[660] DERS., Doorbraak van de Geest, 5.
[661] Vgl. E.D. O'CONNOR, Spontaner Glaube, 201-203.
[662] Ebd., 201.
[663] Vgl. T. KLIJN, De charismatische beweging. Gesprek met P. Schoonenberg, 275.
[664] E.D. O'CONNOR, Spontaner Glaube, 202.
[665] T. KLIJN, De charismatische beweging. Gesprek met P. Schoonenberg, 275.
[666] Vgl. P. SCHOONENBERG, Doorbraak van de Geest, 5.

geringerem Maße erfahren als sie selbst. Man unterscheidet zwischen denen, die „wiedergeboren" sind, und solchen, die diese Geisterfahrung nicht gemacht haben, und hält erstere für bessere Christen. Andersdenkende werden in der Gruppe verdächtigt und geraten zunehmend in Isolation.[667]

(3) Kritik an autoritären Strukturen wird nicht nur im Blick auf einzelne charismatische Gruppen oder Gemeinschaften geäußert, sondern bezogen auf die organisatorische Struktur der Charismatischen Bewegung als ganzer. Die Herausbildung einer neuen Hierarchie in der Bewegung faßt O'Connor unter den Begriff *„Paraklerikalismus"*.[668]

Trotz der berechtigen Kritik ist Schoonenberg der Überzeugung, daß „genug authentisches Wirken des Geistes Gottes in der Bewegung und durch sie hin besteht, daß sie in Amerika die Krise durchstehen kann und dadurch geläutert und verwandelt werden kann."[669] Auf die europäische Situation, insbesondere in den Niederlanden, aber auch in Deutschland oder Frankreich, scheint die Kritik nicht in jedem Fall übertragbar zu sein. Sie kann jedoch als Warnung vor möglichen Mißständen dienen. Die Charismatische Bewegung kann und darf nicht isoliert bestehen, sondern benötigt Unterstützung von seiten christlicher Humanisten, von Kunst und Wissenschaft, von strukturierter Liturgie und insbesondere von einem Verständnis der Schrift als ganzer, wobei die Schriftauslegung den Einsichten der modernen Exegese entsprechen sollte.[670] Schoonenberg bezeichnet sein Urteil über die Charismatische Bewegung als nuanziert: „Gemäß dem Schriftwort: ‚Löscht den Geist nicht aus, prophetische Gaben verachtet nicht. Prüfet alles, das Gute behaltet', dürfen wir Erwartungen hegen, müssen wir aber auch unterscheiden. Man spricht ja viel vom Charisma der ‚Unterscheidung der Geister', das bei Paulus gleich nach der Prophetie genannt wird. Ausschlaggebend ist die Unterscheidung der ‚Tiefe', wie ich sie nennen möchte. Der Geist kann uns, heiligend und charismatisch, auf verschiedenen Ebenen berühren: mehr am Rande, in unserem Gefühl, oder tiefer, in unserer ganzen Existenz, in der ganzen (Aus-)Richtung unseres Lebens. Geben wir dem Geist Raum bis in die Tiefe unserer Person hinein. Nur dann wird die Kirche von heute wachsen, und wird die Charismatische Bewegung wirklich eine Charismatische Erneuerung sein."[671] Sein Interesse an der Charismatischen Bewegung ist spiritueller und ekklesiologischer Natur.
Die katholische Theologie kann einen entscheidenden Beitrag zur Etablierung der Charismatischen Bewegung in der römisch-katholischen Kirche leisten; diesen konkretisiert Schoonenberg: „Die Pastoraltheologie kann sich in Zusammenarbeit mit Psychologie und Soziologie auf die pastorale Begleitung von Menschen besinnen, die in diesen Bewegungen zu sehr das Gefühlvolle in

[667] Vgl. ebd.
[668] Vgl. E.D. O'CONNOR, Spontaner Glaube, 203-205.
[669] P. SCHOONENBERG, Doorbraak van de Geest, 5.
[670] Ebd.
[671] DERS., Wenn der Geist zum Aufbruch drängt, 14f.

der Erfahrung suchen und so den nüchternen Forderungen der Wirklichkeit entfliehen (etwas, wovor in diesen Bewegungen selbst gewarnt wird). So kann zu einer ‚Politisierung' derartiger Erfahrungen beigetragen werden, was ebenso nötig ist wie eine Vertiefung und ‚Charismatisierung' der politischen Bewegungen. Die Exegese kann zeigen, daß Überwindung des Fundamentalismus auch Vertiefung in unserem Verstehen der biblischen Botschaft bedeuten kann. Die Ekklesiologie kann die positive Bedeutung des Charismatischen in der Kirche unterstreichen, sie kann vielleicht sagen, daß ‚die Taufe mit Heiligem Geist' nicht nur ein Wiederaufleben von Taufe und Firmung ist (die sehr orthodoxe Position verschiedener Autoren unter den katholischen Pfingstlern), sondern daß auch die Firmung eine offizielle Bekräftigung der charismatischen Geisttaufe darstellen kann (die Handauflegung der Charismatiker bekräftigt durch die des Bischofs)."[672] Schoonenberg sieht in der Charismatischen Bewegung Gottes Geist am Werk

b) Theologie der Charismen

α) Zur biblischen und nachbiblischen Rede von den Charismen

(1) Im *Neuen Testament* finden sich verschiedene Listen von Charismen, die über ihre Funktion in den frühen christlichen Gemeinden Auskunft geben (vgl. 1 Kor 12).[673] Die erste Aufzählung (1 Kor 12,8-10) geht vom Leben in der Gemeinde aus; hier werden die in Korinth geschätzten Charismen deutlich. In der zweiten Liste (1 Kor 12,28-30) stehen die Ämter im Vordergrund; jeder wird ermutigt, sich an das eigene Charisma zu halten. Die Wort-Gaben von Weisheit und Erkenntnis finden sich hier nicht mehr, sie sind vermutlich in die Prophetie aufgenommen worden (1 Kor 13,2).

Mit Blick auf den neutestamentlichen Befund gibt Schoonenberg folgende *(vorläufige) Definition der Charismen*: „Wir können sie vorläufig umschreiben als Gaben von Gottes und Christi Geist an die Christen (womit ich außerchristliche Charismen keineswegs ausschließen will), die den Dienst an anderen zum Ziel haben, namentlich den Dienst ‚zum Nutzen aller' (1 Kor 12,7), ‚zum Aufbau des Leibes Christi' (Ef 4,12)."[674] Der Akzent auf dem praktischen Nutzen findet sich auch in anderen Listen.[675] Am deutlichsten spricht Paulus diese Ausrichtung im Römerbrief aus (Röm 12,6-8). Die dienende Funktion tritt besonders stark in 1 Petr 4,9-11 und in Hebr 13 hervor. Im Epheserbrief sind die Charismen ganz in die Ämter der Apostel, Propheten, Evangelisten, Hirten und Lehrer aufgenommen (Eph 4,11). In den Pastoralbriefen schließlich haben sich die „episkopoi" und „diakonoi" zu festen

[672] DERS., Het avontuur der christologie, 306f.

[673] Vgl. DERS., Wat zijn charismata?, 234-240.

[674] DERS., Charismata: talenten waar de Geest mee speelt, 47.

[675] Vgl. DERS., Wat zijn charismata?, 235: Längere oder kürzere Listen von Charismen geben außerdem: Mk 16,17f; 1 Thess 5,19-21; 1 Kor 13,1-3.8; 14,26; Röm 12,6-8; Eph 4,11; 1 Petr 4,9-11; Hebr 13,1-7.16f; 1 Tim 3,1-13; 5,3-22.

Ämtern etabliert, zusammen mit den „presbyteroi“ und den Witwen (1 Tim 3-5): „Die nicht-amtlichen Charismen sind in den Hintergrund getreten; die episkopoi/presbyteroi haben viel von den Hirten und Lehrern übernommen, die Diakone und Witwen üben Hilfeleistung den Armen gegenüber und Gastfreiheit aus. Aber die Ämter haben die Charismen nicht verdrängt. Der Amtsträger, vor allem Timotheus, muß als ‚Mann Gottes' mit Geistesgaben ausgerüstet sein, wie er auch durch Prophetie zum Amt gerufen ist (1 Tim 1,18).“[676] Schoonenberg begrüßt es, daß das Zweite Vatikanische Konzil Amt und Charisma wieder miteinander verbunden hat und die nicht-amtlichen Charismen, die in den früheren Schichten des Neuen Testaments hervortreten, in Erinnerung gerufen hat (vgl. LG 12).

(2) Schoonenberg nimmt eine *systematische Einteilung der Charismen* vor. Das Neue Testament, vor allem Paulus, beschreibt sie als Gaben, die zu Wort oder Tat führen, als Äußerungen kraftvollen Dienstes. Paulus nennt sie „geistliche Gaben“ („pneumatika“) (1 Kor 12,1), er umschreibt sie als „Gnadengaben“ („charismata“), „Dienste“ („diakoniai“), „Äußerungen von Kraft“ („energèmata“) (1 Kor 12, 4-6). Als „Offenbarung des Geistes“ (1 Kor 12,7) stellen sie nicht ein in der Seele verborgenes Vermögen dar, sondern treten nach außen hin sichtbar, auch leibhaftig, in Erscheinung. Die Charismen, die in ein Amt aufgenommen wurden, besitzen offensichtlich einen mehr oder weniger bleibenden Charakter. Schoonenberg unterscheidet zwischen gewöhnlichen und außergewöhnlichen, normalen und paranormalen Charismen, wobei jedoch die Grenze zwischen beiden fließend ist.[677] Die gewöhnlichen Charismen sind nicht weniger geistlich oder göttlich als die außergewöhnlichen. Er teilt die Charismen unter dem *Aspekt des praktischen Tuns oder Nutzens* ein. Als am stärksten praktisch ausgerichtete Charismen nennt Schoonenberg die Gabe der Hilfe durch Werk oder Güter, das Gewähren von Hilfe und das Teilen. Dem entspricht auf geistlicher Ebene die geistliche Führung, Ermutigung und Trost, außerdem psychische, körperliche (psychosomatische) Heilung. Schoonenberg nennt hier die Leiter und Hirten: Sind erstere zumeist Vorsteher bei Zusammenkünften, die die Eingebungen des Geistes in rechte Bahnen lenken (1 Kor 14) und Sorge tragen, daß wirklich Feier des Herrenmahls stattfindet (Kor 11,20), üben Hirten die geistliche Leitung gegenüber der ganzen Gemeinde aus, beispielsweise durch Ausschluß, Leitung der Buße und Wiederaufnahme (1 Kor 5,4f; 2 Kor 2,5-8).[678]
Von eigener Bedeutung sind jene Charismen, die *mit Glaubenseinsicht und Wort verbunden* sind, obwohl beides auch mit der Leitung und dem Hirtenamt in Zusammenhang steht. Angesprochen sind hier jedoch primär die Gaben der Propheten und Lehrer. Propheten sind „Sprecher mit Vollmacht im Namen Gottes, Interpreten von Heil und Unheil in der Geschichte, Ermahner aus

[676] Ebd., 237.
[677] Vgl. ebd., 237.
[678] Vgl. ebd., 238.

Gottes vergangenen Heilstaten, Gottes Kritiker der Gegenwart (um abzureißen und aufzubauen: Jer 1,10) und die Übersetzer der Verheißung, die Gott gibt und ist (eher als die Vorhersager künftiger Ereignisse)."[679] Innerhalb des Neuen Testaments deuten die Propheten die Geschichte von Christus her und legen Zeugnis von ihm gegenüber der Gemeinde und der „Welt" (Joh 15,26f; 16,8-11; Offb 10,11; 19,10) ab. Mit dem Prophetismus verbindet sich die Kenntnis „aller Geheimnisse" (1 Kor 13,2), d.h. der „mysteria", die zur Zeit des Alten Bundes noch verborgen waren, nun aber in Christus offenbar geworden sind (Kol 1,25-27; Eph 3,1-13). Diese Kenntnis ist zugleich göttliche, geheimnisvolle Weisheit, die enthüllt worden ist durch den Geist, der Gottes Tiefen ergründet (1 Kor 2). Die Propheten unterliegen dem „Urteil" der Unterscheidung der Geister, die selbst wiederum als prophetische Gabe gilt, d.h. als eine Form der „Metaprophetie". Ähnliches gilt für die Interpretation der Glossolalie (1 Kor 12, 10. 30; 14,13. 27f). In den früheren Schichten des Neuen Testaments kommt den Propheten der Rang unmittelbar nach den Aposteln, Augenzeugen des Auferstandenen und Gemeindegründern, zu (1 Kor 12,28; Eph 4,11; 3,20; Apg 13,1). An dritter Stelle werden im 1. Korintherbrief die Lehrer genannt (1 Kor 12,28). Diesen Platz nehmen im Epheserbrief (vor den Lehrern) Evangelisten und Hirten ein (Eph 4,11). Wirken Evangelisten stärker verkündigend, obliegt den Lehrern die Auslegung der Schrift und die Katechese.
Schoonenberg unterteilt auf diese Weise in Charismen, die zum einen primär auf *Tat und Leitung* ausgerichtet sind, zum anderen auf *Einsicht und Wort*. Eine Position zwischen beiden Gruppierungen nimmt der („Berge versetzende") Glaube ein, die Überzeugungskraft und Beredsamkeit des Glaubens.[680] Diese kann sich entweder praktisch auswirken in Leitung und heilendem Gebet, oder aber in der Vermittlung prophetischer Kenntnis und Weisheit. Die *Zungensprache* schließlich stellt ein Charisma eigener Kategorie dar. Paulus stellt sie in 1 Kor 14 der Prophetie gegenüber und sieht in ihr einen Ausdruck individuellen Gebetes, das auch in der Gebetsversammlung laut werden kann. Die neutestamentlichen Autoren beschreiben sie als Äußerung, Ausbruch einer neuartigen Erfahrung (Mk 16,17; Apg 2,4), die in der Apostelgeschichte mit dem ersten Empfangen des Geistes einher geht. Bei Paulus ist sie mit dem singenden Lobpreis Gottes verbunden (1 Kor 14,15), dieser Gebetsform scheint aber auch das Bittgebet verwandt zu sein (Röm 8,26). Während der Geist („pneuma") betet, ist der Verstand („nous") nicht einbezogen und bleibt „ohne Frucht" (1 Kor 14,14). Von daher ist das Gebet auch für den Betenden selbst verstandesmäßig nicht begreiflich.

(3) Schoonenberg äußert sich zum *Auftreten nachbiblischer Charismen*: „Die Frage, ob die Charismen - vor allem die ‚außergewöhnlichen' oder ‚wunderlichen' - auf die (sub)apostolische Kirche beschränkt geblieben sind, wird in

[679] Ebd.
[680] Vgl. ebd., 239.

einem wachsenden Konsens von reformatorischen und katholischen Theologen verneinend beantwortet. Eine Untersuchung bezüglich der Erwähnung und Bewertung der Charismen bei den Kirchenvätern ist der Mühe wert."[681] Die Behauptung, die Charismen seien auf die ersten Generationen der Christengemeinden bzw. auf die ersten Jahrhunderte der Kirche beschränkt geblieben, ist für Schoonenberg unhaltbar: Dies schon aufgrund der ihr zugrundeliegenden Annahme, daß die Kirche mit ihrer institutionellen Struktur, ihrer Hierarchie, den Dogmen und Sakramenten ausreichend ausgestattet sei. Sodann entspricht diese Behauptung nicht den historischen Fakten. Kennt das Neue Testament auch „gewöhnliche" Charismen, wie Hilfeleistung und Leitung, so existieren diese offenkundig bis in die Gegenwart hinein: „Die Beschränkung der Charismen auf die Zeit des NT beruht zu einem guten Teil darauf, daß diese gewöhnlichen Charismen übersehen werden, damals sowohl wie heute."[682] Gleichwohl kommen „außergewöhnliche" Charismen auch gegenwärtig noch vor. Dem letzten Konzil kommt das Verdienst zu, ein einseitiges Verständnis der Charismen, das ihr Auftreten auf die Frühzeit der Kirche beschränkt und sie auf außergewöhnliche Erscheinungen reduziert, überwunden zu haben.[683] Schoonenberg weist in diesem Kontext darauf hin, daß diese reduzierte Sicht der Charismen schon vor dem Konzil von Theologen wie Karl Rahner und Yves Congar bestritten wurde. Sie haben dadurch mit dem Konzil zur Entstehung der Charismatischen Bewegung im Raum der katholischen Kirche beigetragen.

Zu einer reduzierten Sicht der Charismen führt die irrige Annahme, Charismen könnten später nur in der Form auftreten, in der sie im Neuen Testament vorkommen: „... man braucht [jedoch] nicht nur die Charismen zu erwarten und zu erkennen, die (und wie sie) in der Bibel beschrieben sind."[684] Charismen werden in ihrer Gestalt im Laufe der Zeit durch kulturelle Veränderungen beeinflußt.[685] So erfahren etwa die Gaben der Leitung stärkere Organisation und Spezialisierung mit zunehmender Verbreitung christlicher Gemeinschaften. Die Gabe der Heilung kann mit medizinischem und pflegerischem Fachwissen verbunden sein. Die Funktionen der Apostel werden einerseits von Bischöfen, andererseits von Missionaren übernommen. Der Prophet wird ersetzt durch den Lehrer. Allmählich bilden sich theologische Charismen heraus, wie das des Apologeten oder Lehrers.

Schoonenberg spricht sich für eine neue Sensibilität für die Charismen aus, die in der je eigenen Umgebung auftreten: „Mögen wir die Gaben des Geistes dort erwarten, wo wir stehen."[686] Dies bedeutet: „Wer Charismen entdecken will, wird bedenken müssen, daß sie uns (außer den direkten Gebetsgaben) zu

---

[681] Vgl. DERS., Charismata: talenten waar de Geest mee speelt, 48.
[682] DERS., Wat zijn charismata?, 240
[683] Vgl. ebd., 234.
[684] Vgl. DERS., Charismata: talenten waar de Geest mee speelt, 48.
[685] Vgl. DERS., Wat zijn charismata?, 241.
[686] DERS., Charismata: talenten waar de Geest mee speelt, 48.

menschlicher Kommunikation befähigen und dazu drängen."[687] Schoonenberg möchte mit Frans Haarsma vom Prophetismus des Priesters sprechen und unter Berufung auf Marie-Dominique Chenu vom Charisma des Theologen.[688]

β) Entfaltung der Charismenlehre Schoonenbergs

(1) Schoonenberg versteht seine Arbeiten zur Theologie der Charismen als einen Beitrag zur Gnadenlehre, der zugleich Fragen der Schöpfungstheologie berührt. *Pneumatologische und anthropologische Erörterungen zur Charismenlehre* sind für ihn Voraussetzung dafür, um über die Charismen in der (Struktur der) Kirche sprechen zu können. Dies möchte er nicht tun, ohne zuvor etwas über die Bedeutung der Charismen im Leben jedes/jeder Gläubigen gesagt zu haben.[689] Er hält es für denkbar, daß seine Überlegungen von anderen Theologen in einer ekklesiologischen Betrachtung der Charismen weitergeführt werden.

Den Ausgangspunkt der Überlegungen Schoonenbergs bildet die Frage nach dem *Ort der Charismen im Menschen.* Er lokalisiert die Charismen in der Sphäre des leib-geistigen Wesens des Menschen, dort wo die Begabungen und spontanen Reaktionen ihren Ort haben, d.h. in der dem Menschen vorgegebenen Natur, die der Person vorausgeht: „Charismen wurzeln ... in dem, was uns als biologische, psychologische [psychische] und kulturelle Verfaßtheit eigen ist. Mit Professor Mühlen möchte ich sagen: ‚Ein Charisma ist eine von Geburt an mitgegebene Fähigkeit und Begabung, insofern sie vom Geist Gottes geläutert, gestärkt und für den Aufbau der Kirche und der Gesellschaft in Dienst genommen wird.'"[690] Charismen sind „*Talente*, die durch die Berührung des Geistes intensiviert und gerichtet werden."[691] Oder: Charismen sind Talente, mit denen der Geist spielt.[692] Schoonenberg definiert schließlich: „Die charismatischen Gaben will ich umschreiben als unsere Talente oder welche Aspekte auch immer von dem, was in uns von einem bestimmten Moment an Gegebenheit ist, aber dann als geleitet, geöffnet, befreit und aktiviert durch den Heiligen Geist. Das Gegebene wird Gabe durch den Geist: das ist das Charisma."[693] Im Falle völligen Mißbrauchs eines „Charismas" möchte Schoonenberg nur von einem Talent, nicht mehr von einem Charisma sprechen.

Schoonenberg entfaltet *das „Zusammenspiel" von Gott und Mensch in den Charismen.* Seine Überlegungen zur Charismenlehre können, seiner eigenen

[687] DERS., Wat zijn charismata?, 241.

[688] Vgl. DERS., Charismata: talenten waar de Geest mee speelt,48, mit Bezug auf: F. HAARSMA,Van priester naar profeet; DERS., Kerkelijk ambt; M.D. CHENU, Position de la théologie.

[689] Vgl. P. SCHOONENBERG, Charismata: talenten waar de Geest mee speelt, 47.

[690] DERS., Wenn der Geist zum Aufbruch drängt, 14 (ohne Zitatnachweis). Vgl. H. MÜHLEN, Erneuerung des christlichen Glaubens, 235.

[691] P. SCHOONENBERG, Charismata: haar plaats in de mens, 65. (Hervorhebung im Original)

[692] Vgl. DERS., Charismata: talenten waar de Geest mee speelt.

[693] DERS., Charismata: haar plaats in de mens, 53.

Aussage nach, „sowohl theologisch als auch anthropologisch genannt werden, weil sie stets um das Zusammenwirken von Gott und Mensch kreisen. Oder lieber: [um] das eine Wirken Gottes im und durch den Menschen."[694] In Auseinandersetzung mit der Charismatischen Bewegung betont er das menschliche Element in den Charismen. Gleichwohl möchte er „auch das Umgekehrte ... tun. Ich hoffe auch das Göttliche im Menschen zu entdecken. Etwas, was mich gerade innerhalb der Charismatischen Erneuerung anzieht und wovon ich meine, daß es eine Verheißung beinhaltet."[695]

(2) Schoonenberg unterstreicht den *Geschenkcharakter der Charismen*: Sie sind Gaben Gottes, Gaben des Geistes. Mit Paulus legt er Nachdruck auf den Charakter des Charismas als eines göttlichen Geschenkes, welches zugleich Offenbarung des Geistes ist (1 Kor 12,4-7): „Die Charismen sind ... als Geschenk Gottes offenbar, erkennbar, deutlich, nicht per se dadurch, daß sie außergewöhnlich sind, sondern gerade durch ihren wohltätigen Einfluß."[696]
Bei Lukas und in den johanneischen Parakletsprüchen bleibt das Wirken des Geistes auf die Prophetie im weitesten Sinne beschränkt, einschließlich Verkündigung und missionarischem Zeugnis. Die lukanische Charakterisierung des Geistes als *die* Gabe und *die* Verheißung des Vaters (Lk 11,13; 24-49) findet erst bei Paulus ihre volle theologische Entfaltung: Der Geist, der in den Gläubigen und in der Kirche wie in einem Tempel wohnt (1 Kor 3,16; 6,19), ist „arrabon", Vorgabe und Angeld der künftigen Herrlichkeit (2 Kor 1,22; 5,5; Eph 1,14; Röm 8,11). Dieser Geist überwindet die schwache und sündige Existenz des Menschen, das „Fleisch" (Gal 5,16-26; Röm 8,1-17): „Paulus schreibt nicht nur dem Geist alle Charismen zu (nicht nur die prophetischen), sondern auch das, was wir das Leben der heiligmachenden Gnade und der eingegossenen Tugenden nennen (die Kindschaft Gottes: Röm 8,16; die Frucht des Geistes: Gal 5,22f)."[697]
In der Theologie ist oft mehr das die Gnadengaben Verbindende als das sie Unterscheidende hervorgehoben worden. So setzen Heiligungsgnade und charismatische Gaben (wenigstens normaliter und idealiter) einander voraus bzw. schließen einander sogar ein: „Eines jeden Glaube, Hoffnung und Liebe wird für andere fruchtbar durch dessen Charismen, und die Charismen haben ihre tiefste Wirkung aus dem Glauben, der Hoffnung und der Liebe ihrer Träger."[698] Charismen sind äußerlicher, da sie zum Dienst an den Menschen in und außerhalb der Kirche ausrüsten. Der „Nutzen für alle" (1 Kor 12,7) und der „Aufbau des Leibes Christi" (Eph 4,16) sind jedoch nicht spezifisches Charakteristikum der Charismen: Gerade die Liebe ist am stärksten auf den Aufbau des „Leibes" (Eph 4,16) gerichtet.

---

[694] DERS., Notities over charismata, 29.
[695] Ebd.
[696] DERS., Wat zijn charismata?, 242
[697] DERS., Charismata: talenten waar de Geest mee speelt, 48.
[698] Ebd., 52.

(3) Worin aber *unterscheiden sich* nun die *Charismen* von den anderen, den *„gewöhnlichen" Gnadengaben*: den innerlichen Gaben der heiligmachenden Gnade, den eingegossenen Tugenden von Glaube, Hoffnung und Liebe und von der Gnade des Beistandes? Schoonenberg schlägt vor, „die Charismen von den anderen Gnadengaben zu unterscheiden durch ihren Platz im Menschen selbst."[699] Auf diese Weise bestimmt er die Charismen auch als eine *menschliche Wirklichkeit.*

Nach dem Zeugnis der Schrift und der ganzen Tradition hat die Liebe ihren Ort im Herzen des Menschen als dem Zentrum der menschlichen Person und der tiefsten Quelle menschlicher Entscheidungen. Dort hat dann auch die Gnade zur Liebe, die heiligmachende Gnade, ihren Sitz, die (nach scholastischer Terminologie) die Substanz der Seele heiligt. Wird von der Scholastik die heiligmachende Gnade konstant in der Seele lokalisiert, wäre es zunächst denkbar, den Charismen in der Leiblichkeit des Menschen einen Ort zu geben. Dieser Weg stellt jedoch nach Schoonenberg eine „Sackgasse" dar, „weil unser ganzes menschliche Leben in allen seinen Äußerungen sowohl geistig als auch leiblich ist und Gottes Gegenwart und Gaben sich auf diesen ganzen Menschen richten."[700] Schoonenberg schlägt ein anderes Unterscheidungsprinzip vor, Bezug nehmend auf die Existenzphilosophie Karl Rahners.[701] Dieser bezeichnet zwei Sphären im Menschen: Er unterscheidet zwischen der Freiheit des Menschen als Person - „Person" bzw. „Dasein" - und dem, was im Menschen als ein Gegebenes der persönlichen Freiheit vorausliegt - „Natur" bzw. „Vorhandenheit".[702] Schoonenberg übernimmt diese existentialistische Unterscheidung zweier Sphären im Menschen, wählt jedoch (im Unterschied zu Rahner) für das Gemeinte die Begriffe *„Person"* und *„Gegebenheit"*.

„Person" ist „aus der Sicht Rahners der Kern des Menschen, woher seine innigsten Entscheidungen kommen, durch die er seine Haltung vor Gott und Mensch bestimmt für Zeit und Ewigkeit."[703] Den von ihm neu eingeführten Begriff „Gegebenheit" („gegevenheid") umschreibt Schoonenberg wie folgt: „Gegebenheit ist ... alles, was wir von Geburt an mitbekommen haben, eine körperliche (erbliche) Disposition, eine bestimmte Anlage (zu diesem, aber nicht zu jenem), die Anwesenheit von bestimmten Talenten (und das Fehlen von anderen)."[704] Das der ganzen menschlichen Struktur Vorgegebene ist nicht nur die Leiblichkeit, sondern die Anlage des Menschen, insbesondere seine Talente.[705]

---

[699] Ebd.
[700] Ebd.
[701] Vgl. ebd., mit Bezug auf: K. RAHNER, Natur und Gnade; DERS., Begrifflichkeit der ungeschaffenen Gnade, 347-375; DERS., Begriff der Konkupiszenz, 389-400.
[702] Vgl. P. SCHOONENBERG, Charismata: talenten waar de Geest mee speelt, 52.
[703] DERS., Notities over charismata, 35. (Hervorhebung im Original)
[704] DERS., Charismata: talenten waar de Geest mee speelt, 52.
[705] Vgl. DERS., Notities over charismata, 35: „Ich denke, daß ziemlich deutlich ist, daß ein Unterschied zu machen ist zwischen natürlicher Anlage oder Talent, alles, was der persönlichen Entscheidung vorgegeben ist, und der persönlichen Entscheidung ..., von woher man seine endgültige Haltung bestimmt."

Der Mensch kann aus seiner Freiheit heraus diese Gegebenheit zum Guten oder zum Schlechten gebrauchen. Das ursprünglich dem Menschen von Natur aus Gegebene bildet den Ausgangspunkt, das „Material“ dessen, was der einzelne Mensch aufgrund seiner persönlichen Freiheit an Entwicklungen und Veränderungen an sich selbst erfahren kann: „Damit ist auch gesagt, daß das Gegebene oder das Vorhandene nicht auf das beschränkt ist, was der Mensch von Geburt an mitbekommt. Unsere ganze Erziehung, das was andere und wir selbst aus uns machen, kurzum alles, was unsere Geschichte in uns hinterläßt, ist zu einem bestimmten Augenblick Gegebenheit, die wir mit unserer persönlichen Freiheit in Regie nehmen müssen. Dabei sind auch verborgene Schichten, verdrängte Haltungen, Wunden eingeschlossen, ebenso wie Reichtümer, die bis zu einem bestimmten Moment noch unvermutet in uns existierten.“[706] Spontane Äußerungen dieser Gegebenheit sind Intuitionen, die dem Denken vorausgehen, bestimmte Empfindungen, wie Zuneigung oder auch Gefühle der Abkehr, die dem bewußten Wollen des Menschen vorausgehen. Alles dies bildet das Material der menschlichen Entscheidungen, in denen der Einzelne seinen (vor)gegebenen Anlagen oder Veranlagungen folgt oder sich ihnen widersetzt, zum Guten oder zum Schlechten.

Diese Gegebenheit ist das Material, mit dem Gottes Geist in den Charismen wirkt.[707] Charismen haben, wie Begabungen und spontane Reaktionen, ihren Ort in der Sphäre der „Natur“ bzw. des leib-geistigen Wesens des Menschen.[708] Damit berühren sie nicht unmittelbar das menschliche Person-Zentrum als den Ort, wo Glaube, Liebe und Hoffnung entstehen oder auch verweigert werden. Sie befinden sich in einer mehr periphären, aber doch genuin menschlichen Sphäre. „Kurz: Die Liebe, mit dem Glauben und der Hoffnung, sind Gottes Gaben in unserem Personkern ..., die Charismen sind Gottes Gaben in unserer Anlage und unserem Gemüt.“[709]

Schoonenberg sucht durch diese Lokalisierung der Charismen im Menschen diese zum einen gegenüber der *heiligmachenden Gnade*, zum anderen gegenüber den gewöhnlichen *Talenten* oder verborgenen Begabungen abzugrenzen. So betont er, daß die Charismen nicht mit dem Gnadenleben, nicht mit Glaube, Liebe und Hoffnung identisch sind, denn sie können im Gegensatz zu diesen auch mißbraucht werden.[710] Die Liebe ist die Frucht des Geistes (Gal 5,22). Charismen treten zuweilen ohne Glaube und Liebe auf, wenn die Menschen sie nicht als Gaben würdigen, sondern sich ihrer rühmen. Gewöhnlich gehen die Charismen mit der Liebe einher und sind darin integriert, so daß sie zum Auf-

---

[706] Ebd.

[707] Vgl. ebd., 53.

[708] Vgl. DERS., De charismatische beweging, 133: „Generell möchte ich die Charismen in den Sphären unseres menschlichen Wesens lokalisieren, wo das Geistige und das Leibliche einander auf die tiefste und verborgendste Weise durchdringen, dort wo wir mit unserem ganzen Wesen ergriffen sind (Zungensprache), wo wir psycho-somatisch andere beeinflussen, sie durchschauend, sie heilend.“

[709] DERS., Wat zijn charismata?, 243.

[710] Vgl. DERS., De charismatische beweging, 133.

bau des Leibes Christi führen. Schließlich können sie auch der Liebe vorausgehen und zu bleibender, gereifter Liebe führen.[711] So betont Schoonenberg zum einen die Eigenständigkeit der Charismen gegenüber der Heiligung des Menschen: Charismen können der heiligmachenden Gnade vorausgehen oder auch fortdauern; im Ideal treten beide zusammen auf.[712] Zum anderen stellt Schoonenberg die Charismen der Anlage oder den Talenten an die Seite, ohne sie mit diesen zu identifizieren.[713] Charismen sind mehr als nur Talente an sich: Charismen gehen hervor aus den menschlichen Begabungen unter der Berührung von Gottes Geist. Dies gilt sowohl für die praktischen Gaben der Heilung, des Dienstes und der Leitung als auch für jene, die sich in Worten der Weisheit und Kenntnis, in Prophetie und Unterscheidung der Geister äußern. Alle diese Geistesgaben versteht Schoonenberg als Aktivierungen eines angeborenen, aber auch weiter zu entwickelnden Vermögens.

(4) Schoonenberg ordnet die *Charismen* der Sphäre der *menschlichen Natur* zu. Er folgt damit nicht dem herkömmlichen theologischen Verständnis, das „die Charismen an die Seite der Gnadengaben gestellt [hat] gegenüber all demjenigen, was der Mensch von Natur hat und ist, sei es denn auch durch Gottes Schöpfung."[714] Diese Sichtweise fand in der klassischen Gnadenlehre ihren Niederschlag in den Begriffen „übernatürlich" und „Übernatur", denen die unglückliche Vorstellung zugrunde lag von einer Sphäre oberhalb der geschaffenen Wirklichkeit des Menschen, die sich der Gabe eines über allem erhabenen, transzendenten Gottes verdanke.[715] Um dieses in der Schuldogmatik vorherrschende Gottes- und Menschenbild zu überwinden, „muß die klassische Sicht auf die übernatürlichen Gaben ausgebaut werden, indem gesagt wird, daß diese [Übernatur] nicht nur unsere geschaffene Wirklichkeit übersteigt, sondern auch unser Menschsein ganz durchdringen, öffnen, vertiefen kann."[716]

Schoonenberg richtet einen Blick auf die Geschichte des Gnadentraktates. In der scholastischen Theologie wurde der einwohnende Heilige Geist als „ungeschaffene Gnadengabe" von den „geschaffenen Gnadengaben" unterschieden, die ihrerseits wiederum von der menschlichen „Natur" zu unterscheiden sind.[717] In der späten Scholastik wurde der Akzent auf den „geschaffenen" Gnadengaben verstärkt: der heiligmachenden Gnade, den eingegossenen Tugenden von Glaube, Liebe, Hoffnung und der Gnade des Beistandes. Durch diese wurde die Substanz der Seele sowie die Vermögen und Akte des

[711] Vgl. DERS., Wat zijn charismata?, 243f; DERS., Charismata: talenten waar de Geest mee speelt, 55f.
[712] Vgl. DERS., Charismata: talenten waar de Geest mee speelt, 55.
[713] Vgl. DERS., Notities over charismata, 35.
[714] Ebd., 29.
[715] Vgl. ebd., 30.
[716] Ebd.
[717] Vgl. DERS., Charismata: talenten waar de Geest mee speelt, 49-51.

Menschen, die in der Seele situiert wurden, durch Gottes zuvorkommendes Wirken geheiligt. Die „ungeschaffene" Gnade, der Heilige Geist oder die einwohnende Dreieinigkeit, kam in der Dogmatik kaum zur Sprache.
In den dreißiger Jahren dieses Jahrhunderts kam es in der Gnadentheologie zu einschneidenden Veränderungen durch die Herausbildung eines „Einheitsdenkens". Schoonenberg nennt Karl Rahner und Maurice de la Taille: Betonte jener, daß die geschaffenen Gnadengaben zu Gottes Einwohnung disponieren, diese Disposition jedoch erst kraft der Einwohnung selbst möglich ist (eine Entfaltung des scholastischen Begriffs der „dispositio consequens"), so deutet dieser die ungeschaffenen und die geschaffenen Gnadengaben in ihrer Verbundenheit und Unterschiedenheit als ungeschaffene Akt und geschaffene Aktuation.[718] Auch wurde die scholastische Sicht auf die göttliche Dreifaltigkeit als strikte Einheit durchbrochen und das persönliche Verhältnis von Vater, Sohn und Geist zum geheiligten Menschen hervorgehoben. Im Rahmen dieser persönlichen Beziehung läßt sich nach Schoonenberg der Zusammenhang und Unterschied der Gnadengaben in recht verstandener Weise deutlich machen: „Die so sorgfältig von der ungeschaffenen Gabe und voneinander unterschiedenen Gnadengaben sind nichts anderes als die Erweiterung, Vertiefung, Bereicherung, Erhöhung und ... die fortwährende Erlösung und Bekehrung des Menschen, bei dem der Vater und der Sohn ihren Einzug nehmen, der Tempel Gottes wird im Geist. Heiligmachende Gnade ist die Berührung Gottes zum Leben."[719]
Im Zuge dieser theologischen Entwicklung wurde es notwendig, auch die frühere Unterscheidung von heiligmachender Gnade und den mit ihr verbundenen Gaben einerseits und der „Natur" des Menschen als Geschöpf andererseits zu korrigieren. Die „übernatürlichen" Gaben gelten nun nicht mehr als „superaddita", als eine höhere Schicht oder Lage.[720] Sie werden nicht länger als Akzidenzien verstanden, als ein „übernatürlicher Organismus", der der Seele des Menschen und seinem Vermögen von außen („extrinsisch") hinzugefügt wird: „Nein, diese Gnade ist der Mensch *selbst* als durch den einwohnenden Geist ‚erhoben', aber auch in seinem eigenen Menschsein vertieft und darum

[718] Vgl. ebd., 49; mit Bezug auf: K. RAHNER, Begrifflichkeit der ungeschaffenen Gnade.
[719] P. SCHOONENBERG, Charismata: talenten waar de Geest mee speelt, 49.
[720] Vgl. ebd., 50. Der „Extrinsezismus" der Gnade läßt sich anhand der spät- und neuscholastischen These von den zwei letzten Endzielen dokumentieren. Danach bestimmt Gott den Menschen, der bereits ein natürliches Endziel hat, in seinen Gnadengaben zu einem übernatürlichen Endziel, der Gottesschau. Diese Sicht ist nach dem Zweiten Weltkrieg durch Karl Rahner und vor allem durch Henri de Lubac überwunden worden, der die Lehre des Thomas von dem einen und übernatürlichen Endziel wieder in Erinnerung gerufen und die Gratuität, den Geschenk-Charakter der Gnadengaben betont hat. Nach De Lubac ist der Mensch kraft seines Geist-Seins auf die Schau Gottes ausgerichtet: „Das am meisten absolute Verlangen des Menschen geht aus nach Gottes Gabe als Gabe. Wir verlangen danach, ohne Bedingungen, unsere Endbestimmung zu erreichen, indem wir sie als Geschenk von Gott empfangen ... Die These von De Lubac scheint mir eine der befreiendsten Einsichten der ‚nouvelle théologie' zu sein." Schoonenberg verweist auf: H. DE LUBAC, Le mystère du surnaturel (1965).

gerade bekehrt und geläutert, mit-gekreuzigt und mit-auferweckt mit Christus."[721]

Schoonenberg schließt sich dem Vorschlag von J. Firet und Jan Veenhof (Pastoraltheologe und Dogmatiker an der Freien Universität Amsterdam) an, zur Verdeutlichung des Wesens der Charismen das klassische „Additions-Modell" durch das „Beziehungs-Modell" zu ersetzen.[722] Denn: „Gott bewirkt nicht ‚etwas' im Menschen, sondern, den Menschen als diesen Menschen liebend, schenkt Er sich selbst und macht ihn zu ‚einem anderen Menschen', einem neuen Geschöpf in Christus. Dabei besteht die Veränderung und Erneuerung gerade darin, daß jeder mehr er-selbst wird, das tiefe Selbst, in dem jeder auf eigene Weise Gottes Bild ist. Dies ist eine Veränderung in und durch Gottes Bund und Selbstgabe, ein Sein aus Gottes Sein-mit-uns, eine Geschichte auch, weil Gott stets der Kommende ist."[723]

Mit der Tradition ist nach Schoonenberg daran festzuhalten, daß alle Gnadengaben, als Gaben des Geistes, die wirksame Anwesenheit Gottes durch seinen Geist voraussetzen: „Die Gnade wird also dort gegeben, wo wir als Person uns selbst in Freiheit bestimmen. Sie wird unserer Freiheit als Freiheit gegeben. Sie kann also nicht gegeben werden, wenn sie nicht in Freiheit angenommen wird."[724]

(5) Es ist *derselbe Geist*, der *Gnadengaben und Charismen (be)wirkt*, allein der *Ort des Berührt-Werdens des Menschen durch den Geist ist ein anderer*: Im Falle der *Charismen* ist diese Berührung nicht auf den Personkern gerichtet, sondern auf die menschliche Wirklichkeit als gegeben, als *Natur*. Schoonenberg fragt nun weiter, wie die *spezifische Eigenart dieser Berührung* zu denken ist.

Er hält es für prinzipiell denkbar, daß Gott die „Natur" des Menschen unmittelbar angreift und die dort vorhandenen Kräfte aktiviert, wie dies offensichtlich bei rein somatischen Heilungswundern geschieht.[725] Er spricht sich jedoch dafür aus, daß „Gott sich doch zuvörderst über die menschliche Psyche mitteilt."[726] Von daher verlaufen dann auch Heilungswunder zumeist psychosomatisch. Die Einwirkung des Geistes, durch welche die Charismen zustande kommen, möchte er „als ein Schenken sehen ..., das empfangen wird, als ein Aufruf, der beantwortet wird."[727]

Schoonenberg präzisiert seine Sicht unter Berufung auf Karl Rahner, der darauf hinweise, daß alle freien Entscheidungen des Menschen in der Sphäre

---

[721] P. SCHOONENBERG, Charismata: talenten waar de Geest mee speelt, 50. (Hervorhebung im Original)

[722] Vgl. ebd. - Siehe hierzu: J. FIRET, „Geestesdoop"; J. VEENHOF, Charismata - bovennatuurlijk of natuurlijk?

[723] P. SCHOONENBERG, Charismata: talenten waar de Geest mee speelt, 50f.

[724] DERS., Charismata: haar plaats in de mens, 58.

[725] Vgl. ebd., 59.

[726] Ebd.

[727] Ebd.

des Vorgegebenen vorbereitet werden und gerade dieses Vorgegebene die Beschränktheit menschlicher Freiheit ausmacht: „Das Vorgegebene besteht in einer spontanen Reaktion des Willens, einer allerersten Bewegung, eines motus indeliberatus ... Das, worüber wir zu entscheiden haben, wird uns nicht neutral vom Verstand angeboten, sondern unser Wille hat schon eine erste Antwort, die nicht die Antwort unserer tiefsten Freiheit ist, sondern eine Reaktion, die von unserer Freiheit angenommen oder abgelehnt werden muß."[728]

Das Objekt der freien Entscheidung ist, bevor es dem Verstand angeboten und die freie Entscheidung getroffen wird, bereits vom Willen „verarbeitet", in einer spontanen Reaktion der Zuwendung oder Abkehr, des Verlangens oder der Furcht, des Wohlbefindens oder der Wut. Die bewußte, freie persönliche Entscheidung zu einer Tat wird dann getroffen im Nachgeben oder im Zurückweisen der spontanen Reaktion, des Verlangens oder der Abkehr. Entsprechendes gilt nach Schoonenberg im Blick auf das menschlichen Erkenntnisvermögens: „Bevor wir zu einer Einsicht gelangen, die sich auf ausreichende Information und Argumentation stützt, haben wir eine Intuition, ein Einfühlen, ein Vorfühlen einer Konklusion."[729] Ein Beispiel hierfür ist die Verliebtheit, die der persönlich gewählten Liebe vorausgeht, oft in ihrer ersten Gestalt stirbt, doch in der gereiften Gestalt der Liebe wiederkehrt.

Die spontanen Reaktionen gehen der freien, ganz individuellen Entscheidung der Person voraus, d.h. sie „überkommen" den Menschen. (Schoonenberg zieht hier zum Vergleich den englischen Ausdruck „to fall in love" für Verliebtheit heran.) Entsprechendes gilt nun im Blick auf die Charismen: „Mit unserem geistlichen Vermögen selbst ‚fallen' wir in solch eine Reaktion. Es geht um eine Re-aktion, um eine Antwort, aber doch in und aus unserer Gegebenheit."[730] Die Charismen entstehen aus einer Berührung des Geistes, die eine spontane Reaktion hervorbringt: „Wir können uns vorstellen, daß Worte der Weisheit, der Einsicht in einer bestimmten Situation, der Erkenntnis, auch Kenntnis der Herzen, und schließlich der Prophetie, aus einer spontanen Intuition entstehen, die durch die Berührung des Geistes geweckt wird. Daß auch Dienst, Hilfe und Heilung entstehen aus einer Erfahrung menschlichen Wohlseins kraft der durch Christus gegebenen Freiheit und einem spontanen, unzähmbaren Verlangen, dies mitzuteilen."[731] Die Zungensprache gilt ihm als das am meisten spontane Charisma, das meistens als erste Erfahrung des Geistes zum Durchbruch kommt und am Beginn des geistlichen Weges steht. Der spontane, intuitive Charakter der Geistesgaben wird von Schoonenberg stets hervorgehoben.

---

728 Ebd., 60.
729 Ebd.
730 Ebd.
731 Ebd., 61.

(6) Schoonenbergs Sicht der Charismen liegt der Grundsatz zugrunde, daß *Gott und Mensch nicht „konkurrieren"*. Vielmehr setzt gerade die Gegenwart Gottes im Menschen diesen zu wahrem Menschsein frei. Das Bemühen, das Göttliche und das Menschliche in den Charismen voneinander (oder gar: gegeneinander) abzugrenzen, geht von einem „falschen Dilemma" aus, denn: „Es ist keine Grenze zu finden, wo das Übernatürliche oder das Wunderliche auf eine derartige Weise beginnt, daß das Natürliche, das Menschliche dort aufhörte. In dieser Sicht ist die Frage, ob die von Gott geschaffenen Gaben göttlich oder menschlich sind, natürlich oder übernatürlich, eigentlich ein großes Dilemma. Das Göttliche ist nicht nicht-natürlich. Die göttliche Gabe ist vielmehr nicht-begrenzt-menschlich. Das Wunderbare ist wunderbar durch Gottes Initiative, gewiß. Durch den Finger Gottes, der das Kommen seines Königreiches sichtbar macht. Aber der Finger Gottes wirkt - in den Geschöpfen von Gottes eigener Hand - nicht durch Hinzufügung von außen, sondern durch ein Durchstoßen von Grenzen, ein Öffnen von innen heraus. Wie in Jesus, so erweist sich auch in uns Gottes Gott-Sein dadurch, daß er den Menschen bis zum äußersten *Mensch* sein läßt."[732]
Schoonenberg verdeutlicht den inneren *Zusammenhang von Schöpfungs- und Gnadenlehre:* „Eine meiner Grundideen ist, daß alles, was gut ist in der Welt, Schöpfung Gottes ist. Dies nicht nur ‚im Anfang', sondern immer weiter. Gott *hat* nicht nur geschaffen, Er ist immer erschaffend."[733] Gott selbst ist in seinen Geschöpfen und durch sie immer mehr in seiner Schöpfung anwesend. „Indem er sich in seinem Wort und seinem Geist mitteilt, aktiviert Gott seine eigene Schöpfung."[734] So kann im Blick auf die heiligende oder charismatisch-ausrüstende Begnadigung gesagt werden: „Dies ist Gottes Werk", „der Herr Jesus gibt mir dies zu tün", „der Geist leitet uns". Dies schließt die Aktivierung der menschlichen Vermögen nicht aus, sondern ein: „Gott ist erhaben gerade dadurch, daß er uns immer vollständiger und tiefer erfüllen kann. Gott ist transzendent dadurch, daß er auf unübertroffene und unübertreffliche Weise *immanent* sein kann."[735] Alles, was geschieht, verdankt sich der göttlichen Initiative und ist als solches eine Gabe von Gott. Schoonenberg möchte mit seinem Verständnis der Charismen „Gottes Geist nicht zu kurz kommen ... lassen"[736]. Er plädiert dafür, offen zu sein für das Wirken des Geistes im Menschen und für das Unvorhergesehene: „Der Geist überrascht uns, aber auch diese Überraschungen sind in unserer menschlichen Struktur manchmal vorgebildet."[737]

[732] DERS., Notities over charismata, 30. (Hervorhebung im Original)
[733] DERS., Naschrift, 7. (Hervorhebung im Original)
[734] Ebd.
[735] DERS., Notities over charismata, 30. (Hervorhebung im Original)
[736] Ebd., 31.
[737] DERS., Charismatà: talenten waar de Geest mee speelt, 55.

c) Das Charisma der Theologie

In den 80er Jahren führt Schoonenberg seine Überlegungen über die charismatische bzw. prophetisch-kritische Funktion der Theologie weiter. Er erinnert an Chenus Definition der Theologie: Sie ist „fides in statu scientiae", Glaube in Gestalt wissenschaftlicher Interpretation; Glaube, der sich vor der Vernunft verantwortet („fides quaerens intellectum"). Theologie beginnt nicht dort, wo der Glaube aufhört, sondern der Glaube wirkt in der Theologie weiter.[738] Theologie muß wissenschaftlich und kerygmatisch sein, da „sie sich gerade als wissenschaftliche Untersuchung und Auslegung ganz innerhalb des Glaubensgutes zu bewegen hat."[739] Theologie und Verkündigung stehen im Verhältnis gegenseitiger Kritik zueinander. Gerade dadurch, daß sich die Theologie in ihrer Reflexion auf die Inhalte des Glaubens in gewissem Maße von der Verkündigung zurückzieht, leistet sie dieser einen kritischen und befruchtenden Dienst. Darin aber erweist sich gerade der charismatische Charakter der Theologie: „The fact that theology is a form of faith and a service to others invites us to count it among the charisms."[740]
Ist Theologie ein Charisma, ist sie doch eine Form menschlicher Arbeit, eine Entfaltung menschlicher Talente. Schoonenberg konkretisiert sein Verständnis der Charismen im Blick auf das theologische Charisma. Seine frühere Bestimmung der Theologie als kritischer Prophetie weiterführend, schreibt Schoonenberg dieser nun eine meta-kritische Funktion zu: „Especially theologians with such particular approaches as political, liberation, feminist, and black theology intend to be critical prophets; the theological community as a whole, however, must meet these critical prophets with its own criticism, ... its own metacriticism. Theology tests the spirits and discerns them. Theology, as a reflexive function, can be called a ‚word of wisdom'."[741] Ihre prophetisch-kritische Aufgabe nimmt die Theologie in einzelnen innertheologischen Bereichen wahr. Als ganze kommt ihr die „weisheitliche" Funktion einer „Unterscheidung der Geister" zu. Die im Alten Testament deutliche Bewegung von Prophetismus zu weisheitlicher Reflexion ist exemplarisch für die Ausübung der Theologie. Paulus sieht Charismen in den Ämtern der Apostel, Propheten und Lehrer konkretisiert (1 Kor 12,28): „It is precisely the teacher, sometimes speaking prophetically, but usually imparting ordered wisdom and konwledge, who most clearly embodies an historical beginning for what theologians now are."[742] Die freie Glaubenszustimmung verwirklicht der Theologe/die Theologin in seiner/ihrer theologischen Arbeit. Dabei kommt seinem/ihrem „charismatischen" Dienst, wie jedem Dienst, Freiheit zu, die sich als „akademische" Freiheit im Diskurs der Meinungen äußert.

---

[738] Vgl. DERS., The Theologican's Calling, 93f. Siehe oben: A.III.1.
[739] Vgl. DERS., Rückkehr zur Vergangenheit - Weg in die Zukunft?, 292.
[740] DERS., The Theologican's Calling, 94.
[741] Ebd.
[742] Ebd., 95.

Schoonenberg knüpft an frühere Aussagen über den Übersetzungsauftrag der Theologie an. Die Bewahrung des Inhalts lehramtlicher Formulierungen selbst verwehrt nicht die Suche nach geeigneteren Formulierungen, um dieselbe dogmatische Aussage in späteren Zeiten in eine adäquatere Begrifflichkeit zu fassen. Das Dogma ist nach seiner genuinen Aussageintention zu befragen.[743] Schoonenberg räumt etwaige Fehler bei seiner Auslegung des christologischen Dogmas ein; aber auch der Weg der Kirche zur vollen Wahrheit, auf dem sie unter der Leitung des Geistes steht, schließt, wie die Geschichte zeigt, „Seitenwege" nicht aus.[744]

Dogmen, die unter bestimmten kulturellen, philosophischen, theologischen Voraussetzungen formuliert wurden, müssen in ihrer Sprache - nicht in ihrem Inhalt - den Fragen späterer Zeiten angepaßt werden. Die Berufung des Theologen/der Theologin besteht darin, die Dogmen mit den neuen Fragen zu konfrontieren: „I think that we theologians can make history and the future by drawing on the great history of our faith tradition beginning with the Hebrew Bible and the New Testament. From such an reflexion can arise a new prophecy and ... the lofty inspiration of wisdom-theology."[745] Darin verbindet sich der prophetische mit dem weisheitlichen Charakter der Theologie.

Schoonenberg tritt für eine charismatische, verkündigende und betende Theologie ein. Ihre charismatische Funktion übt die Theologie innerhalb der Kirche und für sie aus: im Nachdenken über den Glauben in wissenschaftlicher Weise. Er zeichnet das Ideal einer Theologie, die Wissenschaftlichkeit, Verkündigung und Kontemplation in sich vereinigt: „My ideal is a proclamatory theology which is in no way less scientific and critical."[746] Den in den 30er Jahren von verschiedenen Theologen postulierten Gegensatz zwischen wissenschaftlicher und kerygmatischer Theologie hält Schoonenberg für überwunden.

---

743 Vgl. ebd., 104-109.

744 Vgl. ebd., 111f: „I am not saying, that modern theologians, myself first of all, have always criticized the development of dogmas in the right way; moreover, I do not preclude the idea that the magisterium can set theologians right. I am also not claiming that dogmas can *only* be interpreted from more primitive data, e.g., the Gospel witnesses. In addition, I completely accept the idea that Nicea and Chalcedon interpret the Gospels, but I also add that the Gospels interpret Nicea and Chalcedon. The theologian, therefore, has to ask which way - and perhaps which byways - lie between the New Testament and the concils. I do not deny that the Holy Spirit has guided the Church on its way; on the contrary, I thankfully confess that the Spirit of truth has led the Church and still leads it today. But the Spirit leads the Church *on the way: hodegeesi* (Jn 16:13). The Spirit does not remove difficulties from the Church's way any more than it completes the incomplete victories over those difficulties; the Spirit, however, indeed promises that on its way through all this, the Church will remain in the truth. The Spirit truly calls us to finish the incomplete discovery of truth also through corrections. It is the Spirit who guides us on the path to the *full* truth." (Hervorhebung im Original).

745 Ebd., 113.

746 Ebd., 117.

IV. Die Relevanz der Pneumatologie Schoonenbergs der dritten Periode

1. Diskussion der Geist-Christologie Schoonenbergs

a) Konsequent durchgeführte „alternative" Christologie

In der zeitgenössischen theologischen Diskussion haben Schoonenbergs geist-christologische Studien weithin Beachtung gefunden. Gewürdigt wird sein Anliegen, die Zweinaturenlehre von Chalcedon in die heutige Zeit hinein neu auszusprechen, indem er eine weitgehend in Vergessenheit geratene frühe Traditionslinie der Christologie - die (Elemente einer) Geist-Christologie des Neuen Testaments und der frühen christlichen Tradition - in Erinnerung ruft. Rezipiert wird Schoonenbergs jüngste Studie „Der Geist, das Wort und der Sohn. Eine Geist-Christologie" in der Theologie des niederländischen und deutschen, des französischen und spanischen Sprachraums ebenso wie in englischen und amerikanischen Studien zur (Geist-)Christologie.[747] Gerhard L. Müller bezeichnet es als ein bleibendes theologisches Verdienst Schoonenbergs, „die Bedeutung des Heiligen Geistes im Christusereignis und für den Aufbau einer Christologie nachdrücklich herausgearbeitet zu haben."[748] Gotthard Fuchs schreibt: „Schoonenberg bemüht sich eindringlich, jene Ansätze einer Geist- und Weisheits-Christologie für heutiges Glauben und Denken fruchtbar zu machen, die seit den frühchristlichen Konzilien zugunsten einer Logos-Christologie eher verdrängt blieben. Dabei geht es ihm keinen Augenblick um falsche Alternativen (z.B. zwischen einer Christologie ‚von oben', ‚von unten', von ‚innen', von ‚außen' etc.), sondern um Herausarbeitung und Betonung des Vergessenen zugunsten einer reicheren und tieferen Aneignung des ganzen Christus-Bekenntnisses ... Die in der Überlieferung vorherrschende Christologie sei vor allem zu statisch, zu wenig beziehungsreich und geschichtlich, zu wenig solidarisch also mit der Erfahrung des heutigen Menschen von Beziehung, von Dialog, von Prozeß und Geschichte. Die größere Achtsamkeit auf die Dynamik des Geistes in der Geschichte des Glaubens und

[747] Vgl. W. BEINERT, Rezension; R. FRANCO, Rezension; G. FUCHS, Rezension; A. DE HALLEUX, Rezension; U. LINK-WIECZOREK, Rezension; A. LASCARIS, Uit liefde tot de mens; L. LIES, Rezension; F. MILDENBERGER, Rezension; C. MORAN, Rezension; G.L. MÜLLER, Rezension; DERS., Christologie im Brennpunkt, 371f; L. RENWART, Rezension; G. TROMP, Rezension; G. VAN HOOF, Bevlogen theoloog; M. PARMENTIER, Schoonenberg over God-met-ons en God-in-zichzelf; G.C.VAN DE KAMP, Pneuma-christologie,175-189; H.E. WEVERS, Jezus Christus - van waar komt hij?, 44-53; R. DEL COLLE, Christ and the Spirit, 147-157; L.J. LINGEN, Jezus: Messias met de Geest, 56f; R. MICHIELS, Het christologische en trinitarische denken van Piet Schoonenberg; DERS., Een nieuwe Christologie en Triniteits-theologie; G. SCHWARZWELLER-MADL, Jesus Christus - der „Gott mit uns", 506-511; T.J. VAN BAVEL, Schoonenberg's paradoxaal spreken over God; P. LENS, De eniggeboren Zoon, 109-160.422-595; DERS., God heeft Zich aan onze menselijkheid gewaagd; A. KAISER, Möglichkeiten und Grenzen einer Christologie „von unten", 280-308.

[748] G.L. MÜLLER, Rezension, 129.

auch der Theologie, in der Wirklichkeit und im Geheimnis Gottes selbst kann hier öffnen und vertiefen ... (Daß dabei fachtheologisch vieles zu diskutieren, exegetisch und historisch zu präzisieren ist, braucht nicht verschwiegen zu werden.) Die Kraft aber, den zweiten Glaubensartikel vom dritten her neu zu bedenken und damit problematische Jesus-Verharmlosungen und Christus-Fixierungen zu überwinden, ist beispielhaft."[749]

Die Bedeutung der jüngsten Studie Schoonenbergs betont auch Wolfgang Beinert: „Das Einbringen der Pneumatologie in die Christologie bereichert nicht nur diese, sondern eröffnet zugleich weitreichende Perspektiven für die Gotteslehre und für die Ekklesiologie. Die Menschheit und Menschlichkeit Jesu, mit der die abendländische Theologie immer ihre Probleme hatte, erfährt in dem vorliegenden Entwurf eine echte Würdigung ... Ein wichtiges, ein weiterführendes Werk."[750]

Schoonenbergs geist-christologische Beiträge werden als Bemühen gewürdigt, die christologischen Arbeiten vor 1972 auf der Grundlage umfangreicher bibeltheologischer und patristischer Studien über die Bedeutung der Geist-Christologie im Neuen Testament und in der vornizänischen bzw. vorkappadokischen Tradition weiterzuführen und die Ergebnisse seiner Forschungen zu einem eigenständigen geist-christologischen und trinitätstheologischen Entwurf zu systematisieren.[751] Seine jüngste Studie (1991/92) enthält die vorläufige Lösung der früheren christologischen Probleme. Er selbst weist im Vorwort von „Der Geist, das Wort und der Sohn" darauf hin, daß dieses Werk seine Vorgeschichte in seiner früheren Christologie habe, vor allem in „Ein Gott der Menschen", ohne diese ältere Publikation jedoch für die Lektüre des mehr als zwei Jahrzehnte später erschienenen christologischen Werkes vorauszusetzen.[752]

In der Synthese von Geist-Christologie und Logos-Christologie in einer weisheitlichen Christologie besteht sein eigentlicher Beitrag. Mißverständlich ist es daher, lediglich von einer „Geist-Christologie" bei Schoonenberg zu sprechen, ohne diese mit seinem Plädoyer für eine Weisheits-Christologie in Verbindung zu bringen.[753] Schoonenbergs Christologie stellt eine Form „narrativer" Chri-

---

[749] G. FUCHS, Rezension, 41.

[750] W. BEINERT, Rezension, 246.

[751] Vgl. G. SCHWARZWELLER-MADL, Jesus Christus - der „Gott mit uns", 509.

[752] Vgl. P. SCHOONENBERG, Der Geist, das Wort und der Sohn, 12: „Dieses Buch [Der Geist, das Wort und der Sohn] hat seine Vorgeschichte. Sie beginnt ungefähr mit der christologischen Studie in meinem 1969 erschienenen Buch *‚Ein Gott der Menschen'*. Diese Studie hat wohl Beifall gefunden, aber in den Publikationen darüber, die ich in die Hände bekommen habe, meldet sich auch Widerspruch. Dieser Stand der Dinge hat mir zu denken gegeben und ich habe dann auch das vorliegende Buch durch Lektüre und Reflexion intensiv vorbereitet. So wie es nun publiziert wird, setzt es mein eben genanntes Buch nicht voraus. Jene aber, die das damalige Buch kennen, werden hier das, was ich 1969 und seither auf christologischem Gebiet publiziert habe, breiter ausgeführt finden. Ich hoffe, daß diese Ausführungen zugleich eine Verdeutlichung sind, so daß verschiedene Folgerungen, die man aus ‚Ein Gott der Menschen' zu Unrecht gezogen hat, revidiert werden können. Natürlich will ich damit nicht sagen, daß jenes Buch damals ohne Lücken und Fehler war." (Hervorhebung im Original)

[753] Vgl. U. LINK-WIECZOREK, Rezension, 252.

stologie dar, die „erzählend ‚von unten' ansetzt und aus dem Leben Jesu den Bezug ‚nach oben' ... entwickelt, statt ‚von oben' den Akt der Inkarnation als Verbindung der Existenz der Menschheit mit der Logoshypostase zu konzipieren."[754] Die Versöhnung von Geist- und Logos-Christologie zielt Schoonenberg durch seinen heilsgeschichtlichen Ansatz „von unten" sowie durch die Einführung der Kategorie des Geschichtlichen in seine Gottesrede an. In der Rezeption seiner Studie gilt die Aufmerksamkeit der von ihm von der Christologie her konsequent weitergeführten „Analyse der Theologie, vor allem auch der Trinitätslehre, mittels der Kategorie der Geschichtlichkeit"[755]. Damit wird Gott, so Beinert, „eine zur menschlichen analoge ‚Entwicklung' zugedacht; das macht es möglich, seine ‚Geschichte' mit der Jesu von Nazaret zusammenzusehen."[756] Sohn und Geist sind „vorinkarnatorisch" personalisierende Prinzipien, Weisen der Gegenwart Gottes, bevor sie in Jesus Christus zu Personen werden. Positiv gewürdigt wird das Bemühen Schoonenbergs, den statischen Charakter der herkömmlichen Christologie und Gotteslehre hin zu einem dynamischen Verständnis aufzubrechen. Schoonenberg rekurriert dabei auf den Geist, dem dynamischen, relationalen Sein Gottes. Er skizziert auf diese Weise eine Christologie, die stärker als die herkömmliche Theologie auf die religiösen Anliegen und Bedürfnisse der heutigen Zeit eingeht. Die pastorale Sorge, die Schoonenbergs Christologie kennzeichnet, würdigt M.E. O'Keeffe: „Much of the newness of his propsosal is due to the fact that he shapes his christology in light of modern concerns and in response to criticisms levied against classical christology, particularly its a-historical, static character."[757]

Schoonenberg weiß sich dem Zeugnis der Schrift und der christologischen Lehrtradition der Kirche verpflichtet. Gleichwohl sind einige seiner christologischen, theologischen bzw. trinitätstheologischen Thesen problematisch, fragwürdig; Einen zwiespältigen Eindruck hinterlassen einige seiner Thesen im Bereich von Christologie und Trinitätstheologie.[758] Schoonenbergs „Spirit christology is ... one of the most progressive voices in contemporary theology, particularly for those engaged in process theology and in critical biblical studies."[759] Er gilt zu Beginn der 90er Jahre als einer der „erklärtesten und konsequentesten Vertreter ... einer alternativen Christologie"[760].

[754] G.L. MÜLLER, Christologie im Brennpunkt, 371.
[755] W. BEINERT, Rezension 246.
[756] Ebd. Vgl. B. WENTSEL, De Heilige Geest, 29: „Wie sind Pneuma-Christologie und Logos-Christologie *zu vereinigen*? Jesu Menschwerdung muß gesehen werden als eine Geschichte von seiner Empfängnis zu seiner Auferstehung von den Toten. Gott macht eine Geschichte durch mit uns und dadurch mit sich selbst." (Hervorhebung im Original)
[757] M.E. O'KEEFFE, Contemporary Spirit Christologies, 240.
[758] F. MILDENBERGER, Rezension, 1065.
[759] M.E. O'KEEFFE, Contemporary Spirit Christologies, 240.
[760] K. RUNIA, Het geheim van Jezus Christus, 43.

b) Rückfragen an Schoonenbergs (geist-)christologischen Neuansatz und seine trinitätstheologischen Implikationen

α) Eigenwillige Lektüre biblischer und patristischer Texte?

Schoonenbergs (geist-)christologischer Neuansatz strebt eine (größere) Einheit von biblischer und systematischer Theologie an: „Schoonenberg's Spirit christology represents a serious attempt to reconsider who God is and how God relates to us on the basis of Jesus Christ and the ongoing presence of the Spirit ... because Schoonenberg unites systematic theology with the methods and conclusions of modern biblical studies, his work stands as testament to the continuing efforts to reconnect these two disciplines."[761]

Schoonenberg bezieht bei seinen exegetischen Untersuchungen neuere Studien niederländischer, deutscher, französischer, englischer und amerikanischer Exegeten, Patristiker und Systematiker mit ein. Einige von ihnen sind explizite Vertreter einer (exklusiven) Pneuma-Christologie oder einer pneumatologisch orientierten Christologie, so etwa J. D.G. Dunn, H. Berkhof, G.W.H. Lampe, auch H. Mühlen.[762] Aus der Lektüre der neutestamentlichen Texte ergibt sich für Schoonenberg die Einsicht in das Vorhandensein einer Geist-Christologie als einem (so Gerhard L. Müller) „eigenständigen, quasi-systematischen Ansatz einer Theologie vom Sohn Gottes. Darin ist es der Heilige Geist, der Jesus zum Sohn Gottes macht. Jesus ist somit in eins die Offenbarung des Wortes und des Heiligen Geistes und in dieser Kombination eben der ‚Sohn' Gottes."[763] Besteht unter systematischen Theolog(inn)en weitgehend Konsens darüber, daß die Rede vom Heiligen Geist „als der ermöglichende Verständnishorizont und Erfahrungshorizont des Christusereignisses anzusehen ist"[764], daß sich vom Neuen Testament her begründet von einer Einheit von Geist- und Christusereignis, vom Christusereignis als Tat des Heiligen Geistes sprechen läßt, so ist doch zu fragen, ob diese neutestamentlich bezeugte innere Verbundenheit von Christologie und Pneumatologie die Rekonstruktion eines eigenständigen geist-christologischen Modells zuläßt, wie dies von Schoonenberg versucht wird. Eine deutliche Anfrage diesbezüglich formuliert Müller: „S.[choonenberg] überzieht bei weitem die Möglichkeiten, etwa bei Lukas eine eigenständige Pneuma-Christologie aus seinem Evangelium und der Apostelgeschichte herauszudestillieren. Im Neuen Testament kann weder bei den Synoptikern noch auch bei Paulus und Johannes von christologischen Konzeptionen im späteren Sinne einer wissenschaftlichen Theologie gesprochen werden, die in einem klaren methodologischen Ansatz zu einer systematischen Gesamtdarstellung der Wirklichkeit kommt, wie sie durch das Wirken Gottes in Schöpfung und Erlösung strukturiert ist. Bei den Synoptikern

[761] M.E. O'KEEFFE, Contemporary Spirit Christologies, 211f.
[762] Vgl. J.D.G. DUNN, Jesus and the Spirit; DERS., Christology in the Making; DERS., Rediscovering the Spirit; H. BERKHOF, De leer van de Heilige Geest; G.W.H. LAMPE, God as Spirit; H. MÜHLEN, Christusereignis als Tat des Heiligen Geistes.
[763] G.L. MÜLLER, Rezension, 125.
[764] H. MÜHLEN, Christusereignis als Tat des Heiligen Geistes, 513.

wird man allenfalls von bestimmten Leitideen sprechen können, unter denen sie die einzelnen Elemente ihrer Erzählstoffe aus unterschiedlichen Traditionsquellen ordnen, während bei Paulus und Johannes schon eher übergreifende Perspektiven in der Darstellung des Heilshandelns Gottes in Jesus Christus erkennbar werden.“[765]

Die von Schoonenberg vorgenommene „post-exegetische Einheitslesung“ des Neuen Testaments wird in ihrem Ergebnis - der Skizzierung *eines* in sich geschlossenen geist-christologischen Modells, dessen Elemente verschiedenen neutestamentlichen Autoren entnommen sind, - kritisch hinterfragt. Gewürdigt wird Schoonenbergs detaillierte Analyse der verschiedenen neutestamentlichen Christologien: „Zu Recht wendet sich S.[choonenberg] gegen frühere Tendenzen einer Vereinheitlichung der unterschiedlich gestalteten biblischen Überlieferungen. Aber er geht zu weit, wenn er sie als absolut in sich geschlossene systematische Konzeptionen betrachtet, die gleichsam von außen her und im nachhinein für eine nachbiblische wissenschaftliche Theologie entweder zur Auswahl bereitstünden oder im Modell der wechselseitigen Ergänzung und Korrektur in eine begriffliche Synthese aufgehoben werden müßten. Die Einheit der unterschiedlichen Schriftzeugnisse kann ja niemals durch eine nachträgliche Reflexion konstruiert werden. Sie liegt vielmehr jeder wissenschaftlichen Christologie voraus im Christus-Ereignis selbst und im ursprünglichen Kerygma, das die biblischen Schriftsteller in unterschiedlicher Darstellungsweise zur Sprache bringen wollen.“[766] Aus den neutestamentlichen Schriften selbst läßt sich ein (geschlossenes) Modell einer Geist-Christologie, Logos- oder Weisheits-Christologie nicht rekonstruieren. Gleichwohl ist von einem im Neuen Testament vorliegenden christologischen „Ur-Synthese“ auszugehen; deren Mitte ist das Bekenntnis zur Identität von Jesus von Nazareth und dem von Gott auferweckten Christus, der im Geist gegenwärtig ist.[767] Dieses christologische Ur-Keryma wird im Neuen Testament auf verschiedene Weise entfaltet, wobei sie sich verschiedener Traditionen bedienen. Dabei bietet das Neue Testament Ansätze zu einer Geist-Christologie, zu einer Verschränkung von Pneumatologie und Christologie, nicht aber bereits eine Geist-Christologie selbst. Die bibeltheologische Basis der (geist-)christologischen Studien Schoonenbergs hinterläßt einen ambivalenten Eindruck angesichts des hohen wissenschaftlichen Niveaus, das die exegetischen Untersuchungen des systematischen Theologen Schoonenberg auszeichnet, einerseits, seiner Folgerungen bezüglich des Bestehens *der* Geist-Christologie des Neuen Testaments andererseits.

Ähnlich verhält es sich bezüglich der umfangreichen Studien Schoonenbergs zur geist-christologischen Tradition der frühen Kirche. Die Breite seiner theologie- und dogmengeschichtlichen Untersuchungen belegt seine Aussage, daß er sich in späteren Jahren, im Anschluß an seine bibeltheologischen

[765] G.L. MÜLLER, Rezension, 126f.
[766] Ebd., 127.
[767] Vgl. ebd.

Studien, eingehender mit der Christologie und Gotteslehre verschiedener Kirchenväter befaßt habe.[768] Im einzelnen wären die von ihm herangezogenen frühchristlichen Autoren - vor allem Hermas, Theophilus von Antiochien, Irenäus, Tertullian und Marius Victorinus - nach ihrer (Geist-)Christologie zu befragen, um Schoonenbergs Interpretation der entsprechenden Texte im Detaill nachvollziehen zu können. Bei der Rezeption der patristischen Studien Schoonenbergs zur Entwicklung des christologischen und trinitätstheologischen Lehre vor Nicäa und Chalcedon wird an manchen Stellen eine von Schoonenbergs Sicht abweichendes Verständnis der von ihm herangezogenen Texte deutlich. Dies wird etwa aus der Besprechung der jüngsten Studie Schoonenbergs durch Martien Parmentier, Patristiker an der Katholischen Universität Amsterdam, ersichtlich.[769] Sein Verdienst bleibt es, auf die frühe geist-christologische Tradition aufmerksam gemacht zu haben. Seine Untersuchungen müßten durch Einzelstudien zu verschiedenen frühchristlichen Autoren vertieft werden.[770]

β) Einwände gegen Schoonenbergs Rede vom dreieinen Gott

(1) Problematisch ist Schoonenbergs Auffassung, daß *Gott (erst) im Christusereignis dreipersönlich wird*: Bei der Inkarnation und der Geistsendung durch den Verherrlichten werden Logos und Geist zu Personen, denen vorinkarnatorisch als personalisierenden Prinzipien lediglich ein analoges, vom Vater her abgeleitetes Person-Sein zukommt. Zu fragen ist, ob bei Schoonenberg wirklich eine Entsprechung zwischen dem sich in der Heilsgeschichte offenbarenden Gott und dem Gott „an sich" gegeben ist. Diese Anfrage bezieht sich auf Schoonenbergs Weiterführung des Rahnerschen trinitätstheologischen Grundaxioms. Die Kritik diesbezüglich ist auch im Zusammenhang mit der Publikation „Der Geist, das Wort und der Sohn" nicht verstummt. Schoonenbergs Grundüberzeugung, daß nur von der Offenbarung Gottes in der Heilsgeschichte her, gleichsam „von unten" Aussagen über Gott „an sich" möglich sind, erfährt breite Zustimmung als die erkenntnistheoretische Voraussetzung jeder theologischen Rede schlechthin: „Nicht neu, aber doch sehr bedeutend ist S.[choonenberg]'s methodologische Bemerkung, daß unsere (Er)Kenntnis von Gottes Dreieinheit sich allein auf das bezieht, was Gott davon geoffenbart hat. Beziehungsweise, was wir von Gottes imanenter Dreieinheit wissen, wissen wir alleine aus seiner im Christusgeschehen konzentrierten ökonomischen Trinität, und nicht umgekehrt."[771] Vorgeworfen wird ihm jedoch nach wie vor eine „Auflösung" der immanenten Trinität in der heilsgeschichtlichen Trinität.

---

[768] Vgl. P. SCHOONENBERG, Bibliographisches Interview, 14: „Schon seit den vierziger Jahren habe ich angefangen, die unterschiedlichen Situationen zu entdecken, in denen die Bibel gesprochen hat. Jetzt, seit meinem Emeritat, habe ich mich hauptsächlich und sehr betont mit der Patristik beschäftigt. Ich habe so mein Suchen nach den verschiedenen Situationen als Hintergrund der Texte explizit auf die Patristik ausgedehnt."

[769] Vgl. M. PARMENTIER, Schoonenberg over God-met-ons en God in-zichzelf.

[770] Vgl. etwa G.C.VAN DE KAMP, Pneuma-christologie, 6-91.

[771] M. PARMENTIER, Schoonenberg over God-met-ons en God in zichzelf, 61.

Benjamin Wentsels differenzierte, begründete Stellungnahme zur Position Schoonenbergs lautet: „Zu Recht schreibt Schoonenberg: ‚Es gibt keinen anderen Weg, um Gott in seiner eigenen, in Gottes Wesen <immanenten> (und für uns transzendenten) Trinität zu erkennen, als von dem her, was wir Gottes <ökonomische> Trinität im Christusgeschehen nennen.' ... Unsere Bedenken ... sind ..., daß er die immanente und geoffenbarte Trinität viel zu stark aufeinander bezieht."[772] Die weitergehende Kritik, er leugne die immanente Trinität, ist demgegenüber nicht zutreffend.[773]

Fraglich erscheint, ob es bei Schoonenberg eine strikte ontologische Identität von immanenter und ökonomischer Trinität gibt. Diese Anfrage gilt begründet für seine trinitätstheologischen Thesen aus den 70er Jahren.[774] In seinen Arbeiten der 80er und 90er Jahre korrigiert er seine Position eines trinitätstheologischen Agnostizismus, indem er differenziert zwischen Aussagen, die sich auf die immanente Trinität „vor" bzw. „seit" der Menschwerdung beziehen: Bedenken werden geäußert, ob seine Ausführungen zur präexistenten Trinität - d.h. zum „Person-von-Person-Sein" des Wortes und des Geistes „vor" der Inkarnation - dem Rahnerschen Grundaxioms wirklich entspricht, insbesondere dem Zusatz „... und umgekehrt", der die ontologische Identität von immanenter und ökonomischer Trinität aussagt. Wentsel schreibt mit Bezug auf Schoonenbergs Studie von 1991/92: Er „ist der Meinung, daß Wort und Geist in der Präexistenz in bezug aufeinander und in bezug auf den Vater noch nicht in einem interpersönlichen, dialogalen Ich-Du-Verhältnis stehen ... M.E. kommt Schoonenberg in Konflikt mit der ontologischen, immanenten Trinität, wenn das Wort und der Geist in der Präexistenz noch nicht völlig Person sind."[775] Für Schoonenberg gibt es keine exklusiv-immanente Trinität, die immanente Trinität ist vielmehr zugleich ökonomisch. In diesem Zusammenhang führt Schoonenberg das Prinzip des („Dreipersönlich"-)Werdens von und in Gott ein, gegen das etwa K. Runia Bedenken erhebt: „Es ist schwierig zu erkennen, wie Schoonenberg die wesen-tliche oder ontologische Dreieinheit beibehalten kann. Er versucht dies wohl, auch in seinem jüngsten Werk. Aber wie kann dies gehen, wenn der Logos und der Geist *vor* der Geburt Jesu allein nur ‚extensions', Ausbreitungen der Person Gottes waren und Gott erst in der einzigartigen Relation mit Gott zu einer Dreieinheit von Personen *wird* ... Sicherlich kann man *nach* dem Person-Werden von Logos und Geist in ihrer einzigartigen Relation mit dem Menschen Jesus von einer wesen-tlichen oder ontologischen Trinität sprechen, die *dann* besteht, aber dies ist doch ganz etwas anderes als die alten Konzilien beabsichtigen, wenn sie von der ewigen Trinität im Wesen Gottes sprechen."[776]

---

[772] B. WENTSEL, De Heilige Geest, 125, Anm. 93.

[773] Schoonenberg selbst hält den Einwand, er löse die immanente Trinität in der heilsgeschichtlichen Trinität auf, für unzutreffend: Vgl. P. SCHOONENBERG, Der Geist, das Wort und der Sohn, 214.

[774] Vgl. C.M. LaCUGNA, God for us, 219.

[775] B. WENTSEL, De Heilige Geest, 128, Anm. 99.

[776] K. RUNIA, Het geheim van Jezus Christus, 42. (Hervorhebung im Original)

Im Hintergrund steht Schoonenbergs Zurückhaltung, den modernen Personbegriff zur Deutung der präexistenten Dreieinheit Gottes heranzuziehen. Möchte er damit der Gefahr des Tritheismus begegnen, wird die Vermeidung der Rede von den drei göttlichen Personen vorinkarnatorisch letztlich christologisch begründet.[777] Schoonenberg, der die Vorstellung des präexistenten Personseins von Sohn und Geist zurückweist, vertritt eine vermittelnde Position zwischen einer interpersonalen und einer modalen Trinitätsauffassung. Mit seinem Verständnis der präexistenten Trinität rückt Schoonenberg in die Nähe des *Modalismus* und des *Subordinationismus*. Er hält den Modalismus in bezug auf die präexistente Trinität für vereinbar mit der Lehre der Kirche: Verurteilt worden sei der Modalismus aufgrund der Gefahr des Patripassianismus; hier werde nicht mehr zwischen (dem Leiden) der Person des Vater und des menschgewordenen Sohnes unterschieden.[778] Von einem trinitätstheologischen *Agnostizismus* ist bei Schoonenberg auch weiterhin zu sprechen insofern, als er letztlich offenlassen möchte, ob in bezug auf die Präexistenz vor Christus von einem Unterschied der Personen gesprochen werden kann.[779] Problematisch bleibt auch in den Arbeiten der dritten Periode Schoonenbergs *Leugnung der personalen Präexistenz des Sohnes und des Geistes.* Kritisch angefragt wird seine Auslegung der entsprechenden neutestamentlichen Texte: „Schoonenberg claims that the New Testament justifies the distinction between a preincarante personal Logos and the becoming of the Logos as a person, and the possibiblity of speaking about God becoming triune ... To support his claim he relies almost exclusively on his own exegesis, which is heavily influenced by his post-exegetical method and his pressupositions involving the eternity of God.“[780] Deutliche Kritik äußert O'Keeffe hier an Schoonenbergs Sicht vom (Dreipersönlich-)Werden Gottes und an seiner Exegese der neutestamentlichen Präexistenzaussagen. Nach dem Urteil O'Keeffe's nimmt Schoonenberg, aufgrund einer eigen(willig)en Exegese, eine gegenüber den übrigen systematischen Theologen und biblischen Theologen isolierte Position ein. Mit seiner Auffassung entferne er sich von dem zwischen biblischen und systematischen Theologen bestehenden Konsens über die Bedeutung der Präexistenztexte des Neuen Testaments.[781]

---

[777] Vgl. G. L. Müller: „Da S.[choonenberg] allergisch ist gegenüber jeder Rede von der personalen Konstitution des Menschseins [Jesu] durch die eine Person des Logos und zugleich die personel Substistenz von Wort und *Geist* in der Dreifaltigkeit in Frage stellt, muß er die realen Relationen Gottes zur Welt in Inkarnation und Geistsendung als eine derartige Veränderung in Gottes Logos und Pneuma verstehen, daß diese erst in der Inkarnation und in der Geistsendung zu subsistierenden Personen werden.“ (Rezension, 126)

[778] Vgl. G.C. VAN DE KAMP, Pneuma-christologie, 186.

[779] Vgl. P. SCHOONENBERG, Der Geist, das Wort und der Sohn, 210: „In der Präexistenz vor Christus habe ich auf eine gewisse Unterschiedenheit [der Personen] hingewiesen. ... ich [lasse] ... die Frage offen..., inwieweit ein Unterschied von Personen in der Präexistenz zu bestimmen ist. Seit Christus gibt es aber diese Unterscheidung.“

[780] M.E. O'KEEFFE, Contemporary Spirit Christologies, 242.

[781] Daß nicht ohne weiteres von einem Konsens bezüglich der Exegese der neutestamentlichen Präexistenzaussagen gesprochen werden kann, verdeutlichen die Ausführungen Karl-Josef

Deutlich ist, daß Schoonenbergs Sicht nach wie vor der Kritik aus Rom nicht entspricht. Die römische Glaubenskongregation hat sich (1972) gegen jene christologischen Versuche gewandt, die nicht von einer ewigen Präexistenz des Gottessohnes sprechen.[782] So werden Stimmen laut, nach denen Schoonenberg mit seinen trinitätstheologischen Thesen signifikant von der Tradition der Kirche abweiche. K. Runia schreibt: „Die Kirche hat mit dem Ausruck essentielle oder ontologische Trinität immer gemeint, wer Gott in seinem tiefsten Wesen *ist,* von aller Ewigkeit an bis in alle Ewigkeit. Ohne Zweifel ist es wahr, daß die wesen-tliche Identität erst in voller Klarheit *sichtbar* wird in der Inkarnation des Sohnes und der Ausgießung des Geistes auf Jesus und danach über seiner Gemeinde. Aber ‚sichtbar werden' ist fundamental verschieden von dem ‚Werden', wie Schoonenberg darüber spricht. Bei ihm bedeutet das ‚Werden', daß Gott sich wirklich verändert, nicht allein in Selbstoffenbarung und Selbstmitteilung, sondern eigenem tiefsten Wesen. Er *wird,* was er vor der Fleischwerdung *nicht war.* Man kann dann sogar sagen, daß Gott die Heilsgeschichte Jesu ebenso nötig hat wie wir, wenn auch auf eine unterschiedliche Weise."[783] So bleibt die These bedenklich, daß erst durch Menschwerdung und Geistsendung ein innergöttlicher Dialog (bzw. Trialog) eintritt. Schoonenbergs Aussage, daß Gott im Christusereignis Gott mehr ein Gott für die Menschen wird, besagt nicht nur eine eine Zunahme, ein Wachsen der Selbstmitteilung Gottes - bzw. ein Wachsen der Gotteserkenntnis des Menschen -, sondern schließt nach Schoonenberg ein Werden, ein Sich-Verändern Gottes ein. Wie läßt sich ein Sich-Ändern Gottes, das eine Wesens-Veränderung Gottes bedeutet, mit der kirchlichen Lehre von der Unveränderlichkeit Gottes zusammendenken?

(2) Problematisch bleibt Schoonenbergs Verständnis der *„Unveränderlichkeit" und „Veränderlichkeit" Gottes*. Er selbst betont wiederholt, daß er mit seiner Auffassung die kirchliche Lehre von der Unveränderlichkeit Gottes uneingeschränkt anerkenne.[784] Daß Gott in sich selbst, in seinem Wesen unveränderlich ist und daß er sich zugleich am anderen ändert, seien nicht-widersprüchliche, komplementäre Aussagen. Eine „Paradoxie" des Sprechens Schoonenbergs über Gott wird hier offenkundig. Es ist nicht unmittelbar einsichtig, wie

---

Kuschels zur Präexistenzchristologie des Neuen Testaments und die Reaktionen, die sein Werk hervorgerufen hat. Vgl. K.-J. KUSCHEL, Geboren vor aller Zeit?, bes. 637f; G.L. MÜLLER, Rezension zu: K.-J. Kuschel, Geboren vor aller Zeit?, bes. 130.

[782] Vgl. KONGREGATION FÜR DIE GLAUBENSLEHRE, Declaratio ad fidem tuendam in mysteria Incarnationis et Sactissimae Trinitatis, no. 3, 238.

[783] K. RUINA, Het geheim van Jezus Christus, 43. (Hervorhebung im Original)

[784] Vgl. P. SCHOONENBERG, Der Geist, das Wort und der Sohn, 137: „... was ich ... über Gottes Veränderlichkeit sage, wird manchen als eine befremdliche und abstruse Meinung vorkommen. Sie ist tatsächlich ein befremdliches Element für jene, die mit der klassischen Lehre über die Attribute Gottes in der scholastischen Theologie vertraut sind. Ich will diese Lehre ja auch ergänzen. Beachte wohl: ergänzen, ohne ihre Errungenschaften zu leugnen. Ich habe ja auch wiederholt und deutlich gesagt, daß ich Gottes wesentliche *Un*veränderlichkeit annehme, und mich damit selbst von der Prozeßtheologie distanziere." (Hervorhebung im Original)

sich (zusammen)denken läßt, daß die Menschwerdung einerseits Gott selbst in seinem Wesen betrifft, er selbst sich am anderen (verändert) - Gott *wird* dreipersonal, was er „vorher“ nicht war, - und Gott andererseits der in sich unveränderliche ist und bleibt. Lens schreibt: „Die ‚Hervorgänge' von Wort und Geist (in Gott) sind nach Schoonenberg keine rein logische Distinktion, sondern sind das ‚Resultat' einer wirklichen ‚Selbst-Bewegung' Gottes auf die Schöpfung hin in der Menschwerdung des Wortes und der Ausgießung des Geistes, ‚Zuwendungen' Gottes, die von der Art sind, daß die Geschichte einen Platz in Gottes Wesen selbst bekommt ... Gottes Bezogenheit auf die Welt geht so weit, daß sie sein tiefstes Wesen berührt ... Er selbst hat dem unmittelbar hinzugefügt, daß diese ‚Veränderung' in Gott nicht durch ein Bestimmt-Sein durch die Schöpfung geschieht, sondern aufgrund seines souveränden Heilswillens, durch den Gott sich auf persönliche Weise seiner Schöpfung zuwendet. Das will sagen, daß durch Menschwerdung und Geistesgabe, insoweit diese mit sich bringen,daß Gott sich durch die Schöpfung bestimmen *läßt*, Gott auch in *wirklichem* Sinn von der Geschichte empfängt, aber in seiner Zuwendung zur Schöpfung bleibt er vollkommen er selbst ... Man kann ... nicht leugnen, daß in Schoonenbergs Trinitätslehre eine gewisse Ambiguität vorhanden ist.“[785] Schoonenberg hebt einerseits die Drei*einheit* Gottes hervor: Der Vater ist Ursprung, Quell der Gottheit, aus dem Sohn und Geist hervorgehen, entspringen. Hier zeigt sich die Nähe zum trinitarischen Modell des Ostens. Anderseits legt er Nachdruck auf die Drei*faltigkeit* Gottes, auf sein „Dreipersönlich-Werden“ und damit auf ein dynamisches Gottesverständnis.[786] Dieses „paradoxe“ Sprechen Schoonenbergs von Gott wird (bis zu einem gewissen Grad) verständlich durch seine Sicht von Gottes Bezogenheit auf die Schöpfung. Er vertritt ein gegenüber der scholastischen Konzeption, so Rikhof, „volleres“ Konzept der Relationalität: „Taking his point of departure in personal and interpersonal relations, Schoonenberg argues againt the view that characterizes relations as accidental or external and in favor of a conception of relation as something essential and internal ... Schoonenberg presents his argument in favor for a ‚fuller' conception of relation ... All relations coincide with their foundation whether it is substance or accident, and relation coincides with each being. In this sense relation can be qualified as a transendental category. That means that all being is not only ‚being-itself' but also ‚being with' and ‚being-towards' ... Schoonenberg sees, parallel to the close interrelation (or even identification) between being-oneself and being-with, a close interrelation or identification between remaining oneself and changing. To be and to become are not separate and not separable. Change and discontinuity imply continuity ... In other words, change is a relative concept and is not, therefore, contrary or contradictory to unchangeability, but

[785] P. LENS, God heeft Zich aan onze menselijkheid gewaagd, 384f. (Hervorhebung im Original)
[786] Vgl. ebd., 385f.

complementary."[787] Nach Schoonenberg besteht (beinahe) eine Identität zwischen Gottes Selbst-Sein und Gottes „Sein-mit" bzw. „Sein-für". Die Rede vom „Sich-Ändern" Gottes enthält einen immanenten und einen heilsgeschichtlichen Aspekt.

Mit der Annahme wechselseitiger, realer Beziehungen zwischen Schöpfer und Geschöpf nimmt Schoonenberg eine Position ein, die in jüngerer Zeit in zunehmenden Maße theologisch vertreten wird.[788] Diese Sicht schließt die Annahme des „Leidens" Gottes mit ein: „... there are a number of important contemporary theologians who have struggled with the traditional approach to God's impassibility, and have tried to recover a more relational unterstanding of God. ... [They] stress the fact that for God to be *our* God. God must be truly related to us."[789]

Schoonenbergs Auslegung der Relationslehre des Thomas wird zum Teil kritisch hinterfragt und eine von ihm abweichende Deutung vorgetragen, insbesondere in bezug auf sein Verständnis der „relatio *rationis tantum*" (bzw. „relatio secundum rationem tantum").[790] Grundsätzlich erfährt sein Anliegen Zustimmung, das von der griechischen Philsophie her geprägte statische Gottesbild der herkömmlichen Theologie mit der dynamischeren Sicht der Bibel zu versöhnen. Seine Nähe zum Prozeß-Denken erfährt Kritik, vor allem seine Folgerungen bezüglich der Veränderlichkeit und des Leidens Gottes: „... few theologicans outside those who identify with process theology would go so far as to say that God's relationality changes God's being, or claim that God became Father, Son and Spirit in and through the Christ-event. It is possible that Schoonenberg may have relied too much on process theology in this regard, and may no longer manifest an essential balance between an appreciation für God's immanence and involvement and yet a respect for the transcendence of God."[791] Wiederholt ist in der Rezeption der (Trinitäts-)Theologie Schoonenbergs zu vernehmen, sein Verständnis der „(Un)Veränderlichkeit" Gottes, einer Geschichte von - und in - Gott (mit den Menschen) lege einen einseitigen Akzent auf die Immanenz Gottes; in dieser Sicht sei die Majestät und Transzendenz Gottes nicht hinreichend gewahrt.

Schoonenbergs Aussagen über Gottes Dreieinigkeit „vor" und „nach" der Mensch*werdung* erwecken den Eindruck, er bringe in seiner Gottesrede zeitliche, geschöpfliche Kategorien in Gott ein. Zu einer derartigen Kritik geben Formulierungen Schoonenbergs Anlaß, die besagen, daß Gott „erst" in der Menschwerdung derjenige werde, als der er sich in der Heilsgeschichte offenbart: als Vater, Sohn und Geist; Gott sei von und seit Ewigkeit auf dem

---

787 H. RIKHOF, God's Changeability and Unchangeability, 29-31.

788 Vgl. DERS., Een tekst van Thomas van Aquino uit de Summa Theologiae (I q. 13), bes. 87-93; P. VALKENBERG, „Dauwt, hemelen, gerechtigheit", 171f. Von feministischen Theologinnen etwa wird die Auffassung einer wechselseitigen Relation zwischen Schöpfer und Geschöpfen vertreten.

789 M.E. O' KEEFFE, Contemporary Spirit Christologies, 243f.

790 Vgl. H. RIKHOF, God's Changeability and Unchangeability, 35f.

791 M.E. O'KEEFFE, Contemporary Spirit Christologies, 244.

Weg, dreipersönlich zu werden. Schoonenberg selbst betont an verschiedenen Stellen, seine Sicht der (Ewigkeit und) Zeitbezogenheit Gottes, seine Rede vom Leiden, dem Schmerz, der Freude Gottes, die aus der zugrundeliegenden Annahme wirklicher Beziehungen Gottes zur Schöpfung resultiert, besage nicht Abhängigkeit Gottes von der geschöpflichen Wirklichkeit. Gottes Beziehung zur Welt sei rein aktiv zu denken und sei daher analog zu verstehen.[792] Ein Eindruck nicht vermittelbarer Gegensätze in Schoonenbergs Rede vom dreieinen Gott bleibt.

c) Vergewisserung: Was leistet der (geist-)christologische Neuansatz?

α) Pneumatologisches Modell: Menschwerdung als Geschehen

(1) In der Diskussion um die die bleibende Bedeutung des Dogmas von Chalcedon wird Schoonenbergs Entwurf als ein „Lösungsvorschlag auf eine trinitarisch gefaßte Christologie im Sinne einer geschichtstheologisch inspirierten Geist-Christologie“[793] rezipiert: „Ausgangspunkt seiner Chalcedon-Kritik ist die in der Formel wirksame geschichtstheologische Prämisse von der Unveränderlichkeit Gottes. Demgegenüber betont *P. Schoonenberg,* daß ‚neben einer wesentlichen Unveränderlichkeit ... in Gott auch eine Selbstbewegung auf seine Geschöpfe hin angenommen werden' muß. Eine dymanischere Fassung des Gottesbegriffes erlaubt zugleich, die Christologie als ein Geschehen zu begreifen.“[794] Der narrativ-geschichtliche Zugang „von unten“, der für die Christologie Schoonenbergs der zweiten Periode kennzeichnend ist, wird im Rückgriff auf das pneumatologische Modell (in Kombination mit der Logos-Christologie) zur Deutung der Einheit der gottmenschlichen („theandrischen“) Person Jesus Christi weitergeführt, jedoch durch Aussagen über die Selbstmitteilung Gottes „von oben“ in dem Gottmenschen Jesus Christus durch sein Wort und seinen Geist erweitert.[795]

Gewürdigt wird, daß Schoonenberg im Rahmen seines geist-christologischen Modells seinen *Ansatz „von unten“* beibehält. Er bringt das pneumatologische Modell, das die Identität Jesu vom Heiligen Geist her deutet, in die herkömmliche (Logos-)Christologie ein und will so die Menschheit Jesu wahren:

[792] Vgl. P. SCHOONENBERG, Der Geist, das Wort und der Sohn, 123.

[793] G.M. HOFF, Chalkedon im Paradigma Negativer Theologie, 363.

[794] Ebd. (Hervorhebung im Original)

[795] Vgl. ebd., 363f; A. VAN DE BEEK, De Adem van God, 161f: „Schoonenberg will die Gegenwart Gottes in Jesus Christus nicht schmälern. Aber er will ebensowenig dem vollständigen Menschsein Jesu Abbruch tun. Und vor allem will er daran festhalten, daß Christus *eine* Person ist. Darin bleibt er innerhalb des Rahmens von Chalcedon: Christus ist wahrlich Gott und wahrlich Mensch, in *einer* Person. Aber Schoonenberg arbeitet dies nicht mit dem Begriff ‚Logos', sondern mit dem Begriff ‚Pneuma' aus. ‚Logos' ist im Laufe der frühen Kirchengeschichte ein statischer Begriff geworden ... ‚Pneuma' ist ein dynamischer Begriff. Es ist göttliche Kraft, Gott selbst in seiner Aktivität, die ganz präsent ist in dem Menschen, wodurch dieser Mensch ganz das tut, was sein göttlicher Ruf ist. Dies geht nicht auf Kosten des Menschseins; es ist gerade die Erfüllung seines Menschseins.“ (Hervorhebung im Original)

„Gerade die Pneumabegabung des Herrn macht ihn zu einem von uns."[796] O'Keeffe schreibt: „Schoonenberg does not approach his understanding of Jesus Christus *from* the doctrine of the Trinity, but builds his theology of God on the basis of an experience that is qualified by the self-gift of God in the Son and through the Spirit ... Similar to his trinitarian theology, Schoonenberg develops his pneumatology on the basis of the human experience of God in the Spirit ... Schoonenberg draws upon contemporary experience to make the claim that the Spirit is the principal way that we relate to God."[797] Gleichzeitig wird begrüßt, daß Schoonenberg den Ansatz „von unten", von der menschlichen Erfahrung durch Aussagen über das Wirken Gottes in Jesus Christus *„von oben"* erweitert hat, um so die Gottheit Jesu Christi stärker zu akzentuieren. Schoonenberg „arbeitet ... eine Geist-Christologie aus, in der Jesu göttlicher Ursprung ‚von oben' stärker betont wird. Schoonenberg sieht Jesu göttliche Herkunft aus dem Heiligen Geist, der nicht nur seine Menschheit heiligt, die in der hypostistischen Einheit mit dem Logos zustande gekommen ist (wie die klassische Sicht lehrt), sondern auch selbst, in gegenseitiger Durchdringung mit dem Logos, die ontologische Basis von Jesu Menschsein ist. Wir sehen hier eine Wende in Schoonenbergs Denken: einen Versuch, Platz zu machen für eine Christologie ‚von oben', gleichwohl unter Beachtung der epistemologischen Spielregeln der Christologie ‚von unten'."[798]

(2) Gegenüber früheren Arbeiten nähert sich Schoonenberg mit seinem *Modell der „gegenseitigen Enhypostasie"* der Aussageintention Chalcedons wieder stärker an. Begrüßt wird sein Vorschlag, die Einheit von Gottheit und Menschheit in Jesus Christus mit dem (ursprünglich in der Trinitätslehre beheimateten) Begriff der *„Perichorese"* zu umschreiben: Der Gedanke der „Perichorese", der „circumcessio" oder „gegenseitigen Enhypostasie" von Gottheit und Menschheit in Jesus Christus besagt ja „die Verbindung oder Durchdringung von Geist und Wort in der Person Jesu ... Kurzum, der Geist nimmt mit dem Logos die Menschheit Jesu zu sich."[799] Mit Hilfe des Begriffs der Perichorese gelingt es Schoonenberg, die dynamische Sicht auf Gott „an sich" bzw. „in sich" auf eine Christologie im Vollzug, eine Menschwerdung als Geschichte hin auszuweiten: „Indem die statische Sicht auf das ... [Wesen] Gottes durch eine biblisch-dynamischere Perspektive auf die Offenbarungsgeschichte als Geschichte Gottes mit den Menschen und damit als seine eigene Geschichte aufgebrochen wird, kann die Bestimmung auch innertrinitarisch als ein bleibender Vollzug, als Mitteilung, kommunikativ als Liebesgeschehen gefaßt werden. Die Einheit Gottes, von daher auch die gottmenschliche Einheit in Jesus Christus, wird im Vollzug entworfen und gerade als eine Geschichte

---

[796] Vgl. T.J. VAN BAVEL, Schoonenberg's paradoxaal spreken over God, 248.

[797] M.E. O'KEEFFE, Contemporary Spirit Christologies, 259-261. (Hervorhebung im Original)

[798] P. LENS, God heeft Zich aan onze menselijkheid gewaagd, 373. Lens verweist auf: P. SCHOONENBERG, De Christus „van boven" en de christologie „van beneden".

[799] R. MICHIELS, Jezus en de andere godsdiensten, 387.

vorstellbar, in der Gott zum Menschen kommt und so zu sich selbst. Die theologische Leistung dieser Christologie besteht nicht zuletzt in der stringenten Anbindung der christologischen Terminologie an die trinitätstheologisch grundlegende (Perichorese).“[800]
Zu fragen bleibt allerdings, ob Schoonenbergs Auslegung der „unio hypostatica“ durch das Modell der „wechselseitigen Enhypostasie“ der chalcedonensischen Formel vollständig gerecht wird. Festzuhalten ist, daß Schoonenberg mit diesem Modell seinem Vorhaben, den Heiligen Geist zur Verdeutlichung der hypostatischen Union einzubeziehen, nachgekommen ist. Auf Widerspruch stößt allerdings, daß er von Sohn und Geist als subsistierenden Personen („vor“ der Inkarnation) nicht sprechen möchte, aus Sorge um die Wahrung der Menschheit Jesu. Müller steht Schoonenbergs Lösungsansatz skeptisch gegenüber: „S.[choonenberg] stellt die altkirchliche Christologie unentwegt unter den Verdacht, daß sie die Menschheit Jesu geradezu zwangsläufig von ihrem Ansatz her verkürzen müsse. Er meint darum Jesus ein eigenes menschliches Personsein zusprechen zu müssen ... Um aber der nestorianischen Gefahr einer Verdoppelung der Personen in Christus zu entgehen, meint er auch dem Logos vor der Inkarnation eine eigene subsistente Personalität im Unterschied zum Vater, dem S.[choonenberg] allein das wesenseigene Personsein Gottes zuschreibt, absprechen zu müssen. Dem Dilemma versucht er zu entkommen durch die Rede von einer ‚gegenseitigen Enhypostasie‘ ... Wenn S.[choonenberg] dem Logos vor der Inkarnation eine eigene subsistente Personalität in Gott abspricht, dann muß er dies auch gegenüber dem Heiligen Geist tun, der nur im Zusammenhang mit der Inkarnation als Geist des Sohnes hervortritt, so daß erst in Jesus von Nazaret die Personalität hervortritt, eben als der Geist des Sohnes des Vaters. Weil in Jesus von Nazaret sich sowohl die Fleischwerdung des Wortes ereignet als auch die Sendung des Geistes, kann erst von daher von einer gewissen Unterscheidung von Sohn und Geist gesprochen werden, obwohl die menschliche Natur Jesu konsequenterweise sowohl mit dem Logos als auch mit dem Pneuma in einer hypostatischen Union gedacht werden müßte - was S.[choonenberg] in der Treue zur Tradition, weniger aus innerer Einsicht in den Sachzusammenhang, nicht behauptet.“[801]
Schoonenbergs christologischer Neuansatz hinterläßt, so Müller, einen zwiespältigen Eindruck: Der wiederholten Aussage Schoonenbergs, er anerkenne die klassische Lehre der Kirche, stehe seine Betonung der Aporien der klassischen Christologie (Verlust der vollen Menschlichkeit Jesu, Geschichtslosigkeit Jesu) gegenüber, ohne daß er zu einer eigentlichen Vermittlung gelange: Er meint, „dem präexistenten Logos das Personsein absprechen und der menschlichen Natur zusprechen zu sollen, die sich dann im Akt der Inkarnation wechselseitig hypostasieren und inexistieren. Aber was ist damit für die Menschlichkeit und menschliche Natur Jesu gewonnen? Wer zweifelt denn an der vollen Menschheit Jesu? Das Problem ist aber, wie sie mit Gott so ver-

[800] G.M. HOFF, Chalkedon im Paradigma Negativer Theologie, 363.
[801] G.L. MÜLLER, Rezension, 128.

bunden gedacht werden kann, daß sie weder vergottet noch die Einheit auf die Ebene einer Willenseinheit herabgedrückt wird."[802]

(3) Wahrgenommen wird, daß Schoonenberg weiterhin das Anliegen einer *Christologie „ohne Zweiheit"* vertritt. Diskutiert wird, inwieweit sein pneumatologisches Modell zur Überwindung der Aporien der chalcedonensischen Zweinaturenlehre einen wegweisenden Beitrag darstellt. Von grundsätzlicher Bedeutung ist hier die Feststellung, daß gerade die *Pneumatologie* dazu dienen kann, das theologische *„Grundsatzprogramm"* Schoonenbergs von der *„Nicht-Konkurrenz" zwischen Gott und Mensch für die Christologie fruchtbar zu machen*: „In der Pneumatologie geht es ... gerade darum, ein Nicht-Konkurrenzmodell für das Verhältnis zwischen Gott und Mensch zu skizzieren. Wo der Mensch wirkt, wirkt Gott, und wo Gott am Menschen wirkt, wirkt der Mensch."[803] Dies gilt gerade für die Beziehung des Menschen (Jesus) zum Geist: „Wahre Menschlichkeit is da, wo der Mensch vom Geist Gottes erfüllt ist, und wo der Mensch gegen Gott wählt, ist dies auch gegen die Menschlichkeit."[804]

(4) Es bleiben Anfragen an Schoonenbergs Modell der „gegenseitigen Enhypostasie". Dieses erscheint diskussionswürdig im Blick auf die *Mitwirkung des Heiligen Geistes beim Zustandekommen der „unio hypostatica"*. Der Begriff der „gegenseitigen Enhypostasie" bedürfte weiterer Präzisierung bezüglich des Verhältnisses von menschlicher und göttlicher Natur in Jesus Christus. Inwiefern wird Jesus (zum) Sohn Gottes durch das Wirken des Heiligen Geistes? Herbert E. Wevers verweist auf innere Widersprüche in Schoonenbergs Modell der „gegenseitigen Enhypostasie" und sieht die Gefahr einer zu starken Betonung des göttlichen Elements: „... einerseits muß das göttliche Wort ‚in seiner Gottheit derartig gestaltet sein, daß es nicht (wie der Vater) Jesus personal gegenübersteht, sondern mit seiner Menschheit (in der assumptio creativa) eine einzige Person bilden kann', aber andererseits spricht Schoonenberg über die ‚gegenseitige Enhypostasie' in präzisierendem Sinn als ‚nicht schlechthin symmetrisch, da die Menschheit Jesu in keiner Weise das göttliche Wort personalisiert, sondern nur von ihm personalisiert wird'. Ist die menschliche Person von Jesus dann wohl mehr als eine leere Hülle und gibt es dann noch Raum für das personalisierende Element des Geistes?"[805]
Nach Auffassung Ralph de Colle's gelingt es Schoonenberg, eine ontologische Beziehung zwischen dem Heiligen Geist und Jesus auszusagen, so daß Wort *und Geist* Jesus im ontologischen Sinne zum Sohn Gottes machen: Jesus' human nature is present in and sustained by the Word ..., which itself is enhypostatic ... in the human person Jesus ... Although originally an issue in

[802] Vgl. ebd., 128f, hier 129.
[803] A. VAN DE BEEK, De Adem van God, 226.
[804] Ebd., 162.
[805] H.E. WEVERS, Jezus Christus - van waar komt hij?, 50. Wevers zitiert: P. SCHOONENBERG, Trinitätslehre Karl Rahners, 488, Anm. 22; ebd., 485, Anm. 15.

Logos-christology, Schoonenberg sustains its applicability to Spirit-christology to the extent that the Spirit not only is present in Jesus and is thus communicated to his followers through his glorification, but the human Jesus is embraced by the Spirit. Because the Spirit pervades Jesus, Schoonenberg posits an ontological and not simply a functional relationship between the Spirit and Jesus. Schoonenberg's proposal for Spirit-christology maintains the *vere Deus* of Chalcedon, with the intended orthodoxy that Jesus is not simply divine adverbially (because Jesus acts divinely) but *‚is'* divine."[806] Aufgegriffen wird von Del Colle die Formulierung Schoonenbergs, daß der Heilige Geist nicht nur eine „‚Zwischen-Person' innerhalb der unio hypostatica von Logos und Jesus"[807] sei. Schoonenbergs Sicht beinhaltet allerdings nicht, daß die menschliche Natur Jesu (auch) mit dem *Geist* in hypostatischer Einheit verbunden ist. Eine derartige Aussage brächte ihn in Widerspruch zur christologischen Lehrtradition der Kirche.

(5) Die unterschiedlichen Stellungnahmen zur Position Schoonenbergs machen - *zusammenfassend* - deutlich, daß letztlich eine gewisse Unklarheit darüber bestehen bleibt, wie die Gegenseitigkeit der Enhypostasie zwischen dem göttlichen Logos und der menschlichen Natur Jesu zu verstehen ist, die Schoonenberg selbst als eine „asymmetrische" beschreibt.[808] Schoonenberg hat in seinen späteren Schriften seine Auffassung bezüglich der *Gottheit* und Menschheit Jesu Christi in der Aussage präzisiert, daß Jesus von Nazaret als *der* (eschatologische) Offenbarer Gottes (des Vaters, seines Wortes und Geistes) selbst *Gott* sein müsse - das heißt: Gott von Gott -, daß dieser Offenbarer aber zugleich auch vollständig Mensch sein müsse.[809]
Nicht unmittelbar einsichtig ist, inwiefern Jesus Christus - im Rahmen des pneumatologischen Modells - als Gottes Sohn das „Werk" des Heiligen Geistes ist. Fraglich ist, ob Schoonenbergs geist-christologischer Entwurf nicht doch eine Nähe zum Adoptianismus aufweist. Letztlich bleibt offen, wie Gottheit und Menschheit in Jesus Christus konkret vermittelt zu denken sind. Das Verdienst Schoonenbergs bleibt es, einen neuen Zugang zur Person Jesu Christi eröffnet zu haben, indem er Logos und Geist mit der Menschwerdung in Verbindung bringt. Offensichtlich aber durchbricht er die klassische Christologie und Trinitätstheologie, mit der er in Dialog treten möchte, in mehrerer Hinsicht.[810] Dies gilt für sein Verständnis der Präexistenz des Wortes-Sohnes und des Geistes bzw. des „(Mehr-)Person-Werdens" von Vater, Sohn und Geist und sein ein-hypostatisches Gottesbild, das dieser Auffassung zugrundeliegt, ebenso wie für seine Ausführungen über die Gottheit des Sohnes.

---

806 R. DEL COLLE, Christ and the Spirit, 149f. (Hervorhebung im Orginal)
807 P. SCHOONENBERG, Der vollendete Bund, 117. Vgl. R. DEL COLLE, Christ and the Spirit, 153.
808 Vgl. H.E. MERTENS, Did the Word of God Become a Human Person?, 180.
809 Vgl. P. SCHOONENBERG, Opmerkingen over Geest-christologie, 35.
810 Vgl. G.C. VAN DE KAMP, Pneuma-christologie, 187f.

β) Geist-Christologie im „pan-en-theistischen" Denkrahmen der Theologie Schoonenbergs

(1) Das *Verdienst* Schoonenbergs ist es, die *schöpfungs- und heilgeschichtliche Sprache* wieder stärker *in die Christologie und Gottesrede eingebracht zu haben*: Von der Bibel her die Geschichte Jesu als Geschichte Gottes mit den Menschen zu erzählen, erleichtert den heute Glaubenden den Zugang zur Bedeutung Jesu Christi.[811] Im Zentrum der pneumatische Christologie Schoonenbergs steht die irdische Existenz Jesu und die verherrlichte Existenz des Auferstandenen. Schoonenberg entfaltet auf diese Weise die heilsgeschichtliche Bedeutung des Christusereignisses vom Beginn bis zur Vollendung der Schöpfung: Wort und Geist bezeichnen die protologische und eschatologische Dimension der Gegenwart Gottes. Das Wort, das Schoonenberg in Verbindung mit der alttestamentlichen Weisheit sieht, ist Gottes schöpferische, begründende (grundlegende), protologische „Ausstrahlung" Gottes, der Geist ist Gottes prophetische, messianische, eschatologische Macht.[812]

Wenn Pneumatologie, so Michiels, „in eine derartig erweiterte heils- und weltgeschichtliche Perspektive gestellt wird, bekommen wir eine neue Sicht auf *Gottes Geschichte mit den Menschen.*"[813] In dieser geweiteten Perspektive wird das Wirken des Geistes nicht auf die Zeit nach Pfingsten beschränkt, der Geist ist vielmehr in der gesamten Heilsgeschichte wirksam. Das Bekenntnis zum Heiligen Geist beinhaltet somit den Glauben „an die Heilsgegenwart Gotttes (Geist-Theologie), an seine besondere Heilsgegenwart in Jesus Christus (Geist-Christologie) und an seine Heilszuwendung zum Menschen und seiner Geschichte (Geist-Spiritualität)."[814]

(2) Schoonenbergs Studien zur Geist-Christologie sind Ausdruck seiner Besinnung auf die *Immanenz Gottes* bzw. die *pneumatische Gegenwart Gottes in der Schöpfung*. Zu sehen ist Schoonenbergs Geist-Christologie auf dem Hintergrund des „pan-en-theistischen" Weltbildes, das seine Theologie kennzeichnet. In den späteren Jahren wird von ihm nicht nur das Verhältnis des Gottmenschen Jesus zu Gott dem Vater, sondern auch die Beziehung, die Gott in Schöpfung und Menschwerdung zur Welt hat, (in stärkerem Maße als zuvor) pneumatologisch entfaltet. Tarsius van Bavel bewertet den „Nachdruck [Schoonenbergs] auf der Geistchristologie als eine Vertiefung der Einsicht in Gottes Immanenz: Gott ist nicht nur bei uns durch und in seinem Wort, sondern auch durch und in seinem Geist."[815]

Die Rezeption der (geist-)christologischen und (trinitäts-)theologischen Arbeiten Schoonenbergs erfolgt zunehmend stärker mit Blick auf das darin zum Ausdruck kommende „Weltbild", das durch die Überwindung des Dualismus

---

[811] Vgl. R. MICHIELS, Jezus en de andere Godsdiensten, 388; G.L. MÜLLER, Christologie im Brennpunkt, 372.

[812] Vgl. R. DEL COLLE, Christ and the Spirit, 151.

[813] R. MICHIELS, Jezus en de andere godsdiensten, 389. (Hervorhebung im Original)

[814] Ebd.

[815] T.J. VAN BAVEL, Schoonenberg's paradoxaal spreken over God, 249.

zwischen Schöpfer und Geschöpf und durch eine gewisse Nähe zum Pantheismus charakterisiert ist. „Die Sicht Schoonenbergs auf die Wirklichkeit hat", so Lens, „einen deutlich panentheistischen Einschlag; er selbst spricht aber lieber von ‚Theo-en-pantismus': Gott ist in allem anwesend. Gott ist kein ‚Obergeschoß' der Wirklichkeit; Gott ist nicht erhaben ‚über' der Schöpfung, sondern er ist das Herz, die Seele, ja der Grund der Wirklichkeit. Von daher drückt auch Gottes Anwesenheit Gottes das Menschliche in Jesus nicht weg, sondern stimuliert es von innen heraus ... Schoonenberg ist also stark von Geistesströmungen beeinflußt, die eine Art schöpfungs-immanente Frömmigkeit zum Ausdruck bringen. Wir können dabei an Teilhard de Chardin denken, aber auch an Strömungen wie die *Nouvelle Théologie*, die Säkularisations-Theologie und die *Prozeß*-Theologie."[816] Seit Beginn der 90er Jahre wird aufgezeigt, daß Schoonenbergs dynamische Sicht der Mensch*werdung* durch den panentheistischen Denkrahmen seiner Theologie und durch die Kategorie des Bundes bestimmt ist: „Schoonenberg hat, in Nachfolge Berkhofs, vorgeschlagen, für diese Bundesrelation [Gottes mit Abraham und seinen Nachkommen] den Begriff ‚Kondeszenz' (Zuwendung) zu gebrauchen und diesen Begriff als Ersatz für den Begriff ‚Transzendenz' zu betrachten. Das hat große Vorteile. Denn mit ‚Kondeszenz' kann ausgedrückt werden, daß die Schrift Gott eine Teilnehmerperspektive zuschreibt ... In seiner Abschiedsvorlesung macht Schoonenberg darauf aufmerksam, daß genau diese Vorstellung von Gott (Gott als der Bundes-Gott) die panentheistische Vorstellung wieder aufbrechen kann ... Die Vorstellung und der Gedanke von Gottes Gegenwart bei allem, was lebt (der Inhalt einer Verheißung!) bekommt einen ‚Kontrapunkt' in der Vorstellung und dem Gedanken von Gottes Gegenwart beim Ursprung und bei der Geschichte eines konkreten Volkes."[817]

Verdeutlicht wird hier die Funktion, die bei Schoonenberg der Pneumatologie zur Beschreibung der Dialektik von Transzendenz und Immanenz Gottes zukommt: daß Gott nicht „außerhalb" der Schöpfung zu suchen ist, aber auch nicht mit der Schöpfung zusammenfällt.[818] Die Pneumatologie dient Schoonenberg zur Verdeutlichung der Gegenwart des Bundes-Gottes in Schöpfung und Geschichte: seines stets neuen Kommens in die Schöpfung, seiner sich stets neu ereignenden Zuwendung zu den Menschen. Gott

---

[816] Vgl. P. LENS, God heeft Zich aan onze menselijkheid gewaagd, 377f. (Hervorhebung im Original)

[817] T. VAN DEN HOOGEN, God en de rechtvaardigheid, 76f; bezugnehmend auf: P. SCHOONENBERG, Denken naar God toe (Afscheidscollege).

[818] Vgl. T.J. VAN BAVEL, Schoonenberg's paradoxaal spreken over God, 254f: „Das Bekenntnis von Gottes Transzendenz drängt sich auf, weil ein Gott, der in der Welt aufgeht und verschwindet, uninteressant ist und uns nicht mehr zu bieten hat als die Welt bieten kann. Aber ebenso uninteressant ist ein Gott, der sich in seiner Erhabenheit überhaupt nicht mit seiner Schöpfung einläßt ... Die Bibel verkündet einen Gott, der mit der Welt in Beziehung tritt. Durch sein erleuchtendes und befehlendes Wort kommt er in diese Welt, wird er in ihr anwesend; durch seinen stärkenden und inspirierenden Geist wohnt er dem Herzen und dem Verhalten von Menschen inne. Das Gleichgewicht zwischen Gottes Transzendenz und Immanenz zu bewahren, ist eine äußerst schwierige Aufgabe, weil es eine paradoxe Aussage ist."

übersteigt als der Transzendente die kosmischen Grenzen; er ist zugleich die Fülle, die Tiefe des Seins. Der dynamische Gottesbegriff Schoonenbergs läßt sich sch am ehesten pneumatologisch entfalten. Der Heilige Geist ist Gott als (Selbst-)Gabe, bis Gott alles in allem sein wird. In dieser universal-heilsgeschichtlichen Perspektive wird die soteriologische und eschatologische Dimension des Christusereignisses deutlich.

2. Schoonenberg als Berater der Charismatischen Bewegung

a) Vermittler zwischen katholischer Theologie und charismatischer Spiritualität

Jean-Jacques Suurmond zählt (1989) Piet Schoonenberg zu jenen zeitgenössischen Theologen, die aus ihrer Beschäftigung mit der Charismatischen Bewegung eigene Impulse für die Entwicklung einer neu zu formulierenden Lehre vom Heiligen Geist gewonnen haben. Die Auseinandersetzung mit der Charismatischen Bewegung hat selbst wiederum ihre Theologie geprägt: „Heute gibt es praktisch kein Land, in dem nicht die eine oder andere Form von charismatischer Erneuerung besteht. In Europa übt sie direkt oder indirekt Einfluß aus auf das Werk von Theologen wie W.J. Hollenweger, J.D.G. Dunn und Th. Smail in England; H. Berkhof, J. Veenhof und P. Schoonenberg in Holland; und Y. Congar in Frankreich. In Deutschland ist vor allem die Ekkesiologie von H. Küng, G. Hasenhüttl und J. Moltmann von der Pfingstbewegung inspiriert. Heribert Mühlen war schon ein bedeutender Theologe des Geistes, bevor er, seiner Aussage nach, zu erfahren begann, was er all die Jahre geschrieben hatte. Wie Mühlen in Deutschland, so spielt in Belgien Kardinal Suenens eine herausragende Rolle in der Erneuerung."[819] Bekannt ist (zumindest im niederländischen Sprachraum), daß Schoonenberg in seinem Land als einer der ersten katholischen Theologen für einen Dialog katholischer Theologie und Kirche mit der Charismatischen Bewegung eingetreten ist: „Schoonenberg ist so etwas wie ein theologischer Berater der katholischen charismatischen Bewegung in unserem Land und hat viele Kontakte in denselben Kreisen in Amerika", schreibt Trudi Klijn im Jahre 1976.[820]
Schoonenberg gehört zu einem internationalen Kreis namhafter Theologen in Europa und Nordamerika, die für eine Integration der Charismatischen Bewegung in die bestehenden religiösen und kirchlichen Traditionen eintreten. In Sammelbänden zur Charismatischen Bewegung erscheint er unter jenen Autoren, die konfessionsübergreifend den Dialog mit Pfingstlern und Charismatikern suchen: So kamen in dem 1977 herausgegebenen Band „Charismatisch Nederland" Theolog(inn)en zu Wort, die als Vertreter(innen) des ökumeni-

[819] J.-J. SUURMOND, Een introductie tot de charismatische vernieuwing, 43. Vgl. DERS., Het spel van woord en geest, 27.
[820] T. KLIJN, Gesprek met P. Schoonenberg, 273. Vgl. H. BERKHOF, Vorschuß des Geistes, 661; DERS., Pneumatologie in der niederländischen Theologie, 44; J. VEENHOF, Der Paraklet, 137f.

schen charismatischen Klimas in den Niederlanden galten, unter ihnen ist auch Schoonenberg.[821] Schoonenberg darf als Spezialist zum Thema „Geisttaufe" gelten: Sein bereits in den 70er Jahren entstandener Beitrag „Het doopsel met Heilige Geest" ist zu Beginn der 90er Jahre in der von Jean-Jacques Suurmond herausgegebenen Sammlung charismatisch-theologischer Texte neu aufgenommen worden.[822] Der Herausgeber hat bei der Auswahl der Texte auf Autoren zurückgegriffen, die mit der Charismatischen Erneuerung in Verbindung stehen und als Fachleute für die jeweils von ihnen behandelte Themenstellung bekannt sind.[823]

b) Rezeption der Charismenlehre Schoonenbergs

Aufgegriffen wurden Schoonenbergs Beiträge zur Theologie der Charismen vor allem von Theolog(inn)en der Niederlande und Belgiens. Der Grund mag darin liegen, daß seine Arbeiten diesbezüglich überwiegend im Niederländischen erschienen sind. Die Diskussion um die Position Schoonenbergs erfolgt zunehmend stärker auch in englischsprachigen Veröffentlichungen. Die Rezeption der Charismenlehre Schoonenbergs erfolgt im Rahmen der Diskussion um die Frage nach dem Verhältnis von Natur und Gnade, von Schöpfung und Heil: „Wie verhält sich das charismatische Werk des Heiligen Geistes zu unserem Menschsein, unseren menschlichen Möglichkeiten?"[824]

α) „Relations-und Interaktions-Modell"
Seit den 70er Jahren werden in der Frage nach dem Wirken Gottes (des Geistes) in den Charismen zwei unterschiedliche Positionen deutlich, die Jan Veenhof skizziert: „Die eine Annäherung geht davon aus, daß Gott die christliche Gemeinde mit neuen Vermögen ausrüstet, die von einer anderen Ordnung sind als diejenigen irgendeiner anderen Gemeinschaft. Die Charismen werden im buchstäblichen Sinn direkt von oben geschenkt. Die Empfänger werden mit neuen Fähigkeiten begabt, die er oder sie zuvor nicht besaß. Die andere Annäherungsweise sucht die Charismen eher innerhalb des Kontextes dessen zu situieren, was Gott schon gegeben hat. Das Neue des Charismas besteht dann nicht im Hervortreten eines radikal neuen Vermögens, sondern in der - mehr oder weniger gewöhnlichen - Beseelung eines natürlichen Vermögens durch den Geist."[825] Erstere Sichtweise findet sich meist bei Angehörigen der Pfingstbewegung und bei einem Teil der protestantischen Mitglieder der

[821] Vgl. F. RUTKE, Voorwoord, in: Dies. (Hg.), Charismatisch Nederland, 5-8; P. SCHOONENBERG, Notities over charismata.
[822] Vgl. P. SCHOONENBERG, Het doopsel met Heilige Geest; erneut abgedruckt in: J.-J. SUURMOND (Hg.), „Och, ware het gehele volk profeten!", 137-155.
[823] Vgl. J.-J. SUURMOND, Inleiding, 16.
[824] W.W. VERHOEF, Over de charismatische vernieuwing in de Kerk, 17.
[825] J. VEENHOF, Charismata - bovennatuurlijk of natuurlijk?, 158.

Charismatischen Bewegung.[826] Die zweite Auffassung wird gemeinhin von römisch-katholischen Theolog(inn)en vertreten. Von verschiedenen Autoren (z.B. Jan Veenhof, Jean-Jacques Suurmond, W. W. Verhoef) wird Schoonenbergs Beitrag zur Charismentheologie der zweiten Position zugeordnet.[827]
Die Rezeption erfolgt im Kontext der Schöpfungs- und Gnadentheologie, im Bewußtsein, daß Schoonenberg mit seinem Verständnis des Verhältnisses von Natur und Gnade, das auf dem Gedanken der „Nicht-Konkurrenz" (zwischen Gott und Mensch) beruht, einen entscheidenden Beitrag zur Wandlung innerhalb des Gnadentraktates geleistet hat.[828] Verhoef würdigt Schoonenbergs Humanismus, mit dem die vermeintliche Konkurrenz zwischen Gott und Mensch aufgehoben werde, Gottes Heilshandeln verstärkt in den Blick komme: „Die menschliche Wirklichkeit wird gebraucht zum Ausdruck von Gottes Heil, Gottes Sprechen, Gottes Absichten ... Die Fülle des Geistes offenbart sich in einem vollmenschlichen Geschehen."[829] Es geht darum, „das volle Werk des Heiligen Geistes in einer harmonischen Verbindung mit dem Menschsein als Schöpfung zu sehen."[830] Verhoef bezieht sich auf Schoonenbergs Aussage, daß die Alternative, ob die von Gott geschaffenen Gaben göttlich oder menschlich, natürlich oder übernatürlich seien, eine falsche Alternative sei.[831]
Von Teilen der Pfingstbewegung und der protestantischen charismatischen Bewegung wird ein unmittelbares Wirken Gottes in den Charismen angenommen, das die Gesetzmäßigkeiten der Schöpfung außer Kraft setzt („Interventionismus" und Fundamentalismus).[832] Demgegenüber kommt bei Schoonenberg die Schöpfungswirklichkeit, ihre Eigengesetzlichkeit in den Blick. Gleichwohl wird von ihm auch das Handeln Gottes gewürdigt. Denn, so Veenhof, „nach dem Urteil Schoonenbergs gilt, daß alles, was geschieht, eine Gabe Gottes ist und auf seine Initiative zurückgeht."[833] Das Übernatürliche wirkt in den Charismen, die Charismen werden nicht auf natürliche Talente

[826] Vgl. ebd.
[827] Vgl. ebd., 156-166; B. WENTSEL, De Heilige Geest, 514-537; J.-J. SUURMOND, „Wat heeft Los Angeles met Athene te maken?", 38-41.
[828] Vgl. J. VEENHOF, Charismata - bovennatuurlijk of natuurlijk?, 165: In Überwindung des Dualismus der neuscholastischen Theologie wird in der zeitgenössischen Gnadenlehre deutlich gemacht, daß „Natur und Gnade sehr eng aufeinander bezogen sind in dem Sinn, daß sie auf eine bestimmte Weise einander gegenseitig voraussetzen, tragen und durchdringen. Diese neuere Sicht führt dazu, daß man, ausgehend von der ‚Natur', ein großes Maß an Kontinuität (beinahe ist man geneigt zu sagen: einen fließenden Übergang) sieht zwischen Schöpfung und Heil, dem natürlichen und christlichen Glauben, auch zwischen natürlichen Gaben und pneumatischen Charismen."
[829] W.W. VERHOEF, Over de charismatische vernieuwing van de kerk, 18.
[830] Ebd., 19.
[831] Vgl. ebd.; bezugnehmend auf P. SCHOONENBERG, Notities over charismata, 30. Siehe J.-J. SUURMOND, Het speel van woord en geest, 120f: „Schoonenberg hat zu Recht darauf hingewiesen, daß Gott und Mensch nicht in einem Konkurrenzverhältnis zueinander stehen. Das Göttliche ist nicht nicht-menschlich."
[832] Vgl. J. VAN DER VEKEN, Begaafdheid en geestesgaven, 43.
[833] J. VEENHOF, Charismata - bovennatuurlijk of natuurlijk?, 159.

reduziert. Die hier vorgetragene Sicht der Charismen, die auf der Annahme eines Zusammenwirkens von Gott und Mensch beruht, bietet (erst) die Möglichkeit einer Suche nach vermittelnden geschöpflichen Faktoren.[834]
Nach Auffassung Veenhofs bedeutet dieses neue, erweiterte Verständnis des Verhältnisses von Natur und Gnade (bzw. zwischen Natürlichem und Übernatürlichem, Geschöpflichem und Göttlichem) eine Annäherung an die Position der Reformation. Im Verständnis der Charismen lassen sich zwischen Theolog(inn)en katholischer und reformatorischer Herkunft zahlreiche Übereinstimmungen aufweisen. Von katholischer wie protestantischer Seite wird hervorgehoben, daß „der Geist nicht absorbiert und depersonalisiert; daß die Rede ist von einer theonomen Gegenseitigkeit zwischen dem Werk des Geistes und dem des Menschen; daß ein Zusammenhang besteht zwischen dem Charisma und dem Charakter des Menschen; ja daß alle menschlichen Möglichkeiten ein Charisma werden können."[835] Auch Schoonenbergs Sicht läßt sich den hier skizzierten Auffassungen zuordnen.
Der Begriff der Bundesrelation ist zur Beschreibung der persönlichen Beziehung zwischen Gott und Mensch (nicht nur) für das reformatorische Glaubensverständnis von zentraler Bedeutung.[836] Unter Bezugnahme auf Schoonenberg (und Schillebeeckx) wird von reformatorischer Seite begrüßt, daß dieses Motiv auch in der katholischen Theologie zunehmend Aufnahme gefunden habe.[837] Der Gedanke der Bundesbeziehung zwischen Gott und Mensch ist für Schoonenbergs Theologie charakteristisch. So wird er mit Blick auf seine Charismenlehre zu den Vertretern des „Relations- oder Interaktionsmodells" gezählt, das dem herkömmlichen „Additionsmodell" gegenübergestellt wird.
In die Diskussion eingebracht hat diese Begriffe J. Firet, der die Beziehung zwischen Geist(wirken) und (geistbegabtem) Menschen nach dem „Additionsmodell" wie folgt beschreibt: „Der Geist, der eine Person ist, kommt in eine Person, ist von dem Moment an permanent in dieser Person gegenwärtig und verschafft ihr durch seine Anwesenheit und sein Wirken neue Möglichkeiten und Qualitäten; der Geist fügt sich der Person hinzu und verwandelt diese zu einem Menschen, der bereit und befähigt ist zum Dienst am Königreich."[838] Firet spricht sich demgegenüber für das „Relations- oder Interaktions-Modell" aus: Hier wird das Empfangen des Geistes, das in den Charismen zur Wirkung kommt, als Bezeichnung einer neuen Wirklichkeit aufgefaßt, die darin besteht, „daß ein Mensch in eine Situation kommt, in der er so von Gott betroffen wird, daß Gottes Bezogenheit auf ihn (seine Liebe, seine Erwartungen, usw.) das fundamentale, ihn zugleich befreiende und beherrschende Faktum seiner

[834] Vgl. ebd., 161.
[835] Ebd., 166. Veenhof verweist auf J.J. Rebel, H. Berkhof und J. Moltmann als Vertreter dieser Sichtweise
[836] Vgl. ebd., 167.
[837] Vgl. ebd.; G.E. MEULEMANN, Natuur en genade, 87f. Verwiesen wird auf die Gnadenlehre des frühen Schoonenberg: P. SCHOONENBERG, God, Vader en Schepper, 103ff; 189; DERS., De Mensgeworden Zoon van God, 74ff; DERS., De Macht der Zonde, 38ff; 218.
[838] Vgl. J. FIRET, „Geestesdoop", 87.

Existenz wird. Es kommt nicht etwas in den Mensch, in dem Sinn, daß etwas oder jemand anderes als sein ‚Ich' ein Mitbewohner seiner Haut oder seines Geistes wird; er wird in eine ‚Welt', ein ‚Feld', eine ‚Situation' gestellt, in der er um die Anwesenheit Gottes weiß und - mit Fallen und Aufstehen - bereit wird, dem Gehör zu geben und zu entsprechen."[839] Hier wird das Wirken des Geistes - in der Geisttaufe oder in den Charismen - nicht so gedeutet, als ob das Übernatürliche gleichsam von außen in den Menschen hineinkomme oder ihm hinzugefügt werde. Es wirkt nicht Gott (der Geist) als Person anstelle der menschlichen Person. Vielmehr wird Gott (der Geist Gottes) in diesem Wirken in neuer Weise erfahren: Der Mensch wird sich der Beziehung, in der er mit Gott steht, und der „Interaktion" mit ihm neu bewußt und trachtet danach, dem Anruf Gottes an ihn immer wieder neu in seinem menschlichen, geschöpflichen Dasein Raum zu geben, ihn zu beantworten.

Schoonenberg hat sich bei seinen Ausführungen zur Gnadenlehre, die die anthropologische Grundlage seiner Charismenlehre darstellen, ausdrücklich auf das von Firet vertretene Beziehungs-Modell bezogen.[840] Auch in neueren Publikationen wird der Vorschlag Firets aufgegriffen, beispielsweise von Veenhof.[841] Schoonenbergs Sicht der Charismen wird in der zeitgenössischen Theologie im Rahmen jenes Vorstellungsmodells diskutiert und weitergeführt, das die Charismen relational interpretiert. Dieses entspricht Schoonenbergs Rede vom Zusammenwirken von Gott und Mensch in den Charismen. In diesem Sinne rezipiert auch Suurmond, auf dem Hintergrund der Wandlung in der katholischen Gnadenlehre, die Position Schoonenbergs: Durch den „scholastischen Gegensatz zwischen dem Göttlichen und dem Menschlichen bleiben die Charismen ... unserer Wirklichkeit fremd und können so kaum zu Integration und persönlichem Wachstum führen ... Aus diesem Grund ... sieht eine wachsende Zahl von Theologen die Charismen als menschliche Möglichkeiten, die durch den Geist zum Dienst an Christus entfacht werden. Es sind, in den Worten Piet Schoonenbergs, ‚Talente, mit denen der Geist spielt'. Aber dabei steht, denke ich, wohl unser Menschsein selbst auf dem Spiel ... Nicht daß Gott und Mensch ineinander aufgehen; alles bleibt Gottes Initiative. In einem Charisma spielt also der Geist voraus auf unser zukünftiges, vollendetes Menschsein als Bild Gottes."[842] Suurmond, der sich auf Schoonenbergs Definition des Charismas bezieht, verweist auf die eschatologische Dimension dieses Ansatzes. Zugleich wird von Suurmond die christologische Zielrichtung des Gedankens Schoonenbergs vom „Spielen" Gottes mit den menschlichen Talenten, von der In-Dienst-Nahme menschlicher Begabungen durch Gott, aufgegriffen.

---

839 Ebd., 88.

840 Vgl. P. SCHOONENBERG, Notities over charismata, 50.

841 Vgl. J. VEENHOF, Charismata - bovennatuurlijk of natuurlijk?, 168.

842 J.-J. SUURMOND, „Wat heeft Los Angeles met Athene te maken?", 40.

β) „Geisttaufe“: Prozeß geistlichen Wachstums

Schoonenberg vertritt ein prozeßorientiertes Verständnis der „Geisttaufe“. Danach bezeichnet das Geschehen der „Geisttaufe“ entweder den Beginn eines geistlichen Weges oder aber ein „Krisis“-Erlebnis im Leben eines Menschen, eine neue geistliche Erfahrung, mit der das Moment der Bekehrung verbunden ist. Zur Verdeutlichung des von ihm Gemeinten vergleicht Schoonenberg die Erfahrung der „Geisttaufe“ mit dem Verliebtsein, das der gereiften Liebe zu einem Menschen vorausgeht, im Laufe der Zeit (erst) zur Liebe heranreift. So markiert auch die „Taufe“ mit Heiligen Geist, in welcher eine Übergabe an Jesus Christus erstmals oder aufs neue geschieht, den Ausgangspunkt eines Prozesses geistlichen Wachstums, gerade auch in der Beziehung zu Jesus Christus.

Schoonenbergs Beitrag „Het doopsel met Heilige Geist“ von 1974, der in mehrere Sprachen übersetzt wurde, gilt bis heute als maßgeblich für die Deutung dieses für die charismatische Erfahrung typischen Phänomens. Er wird als einer der bedeutenden charismatisch-theologischen Texte rezipiert.[843] Die von Schoonenberg vorgenommene Verdeutlichung der in der „Geisttaufe“ grundgelegten geistlichen Erfahrung als eines geistlichen Verliebtseins bezeichnet Suurmond als einen sehr zutreffenden Vergleich.[844] Schoonenbergs Deutung der „Geisttaufe“ entspricht dem Verständnis, das in katholischen Kreisen und in weiten Teilen auch in protestantischen Kreisen der Charismatischen Erneuerung vertreten wird. War in der Anfangsphase das Verständnis der „Geisttaufe“ als einer isolierten Erfahrung vorherrschend, so wird der Begriff „Taufe im Geist“ nun mehrheitlich synonym dafür gebraucht, den Heiligen Geist empfangen zu haben. Als Ausdruck der erfahrenen Bekehrung bezeichnet er ein Wandeln im Geist, das nicht so sehr nach innen, auf die persönliche Erbauung, als vielmehr nach außen, auf den Dienst an den anderen ausgerichtet ist.[845]

---

[843] Vgl. DERS., „Och, ware het gehele volk profeten!“, 137-155; Y. CONGAR, Der Heilige Geist, 293, Anm. 1. In seinen Ausführungen über „Die Taufe im Geist“ bezieht sich Congar u.a. auf: P. SCHOONENBERG, Le baptême d'Esprit Saint.

[844] J.-J. SUURMOND, De speel van woord en geest, 167f; vgl. DERS., „Och, ware het gehele volk profeten!“, 137.

[845] Vgl. etwa E.D. O'CONNOR, Spontaner Glaube, 193f: Die Geisttaufe ist „der Eintritt in eine neue Lebensorientierung, in der der Mensch viel wirksamer und offenkundiger als früher vom Heiligen Geist geleitet, gestärkt und erleuchtet wird..“ Sie ist der „Wendepunkt von einer Lebensführung, in der man sein eigener Herr und Führer ist, hin zu einem Lebensstil, in dem der Mensch mehr und mehr von den Inspirationen des Heiligen Geistes geführt wird.“

3. Pneumatologie als Mitte der gesamten Theologie

Die Darstellung der Pneumatologie Schoonenbergs der dritten Periode hat deutlich gemacht, daß die Rede vom Geist in seiner Theologie nun einen bedeutenden Platz eingenommen hat. Er selbst schreibt: „Seit 1980 entdeckte ich (übrigens nicht ich allein) die Bedeutung des Heiligen Geistes und die Bedeutung einer Geist-Christologie."[846] Spricht Schoonenberg hier von einer Entdeckung des Geistes in seinem eigenen theologischen Arbeiten, die er in den zeitgenössischen theologischen Kontext einordnet, so ist doch überraschend, daß er diese persönliche Besinnung auf die Theologie des Heiligen Geistes erst auf den Beginn der 80er Jahre datiert. Die vorausgegangenen Ausführungen haben meines Erachtens aufzeigen können, daß bereits seit Beginn der 70er Jahre eine verstärkte Einbeziehung der pneumatologischen Fragestellung in seinem Denken nachweisbar ist. Schoonenberg gilt bereits Ende der 70er Jahre in der zeitgenössischen Theologie als ein Fachmann in bezug auf die Theologie des Heiligen Geistes.[847]

Wird von mir die These vertreten, daß der Heilige Geist im Zentrum des theologischen Werkes des späten Schoonenberg steht, so kann dies nicht primär mit Bezug auf die Anzahl seiner pneumatologischen Beiträge begründet werden. Von grundsätzlicherer Bedeutung scheint mir zu sein, daß die Rede vom Heiligen Geist nun eng mit der Theologie (im engeren Sinne) und Christologie sowie seinen anthropologischen und gnadentheologischen Beiträgen verbunden ist: Bei der Entfaltung des Verhältnisses von Gott und Mensch bzw. der Gegenwart Gottes in der Welt - dies stellt die Mitte der Theologie Schoonenbergs dar - kommt dem Heiligen Geist nun zentrale Bedeutung zu: Daß Gott ein den Menschen zugewandter, naher, ihnen gegenwärtiger Gott ist, wird von Schoonenberg im Rückgriff auf Gottes Geist entfaltet.

[846] P. SCHOONENBERG, Der Geist, das Wort und der Sohn, 214f.
[847] Vgl. Kerugma 22 (1978-79) nr. 2, 1.

D
Gesamtsicht: Schoonenbergs Rede vom Geist vor dem Hintergrund heutiger Pneumatologie

I. Zusammenfassende Übersicht

1. Bündelung der bisherigen Darstellung

Wurde im vorausgegangenen Teil der Studie zur Geist-Theologie Schoonenbergs untersucht, welche Bedeutung der Pneumatologie in einzelnen Phasen seiner theologischen Wirksamkeit zukommt, ist diese Frage abschließend mit Blick auf sein Gesamtwerk zu stellen.

(1) Das Ergebnis der bisherigen Untersuchung lautet: Schoonenbergs Theologie ist sowohl in bezug auf ihre Methode als auch auf zentrale theologische Inhalte wesentlich pneumatologisch bestimmt. Ihr ist ein pneumatologischer Grundzug eigen: Sie kann in einer im folgenden näher zu bestimmenden Weise als *pneumat(olog)ische* bzw. *charismatische Theologie* bezeichnet werden.

(2) Es gibt Entwicklungen im pneumatologischen Denken Schoonenbergs. Ist in seinem frühen Werk (1945-1963) sowohl mit Blick auf die Anzahl der Beiträge als auch auf die Vielfalt der Themenstellungen eine relativ breite (wenn auch traditionelle) Befassung Schoonenbergs mit der Geistthematik zu beobachten, so tritt in der mittleren Schaffensperiode (1964-1971) die pneumatologische Fragestellung fast vollständig gegenüber seinem primär christologischen Forschungsinteresse zurück. Eine Neubesinnung auf die Rede vom Geist ist bei Schoonenberg seit Beginn der 70er Jahre wahrnehmbar. Er bezieht nun seine in (Gebets-)Gruppen der Charismatischen Bewegung gewonnenen Erfahrungen vom Wirken des Geistes in die theologische Reflexion ein. Von daher ist dem in der zeitgenössischen Theologie geäußerten Eindruck zuzustimmen, daß der Heilige Geist in der Theologie Schoonenbergs in den zurückliegenden Jahren zunehmend an Bedeutung gewonnen habe.[1]

(3) In Schoonenbergs Werk bedingen sich seine theologische Methode und die Inhalte seiner Theologie (seiner Gottesrede) wechselseitig: Seinem dynamisch-geschichtlichen Verständnis von Theologie entspricht seine dynamisch-geschichtliche Sicht von Gott, und umgekehrt prägt sein dynamisches

[1] Vgl. H. HÄRING, Eerlijk voor God, 314.

Gottesverständnis seine Theologie.[2] In Methode wie Inhalt ist die Theologie Schoonenbergs durch eine innere Nähe zur Pneumatologie ausgezeichnet:
(a) Schoonenbergs theologischem Grundsatzprogramm eines „Auf-Gott-hin-Denkens" entspricht sein heilsgeschichtlicher Entwurf einer Pneumatologie „von unten". Ausgangspunkt jeder theologischen Rede ist die Erfahrung Gottes, seines Geistes in der Heilsgeschichte. Der suchenden Bewegung des theologischen Denkens (von „unten" nach „oben") korrespondiert in einer gegenläufigen Bewegung Gottes Kommen als Wort und Geist (von „oben" nach „unten") in die Schöpfung und die Einwohnung des göttlichen Geistes im Menschen.
(b) Schoonenbergs Grundüberzeugung ist: Als Rede von Gott ist Theologie erst durch den Geist ermöglicht, sie geschieht immer schon *im Geist*: Als solche ist sie wesensmäßig pneumat(olog)ische Theologie. Schoonenberg entwirft das Ideal einer verkündigenden und betenden Theologie, einer Theologie des Mysteriums. Sie versteht sich als eine Form negativer, apophatischer Theologie: Das Reden auf Gott hin mündet ein in die schweigende Anbetung des Mysteriums, das Gott ist. Schoonenbergs Theologie ist ein kontemplativer, spiritueller, mystischer Grundzug eigen.
(c) Schoonenbergs dynamisch-geschichtliche Sicht der Theologie äußert sich in einer zweiten Grundausrichtung seines Denkens, die er in der Formel ausdrückt: „Rückkehr zur Vergangenheit - Weg in Zukunft". Angesprochen ist hiermit der hermeneutische Auftrag der Theologie, einer Übersetzung der überlieferten Glaubenswahrheiten in den Verstehenskontext der jeweils „heutigen" Zeit. Darin erweist sich die charismatische, prophetisch-kritische (meta-kritische) bzw. weisheitliche Funktion der Theologie. Schoonenberg ist dieser Aufgabe in seine Studien zur Eucharistie- und Erbsündentheologie, zur Christologie, Trinitätstheologie und Mariologie selbst nachgekommen. Glaubensinterpretation ist ein dynamisches Geschehen unter Führung des Geistes (Joh 14,17. 26).[3]
In diesen methodisch-hermeneutischen Rahmen der Theologie Schoonenbergs ist seine Geist-Theologie unter inhaltlichem Aspekt einzuordnen.

(4) Die Pneumatologie ist in das Zentrum der Theologie Schoonenbergs gerückt:
(a) Das Verhältnis zwischen Gott und Welt bzw. Gott und Mensch, das Schoonenberg seit Mitte der 60er Jahre unter dem Leitwort der „Nicht-Konkurrenz" im Rahmen der Schöpfungs- und Gnadentheologie sowie der Christologie kennzeichnet, wird von ihm seit den 70er Jahren in pneumatologischer Perspektive entfaltet: Die „Kondeszenz" Gottes, sein „Mit-Sein" und „In-Sein" in Schöpfung und Geschichte, wird von ihm als Wirklichkeit des Geistes beschrieben.
(b) In der universal-heilsgeschichtlichen Perspektive der Theologie Schoonenbergs wird das Wirken des Heiligen Geistes in der gesamten Heilgeschichte in

[2] Vgl. H. RIKHOF, God's Changeability and Unchangeability, 22.
[3] Vgl. J.T. VAN BAVEL, Schoonenberg's paradoxaal spreken over God, 246.

der Spannweite von Protologie und Eschatologie entfaltet, gemäß seinem „pan-en-theistischen“ Wirklichkeitsverständnis. In dieser geweiteten Perspektive kann die Pneumatologie bei Schoonenberg als „Funktion“ der gesamten Theologie bezeichnet werden: als „Funktion der Gottesfrage (Theo-logie), der Christologie und Trinitätslehre (Christus als der von Gottes Geist Erfüllte: Empfänger, Empfangener und Mitteiler des Geistes), auch der Ekklesiologie und Sakramentenlehre (Kirche als Fortsetzung der Sendung Christi in seinem Geist, Zeichen und Sakrament von Gottes und Jesu Geist in der Welt), des tagtäglichen christlichen Lebens und Zusammenlebens (Geist und Leben), Funktion schließlich der ganzen Menschen- und Weltgeschichte (der Geist als Erneuerer der ganzen Welt).“[4] Michiels bestimmt schließlich - mit Blick auf Schoonenbergs (geist-)theologische Beiträge der jüngeren Zeit - die Pneumatologie als „Funktion des gesamten Bemühens Gottes mit uns im Laufe unserer Geschichte, zur Heiligung oder Ganz-Machung und Vollendung von Mensch und Welt“[5]. Die hier umschriebene Bedeutung der Pneumatologie wird im folgenden im Blick auf Schoonenbergs (Geist-)Theologie verdeutlicht.

2. Systematische Aspekte der Geist-Theologie Schoonenbergs

(1) Schoonenbergs Rede vom Geist ist Ausdruck eines - seine Theologie grundsätzlich kennzeichnenden - Anliegens, auf Gott hin zu denken, sich begrifflich dem göttlichen Geheimnis anzunähern; insofern ist sie Pneumatologie „von unten“. In dem Maße, wie Schoonenberg Gottes Zuwendung zu den Menschen, sein Kommen in die Schöpfung bzw. seine Gegenwart in der Schöpfung, in den Geschöpfen pneumatologisch bestimmt (Röm 5,5), ist sie *Pneumatologie „von oben“*. Schoonenberg verbindet seine theologische Annäherung an den dreieinen Gott in späteren Jahren immer deutlicher mit der Überzeugung, daß das Kommen des dreieinen Gottes in die Schöpfung sich in Inkarnation und „Inspiration“ ereignet: „Die Allerheiligste Dreieinheit ist stets auf uns hin ausstrahlend, stets ausströmend, stets kommend ... Der Vater ist die ewige Liebe als Ursprung von allem; der Sohn ist das immer fleischwerdende Wort dieser Liebe; der Heilige Geist ist die universale Einwohnung derselben Liebe. Die Dreieinheit ist Gottes Weg nach seinem Alles-in-allem.“[6] (Dies formuliert Schoonenberg in seiner letzten Veröffentlichung).

In Schoonenbergs Theologie wird zunehmend eine Verschränkung der „Denkbewegung“ des Menschen auf Gott hin mit dem „Kommen“ Gottes - als Geist - deutlich: eine Verschränkung des Ansatzes „von oben“ und „von unten“ und in diesem Kontext die Besinnung auf die Pneumatologie. Dieser Zusammenhang ist von Hermann Häring (1983) gesehen worden: „Denken auf Gott hin bedeutet für Schoonenberg nicht in erster Linie, daß man über Gott an sich denken muß, sondern daß Gottes Relation mit der Welt ernst genommen wird.

[4] R. MICHIELS, Jezus en de andere godsdiensten, 389f.

[5] Ebd., 390.

[6] P. SCHOONENBERG, De Drieëenheid „is al naar ons afgestapt“,4.

Darum nimmt in seiner Theologie der Heilige Geist einen stets bedeutenderen Platz ein. Geht man aus von Jesu Äußerung bei Matthäus ‚Sucht zuerst das Königreich und seine Gerechtigkeit ...' (6,33), dann kann man auch sagen: Der Geist verweist, wie die Bibel, auf das Königreich, d.h. auf die Orte, wo Gott gehört und gesehen werden kann."[7]

Schoonenberg ist, gemäß dem offenbarungstheologischen, heilsgeschichtlichen Ansatz seiner Theologie, der Überzeugung, daß von Gott an sich, d.h. unabhängig von Menschwerdung (Inkarnation) und Geistsendung (Inspiration), nicht gesprochen werden kann. Gottes Sein ist seinem Wesen nach „Mit-Sein" und „In-Sein". In diesen Formulierungen drückt sich die Relevanz der Pneumatologie für Schoonenbergs Theo-logie aus. Schoonenberg nähert sich Gott begrifflich auf dreierlei Weise: *Gott* ist - erstens - *Person/persönlich*; Gott ist - zweitens - *das Sein*; Gott ist - drittens - *(die) Liebe*.[8] Diese „Formeln" werden im folgenden nach ihrer pneumatologischen Relevanz befragt; grundlegende Aspekte der Geist-Theologie Schoonenbergs lassen sich an ihnen verdeutlichen.

(a) Gott als *Person/persönlich* wird Identität, Selbstbewußtsein und Freiheit zugeschrieben.[9] Da Gott zugleich alle Begrenzungen menschlicher Individualität abzusprechen sind, eignet sich das personale Gottesverständnis in besonderer Weise dazu, Gottes Transzendenz, seine Erhabenheit über der Schöpfung auszusprechen.[10] Als trinitätstheologischen Terminus verwendet Schoonenberg den Personbegriff in bezug auf Sohn und Geist in einem auch innergöttlich analogen, d.h. vom Person-Sein des Vaters abgeleiteten Sinne. Für ihn ist eine Theologie vorstellbar, die ohne den Personbegriff auskommt. Mehr noch gilt dies für Predigt, Meditation und Kontemplation.[11] Gleichwohl wird im Gebet bzw. im Kult Gott als personales Gegenüber vorgestellt und erfahren. Wird Gott als ein „Du" angesprochen, richtet sich der/die Betende meist an Gott den Vater. Vor allem im Gebet hat für Schoonenberg die Vorstellung auch des Heiligen Geistes als Person ihren Sitz im Leben: Mit dem Vater und dem Geist wird gemäß dem Konzil von Konstantinopel (381) auch der Geist angebetet und verherrlicht. Das Gebet im und zum Heiligen Geist ist Ausdruck eines Personverhältnisses zum dreieinen Gott. Meint Glaube als Lebensvollzug „Person-Übergabe", so drückt das Bekenntnis „Ich glaube an den Heiligen Geist" für Schoonenberg die Bereitschaft des Menschen aus, sich der Führung des Heiligen Geistes anzuvertrauen, sich ihm (mit seiner ganzen Existenz) zu übergeben. Anhaltspunkte für die personale Auffassung des Geistes geben die johanneischen Parakletsprüche.

---

[7] H. HÄRING, Eerlijk voor God?, 314.

[8] Vgl. P. SCHOONENBERG, Denken naar God toe, 118.

[9] Vgl. DERS., Der persönliche Gott und das unpersönlich Göttliche, 65.

[10] Vgl. E. VANDEN BERGHE, God - geen persoon?, 128: „Nichts oder niemand kann so göttlich-transzendent sein wie ein persönlicher Gott, mit einem eigenen Willen und Freiheit, die jede innerweltliche Dynamik oder Gesetzmäßigkeit übersteigt."

[11] Vgl. P. SCHOONENBERG, Der Geist, das Wort und der Sohn, 157: „Ausdrücke wie ‚Person' und ‚Natur' können erhellend wirken (sie tun das leider nicht immer), aber Worte wie ‚Vater, Sohn und Heiliger Geist' bleiben konkreter und reicher." (Hervorhebung im Original)

(b) Bezeichnet Schoonenberg *Gott als das Sein,* so bringt er damit zum Ausdruck, daß „Gott nicht ein Seiendes unter den anderen, und wäre es das höchste auf der Stufenleiter der Wesen, ist, sondern die Fülle des Seins ... Gott ist nicht ‚etwas', nicht ‚eine' Person, ‘ein' Wesen, sondern das Sein selbst, die Fülle und die Allheit des Seins."[12] Mit der Vorstellung Gottes als Sein in Fülle erhält der Person-Begriff eine Ergänzung und Korrektur, denn nicht Individualität, sondern „Allgegenwart" und „Allumfassendheit" kennzeichnet das göttliche Wesen, das Pneuma: Der Geist ist Gottes wirkende (wirksame), atem- und lebengebende Kraft, die alles durchdringt. Schoonenberg faßt Gottes bleibende Anwesenheit und Nähe, sein „In-Sein" (Immanenz), seine Einwohnung pneumatologisch: „Wo Gott in seiner Transzendenz vielleicht noch am ehesten ‚Person' genannt wird, kann er, als immanenter Geist, der alles durchzieht, vielleicht besser nicht so persönlich aufgefaßt werden."[13]
Verbunden mit Schoonenbergs Rede von Gott als Sein ist sein Verständnis vom Geist als wirksamer Kraft. Wesen und Wirken des Geistes werden überwiegend in nicht-personalen Metaphern beschrieben (z.B. Atem, Wind, Sturm, Kraft, Licht, Feuer), die eher Verbundenheit und Nähe ausdrücken als Trennendes. Schoonenberg beschreibt das schöpferische, erlösend-vergebende, heilend-befreiende und vollendende Wirken des Heiligen Geistes. Die Erfahrung des Geistes im Gebet ist für Schoonenberg ebenso bedeutsam wie ein gemeinschaftliches Handeln aus dem Geist Christi. Der Geist verweist auf Christus, indem er zum Dienst am Reich Gottes aufruft. Insofern ist die Geisterfahrung (bzw. die Pneumatologie) hingeordnet auf das Christusbekenntnis.
(c) In dem Bekenntnis zu *Gott als Liebe (1 Joh 4,7f)* sind die bisher vorgetragenen Aspekte der (Geist-)Theologie Schoonenbergs enthalten: Gottes Person-Sein ebenso wie Gottes Einwohnung in der Schöpfung als Geist; Gottes Allgegenwart und Transzendenz (bzw. Kondeszenz), Gottes Zuneigung, sein Kommen, seine nahende Gegenwart; Gottes „Mit-Sein" und „In-Sein". Die johanneische Aussage „Gott ist die Liebe" spricht, so Schoonenberg, von Gottes Selbstbewegung auf die Schöpfung, von seinem Sein, das wesentlich Sein-in-Beziehung ist. Daß Gott Liebe ist, macht eine Aussage über Gottes „dynamisches" Wesen (Gottes „In-Bewegung-Sein") und über das „Gabe-Sein" Gottes: Beides bestimmt das Wesen des Heiligen Geistes. Kurz: Daß Gott Liebe ist, ist (auch) ein Bekenntnis zum Heiligen Geist.[14] Hier ist an die Feststellung Härings zu erinnern, daß Schoonenberg in dem Maße verstärkt

---

[12] DERS., Auf Gott hin denken, 194f.
[13] E. VANDEN BERGHE, God - geen persoon?, 129.
[14] Vgl. P. SCHOONENBERG, Der persönliche Gott und das unpersönlich Göttliche (Deutschsprachige Schriften), 67: „Weil Gott Liebe ist, ... können wir es nicht aufgeben, ihn als Person oder als persönlich anzuerkennen. Dabei bleibt alles stehen, was ... über ... Nicht-Individualität gesagt wurde. Gott ist nicht schlechthin unser Gegenüber, dennoch ist er die Liebe, die zu uns kommt. Er mag unser tiefstes Sein genannt werden, ... aber wir sind nicht er, wir besitzen ihn nicht; im Gegenteil, es ist seine schenkende Liebe, die uns gibt, wir selbst zu sein. Und seine Liebe ist immer schenkend und begegnend. Gott als Freiheit ist nicht der unveränderlich Daseiende, sondern der immer Kommende ... (Off 1,4; 4,8)."

auf den Heiligen Geist Bezug nimmt, als er von Gottes Relationalität, seinem Bezogensein auf Welt und Mensch spricht.

(2) Schoonenbergs Geist-Theologie enthält Elemente einer *Theologie des Gebetes*. Im Gebet wird Gott als persönlich und nicht-persönlich (bzw. überpersönlich), in seiner Transzendenz und Immanenz erfahren.[15] Im Gebet ereignet sich personale Begegnung zwischen Gott und dem/der Betenden, und zugleich wird Gott erfahren als der, der überall gegenwärtig ist. Diese Polarität spiegelt sich in der Rede vom „Geist-Sein" Gottes: Dieses drückt die Schrankenlosigkeit Gottes, seine Unbegrenztheit aus, und zugleich (oder trotzdem) „soll der Gott, der in dieser Weise Geist ist, angebetet werden"[16]. So kann auch „im Verhalten des Menschen zu Gott das Personale oder Dialogale immer mit dem Bewußtsein seiner Immanenz zusammengehen ... und umgekehrt ... Die Fülle des Gebetes umfaßt nicht nur ein Sichversenken in die immer-schon-daseiende Immanenz Gottes, sondern auch ein Sich-Eröffnen für sein je neues Kommen und Schenken ... Gott ist nicht nur in uns immanent und zu uns kommend, sondern er ist da und er kommt als sich allen gebend ... Gott [ist] die Liebe ..., die immer zu allen ausgeht."[17] Für Schoonenberg ist das individuelle Gebet, vor allem aber das gemeinschaftliche Gebet, Ort der Gottesbegegnung, der Erfahrung des Geistes: „... der Ort des Betens [ist] die Gemeinschaft ... Das Reich Gottes - ja Gott selbst - ereignet sich da, wo wir Vergebung empfangen, so wie wir anderen vergeben, wo wir das tägliche Brot als Geschenk erfahren ... Da wirkt Gott durch seine Kraft in uns mehr, als wir erbitten und ersinnen. Da ist Gott transzendent gerade als Gott mit uns und Gott in uns."[18] Schoonenbergs Theologie ist *spirituelle Theologie*, die vom gelebten Glauben, von der Erfahrung des Geistes (im eigenen Leben) ausgeht.[19]

---

[15] Vgl. DERS., Die Transzendenz Gottes (Deutschsprachige Schriften), 42: „Gott ist von mir unterschieden und insofern mein personales Gegenüber, mein Du, zu dem ich spreche - und sei es mit ‚Worten ins Schweigen'. Aber Gott ist auch ganz tief in mir, in uns, in der Welt, wobei ... sogar der Ausdruck ‚Gott *ist* das All' verwendet werden darf." (Hervorhebung im Original).
[16] DERS., Der persönliche Gott und das unpersönlich Göttliche (Deutschsprachige Schriften), 68.
[17] Ebd.
[18] DERS., Die Transzendenz Gottes (Deutschsprachige Schriften), 44f.
[19] Vgl. A. ROTZETTER, Pneumatologie, 78: „Spiritualität" meint „im Unterschied zur Pneumatologie, welche mehr die objektiven, pneumatischen Strukturen des Heils herausstellt - *das subjektiv angenommene, gelebte und erfahrene Pneuma und die Reflexion darüber*." (Hervorhebung im Original)

II. Einordnung in Kontexte

Überlegungen zu einer charismatischen Theologie einerseits, zu einer pneumatischen Theologie andererseits kennzeichnen die pneumatologische Diskussion der Gegenwart. Werden diese im folgenden skizziert, wird dabei Schoonenbergs Beitrag zur zeitgenössischen Pneumatologie deutlich.

1. Schoonenbergs Nähe zur charismatischen Erneuerung der Theologie

a) Charismatische Theologie: Reflexion auf das (charismatische) Wirken des Geistes

Von Theolog(inn)en, die der Charismatischen Bewegung angehören oder ihr nahestehen, ist in jüngerer Zeit das Stichwort einer „charismatischen" Theologie zu vernehmen. Bereits Ende der 70er Jahre hat Walter J. Hollenweger auf das Defizit einer „charismatischen Theologie" aufmerksam gemacht. Die Charismen, die durch die Charismatische Bewegung neue Aufmerksamkeit auch in den Großkirchen erführen, müßten im „Gesamtrahmen einer ‚charismatischen Theologie'"[20] gewürdigt werden. Gingen zwar von der Charismatischen Bewegung wichtige religiöse Anstöße aus, habe sie bisher jedoch keinen eigentlichen „Beitrag zu einem charismatischen Verständnis der Theologie"[21] geleistet. Jüngst (1994) hat der belgische Theologe Jean-Jacques Suurmond mit seinem Buch „Het speel van woord en geest" („Das Spiel von Wort und Geist") einen - so der Untertitel - „Ansatz zu einer charismatischen Theologie" vorgelegt.[22] Für eine charismatische Theologie sind wissenschaftliche Reflexion und Geisterfahrung konstitutiv. Charismatische Theologie reflektiert (kritisch) auf die (Geist-)Erfahrungen und Einsichten der Charismatischen Erneuerung. Von ihr her kommend, sucht sie die charismatischen Erfahrungen in die bestehenden Kirchen zu integrieren.[23]

Die Lehre über den Heiligen Geist wird als ein Problem empfunden, da es der Charismatischen Bewegung noch nicht gelungen sei, eine Pneumatologie zu entwickeln, die den Geist-Erfahrungen der (Neo-)Pfingstler und Charismatiker entspreche.[24] Suurmond bezeichnet den Ausdruck „charismatische Theologie" als einen wenig glücklichen Terminus, da er den Eindruck eines selbständigen theologischen Modells erwecke. Dabei geht es ihr jedoch gerade um eine Rückbesinnung auf die verschiedenen kirchlichen Traditionen, die zugleich

---

[20] W. J. HOLLENWEGER, Geisterfahrung und charismatisches Weltverständnis, 384.

[21] Ebd.

[22] J.-J. SUURMOND, Het spel van woord en geest. Entwürfe zu einer charismatischen Theologie finden sich bei: D.L. GELPI, Charism and Sacrament; DERS., Experiencing God; DERS., Inculturating North American Theology; W.J. HOLLENWEGER, Erfahrung der Leibhaftigkeit; DERS., Umgang mit Mythen; DERS., Geist und Materie; H. MÜHLEN, Erneuerung des christlichen Glaubens.

[23] Vgl. J.-J. SUURMOND, Een introductie tot de charismatische vernieuwing, 48f.

[24] Vgl. W.J. HOLLENWEGER, Charismatische und pfingstlerische Bewegungen, 66.

eine Erneuerung der Kirchen anzielt.[25] Eine charismatische Theologie möchte, so Suurmond, die Schrift und das Glaubensleben von einem Aspekt her beleuchten, der in der Geschichte von Theologie und Frömmigkeit lange vernachlässigt worden ist: dem Charisma.
Eine Aufgabe charismatischer Theologie wird im Bereich der Ideologie- und Religionskritik gesehen. Wie jede Erneuerungsbewegung übt auch die charismatische Bewegung eine (zumindest implizite) Kritik an den kirchlichen Verhältnissen.[26] Ein weiteres Arbeitsfeld ist die historische Forschung über frühere charismatische Bewegungen, die von den Kirchen bekämpft wurden. Damit einher ergeht der Appell zu sozialer Erneuerung.[27] Schließlich setzt sich die charismatische Theologie für die kritische Integration der Geisttaufe und der Charismen in die jeweiligen kirchlichen Traditionen ein. Surrmond verweist auf katholische Theologen wie Yves Congar, Heribert Mühlen, Donald Gelpi und Piet Schoonenberg, die Ende der 60er Jahre - zu einem Zeitpunkt, als die römisch-katholische Kirche noch über keine eigentliche Pneumatologie verfügte - aus ihren persönlichen Begegnungen mit der Charismatischen Bewegung heraus eine Vermittlung zwischen charismatischer Frömmigkeit und katholischer Theologie anstrebten.[28] Die Charismatische Bewegung ist ihrem Wesen nach eine mystische Bewegung.[29] Ihr Ziel ist die „Integration der mystischen Dimension in die Kirche".[30]

b) Inhalte einer charismatischen Theologie

α) Geisttaufe und Charismen

Als Hauptthemen charismatischer Theologie bezeichnet Suurmond zu Beginn der 90er Jahre die *Geisttaufe* und die *Charismen*.[31] „Es besteht ein gewisser Konsens darüber, daß die Taufe im Geist die Quelle und Bedingung für das Funktionieren der Gaben des Geistes ist, aber dieser ursächliche Zusammenhang ist noch kaum ausgearbeitet."[32] Durch die Charismatische Bewegung ist auch unter katholischen Christen ein neues Bewußtsein für das Wirken bzw. die Gaben des Geistes entstanden.[33] Die theologische Interpreta-

---

[25] Vgl. J.-J. SUURMOND, Inleiding, 7.
[26] Vgl. ebd., 11.
[27] Vgl. ebd., 13.
[28] Vgl. ebd., 14: Die genannten Theologen entwickelten „pneumatologische Annäherungen ..., welche sie nicht als eine Ergänzung des bestehenden theologischen Denkens betrachteten, sondern als ein Theologisieren aus einem grundlegend neuen Blickwinkel".
[29] Vgl. DERS., Charismatisch pastoraat, 13.
[30] DERS., „Wat heeft Los Angeles met Athene te maken?", 41.
[31] Vgl. DERS., Inleiding, 7-11.
[32] DERS., „Wat heeft Los Angeles met Athene te maken?", 38.
[33] Vgl. D.L. GELPI, Charismatische theologie: een rooms-katholieke benadering, 100: „Durch die Erneuerung haben viele Katholiken ein Bewußtsein für die Realität Gottes und seines Rufes bekommen. Sie erwerben eine zunehmende Sensibilität für die Gaben des Geistes ... Unter den Katholiken werden die Gaben von Zungen, Prophetie und Heilung wiederentdeckt. Auch die Früchte des Geistes sind im Überfluß anwesend: Liebe, Freude, Friede, Geduld und

tion der „Geisttaufe" ist gebunden an die jeweilige Zugehörigkeit zur kirchlichen Tradition.

Nach Auffassung des katholischen Theologen J. Van der Veken (1986) ist eine *Theologie der Charismen* „in jedem Fall nötig, und mein Eindruck ist, daß wir in einer privilegierten Zeit leben, um daran zu arbeiten"[34]. Ansätze hierzu trägt er im Rahmen einer inkarnatorischen christlichen Theologie vor, in der die Menschwerdung, d.h. das Kommen des Göttlichen in das Geschöpfliche, die Vereinigung von Göttlichem und Menschlichem ernstgenommen wird. Er möchte damit einem fundamentalistischen Verständnis der Charismen, nach dem durch den Heiligen Geist die menschlichen Möglichkeiten außer Kraft gesetzt werden, entgegenwirken. Charismen sind „normale Ausdrucksformen einer gläubigen, christlichen, geisterfüllten Gemeinschaft"[35]. Niemand kann „Geistesgaben empfangen, ohne daß er oder sie dazu eine gewisse Anlage besitzt ... Es liegt ... auf der Hand, in einer inkarnatorischen Theologie anzunehmen, daß die Geistesgaben bei natürlichen Gaben oder Begabungen anschließen, die jeder in unterschiedlichem Maße besitzt. In einer Theologie, die die Inkarnation ernst nimmt, kann man ... in den Geistesgaben getaufte natürliche Begabungen sehen ... Die Gnade setzt auch hier die Natur voraus."[36]

Van der Vekens Verständnis der Charismen entspricht im wesentlichen der Sicht Schoonenbergs. Die Aussage Van der Vekens, Charismen seien getaufte menschliche Vermögen, ist vergleichbar der Definition Schoonenbergs, Charismen seien menschliche Talente unter „Anrührung" des Heiligen Geistes. Die Anliegen, die Van der Veken im Kontext einer inkarnatorischen Theologie vertritt, stehen in entsprechender Weise im Hintergrund des von Schoonenberg formulierten „Nicht-Konkurrenz"-Prinzips zwischen Schöpfer und Geschöpf. Die skizzierte Theologie der Charismen findet sich auch in der katholischen charismatischen Gemeinde-Erneuerung (Heribert Mühlen).[37]

β) Lehre vom Heiligen Geist

Ansätze zu einer *Lehre vom Heiligen Geist* im Rahmen einer charismatischen Theologie liegen erst seit wenigen Jahren vor. Aus der Sicht Hollenwegers müßte eine empirisch von der Christologie unterschiedene Pneumatologie entwickelt werden, in deren Kontext charismatische Phänomene wie Zungenrede, Prophetie und Krankenheilung zunächst dem Wirken und der

---

alle anderen Zeichen der Anwesenheit Gottes."

[34] J. VAN DER VEKEN, Begaafdheid en geestesgaven, 41.

[35] Ebd., 44.

[36] Ebd., 43f.

[37] Auf die Nähe zwischen Mühlen und Schoonenberg im Verständnis der Charismen ist bereits hingewiesen worden. Siehe oben: C.I.3.a.und III.3.b. - Vgl. H. MÜHLEN, Gemeinsame Geist-Erfahrung, 25: „Gott handelt unmittelbar am Menschen und in ihm, aber nicht gleichsam neben ihm oder ohne ihn. Er setzt seine Eigentätigkeit nicht außer Kraft, sondern ermöglicht und trägt sie als deren Ursprung. Geist-Erfahrung ist deshalb in dem einzelnen immer auch durch seine persönliche Eigenart und Begrenzheit mitbestimmt ... Auch in den charismatischen Diensten handelt Gott nie unmittelbar, sondern immer auch durch menschliche Begrenztheit hindurch. Er gebraucht den Menschen nicht wie ein lebloses Werkzeug, sondern bedient sich seiner Mitwirkung."

Erfahrung des *Spiritus Creator* zuzuordnen wären. Sodann müsse unter christologischen Kriterien die Erfahrungen des Geistes auf ihre Echtheit und Wahrhaftigkeit hin geprüft werden.[38] Holllenweger hat Ende der 70er Jahre ein *„charismatisches" Weltverständnis* eingefordert, das davon ausgeht, daß der Geist nicht nur in der Kirche, sondern auch in der Welt wirksam ist.[39]
Die im Kontext der Charismatischen Bewegung stehende geisttheologische Reflexion hebt den *dynamische Charakter* der Geisterfahrung, das *schöpferische und heilende Wirken des Geistes* hervor: Der Geist ist „Gott in Aktion"[40]. Der Mensch ist dazu berufen, kraft des Geistes „Mitschöpfer" Gottes zu sein; Sinnbild hierfür ist das Einblasen des Lebensatems („rûach") in den Menschen bei seiner Schöpfung (Gen 2,7).[41] Der Mensch ist beauftragt zur Bewahrung der Schöpfung ebenso wie zu einem „neu-machenden", heilenden Handeln im persönlichen und sozial-gesellschaftlichen Bereich.[42]
Der Heilige Geist wird als *beziehungsstiftende Wirklichkeit* erfahren und reflektiert: „The C[harismatic] [Renewal] is particularly fascinatet by the fact that the Spirit is the founder of relations."[43] Die Entfaltung des beziehungs- und gemeinschaftsstiftenden Wirkens des Geistes ist für die Christologie, die Ekklesiologie und die Trinitätstheologie von Bedeutung.[44] Gott ist in sich beziehungsreich, Gemeinschaft und Liebe, die er nach außen ausströmt.[45] Hollenweger hat bereits Ende der 70er Jahre eine „charismatische Neufassung der Trinitätslehre"[46] gefordert.

γ) Geist-Christologie
Die Pneumatologie der neo-pfingstlichen bzw. charismatischen Erneuerung steht im Dienst der Christusverkündigung. Bei der Bezeichnung zentraler Themen einer charismatische Theologie nennt Suurmond die *Geist-Christologie*. Hier kommt Suurmond, der 1984 mit Schoonenberg und Van de Kamp ein Kolloquium über Pneuma-Christologie veranstaltet hat, auf Schoonenbergs Untersuchungen zur Geist-Christologie der frühen Kirche zu sprechen[47]: „Ein Exeget wie James Dunn und ein Dogmatiker wie Piet

---

[38] Vgl. W.J. HOLLENWEGER, Art. „Pfingstbewegung", 967.
[39] Vgl. DERS., Geisterfahrung und charismatisches Weltverständnis, 385f.
[40] J.-J. SUURMOND, Charismatisch pastoraat, 5. Vgl. DERS., Het spel van woord en geest, 225-228.
[41] Vgl. DERS., Charismatisch pastoraat, 5.
[42] Vgl. ebd., 6: „Der Geist ist ... Gott, der (er)schaffend in der Welt anwesend ist und diese zur Erneuerung und Vollendung bringt. Dies geschieht vor allem dadurch, daß der Mensch im Geist gerufen und ausgerüstet wird, Gottes Mitschöpfer zu sein. Jeder Einsatz für Friede, Gerechtigkeit und Ganzheit der Schöpfung und Schönheit ist darum pneumatisch motiviert ... Denn der Geist ist Gott, der auf dem Weg ist, alles in allem zu werden (1 Kor 15,28) und dazu prinzipiell alle Menschen inspiriert, um an einer schöpferischen, heilenden Umwandlung dieser gebrochenen Welt zu arbeiten."
[43] J. VEENHOF, Significance of the Charismatic Renewal, 291.
[44] Vgl. DERS., De Geest als relatiestichter, 26.
[45] Vgl. DERS., Significance of the Charismatic Renewal, 291.
[46] Vgl. W.J. HOLLENWEGER, Geisterfahrung und charismatisches Weltverständnis, 384.
[47] Vgl. J.-J. SUURMOND, Inleiding, 14: „Eine charismatische Theologie wird sich sicher von der Geist- Christologie der vor-nizänischen Väter (Schoonenberg) inspirieren lassen."

Schoonenberg greifen zurück auf die Christologie einiger apostolischer Väter und auf den Charismatiker schlechthin, Edward Irving ... darin [wird] die Gottheit Jesu dem einzigartigen Werk von Gottes Geist in ihm zugeschrieben. Von einem rein abstrakten Konzept [Chalcedons] wird Jesus so wieder ein Mensch von Fleisch und Blut. In seiner dynamischen Beziehung mit Gott rückt er in die Nähe des modernen Menschen, der in seinem oder dem eigenen Gebet und Einsatz für eine gerechte Welt in ihm den ‚Führer und Vollender des Glaubens' (Hebr. 12,2) erkennt."[48] Jesus ist der „vollkommen ‚charismatische' Mensch"[49]. Auch Veenhof verweist (mit Blick auf Schoonenberg) auf die Bedeutung einer pneumatologisch orientierten Christologie.[50] Besondere Aufmerksamkeit erfährt Jesu Wirken als „Arzt" („Christus medicus"), die Krankenheilungen und Dämonenaustreibungen.[51]
Christologie im Kontext charismatischer Theologie verweist auf die enge Verbindung von Wort und Geist, damit auf die Gestalt der *Weisheit*. Bezugnehmend auf Schoonenberg, tritt Suurmond wie dieser für eine Synthese von Wort- und Geist-Christologie in einer Weisheits-Christologie, d.h. einer „Wort-und-Geist Christologie" ein.[52]

δ) Geist und Kirche / Sakramente
Charismatische Theologie betont die *charismatische Dimension der Kirche* und den *Zusammenhang von Charisma und Sakrament*: „It is the merit of the C[harismatic] R[enewal] that it has rediscovered what, according to the New Testament, the church is and must be: a community, which is borne, kept together, and led by the Spirit. This congregation is originally a charismatic community."[53] Sakramente sind der „normative, objektive und paradigmatische Ausdruck"[54] eines charismatischen Lebens, eines Christseins, in dem die in der Taufe verliehene Geistesgabe in den Charismen konkret wird. In den meisten katholischen charismatischen Gebetsgruppen wird, so Gelpi (1976), die *„Geisttaufe"* als eine *Erneuerung der Firmung* begriffen.[55] Schoonenberg hat bereits zu Beginn der 70er Jahre den Vorschlag unterbreitet, die Firmung

---

[48] DERS., „Wat heeft Los Angeles met Athene te maken?", 42.
[49] DERS., Het spel van woord en geest, 59.
[50] Vgl. J. VEENHOF, Significance of the Charismatic Renewal, 293: „In this respect, I want to mention in particular the ideas of two Dutch theologicans, the Protestant H. Berkhof and the Catholic P. Schoonenberg, who ... have regularly shown their interest in the C[harismatic] R[enewal]. The further development and specification of suach a *pneuma*-christology is an enticing as well as a large-scale task." (Hervorhebung im Original). Veenhof verweist auf: P. SCHOONENBERG, Spirit Christology and Logos Christology.
[51] Vgl. J. VEENHOF, Significance of the Charismatic Renewal, 293.
[52] Vgl. J.-J. SUURMOND, Het spel van woord en geest, 55: „Schoonenberg hat mich kritisiert, weil ich eine Geist-Christologie (ebensowenig wie eine exklusive Wort-Christologie) an sich nicht als eine vollwertige Christologie betrachte. Aber meiner Meinung nach wird allein eine Weisheits-Christologie, in der also sowohl das Wort als auch der Geist gewürdigt werden, der Person Jesu vollständig gerecht." Suuromond bezieht sich auf: P. SCHOONENBERG, Opmerkingen over Geest-christologie.
[53] J. VEENHOF, Significance of the Charismatic Renewal, 295.
[54] Vgl. J.-J. SUURMOND, Charismatisch pastoraat, 9.
[55] Vgl. D.L. GELPI, Charismatische theologie: een rooms-katholieke benadering, 100.

als spätere Belebung, offizielle (amtliche) Bestätigung der vorausgegangenen Geisttaufe zu verstehen.[56] Überlegt wird im Kontext einer charismatischen Theologie, die Geisttaufe mit der Firmung oder dem Sakrament der Buße in Verbindung zu bringen.[57] Bezüglich eines Ritus, der wie die Geisttaufe eine Art „Weihe der zweiten Bekehrung" beinhaltet, besteht in der katholischen Kirche ein „ritueller Leerraum"[58]. Das Augenmerk gilt sodann dem Verhältnis von *Charisma und Amt*, der Frage nach der Einordnung der charismatischen Gaben in die hierarchisch verfaßte Struktur der katholischen Kirche.[59]

ε) Hermeneutische Funktion des Geistes

Bestandteil charismatischer Theologie ist die Besinnung auf die *hermeneutische Funktion des Geistes*; Rede von Gott ist eine durch den Geist ermöglichte.[60] Die enge Verbindung von Wort und Geist gilt auch im Blick auf die Hermeneutik von Schrift und Tradition. Der jeweils neu in die eigene Zeit zu übersetzende Glaube an Jesus Christus ist das beziehungsstiftende Werk des Geistes.[61] Der Geist ist Begründer, Stifter des Glaubens.

2. Entsprechungen zu Schoonenbergs Rede vom Geist in der neueren Geist-Theologie

a) Der prophetisch-kritische Wesenszug pneumatischer (bzw. charismatischer) Theologie

Unabhängig von einer Zugehörigkeit zur Charismatischen Bewegung besteht Konsens darüber, daß Theologie „in ihrer wesentlichen Grundbestimmung eine Gabe des Geistes ist, und daß all ihre Weisheit und Erkenntnis nicht aufsteigendem intellektuellem Vermögen des Menschen, sondern dem unerschöpflichen Geben des Heiligen Geistes in seiner Herabneigung zu verdanken ist. Theologie ist Charisma (*J. Schniewind)*. Nur im Machtbereich des Geistes, also nur als ‚pneumatische Theologie' kann sie möglich und wirklich werden."[62] Kraus verbindet das Verständnis der Theologie als Charisma mit dem Begriff einer pneumatischen Theologie. In diesem Sinne hat Mühlen die Pneumatologie als den umgreifenden Horizont jeder theologischen

---

[56] Vgl. P. SCHOONENBERG, Het avontuur der christologie, 330.

[57] M. QUESNEL, Taufe und Heiliger Geist, 287.

[58] Vgl. ebd., 286.

[59] Vgl. H. HÄRING, Amt und Geist: eine katholische Antwort, 258.

[60] Vgl. J. VEENHOF, Significance of Charismatic Renewal, 290.

[61] Vgl. DERS., Heilige Geest en Hermeneutiek, 166-169: „Der Mensch, der durch den Glauben erkennt, steht in der Wirklichkeit, in der Wirksphäre des Geistes und ist in seinem Erkennen ganz von diesem Wirken abhängig ... Wie es der Geist ist, der in uns betet, so ist es auch der Geist, der in uns erkennt ... der Geist [unterdrückt] unsere Menschlichkeit nicht ..., sondern [will] diese gerade in seinem Werk einschalten."

[62] H.-J. KRAUS, Heiliger Geist, 90. (Hervorhebung im Original; bei Kraus ohne Zitatnachweis)

Reflexion bezeichnet.[63] Wird die Theologie als pneumatologisches Denken verstanden, so ist diese ihrem Wesen nach kritisch und prophetisch: „Dieses Denken will Welt und Zeit in der Gegenwart des Geistes wahrnehmen und bezieht damit anderen Denkweisen gegenüber einen wissenschaftskritischen Standpunkt. Es zielt auf ein Sehen und Wahrnehmen des Lebens und der Wirklichkeit im Horizont des Gott-mit-uns in seinem Geist. Pneumatologisches Denken ist wesentlich kritisches und prophetisches; es sieht die eigene Gegenwart mit der des Geistes zusammen: ‚Die Zeit verstehen heißt: hören, was der Heilige Geist zum Zeitgeist sagt.' Solches Denken möchte zu einer kritischen Wahrnehmung der Gegenwart anleiten."[64] Dieses Denken kann einen Beitrag zur Korrektur der bestehenden Theologie leisten. Spezifisch für pneumatologisches Denken ist die Vorstellung von der „Einwohnung" Gottes in der Schöpfung und im Menschen. Es geht in einer neuen „Naivität" von der Einheit von Gott und Mensch im Geist aus.[65]
Eine Nähe zu Schoonenbergs Rede von der Theologie als kritischer Prophetie, von ihrer meta-kritischen, prophetischen und weisheitlichen Funktion ist unübersehbar. Auch der charismatischen Theologie ist die Aufgabe der Ideologie- und Religionskritik zugeschrieben worden.

b) Kontexte einer pneumatischen Theologie

Als Arbeitsfelder heutiger Pneumatologie gelten insbesondere Schöpfungstheologie bzw. ökologische Pneumatologie, Christologie, Trinitätstheologie, nicht zuletzt der Geist-Artikel des Credos mit Blick vor allem auf die therapeutische Dimension des Geist-Bekenntnisses.[66] Im folgenden werden einige Kontexte zeitgenössischer Pneumatologie vertiefend dargestellt, wobei der Blick vor allem auf (wechselseitige) Bezüge zwischen Schoonenbergs Rede vom Geist und Hauptthemen der gegenwärtigen pneumatologischen Diskussion gerichtet wird.

α) Geist- und Sophia-Christologie
Breite Aufmerksamkeit findet in der zeitgenössischen Theologie die *Pneuma- und Sophia-Christologie*. Schoonenbergs Arbeiten zur Geist- und Weisheits-Christologie sind entsprechenden Überlegungen im Kontext einer pneumatischen Theologie zuzuordnen. Rotzetter weist, Grundzüge einer pneumatischen Theologie skizzierend, die enge Verbindung von Pneumatologie und Christologie bereits im Neuen Testament auf, in dem Jesus als „pneumatisch gewirkte und pneumatisch erfüllte Existenz"[67] vorgestellt wird. Rezipiert werden

[63] Vgl. H. MÜHLEN, Pneumatologie am Beginn einer neuen Epoche, 49. Siehe oben: C.I.3.a.
[64] Ch. SCHÜTZ, Pneumatologie, 16. Das Zitat im Zitat ist entnommen: R. BOHREN, Vom Heiligen Geist, 21.
[65] Vgl. Ch. SCHÜTZ, Pneumatologie, 16.
[66] Siehe oben: C.I.2.
[67] A. ROTZETTER, Pneumatologie, 62.

Schoonenbergs (geist-)christologische Studien in der Diskussion um eine Vermittlung zwischen Ansätzen einer sog. Christologie „von oben“ und einer sog. Christologie „von unten“: „Eine pneumatologisch bestimmte Christologie kann“, so Kasper, „die Alternative zwischen der Christologie ‚von oben‘ und der Christologie ‚von unten‘ überholen und dabei beiden ihr relatives Recht lassen.“[68] Eine gleichsam von unten nach oben aufsteigende Christologie, die trinitarisch-heilsgeschichtlich ansetzt, ist erfahrungsbezogen und von daher eher an der pastoralen Situation ausgerichtet als die klassische Christologie. Sie kann sich auf die biblische Erhöhungschristologie stützen.[69] Es geht Kasper darum, die begrenzte christologische Sicht der Schultheologie zu überwinden, in der der pneumatologische Aspekt der Inkarnation vernachlässigt wurde; hier wurde die Menschwerdung dem Heiligen Geist lediglich appropriiert.[70] Die Vermittlung von Gott und Mensch in Jesus Christus läßt sich, so Kasper, nur trinitätstheologisch und letztlich nur als ein Geschehen im Heiligen Geist verstehen. Dies führt ihn zu einer pneumatologisch orientierten Christologie.[71]

Auch Yves Congar bringt im Rahmen einer pneumatologischen Christologie die vom Geist in zwei Etappen (Taufe und Auferstehung/Verherrlichung) gewirkte Sohnschaft mit der Lehre von der hypostatischen Union in Verbindung.[72] Schoonenberg hat Kasper (und Mühlen) vorgeworfen, mit ihrer pneumatologisch ausgerichteten Christologie in den Grenzen einer Logos-Sohn-Christologie zu verbleiben.[73] Schoonenbergs geist-christologischer Entwurf wird als eine mittlere, vermittelnde Position rezipiert zwischen Vertretern einer pneumatisch (bzw. pneumatologisch) orientierten Christologie einerseits (u.a. Y. Congar, W. Kasper, H. Mühlen) und Vertretern einer exklusiven Pneuma-Christologie (u.a. E. Irving, G.W.H. Lampe, O.A. Dilschneider, H. Berkhof) andererseits.[74]

---

[68] W. KASPER, Christologie von unten?, 169. Vgl. DERS., Neuansätze gegenwärtiger Christologie, 25: „... für die klassische Christologie [war] - was in der Diskussion fast durchweg übersehen wird - der Unterschied zwischen der Christologie von oben und der Christologie von unten kein sich ausschließender Gegensatz. Die Christologie von unten ist vielmehr der einzig mögliche Zugang zur Christologie von oben. Ohne die Christologie von oben aber verliert die Christologie von unten allen Sinn und alle Bedeutung.“

[69] Vgl. DERS., Neuansätze, 123-127; DERS., Christologie von unten?, 165- 170.

[70] Vgl. W. KASPER, Jesus der Christus, 298.

[71] Vgl. ebd.

[72] Vgl. Y. CONGAR, Der Heilige Geist, 438: „Was Jesus betrifft, so hüte ich mich vor jeglichem Adoptianismus. Ich halte daran fest: Jesus ist von seiner Empfängnis an durch die hypostatische Union ontologisch Sohn Gottes und somit auch der Tempel des Geistes; er ist von diesem in seinem Menschsein geheiligt. Ich möchte aber die aufeinanderfolgenden Momente oder Etappen der Heilsgeschichte respektieren und den Texten des Neuen Testaments ihren ganzen Realismus lassen. Darum erblicke ich in der Taufe und in der Auferstehung-Verherrlichung zwei Momente neuer Aktuierung der *virtus* (Wirksamkeit) des Geistes in Jesus, insofern er durch Gott zum Messias-Heilbringer und sodann zum Herrn konstituiert (und nicht nur erklärt) wird.“ (Hervorhebung im Original)

[73] Vgl. P. SCHOONENBERG, Der Geist, das Wort und der Sohn, 63.

[74] Vgl. G.C. VAN DE KAMP, Pneuma-christologie, 186-189; B. WENTSEL, De Heilige Geest, 27-30.

Schoonenberg ist, angeregt durch Anfried Hulsbosch, bereits zu Beginn der 70er Jahre auf die neutestamentliche Weisheits-Christologie aufmerksam geworden.[75] Dieser frühe Rückgriff auf die weisheitliche Christologie seitens Schoonenbergs ist umso bemerkenswerter angesichts der Beobachtung Kaspers (1987), daß die Beschäftigung mit der Weisheits-Thematik in der Theologie der Gegenwart von untergeordneter Bedeutung sei.[76] Beachtung findet die weisheitliche Christologie aufgrund ihrer universalen Perspektive, die sie mit der Geist-Christologie gemeinsam hat; es geht um die Frage nach der Gegenwart Gottes in der Welt.[77] Die weisheitliche Christologie leistet einen bedeutenden Beitrag dazu, Christologie und Schöpfungstheologie enger ins Gespräch zu bringen. Von Interesse sind jene Traditionslinien des Alten Testaments, die die innere Nähe von Wort (Logos), Weisheit und Geist als (mehr oder weniger) personifizierte Gegenwartsweisen Gottes aufweisen.[78] Untersuchungen diesbezüglich hat Schoonenberg geleistet. Geist-Christologie, Wort- und Weisheits-Christologie stellen jeweils eine spezifische Weise dar, Christi Heilsbedeutung Jesu Christi zu umschreiben. Die Erinnerung an die weisheitlichen und pneumatischen Züge der frühen Christologie kann (und sollte) die Logos- oder Inkarnations-Christologie, die sich seit dem zweiten nachchristlichen Jahrhundert als das vorherrschende christologische Modell herausgebildet hat, inhaltlich bereichern. Dieses Ansinnen teilt Schoonenberg mit der zeitgenössischen (pneumatischen) Theologie.

β) Pneumatologische Schöpfungslehre

Durch den *Geist* wirkt *Gott in Schöpfung und Geschichte*. Zu beobachten sind Entsprechungen zwischen der *pneumatologischen Schöpfungslehre* Moltmanns und der Theologie Schoonenbergs aufgrund ihrer beider Nähe zum pan-en-theistischen Weltbild.[79] (Darüber hinaus ist ihnen das Eintreten für eine Pneuma-Christologie gemeinsam.) Moltmann kommt im Rahmen der Entfal-

---

[75] Vgl. P. SCHOONENBERG, Het avontuur der christologie, 314: „‚... in Jesus [ist] die göttliche Weisheit erschienen. Die Weisheit ist unteilbar, und sie erscheint darum vollständig in jedem Geschöpf, aber in Jesus erscheint sie als die Schöpfung umfassend'." Das Zitat im Zitat ist entnommen: A. HULSBOSCH, Christus, de scheppende wijsheid van God, 72f.

[76] Vgl. W. KASPER, Gottes Gegenwart in Jesus Christus, 320.

[77] Vgl. ebd., 313-321.

[78] Vgl. H. VON LIPS, Christus als Sophia?, 82: „In manchen atl. Texten wird die Weisheit auf die Gabe des Geistes Gottes zurückgeführt (Gen 41,38f). Auch kann alternativ vom Geist Gottes und dem Geist der Weisheit gesprochen werden (Ex 28,3; 31,3). Auf dieser Linie liegt es, wenn Sap ausdrücklich Geist Gottes und Weisheit parallelisiert (Sap 1,4; 9,17) und identifiziert (Sap 1,6; 7,21) ... Hat schon Sap parallele Aussagen über Sophia und Logos (Sap 9,1f; 7,23 und 18,15; 9,10 und 18,15) so führt dies Philo konsequent zur Übertragung von Weisheitsaussagen auf den Logos weiter. Wichtig auch im Blick auf die christologische Verwendung ist dabei, daß einerseits Logos und Sophia sich überschneiden können, andererseits aber auch deutlich getrennt werden."

[79] Vgl. J. MOLTMANN, Geist des Lebens; DERS., Der Weg Jesu Christi. Siehe B. WENTSEL, De Heilige Geest, 919-930; P. VALKENBERG, „Dauwt, hemelen, gerechtigheid", 173f. Zu Moltmanns Pneumatologie siehe U. GERBER, Rezension zu: J. Moltmann, Der Geist des Lebens, 519f; K. BLASER, Immanente Transzendenz oder plurale Emergenz des Geistes?, 574.

tung einer Theologie der mystischen Erfahrung auf die bei Mystiker(inn)en anzutreffende „pan-en-theistische Vision der Welt in Gott und Gottes in der Welt“[80] zu sprechen. Er sieht darin eine inhaltliche Nähe zur pneumatologischen Aussage von der Gegenwart Gottes in seiner Schöpfung (Joel 3,1-5; Apg 2,16-21; Röm 5,5).[81] Als Geist übersteigt Gott die Schöpfung und ist ihr doch immanent. In diesem Zusammenhang erscheint bei Moltmann der Begriff „immanenten Transzendenz“, mit dem auch Schoonenberg die Gegenwart des transzendenzen Gottes in der Schöpfung zum Ausdruck bringt: „„Gottes Geist erfüllt den Erdkreis ...' (Weish 1,7). Gotteserfahrung wird darum *in, mit und unter* jeder alltäglichen Welterfahrung möglich, sofern Gott in allen Dingen und alle Dinge in Gott sind ... Die Möglichkeit, Gott in allen Dingen und alle Dinge in Gott zu erkennen, gründet theologisch im Verständnis des Geistes Gottes als der Kraft der Schöpfung und der Quelle des Lebens [vgl. Ijob 33,4; 34,13f; Ps 104,29f] ... *Gott in allen Dingen erfahren*, setzt eine den Dingen immanenten Transzendenz voraus, die induktiv aufgefunden werden kann. Sie ist das Unendliche im Endlichen, das Ewige im Zeitlichen und das Unvergängliche im Vergänglichen.“[82]

Von Vertreter(inne)n der Prozeß-Theologie, der lateinamerikanischen Befreiungstheologie, der feministischen Theologie und der ökologischen Theologie wird Gottes Immanenz betont, seine Anwesenheit in der Welt und eine Beziehung der Gegenseitigkeit zwischen Schöpfer und Geschöpf.[83] Innerhalb der feministischen Theologie ist Schoonenbergs Verständnis der immanenten Transzendenz Gottes im Rahmen eines pan-en-theistischen Weltbildes rezipiert worden.[84]

In einer trinitarisch gefaßten Schöpfungslehre, die Gottes Gegenwart in der Schöpfung als Geist beschreibt und in der der Weltbezug Gottes pneumatologisch gefordert ist, läßt sich sowohl die Immanenz Gottes als auch seine Transzendenz aussagen. Ein „trinitarischer Schöpfungsbegriff, der Nachdruck auf die schöpferische Wirksamkeit des Geistes legt, [ist] sehr wohl imstande ist, beide Aspekte zu thematisieren.“[85] Beide Aspekte finden ihren Ausdruck auch in der Sicht Schoonenbergs, wonach Gott gleichsam die Tiefe des Seins

---

[80] J. MOLTMANN, Geist des Lebens, 225.

[81] Vgl. ebd., 225f: „Der lebendigmachende Geist ‚erfüllt' die Schöpfung mit ewigem Leben, indem er auf alle ‚kommt' und ihnen ‚einwohnt'. In der Erfahrung des Heiligen Geistes wird eine andere Gottespräsens offenbar als in der Schöpfung im Anfang. Zuerst Menschen in ihrer Leiblichkeit (1 Kor 6,13-20), dann der neue Himmel und die neue Erde (Offb Joh 21) ... Darum zielt die Geschichte des Geistes auf jene Vollendung, die Paulus mit der panentheistisch klingenden Formel beschreibt: ‚Auf daß Gott sei alles in allem' (1 Kor 15,28).“

[82] Ebd., 48f. (Hervorhebung im Original)

[83] Vgl. P. VALKENBERG, „Dauwt, hemelen, gerechtigheid“, 174: „Anstelle des klassischen Theismus, der den Abstand zwischen Schöpfer und Geschöpf unterstreicht, unterschreiben sie den Panentheismus: Alles existiert in Gott. Moltmann hat aber zurecht darauf hingewiesen, daß das jüdische und christliche Bekenntnis, daß Gott Schöpfer ist, beide Aspekte umfaßt: sowohl den Unterschied zwischen Gott und Welt wie auch Gottes Nähe in der Welt.“

[84] Siehe oben: C.I.3.c.

[85] Ebd. Vgl. M. BEINTKER, Creator Spiritus, 20.

ist - der Atem Gottes, der alles durchdringt[86], - Gott zugleich als der Transzendente immer wieder neu in seine Schöpfung kommt. Verbunden damit ist die Einsicht in das heilende, befreiende, erneuernde Wirken des Geistes: „Der Geist ist ... nicht nur immanent in der ganzen Schöpfung, sondern ruft als Heiliger Geist auch auf zu einem bestimmten Lebensweg in den Fußspuren Jesu. Der Geist wird uns gegeben, um in Jesu Geist Zeichen des kommenden Gottesreiches aufzurichten. Wo dies geschieht, ist der Geist neuschaffend und heiligend anwesend."[87] Der Geist Gottes konkurriert nicht mit der menschlichen Freiheit; je mehr dieser mit Gott im Geist erfüllt ist, desto mehr wächst seine Freiheit und Selbständigkeit.[88] Geist meint Schöpfungs- und Geschichtsmacht Gottes.

γ) „Geist-Sein" Gottes
Im Rahmen einer pneumatischen oder pneumatologisch orientierten Theologie kommt der johanneischen Aussage, daß *Gott Geist ist (Joh 4,24),* für die Gottesrede neue Bedeutung zu. Das „Geist-Sein" Gottes ist in der traditionellen Theologie kaum auf eigene Aufmerksamkeit gestoßen.[89] In der neueren pneumatologischen Besinnung wird der Geist Gottes nicht nur als der die Schöpfung beseelende „Atem" Gottes verstanden. Das „Geist-Sein" Gottes wird auch personal aufgefaßt.[90] Das Bekenntnis zum „Geist-Sein" Gottes enthält eine Aussage über Gottes Bezogensein auf die Menschen; umgekehrt wird Gott, der Geist ist, vom Menschen als sein Gegenüber erfahren. Die johanneische Aussage (Joh 4,24) steht im Kontext des Gebets - der Anbetung Gottes im Geist und in der Wahrheit -, im Kontext der Glaubensbeziehung: „Im Gebet als einem Geschehen im Geist wird der Beter Gottes als ‚Geist' inne, wird er der ihm zugekehrten Seite Gottes gewahr."[91] Ein zentrales

[86] Vgl. A. VAN DE BEEK, De Adem van God.
[87] P. VALKENBERG, „Dauwt, hemelen, gerechtigheid", 181.
[88] Vgl. W. PANNENBERG, Wirken des Heiligen Geistes in der Schöpfung, 24-26: Der Geist ist dem Menschen „immanent, weil persönliche Identität und Erfüllung menschlichen Lebens nur durch den Geist möglich werden ... Zum anderen kann diese Einheit im Geist einem Menschen oder einer sozialen Gruppe nur insoweit immanent sein, als sie sich selbst transzendieren ... Der ekstatische, selbsttranszendente Charakter jeglicher geistigen Erfahrung belegt die Transzendenz Gottes gegenüber allen geschaffenen Wesen hinreichend. Der Geist gehört niemals unmittelbar zur Kreatur hinsichtlich ihrer immanenten Natur, sondern die Kreatur ... partizipiert am göttlichen Geist, wenn sie sich selbst transzendiert, das heißt, wenn sie in der ekstatischen Erfahrung über sich hinaus erhoben wird."
[89] Vgl. Ch. SCHÜTZ, Pneumatologie, 189.
[90] Vgl. ebd., 190f: „In Entsprechung zu den gleichstrukturierten Aussagen ‚Gott ist Licht' bzw. ‚Gott ist Liebe' (vgl. 1 Joh 1,5; 4,8.16) ‚ist mit dem Geist-Sein Gottes sozusagen die dem Menschen zugewandte Seite Gottes, sein dynamisches sich selbst offenbarendes Handeln an den Menschen ausgedrückt. <Im Geist> öffnet sich Gott dem Menschen, teilt er sich ihm liebend und machtvoll mit, ist er ihm mit seinem Heilswirken gegenwärtig.' ... Gott als Geist meint also nicht einen Gott, der der Welt und dem Menschen den Rücken zukehrt, sondern auf sie immer schon zugeht ... Dieser Gott besagt mehr ein Sein mit ... bzw. ein Sein für ... als ein Sein über ... oder in sich selber." (Das Zitat im Zitat ist entnommen: F. PORSCH, Anwalt der Glaubenden, 151.)
[91] Ch. SCHÜTZ, Pneumatologie, 190.

theologisches Anliegen Schoonenbergs ist es, das „Mit-Sein“ und „In-Sein“ Gottes - als Geist und im Geist - zu entfalten. In diesem Zusammenhang hat er auch darauf aufmerksam gemacht, daß das Bekenntnis zum „Geist-Sein“ Gottes ursprünglich im Kontext des Betens zu Gott beheimatet ist. Besagt der Geistbegriff einerseits die Schrankenlosigkeit, Unbegreiflichkeit, Dynamik des göttlichen Wirkens, so ist (auch von Schoonenberg) andererseits das personale Moment der Begegnung Gottes als Geist - im Gebet zum Heiligen Geist - verdeutlicht worden.

3. Wechselwirkungen

Auf der Grundlage des zuletzt Vorgetragenen ist es möglich, die Ansätze zu einer charismatischen Theologie und die Rede von einer pneumatischen Theologie einander anzunähern und dabei die Rede Schoonenbergs vom Geist heranzuziehen. Schoonenberg kann als Mitbegründer einer charismatischen Theologie insofern gelten, als von ihm schon sehr früh Beiträge zur Geisttaufe und zur Charismenlehre vorliegen, die gegenwärtig zu den Hauptthemen einer charismatischen Theologie zählen. Seine Beiträge diesbezüglich, die im wesentlichen in den 70er und frühen 80er Jahren entstanden sind, prägen noch heute die Diskussion. Grundlegend sind seine Überlegungen zur „Nicht-Konkurrenz“ bzw. zur Bundes-Beziehung zwischen Gott und Mensch, die in der (charismatisch-)theologischen Besinnung über das Zusammenwirken von Gott (dem Geist Gottes) und Mensch in den Charismen im Rahmen des „Beziehungs-Modells“ bzw. von Überlegungen zu einer inkarnatorischen Theologie rezipiert werden.
Die Verbindung von Wort und Geist, welche „charismatische“ Frömmigkeit auszeichnet, findet sich in Schoonenbergs Beiträgen zur Geist- und Weisheits-Christologie wieder. Sowohl innerhalb einer charismatischen als auch einer pneumatischen Theologie tritt gegenwärtig die Besinnung auf die pneumatischen wie weisheitlichen Züge der Christologie hervor als ergänzende Perspektive der klassischen Logos-Christologie: Die weisheitliche Christologie gilt als adäquater Ausdruck dafür, daß in Jesus Christus das göttliche Wort und der göttliche Geist in geschichtlich einmaliger Weise Gestalt angenommen haben.
Darüber hinaus ist die Besinnung auf die Gegenwart Gottes in Schöpfung und Geschichte als Geist, auf das schöpferische, neuschaffende, befreiende und heilende Wirken des Geistes gegenwärtig in einer charismatisch und pneumatisch grundgelegten Theologie von großer Bedeutung. Impulse diesbezüglich kann die zeitgenössische Theologie von Schoonenbergs Sicht des „Geist-Sein“ Gottes im Rahmen eines „pan-en-theistischen“ Wirklichkeitsverständnisses erhalten.
Übereinstimmung herrscht nicht zuletzt über die hermeneutisch-kritische Funktion der Theologie, die ohne das Wirken, das Zeugnis des Geistes nicht von Gott und der im Geist zuteil werdende Erlösung sprechen kann.

III. Kritische Würdigung

1. Schoonenberg als „Vordenker": Sein Beitrag zur charismatischen und pneumatischen Grundlegung der Theologie

(1) Schoonenbergs Rede vom Geist bewegt sich während der *ersten Schaffensperiode* weitgehend im Rahmen der herkömmlichen Schuldogmatik. Dies gilt für die Thematisierung des Geistes in den sog. Grundlagenfragen der Theologie, im Blick auf Bedeutung und Funktion des Geistes für die Wirklichkeit von Offenbarung, Schrift, Tradition und Lehramt. Gilt das Urteil einer relativen Geistvergesenheit der vorkonziliaren Theologie, konnte demgegenüber festgestellt werden, daß Schoonenberg in einer Fülle kürzerer Beiträge zu verschiedenen Themenbereichen, die für sein frühes Schrifttum insgesamt charakteristisch sind, den Heiligen Geist mitthematisiert. Ausführungen über den Heiligen Geist finden sich in seinen Beiträgen zur Gnadentheologie bzw. Soteriologie und Anthropologie, zur Ekklesiologie und Sakramententheologie, zur Trinitätstheologie und Christologie sowie in geringem Umfang auch zur Eschatologie.

Darüber hinaus wurden Kontexte deutlich, in denen Schoonenberg einen eigenständigen, *spezifischen Beitrag zur Pneumatologie* leistet. Auffällig ist die von ihm bereits zu Beginn der 50er Jahre geäußerte Einsicht in die innere Einheit des dritten Glaubensartikels. Bereits im frühen Werk bringt Schoonenberg in einer für seine Zeit ungewöhnlichen Weise die Rede vom Heiligen Geist in die *Christologie* ein. Er sucht einen heilsgeschichtlichen Zugang zur Christologie und kommt dabei in einer zu seiner Zeit (der 50er Jahre) bemerkenswerten Weise auf jene biblischen Texte zu sprechen, die den Zusammenhang von Christusglauben und Geisterfahrung bezeugen. Seine frühen Beiträge diesbezüglich weisen auf seine Arbeiten zur *Geist-Christologie* seit den 70er Jahren voraus. Relativ früh (ebenfalls seit Beginn der 50er Jahre) besinnt sich Schoonenberg auf die *paulinische Charismenlehre*, die er für die *Anthropologie* und die *Ekklesiologie* fruchtbar macht. Im Hintergrund steht die Einsicht, daß das Auftreten der Charismen nicht auf die Zeit der frühen Kirche beschränkt ist, daß das charismatische Wirken des Geistes nicht nur in außergewöhnlichen Phänomenen aufleuchtet, sondern gerade auch in den gewöhnlichen Gaben des Geistes, in den Gaben des Dienstes in Hinordnung auf den Leib Christi, erkennbar ist.

Daß *Theologie ihrem Wesen nach verkündigend und charismatisch* ist, diese Überzeugung ist kennzeichend für sein Denken bereits der frühen Jahre. Sie ist ein Charisma insofern, als sie ein Wort der Weisheit oder Erkenntnis, somit Wissenschaft ist und als solche zugleich Prophetie: vorausweisend auf künftige Wege der Glaubensverkündigung. Für eine *pneumatische oder charismatische Grundlegung der Theologie*, wie sie in der zeitgenössischen Theologie vorgenommen wird, lassen sich bereits dem Frühwerk Schoonenbergs Anstöße entnehmen. Bezeichnet Schoonenberg die Theologie als ein

Charisma, so bringt er damit zum Ausdruck, daß in der Theologie - wie grundsätzlich bei allen Geistesgaben - ein menschliches Vermögen, hier das menschliche Erkenntnisvermögen, in Dienst des Geistes genommen wird: Theologie ist nur „en pneumati" möglich ist, das heißt, Gott ist Subjekt und Objekt des Glaubens und somit auch der Theologie.

(2) Ist in den soeben bezeichneten Bereichen ein „Vordenken" Schoonenbergs über die Geist-Theologie seiner Zeit hinaus erkennbar geworden, so sind damit die Grundlagen gelegt für die Anstöße, die er seit den 70er Jahren im Kontext der Neubesinnung auf die *Pneumatologie der Nachkonzilszeit* der Theologie gegeben hat.
Zunächst sind seine dogmenhermeneutischen Beiträge *Ende der 60er Jahre* anzusprechen. Diese sind Ausdruck seines Verständnisses der *Theologie als kritischer Prophetie*: einer Theologie, die sich (in den Worten von Robrecht Michiels) in der dialektischen Spannung eines Nach-Denkens und Vor-Denkens bewegt. Gemeint ist die Treue zur kirchlichen Lehrtradition, die sich gerade in einer Neuinterpretation der christlichen Botschaft erweist, die die Existenzerfahrung der Gläubigen in den Blick nimmt, sich an ihr ausrichtet.[92]
Richtungsweisende Impulse gehen von *Schoonenbergs (Neu-)Besinnung auf den Geist seit den 70er Jahren* aus. Persönliche (spirituelle) Erfahrungen des Geistes, die eingebunden sind in eine christozentrische Frömmigkeit, bringt Schoonenberg aus seinen Begegnungen mit der Charismatischen Bewegung in seine Christologie, Trinitätstheologie und (Geist-)Theologie ein. Seit den Ursprüngen der katholischen Charismatischen Bewegung hat sich Schoonenberg als einer der ersten katholischen Theologen darum bemüht, die *charismatische Spiritualität für die Theologie fruchtbar* zu machen.
Als ein unbestrittenes Verdienst Schoonenbergs gilt es, bereits seit Ende der 70er Jahre die *pneumatologische Dimension der Christologie* neu ins Bewußtsein gerufen zu haben. Seit den 80er Jahren hat er darauf aufmerksam gemacht, daß in verschiedenen Texten biblischer und patristischer Autoren eine große Nähe (beinahe eine Identifikation) von Wort und Geist in ihren Eigenschaften und Funktionen nachweislich ist. Von daher kann er als ein Wegbereiter der zeitgenössischen Besinnung auf die Geist- und Weisheits-Christologie gelten. Die Impulse, die sich von der Charismatischen Bewegung her für die Ekklesiologie und die Sakramententheologie ergeben, hat Schoonenberg relativ früh (Mitte der 70er Jahre) aufgegriffen, ohne allerdings seine Überlegungen in weiterführenden Studien zu präzisieren. Dies gilt für seinen Vorschlag, die „Geisttaufe" mit der Firmung in Verbindung zu bringen. Die pneumatisch-charismatische Dimension der Kirche, d.h. das Geistwirken in Amt und Charisma (und damit das gemeinsame Priestertum) wird von ihm neu bedacht, der kirchen- und gesellschaftskritische Einsatz der Gläubigen eingefordert.

---

[92] Vgl. R. MICHIELS, Theologie: na-denken en voor-denken, 416.

(3) Der *genuine Beitrag Schoonenbergs zur Pneumatologie der Gegenwart* liegt somit zum einen in seiner *Auseinandersetzung mit der Charismatischen Bewegung*, die im wesentlichen in den 70er Jahren erfolgt ist. Zum anderen hat er mit seinen Arbeiten zur *Geist-Christologie* seit den ausgehenden 70er Jahren zu einem Thema (voraus)gearbeitet, das ein wesentliches Element einer pneumatologisch orientierten bzw. pneumatischen Theologie darstellt. Leitend ist die Überzeugung, daß Gott ein Gott der Menschen ist, daß Gott und Mensch nicht konkurrieren. Im Rahmen seines geist-christologischen Neuansatzes kommt auch dem *Geist-Sein Gottes* zunehmend Bedeutung zu: seinem Anliegen, von Gott zu sprechen, der in Jesus Christus selbst eine Geschichte mit den Menschen hat, der der Schöpfung als Geist innewohnt und sie zur Vollendung führt, der sich in seiner Dreieinigkeit als der Gott der Liebe erweist. Es ist das Bekenntnis zu dem Gott-mit-uns in seinem Geist. Damit sind wichtige Elemente auch der zeitgenössischen (charismatischen bzw. pneumatischen) Theologie benannt. Diese Theologie ist heilsgeschichtlich orientiert, da der Pneumatologie wesensmäßig der Weltbezug eigen ist. Schoonenbergs Theo-logie, seine Rede von der „Kondeszenz" Gottes, die in zunehmenden Maße pneumatologisch geprägt ist, kann als wegbereitend für die zeitgenössische, *pneumatologisch orientierte Schöpfungstheologie* betrachtet werden.
Als ein Vordenker kann Schoonenberg schließlich im Blick auf seine Überzeugung vom Wesen der Theologie gelten. Sein Verständnis von der *Theologie als Charisma* entspricht im wesentlichen der Auffassung von der prophetischen und kritischen Funktion der Theologie, die der Theologie (auch) aus charismatischer bzw. pneumatologischer Perspektive zugeschrieben wird: Dabei geht es nicht nur um eine kritische Haltung gegenüber (zum Teil einseitigen) Entwicklungen innerhalb der Kirchen- und Religionsgeschichte bzw. der kirchlichen Lehre - wie etwa gegenüber dem Zurückdrängen des charismatischen Elementes in der Kirche -, sondern grundsätzlich um eine Haltung der Weitergabe des Glaubens, die auf das hört, was der Geist heute zu den Gemeinden spricht (Offb 2,7). Dieses Hören auf den Geist kann zu einer kritischen Auseinandersetzung mit dem (weltlichen) „Zeitgeist" führen, aber auch mit Strömungen innerhalb der Kirche. Schoonenberg hat in späteren Jahren, im Zuge seiner Studien zur Weisheitstheologie, neben der prophetischen Funktion der Theologie ihren weisheitlichen Wesenszug, d.h. ihre metakritische Funktion stärker hervorgehoben.

2. Schoonenberg als (Geist-)Theologie seiner Zeit: Mit-Bedachtes und Versäumtes

Wird in dieser Studie die These vertreten, daß Schoonenbergs Geist-Theologie (methodisch wie inhaltlich) einen entscheidenden Beitrag zur Begründung einer charismatischen bzw. pneumatischen Theologie leisten kann, soll nicht unerwähnt bleiben, daß die Theologie des Heiligen Geistes nicht zu den eigentlichen Forschungsschwerpunkten seines Arbeitens gehört. So zeigt die Rede Schoonenbergs vom Geist in den frühen Arbeiten weitgehend die Kennzeichen der neuscholastisch geprägten, vorkonziliaren Theologie. Dies gilt für seine Beiträge zur Trinitätstheologie, zur Gnaden- und Sakramentelehre; ein pneumatologischer Bezug innerhalb der Schöpfungslehre und der Eschatologie fehlt beinahe vollständig. Diese Beobachtung entspricht der allgemeinen Situation der (Geist-)Theologie dieser Zeit. Zu bedauern ist, daß Schoonenbergs umfassende, mehrbändige Auslegung des Glaubensbekenntnisses („Het geloof van ons doopsel") eine Publikation zum Geistbekenntnis nicht mehr umfaßt. Begründet ist dies, seiner eigenen Aussage nach, in den Umwälzungen, die sich in der Theologie der 50er und frühen 60er Jahre vollzogen haben und die sein bisheriges Vorhaben als theologisch „überholt" erscheinen ließen. Der durch das Vatikanische Konzil eingeleitete theologische Umbruch spiegelt sich in der Theologie Schoonenbergs, die Neubesinnung auf die Pneumatologie in der nachkonziliaren Theologie findet jedoch zunächst in seinen Arbeiten keinen Widerhall. Ändert sich dies seit den 70er Jahren grundlegend, ist doch festzustellen, daß sein Interesse an der pneumatologischen Fragestellung erst (an zweiter Stelle) aus seinen primären theologischen Anliegen - der Entfaltung der Bundes-Beziehung zwischen Gott und Mensch im Kontext der Schöpfungs- und Gnadenlehre sowie der Christologie - resultiert. Schoonenbergs geisttheologische Beiträge erwachsen aus seiner Begegnung mit der Charismatischen Bewegung. Diese Begegnung wirkt dann auf seine christologische und trinitätstheologischen Studien ein, dem Schwerpunkt seiner Geist-Theologie. Eine pneumatologische Reflexion in anderen als den beiden genannten Bereichen der Theologie findet nur in Ansätzen statt. Dies gilt für seine Rede vom Geist im Bereich der Gnadenlehre, der Ekklesiologie und Sakramenten- theologie. Ausführungen über das „Geist-Sein" Gottes, die im schöpfungstheologischen Kontext stehen, sind Ausdruck seiner theologischen Anliegen. Ebensowenig stellen seine Überlegungen zum Wirken des Geistes auf Vollendung hin einen genuin pneumatologischen Beitrag dar.

3. Ergebnis und Ausblick: Auf dem Weg zu einer christlich-ökumenischen Pneumatologie

Das ökumenische Gespräch mit den Pfingstkirchen und mit Charismatischen Bewegung ebenso wie mit den anderen christlichen Kirchen (vor allem mit den Ostkirchen) gilt als pneumatologische Herausforderung gegenwärtiger katholischer Theologie.[93] Schoonenbergs Geist-Theologie kommt ihm Rahmen der zeitgenössischen Bemühungen um eine christlich-ökumenische Pneumatologie Bedeutung zu.

[93] Vgl. H. MEYER, Pneumatische Herausforderungen, 9-14.

a) Charismatische Bewegung als ökumenisches Ereignis

Die *ökumenische Bewegung* versteht sich als vom Heiligen Geist gewirkt und geleitet. Der Ökumenismus wird als das Werk des Heiligen Geistes angesehen.[94] Mit der Suche nach Einheit der Kirche ist Ökumenischer Theologie auch die Lehre vom Geist aufgegeben: „Das theologische Thema der Ökumene ist die Einheit der Kirche, und diesem Thema fügen sich die Ansätze einer ökumenisch konzipierten Pneumatologie ein. Man darf zunächst wohl behaupten, daß die Überlegungen zur kirchlichen Einheit den Rahmen geschaffen haben, in dem sich die pneumatologische Frage entfalten konnte; man wird nun aber auch sehen müssen, daß die pneumatologischen Ansätze ... der Einheitsfrage indirekt neue Impulse zugeführt haben.“[95] In den Texten der ökumenischen Gremien und verschiedenen gemischten Kommissionen ist die pneumatisch-trinitarische Dimension zunehmend stärker enthalten. Das gemeinsame Gebet im und zum Heiligen Geist um die Einheit der Kirche ist vordringliches ökumenisches Anliegen. Die Einheit der Kirche wird über die konfessionellen Differenzen hinweg in gewisser Weise vorweggenommen: Als Einheits- und Gemeinschaftsprinzip der Kirche, als „Garant der Einheit relativiert der Geist die bestehenden Unterschiede und Hindernisse und läßt die Kirche als ‚communio sanctorum' im vollen Sinn des Wortes ans Licht treten.“[96] Grundlage für eine ökumenische Pneumatologie und Ekklesiologie bildet das Bekenntnis zur Kirche als Geistgeschöpf, als Sakrament des Geistes, die sakramentale Ekklesiologie des Zweiten Vatikanums.[97] Das Konzil hat in seinem Ökumenismusdekret die Ökumenische Bewegung in seiner über hundertjährigen Geschichte als das Werk des Heiligen Geistes anerkannt (vgl. UR 1).[98]

Die *neo-pfingstlerische bzw. charismatische Bewegung* stellt ein *ökumenisches Ereignis* dar als der „auf Weltebene der gegenwärtig am stärksten wachsende geistliche Aufbruch, da er um die Mitte unseres Jahrhunderts fast gleichzeitig in allen christlichen Großkirchen sich ereignete und eine tiefgreifende ökumenische Dynamik zeitigt.“[99] Für Neo-Pfingstler bzw. Charismatiker ist die „Relativierung und Aufhebung konfessioneller Grenzen und eine damit verbundene *Öffnung für ein ökumenisches Christentum* ... zu einem wichtigen Zeichen der Kraft des Geistwirkens geworden.“[100] Diese

[94] Vgl. L.-J. SUENENS, Hoffen im Geist, 172.

[95] H.-J. GÖRTZ, Geist und Leben, 281.

[96] Ch. SCHÜTZ, Pneumatologie, 255.

[97] Vgl. T. FREYER, Pneumatologie als Strukturprinzip der Dogmatik, 209-353.

[98] Vgl. ebd., 229: „Das Konzil vertraut darauf, daß sich in diesem sachkundigen und bußfertigen Dialog sich unter dem Antrieb des Heiligen Geistes Wege der Einheit zeigen werden, vor [von] denen wir jetzt bestenfalls eine Ahnung haben können. Die Treue zur Lehre der Kirche wird dem Wehen des Geistes in diesem Dialog selbst anvertraut, um nicht zu sagen: ausgeliefert. Und den Geist darf man bekanntlich nicht auslöschen.“

[99] M. WELKER, Gottes Geist, 26.

[100] Ebd. (Hervorhebung im Original)

Haltung eines „geistlichen Ökumenismus" ermöglicht es, die geistlichen Erfahrungen der anderen Kirchen zu rezipieren.[101]
Hoffnungen auf Wiederherstellung der Einheit der Kirchen auf der Basis charismatischer Erneuerung der Kirchen hat der Ökumenische Rat der Kirchen geäußert. So hat das Ressort „Erneuerung und Gemeindeleben" des ÖRK im September 1978 offiziell erklärt: „Es besteht eine offensichtliche Notwendigkeit, daß wir uns in einem direkten Dialog mit der charismatischen Erneuerung in einem breiten, ökumenischen Kontext engagieren."[102] Gemeinsames Ziel ist die im Heiligen Geist erneuerte und geeinte Kirche. Das zwischen Rom und Charismatischer Erneuerung bestehende Verhältnis kann als positiv bezeichnet werden. So würdigte Papst Johannes Paul II. anläßlich der vierten Internationalen Leiterkonferenz der katholisch-charismatischen Erneuerung (4.-9.5.1981 in Rom) die ökumenische Bedeutung der Erneuerung.[103]

b) Schoonenbergs Rede vom Geist als Beitrag zu einer „Ökumenischen „Pneumatologie"

Ausgehend von der Erfahrungen des einheitsstiftenden Wirkens des Geistes in den ökumenischen Begegnungen, finden sich in jüngerer Zeit Überlegungen zu Struktur und Inhalten einer *ökumenischen Pneumatologie*. Die Ansätze zu einer *charismatischen bzw. pneumatischen Grundlegung der Theologie* münden in eine *ökumenische Pneumatologie* ein. Thomas Freyer hat in seiner (1982 bei Heribert Mühlen entstandenen) Dissertation „Pneumatologie als Strukturprinzip der Dogmatik" Grundzüge einer ökumenischen Pneumatologie entfaltet. Freyer stellt darin die Ekklesiologie als den möglichen Horizont der Pneumatologie, die Christologie als ihre Mitte und die Trinitätslehre als ihren Abschluß dar.[104]
Eine christlich-ökumenische Pneumatologie geht von der im Geist gleichsam vorweggenommenen Einheit der Kirchen aus und zielt auf die Einheit der Kirchen. Sie hat im Bewußtsein, daß jede Kirche im Besitz spezifischer Charismen ist, keine Kirche jedoch über alle Gnadengaben verfügt (1 Kor 12,4). In der Christologie wird der Zusammenhang von Christusbegegnung und Geisterfahrung deutlich.[105] Ausgehend von der Erfahrung des Geistwirkens in der Heilsökonomie kann dann die innertrinitarische Stellung des Geistes beschrieben werden. Eine unter dem Vorzeichen des Geistes betriebe-

---

[101] Vgl. W.J. HOLLENWEGER, Art. „Charismatische Bewegung", 213: Dieser spricht von einem bedeutenden ökumenischen Potential der Pfingstbewegung, da sie „bis heute der einzige theol.[ogische] und spirituelle Ort ist, wo Katholiken und Protestanten, Evangelikale und Ökumeniker an der Basis miteinander nicht nur ins Gespräch, sondern auch ins Gebet und in hautnahen Kontakt kommen"
[102] Zitiert bei: A. BITTLINGER, Philip Potter zum Verhältnis zwischem Ökumenischem Rat der Kirchen und charismatischer Gemeinde-Erneuerung, 24.
[103] Vgl. PAPST JOHANNES PAUL II. an die Leiter der Charismatischen Erneuerung, 35.
[104] Vgl. T. FREYER, Pneumatologie als Strukturprinzip der Dogmatik, 209-237.
[105] Vgl. H. MÜHLEN, Art. „Pneumatologie", 972.

ne Theologie entfaltet die einzelnen dogmatischen Traktate in der Reihenfolge: Ekklesiologie, Christologie, Trinitätstheologie, Schöpfungslehre, Gnadenlehre, Sakramentenlehre und Eschatologie.[106] Eine in dieser Weise von der Pneumatologie her strukturierte Theologie kann, so Mühlen, zu einer wechselseitigen Durchdringung von orthodoxer, reformatorischer und römisch-katholischer Tradition führen.[107] In einer ökumenischen Pneumatologie sind Wort und Geist aufeinander bezogen. In diesem Sinne kann die (akademische) Theologie von der Charismatischen Bewegung lernen: „Theologie betreiben bedeutet: sich Wort und Geist aussetzen, um sich ... von diesen einsetzen zu lassen zur Verkündigung der frohen Botschaft, welche sich in ... reflektierter Geisterfahrung und ... im konkreten Tun realisiert."[108] Eine ökumenische Pneumatologie enthält einen Appell zu sozialem und politischen Engagement, sie zielt auf die Erneuerung der Schöpfung. Schließlich trägt sie zu einer Erneuerung und Intensivierung des Gebetes bei, da die Einheit der Kirche letztlich nur im Gebet erzielt werden kann.

In einer ökumenischen Pneumatologie können die Anliegen und Themen einer charismatischen Theologie und einer pneumatischen Theologie miteinander in Verbindung gebracht werden. Die Pneumatologie wirkt integrierend innerhalb der wissenschaftlichen Theologie. Sie kann einen entscheidenden Beitrag zur Überwindung des oft beklagten Erfahrungsdefizites der Theologie leisten, indem sie, nach dem Beispiel der Charismatischen Erneuerung, von der Erfahrung des Geistes zur Pneumatologie, zur Lehre über den Geist gelangt. Die Pneumatologie kann eine kritische, erneuernde Funktion gegenüber der jeweils eigenen kirchlichen Tradition ausüben. Auf der Grundlage einer Unterscheidung der Geister können die getrennten Kirchen, unter Anerkennung der Führung des einen und einenden Geistes, im Bewußtsein der eigenen Geistesgaben und auch in der Offenheit für das Wirken des Geistes in den anderen Kirchen, zur Auferbauung des einen Leibes Christi beitragen.
Schoonenberg hat es sich zu einem Anliegen gemacht, die Sensibilität das für Wirken und die Gaben des Geistes seitens der Charismatischen Bewegung für das Leben der Kirche und die persönliche Spiritualität fruchtbar zu machen. Seine Rede vom Geist erstreckt sich auf jene Themenbereiche, die gegenwärtig zu den Aufgaben einer ökumenischen Pneumatologie zählen. Mit seiner Theologie, die Züge einer pneumatischen, charismatischen bzw. spirituellen Theologie trägt, leistet er zu dieser einen entscheidenden Beitrag.

---

106 Vgl. ebd.
107 Vgl. ebd.
108 H. KÄGI, Der Heilige Geist, 255. (Im Original hervorgehoben)

Literaturverzeichnis

Die *Schriften des Alten und Neuen Testaments* werden nach der deutschen „Einheitsübersetzung“ zitiert, die im Auftrag der deutschsprachigen Bischöfe herausgegeben worden ist (Stuttgart 1980).
Die *Dokumente des Zweiten Vatikanischen Konzils* werden zitiert aus: K. RAHNER/H. VORGRIMLER, Kleines Konzilskompendium. Sämtliche Texte des Zweiten Vatikanums mit Einführungen und ausführlichem Sachregister, Freiburg-Basel-Wien 1966 (^{18}1985).
Unveröffentlichte Arbeiten Piet Schoonenbergs sowie *unveröffentlichte Studien zur Theologie Schoonenbergs*, die dem *Schoonenberg-Archiv* in Löwen/Belgien vorliegen und dort eingesehen werden können, sind im Literaturverzeichnis mit einem entsprechenden Hinweis versehen.
Die in der Dissertation angeführten *Werke antiker und mittelalterlicher Autoren* sind im Literaturverzeichnis nicht eigens aufgenommen worden. Zu verweisen ist auf die bibliographischen Angaben in den Beiträgen Schoonenbergs und anderer Theolog(inn)en an entsprechender Stelle. Textkritische Ausgaben der genannten oder zitierten Werke werden angeführt bei: W. BUCHWALD/ A. HOHLWEG/O. PRINZ, Tusculum-Lexikon griechischer und lateinischer Autoren des Altertums und des Mittelalters, München-Zürich ^{3}1982.
Alle Übersetzungen aus dem Niederländischen sind von B.B.
Die in den Anmerkungen verwendeten *Kurztitel* sind im Literaturverzeichnis durch *Kursivdruck* gekennzeichnet.

I. Publikationen Piet Schoonenbergs

1. Bibliographien

Bibliografie van Piet Schoonenberg 1943-1971, in: Tth 11 (1971) 439-449

Bibliographie: Theologische Schriften von Piet Schoonenberg SJ in deutscher Sprache, in: P. SCHOONENBERG, Auf Gott hin denken. Deutschsprachige Schriften zur Theologie, hrsg. von W. ZAUNER, Wien-Freiburg-Basel 1976, 25-28

Bibliografie van Piet Schoonenberg 1945-1991 (erarb. von L. Kenis), in: P. SCHOONENBERG, De Geest, het Woord en de Zoon. Theologische overdenkingen over Geest-christologie, Logos-christologie en drieëenheidsleer, Averbode-Kampen 1991, 219-252.

Archief P. Schoonenberg, Voorlopige Inventaris

2. Veröffentlichungen Schoonenbergs in chronologischer Folge

De weg der wahrheid, in: KCT 2/1 (1946) 1-3

Katholiek oecumenisme, in: ebd., 121-125

Tot en met de apologie, in: Verbum 13 (1946) 69-73

Apologie en geloofsfeer, in: ebd., 115-118

Theologie en eschatologie, in: Bijdr. 8 (1947) 209-222

Theologie als geloofsvertolking. Een kritische samenvatting van de leerstellig inhoud der hedendaagse katholieke franse literatuur over de verhooding der speculatieve theologie tot het geloof, Maastricht 1948 (unveröffentlichte Dissertation: Schoonenberg-Archiv, Löwen)

Het oude verbond, voorbereiding op de Verlosser, in: Verbum 16 (1949) 203-206

Het Nieuw en Eeuwig verbond, in: ebd., 254-256.

De genade en de zedelijk goede act, in: JWKTN (1950) 203-253

Openbaring. God spreekt ons aan, in: De Nieuwe Mens 2 (1950) 33-36

Publieke en private openbaring, in: ebd., 69-72

Schrift en Overlevering, in: ebd., 97-100

De Sacramenten. Een korte samenvatting, in: Verbum 17 (1950) 51-54

Aantekeningen over natuur en genade, in: Katholicisme en geestelijke vrijheid. Bijdragen tot een gedachtenwisseling, Utrecht-Brussel 1951, 146-193

De Apostolische Geloofsbelijdenis in de Katholieke Kerk, in: H. VAN DER LINDE / F. THIJSSEN (Hg.) Geloofsinhoud en geloofsbeleving. Een peiling binnen Reformatie en katholieke Kerk in Nederland, Utrecht-Antwerpen 1951, 146-193

De Kerk der Verrijzenis I.: *De plaats der verrijzenis in Christus' verlossingswerk*, in: Verbum 18 (1951) 49-52

De Kerk der Verrijzenis II.: *De invloed van Christus' herrlijkheid op het leven der Kerk*, in: ebd., 73-75

Het geloof als persoonsovergave, in: KCTS 5/2 (1952) 126-138

De Menswording, in: NKS 48 (1952) 353-362

Eenheid en Drieëenheid ... en de Schepping, in: De Bazuin, 14 juni 1952

De voleinding der tijden: het Laatste Oordeel, in: De Bazuin, 20 december 1952

Het verbond met de persoonlijke God, in : De Linie, 14 maart 1952

De leek en de theologie, in: De Linie, 11 juli 1952

Leek en theologie, in: De Tijd, 22 oktober 1952

„Herbronning" van Sint Ignatius „Geestelijke Oefeningen", in: KCTS 7/1 (1953-54) 166-172

Het Oude Testament en de katechese, in: Verbum 20 (1953) 494-501

De doop: Sacrament der mede-verrijzenis, in: De Bazuin, 4 april 1953

Pinksteren: Epiphanie der Kerk, in: De Maasbode, 23 mei 1953

De analogie tussen sacrament en prediking, in: KTN 1954, 44-55

God van Verbond, in: De Heraut van het Heilig Hart, 57-60

De betekenis der menswording, in: Het Schild 31 (1954) 3-7

De vormen van ons christelijk kruis, in: TGL 10 (1954) 643-660

De maaltijd met de Verrezene, in: Verbum 21 (1954) 3-11

De tegenwoordigheid van Christus, in: ebd., 24-28

De betekenis van Christus' herrlijkheid, in: ebd., 146-153

De betekenis van Christus' aardse leven, in: ebd., 194-199

De éne mens met ziel en lichaam, in: ebd., 300-307

Verschijning van Geest en Kerk, in: De Linie, 5 juni 1954

De hemelse en de aardse vader, in: De Bazuin, 19 juni 1954

Het geloof van ons doopsel. Gesprekken over de Apostolische Geloofsbelijdenis. Eerste deel: *God, Vader en Schepper*. Het eerste geloofsartikel, 's-Hertogenbosch 1955

Theologie der maagdelijkheid, in: NKS 51 (1955) 308-320

De betekenis van Christus' verrijzenis, in: School en Godsdienst 9 (1955) 122-127

Christus en het Oude Testament, in: Verbum 22 (1955) 391-401

Jesus' Doopsel in de Jordaan, in: ebd., 434-441

En verbond met God, in: De Bazuin, 26 februari 1955

De maaltijd met de verrezen Herr, in: De Bazuin, 26 maart 1955

Het geloof van ons doopsel. Gesprekken over de Apostolische Geloofsbelijdenis. Tweede deel: *Jezus de Christus, de Zoon Gods*. Het tweede geloofsartikel, 's-Hertogenbosch 1956

Theologie in zelfbezinning, in: AThijm 44 (1956) 225-336

Theologische bezinning op het lichaam, in: Dux 23 (1956) 349-361

Maaltijd en Eucharistie, in: De Heraut van het Heilig Hart 87 (1956) 300-303

De Epiphanie van Kana, in: NKS 52 (1956) 359-363

Christus Pasen en de Sacramenten, in: Verbum 23 (1956) 51-56

Geloof en werken bij Sint Paulus, in: ebd., 386-393

„Het Woord is vlees geworden", in: ebd., 441-447

Het feest van Christus' Doopsel, in: De Bazuin, 22 december 1956

De hemel is reeds begonnen, in: De Bazuin, 22 december 1956

De zonde, in: NKS 53 (1957) 74-83

Woestijn en Thabor, in: Verbum 24 (1957) 50-55

De tegenwoordigheid van de verheerlijkte Christus, in: ebd., 146-150

„Zo zullen wij altijd met de Heer zijn", in: ebd., 290-296

„Sterven in de Heer", in: ebd., 338-347

Wet en geest, in: ebd., 413-422

Liturgische Studiendagen over het doopsel, in: ebd., 423f

De Geest komt immer, in: De Linie, 8 juni 1957

Het geloof van ons doopsel. Gesprekken over de Apostolische Geloofsbelijdenis. Derde deel: *De Mensgeworden Zoon van God.* Het derde geloofsartikel, 's-Her-togenbosch 1958

Eucharistie en tegenwoordigheid, in: De Heraut van het Heilig Hart 89 *(1958)* 106-111

Doopsel en vormsel - Pasen en Pinksteren, in: School en Godsdienst 12 (1958) 162-170

Het doopsel als Paasmysterie, in: TLi 42 (1958) 4-14

Pinksteren en de Kerk, in: Verbum 25 (1958) 186-196

Tegenwoordigheid [1958], in: ebd., 290-302

„Het wonder", in: ebd., 461-466

Gemeenschapleven in christelijke zicht, in: OGL 36 (1959) 193-209

God in de katechismus. Een overdenking bij twee lessen, in: Verbum 26 (1959) 2-11

De tegenwoordigheid van God, in: ebd., 23-37

De tegenwoordigheid van Christus, in: ebd., 148-157

Eucharistische tegenwoordigheid [1959], in: ebd., 194-205

Een terugblik: Ruimtelijke, persoonlijke en eucharistische tegenwoordigheid, in: ebd., 314-327

Genade en natuurlijke godsliefde, in: JKTN 1959, 19-35

Zonde en verlossing als grondsituaties van het mensdom, in: Thijm 48 (1960) 136-151.

De doop van Jezus in de Jordaan, in: NKS 56 (1960) 329-338

Lichamelijkheid en menselijk handelen, in: Str. 13/2 (1960) 907-917

„De zonde der wereld", in: Verbum 27 (1960) 107-116

Kerk en leergezag, in: ebd., 316-323

De hominisatie, in: ebd., 434-452

De Menswording, in: ebd., 453-466

De erfzonde als situatie, in: Bijdr. 22 (1961) 1-30

Zonde ten dode, doodzonde en dagelijkse zonde, in: TTh 1 (1961) 181-193

De nieuwe hemel en de nieuwe aarde, in: ebd., 372-390

Onze Vader is God, in: De Bazuin, 7 januari 1961

Hij heeft de dood doorschreden, in: De Linie, 1 april 1961

Het geloof van ons doopsel. Gesprekken over de Apostolische Geloofsbelijdenis. Vierde deel: *De Macht der Zonde*. Inleiding in de verlossingsleer, Het vierde geloofsartikel, 's-Hertogenbosch 1962

God wordende wereld. Vijf theologische essays, Tielt-Den Haag 1962

Evolutie, in: Bijdr. 23 (1962) 109-138

Erbsünde und „Sünde der Welt", in: Orien. 26 (1962) 65-69 (= Erfzonde en „zonde der wereld", in: NKS 58 [1962] 69-78)

„Sünde der Welt", in: ThG 5 (1962) 173-201

Gottes werdende Welt. Fünf theologische Essays, Limburg/Lahn 1963

Zonde der wereld en erfzonde, in: Bijdr. 24 *(1963)* 349-389

Natuur en Zondeval. Een gedachtenwisseling, in: TTh 3 (1963) 45-64

De zonde in een wordende wereld, in: Verbum 30 (1963) 42-49

„Over de Godmens", in: Bijdr. 25 (1964) 166-187

Het heil komt ter sprake. Enkele gedachten over geloof, kerugma, katechese, katechismus en teologie, in: Dux 31 (1964) 406-415

Zonde en Godsbesef, in: Get. 8 (1964) 271-275

Eucharistische tegenwoordigheid, in: De Heraut 95 *(1964)* 333-336

Tweegesprek over het onstaan der zondigheid, in: TTh 4 (1964) 54-79

Karl Rahner 60 jaar, in: Verbum 31 (1964) 4345

Robinsons getuigenis voor God, in: ebd., 124-139

Tegenwoordigheid [1964], in: ebd., 395-415

Bischop Robinson op het kruispunt, in: De Bazuin, 22 februari 1964

God of mens: een vals dilemma. Rede uitgesproken bij de aanvaarding van het ambt van gewoon hoogleraar in de dogmatische theologie aan de Katholieke Universiteit te Nijmegen, op frijdag 14 mei 1965, 's-Hertogenbosch 1965

Gesprek over de erfzonde, in: Ex auditu Verbi. Theologische opstellingen aangeboden aan Prof. Dr. G.C. Berkouwer, Kampen 1965, 258-271

Sünde - Sakrament - Jugendalter. Einige theologische Bemerkungen, in: G. STACHEL / A. ZENNER (Hg.), Einübung des Glaubens, Würzburg 1965, 97-111

De eenheid van Christus en de preëxistentie van de Zoon, in: JWKTN (1963/64), 92-111

Eucharistische tegenwoordigheid, in: De Heraut 96 *(1965)* 47

Nogmaals: Eucharistische tegenwoordigheid, in: ebd., 48-50

De kerk en de nicht-christelijke godsdiensten. Een theologische beschouwing, in: MissW 44 (1965) 157-166

Vaticaans Concile en Nieuwe Theologie, in: Str. 18/1 (1964-65) 399f

Concilium, in: Str. 18/2 (1965) 711-713

Het menselijke in Gods spreken, in: TGL 21 (1965) 478-494

Theologie der Sünde. Ein theologischer Versuch, Einsiedeln-Köln-Zürich-Köln 1966

The Church and Non-Christian Religions, in; D. FLANAGAN (Hg.), The Evolving Church, Dublin-Staten Island NY 1966, 89-109

Christus' verlossingsdaad, in: Bijdr. 27 (1966) 466-484

Christ's Eucharistic Presence, in: ChiSt 5 (1966) 135-152

Kenosis, in: Conc(D) 2 (1966) 24-33

Het eucharistisch mysterie, in: De Nieuwe Mens 18 (1966-67) 3-20

Christus zonder tweeheid, in: TTh 6 (1966) 289-306

De Kerk ervaart zichzelf, in: Verbum 33 (1966) 3-20

De werkelijkheid van de Verrezene, in: ebd., 242-268

Mysterium Iniquitatis. Ein Versuch über die Erbsünde, in: WuW 21 (1966) 577-591

Der Mensch in der Sünde, in: MySal 2 (1967) 845-941

Jezus Christus vandaag dezelfde, in: H. VAN DER LINDE / H. FIOLET (Hg.), Geloof bij kenterend getij. Peilingen in een seculariserend christendom, Roermond-Maaseik 1967, 163-184

Inwieweit ist die Lehre von der Transsubstantiation historisch bestimmt?, in: Conc(D) 3 (1967) 305-311

Presence and the Eucharistic Presence, in: CrossCur 17 (1967) 39-54

Testcase Erfzonde, in: De Nieuwe Mens 19 (1969-68) 194-205

Gods oorzakelijheid en Christus' voortkomst, in: ThPast 63 (1967) 34-45

Heilsgeschichte und Dialog, in: ThPQ 115 (1967) 132-138

The Real Presence in Contemporary Discussion, in: ThD 15 (1967) 3-11

Religiekritik in: TLi 51 (1967) 325-330

De Nieuw Katechismus en de dogma's, in: Verbum 34 (1967) 9-31

Ook dogma's vragen uitleg, in: ebd., 9-18

Zoekend geloven. *Gesprek over de maagdelijke geboorte van Christus*, in: ebd., 188-195

Theologie und Lehramt. Die Hermeneutik am Beispiel der Erbsünde-Diskussion, in: WuW 22 (1967) 737-746

Piet Schoonenberg, in: Die Antwort der Theologen. Rahner, Metz, Schoonenberg, Congar, Daniélou, Schillebeeckx zu Hauptproblemen der gegenwärtigen Kirche, Düsseldorf 1968, 28-61

Orthodoxie und Orthopraxis in: ebd., 37-42

Das hermeneutische Problem, in: ebd., 43-49

Das Verhältnis zwischen Gott und Welt, in: ebd., 49-56

Das theologische Zentralproblem: Die Christologie, in: ebd., 56-63

Ereignis und Geschehen. Einfache hermeneutische Überlegungen zu einigen gegenwärtig diskutierten Fragen, in: VAN DER LINDE / H. FIOLET (Hg.), Neue Perspektiven nach dem Ende des konventionellen Christentums, Wien-Freiburg-Basel 1968, 119-161

Jezus, de mens die Zoon Gods is, in: De Heraut 99 (1968) 37-39

Enige theologische stellingen aangaande de secularisatie, in: Verbum 35 (1968) 342-352

Ein Gott der Menschen. Zürich-Einsiedeln-Köln 1969 (= *Hij is een God van mensen*. Twee theologische studies, 's-Hertogenbosch 1969)

Geschichtlichkeit und Interpretation des Dogmas, in: DERS., (Hg.), Die *Inter-*

pretation des Dogmas, Düsseldorf 1969, 58-110

Bij Titus Brandsma's „Godsbegrip". Rede uitgesproken bij de opening van het Titus Bandsma-Institut te Nijmegen op 13 december 1968, in: DERS., T. BRANDSMA / A Van DUINKERKEN, God ... anders dan vroeger?, Nijmegen-Tilburg 1969, 45-68

Theologie als kritische Prophetie, in: P. NEUENZEIT (Hg.), Die Funktion der Theologie in Kirche und Gesellschaft. Beiträge zu einer notwendigen Diskussion, München 1969, 371-385

Die sieben Hauptsünden des neuen Katechismus, in: Report über den Holländischen Katechismus. Dokumente, Berichte, Kritik, Freiburg-Basel-Wien 1969, 70-84

Die *Eskalation im Katechismus-Konflikt*, in: ebd., 85-103

Sünde und Schuld, in: SM(D) 4 (1969) 766-779

Ich glaube an das ewige Leben, in: Conc(D) 5 (1969) 43-49

Rabbi en Zoon van God, in: De Heraut 100 (1969) 107-111

Altes Testament, Neues Testament und *Erbsündenlehre*, in: ThPQ 117 (1969) 115-124

Gods tegenwoordigheid in Christus: voortzetting van een gedachtenwisseling, in: TTh 9 (1969) 375-405

Christus' plaats in onze verkondiging, in: Verbum 36 (1969) 398-408

Bund und Schöpfung. Einsiedeln-Zürich-Köln 1970

From a Two-Nature Christology to a Christology of Presence, in: J. PAPIN (Hg.), Christian Action and Openness to the World, Vilanova PA 1970, 119-143

Offenbarung und Erfahrung, in: Christlich-pädagogische Blätter 83 (1970) 234-241

Orthodoxie en orthopraxis kunnen niet buiten elkaar, in: Kosmos en Oecumene 4 (1970) 282-287

Jezus' verrijzenis en ons geloof, in: Schrift nr. 7 (1970) 30-33

Over de aard van de theologie, in: VoxTh 40 (1970) 229-234

Christus - Geschichte oder Legende?, in: H.A:A. MOURITS (Hg.), The Mystery of Sin and Forgiveness, Staten Island NY 1971, 243-252

Revision der Erbsünde-Theologie, in: WuW 25 (1970) 475f

Theologische Fragen zur *Kindertaufe*, in: W. KASPER (Hg.), Christsein ohne Entscheidung oder Soll die Kirche Kinder taufen?, Mainz 1970, 108-128

Original Sin and Man's Situation, in: M.J. TAYLOR (Hg.), The Mystery of Sin and Forgiveness, Staten Island NY 1971, 243-252

Anmerkungen eines Theologen der systematischen Theologie, in: Conc(D) 7 (1971) 720-724

Eine Antwort, in: EphMar 21 (1971) 207-216

Gods transcendentie, in: ThPast 67 (1971) 117-124

Van openbaring naar ervaring en terug, in: Verbum 38 (1971) 82-93

Die *Entwicklung des christologischen Dogmas*, in: Zur Debatte. Themen der Katholischen Akademie in Bayern 1 (1971) nr. 12, 2f

Hij is een God van geschiedenis, in: Bisdomblad (Den Bosch), 12 maart 1971

Die *Transzendenz Gottes*, in: Christlich-pädagogische Blätter 85 (1972) 2-13 (= The Transcendence of God. Part I, in: J. ARMENTI (Hg.), Transcendence and Immanence: Reconstruction in the Light of Process Thinking. Festschrift in Honour of J. Papin, Vol. I. Saint Meinrad IN 1972, 159-165)

Und das Leben der zukünftigen Welt, in: DERS., H.H. BERGER / W.J. BERGER (Hg.), Leben nach dem Tode, Köln 1972, 61-104

Het avontuur der christologie, in: TTh 12 (1972) 307-332

Ich glaube an Gott. Eine Antwort an Prof. Dr. K. Reinhardt, Trier, in: TThZ 81 (1972) 65-83

Katholieke Pentecostals. Vraaggesprek met Prof. Dr. P.J.A.M. Schoonenberg S.J. hoogleraar aan de katholieke universiteit te Nijmegen over de katholieke Pinksterbeweging in Norrd Amerika, in: Vuur. Oekumenisch maandblad voor opwekking, voor alternatief getuigenis 16 (1972) nr. 7-8, 5f

Monophysitisches und dyophysitisches Sprechen über Christus, in: WuW 27 (1972) 252-264

Ervaringen en voorstellingen van Gods transcendentie, in: Politiek en mystiek? Peilingen naar de verhouding tussen religieuze ervaring en sociale inzet, Brugge-Utrecht 1973, 51-68

Art. „Vormsel", in: Oosthoeks Encyclopedie, 6de ed., dl. 15, Utrecht 1973, 261

Einheit von Taufe und Firmung, in: Diak. 4 (1973) 53-55

Is Christus uniek?, in: De Heraut 104 (1973) 5-9

Process and History in God?, in: LouvSt 4 (1972-73) 303-319

Trinität - Der vollendete Bund. Thesen zur Lehre vom dreipersönlichen Gott, in: Orien. 37 (1973) 115-117

In memoriam A. Hulsbosch, in: TTh 13 (1973) 213f

De zoekende christologie van Ansfried Hulsbosch, in: ebd., 261-287

Boekbespreking van: W.J. Samarin, Tongues of Men and Angels. The Religious Language of Pentecostalism, New York 1972, in: ebd., 359

Wege nach Emmaus. Unser Glaube an die Auferstehung Jesu, Graz-Wien-Köln 1974

Het doopsel met Heilige Geist, in: Leven uit de Geest. Theologische peilingen aangeboden aan Edward Schillebeeckx, Hilversum 1974, 65-86 (= *Le baptême d'Esprit Saint*. in: L'expérience de l'Esprit. Melanges E. Schillebeeckx, Paris 1976, 71-96

Versuch einer christlich-theologischen Sicht des Hinduismus, in: G. OBERHAMMER (Hg.), Offenbarung, geistige Realität es Menschen. Arbeitsdokument eines Symposiums zum Offenbarungsbegriff in Indien, Wien 1974, 171-184

Berkhof en het Credo, in: Weerwoord. Reacties op dr. H. Berkhof's „Christelijk Geloof", Nijkerk 1974, 127-135

Continuïteit en herinterpretatie in de Drieëenheidsleer, in: TTh 14 (1974) 54-72

De reflectie der eerste eeuwen op Jezus Christus, in: A. CAMPS (Hg.), Wie zeggen de mensen dat ik ben?, Baarn 1975, 35-50

De charismatische beweging, in: Reliëf. Tijdschrift voor religieuzen 43 (1975) 129-138

Trinity - The Consummated Convenant: Theses on the Doctrine of the Trinitarian God, in: Studies in Religion / Sciences religieuses 5 (1975) 111-116

Gott in der Prozeß-Theologie, in: ThG 18 (1975) 225-235

Christologische Diskussion heute, in: ThPQ 13 (1975) 105-117

A Letter From Piet Schoonenberg S.J., in: ThD 23 (1975) 224f

Wat zijn charismata?, in: Verbum 42 (1975) 234-244

Christologie en theologie der godsdiensten, in: WeZ 4 (1975) 26-37

Doorbraak van de Geest. De katholieke charismatische beweging en haar critici, in: De Bazuin, 28. november 1975

From Transcendence to Immanence, Part II., in: J. ARMENTI (Hg.), The Papin Festschrift. Wisdom and Knowledge, Vol. II, Villanova PA 1976, 273-282

Charismata: hun plaats in de mens, in: BenT 37 (1976) 57-67

Smeekgebed, in: Bouwen aan de Nieuwe Aarde, nr. 227 (1976) 6-10

Der versagende Mensch und sein Gott, in: Conc(D) 12 (1976) 185-188

T. KLIJN, *De charismatische beweging* - hulp bij persoonlijke genezing. *Gesprek met P. Schoonenberg*, in: PrakT 4 (1976) 273-276

Charismatische gebedsgroepen en kerken, in: Vuur. Maanblaad van de Charismatische Werkgemeenschap Nederland 20 (1976) nr. 7, 12f

Denken naar God toe. Afscheidscollege gegeven op vrijdag 25 februari 1977 door Prof. Dr. P.J.A.M. Schoonenberg S.J. bij zijn aftreden als hoogleraar, Nijmegen 1977 (= *Denken naar God toe*. Afscheidscollege als hoogleraar te Nijmegen, in: TTh 17 [1977] 117-130)

Auf Gott hin denken, in: ThG 20 (1977) 193-203

Gods Geest en zijn werking, Breda 1977

Notities over charismata, in: F. RUTKE (Hg.), Charismatisch Nederland. Een overzicht van de ontwikkeling van de Pinkstervernieuwing, Kampen 1977, 27-48

Spirit Christology and Logos Christology, in: Bijdr. 38 (1977) 350-375

Jezus' gebedswonderen [genezingswonderen], in: Bouwen aan de Nieuwe Aarde nr. 244 (1977) 10-15

Gott als Person / als persönliches Wesen, in: Conc(D) 13 (1977) 172-179

De charismata en de liefde, in: Kosmos en Oekumene 11 (1977) 35-39

De uitdaging van Gods Drieëenheid, in: De Bazuin, 3 juni 1977

Gott als Person und Gott als das unpersönlich Göttliche. Bhakti und Jnana, in: G. OBERHAMMER (Hg.), Transzendenzerfahrung, Vollzugshorizont des Heils. Das Problem in indischer und christlicher Tradition. Arbeitsdokumentation eines Symposions, Wien 1978, 207-234

Een aantal vragen over Christus. Interview met Prof. Dr. P. Schoonenberg, in: De Heraut 109 (1978) 5-9

Erfzonde konkreet, in: ebd., 45-48

Zonde van verzuim, in: ebd., 49

De Heilige Geest in de Schrift, in: ebd., 134-139

Wat wil de charismatische vernieuwing zijn?, in: ebd., 151-155

Christ and the Spirit: An Essay in Spirit Christology, in: Schola: A Pastoral Review of Sacred Heart School of Theology 1 (1978) 29-49

Gott als Person und als das unpersönlich Göttliche, in: ThG 21 (1978) 223-232

Naschrift van Dr. P. Schoonenberg, in: BCT 2 (1979) nr. 2, 7f

Waar de Geest toe drijft, in: De Heraut 110 (1979) 251-254

Geloven in de Geest, in: Kerugma 22 (1978-79) nr. 4, 3-12

Spreken over Gods Heilige Geest, in: Kultuurleven 46 (1979) 252-259

God as Relating and (Be)coming: A Meta-Thomistic Consideration, in: Listening 14 (1979) 265-278 (= *God in relatie en wording*. Een meta-thomistische beschouwing, in: Str. 34 [1980] 25-34)

Lijden van God?, in: OGL 56 (1979) 33-42

Wenn der Geist zum Aufbruch drängt, in: Publik-Forum 8 (1979) nr. 11, 12-15

Heiliging, het hart van het heil, in: Vuur. Maandblad van de Charismatische Werkgemeenschap Nederland 24 (1979) nr. 2, 16-18

Einige *Notizen zur Erläuterung und Ergänzung der in* meinem Buch *„Ein Gott der Menschen" vorgetragenen Christologie*. Referat, Universität Mainz 1979 (unveröffentlicht: Schoonenberg-Archiv, Löwen)

Genesis and Evolution, in: Listening 15 (1980) 150-158

Loont God het Goede? Straft Hij het kwade?, in: Schrift nr. 68 (1980) 70-73

Arianische Christologie? Antwort P. Schoonenbergs an J. Galot, in: ThG 23 (1980) H. 4, 50-56

Denken über Chalcedon, in: ThQ 160 (1980) 295-305

Alternativen der heutigen Christologie, in: ThPQ 128 (1980) 349-357

Christologie angesichts der Avatara-Lehre, in: G. OBERHAMMER (Hg.), Epiphanie des Heils. Zur Heilsgegenwart in indischer und christlicher Religion. Arbeitsdokument eines Symposiums, Wien 1982, 180-192

The Theologican's Calling, Freedom and Constraint, in: JES 19 (1982) 92-118 (= L. SWIDLER / P:F. FRANSEN [Hg.], Authority in the Church and the Schillebeeckx Case, New York 1982, 92-118, und: *Roeping, vrijheid en onvrijheid van de theoloog*, in: Bijdr. 43 [1982] 2-29)

Toekomst voor een Geest-christologie?, in: H. HÄRING (Hg.), Meedenken met E. Schillebeeckx bij zijn afscheid als hoogleraar te Nijmegen, Baarn 1983, 146-157

Visies op het heil en de Heiland, in: BCT nr. 11 (1983) 51-56

De voortkomst van de Geest. Gedachten naar aanleiding van het dispuut over het „Filioque", in: TTh 23 (1983) 105-124

Zur *Trinitätslehre* Karl Rahners, in: E. KLINGER / K. WITTSTADT (Hg.), Glaube im Prozeß. Christsein nach dem II. Vatikanum. Für Karl Rahner, Freiburg-Basel-Wien 1984, 471-491

Opmerkingen over Geest-christologie: tussen Van de Kamp en Suurmond, in: BCT nr. 14 (1984) 33-35

En de erfzonde?, in: De Heraut 115 (1984) 55-57

Ons gebed en onze God, in: TTh 24 (1984) 5-17

Unser Gebet und unser Gott, in: ThG 27 (1984) 193-200

Rückkehr zur Vergangenheit - Weg in die Zukunft? Prolegomena zu einem Entwurf der Theologie, in: J.B. BAUER (Hg.), Entwürfe der Theologie, Graz-Wien-Köln 1985, 291-307

Bekannt in den Niederlanden, in: P. IMHOF / H. BIALLOWONS (Hg.), Karl Rahner. Bilder eines Lebens. Zürich-Köln-Basel-Wien 1985, 109-111

Western Scholasticism and a Theology of Prayer, in: K. MACHA (Hg.), Geist und Erkenntnis. Zu spirituellen Grundlagen Europas. FS T. Spkdlík, München 1985, 175-196

Charismata - talenten waar de Geest mee speelt, in: J.A. VAN DER VEN (Hg.), Toekomst voor de Kerk? Studies voor Frans Haarsma, Kampen 1985, 47-58

Gott ändert sich am andern. In freundlichem Gedenken an Karl Rahner, in: ThPQ 133 (1985) 323-332

Naar aanleiding van een onuitgegeben boek. Referat, Dogmatisch werkgezelschap Amsterdam, 21 mei 1985 (unveröffentlicht: Schoonenberg-Archiv, Löwen)

Auf Gott hin denken. Deutschsprachige Schriften zur Theologie, hrsg. von W. ZAUNER, Wien-Freiburg-Basel 1986

Biographisches Interview, in: ebd., 13-24

Die Transzendenz Gottes, in: ebd., 29-45

Der persönliche Gott und das unpersönlich Göttliche, in: ebd., 46-68

Gott ändert sich am andern, in: ebd., 69-81

Allgemeine Heilsgeschichte und Heiliger Geist, in: ebd., 150-161

Die „Naturen" in Jesus Christus, in: ebd., 203-224

Der Erste der Entschlafenen, in: ebd., 244-267

Der Gott der Philosophen und der Gott der Bibel. Eine meta-thomistische Überlegung, in: ThPQ 134 (1986) 358-365

Gods Geest in de heilsgeschiedenis. Inzichten, uitzichten en fragen, in: Internationaal Katholiek Tijdschrift (Communio) 11 (1986) 403-421

A Sapiential Reading of John's Prologue, in: H. BOGENSBERGER / W. ZAUNER (Hg.), Versuch, über Gott zu reden, St. Pölten / Wien 1987, 103-113

God onze verzoening, in: TGL 43 (1987) 381-390

Der Tod als Anfang, in: ThPQ 136 (1988) 309-315

Der lijdende God in de Britse theologie, in: GThT 89 (1989) 154-170

Eine *Diskussion über den trinitarischen Personbegriff*. Karl Rahner und Bernd Jochen Hilberath, in: ZKTh 111 (1989) 129-162

Ik geloof in de heilige Geest, in: Schrift nr 130 (1990) 144-147

Der Christus „von oben" und die Christologie „von unten", in: TThZ 99 (1990) 95-124

Ökonomische und immanente Trinität. Referat beim „Schoonenberg-Kolloquium" in Nijmegen 1990 (unveröffentlicht: Schoonenberg-Archiv, Löwen)

De Geest, het Woord en de Zoon. Theologische overdenkingen over Geest-christologie, Logos-christologie en Drieëenheidsleer, Averbode-Kampen 1991

Ons denken naar God, Gods komen tot ons, in: F. VOSMAN (Hg.), Denken naar God toe, Barn 1991, 145-155

The *doctrine of the Trinity*: An Empty Dogma or a Fruitful Theologoumenon?, in: LouvSt 16 (1991) 195-207

De Christus „van boven" en de christologie „van beneden". Nadere overdenkingen rond de „God van mensen", in: TTh 31 (1991) 3-27

Ein- oder Mehrpersönlichkeit Gottes. Referat beim Schoonenberg-Kolloquium in Löwen 1991 (unveröffentlicht: Schoonenberg-Archiv, Löwen)

Der Geist, das Wort und der Sohn. Eine Geist-Christologie, Regensburg 1992

Het oordeel der Liefde, in: G. De SCHRIJVER / R. MICHIELS / L. BOEVE (Hg.), Hoop en opstanding. Feestbundel bij het emeritaat van H.-E. Mertens, Leuven 1993, 175-183

De Drieeenheid „is al naar ons afgestapt", in: Trouw, 5 januari 1994

II. Weitere Literatur

R. AUBERT, *Die modernistische Krise*, in: HKG(J) VI/2 (1973) 435-500
- Die *Theologie während der ersten Hälfte des 20. Jahrhunderts*, in: H. VORGRIMLER / R. VANDER GUCHT (Hg.), Bilanz der Theologie im 20. Jahrhundert, Bd. 2, Freiburg-Basel-Wien 1969, 7-70

L. BAKKER, *Nach dem Ende des konventionellen Christentums*, in: H. VAN DER LINDE / H. FIOLET (Hg.), Neue Perspektiven nach dem Ende des konventionellen Christentums, Freiburg-Basel-Wien 1969, 31-68
- *Schoonenberg's theologie*: spiegel van onze eigen ontwikkeling?, in: TTh 11 (1971) 353-382

K. BARTH, *Nachwort*, in: H. BOLLI (Hg.), Schleiermacher-Auswahl, München-Hamburg 1968, 290-312

W. BEINERT, Die Enzyklika *„Mysterium Fidei" und neuere Auffassungen über die Eucharistie*, in: ThQ 147 (1967) 158-167

H. BERKHOF, *De leer van de H. Geest*, Nijkerk ^{2}1965
- *Theologie des Heiligen Geistes*. Mit einem Nachtrag zur neueren Diskussion von Uwe Gerber, Neukirchen-Vluyn 1968 (^{2}1988)
- *Rezension* zu: P. Schoonenberg, Hij is een God van mensen, in: NKS 24 (1970) 395f
- *Schoonenberg en Pannenberg: de tweesprong van de huidige christologie*, in: TTh 11 (1971) 413-422
- *Verbond*: dualiteit zonder dualisme, in: TTh 14 (1974) 286-291
- Der *Vorschuß des Geistes*. Aktuelle Tendenzen in der Pneumatologie, in: EK 8 (1975) 658-662
- Die *Pneumatologie in der niederländischen Theologie*, in: O.A. DIL-

SCHNEIDER (Hg.), Theologie des Geistes, Gütersloh 1980, 25-44
- *Christelijk Geloof.* Een inleiding tot de geloofsleer, Nijkerk [3]1973 ([5]1985)
E. BISER, *Theologie als Therapie*. Zur Wiedergewinnung einer verlorenen Dimension, Heidelberg 1985
A. BITTLINGER, Philip Potter zum Verhältnis zwischen Ökumenischem Rat der Kirchen und charismatischer Gemeinde-Erneuerung, in: Erneuerung in Kirche und Gesellschaft H. 7 (1980) 24-26
K. BLASER, *Immanente Transzendenz* oder plurale Emergenz des Geistes?, in: EvTh 53 (1993) 566-576
L. BOFF, Eine kreative *Rezeption des II. Vatikanums* aus der Sicht der Armen: Die Theologie der Befreiung, in: E. KLINGER / K. WITTSTADT (Hg.), Glaube im Prozeß. Christsein nach dem II. Vatikanum. FS Karl Rahner, Freiburg-Basel-Wien 1984, 628-654
- *Kirche - Charisma und Macht.* Studien zu einer streibaren Ekklesiologie, Düsseldorf 1985
- *Jesus Christus, der Befreier*, Freiburg 1986
- / C. BOFF, *Wie treibt man Theologie der Befreiung?*, Düsseldorf 1986
R. BOHREN, *Vom Heiligen Geist*. Fünf Betrachtungen, München 1981
C. BOYER, *Une étrange Christologie*, in: Doctor Communis 26 (1973) 175-187
W. BREUNING, *Trinitätslehre*, in: H. VORGRIMLER / R. VANDER GUCHT (Hg.), Bilanz der Theologie im 20. Jahrhundert, Bd. 3, Freiburg-Basel-Wien 1970, 21-36
- *Pneumatologie*, in: ebd., 120-126
R.E. BROWN, *Jesus, God an Man*. Modern Biblical Reflections, Milwaukee 1967
- *The Gospel according to John*, Vol. XIII-XXI, Garden City/NY 1978
J. BUNNENBERG, *Lebendige Treue zum Ursprung*. Das Traditionsverständnis Yves Congars, Mainz 1989
C. CAMPBELL BETTY, *Piet Schoonenberg's Theory of Original Sin*, in: Thought 45 (1975) 83-101
O. CASEL, *Glaube - Gnosis - Mysterium*, Münster 1941
M.-D. CHENU, *Position de la théologie*, in: RSPhTh 24 (1935) 232-257
- *Une école de théologie*: Le Saulchoir, Tournai 1937
- *Pour une théologie du travail*, Paris 1955
- / G. ALBERIGO, Une école de théologie: *Le Saulchoir*, Paris 1985
R.S. CHOPP, *Lateinamerikanische Befreiungstheologie*, in: D.F. FORD (Hg.), Theologen der Gegenwart, Paderborn 1993, 291-308
J.M. CHUKWUDI NWOSAH, *Original Sin in Dialogue*: A.-M. Dubarle, P. Grelot, P. Schoonenberg, and Flick-Alszeghy as Representatives of a much Discussed Question, Rome 1990
T.E. CLARKE, *Rezension*: P. Schoonenberg, The Christ, in: TS 33 (1972) 378
J.A. COLEMAN, The *Evolution of Dutch Catholicism*, 1958-1974, Berkeley-Los Angeles-London 1978

G. COLOMBO, Die *Theologie der Schöpfung* im 20. Jahrhundert, in: H. VORGRIMLER / R. VANDER GUCHT (Hg.), Bilanz der Theologie im 20. Jahrhundert, Bd., 3, Freiburg-Basel-Wien 1970, 36-62
J. COMBLIN, *Vers une théologie de l'action*, Brüssel 1965
- Die katholische *Theologie seit dem Ende des Pontifikats Pius' XII.*, in: H. VORGRIMLER / R. VANDER GUCHT (Hg.), Bilanz der Theologie im 20. Jahrhundert, Bd., 2, Freiburg-Basel-Wien 1970, 70-88
- *Der Heilige Geist*, Düsseldorf 1988
Y. CONGAR, *Chrétiens désunis*. Principes d'un „oecuménisme" catholique, Paris 1937
- *Entwicklungen im religiösen Denken des heutigen Frankreich*, in: Dokumente 5 (1949) 120-132. 245-255
- *Jalons pour une théologie du laicat*, Paris 1953
- *Situation und Aufgabe der Theologie heute*, Paderborn 1971
- *Kirche und Welt in der Sicht des Zweiten Vaticanums*, in: ebd., 151-184
- *Marie Dominique Chenu*, in: H. VORGRIMLER / R. VANDER GUCHT (Hg.), Bilanz der Theologie im 20. Jahrhundert. Bahnbrechende Theologen, Freiburg-Basel-Wien 1970, 99-122
- Die christologischen und pneumatologischen Implikationen der *Ekklesiologie des II. Vatikanums*, in: DERS. / G. ALBERIGO, H.J. POTTMEYER (Hg.), Kirche im Wandel. Eine kritische Zwischenbilanz nach dem Zweiten Vatikanum, Düsseldorf 1982, 111-123
- *Der Heilige Geist*, Freiburg-Basel-Wien 1982 (^{3}1991)
- *Aktualität der Pneumatologie*, in: DERS., Im Geist und im Feuer. Glaubensperspektiven, Freiburg 1987, 63-83
M.L. COOK, *The Jesus of Faith*. A Study in Christology, New York-Ramsey-Toronto 1981
P. COOREMAN, *De ontstansgeschiedenis van de nieuwe Katechismus*, in: J. VAN LIER / J. SIMONS (Hg.), Geloof leren geloven. Twintig jaar „De Nieuwe Katechismus": leren van het verleden met het oog op de toekomst, Nijmegen 1987, 15-48
J. COPPENS, *La personne de Jésus Christ*. A propos d'un essai d'explication nouvelle, in: EThL 45 (1969) 127-137
F. COURTH, Die *Sakramente*. Ein Lehrbuch für Studium und Praxis der Theologie, Freiburg-Basel-Wien 1995
F. CROWE, *Son of Spirit*, Holy Spirit and World Religions. The Contribution of Bernard Lonergan to the Wider Ecumenism, Ausgabe des Regis College, Toronto 1984
S.M. DAECKE, *Neue Konjunktur für den Geist*. Ungelöste Widersprüche in der Pneumatologie, in: EK 8 (1975) 520-523
J. DANIÉLOU, *Les Orientations présentes* de la pensée religieuse, in: Etudes 249 (1946) 5-21
P.T. DE CHARDIN, *Le milieu divin*, Paris 1957
- Der *Mensch im Kosmos*, München 1959

F.J.A. DE GRIJS, *De erfzonde*, in: Bijdr. 31 (1970) 114-136
- *Spreken over God en Thomasinterpretatie*, in: Werkgroep Thomas van Aquino, Jaarboek 1984, Utrecht, 7-38

A. DE HALLEUX, Rezension: P. Schoonenberg, Der Geist, das Wort und der Sohn. Eine Geist- Christologie, in: EThL 69 (2993) 213f

H. DE LUBAC, *Katholizismus als Gemeinschaft*, Einsiedeln-Köln 1943
- *Corpus mysticum*. L'Eucharistie et l'Eglise au Moyen Age, Paris 1944
- *Surnaturel*. Études historiques, Paris 1946
- *Le mystère du surnaturel*, in: RSR 36 (1949) 80-121
- *Betrachtung über die Kirche*, Graz 1954
- *Le mystère du surnaturel*, Paris 1965

D.M. DE PETTER, *Impliciete Intuïtie*, in: TPh 1 (1939) 84-105 (= DERS., Begrip en Werkelijkheid, Hilversum-Antwerpen 1964, 25-43)

R. DEL COLLE, *Christ and the Spirit*. Spirit Christology in Trinitarian Perspective, New York-Oxford 1994

Th. DEMAN, Französische Bemühungen um eine *Erneuerung der Theologie*, in: ThRv 46 (1950) 61- 82

H. DENZINGER, Kompendium der Glaubensbekenntnisse und kirchlichen Lehrentscheidungen. Verbessert, erweitert, ins Deutsche übertragen und unter Mitarbeit von H. Hoping hrsg. von P. HÜNERMANN, Freiburg-Basel-Wien ^{37}1991 *[DH]*

J. DREISSEN, *Diagnose des Holländischen Katechismus*. Über Struktur und Methode eines revolutionierenden Buches, Freiburg-Basel-Wien 1968

O.A. DILSCHNEIDER, Die *Geistvergessenheit der Theologie*. Epilog zur Diskussion über den historischen Jesus und den kerygmatischen Christus, in: ThLZ 86 (1961) 255-266

C.H. DODD, The *Interpretation of the Fourth Gospel*, Cambridge 1970

DOKUMENTATION: Das Zweite Vatikanische Ökumenische Konzil. Die *Eröffnung des Zweiten Vatikanischen Konzils (Eröffnungsrede des Papstes)*, in: HerKorr 17 (1962) 84-88

DOKUMENTATION: Papst Paul VI., Die *Enzyklika „Mysterium Fidei"*, in: HerKor 19 (1965) 653-661

DOKUMENTATION: *Erklärung der Glaubenskongregation über Gottessohnschaft und Trinität*, in: HerKorr 26 (1972) 228f

J.D.G. DUNN, *Jesus and the Spirit*. A Study of the Religious and Charismatic Experience of Jesus and the First Christians as Reflected in the New Testament, Philadelphia 1975
- *Rediscovering the Spirit*, in: ET 84 (1972-73) 7-12. 40-44; 94 (1982) 9-18
- *Christology in the Making*. A New Testament Inquiry into the Origins of the Doctrine of the Incarnation, Philadelphia 1980
- *„Let John be John"*. A Gospel for its Time, in: P. STUHLMACHER (Hg.), Das Evangelium und die Evangelien, Tübingen 1983, 309-339

J. DUPUIS, *The christology of P. Schoonenberg*, in: DERS., Jesus and the Spirit. Theological Approaches, Bangalore 1977, 111-128

- *Jesus Christ and his Spirit*. Theological Approaches, Ausgabe der Theological Publications in India, St. Peter's Seminary, Bangalore 1977
W. EICHINGER, *Erbsündentheologie*. Rekonstruktion neuerer Modelle und eine politisch orientierte Skizze, Franfurt/M.-Bern-Circester/U.K. 1980
E. EVANS, *Tertullian's Treatis Against Praxeas*, London 1948
A. EXELER, Die *Vorwürfe gegen den neuen holländischen Katechismus*, in: KatBl 92 (1967) 217-226
M. FIGURA, Der *Geist und* die *Kirche*. Zur theologischen Bestimmung der Kirche in der Sicht des dritten Glaubensartikels, in: W. AYMANS (Hg.), Fides et Ius. FS G. May zum 65. Geburtstag, Regensburg 1991, 13-32
J. FIRET, Psychologische notities met betrekking tot de *„Geestesdoop"*, in: G.P. HARTVELT (Hg.), Op het spoor van de Geest, Kampen 1978, 77-89
H. FORTMANN, *Poging tot verdere dialoog*, in: ThPast 63 (1967) 46-53
R. FRANCO, *Rezension*: P. Schoonenberg, Der Geist, das Wort und der Sohn. Eine Geist-Christologie, in: ATG 56 (1993) 364
P. FRANSEN, Dogmengeschichtliche Entfaltung der *Gnadenlehre*, in:MySal IV/2 (1973) 631-765
J. FREITAG, Geist-Vergessen - *Geist-Erinnern*. Vladimir Losskys Pneumatologie als Herausforderung westlicher Theologie, Würzburg 1995
C. FREY, Mysterium der Kirche, Öffnung zur Welt. Zwei Aspekte der *Erneuerung französischer katholischer Theologie*, Göttingen 1969
T. FREYER, *Pneumatologie als Strukturprinzip der Dogmatik*. Überlegungen im Anschluß an die „Geisttaufe" bei Karl Barth, Paderborn 1982
- *„Transsubstantiation" versus „Transfinalisation/Transsignifikation"?* Bemerkungen zu einer aktuellen Debatte, in: Cath(M) 49 (1995) 174-195
H. FRIES, *Ökumene* - bis zur Stunde noch getrennt, in: M. ALBUS / P.M. ZULEHNER (Hg.), Nur der Geist macht lebendig, Mainz 1985, 99-109
E. FRISQUE, *Ekklesiologie* im 20. Jahrhundert, in: H. VORGRIMER / R. VANDER GUCHT (Hg.), Bilanz der Theologie im 20. Jahrhundert, Bd. 3, Freiburg-Basel-Wien 1970, 192-226
G. FUCHS, *„Durch seine Wunden wurden wir geheilt"*. Zur Aktualität der „Seligpreisung" der Kranken und Gekränkten, in: Die Mitarbeiterin 31 (1980) 162-167
- *Gott ist Liebe*. Die Trinitätslehre als Inbegriff christlicher Glaubenserfahrung, in: rhs 24 (1981) 1-15
- *„Die wunde Stelle finden"*. Ansätze zu einer therapeutischen Pneumatologie, in: rhs 31 (1988) 262-270
- *Gottes Welt-Innen-Raum*. Zur gegenwärtigen Theologie des Hl. Geistes, in: Diak. 21 (1990) 158-169
- *Rezension*: P. Schoonenberg, Der Geist, das Wort und der Sohn. Eine Geist-Christologie, in: Informationen für Religionslehrerinnen und Religionslehrer, hrsg. vom Bistum Limburg, 1993, Nr. 1, 41f
R.H. FULLER, The *Incarnation* in Historical Perspective, in: W.T. STEVENSON (Hg.), Theology and Culture (Anglican Theological Review, suppl.

series), Nov. 1976, 57-66
- Christmas, Epiphany, and the *Johannine Prologue*, in: M.L'ENGLE / W. GREEN (Hg.), Spirit and Light. Essays in Historical Theology, New York 1976, 57-66
J. GALOT, *Vers une nouvelle christologie*, Paris 1971
A. GANOCZY, Der *Heilige Geist als Kraft und Person*, in: H. BÜRKLE / G. BECKER (Hg.), Communicatio Fidei. FS E. Biser, Regensburg 1983, 111-123
- *Trinität - vom Heiligen Geist her reflektiert*, in: DERS., Liebe als Prinzip der Theologie. Gesammelte Studien für eine „responsorische" Dogmatik, hrsg. von R. DVORAK, Würzburg 1994, 90-98
A. GEENSE, *Pneumatologische Entwürfe in der niederländischen Theologie*, in: ThLZ 106 (1981) 786-796
D.L. GELPI, *Charism and Sacrament*. A Theology of Christian Conversion, New York 1976
- *Experiencing God*. A Theology of Human Emergence, New York 1978
- *Inculturating North American Theology*. An Experiment in Foundational Method, Atlanta 1988
- *Charismatische theologie: een rooms-katholieke benadering*, in: J.-J. SUURMOND (Hg.), „Och, ware het gehele volk profeten!" Charismatisch-theologische teksten, Zoetermeer 1992, 100-118 (= Pentecostal Theology: A Roman Catholic Viewpoint, in: R.P. SPITTLER [Hg], Perspectives on the New Pentecostalism, Grand Rapids 1976, 28-42)
U. GERBER, *Rezension zu*: *J. Moltmann, Der Geist des Lebens*, in: ÖR 41 (1992) 519
A. GERKEN, *Theologie der Eucharistie*, München 1973
R. GIBELLINI, Handbuch der *Theologie im 20. Jahrhundert*, Regensburg 1995
GLAUBENSVERKÜNDIGUNG FÜR ERWACHSENE. Deutsche Ausgabe des Holländischen Katechismus, Freiburg-Basel-Wien 1969 (= *DE NIEUWE KATECHISMUS*. Geloofsverkondiging voor volwassenen, in opdracht van de bisschoppen van Nederland, Antwerpen-'s-Hertogenbosch-Rormond o.J. [1966])
W. GODDIJN, De moed niet verliezen. Kroniek van een Priester-Socioloog 1921-1971, Kampen ^{2}1993
H.-J. GOERTZ, *Geist und Leben*. Überlegungen zu einer pneumatologischen Grundlegung der Theologie, in: KuD 28 (1982) 278-306
A. GRILLMEIER, Zum *Christusbild* der heutigen katholischen Theologie, in: J. FEINER / J. TRÜTSCH / F. BÖCKLE (Hg.), Fragen der Theologie heute, Einsiedeln-Zürich-Köln 1958, 265-299
R. GUARDINI, Das *Erwachen der Kirche* in der Seele, in: DERS., Vom Sinn der Kirche, Mainz 1922 (^{3}1939), 1-19
F. HAARSMA, *Van priester naar profeet*, in: Over de Priester. Essays en Interviews, Utrecht 1965, 79- 95

- *Ontwikkelingen in de rooms-katholieke theologie in Nederland*, in: De Nieuwe Mens 20 (1968) 49-58
- *Kerkelijk ambt als profetisme*, in: TTh 10 (1970) 197-202
- *Op het raakvlak tussen dogmatiek en pastoraat*, in: TTh 11 (1971) 423-438

H. HÄRING, *Ecce homo*, in: TTh 23 (1983) 24-38
- *Eerlijk voor God?* Over de resultaten van een voortgaande discussie, in: TTh 31 (1991) 285- 315
- *Amt und Geist: eine katholische Antwort*, in: Conc(D) 32 (1996) 256-260
- / T. SCHOOF, *In memoriam Piet Schoonenberg*, in: TTh 39 (1999) 408f

C. HALKES, *Gott hat nicht nur starke Söhne*. Grundzüge einer feministischen Theologie, Gütersloh 1980
- *Feministische Theologie*. Eine Zwischenbilanz, in: Conc(D) 16 (1980) 293-300
- *Suchen was verloren ging*, Gütersloh 1985

C. HARTHORNE, The Divine Relativity, New Haven [4]1964

C. HEITMANN / H. MÜHLEN (Hg.), *Erfahrung und Theologie des Heiligen Geistes*, München 1974
- / F. SCHMELZER (Hg.), *Im Horizont des Geistes*. Antwort auf eine Krise, Paderborn 1971

B.J. HILBERATH, *„Substanzverwandlung“ - „Bedeutungswandel“ - „Umstiftung“*. Zur Diskussion um die eucharistische Wandlung, in: Cath(M) 39 (1985) 133-150
- Der *Personbegriff der Trinitätstheologie* in Rückfrage von Karl Rahner zu Tertullians „Adversus Praxean“, Innsbruck-Wien 1986
- *Heiliger Geist - heilender Geist*, Mainz 1988
- *Heiliger heilender Geist*. Zur therapeutischen Relevanz christlicher Anthropologie, in: ebd., 11- 37
- Heiliger Geist - heilender Geist. *„Der Herr ist und der Leben schafft“*, in: ebd., 88-101
- *Pneumatologie*, in: Th. SCHNEIDER (Hg.), Handbuch der Dogmatik *[HDD]*, Bd. 1, Düsseldorf 1992 ([2]1995) 445-552
- Zur *Personalität des Heiligen Geistes*, in: ThQ 173 (1993) 98-112
- *Pneumatologie (Leitfaden Theologie* 23), Düsseldorf 1994
- *Karl Rahner*. Gottgeheimnis Mensch, Mainz 1995

W.J. HILL, *The Three-Personed God*. The Trinity as a Mysterie of Salvation, Washington DC 1982

G. HINTZEN, Die neuere *Diskussion um die eucharistische Wandlung*. Darstellung, kritische Würdigung, Weiterführung, Frankfurt/M.-München 1976
- *Sakramentale und personale Zeichenwirkung*, in: BiKi 32 (1977) 112-119
- Gedanken zu einem personalen *Verständnis der eucharistischen Realpräsenz*, in: ebd., 279-310
- *Personale und sakramentale Gegenwart* des Herrn in der Eucharistie. Zu

Notger Slenczkas Buch „Realpräsenz und Ontologie“, in: Cath(M) 47 (1993) 210-237

G.M. HOFF, *Chalcedon im Paradigma Negativer Theologie*. Zur aporetischen Wahrnehmung der chalcedonensischen Christologie, in: ThPh 70 (1995) 355-372

W.J. HOLLENWEGER, *Charismatische und pfingstlerische Bewegungen* als Frage an die Kirche heute, in: H. MEYER (Hg.), Wiederentdeckung des Heiligen Geistes. Der Heilige Geist in der charismatischen Erfahrung und theologischen Reflexion, Frankfurt 1974, 53-76

- *Geisterfahrung und charismatisches Weltverständnis*, in: Diak. 7 (1976) 381- 390
- *Erfahrungen der Leibhaftigkeit*. Interkulturelle Theologie, Bd. 1, München 1979
- *Umgang mit Mythen*. Interkulturelle Theologie, Bd. 2, München 1982
- *Geist und Materie*. Interkulturelle Theologie, Bd. 3, München 1988
- *Art. „Charismatische Bewegung“*, in: W. MÜLLER-RÖMHELD (Hg.), Ökumene-Lexikon, Frankfurt/M. [2]1987, 212-214
- *Art. „Pfingstbewegung“*, in: ebd., 963-967
- *Charismatisch-pfingstliches Christentum*. Herkunft, Situation, Ökumenische Chancen, Göttingen 1997

P. B.-K. HONG, *„Sünde der Welt“ und „Erbsünde“*. Eine Untersuchung zur Erbsündentheologie Piet Schoonenbergs, Freiburg i.Br. 1987

H. HOPING, *Freiheit im Widerspruch*. Eine Untersuchung zur Erbsündenlehre im Ausgang von Immanenuel Kant, Innsbruck-Wien 1990

A. HULSBOSCH, *Jezus Christus*, gekend als mens, beleden als Zoon Gods, in: TTh 6 (1966) 250-273

- *Christus, de scheppende wijsheid van God*, in: TTh 11 (1971) 66-77

C. JANOWSKI, *Theologischer Feminismus*. Eine historisch-systematische Rekonstruktion seiner Grundprobleme, in: E. MOLTMANN-WENDEL (Hg.), Weiblichkeit in der Theologie, Gütersloh 1988, 149-185

PAPST JOHANNES PAUL II. an die Leiter der Charismatischen Erneuerung, in: Erneuerung in Kirche und Gesellschaft, H. 10 (1981) 32-35

A.R. JOHNSON, *The One and the Many in the Israelite Conception of God*, Cardiff 1961

E.A. JOHNSON, *Ich bin die ich bin*. Wenn Frauen Gott sagen, Düsseldorf 1994

H. JORISSEN, *Diskussion um die eucharistische Realpräsenz* und die Transsubstantiation in der neueren Theologie, in: Beiträge zur Diskussion um das Eucharistieverständnis, Bonn (Collegium Albertinum) 1970, 33-57

C. JOURNET, *Sécularisation, Herméneutique, Orthopraxis* sélon E. Schillebeeckx et P. Schoonenberg, in: NV 44 (1969) 300-312

E. JÜNGEL, *Gottes Sein ist im Werden*. Verantwortliche Rede vom Sein Gottes bei Karl Barth, Tübingen 1965

J.A. JUNGMANN, Die *Frohbotschaft* und unsere Glaubensverkündigung,

Regensburg 1936
- Die *Kirche* im religiösen Leben der Gegenwart, in: H. TÜCHLE (Hg.), Die eine Kirche, Paderborn 1939, 373-390

H. KÄGI, *Der Heilige Geist* in charismatischer Erfahrung und theologischer Reflexion, Zürich 1989

A. KAISER, *Möglichkeiten und Grenzen einer Christologie „von unten"*. Der christologische Neuansatz „von unten" bei Piet Schoonenberg und dessen Weiterführung mit Blick auf Nikolaus von Cues, Münster 1992
- *Rückkehr zur Vergangenheit - Weg in die Zukunft?* Aktuelle theologische Perspektiven im Glauben und Denken des Nikolaus von Kues, in: Th. BERKE / W. KRAUSE (Hg.), Verlorenes wiederfinden. FS E. Volk, Spiesen-Elversberg 1992, 267-286

W. KASPER, *Dogma unter dem Wort Gottes*, Mainz 1965
- *Jesus der Christus*, Mainz 1974
- *Wer ist Jesus Christus für uns heute?* Zur gegenwärtigen Diskussion um die Gottessohnschaft Jesu, in: ThQ 154 (1974) 293-222
- *Christologie von unten?* Kritik und Neuansätze gegenwärtiger Christologie, in: L. SCHEFFCZYK (Hg.), Grundfragen der Christologie heute, Freiburg-Basel-Wien 1975, 141-170
- Die *Kirche als Sakrament des Geistes*, in: DERS. / G. SAUTER, Kirche - Ort des Geistes, Freiburg 1976, 13-55
- *Neuansätze gegenwärtiger Christologie*, in: J. SAUER (Hg.), Wer ist Jesus Christus?, Freiburg 1977, 121-150
- (Hg.), *Gegenwart des Geistes* - Aspekte der Pneumatologie, Freiburg-Basel-Wien 1979
- *Aspekte gegenwärtiger Pneumatologie*, in: ebd., 7-22
- *Neuansätze gegenwärtiger Christologie*, in: DERS. (Hg.), Christologische Schwerpunkte, Düsseldorf 1980, 17-36
- Der *Gott Jesu Christi*, Mainz 1982
- *Gottes Gegenwart in Jesus Christus*. Vorüberlegungen zu einer weisheitlichen Christologie, in: W. BAIER (Hg.), Weisheit Gottes - Weisheit der Welt. FS Joseph Kardinal Ratzinger zum 60. Geburtstag, St. Ottilien 1987, 311-328

A. KELLER, *Rezension*: P. Schoonenberg, Die Interpretation des Dogmas, in: ThPh 46 /1971) 277- 282

P. KENNEDY, *Edward Schillebeeckx*. Die Geschichte von der Menschlichkeit Gottes, Mainz 1994

R. KERESZTY, *The Pre-existence and Oneness of Christ*, in: AEcR 167 (1973) 630-642

H. KESSLER, Das *Stöhnen der Natur*. Plädoyer für eine Schöpfungsspiritualität und Schöpfungsethik, Düsseldorf 1990

J.A.N. KNUTTEL, *Woordenboek der Nederlandse Spraak*, s'-Gravenhage-Leiden 1936

H.M. KÖSTER, *Urstand, Fall und Erbsünde* in der katholischen Theologie

unseres Jahrhunderts, Regensburg 1983
KONGREGATION FÜR DIE GLAUBENSLEHRE, *Declaratio ad fidem tuendam in mysteria Incarnationis et Sanctissimae Trinitatis* a quibusdam recentibus erroribus, in: AAS 64 (1972) 237-241
- *Declaratio circa Catholicam Doctrinam de Eclesia contra nonnullos errores hodiernus tuendam*, in: AAS 65 (1973) 396-408
A.M. KOTHGASSER, Die katholische *Pneumatologie im Zwanzigsten Jahrhundert*. Perspektiven, Strömungen, Motive, Ausblick, in: Credo in Spiritum Sanctum, Rom 1983, 611-659
H.J. KOUWENHOVEN, *Simul iustus et peccator* in de nieuwe rooms-katholieke theologie, Delft 1969
H.-J. KRAUS, *Reich Gottes - Reich der Freiheit*. Grundriß systematischer Theologie, Neukirchen- Vluyn 1975
- *Systematische Theologie* im Kontext biblischer Geschichte und Eschatologie, Neukirchen-Vluyn 1983
- *Heiliger Geist*. Gottes befreiende Gegenwart, München 1986
G. KRETSCHMAR, *Studien zur frühchristlichen Trinitätstheologie*, Tübingen 1956
H. KÜNG, *Strukturen der Kirche*, Freiburg-Basel-Wien 1962
V.M. KUIPER, *„Hauptsünden" des holländischen Neuen Katechismus*, Zürich 1967
K.-J. KUSCHEL, *Geboren vor aller Zeit?* Der Streit um Christi Ursprung, München 1990
R. LACHENSCHMID, *Christologie und Soteriologie*, in: H. VORGRIMLER / R. VANDER GUCHT (Hg.), Bilanz der Theologie im 20. Jahrhundert, Bd. 3, Freiburg-Basel-Wien 1970, 82-120
C.M. LaCUGNA, *God for us*: The Trinity and Christian Life, San Francisco CA 1991
A. LAMINSKI, Die *Entdeckung der pneumatologischen Dimension der Kirche* durch das Konzil und ihre Bedeutung, in: F. HOFFMANN (Hg.), Sapienter ordinare. FS E. Kleineidam, Leipzig 1969, 392-405
H. LAMPE, *The Holy Spirit and the Person of Christ*, in: S.W. SYKES / J.P. CLAYTON (Hg.), Christ - Faith and History, Cambridge 1972, 111-130
A. LASCARIS, *Uit liefde tot de mens*, in: De Bazuin, 8 november 1991, 10-12
A.F.N. LEKKERKERKER, *Nieuwe theologie*. Schets van de theologische situatie, 's-Gravenhage 1968
P. LENS, *De eniggeboren Zoon*. De preëxistentie van de Logos en het zelfbewustzijn van de aardse Jezus in de theologie van Piet Schoonenberg (Diss.), Leuven 1995 (unveröffentlicht: Schoonenberg-Archiv, Löwen)
- *God heeft Zich aan onze menselijkheid gewaagd*. Een onderzoek naar de vraagstelling omtrent het zelfbewustzijn van de aardse Jezus en de preëxistentie van het Woord in de theologie van Piet Schoonenberg, in: Internationaal Katholiek Tijdschrift (Communio) 21 (1996) 366-392
J. LESCRAUWAET (Hg.), *Leven uit de geest*. Theologische peilingen aange-

boden aan E. Schillebeeckx, Hilversum 1974
- Reflecties over de idee van Piet *Schoonenberg over de gaven van de Geest*, in: BCT 2 (1979) nr. 2, 2-6
L. LIES, *Rezension*: P. Schoonenberg, Der Geist, das Wort und der Sohn. Eine Geist-Christologie, in: Die Zeit im Buch 47 (1993) 179
U. LINK-WIECZOREK, *Rezension*: P. Schoonenberg, Der Geist, das Wort und der Sohn. Eine Geist-Christologie, in: ÖR 42 (1993) 253f
M.-T. LISKE, *Kann Gott reale Beziehungen zu Geschöpfen haben?* Logisch-theologische Betrachtungen im Anschluß an Thomas von Aquin, in: ThPh 68 (1993) 208-228
J. LOOYSE, *Bewogen en verbonden door Geest en Woord. De pneumatologie van P. Schoonenberg*. Doctoraalscriptie Dogmatiek, (Theologische Faculteit) Tilburg 1992 (unveröffentlicht: Schoonenberg- Archiv, Löwen.
W. MAAS, *Unveränderlichkeit Gottes*. Zum Verhältnis von griechisch-philosophischer und christlicher Gotteslehre, München-Paderborn-Wien 1974
F. MALMBERG, *Über den Gottmenschen*, Freiburg 1960
B.O. McDERMOTT, *Rezension*: P. Schoonenberg, Hij is een God van mensen, in TS 31 (1970) 351-354
- *The personal unity of Jesus and God* according to W. Pannenberg, St. Ottilien 1973
R. MEDISCH, *Neues zur Christologie Schoonenbergs*, in: ThPh 16 (1973) 391-399
H.E. MERTENS, *Did the Word of God Become a Human Person?*, in: LouvSt 18 (1993) 175-180
J.B. METZ, *„Das Konzil - der Anfang eines Anfangs?“*, in: K. RICHTER (Hg.), Das Konzil war erst der Anfang, Mainz 1991, 11-24
G.E. MEULEMAN, *Natuur en genade*, in: Protestantse Verkenningen na „Vatcanum II“, ‘s-Gravenhage 1967, 65-88
H. MEYER (Hg.), *Wiederentdeckung des Heiligen Geistes*. Der Heilige Geist in der charismatischen Erfahrung und theologischen Reflexion, Frankfurt/M. 1974
- *Pneumatische Herausforderungen* - Eine Einführung, in: ebd., 7-25
R. MICHIELS, *Een Mens om nooit te vergeten*. Over de Openbaring van God in Jezus Christus, Antwerpen-Utrecht 1972
- *Theologie: na-denken en voor-denken*, in: TTh 14 (1974) 413-423
- *Het christologische en trinitarische denken van Piet Schoonenberg*, in: Sacerdos 59 (1992) 115-133
- *Een nieuwe Christologie en Triniteitstheologie*, in: Coll. 22 (1992) 91-95
- *Jezus en de andere godsdiensten*. Twee nieuwe christologische modellen, in: ebd., 381-396
- *Vragen rond de christologie*, in: Geest en Leven 69 (1992) 135-143
- *Menswording*. De vraag naar de verhouding tussen Godsbeloof en Kristusopenbaring, in: CMech 54 (1969) 298-328
R. MIGGELBRINK, *Ekstatische Gottesliebe im tätigen Weltbezug*. Der Bei-

trag Karl Rahners zur zeitgenössischen Gotteslehre, Altenberge 1989
F. MILDENBERGER, *Rezension*: P. Schoonenberg, Der Geist, das Wort und der Sohn. Eine Geist-Christologie, in: ThLZ 118 (1993) 1064f
J. MOLTMANN, Die *Gemeinschaft des Heiligen Geistes: Zur trinitarischen Pneumatologie*, in: ThLZ 107 (1982) 705-715
- *Rezension*: Y. Congar, Der Heilige Geist, in: ThLZ 108 (1983) 624-627
- *Gott in der Schöpfung*. Ökologische Schöpfungslehre, München 1985 (^{3}1987)
- Der *Geist des Lebens*. Eine ganzheitliche Pneumatologie, München 1991
B. MONDIN, *New Trends in Christology*, in: Biblical Theology Bulletin 4 (1974) 33-74
C. MORAN, *Rezension*: P. Schoonenberg, Der Geist, das Wort und der Sohn. Eine Geist-Christologie, In: EstAg 28 (1993) 373f
H.A. MOURITS, *Grundthemen des Holländischen Katechismus*, München-Luzern 1968
H. MÜHLEN, *Der Heilige Geist als Person*: In der Trinität, bei der Inkarnation und im Gnadenbund. Ich-Du-Wir, Münster 1963 (^{6}1988)
- *Una Mystica Persona*. Die Kirche als das Mysterium der heilsgeschichtlichen Identität des Heiligen Geistes in Christus und den Christen: Eine Person in vielen Personen, München 1964 (^{3}1968)
- Der eine *Geist Christi und die vielen Kirchen* nach den Aussagen des Vaticanum II, in: ThGl 55 (1966) 329-366
- Das *Christusereignis als Tat des Heiligen Geistes*, in: MySal III/2 (1969) 513-545
- Die *Veränderlichkeit Gottes* als Horizont einer zukünftigen Christologie. Auf dem Wege zu einer Kreuzestheologie in Auseinandersetzung mit der altkirchlichen Christologie, Münster 1969
- *Gnadenlehre*, in: H. VORGRIMLER / R. VANDER GUCHT (Hg.), Bilanz der Theologie im 20. Jahrhundert, Bd. 3, Freiburg-Basel-Wien 1970, 148-192
- *Pneumatologie am Beginn einer neuen Epoche*, in: C. HEITMANN / H. MÜHLEN (Hg.), Im Horizont des Geistes. Antwort auf eine Krise, Paderborn 1971, 48-65
- Die *Erneuerung des christlichen Glaubens*. Charisma - Geist - Befreiung, München 1974
- Die katholisch-charismatische *Gemeinde-Erneuerung*, in: StZ 193 (1975) 801-812
- *Einübung in die christliche Grunderfahrung*, 2 Bd., Mainz ^{14}1985-87
- *Was ist neu an der Gemeinde-Erneuerung?* Rückblick auf die ersten sechs Jahre, in: Erneuerung in Kirche und Gesellschaft, H. 5 (1979) 27-37
- *Geist-Erfahrung und Ökumene*. Zum Verhältnis zwischen „Charismatischer Erneuerung“ und Gemeinde-Erneuerung, in: Erneuerung in Kirche und Gesellschaft, H. 7 (1980) 27-32
- *Gemeinsame Geist-Erfahrung*: Hoffnung für die getrennten Kirchen, in:

US 36 (1981) 20-32
- *Art. „Charismatische Gemeinde-Erneuerung"*, in: W. MÜLLER-RÖMHELD (Hg.), Ökumene-Lexikon, Frankfurt/M. ²1987, 214-217
- *Art. „Pneumatologie"*, in: ebd., 970-972
- Der gegenwärtige *Aufbruch der Geisterfahrung*, in: W. KASPER (Hg.), Gegenwart des Geistes - Aspekte der Pneumatologie, Freiburg-Basel-Wien 1979, 24-53

G.L. MÜLLER, *„Christologische Modelle"*, in: W. BEINERT (Hg.), Lexikon der katholischen Dogmatik, Freiburg-Basel-Wien 1987 (³1991) 71-75
- *Rezension*: P. Schoonenberg, Der Geist, das Wort und der Sohn. Eine Geist-Christologie, in: MThZ 44 (1993) 125-129
- *Rezension zu: K.-J. Kuschel, Geboren vor aller Zeit?*, in: ebd., 129-134
- *Christologie im Brennpunkt*. Ein Lagebericht, in: ThRv 91 (1995) 363-378

K.H. NEUFELD, *Pneumatologie*, in: W. BEINERT (Hg.), Lexikon der katholischen Dogmatik, Freiburg- Basel-Wien 1987 (³1993) 416-418

E.D. O'CONNOR, *Spontaner Glaube*. Ereignis und Erfahrung der charismatischen Erneuerung, Freiburg 1974

M.E. O'KEEFFE, *Contemporary Spirit Christologies*. An Examination of G.W.H. Lampe, Walter Kasper, and Piet Schoonenberg, Notre Dame 1994

C.E. O'NEILL, Die *Sakramententheologie*, in: H. VORGRIMLER / R. VANDER GUCHT (Hg.), Bilanz der Theologie im 20. Jahrhundert, Bd. 3, Freiburg-Basel-Wien 1970, 244-294

W. PANNENBERG, *Grundzüge der Christologie*, Gütersloh 1964
- Das *Wirken des Heiligen Geistes in der Schöpfung* und im Volk Gottes, in: C.E. BRAATEN / A. DULLES (Hg.), Kirche ohne Konfession? Sechs Aspekte ihrer künftigen Gestalt, München 1971, 16-31
- Das *Glaubensbekenntnis*. Ausgelegt und verantwortet vor den Fragen der Gegenwart, München 1972
- *Geist und Leben*, in: DERS., Glaube und Wirklichkeit, München 1975, 31-56
- *Probleme einer trinitarischen Gotteslehre*, in: W. BAIER (Hg.), Weisheit Gottes - Weisheit der Welt. FS Joseph Kardinal Ratzinger, St. Ottilien 1987, 329-355

M.F.G. PARMENTIER, Christologie in detail - *Voorwoord bij een discussie*, in: BCT nr. 14 (1984) 26f
- *Schoonenberg over God-met-ons en God-in-zichzelf*, in: BCT 29 (1992) nr. 39, 47-68

PAPST PAUL VI., Enzyklika *„Mysterium Fidei"*, in: AAS 57 (1965) 753-774 (deutsch: Die *Enzyklika „Mysterium Fidei"*, in: HerKorr 19 [1965] 653-661)
- *Generalaudienz vom 6.6.1973*, in: Documentation Catholique, Nr. 1635 (1.7.1973) 601

O.H. PESCH, *Das Zweite Vatikanische Konzil*. Vorgeschichte - Verlauf - Ergebnisse - Nachgeschichte, Würzburg 1993 (³1995)

H. PISSAREK-HUDELIST, *Feministische Theologie* - eine *Herausforderung?*, in: ZKTh 103 (1981) 289-308. 400-425
PAPST PIUS XII., Enzyklika *„Mystici Corporis"*, in: AAS 35 (1943) 193-248
- *Allocutio ad Patres Societatis Jesu* in 29. Congregatone generali electores *(17.09.1946)*, in: AAS 38 (1946) 385-389
- *Allocutio ad Patres* delegatos ad Capitulum generale *Ordinis Gratrum Pradicatorum (22.09.1946)*, in: ebd., 385-389
- Enzyklika *„Humani Generis"*, in: AAS 42 (1950) 561-578

F. PORSCH, *Anwalt der Glaubenden*, Stuttgart 1978
S.P. PUJDAK, *Rezension*: P. Schoonenberg, The Christ, in: LouvSt 4 (1973) 268-288
- *Christological Statements*. Fact and Interpretation. A Study in the Christology of Piet Schoonenberg, Leuven 1975
- *Schoonenberg's Christology in Context*, in: LouvSt 6 (1977) 338-353

M. QUESNEL, *Taufe und Heiliger Geist*: Was erbaut Kirche? - eine katholische Antwort, in: Conc(D) 32 (1996) 285-288
H. RAHNER, Eine *Theologie der Verkündigung*, Freiburg 1938 (^{2}1939)
K. RAHNER, *„Gott" als erste trinitarische Person* im Neuen Testament, in: ZKTh 66 (1942) 71-88
- *Wege zu einer „neuen" Theologie?*, in: Orien. 11 (1947) 213-217
- *Theos im Neuen Testament*, in: DERS., Schriften zur Theologie, Bd. 1, Einsiedeln 1954 (^{3}1958) 91-167
- *Probleme der Christologie* von heute, in: ebd., 169-212
- Über den *Versuch eines Aufrisses der Dogmatik*, in: ebd., 229-247
- Über das Verhältnis von *Natur und Gnade*, in: ebd., 323-345
- Zur *Begrifflichkeit der ungeschaffenen Gnade*, in: ebd., 347-375
- Zum theologischen *Begriff der Konkupiszenz*, in: ebd., 377-414
- Über das *Laienapostolat*, in: DERS., Schriften zur Theologie, Bd. 2, Einsiedeln 1955, 339-373
- *Theologie der Menschwerdung*, in: DERS., Schriften zur Theologie, Bd. 4, Einsiedeln 1960, 137-155
- *Prinzipien der Hermeneutik eschatologischer Aussagen*, in: ebd., 401-428
- *Kirche und Sakramente*, Freiburg 1960
- *Das neue Bild der Kirche*, in: DERS., Schriften zur Theologie, Bd. 8, Einsiedeln 1967, 329-354
- *Der dreifaltige Gott* als tranzendenter Urgrund der Heilsgeschichte, in: MySal 2, 317-397
- *Theologische Bemerkungen zum Zeitbegriff*, in: DERS., Schriften zur Theologie, Bd. 9, Einsiedeln 1970, 302-322
- *Grundkurs des Glaubens*. Einführung in den Begriff des Christentums, Freiburg 1976 (^{12}1982)
- Theologische *Grundinterpretation des II. Vatikanischen Konzils*, in: DERS., Schriften zur Theologie, Bd. 14, Einsiedeln 1980, 287-318
- Die bleibende *Bedeutung des II. Vatikanischen Konzils*, in: ebd., 303-318

T. RAST, Die *Eschatologie* in der Theologie des 20. Jahrhunderts, in: H. VORGRIMLER / R. VANDER GUCHT (Hg.), Bilanz der Theologie im 20. Jahrhundert, Bd. 3, Freiburg-Basel-Wien 1970, 294-315

J. RATZINGER, *Die erste Sitzungsperiode des Zweiten Vatikanischen Konzils*, Köln 1963

- *Theologie und Verkündigung im Holländischen Katechismus*, in: DERS, Dogma und Verkündigung, München-Freiburg 1973, 65-83

K. REINHARDT, *Die menschliche Transzendenz Jesu Christi*. Zu Schoonenbergs Versuch einer nicht-chalcedonensischen Christologie, in: TThZ 80 (1971) 273-289

- Die *Einzigartigkeit der Person Jesu Christi*. Neue Entwürfe, in: IKaZ 2 (1973) 206-224

- *Neue Wege in der Christologie der Gegenwart*, in: IKaZ 6 (1977) 5-20

REPORT ÜBER DEN HOLLÄNDISCHEN KATECHISMUS. Dokumente, Berichte, Kritik, Freiburg-Basel-Wien 1969

H. RIKHOF, *„Auf Gott hin denken“*. Piet Schoonenberg S.J. 75 Jahre alt, in: Orien. 50 (1986) 217-220

- *Reden van bestaan*. Over de plaats en functie van de scheppingstheologie, in: TTh 32 (1992) 250-271

- *God's Changeability and Unchangeability*. The Vision of Piet Schoonenberg, in: LouvSt 18 (1993) 21-27

J.A.T. ROBINSON, *Honest to God*, London 1963 (= *Eerlijk voor God*, Baarn 1963; *Gott ist anders*, München 1963)

- / D.L. EDWARD, *The Honest to God Debate*, London 1963

H. RONDET, *Eléments pour une théologie du travail*, in: NRTh 77 (1955) 27-48

P.J. ROSATO, *Pneumatological Insights in Ecumenism*, in: ER 30 (1978) 110-126

A. ROTZETTER, *Pneumatologie* und Spiritualität in der neueren Theologie. Versuch einer Bilanz, in: F. FURGER / J. PFAMMATTER (Hg.), Pneumatologie und Spiritualität (= Theologische Berichte 16), Zürich 1987, 53-89

B. RUHE, *Dialektik der Erbsünde*. Das Problem von Freiheit und Naur in der neueren Diskussion um die katholische Erbsündenlehre, Freiburg/Schweiz 1997

K. RUNIA, *Het geheim van Jezus Christus*. Het huidige debat over de christologie, Kampen 1992

F. RUTKE, *Charismatisch Nederland*. Een overzicht van de ontwikkeling van de Pinkstervernieuwing, Kampen 1977

- *Voorwoord*, in: ebd., 5-8

G.B. SALA, *Transsubstantiation oder Transsignifikation?* Gedanken zu einem Dilemma, in: ZKTh 92 (1970) 1-34

J. SAMARIN, *Tongues of Men and Angels*. A controversial and sympathetic analysis of Speaking in Tongues, London 1972

D. SATTLER, *Gelebte Buße*. Das menschliche Bußwerk im ökumenischen Gespräch, Mainz 1992
- *Beziehungsdenken* in der Erlösungslehre. Bedeutung und Grenzen, Freiburg-Basel-Wien 1997
- *Einheit im Ursprung - Einheit im Wesen*. Trinitarischer Monotheismus in Ost und West, in: TThZ 106 (1997) 189-207
- / Th. SCHNEIDER, *Hermeneutische Überlegungen zur „Allgemeinen Sakramentenlehre"*, in: W. Pannenberg (Hg), Lehrverurteilungen - kirchentrennend?, Bd. III: Materialien zur Lehre von den Sakramenten und vom kirchlichen Amt, Freiburg-Göttingen 1990, 15-32

G. SAUTER, *Kirche* in der Krisis des Geistes, in: DERS. / W. KASPER, Kirche - Ort des Geistes, Freiburg 1960, 60-106

M.J. SCHEEBEN, *Gesammelte Schriften, Bd. II* und *Bd. VI/1*, Freiburg 1941-1954

L. SCHEFFCZYK, Grundzüge der Entwicklung der *Theologie zwischen* dem Ersten *Weltkrieg und* dem Zweiten Vatikanischen *Konzil*, in: HKG(J) VII (1979) 263-301
- *De betekenis van het „Filioque"*, in: Internationaal Katholiek Tijdschrift (Communio) 11 (1986) 19-33

L. SCHERZBERG, *Sünde und Schuld* in der feministischen Theologie, Mainz 1991 (^{2}1993)
- *Grundkurs Feministische Theologie*, Mainz 1995
- Was nützt die *Rede vom Heiligen Geist* der Feministischen Theologie? Systematisch-theologische Überlegungen, in: E. MOLTMANN-WENDEL (Hg.), Die Weiblichkeit des Heiligen Geistes. Studien zur Feministischen Theologie, Gütersloh 1995, 117-136

E. SCHILLEBEECKX, *De zin van het menszijn van Jezus, de Christus*, in: TTh 2 (1972) 127-172
- Die *Heiligung des Namens Gottes* durch die Menschenliebe Jesu des Christus, in: J.B. METZ. (Hg.), Gott in Welt. FS Karl Rahner, Bd. 2, Freiburg 1964, 43-91
- Die neue *Wende in der heutigen Dogmatik*, in: ebd., 316-350 (= De nieuwe wending in de huidige dogmatiek, in: TTh 1 [1961] 17-46)
- *Christus. Sakrament der Gottbegegnung*, Mainz 1965
- *Persoonlijke openbaringsgestalte van de Vader*, in: TTh 6 (1966) 274-288

A. SCHILSON, *Perspektiven gegenwärtiger Christologie*. Ein Situationsbericht, in: G. BITTER / G. MILLER (Hg.), Konturen heutiger Theologie, München 1976, Werkstattberichte, 161-175
- / W. KASPER, *Christologie im Präsens*. Kritische Sichtung neuer Entwürfe, Freiburg-Basel-Wien 1974 (^{2}1977)

M. SCHMAUS, *Brauchen wir eine Verkündigungstheologie?*, in: Die Seelsorge 16 (1938) 1-12
- *Ein Wort zur Verkündigungstheologie*, in: ThGl 33 (1941) 312-322

K. SCHMITZ-MOORMANN, Die *Erbsünde*. Überholte Vorstellung - bleiben-

der Glaube, Olten-Freiburg 1969
Th. SCHNEIDER, Die neuere katholische *Diskussion über die eucharistische Wandlung*, in: EvTh 35 (1975) 497-524
- *Wandlungen im Kirchen- und Abendmahlsverständnis*, in: R. BÖCKLER (Hg.), Interkommunion - Konziliarität, Korntal bei Stuttgart 1974, 52-77
- *Eucharistie in der Sicht der heutigen Theologie*, in: G. BITTER / G. MILLER (Hg.), Konturen heutiger Theologie. Werkstattberichte, München 1976, 294-307
- *Zeichen der Nähe Gottes*. Grundriß der Sakramententheologie, Mainz 1979 (^{6}1992)
- *Gott ist Gabe*. Meditationen über den Heiligen Geist, Freiburg 1979
- *Was wir glauben*. Eine Auslegung des Apostolischen Glaubensbekenntnisses, Düsseldorf 1985 (^{4}1991)
- (Hg.), *Der verdrängte Aufbruch*. Ein Konzils-Lesebuch, Mainz 1985
- *Sakrament des Heils für die Welt?* Zur Ekklesiologie des II. Vatikanischen Konzils, in: DERS., Auf seiner Spur. Ein Werkstattbericht, hrsg. von A. MOOS, Düsseldorf 1990, 137-170
M. SCHOOF, Der *Durchbruch der neuen katholischen Theologie*. Ursprünge - Wege - Strukturen, Wien 1969
N. SCHREURS, *Oneindig ver en oneindig dichtbij*. God ter sprake gebracht in zijn handelen, in: TTh 31 (1991) 265-284
H. SCHÜNGEL-STRAUMANN, *Ruah (Geistin)*, in: M. Kassel (Hg.), Feministische Theologie. Perspektiven zur Orientierung, Stuttgart 1988, 59-73
C. SCHÜTZ, *„Der Geist des Glaubens"*. Überlegungen zur pneumatologischen Dimension von Glaube und Glaubensbegründung, in: H. BÜRKLE / G. BECHER (Hg.), Communicatio Fidei. FS E. Biser, Regensburg 1983, 209-219
- Einführung in die *Pneumatologie*, Darmstadt 1985
G. SCHWARZWELLER-MADL, *Jesus Christus - der „Gott mit uns"*. Gottsein und Menschsein Jesu Christi in der katholischen Dogmatik des 19. Jahrhunderts im deutschsprachigen Raum, Frankfurt/M. 1994
O. SEMMELROTH, Die *Kirche als Ursakrament*, Frankfurt/M. 1953
B. SESBOÜÉ, *Une nouvelle christologie?*, in: RSR 61 (1973) 447-465
M. SEYBOLD, *Erbsünde und Sünde der Welt*. Überlegungen zu einem Buch von Piet Schoonenberg, in: MThZ 18 (1967) 56-60
M. SIEVERNICH, *Schuld und Sünde* in der Theologie der Gegenwart, Frankfurt/M. 1982 (^{2}1983)
M. SIMONETTI, *Note di cristologia pneumatica*, in: Aug. 12 (1972) 201-232
N. SLENCZKA, *Realpräsenz und Ontologie*. Untersuchung der ontologischen Grundlagen der Transsignifikationslehre, Göttingen 1992
- *Zur ökumenischen Bedeutung der sogenannten Transsignifikationslehre*, in: Cath(M) 48 (1994) 62-76
J. SOBRINO, *Geist, der befreit*. Anstöße zu einer neuen Spiritualität, Freiburg 1989

Th SOIRON, *Heilige Theologie*, Regensburg 1935
J. SPERNA-WEILAND, *Orientierung*. Neue Wege in der Theologie, Hamburg 1968
A. STOLZ, *Theologie der Mystik*, Regensburg 1936
- *Charismatische Theologie*, in: KathGed 11 (1938) 187-196
- *De „Theologica Kerygmatica"*, in: Ang. 17 (1940) 337-351
- *Introductio in Sacram Theologiam*. Manuale Theologicae Dogmaticae, Fasc. I, Freiburg 1941
B. STUBENRAUCH, *Pneumatologie* - Die Lehre vom Heiligen Geist, in: W. BEINERT (Hg.), Glaubenszugänge. Lehrbuch der Katholischen Dogmatik, Bd. 3, Paderborn 1995, 3-156
L.-J. SUENENS, *Hoffen im Geist*. Ein neues Pfingsten für die Kirche, Salzburg 1974
J.J. SUURMOND, *G.C. Van de Kamp, Pneuma-christologie*, in: BCT nr. 14 (1984), 28-32
- *Een introductie tot de charismatische vernieuwing*, in: KeTh 40 (1989) 33-50
- *„Wat heeft Los Angeles met Athene te maken?"* Over de bijdragen van het pentecostalisme aan de theologie, in: WeZ 21 (1992) 34-44
- *Charismatisch pastoraat*, in: PrakTh 19 (1992) H. 2, 3-21
- (Hg.), *„Och, ware het gehele volk profeten!"* Charismatisch-theologische teksten, Zoetermeer 1992
- *Inleiding*, in: ebd., 7-20
- *Het spel van woord en geest. Aanzet tot een charismatische theologie*, Baarn 1993 (= *Word an Spirit at Play. Towards a Charismatic Theology*, Grand Rapids-Michigan 1995)
L. SWIDLER / P.F. FRANSEN (Hg.), *Authority in the Church and the Schillebeeckx Case*, New York 1982
G. THILS, *Théologie des réalites terrestres*, Paris 1947
- *Théologie et Réalité sociale*, Paris 1952
- *Orientations de la théologie*, Löwen 1957
- *Vivre dans le monde, Paris 1960*
G. TRECHTWEIER, *Versuch einer Theologie der Arbeit*, in: ThQ 138 (1958) 307-329
N. TROMP, *Rezension*: P. Schoonenberg, Der Geist, das Wort und der Sohn. Eine Geist-Christologie, in: Geest en Leven 70 (1973) 167
S. TUGWELL, Reflections on the Pentecostal Doctrine of *„Baptism in the Holy Spirit"*, in: The HeyJ 13 (1972) 268-281. 402-414
P. VALKENBERG, *„Dauwt, hemelen, gerechtigheid"*. De heelheid van de schepping als werk van de Geest, in: TTh 32 (1992) 165-184
F. VAN ACKEREN, *Is Jesus ‚Man plus God'?*, in: ThD 23 (1975) 59-70
T.J. VAN BAVEL, *God absorbeert niet*: de christologie van Schoonenberg, in: TTh 11 (1971) 383-412
- *Nicht-chacedonensische Christologie?* Zu Piet Schoonenbergs Modell, in:

ThG 15 (1972) 86- 93
- *Schoonenberg's paradoxaal spreken over God*, in: TTh 31 (1991) 246-264
A. VAN DE BEEK, *De menselijke persoon van Christus*. Een onderzoek aangaande de gedachte van de anhypostasie van de menselijke natuur van Christus, Leiden 1980
- *De Adem van God*: De Heilige Geist in Kerk en Kosmos, Nijkerk 1987
G.C. VAN DE KAMP, *Pneuma-christologie*: een oude aantwoord op een actuele vraag? Een dogma-historisch onderzoek naar de preniceense pneuma-christologie als mogelijke uitweg in de christologische problematiek bij Harnack, Seeberg en Loofs en in de meer recente literatuur, Amsterdam 1983
- *Pneuma-christologie: een nadere verantwordiging*, in: BCT nr. 14 (1984) 36-40
E. VANDEN BERGHE, *God - geen persoon?* Een probleemstelling, in: Coll. 26 (1996) 115-130
T. VAN DEN HOOGEN, *God en rechtvaardigheid*, in: F.J.H. VOSMAN (Hg.), Denken naar God toe. Piet Schoonenberg e.a. over lijden, schuld, rechtvaardigheid, schepping en laatste oordeel, Baarn 1992, 63-85
H. VAN DER LINDE / F. THIJSSEN, *Woord ter Inleiding*, in: Geloofsinhoud en geloofsbeleving. Een peiling binnen Reformatie en katholieke Kerk in Nederland, Utrecht-Antwerpen, 5-9
W. VAN DER MARCK, *Van orthodoxie naar vrijzinnigheid?*, in: AThijm 54 (1966) 332-345
J. VAN DER VEKEN, *Begaafdheid en geestesgaven*, in: Internationaal Katholiek Tijdschrift (Communio) 11 (1986) 34-46
G. VANDERVELDE, *Original Sin*. Two Major Trends in Contemporary Roman Catholic Reinterpretation, Amsterdam 1975
R.J.A. VAN EYDEN, *Hoe spreken over Jezus Christus als de zoon van God?*, in: Sacerdos 39 (1972-72) nr. 1, 15-24
G. VAN HOOF, *Bevlogen theoloog*. Schoonenberg jarig, in: De Standaard der Letteren, 29 september 1991, 3
J. VAN LIER / J. SIMONS (Hg.), Geloof leren geloven. *Twintig jaar „De Nieuwe Katechismus"*: leren van het verleden met het oog op de toekomst, Nijmegen 1987
- / - , *Voorwoord*, in: ebd., 5-8
A. VAN ROEY, *Contemporary Christological Questions*, in: LouvSt 2 (1968) 158-169
- *De nieuwe christologie*, in: Onze Alma Mater 23 (1969) 3-18
C.Th.M. VAN VLIET, *Communio Sacramentalis*. Das Kirchenverständnis von Yves Congar, Mainz 1994
J. VEENHOF, *De Geest als relatiestichter*, in: Rondom het Woord 20 (1978) 24-31
- *Der Paraklet*, in: O.A. DILSCHNEIDER (Hg.), Theologie des Geistes,

Gütersloh 1980, 123-138
- *Epiloog*, in: BCT nr. 14 (1984) 41
- *Charismata - bovennatuurlijk of natuurlijk?*, in: J.-J. SUURMOND (Hg.), „Och, ware het gehele volk profeten!“, 156-172 (= *Charismata - Supernatural or Natural?*, in: G. VANDERVELDE [Hg], Renewing and Empowering Presence, Winfield 1989, 73-91)
- *Heilige Geest en Hermeneutiek*, in: Tussen openbaring en ervaring. Studies aangeboden aan Prof.Dr. G.P. Hartvelt, Kampen 1986, 159-173 (= The Holy Spirit and Hermeneutics, in: N.M. DE S. CAMERON [Hg.], The Challenge of Evangelical Theology. Essays in Approach and Method, Edinburgh 1987, 105-122)
- The *Significance of the Charismatic Renewal* for Theology and Church, in: J.A.B. JONGENEEL (Hg.), Pentecost, Mission and Ecumenism. Essays on Intercultural Theology. Festschrift in Honour of Professor Walter J. Hollenweger, Frankfurt/M. 1992, 289-301

J.J. VERHEES, *God in beweging*. Een onderzoek naar de pneumatologie van Augustinus, Wageningen 1968
- *Nieuwe vraag naar een pneumatologie?*, in: TTh 9 (1969) 406-430

W.W. VERHOEF, *Over de charismatische vernieuwing in de kerk*, in: F. RUTKE (Hg), Charismatisch Nederland. Een overzicht van de ontwikkeling van de Pinkstervernieuwing, Kampen 1977, 9-26
- *Boekbespreking van: F. Rutke (Hg), Charismatisch Nederland*, in: Vuur. Maandblad van de Charismatische Werkgemeenschap Nederland 24 (1979) nr. 2, 21f

W. VERHUIS, *Entwicklungen in der Christologie*, in: Bilanz der niederländischen Kirche, Düsseldorf 1976, 15-51

H.U. VON BALTHASAR, *Eschatologie*, in: J. FEINER / J. TRÜTSCH / F. BÖCKLE (Hg.), Fragen der Theologie heute, Einsiedeln-Zürich-Köln 1957, 403-421
- *Theologie der Geschichte*, Einsiedeln ^{3}1959
- *Spiritus Creator*. Skizzen zur Theologie, Bd. 3, Einsiedeln 1967
- *Pneuma und Institution*. Skizzen zur Theologie, Bd. 4, Einsiedeln 1974
- *Die Personen in Christus*. Theodramatik, Bd. 2/2, Einsiedeln 1978
- Der *Geist der Wahrheit*. Theologik, Bd. 3, Einsiedeln 1987

H. VON LIPS, *Weisheitliche Traditionen im Neuen Testament*, Neukirchen-Vluyn 1990
- *Christus als Sophia?* Weisheitliche Traditionen in der urchristlichen Christologie, in: C. BREYTENBACH / H. PAULSEN (Hg.), Anfänge der Christologie. FS. F. Hahn, Göttingen 1991, 75-95

F.J.H. VOSMAN (Hg.), *Denken naar God toe*. Piet Schoonenberg e.a. over lijden, schuld, rechtvaardigheid, schepping en laatste oordeel, Barn 1992
- *Woord vooraf*, in: ebd., 71f

R. WEIER, *Erbsünde und Sünde der Welt*. Probleme der Erbsündenlehre Piet Schoonenbergs und Teihard de Chardins, in: TThZ 82 (1973) 154-171

M. WELKER, *Gottes Geist.* Theologie des Heiligen Geistes, Neukirchen-Vluyn ^{2}1993

B. WENTSEL, *Natuur en genade.* Een introductie in een confrontatie met de jongste ontwikkelingen in de rooms-katholieke theologie inzake dit thema, Kampen 1970

- *De Heilige Geest*, de Kerk en de Laatse Dingen. De persoon en het werk van de Heilige Geest. Dogmatiek deel 4a, Kampen 1995

J. WERBICK, *Trinitätslehre*, in: Th. SCHNEIDER (Hg.), Handbuch der Dogmatik, Bd. 2, Düsseldorf 1992 (^{2}1995) 481-576

H.E. WEVERS, *Jezus Christus - van waar komt hij?* Een systematisch-theologisch en bijbels-theologisch onderzoek naar het oorsprongsdenken in de christologie en de preëxistentie als facet hiervan, uitgaand van de huidige christologie „van beneden“, Delft 1986

S. WIEDENHOFER, *„Erbsünde“ - eine universale Erbschuld?* Zum theologischen Sinn des Erbsündendogmas, in: ThQ 162 (1982) 30-44

- *Hauptformen gegenwärtiger Erbsündentheologie*, in: IKaZ 20 (1991) 315-328

D. WIEDERKEHR, *Konfrontationen und Integrationen der Christologie*, in: J. PFAMMATTER / F. FURGER (Hg.), Zur neueren christologischen Diskussion (= Theologische Berichte 2), Einsiedeln-Zürich-Köln 1973, 11-119

J. WOHLMUTH, *Realpräsenz und Transsubstantiation* im Konzil von Trient. Eine historisch-kritische Analyse der Canones 1-4 der Sessio XIII (2 Bde), Bern-Frankfurt/M. 1975

- *Transsubstantiation oder Transsignifikation?* Zur Möglichkeit theologischer Beurteilung neuer Lösungsversuche, in: ZKTh 97 (1975) 430-440

H. ZAHRNT, *Gott kann nicht sterben*, München 1970

W. ZAUNER, *Vorwort*, in: P. SCHOONENBERG, Auf Gott hin denken. Deutschsprachige Schriften zur Theologie, hrsg. von W. ZAUNER, Wien-Freiburg-Basel 1986, 9-12

A. ZIEGENAUS, Die trinitarische Ausprägung der göttlichen Seinsfülle nach *Marius Victorinus*, München 1972

- *Grundstrukturen neuzeitlicher Christologie*, in: Wegmarken der Christologie, Donauwörth 1980, 127-185

J.D. ZIZIOULAS, *Die pneumatologische Dimension der Kirche*, in: IKaZ 2 (1973) 133-147

- *Rezension*: P. Schoonenberg, The Christ, in: Theol. 78 (1975) 241